Deutsche Passkontrolle
E - 6. NOV. 1937
Rheinbücke Kehl

Deutsche Paßstelle · ür Ausländer in Kehl

RM __50__ f. d. Zeit vom __17.6__ bis __18.6.37__

aus Registerguthaben ausbezahlt.

K o che l a/ See, den __18. Juni 1937__

Gemeindesparkasse Bendlktbeuern

ZWEIGSTELLE KOCHEL

Paßkontrolle
Einr.6.6.37Ausr
Zollumt
Kleinphilipsreut

DEUTSCHE PAßSTELLE IN KEHL

히틀러 시대의 여행자들

히틀러 시대의 여행자들

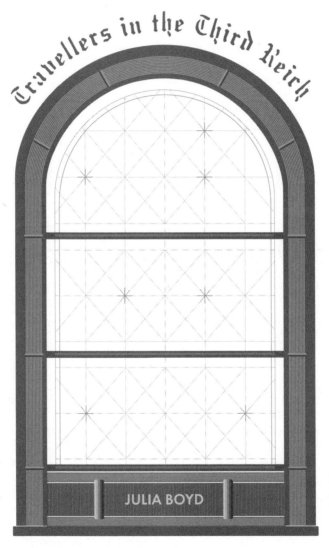

Travellers in the Third Reich

JULIA BOYD

줄리아 보이드 지음 이종인 옮김

페이퍼로드
paperroad

TRAVELLERS IN THE THIRD REICH

THE RISE OF FASCISM THROUGH
THE EYES OF EVERYDAY PEOPLE

매켄지, 해리슨, 벨라,
로비, 에디, 세파스찬,
매튜, 조에, 제미마,
클리오, 그리고 키트에게

일러두기

1. 이 책은 *Travellers In The Third Reich* by Julia Boyd, 2017을 번역한 것이다.
2. 원 저자의 미주와 각주는 원서 그대로 동일한 위치에 옮겼고, 옮긴이 주의 경우에는 각주로 처리하되 고딕으로 구분해놓았다.
3. 고유명사의 표기는 백과사전을 반영해 표기했으나, 널리 알려지지 않은 사물과 매체, 인물의 경우에는 외래어표기법에 따랐다.

차례

§ ——————— 들어가는 글 ——————— 9

§ ——————— 지도 ——————— 22

1 ——————— 드러난 상처 ——————— 25

2 ——————— 깊어지는 고통 ——————— 47

3 ——————— 섹스와 햇빛 ——————— 71

4 ——————— "설설 끓는 역사의 스프" ——————— 101

5 ——————— 올가미가 조여 오다 ——————— 127

6 ——————— 괴물인가 경이인가? ——————— 151

7 ——————— 여름휴가 ——————— 179

8 ——————— 축제와 팡파르 ——————— 203

9 ——————— 하일 히틀러 ——————— 229

10 ——————— 노병 ——————— 261

11 ——————— 문인 "관광객들" ——————— 289

12 ——————— 내리는 눈과 스와스티카 ——————— 323

13 ——————— 히틀러의 올림픽 ——————— 347

14 ——————— 황무지가 된 학계 ——————— 377

15 ———— 미심쩍은 서곡 ———————— 403

16 ———— 여행 앨범 ———————————— 431

17 ———— 오스트리아 합병 ————————— 455

18 ———— "수상한 평화"와 깨어진 유리 ——— 473

19 ———— 전쟁 초읽기 —————————— 497

20 ———— 전쟁 ———————————————— 521

21 ———— 여정의 끝 ————————————— 543

§ ———————————— 후기 ———————— 571

§ ———————————— 감사의 글 ———— 579

참고문헌 ————————————————— 585

기록 보관소 —————————————— 595

출처 및 허락 —————————————— 599

여행자들 소개 —————————————— 601

미주 ———————————————————— 621

옮긴이의 말 —————————————— 655

찾아보기 ————————————————— 665

들어가는 글

지금을 1936년 여름이라 가정하고 당신이 독일에 신혼여행을 와 있다고 상상해보라. 태양은 밝게 빛나고 사람들은 당신에게 친절하게 대해주고 그래서 인생은 마냥 즐겁다. 당신은 라인란트를 통과하여 남부 독일로 차를 몰고 간다. 그 지역의 오래된 성들과 포도원들을 칭송하고, 라인 강을 따라 천천히 오르내리는 만재한 대형 수송선들을 보면서 그 한적하고 아름다운 풍경에 매혹된다. 그리하여 이제 당신은 프랑크푸르트에 도착한다. 당신은 방금 차를 주차했는데 차의 앞유리창에 부착된 GB(그레이트브리튼) 스티커가 햇살을 받아 유난히 반짝거린다. 당신은 이제 유럽에서도 중세 건축물이 많기로 소문난 이 남부 독일의 도시를 샅샅이 탐구할 예정이다.

그런 상황에서 유대인으로 보이는 어떤 여인이 난데없이 나타나 당신에게 다가온다. 그녀는 밑창을 높이 덧댄 두툼한 신체 보정 신발을 신고서 다리를 약간 저는 십대 소녀의 손을 잡아끌고 있다.

순간 당신이 나치에 대해 들었던 온갖 난처한 소문들—유대인 박해, 안락사, 무자비한 고문과 재판 없는 투옥—이 이 절망하는 어머니의 얼굴에 클로즈업된다. 당신의 GB 스티커를 본 이 어머니는 당신에게 제발 자기 딸을 영국으로 데려가 달라고 호소한다. 당신은 어떻게 하겠는가? 몸서리치면서 그녀에게 등을 돌리고 다른 데로 가버릴 것인가? 그 어머니의 입장을 동정하면서도 정작 해줄 수 있는 건 아무것도 없다고 대답할 것인가? 혹은 그 소녀를 안전한 곳으로 인도할 것인가?

나는 이 실화를 어느 영국인 부부의 딸로부터 처음 들었다. 그 딸과 나는 무더운 여름날 오후 한적한 케임브리지 정원에 앉아 시원한 레몬수를 마시던 참이었다. 나의 대화 상대 앨리스는 어린아이였던 자신을 안고 미소 짓는 그레타의 사진을 나에게 보여주면서 이 특별한 여행자(그레타)의 이야기가 어떤 식으로 행복하게 결론이 났는지 말해주었다.* 만약 내가 그런 상황과 맞닥뜨렸다면 어떻게 행동했을까? 나는 결론을 내리는 데 불과 몇 초도 걸리지 않았을 것이다. 아무리 그 유대인 여자의 곤경을 안타깝게 여기고 또 나치의 만행에 경악했다 하더라도, 해줄 수 있는 게 아무것도 없다며 중간 노선을 선택했을 것이다. 이런 상황에서 일반적 반응을 상상하기는 어렵지 않다. 하지만 실제로 어떻게 반응해야 했다는 것을 정확하게 알 수 있었을까? 과연 눈앞에서 벌어지는 일을 우리는 정확하게 해석할 수 있을까?

• 　이에 관한 이야기는 이 책의 16장에 등장한다.

이 책은 양차 대전(제1차와 제2차 세계대전) 사이에 독일에서 벌어진 일들을 서술하고 있다. 독일을 방문한 외국인들의 일차적이고도 직접적인 기록을 바탕으로 하여, 히틀러의 독일을 여행한다는 것이 정신적, 신체적으로 실제로는 어떤 상황이었는지 생생한 현장 감각을 되살리려 했다. 그 당시 작성된 수십 편에 달하는 미 발간 일기와 편지들을 추적해 나치 독일에 관한 새롭고 생생한 그림을 제시하려고 애썼다. 그리하여 이 책을 펴든 21세기의 독자들이 나치 독일에 대하여 갖고 있는 기존의 인식을 새롭게 되돌아보고 더 나아가 재검토할 수 있기를 희망한다. 2차 대전 이후에 태어난 사람들은 초연한 마음과 시선으로 이 시대의 독일을 바라보기가 어렵다. 나치 독일이 저지른 잔학성에 관한 이미지들이 너무나 강력해서 완전히 없애거나 억압하는 것은 불가능하다. 그렇다면 2차 대전 종전 이후에나 생겨난 이런 결과적 통찰이 없는 상태로, 2차 대전 발발 이전의 제3제국**을 여행한다는 것은 어떤 의미였을까? 당시에 벌어지는 일의 진상을 파악하고, 국가사회주의(나치즘)의 본질을 명확히 인식하며, 나치 당국의 프로파간다에 넘어가지 않고, 더 나아가 유대인 대학살을 예언한다는 것이 쉬운 일이었을까? 어쩌면 이렇게 질문할 수도 있겠다. 당시의 독일 여행은 여행자들의 수양, 그러니까 성품과 인격 도야에 도움을 주는 것이었을까, 아니면 기존에 이

** 나치가 그들의 국가를 통칭하는 말. 그들의 논리에 의하면 제1제국은 로마제국이며, 제2제국은 신성로마제국이고, 제3제국은 히틀러의 나치제국이다.

미 확립되어 있는 편견들을 더욱 심화하는 것이었을까?

이 책은 이러한 질문과 여타 관련 사항들에 대해 답변하려 들면서 여기에 폭넓은 범위의 방문자들이 내놓은 개인적 증언들을 증거로 제시한다. 이 시기의 방문자들을 몇 명만 거론해 보자면, 찰스 린드버그, 데이비드 로이드조지, 인도 파티알라의 태수, 프랜시스 베이컨, 새뮤얼 베케트 등이 있었다. 거기에 평화주의자인 퀘이커교도들과 유대인 보이스카우트, 아프리카계 미국인 학자와 제1차 세계대전 참전용사 등에 이르는 평범한 여행자들도 이 시기에 독일을 방문했다. 대학생들, 정치가들, 음악인들, 외교관들, 학생들, 공산주의자들, 시인들, 언론인들, 파시스트들, 예술가들, 그리고 관광객들 모두 나름대로 나치 독일에 대해 할 말이 있었고, 해마다 휴가철이면 나치 독일을 찾아갔다. 여기에 중국인 학자들, 올림픽 선수들, 친 나치 성향의 노르웨이 노벨 문학상 수상자(크누트 함순)도 독일을 즐겨 방문했다. 이 모든 사례를 한데 모아놓는다면, 히틀러 치하의 독일에 대한 놀랍고도 생생하며 입체적인 장면을 만들어낼 수 있을 것이다.

많은 사람들이 직업적인 이유로 제3제국을 방문했고 또 어떤 사람들은 즐거운 휴가를 보내기 위해 이 나라를 찾아왔다. 그러나 그보다 더 많은 사람들이 독일 문화에 대한 갈망과, 가문의 뿌리 혹은 순전한 호기심을 찾아 이 나라를 방문했다. 다른 나라들에서는 민주주의가 후퇴하고 실업률이 치솟는 상황에서, 우파에 속한 동조자들은 "성공한" 독재국가인 독일에서 뭔가 교훈을 얻어 그것을 본국에 적용·실천해볼 수 있지 않을까 하는 희망에서 독일을 방문했다. 반면 칼라일식의 영웅숭배 이론을 추종하는 사람들은 실존하는 위버멘쉬(초인)의 살아 움직이는 모습을 독일에서 보고 싶어 했다.

　이처럼 여행자들의 정치관과 사상적 배경이 다양했음에도 불구하고, 이들은 공통적인 주제를 공유하고 있었는데, 이들이 독일의 아름다운 자연경관에 매혹되었다는 것이다. 꼭 친 나치 인사가 아니어도 초록의 농촌 풍경, 포도원을 낀 하천, 눈이 미치지 못할 정도로 광대하게 펼쳐진 과수원에 얼마든지 경탄할 수 있는 것이다. 한적한 중세 도시, 깨끗한 마을, 청결한 호텔, 인심 좋은 주민들, 값싸고 영양가 높은 음식, 아름다운 바그너 음악, 윈도박스*, 시원한 맥주 거품 등은 해마다 더 많은 관광객을 독일로 끌어들였다. 여행자들의 본국에서는 나치 체제의 잔학한 횡포가 점점 더 엄밀한 검증을 받고 있는 상황이었지만 그것도 정작 이들의 관광 열기를 꺾지는 못했다. 물론 그 뒤 제2차 세계대전이 벌어진 여러 해 동안의 일은 인간적 비극이었고 그 손실은 이루 말할 수 없는 것이었다. 하지만 2차 대전 전에 여러 방문객들의 일기와 편지 속에서 강조되었던 함부르크, 드레스덴, 프랑크푸르트, 뮌헨 같은 도시들의 매력은 엄청난 것이었는데, 그런 도시들이 폭격으로 파괴가 되어버렸으니 히틀러 체제가 독일─더 나아가 온 세상─에 얼마나 큰 물질적 피해를 입혔는지는 계산할 수조차 없다.

　미국과 영국에서 독일을 방문한 관광객의 수는 다른 나라의 관광객 수를 압도했다. 제1차 세계대전이 있었지만 상당수 영국 일반 대중은 독일을 가까운 친척으로 생각했다. 독일인은 어느 모로 보나 프랑스인보다 만족스러운 거래 상대였다. 독일 주재 미국대사의

---

*　창가에 놓아두는 화초 상자.

딸인 마사 도드는 이렇게 말했다. "프랑스 사람과는 다르게, 독일인은 도둑이 아니고, 이기적이지 않으며, 조급하거나 냉정하거나 가혹하지도 않다."[1]

사실 이런 견해에 많은 사람들이 동의했다. 영국 내에서는 베르사유 조약에 대한 불편한 감정이 점점 커지고 있었다. 당시 많은 영국인들은 그 조약을 독일인들에게 매우 가혹한 것이라 생각했다. 그래서 이 예전의 적에게 지원과 우정을 보내주어야 할 때가 되었다고 보았다. 게다가 많은 영국인들은 영국이 새로운 독일로부터 배워야 할 점이 많다고 생각했다. 그리하여 나치의 야만성에 대한 인식이 깊어지고 확산되어가고 있었는데도 영국인들은 업무 혹은 관광 목적으로 제3제국을 계속 여행했다. 미국 언론인 웨스트부룩 페글러는 1936년에 이렇게 썼다. "영국인이 보기에 나치는 그 보기 흉한 피부 비늘과는 다르게, 속으로는 인간적이라는 낙관적 환상을 품고 있다. 영국인이 이처럼 나치를 관용하는 것은, 나치의 야만성을 인정하려는 것이라기보다는 나치의 더 좋은 품성에 호소하여 언젠가 문명으로 돌아올 것을 희망하기 때문이다."[2] 이러한 견해는 상당히 일리가 있다.

1937년에 이르러 제3제국을 찾은 미국인 방문객의 수는 연간 오십만 명에 육박했다.[3] 유럽 여행이라는 모험을 최대한 즐기기 위해 대다수 미국인들은 정치적 문제들을 쓸데없는 불청객이라 여기면서 간단히 무시해 버렸다. 독일인들은 외국 관광객의 환심을 사기 위해 최대한 노력을 경주했고 특히 미국인과 영국인은 더욱 환영했다. 이런 상황이었으므로 정치적 문제를 골치 아프다며 기피하는 건 그리 어려운 일이 아니었다. 미국인 관광객들이 나치 문제, 특히 인종차별 문제를 깊이 생각하지 않으려 한 데는 또 다른 이유도 있었다. 유대인 박해에 대해 나쁘게 얘기하면 그것은 곧 미국의 흑인 문제와 자동적으로 연결되었다. 보통 미국인들은 가능한 한 그 문제는 언급하지 않으려 했다.

전쟁 전에 독일에서 휴가를 보냈던 관광객 대부분이, 그 당시 자신들은 나치의 속셈이 무엇이었는지 알지 못했다고 회고한다. 게다가 라인란트나 바이에른 같은 유명 관광지만 잠시 들리는 방문객들의 눈에 나치가 저지른 죄악의 실상이 분명하게 드러날 리가 없었다. 물론 거리에 넘쳐나는 제복과 깃발들, 끊임없는 행군, "하일 히틀러!"라는 고함소리를 귀가 아플 정도로 보고 듣긴 했었지만, "독일인은 원래 저래" 하면서 대단치 않게 넘겨버렸다. 어딜 가든 눈에 띄는 반유대주의 포스터나 구호가 혐오스럽다는 얘기를 여행자들이 자주 하긴 했다. 그러나 유대인 차별 대우가 아무리 불쾌하다고 해도, 많은 외국인들은 그것이 독일 국내의 문제일 뿐이니 내정간섭은 안 된다고 생각했다. 게다가 관광객들 자신이 때때로 반유대주의자였으므로, 많은 사람들이 유대인에게도 일정한 책임이 있다고 생각했다. 제3제국을 비판하는 신문 기사를 보더라도 "신문이란 게 원래 별것 아닌 일도 대단한 사건처럼 떠들어대기 마련이다"라고 하면서 대수롭지 않게 넘겨버렸다. 사람들은 또한 과거 제1차 세계대전 개전 초기에 몇 주 동안 신문에 실렸던 독일인의 잔학한 행위들이 훗날 거짓으로 판명 난 사실들도 떠올렸다. 시인 루이스 맥니스는 그런 현상을 이렇게 노래했다.

그러나 우리는 그건 우리의 문제가 아니라고 생각했다.

관광객들이 원하는 건 현상유지였다.

관광객들을 위해 분명하게 규정된.

게다가 우리는 신문이 장난친다고 생각했다.

신문은 당파정치를 하고 노골적 욕설을 하는 데니까.[4]

　　지금까지 해온 얘기가 일반 관광객들에게는 들어맞는 얘기인지 모른다. 그렇다면 직업적인 이유로 제3제국을 여행한 사람들, 새로운 독일을 탐구하고 이해하기 위해 그곳을 찾은 사람들은 어떤 생각이었을까? 나치가 집권한 초창기 몇 달 동안, 많은 외국인들은 무엇을 믿어야 할지 난감해 했다. 히틀러는 괴물인가, 아니면 불가사의한 영웅인가? 몇몇 방문객들은 계속해서 유보적인 입장으로 남았지만, 해가 갈수록 더 많은 사람들이 독일에 도착하기도 전에 이미 마음의 결정을 내리고 있었다는 현실을 드러난 자료들이 증명해준다. 이들은 자신의 예상을 검증하는 것이 아니라 확인하기 위해 독일을 방문했다(이들은 소련을 방문할 때도 이랬었다). 독일을 방문하고 나서 자신이 갖고 있던 생각을 바꾼 사람들은 놀라울 정도로 소수였다. 그런 고로 우파에 속하는 사람들은 독일인에게서 근면과 진취성을 발견했다. 우파가 보기에 독일인들은 베르사유 조약의 해악을 떨쳐내면서 동시에 유럽 전역을 볼셰비즘으로부터 지켜내고 있는 사람들이었다. 우파 방문객들이 볼 때, 히틀러는 영감이 가득한 지도자였을 뿐 아니라 성실하게 평화를 추구하는 겸손한 사람이었다. 그리하여 이런 우호적 견해를 표명하는 우파 방문객들이 줄을 이었다. 반면 좌파 방문객들은 나치를 잔인하고 억압적인 체제라고 보고했다. 혐오스러운 인종차별 정책을 실시할 뿐 아니라 고문과 박해를 수단으로 시민들을 위협하는 독재정부라고 비난했다. 그러나 좌파든 우파든 한 가지 점에서는 의견이 일치했다. 수백만 국민들로부터 존경을 받는 지도자 히틀러는 독일을 완전히 장악했고, 이제 그 나라는 그의 손아귀 속에 있다는 것이었다.

중고교 학생들은 아주 흥미로운 여행자 그룹을 형성했다. 나치가 이처럼 혐오스러운 체제라는 맥락 속에서도, 독일 문화에 대한 감상(鑑賞)은 지적 성장과 인격 도야의 필수적인 부분으로 간주되었다. 그러나 이것만으로는 2차 대전 발발 직전까지 왜 그토록 많은 미국과 영국의 십대 소년들이 나치 독일로 수학여행을 갔는지 명확하게 설명하지 못한다. 나치와 그 "야만적" 문화를 경멸하던 부모들조차도 자녀들을 일정 기간 제3제국에 여행 보내는 것에 대해 아무런 양심의 거리낌을 느끼지 않았다. 수학여행을 떠나는 학생의 입장에서 보면 지적 성장과 인격 도야라는 원래 목적은 접어두고서라도 독일로의 여행이 결과적으로는 매우 보기 드문 체험이었다. 물론 그런 학생들 중에는 독일에서 돌아와 가족과 친지들에게 독일에 잠복해 있던 위험들에 대해 경고하는 학생들도 있었다. 그러나 일반 대중의 무관심 혹은 나치의 "업적"에 대한 동조, 맥줏집과 던들 여성복*에 대한 유쾌한 추억, 그리고 무엇보다 중요한 이유로, 또 다른 전쟁에 대한 두려움 등이 종합적으로 작용한 나머지 그런 경고는 소귀에 경 읽기가 되고 말았다.

전쟁에 대한 두려움은 제3제국을 바라보는 많은 외국인들의

---

* 독일 티롤 지방 농민의 여성복을 모방해서 만든, 몸에 꼭 끼는 조끼와 허리에 주름을 잡은 넓은 스커트. 원래는 하녀들의 복장이었다. 독일의 맥주 축제인 옥토버페스트에서 종업원들이 입는 의상도 바로 이것이다.

마음속에서 중요한 사항이었고, 이것은 특히 제대군인들 사이에서 두드러졌다. 이들은 이렇게 믿고 싶어 했다. 히틀러는 실제로 평화를 사랑하는 사람이다. 나치의 소란스러운 혁명은 곧 잠잠해지고 안정되어 문명화 단계로 들어갈 것이다. 독일의 의도는 그 시민들이 약속하는 것처럼 정말로 선량한 것이다. 제대군인들은 이렇게 생각한 나머지 새로운 독일을 자주 여행하면서 그 나라를 적극 후원했다. 이들은 아주 어렵게 살아남은 1차 대전의 악몽을 자신의 아들들이 다시는 겪어서는 안 된다는 생각에서 이런 반응을 보였고, 이는 충분히 이해할 만한 일이었다. 게다가 나치 체제의 질서 유지, 절도 있는 행군, 높은 효율성 등은 제대군인들을 원천적으로 매혹시켰다.

제3제국의 주요 특징인 장대한 횃불 행진과 이교도적 축제 행사 등은 자연스럽게 많은 외국인들의 입에 오르내렸다. 어떤 외국인들은 그 광경을 혐오스럽게 여겼는가 하면 어떤 외국인들은 신생 독일의 자신감을 화려하게 표현하는 행사라고 보았다. 많은 외국인들에게는 국가사회주의(나치)가 기독교를 대체하여 국교로 자리 잡은 것처럼 보였다. '피 그리고 땅Blut und Boden'으로 강조되는 아리안 우월주의는 독일 국민들에게 하나의 복음이 되었고, 퓌러(총통)는 이들의 구세주였다. 실제로 많은 외국인들(특히 친 나치가 아닌 인사들까지 포함하여)이 뉘른베르크의 나치당 정당대회나 대규모 횃불 행진 등의 초호화 행사를 참관하고서 깊은 감동을 받기도 했다. 나치는 대규모 군중의 심리를 배후 조종하는 방법을 그 누구보다 잘 알고 있었다. 그리고 많은 외국인들은 그런 군중심리에 휩쓸려 들어가는 자신을 발견하고 놀라움을 금치 못했다.

어떤 사람이든, 또 어떤 목적이 있었든, 제3제국을 방문한 여행자들은 모두 끊임없는 프로파간다에 노출되었다. 베르사유 조약은 불공정하다, 나치 혁명은 놀라운 성취를 이루었다, 히틀러는 평화를 신봉한다, 독일을 국방력을 갖출 필요가 있다, 독일은 예전 식민지들을 되찾아야 하고, 동쪽으로 발전해나가야 한다. 이런 것들이 프로파간다의 주된 메뉴였다. 그러나 나치가 가장 강력하게 내세우는 프로파간다, 미국과 영국이 독일의 편에 서서 합류해올 것이라고 확신하는 프로파간다는 "볼셰비키/유대인"의 위협이 엄청나다는 것을 그 배경으로 삼고 있었다. 나치는 외국인들을 상대로 이런 설교를 계속했다. 소련의 붉은 군대가 유럽 대륙을 휩쓸고 인류의 문명을 파괴해버리려 한다. 그런 붉은 군대를 상대하는 유럽의 최전선에 누가 서 있는가? 오로지 독일뿐이다. 많은 방문객들에게 그런 프로파간다는 일상적인 것이었다. 지나치게 자주 들려오니 익숙해져서 더는 귀담아 듣지 않는 사람도 많았다.

그런데 국가사회주의와 볼셰비즘의 정확한 차이를 파악한다는 것은 방문객들에게 아주 어려운 문제였다. 그들은 물론 나치와 공산주의가 철천지원수라는 것은 알았다. 하지만 이 두 사상의 목적과 방법에는 정확히 어떤 차이가 있는 걸까? 이런 방면에 대해 해박하지 않은 사람이 보기에 히틀러는 개인의 자유를 억압하고, 국가와 개인 생활의 모든 측면을 통제하고, 피의자를 고문한 뒤 형식적 재판을 하며, 무소불위의 비밀경찰을 운영하고, 대내외적으로 지독한 프로파간다를 수행하는 자였다. 이런 행태는 적어도 겉보기에는 스탈린의 공산 체제와 별반 다를 바가 없었다. 그래서 낸시 미트포드는 이렇게 적으며 빈정거렸다. "공산주의자와 나치주의자 사이에는 핀 하나 꽂아 넣을 차이도 없다. 공산주의자는 당신이 노동자가 아니라는 이유로 당신을 고문하여 죽인다. 나치는 당신이 독일인이 아니라는 이유로 당신을 고문하여 죽인다. 귀족들은 나치를 더 좋아하는 경향이 있고, 반면 유대인은 공산주의자들을 더 좋아한다."[5]

반(反) 나치 합창이 더욱 커지기 시작한 1937년에 이르기까지, 반 나치 전선의 영웅으로 등장하는 이들은 언론인과 외교관이었다. 물론 이들 중에도 일부 아주 명백한 친 나치 인사들이 있기는 했다. 반 나치 언론인과 외교관들은 정확한 그림을 파악하기 위하여 독일 전역을 폭넓게 여행한 뒤, 나치의 잔학성에 대해 일반 대중의 주의를 환기시키려고 노력했다. 그러나 이들의 보고는 자주 편집되거나 삭제되었고 때로는 사태를 과장한다는 비난을 받았다. 이들 중 많은 사람들이 불안감을 조성하는 독일 내 생활을 견디면서 오랫동안 그 나라에서 일을 해왔던 이들이었다. 특히 언론인들의 경우, 즉각 국외 추방이나 날조된 혐의로 나치 당국에 체포될 수 있는 위험을 감수하고 그런 사실 확인 노력을 꾸준히 해왔다. 이들의 여행 보고서는 단기간 방문객들의 일기와 편지 속에서 발견되는 독일 예찬론과는 내용이 전혀 달랐다. 단기간 머물다 가는 방문객들은 독일 현지 사정이 신문에서 떠들어대는 것처럼 그리 심각한 것은 아니라고 믿는 것을 더 좋아했다. 일반적으로 말해서 현지에 오래 산 사람과 일시적인 방문객의 관점은 서로 다를 수밖에 없다. 그러나 나치 독일의 경우, 그 두 관점은 놀라울 정도로 확연히 차이가 났다.

2차 대전 종전 후의 관점에서 되돌아볼 때, 1930년대에 독일을 방문했던 사람들의 문제는 너무도 손쉽게 흑백 논리로 귀결되어 버린다. 그러니까 히틀러와 나치는 악마이고, 그걸 이해하지 못한 사람들은 바보이거나 파시스트라는 것이다. 이런 상황에서 독자 여러분이 지금 손에 들고 있는 이 책이 나치 독일을 방문했던 외국인들의 총체적인 그림을 제시한다고 주장하지는 않겠다. 그렇지만 그 당시의 여행 기록을 남겨놓은 수십 명에 달하는 여행자들의 경험을 통하여 이런 사실을 제시하고자 한다. 어떤 나라를 제대로 이해하는 것은 종전 후에 해답을 모두 알고 있는 우리들이 생각하는 것처럼 그리 손쉽고 간단한 문제가 아니라는 것이다. 이 책에 인용된 여행자들의 기록은 황당하기도 하고, 어리석기도 하고, 감동적이기도 하고, 아주 사소한가 하면, 아주 비극적인 내용을 담고 있다. 아무튼 이들의 얘기는 제3제국의 복잡한 사정과 구조, 그 역설과 모순, 그리고 그 제국의 최종적 멸망에 대하여 신선한 시각을 제공한다.

덴마크

북 해

뤼베크

함부르크

브레멘

네덜란드

헤이그

오스나브뤽

뷔케베르크

하노버

하멜른

독

마

하르츠산

에센

루르 강

괴팅겐

뒤셀도르프

베저 강

바이마르

브뤼셀

쾰른

아헨

벨기에

본

라인 강

코블렌츠

프랑크푸르트

마인 강

바이

룩셈부르크

다름슈타트

뉘른

자르

1919~1933년 사이 프랑스령

하이델베르크

▲ 헤셀베르크

파리

알자스
로렌

스트라스부르

라인 강

오버라머

프랑스

가르

파르트

베른

스위스

"독일은 당신을 초대합니다(Germany invites you)"
우리가 오늘날 향유하는 관광이라는 개념이 이 시기에 많은 빚을 지고 있다는 사실을 알아가는 건 놀라운 일이다. 이 사진은 별도 화보에도 수록되었다.

1

드러난 상처

"독일은 당신을 초대합니다." 미국 관광객들을 겨냥한 관광 홍보책자는 이렇게 선언한다. 책자의 표지에는 가죽 반바지를 입고 깃털 모자를 쓴 어느 청년이 삼림 울창한 계곡을 걸어 건너는 모습이 새겨져 있다. 머리 위로는 고딕풍의 성채가 우뚝 솟아 있고, 뒤편으로는 눈 덮인 산들이 매혹적으로 설광(雪光)을 반짝거리고 있다. 활력으로 넘치는 이 도보 여행자가 가리키는 액자 안에는 뉴욕 항에 정박한 정기 여객선이 그려져 있으며, 그림 속 자유의 여신상 뒤에서는 떠오르는 태양이 밝고 새로운 미래를 암시하고 있다.

놀랍도록 매혹적인 표지이지만 더 놀라운 것은 이 소형 책자의 발간 날짜이다. 제1차 세계 대전이 종전되고 겨우 몇 달 지난 시점에 인쇄된 이 책자는 독일의 유수한 관광호텔들(가령 베를린의 호텔 브리스톨과 프랑크푸르트의 잉글리셔 호프 등)이 관광객을 유치하기 위해 벌인 과감한 홍보 활동의 일환이었다. 당연하게도, 그리 두껍지 않은 이 책자의 어디에도 대부분 독일에 책임이 있는, 극히 최근까지 유럽을 극도로 소모되게 만들었던 그 끔찍한 경험*을 암시하는 내용은 전혀 들어 있지 않다. 게다가 독일의 풍경에 대한 이 소책자의 긍정적인 문구들이 거짓은 아니었다. 전쟁을 겪은 뒤에도 독일의 자연은 여전히 아름다웠고 훼손된 곳도 거의 없었다. 전투는 대체로 독일 국경 밖에서 치러졌기 때문에 대부분의 독일 도시들은—적어도 물질적으로는—거의 피해를 보지 않았다. 이 관광 홍보책자는 독일의 20대 도시를 홍보하고 있는데 그 중 에센을 소개할 때만 전쟁을 간단히 언급했다. "한때 세계 최대의 무기고였던 이 도시는 이제 평화의 도구들을 생산하는 중심지가 되었습니다." 전쟁 전 행복한 시절의 독일을 기억하는 미국인들의 노스탤지어에 호소하면서, 이 소책자는 장래의 관광객 가슴에 낭만적이고 시적인 독일에 대한 "즐거운 회상의 파도"를 불러일으켰다. 또 독일의 대성당과 성채, 그 나라 예술 분야의 국보급 인물들인 바흐 · 베토벤 · 바그너 등을 떠올리게 만들었다.

이런 관광 초대에 솔깃하여 독일을 다시 찾은 미국인 여행객 중에는 해리 A. 프랭크도 있었다. 그는 불과 스물일곱 살이었지만 이미 여행 작가로서 출판을 한 경력이 있었다.* 종전 조약이 체결된 지 겨우 다섯 달 뒤인 1919년 4월에, 그는 라인 강 동쪽의 미 점령 지역들을 탐사하기 위해 독일 여행에 나섰다. 관광 홍보책자의 매혹적인 표지 그림 뒤에 음울한 패전국의 현실이 도사리고 있는 상

• 　제1차 세계대전을 말한다.

* 　1918년에 이를 때까지 프랭크는 다섯 권의 여행 서적을 발간했는데 그 중 제일 잘 알려진 것은 『세계 방랑 여행기 *A Vagabond Journey around the World*』(뉴욕, 센추리 출판사, 1910)다.

황에서 그것은 과감한 시도가 아닐 수 없었다. 책자의 표지에 등장한 청년은 참호 생활을 해본 적도 없고 포탄의 파편에 동료 병사들의 몸이 공중 높이 날아가는 광경을 본 적도 없었을 것이다. 하지만 그런 광경을 실제로 본 적이 있는 사람들과, 수백만 명의 굶주리는 독일 국민들에게 그 소책자의 쾌활한 프로파간다는 웃기지도 않는 농담으로 보였을 게 틀림없다. 프랭크는 건강한 젊은이다운 열광적 흥분에 빠져서 멋진 독일 여행을 기대했겠지만, 독일의 보통 시민들—그가 열렬히 접촉하고자 하는 사람들—은 종전 직후에 슬픔, 배고픔, 불확실함을 제외하고는 앞날을 예측할 수가 없는 상황이었다.

발족한 지 이틀째 되는 바이마르 공화국의 대표들이 11월 11일 종전 조약에 서명했을 때, 독일의 새로운 지도자들은 내우외환의 악몽에 직면해 있었다. 전쟁이 끝나기 전에도 이미 킬의 해군 폭동은 혁명을 촉발했다. 혁명이 전국으로 급속히 퍼져나가면서 그 뒤로 파업, 탈주, 내전이라는 후폭풍을 남겼다. 여기에다 독일 내에서는 두 정치적 세력 간에 심한 알력이 있었다. 한쪽은 고대 로마의 반란 지도자 스파르타쿠스의 이름을 딴 스파르타쿠스회로서 이들은 얼마 뒤 독일 공산당을 설립한다. 다른 한쪽은 볼셰비즘을 박멸해야 한다고 주장하는 우익 민병대인 프라이코프스였다. 그런데 로자 룩셈부르크Rosa Luxemburg와 카를 리프크네히트Karl Liebknecht가 이끄는 스파르타쿠스회는 제대군인들로 구성되어 잘 훈련된 준(準)군사 조직인 프라이코프스**를 당해낼 수가 없었다. 결국 1919년 8월에 이르러 스파르타쿠스회의 반란은 진압되었고 그 지도자는 주살되었다. 그러나 사회적 불안이 독일 전역에서 여전히 꿈틀거리는 상황에서, 전후 폭력 사태에 직접 가담하지 않은 사람들도 한 없이 비참한 미래에 직면하고 있었다. 그들은 국가 지도자들에 대한 믿음을 잃어버렸고, 공산주의를 두려워했으며, 전시의 봉쇄가 여전히 확고하게 시행되는 가운데 지속적인 기아에 시달리고 있었다. 1919년의 독일은 관광 홍보책자가 선전하는 휴가 보내기 좋은 매혹적인 나라가 아니라, 황량하고 절망적인 상태에서 신음하는 나라였다.

독일의 새로운 지도자는 사민당의 프리드리히 에베르트Frie-drich Ebert였다. 그는 양복쟁이의 아들로 태어나 마구상(馬具商)을 직업으로 갖고 있었던 사람이었다. 에베르트는 프로이센의 왕이자 빅토리아 여왕의 손자이며 독일의 황제인 과거의 국가 원수 빌헬름 2세와 근본적으로 아주 다른 사람이었다. 심지어 초라한 몰골에 몸집도 뚱뚱해 세련미라고는 찾아볼 수 없는 외모였다. 그러나 외국인들은 곧 그의 솔직담백한 매너에 빠져들었다. 한 영국인 관찰자는 이런 소감을 남겨 놓았다. "작고 둥글면서도 날카로운 그의 두 눈은 정직하고 선량한 유머로 반짝거렸다."[1] 1918년 12월 10일, 에베르트는 베를린의 브란덴부르크 문 앞에 서서 귀국하는 프로이센 왕실 근위대 소속 연대의 병사들을 맞이했다.

아들론이라는 이름을 달고 있는 유명한 호텔의 창립자인 로렌츠 아들론Lorenz Adlon은 호텔 발코니에서 병사들이 "우로 봐!" 지시에 일제히 오른쪽으로 고개를 돌리는 광경을 지켜보았다. 아들론

•• 일명 자유군단으로 알려져 있다. 바이마르 공화국 시기에 정부의 묵인 하에 활동했던 백색테러 조직으로 극우 성향의 제대군인들이 주축이었다. 훗날 우익 쿠데타인 카프 폭동에 가담했고 그 뒤에는 나치당에 흡수되었다. 나치 인사 중 상당수가 자유군단 출신이다.

같은 군주제 지지자들이 볼 때, 그것은 아주 씁쓸한 광경이었다. 이제 병사들의 시선은 멋진 말 위에 올라타 화려한 제복을 입은 카이저의 얼굴에 고정되어 있지 않았다. 병사들은 검은 연미복에 중산모를 쓰고 연단 위에 서 있는 국민대표 위원회 의장(그러니까 당시에는 에베르트)의 땅딸막한 몸집을 쳐다보고 있었다. 그렇지만 강력한 군주제 지지자들마저도 에베르트가 병사들을 향해 "그대들은 패배하지 않은 채로 귀국하였다"[2]라고 소리칠 때 가슴이 뭉클해지는 것을 느꼈다.

독일군이 패배하지 않았다는 확신은 뿌리가 깊었다. 외국인들은 이런 신념을 도처에서 확인하게 될 터였다. 프랭크는 종전 후 독일 여행을 나서기 전에 미국 해외 파견부대American Expeditionary Forces, AEF 소속 장교로 라인 강변의 코블렌츠 시에서 근무했었다. 거기서 수십 명의 독일 병사들을 인터뷰하는 임무를 맡았는데, 그 결과를 이렇게 보고했다. 독일 병사들은 하나 같이 군사적 관점에서 보면 자신들이 의심할 나위 없는 승자라고 믿고 있었고, 베를린에 있던 사악한 정치가들이 자기들의 등 뒤에서 칼을 찔러댄 것이며, 협상군의 비겁한 봉쇄 작전으로 식량이 부족해서 어쩔 수 없이 항복한 것뿐이라고 믿고 있었다는 것이다. 프랭크는 병사들의 이런 주장을 거듭하여 들었고, 북부 도시 슈베린에 사는 사촌 형제들에게서도 이와 별로 다르지 않은 이야기를 들었다.

그의 사촌들은 이렇게 말했다. "영국이 우리를 굶어 죽게 만들었을 뿐이야. 그게 아니었더라면 영국은 결코 승리하지 못했을 거야. 전선에 나가 있던 우리의 용감한 병사들은 결코 항복하지 않았어. 본국에서 허물어지지 않았더라면 그들은 단 일 야드도 후퇴하지 않았을 거야."[3] 프랭크는 병사들에게서 죄책감을 발견하지 못했다. 그는 후회를 표시한 독일인은 단 한 명도 본 적이 없다고 회상했다. 그는 이렇게 썼다. "그들은 전쟁을 자연스럽고 피할 수 없는 것으로 보는 듯했다. 그건 생활의 한 부분이었다. 도박 테이블에 나선 도박사가 돈을 잃으면 불운 탓을 하며 아무 후회도 하지 않는 것과 비슷했다."[4]

프랭크의 가계는 독일이었기 때문에 그는 라인란트의 군사 점령이 민간인에게 가하는 굴욕감에 특히 민감하게 반응했다. 그는 이렇게 썼다. "군사 점령은 낯선 군인들이 도시의 구석구석, 시민의 가정, 시민의 개인 생활에 스며드는 것을 의미했다. 그것은 굴뚝 뒤 벽장에다 감추어 놓은 것을 누군가 뒤져보는 것, 여유분 침대를 내주어야 하는 것 …… 당신 자신과 당신의 계획들을 점령당국의 규칙 때로는 변덕에 복종시키는 것을 의미했다."[5] 그는 또 독일인들이 미군 당국의 허가가 없으면 여행을 하지 못하며, 편지·전화·전신을 이용하지 못하고 신문을 발간하지도 못한다고 기록했다. 맥주와 와인보다 독한 술을 마실 수도 없었고, 서면 허가증이 없이는 카페에 모일 수도 없었다. 밤중에 가정집의 창문을 내려야 한다는 점령당국의 지침은 민간 생활의 아주 개인적 측면까지도 당국이 간섭한다는 뜻이었다.[6] 코블렌츠 시에서는, 시민에게 누가 그 도시의 지배자인지를 보여주기라도 하듯이 거대한 성조기가 내걸려져 온 사방 수 마일 밖에서도 볼 수가 있었다. 성조기는 라인 강 동쪽 강둑에 위풍당당하게 서 있는 에렌브라이트슈타인 성채의 꼭대기에 게양되어 하늘 높이 휘날렸다. 한 영국인 대령의 아내는 "점령지 깃발치고는 유독 큰 편이네요."[7]라고 떨떠름하게 말했는데, 미군의 승리

를 아주 노골적으로 보여주는 표
시였다.

농촌 지방의 도로는 "양키
병사들로 넘쳐났다". 그들을 태
운 군용 차량들은 도끼에 맞아
짝 갈라진 독일군 헬멧의 표식을
과시하듯 부착하고 있었다. 도처
에서 몸에 맞게 줄인 군복을 입
은 어린 소년들이 기념품, 가령
'신이여 우리와 함께하소서Gott
mit uns '라는 글귀가 새겨진 혁
대 버클이나 정수리에 꼬챙이가
달린 투구들을 사라고 졸라댔다.
낡은 회색 군복을 입은 청년들은
밭에 나와서 굵고 못생긴 순무를
뽑아서 수레에다 실었다. 순무는

"신이여 우리와 함께하소서
(Gott mit uns)"

프로이센 시절부터 제2제국, 제3제국까지 독
일군에서 공통으로 사용했던 문구다. 『마태복
음』 1장 23절의 "보라 처녀가 잉태하여 아들
을 낳을 것이요 그의 이름은 임마누엘이라 하
리라 하셨으니 이를 번역한즉 하나님이 우리
와 함께 계시다 함이라"(개역개정)에서 유래
했다. 사진은 제1차 세계대전 시기 프로이센
군의 벨트 버클이다. 어린 소년들이 관광객에
게 팔았던 것은 아마 이것이거나, 이것의 모조
품이었을 것이다.

전쟁 기간 내내 독일인의 아사를 막아준 유일한 식품이었다. 도로
에는 이처럼 군용 차량이 즐비하다면, 라인 강은 바야흐로 당일치
기 관광객으로 변신한 협상군 병사들을 태운 유람선들로 가득했다.
그들은 라인 강의 가장 유명한 지형지물인 로렐라이의 언덕을 지나
가면서 반독일적 노래들을 마구 불러 젖혔다. 프랭크는 이런 논평
을 했다. "바이데커(여행 안내 책자 제작자) 자신도 고국 땅이 1919년
봄에 외국인 여행자와 관광객들로 가득 들어차리라고는 상상도 하
지 못했을 것이다."[8]

또 다른 미국인 트루먼 스미스 중위도 전쟁에 참전했고 프랭크와 마찬가지로 미국 해외 파견부대에 근무했다. 그는 라인 강을 "아주 아름답다"고 생각했으나, 소나무가 울창한 언덕, 포도원, 폐허가 된 성탑 등으로 인해 "어둡고 오싹한" 곳이라고 기록했다.[9] 종전 조약의 체결 몇 주 후에 스미스는 뉴잉글랜드의 아내에게 이런 편지를 썼다. "훈족과 관련해 이곳에 사는 사람들의 분위기에 대해 알고 싶은 게 많을 거야. 그런데 그건 어려운 문제야. 간단하게 파악할 수 있는 정보가 아니지."[10] 하지만 그는 곧 독일인을 "스핑크스와 같이 수수께끼여서 그 속셈을 알 수가 없고 게다가 자부심이 강하다"라고 썼다. 적절한 작업 도구가 부족한데도 그들이 종전의 근면한 태도로 신속히 복귀하는 것에 대해 감탄을 표시하기도 했다. 스미스는 이런 논평도 썼다. 독일인들은 미국의 라인란트 점령을 아무 이의 없이 받아들이지만 새 공화국은 아주 회의적인 시선으로 바라보고 있다고 적은 뒤, "그들은 볼셰비즘을 아주 두려워하며 살아가고 있다"고 덧붙였다.[11]

스미스는 또 다른 무명의

꼬챙이가 달린 투구

독일어로는 피켈하우베Pickelhaube라 부르는데 꼬챙이Pickel와 투구haube의 합성어다. 제1차 대전 시기 독일 육군이 착용하던 투구였으나 대전 말기에 흔히 알려져 있는 투박한 독일군 철모인 슈탈헬름Stahlhelm으로 대체되었다. 사진 속 인물은 오토 폰 비스마르크다.

미국 관찰자의 이러한 논평에도 동의했을 것으로 보인다. "독일에 오래 머물면 머물수록, 독일인들의 단순함(때로는 병적으로 순진하고 때로는 화가 날 정도로 어리석은)과 다정다감함에 더욱 더 놀라게 된다." 이 무명의 논평자는 독일인들의 예기치 못한 인간적 따뜻함을 기이하게 여기다가, 영국이 점령한 쾰른 지역의 한 독일 여자로부터 그 이유를 듣게 되었다.

> 영국인들이 오기 전에 우리는 굶주리고 있었습니다. 그런데 지금은 돈이 돌고, 가게들에는 영국, 프랑스, 스칸디나비아에서 수입한 식품과 심지어 낙농제품들도 채워져 있습니다. 우리는 많은 영국인 장교들과 사병들이 다정한 사람들이라는 걸 발견했습니다. 나는 그들 중 한 사람과 결혼했습니다. 우리 집은 두 명의 영국 장교들을 기숙시키고 있었어요. 그들이 다른 동료들을 초대하여 우리 집에서 함께 저녁을 보낸 적이 있습니다. 그때 나는 펀치(포도주, 우유, 또는 더운물 · 레몬즙 · 향료 · 설탕을 섞어서 만든 음료)를 만들어 내왔지요. 손님 중 한 분이 그 펀치를 맛보더니 자기와 결혼해주지 않으면 결코 쾰른을 떠나지 않겠다고 했어요. 그래서 결혼하게 된 거지요, 뭐.[12]

미국이 점령한 구역에서는 영국의 점령 구역에 비해 비친교(非親交. 주민들과 어울리지 않음) 정책이 좀 더 강력하게 실시되었다. 그러나 철저히 단속하기는 어려웠다. 미군 소속의 "보병" 중 많은 이가 독일계 후손이었기 때문이다. 제1차 세계대전 발발 당시 약 팔백만의 미국인이 독일계 부모나 조부모를 두고 있었다. 이 젊은 병사들은 독일을 상대로 싸울 용의는 있었으나 독일 국민을 상대로는 싸울 생각이 없었다. 독일 가정주부들이 본국의 어머니처럼 그들의 옷을 빨아주고 과자를 구워주는데 어떻게 그럴 수 있겠는가? 독일 여성들에 대해서라면, "일반 병사들은 그녀가 맘셀°인지 프로이라인°°인지 신경 쓰지 않았다". 스미스는 이렇게 논평했다. "단지 그녀를 데리고 귀국하고 싶어 했다."[13]

전쟁의 승자들과 점령 지역 주민들 사이의 복잡한 관계는 바이올렛 마컴을 매혹시켰다. 건축가 조지프 팩스턴 경의 손녀로 아주 자유분방한 바이올렛은 1919년 7월 쾰른에 주재하게 된 육군 대령 남편을 따라 함께 독일에 왔다. 그녀는 곧 독일인의 예의바른 태도를 보고서 깜짝 놀라게 되었다. "우리가 정복자 자격으로 함께 사는 이 독일 사람들은 정말 공손하다. 그들을 패배시킨 사람들에게 어쩌면 저리도 불평불만이 하나도 없을까? 적어도 겉으로 보기에는 그랬다."[14] 그녀는 돔플라츠 광장에서 거행되는 영국군 열병식 행사에 많은 독일인들이 나타나서 구경하는 습관을 도저히 이해하지 못했다. 그녀는 협상군 병사들의 카키 제복의 물결 위로 "음울하고 거부하는 듯이" 우뚝 서 있던 대성당의 모습을 기억했다. 그러면서 이런 의문을 품었다. "만약 독일군 열병식이 버킹엄 궁전 앞마당에서 거행된다면 런던 시민들도 저렇게 많이 몰려들까?" 그런 행사들 중 특별히 기억에 남은 것도 있었다. 1919년 11월 11일, 종전 1주년에 그녀는 혹한 속에서 열병식 행사에 참가했다. 광장에는 고요한 정적이 감돌았고 "바람의 한숨소리만이 가끔 그 정적을 흔들어

• Mamselle. 처녀의 프랑스어식 표현.
•• Fraulein. 처녀의 독일어식 표현.

놓았다". 이어 트럼펫 주자들이 대성당의 계단 위에 서 있다가 앞으로 나서면서 〈더 라스트 포스트the Last Post〉를 연주했다.[15]

그녀와 남편이 기숙하는 집은 아주 편안했다. 쾰른의 다른 많은 집들이 그러하듯이 중앙난방을 제공하는 집이었다. 시간이 흘러가면서 그 집의 "프라우(안주인)"와의 관계는 돈독해졌지만 일층에 사는 주인집 식구들과의 생활은 전혀 다른 문제였다. 마컴은 이렇게 말했다. "심술궂은 표정의 요리사인 게르트루드는 예의와 도덕을 강조하는 여자였다. 그녀는 아주 지독하게 영국인을 미워했고 그래서 당번병들과 여러 번 싸움을 했다."[16] 게르트루드의 시각은 어쩌면 마컴 같은 사람이 독일에 오면서 겪으리라 각오했던 것만큼의 시각, 어쩌면 그보다 더 보편적인 시각이었을지도 모른다. 작가 위니프레드 홀트비 또한 그렇게 생각했다. 친구인 베라 브리튼에게 써보낸 편지에서 그녀는 쾰른을 "상심의 도시"라 묘사했다.

육군 보병들은 거리의 위아래로 행진을 했고, 아주 쾌활하고 다정하고 무책임한 표정들이었다. 그들의 숙소는 라인 강을 내려다보는 멋진 건물인 최고급 호텔에 마련되어 있었다. 호텔 밖에는 이런 공고문이 나붙었다. "독일인 출입 금지." 그들의 식비는 모두 독일인이 낸 세금에서 지불되었고 독일의 어린아이들은 환한 창문 밑으로 몰려들어 병사들이 비프스테이크를 먹어치우는 광경을 구경했다. 그것은 내가 보았던 것들 중에서 가장 천박한 풍경이었다.[17]

＊　＊　＊

종전 직후에 프랭크와 스미스 같은 군인들이 프랑스보다 독일을 더 좋아한다고 노골적으로 밝힌 것은 좀 놀라운 일이다. 그들이 보기에, 독일은 도시들이 프랑스보다 깨끗했고 사람들이 더 근면했으며, 배관 시설도 더 훌륭했고, 물가도 낮았다. 스미스는 이렇게 썼다. "적어도 바가지를 씌우지는 않았다."[18] 1919년 3월, 그는 본국의 장모에게 이런 편지를 보냈다.

> 대다수의 미국 병사들은 미워하고 경멸하는 마음으로 프랑스를 떠난다고 생각합니다. 그들이 금전 문제와 관련된 프랑스인의 태도를 좋아하지 않고, 그래서 프랑스에 근무하는 내내 불편함을 느끼는 것이 현실입니다. 미국인들은 자신들이 철저히 속았다고 느낍니다. 파괴된 성당이나 마을의 모습보다는 손수건 한 장에 십오 프랑을 받아내는 프랑스인들의 바가지가 미군 보병들의 마음에 갑절이나 더 큰 각인을 남기는 겁니다. 그렇지만 독일은 사정이 달라서 미국인 병사들에게 바가지를 씌우는 일이 없습니다. 군사령부의 통제가 심하지 않은 곳에서도 그렇습니다.[19]

프랑스가 독일의 손에 당한 온갖 피해를 감안해 볼 때, 이것은 다소 기이한 발언이다. 하지만 스미스만 이런 말을 한 것이 아니었다. 이런 반 프랑스적인 편견은 제1차 세계대전과 제2차 세계대전 사이에 독일을 여행한 사람들의 여행기에서 반복적으로 등장하고 있다. 모든 계급의 여행자들 사이에서 정치적 입장과는 무관하게 동일한 관점이 표명되고 있는 것이다.

스미스는 곧 독일인의 효율성에 감동하여 그것을 기록하게 된
다. 그는 아내에게 이렇게 썼다. "여기에서는 구세계의 매력을 별로
느끼지 못합니다. 활발하고 힘찬 나라와 대면하고 있다는 느낌이
듭니다. 이 나라는 과거에는 거만하고 위압적이었지만 현재는 국가
의 혼란한 상태에 놀라면서도 당당하게 맞서 싸우고 있습니다."[20]
독일은 패전했지만, "그래도 공기 중에는 힘과 활력이 넘친다는 것
을 느낄 수 있습니다".[21] 비교적 번창하는 협상국 점령지인 라인란
트에서는 스미스의 얘기가 틀리지 않았지만. 독일의 나머지 지역들
은 전혀 사정이 달랐다. 해리 프랭크는 그런 실정을 곧 발견하게 되
었다.

해외 파견 부대의 생활에 지루함을 느낀 프랭크는 군복을 어서
벗어버리고 독립적인 생활을 해야겠다고 결심했다. 마침내 전역 명
령을 받고 여행에 나선 그는 점령되지 않은 독일 지역에 들어가는
것이 종전 조약의 체결 이전에도 그랬던 것처럼 이후에도 여전히
어렵다는 것을 발견했다. 그러나 행운, 노력, 책략 등이 결합하여 프
랭크는 1919년 3월 1일 몸에 잘 안 맞는 네덜란드 양복을 걸치고서
(그는 기차로 네덜란드를 통과하여 독일로 들어왔다), 베를린의 안할터 기
차역의 승강장에 서서 앞으로 펼쳐질 모험을 기다리게 되었다. 대
성당 같은 아치와 높은 지붕을 자랑하는 기차역은 독일의 수도로
들어가는 멋진 관문이었다. 대도시는 힘과 자신감을 마음껏 뽐내고
있었다. 프랭크가 볼 때, 적어도 외양으로는 베를린이 십 년 전 마지
막으로 방문했을 때에 비하여 별로 달라지지 않았다. 의사당 건물은
"차가우면서도 적막하고" 카이저의 궁전들은 "내버려진 창고들"처

럼 보였지만, 호헨촐레른 왕가의 선조들을 선양하는 거대한 조각상들은 티어가르텐의 지게스살레 거리에 여전히 장엄하게 서 있었다. 가게들에도 상품들이 들어차 있었고 사람들은 옷을 잘 입었고 도시의 수많은 유흥 장소들도 만원이었다.[22]

종전 직후에 독일을 여행하면서 이런 평온한 일상성에 주목한 여행자는 비단 프랭크만이 아니었다. 국방장관 구스타브 노스케(과거 정육점 주인)는 육군 중령 윌리엄 스튜어트 로디에게 그것을 이렇게 설명했다. "그들은 겉모습에 속은 것이지요. 심한 폐결핵으로 죽어가고 있는 환자가 가끔 얼굴에 홍조가 떠올라서 마치 건강하게 보이는 것과 비슷한 겁니다."[23]

스튜어트 로디 중령은 런던의 육군성에서 독일 현지 사정을 정확하게 파악해 보고하라는 지시를 받고 베를린에 파견되었다. 독일어를 유창하게 구사했고(어린 시절 작센에서 교육을 받았다), 그 나라와 국민에게 애정을 갖고 있었으므로 로디는 그 임무에 적임자였다. 그는 이렇게 썼다. "우리는 편파적이고 일방적인 의견을 떨쳐버리기 위해 사회의 각계각층, 구석구석을 철저히 파고들었습니다. 우리가 어디를 가든 관용과 예절로 대접받지 않은 곳이 없었습니다." 그 후 칠 년 동안 군대의 민정 시찰 업무 수행을 위해 독일 전역을 여행하면서 시간을 보낸 스튜어트 로디는 이렇게 썼다. "정말 기이한 일은 이런 것이다. 내 임무는 독일인들에게 증오와 멸시를 받기 딱 좋은 그런 일이었다. 그렇지만 내가 그들로부터 무례하거나 모욕적인 언사를 겪은 일은 단 한 번도 없었다. 어려움은 있었다. 방해 공작도 있었다. 어리석은 짓도 있었다. 하지만 무례함은 없었다. 비굴함도 전혀 없었다."[24]

스튜어트 로디와 마찬가지로 프랭크도 베를린 시민들이 정복자들에게 보여준 관용에 놀랐다. 협상군 병사들은 안전을 전혀 걱정할 필요 없이 자유롭게 그 도시를 돌아다닐 수 있었다. 프랭크는 이렇게 썼다. "보병들은 마치 디모인*의 메인스트리트를 걸어가는 것처럼 운터덴린덴을 편안하게 걸어 다닐 수 있습니다." 그러나 전간기** 독일의 특징으로 자리 잡는 반공주의와 반유대주의의 모습이 이미 많이 나타나고 있었다. 거리의 벽마다 독일이 볼셰비즘에 굴복할 경우 그 사상이 국민들에게 저지를 오싹한 행위를 경고하는 요란한 천연색 포스터가 덕지덕지 붙어 있었다. "조국의 동쪽 대문들을 이미 두드리고 있는 위협을 저지하기 위해" 자원봉사자와 자금이 필요하다고 호소하는 포스터도 있었다. 폭력적인 스파르타쿠스회의 최근 반란 사건이 아직도 기억에 생생했기 때문에 이런 메시지는 베를린 시민들의 가슴에 공감을 불러일으켰다. 스튜어트 로디는 이러한 사태가 벌어지는 와중에 베를린의 포츠담 기차역에 도착했다. "기차역 근처에서 불쾌하게 들려오는 기관단총 소리 때문에 승강장에서 내려서던 나는 잠시 걸음을 멈추었다."[25] 택시 운전사가 브란덴부르크 문 위에서 기관단총을 발사하고 있는 저 병사는 적군과 싸우기 위해 베를린에 온 "로저 케이스먼트 여단 소속 아일랜드 병사" 중 한 사람이라고 설명해 주어도, 로디는 별로 안심이 되지 않았다.

1919년 5월 베르사유 조약의 내용이 일반에 공개된 후, 더욱 극

---

* 　미국 아이오와 주의 주도다.
** 　1, 2차 대전의 중간 시기.

렬한 내용의 포스터들이 프랭크의 눈에 들어오기 시작했다. 그는 그 중 전형적인 메시지를 담은 포스터 한 장을 보존해뒀다.

군국주의의 종말
유대인 통치의 시작!

우리는 50개월 동안 명예롭게 전선을 지켰고 패배하지 않았다. 그런데 우리는 이제 탈주병과 반란 병사들에게 치욕스럽게 배신을 당한 채로 고국에 돌아왔다! 우리는 자유로운 독일, 독일 국민의 정부를 발견하기를 기대했다. 그런데 지금 우리나라는 어떤가?

유대인들의 정부!

유대인들이 전선에서 함께 싸운 사례는 거의 없다. 그런데도 그들이 새 정부에 참여하고 있는 비율이 거의 80퍼센트에 육박한다! 유대인이 독일 전체 인구에서 차지하는 비율은 고작 1.5퍼센트에 불과한데도 말이다!

눈을 떠라!

동지들이여, 당신은 누가 피를 빨아먹는 자들인지 안다.
동지들이여, 누가 자원하여 전선으로 나갔는가?
누가 그 진흙탕 속에서 앉아 있었는가? 바로 우리들이다!
집에 있다가 앞 다투어 입대한 이들은 누구였던가?

유대인들!

이들은 막사와 사무실에서 쾌적하고 편안하게 앉아 있던 자들이 아니던가!

저 유대인 의사들은 같은 유대인들만을 전선의 참호로부터 보호해주었다!

우리 동지들은 총알받이가 되어 산산조각이 났는데도 '복무적합' 판정만을 내리는 저들이 말이다!

동지들이여, 우리는 스스로 결정하는 자유로운 사람이 되고 싶고 또 우리의 동포에 의해 통치 받는 사람이 되고 싶다. 국회는 오로지 우리의 피와 우리의 의견을 가진 사람들만 받아들여야 한다! 우리의 모토는 이런 것이 되어야 한다.

독일은 독일인에게!
유대인을 타도하자!

어딜 가든 목격되는 포스터들과 마찬가지로, 신문에도 광고들이 많이 나오는데 프랭크는 그 중 많은 것이 번창하는 물물교환 경제를 잘 보여준다고 기록했다. "가죽 장화 한 켤레를 족보 있는 닥스훈트 개 한 마리와 교환하기를 희망함." 또는 "네 벌의 와이셔츠를 작업복 상의 및 점퍼와 교환하기를 희망함."[26]

그러나 프랭크와 스튜어트 로디가 곧 알아챘듯이, 1919년 베를린 시민들에게 정말 중요한 단 한 가지 문제는 식량이었다. 어떤 대화가 되었든 결국에는 이 문제로 귀결되었고, 식량 부족의 문제는 매점매석하는 자와 아주 부자인 사람을 제외하면 일상생활의 모든 국면에 스며들어 있었다. 독일 전역에서 사람들이 굶고 있었지만 베를린은 상황이 특히 심각했다. "베를린에 가지 마시오!"라는 당국의 경고 포스터가 온 사방에 다 나붙어 있었으나, 일자리를 찾아 베를린으로 몰려드는 사람들을 제지하기에는 역부족이었다.

협상국들은 평화조약이 체결되기 전까지 독일인들을 계속 억눌러야 한다고 생각했기 때문에, 1914년 이후에 내려진 봉쇄 조치는 엄격하게 실시되고 있었다. 이것이 독일 전역에서 느껴지는 깊은 적개심의 한 사유가 되었다. 프랭크는 국경을 처음 넘었을 때 네덜란드 관리들이 아주 집요하게 음식물을 적발하는 광경을 목격했다. 그들은 아무리 사소하고 또 철저히 숨긴 물건이라 하더라도 예외 없이 찾아내어 다 압수했다. 어느 독일인 여인은 간소한 점심 도시락을 몰수당했다. 그녀가 열차 칸 한쪽에 주저앉아 소리 없이 훌쩍거리는 동안에, 일단 안전하게 독일 지역으로 들어온 두 남자가 용케 적발을 피한 밀수품을 꺼냈다. 한 남자는 바지 주머니에서 소시지 한 줄을 꺼냈고, 다른 남자는 명함 크기의 종이비누 여러 장이 든 묶음을 꺼냈다. "그는 종이비누 서너 장을 친구에게 내밀었다. 친구는 그처럼 힘들게 확보한 물품을 받을 수 없다며 처음에는 거절했다. 그가 계속 받으라고 고집하자, 친구는 고마워하며 고개를 숙였고 감사의 표시로 모자를 두 번 들어 올린 후에, 그 종이비누 몇 장을 개인 문서들 속에다 집어넣었다."[27]

외국인 방문자들은 툭 튀어나온 광대뼈, 창백한 안색, 헐렁한 옷 등으로 베를린 시민들을 첫눈에 알아보았다. 가난한 사람들만 배를 곯는 것은 아니었다. 한때 중산층이었던 사람들도 똑같이 어려움을 겪었다. 스튜어트 로디는 시장이 공공 주방으로 바뀐 상황을 묘사했다. 각계각층 출신의 사람들 수천 명이 그곳에 와서 매일 음식을 조달했다. "가난은 모든 것을 평등하게 만드는 위대한 수평자입니다. 넝마주이도 교수와 함께 어깨를 맞대고 서서 음식을 먹습니다. 오한과 수척함, 여윔과 비참함을 드러내는 기이한 장면이지요."[28] 심지어 학교 교실에서도 "너 왜 그렇게 말랐니?" 하고 말하는 것은 금기사항이었다. 프랭크는 이렇게 말한다. "전쟁 전과 비교하면, 교실에서 혈색 좋은 붉은 뺨의 학생은 두 명도 찾아보기 어려웠다. 최근 농촌에서 전학을 와서 안개 속의 보름달처럼 얼굴이 환한 아이가 나머지 학우들의 창백한 얼굴을 더욱 강조할 뿐이었다." 식사 장면은 더 이상 연극 무대에서 찾아보기 어려웠다. "그런 장면이 나오면 가장 쾌활한 코미디도 갑자기 눈물바다의 멜로드라마가 되어버리기 때문이었다."[29]

프랭크는 곰팡이 냄새가 나는 "전쟁" 빵을 특히 혐오스럽다고 생각했다. 그 빵은 "절반은 톱밥이고 절반은 진흙으로 검고 무겁기가 아메리카 인디언의 진흙 벽돌 같았다." 프랭크는 계속해서 이렇게 썼다. "하지만 독일의 일반 대중은 이런 조악한 식품에 의존하여 1915년 이래 근근이 살아왔다. 그들이 1차 대전에서 항복한 것은 그리 놀라운 일이 아니다!"[30] 심지어 순무로 젤리랄까, 아니면 모조 마멀레이드랄까 싶은 걸 만들어 발라 먹기도 했지만 그래봐야 별로 나아질 것은 없었다. 영양가도 별로 없어서 이걸 먹고 하루 종일 일하는 것은 사실상 무리였다. 대용으로 만족해야 하는 것이 식품만은 아니었다. 밧줄에서 고무, 셔츠에서 비누에 이르기까지 모든 것이 대용품이었다. 때때로 신통한 것도 있었지만 대체로 쓸모가 없었다. 신문들은 독일이 이제 대용품 국가가 되었다고 보도했다.

그러나 도움은 가까운 곳에 있었다. 1919년 부활절에 트럭 두 대가 봉쇄를 통과하여 베를린에 도착했다. 화물은 소위 듣도 보도 못한 사치품으로, 담요, 소고기 조각, 응유(凝乳), 코코아, 기저귀와 잠옷 등이었다. 각 소포에는 이런 메시지의 쪽지가 부착되어 있었다. "배고픈 아이들과 그들의 가난한 어머니들에게 보내는 사랑의 선물. 잉글랜드의 '친구들의 모임(퀘이커교도들)'과 그 지지자들로부터."[31] 그로부터 석 달 뒤인 7월 5일, 네 명의 "꽤나 어리숙한" 영국인 퀘이커교도(남자 두 명과 여자 두 명)들이 안할터 기차역의 승강장에 서 있었다. 그들을 마중 나온 사람은 없었고 갈 데도 없었다. 사람들의 주목을 받을까 봐 누구에게 다가가 말을 붙일 수도 없었다.[32] 그러나 신앙의 신비는 아주 기이하게 작용했다. 밤이 되기 전에 그들은 전쟁 전에 런던 대사를 지낸 리치노프스키 공작의 저택—화려하여 전혀 퀘이커답지 않은—에 묵게 되었다. 그 네 명 중에 가장 유명인사인 조앤 프라이는, 블룸즈버리 그룹*의 인사인 미술 평론가 로저 프라이Roger Fry의 누나였는데, 리치노프스키 공작부인의 친한 친구이기도 했다. 조앤은 그들이 한 최초의 행동은 공작부인의 화려한 손님방들 중 하나에서 회의를 개최한 것이었다고 기록했다. 조앤은 마흔다섯이 되도록 보호자가 없이는 외출도 하지 않고 극장에조차 가본 적이 없는 여자였지만, 그 어려운 구호 임무를 망설이지 않고 자원해서 나섰다. 그녀는 부모 양쪽 계통이 모두 8대에 걸쳐 퀘이커교도인 집안 출신이었다. 조앤은 협상국의 봉쇄 때문에

• 소설가인 버지니아 울프와 에드워드 포스터, 경제학자인 존 케인스, 철학자인 존 에드워드 무어 등 케임브리지 대학이나 킹스컬리지 런던을 다녔거나, 블룸즈버리에 살았던 예술가, 지식인의 모임으로, 로저 프라이는 이 모임의 주축 인사였다.

베를린 시민들이 받는 고통을 완화해 주고, 사기가 떨어진 시민들을 상대로 퀘이커교도의 공감 능력을 보여주려는 구호 업무에 적극 나섰다.

1차 대전 직후에는 이런 부정적 여파가 극심했으므로, 외국인들이 독일 일대를 여행하기에는 그리 최적기가 아니었다. 하지만 프랭크, 스튜어트 로디, 스미스, 프라이 같이 점령 지역 이외의 지역을 자유롭게 돌아다닌 소수의 사람들에게 그 여행 체험은 의미심장하면서도 감동적인 것이었다. 그들은 독일인들이 불운한 운명을 흔쾌히 받아들이는 건 아니지만 그래도 꾹 참으며 살아가는 자부심 높고 근면한 국민이라는 인상을 가지고 그 여행을 마쳤다.

2

깊어지는 고통

퀘이커교도들은 시간을 낭비하지 않았다. 베를린에 도착한 지 며칠 만에 그들은 한 병원에서 피크닉을 개최했고 그 행사에서 "적십자사의 글락소Red Cross Glaxo*, 플레인 아가씨의 치킨 젤리, 도로시 퍼킨스(포도) 한 송이 등"의 별식이 제공되었다. 조앤 프라이의 한 동료는 이렇게 썼다. "그들에게 두텁게 썰어 마가린을 바른 빵에 당밀을 듬뿍 나누어주는 것은 즐거운 일이었다."[1] 그 후에 훨씬 규모가 큰 미국 퀘이커교도 그룹이 베를린에 도착하여 "어린이 급식" 운동을 주도했다. 허버트 후버Herbert Hoover가 지원하는 원조 프로그램으로, 그것이 절정에 달한 때에는 약 백칠십오만 명의 어린이들에게 영양가 높은 식품을 제공했다.

조앤 프라이와 그 동료들은 베를린에 오래 머물지 않았다. 베

• 글락소는 영국의 제약회사다.

르사유 조약이 체결된 지 딱 한 달 후인 1919년 7월 28일, 그녀는 본국에 에센과 뒤셀도르프를 다녀온 소감을 적어 보냈다. 그들은 현지의 석탄 부족 현상을 알아보기 위해 그 도시들을 둘러보았었다. 그들이 살펴본 현장은 참담했다. "어디를 가든 석탄 부족 문제가 집요할 정도로 끈덕지게 나타났습니다." 프라이는 런던에 보고했다. 석탄이 부족하다 보니 사람들로 빽빽이 들어찬 그들의 기차도 가끔 멈추어 서서 몇 시간이고 계속하여 움직이지 않았다. 역장은 그녀에게 말했다. "대체 뭘 기대한 겁니까? 프랑스와 영국이 석탄을 다 가져가버리는 바람에 우리는 기차를 운행할 수가 없어요."[2] 기차 연착만이 여행이 위험한 유일한 이유는 아니었다. 먹을 것이 거의 없었고, 열차 좌석을 덮는 천은 오래 전에 뜯겨져 나가 사람들의 옷으로 바뀌었으며, 가죽 고정 장치가 사라져버린 차창은 잘 들어맞지 않거나 깨져 있었다. 퀘이커교도들은 지칠 줄 모르는 여행자들이었고, 이 여행은 프라이와 그 일행이 베를린 본부를 거점으로 향후 칠 년 동안 계속하게 될 유사한 여행들의 첫 번째 사례였다. 그들은 구호 사업을 조직하고, 회의에 참석하고, 들으려 하는 사람이라면 누구에게든 평화와 화해의 메시지를 전했다.

조앤 프라이나 해리 프랭크처럼 1919년 여름에 라인 강 동쪽 지역을 여행한 외국 민간인들은, 베르사유 조약 체결(1919년 6월 28일) 직후에 독일 일반 대중이 느끼는 충격과 절망을 선연하게 엿볼 수 있었다. 그들은 비록 전쟁에서 패배했지만 그것은 명예로운 패배였고, 윌슨 대통령이 독일에게 공정하게 대할 것이라고 확고히 믿고 있었다. 그랬던 만큼 독일인들 대부분은 그들 나라에 가해진 저 굴욕스러운 조치에 대해 전혀 대비가 되어 있지 않았다. 그 조약에 따르면, 독일은 모든 식민지들(그 중 아프리카에 있는 것이 가장 값나는 것이었다)을 포기해야 하고, 독일 내의 생산적인 산업 지역들은 적어도 향후 십오 년간 외국의 통제를 받아야 하며, 상상하기 어려운 배상금을 지불해야 했다. 독일 육군은 병력을 십만 수준으로 감축해야 하고 해군 또한 10분의 1 수준으로 줄여야 했다. 단치히 항구는 거기에 독일인이 훨씬 많이 사는데도 폴란드에게 발트 해로 나가는 통로를 보장해주기 위해 폴란드로 관할권이 이관되었다. 이렇게 하여 "폴란드 회랑"이 창설되었고 그 때문에 독일의 나머지 지역은 동프로이센 주와 절연되었다. 게다가 독일은 전쟁을 일으킨 책임을 인정하는 "유죄 조항"에 서명해야 했었다. 그러나 많은 독일인들이 치욕적인 요구라고 생각한 것은 카이저와 1천 명의 저명인사들을 협상국 사령부에 넘겨서 전범 재판을 받게 해야 한다고 규정한 조항이었다.

그해 여름에 프랭크와 프라이가 기차 내에서 독일인 승객들과 나눈 대화는 특히 시사하는 바가 많았다. 어느 나이든 부인은 조앤에게 이런 말을 했다. 그 부인은 전쟁 중에는 아무런 증오를 느끼지 않았으나 평화 조약으로 엄청난 분노를 느꼈다고 했다. "다른 사람들과 교류를 할 수 없는 무법 추방자 대우를 받는 것은 배고픔이나 끊임없는 불안보다 더 나쁜 것이에요." 또 다른 독일 여성은 이런 말을 했다. 평화로운 시기에 그녀는 영어로 말하는 것을 즐겨 했었다. "그러나 이제는 다들 의기소침해서 영어라고 하면 들으려고 하지 않아요."[3] 독일 여자들은 베르사유 조약 전체에 대해 극도로 분개했지만, 나이든 남자들은 식민지의 상실을 뼈아프게 생각했다. "영토를 잃어버리는 것보다는 고액의 배상금을 지불하는 게 더 낫다 …… 협상국들이 우리를 발칸 반도로 만들려고 한다 …… 우리를 완전히 '파괴vernichten'하려는 거다 …… 우리는 윌슨을 믿었는데 그는 우리를 배신했다." 더욱 음울하게도, 어떤 사람들은 미래에 대한 두려움을 이렇게 표현했다. "이제 우리는 아이들에게 가능한 한 일찍부터 증오심을 불어넣어야 해요. 그래서 삼십 년쯤 뒤에 때가 무르익으면……."⁴

종전 조약 직후의 몇 달 동안 독일인들 사이에서 살면서 그들의 미덕을 존경하게 된 스튜어트 로디와 트루먼 스미스는 독일인들의 이런 정서에 공감했다. 스미스는 그런 가혹한 조약이 체결된 것은 프랑스 때문이라며 그 나라를 비난했다. "……물론 프랑스에게서 인간적 자비심이나 세상의 미래에 대한 배려는 기대할 수 없는 것이었다. 그래서 우리도 실망의 쓰디쓴 잔을 마셔야 했다. 나는 전쟁 중에 더 좋은 시대가 지평선 너머에 기다리고 있다고 기대했고 우리의 노고, 희생, 소중한 사람들과의 이별이 '더 큰' 평화로 결실을 맺을 것을 소망했었다."⁵ 그보다 뒤에 글을 쓴 스튜어트 로디는 협상국들의 가장 큰 실수는 종전 조약과 조약의 비준(1920년 1월) 사이의 십사 개월을 그냥 흘려보낸 것이라고 지적했다.

협상국들이 독일에 선고를 내릴 수 있는 적기는 이미 지나간 지 오래였다. 독일은 그들 자신과 그들의 옛 지도자들에 대한 재판을 했고 독일과 그 지도자들이 저지른 최악의 실수를 고살(사전 모의 없이 저지른 살해)이라고 선고했다. 그런데 독일의 그런 재판이 인정되지 않았다. 베르사유 조약에서 독일은 모살(사전 모의에 의한 살해), 강도, 폭력 등으로 기소가 되었고 그런 죄목으로 유죄판결을 받은 것이었다.⁶

그러나 이런 암울한 상황 속에서도 가끔 한 줄기 밝은 세계의 빛이 찾아들었다. 조앤 프라이는 여행 중 메클렌부르크의 광대한 옥수수 밭을 통과하다 목격한 들판을 갈아엎는 아홉 필의 말들이 지나가는 광경과, 엘베 강 하구 북쪽의 광활한 바다 위로 태양이 지던 광경을 기억했다. 그녀는 또한 어느 날 밤의 피아노 연주를 잊지 못했다. 비록 당시에는 "굶고 있는 어린 아이들의 말라빠진 사지와 힘없고 위축되고 축 늘어진 회색 얼굴들"[7]이 도처에서 발견되던 시절이었지만, 그래도 별들이 밝게 빛나는 하늘 아래에서 그녀의 친구 알브레히트 멘델스존Albrecht Mendelssohn*이 피아노로 그의 할아버지 곡을 직접 연주해주었을 때의 그 감동을 생생하게 기억했다. 바이올렛 마컴은 라인란트를 "매혹의 정원"으로 기억했다. 그 생생한 초록색 들판, 노란 겨자 밭, 나무 숲 꽃들의 형형색색이 "청명한 햇빛 속에 함께 녹아들어 있었다".[8]

프랭크 또한 낙조의 기억을 갖고 있다. 뮌헨에서 바이마르까지 육 주간의 도보여행에 나선 그는 첫날밤을 호헨카머라고 하는 작은 마을의 여인숙에서 묵었다. 그는 이렇게 썼다. "나는 이런 상상을 해보았다. 만약 어떤 도보여행자가 한 무리의 미국인 농부들을 만나 자신을 군대에서 막 제대한 독일인이라고 밝혔다면 어떤 일이

---

* 작곡가 펠릭스 멘델스존의 손자인 알브레히트 멘델스존 바르톨디(1874-1936)는 국제법 교수였고 적극적인 평화주의자였다. 그는 1912년에 영국과 독일 사이의 친선관계를 추구하는 위원회의 위원으로 임명되었다. 1920년에는 함부르크 대학의 외국법 교수로 임명되었고 1923년에는 해외정책 연구소를 설립했다. 이 연구소는 평화 문제를 조사 연구하는 연구소로는 최초의 것들 중 하나였다. 히틀러가 1933년에 집권하자 멘델스존은 교수직에서 사임해야 했다. 그는 1934년에 영국으로 갔고 그곳에서 베일리얼 칼리지의 수석 연구 펠로가 되었다. 그는 1936년 11월 사망했다.

벌어졌을까? 아마도 유쾌한 시간을 보내기는 어려웠을 것이다. 하지만 나는 호헨카머 마을의 여인숙에서 아주 유쾌한 저녁 한때를 만끽할 수 있었다."[9] 이튿날은 아주 날씨가 좋았고 프랭크는 이런 기록을 남겼다.

나는 부드럽게 융기하는 짙은 초록색의 들판을 가로질러 출발했다. 그곳에는 샘물과 거의 짙은 흑색으로 보이는 상록의 숲들이 교차했다. 그 숲을 통하여 넓은 연회색의 고속도로가 뻗어 있었다. 도로를 따라 오르락내리락 하는 것은 천천히 맥박 치는 바다 위에 떠 있는 거대한 원양 어선이 위아래로 떠올랐다 내려갔다 하는 것과 비슷했다. 몇 마일마다 작은 읍이 지평선 위에 나타났다. 때로는 고속도로 바로 옆에 있는가 하면 때로는 물결치는 듯한 산등성이 위에서 고속도로를 내려다보고 있었다. 그것은 아주 깨끗한 읍들이었다. 잘 청소해놓은 바닥에서 첨탑에 이르기까지 먼지 하나 없는 하얀 벽토를 바른 교회 같았다. 그 읍들은 벨벳처럼 부드러운 초록의 풀밭이나 비옥한 들판으로 둘러싸여 있었다. 들판에서는 읍의 남녀 주민들이 열심히 밭을 갈고 있었으나 그날 하루의 노동을 결코 서두르지 않았다. 이런 소박하고 온유한 사람들이 근대 역사상 가장 야만적이고 잔인한 전사라는 전 세계적 평가를 받는다는 것이 정말로 상상하기 어려웠다.[10]

* * *

1923년 2월 28일, 바이올렛 보넘 카터는 하녀와 함께 런던의 리버

풀 스트리트 역에서 기차에 올랐다. 허버트 애스퀴스Herbert Asquith (영국의 총리. 1908~1916)의 딸이자 곧 전국자유연맹의 의장으로 선출될 예정인 카터가 베를린행 기차에 오른 것이었다.

카터의 방문 목적은 프랑스의 루르 지방 점령 상황을 점검하기 위한 것이었다. 그녀는 평소 그 점령 행위를 "위험스러운 광기"라 여겼다. 1월 11일, 육만 명의 프랑스와 벨기에 군대가 독일의 산업중심지로 행군해 들어왔다. 베르사유 조약에 의해 제공받기로 한 석탄을 독일이 내놓지 않자 강제로 빼앗아가려는 목적에서였다. 보넘 카터가 볼 때 프랑스가 고집하는 배상 정책은 도덕적으로 부당하고 정치적으로 미친 짓이었다. 1923년에 이르러 독일이 협상국들에 진 빚은 66억 파운드에 달했는데 2013년 시세로 따지면 2,800억 파운드에 달하는 액수*였다. 영국과 미국의 많은 사람들이 카터의 의견에 동의하면서 독일이 경제적으로 붕괴하면 공산주의자들에게 승리를 가져다줄 뿐이라고 보았다.

베를린으로 가는 여행은 불쾌했다. 기차는 지저분하고 혼잡했다. 심각하게 저질인 석탄을 연료로 사용했기 때문에 기차의 속도도 매우 느렸다. 카터는 국경에 들어서자마자 독일 인플레이션의 심각성을 체험했다. 조만간 그 인플레이션은 하이퍼인플레이션**으로 바뀔 것이다. 그녀는 2파운드를 내고서 20만 마르크를 받았다. "제대로 들 수조차 없을 만큼 무거운 지폐더미였다." 그렇다고 "5천 마르크가 5센트래"라며 시시덕거리는 미국인들의 말을 웃으며 받

● 　당시 환율 대비 한화로는 500조 원 정도다.
●● 　통제할 수 없는 화폐가치의 하락으로 물가가 급격하게 오르는 현상을 의미한다.

아들일 수는 없었다. 이런 환율을 갖고 농담거리로 삼는다는 것이 그녀에게는 참아줄 수 없을 정도로 기괴한 연극의 한 장면 같았던 것이다. 그러나 그녀는 독일 배를 사들이고 독일 선원들을 고용하기 위해 독일로 여행 중이던 애버딘의 물고기 장수와는 유쾌하게 대화를 나누었다. 그 상인은 독일 선원들이 모국의 인력들보다 훨씬 우수하다고 말했다. "나는 이제 친독일 인사가 되었습니다. 우리 물고기 상인들은 다 그렇습니다."[11]

3월 1일 오후 열시 삼십 분, 열다섯 시간의 여행 끝에 그들은 베를린에 도착해 영국대사관으로 직행했다. 그곳에서 주독 영국대사 대버넌 경과 그 부인 헬렌과 함께 묵을 예정이었다. 카터는 일기에다 이렇게 썼다. "먼지를 뒤집어쓰고 피곤한 상태로 깨끗하고 안락한 대사관에 도착하니 마치 천국에 온 기분이었다. 타일러가 문을 열어줬다. 헬렌은 지난 밤 무도회 끝에 이미 침실에 들었지만 대버넌 경은 아직 깨어 있다고 했다. 이토록 크고 쾌적한 방에 그 혼자 앉아 있는 것이 다소 우스꽝스럽다는 생각도 들었다. 무도회 방은 노란 공단으로 장식되었는데, 보기 흉한 독일식 돋을새김 장식들은 멋진 양탄자를 덮어서 가렸다.[12] 빌헬름 슈트라세에 있는 대사관은 멋지고 아름다운 건물은 아니었지만 그래도 위풍당당했다. 대사관 정면은 거리를 바로 내다보고 있었고 그 뒤로는 음울한 아들론 호텔이 우뚝 솟아 있었다.

전후 최초의 주독 영국 대사인 대버넌 경은 1920년 10월 이래 그 자리를 지키고 있었다. 육 피트 키에 올림푸스 신들처럼 당당한 체구의 그는 모든 면에서 대사다웠다. 맡은 업무가 쉬운 것이 아니었으나 그래도 프랑스 대사 피에르 드 마저리에 비하면 한결 처지

아들론 호텔

각국의 유명인과 정치인들이 묵은 베를린의 명소로 사진은 1919년 5월 14일의 것이다. 건물 앞으로 '평화 조약'에 반대하는 소년 시위대의 모습이 보인다.

가 나왔다. 루르 강제 점령 이후 프랑스 대사는 프랑스 국민과 함께 독일 내에서 사회적 기피 대상이었다. 베를린에서 프랑스인과 벨기에인에게 음식을 파는 식당은 아들론 호텔 내의 레스토랑이 유일했다. 거의 모든 가게에는 이런 공고문이 나붙었다. "프랑스인과 벨기에인 출입 금지Franzosen und Belgier nicht erwunscht." 보넘 카터에 의하면, 이런 상황은 드 마저리 대사에게 특별히 고통스러운 것이었다. 그는 이런 사태가 벌어지기 고작 몇 주 전에 "독일인들에게 사랑받기를 기대하면서"[13] 베를린에 도착했던 것이다.

당대 최고의 미녀로 명성이 높은 대버넌 부인은 전쟁 중에 프랑스에서 마취 간호사로 일한 경력도 있는 아주 용감한 여인이었다. 그녀는 베를린에서 자신이 해야 하는 일에 대해 아무런 환상도 품고 있지 않았다. 그녀는 1920년 7월 29일자 일기에 이렇게 적었다. "이들과 비교적 유쾌한 정상적 관계를 확립하고 유지하려는 데는 엄청난 노력과 끈질긴 선의가 필요할 것이다." 그녀는 독일과 독일 문화를 싫어했으므로, 그녀가 해야 할 역할은 좋아서 하는 것이라기보다 의무감에서 억지로 해야 하는 것이었다. 베를린이라는 도시가 방문객들에게 제공하는 장점이 무엇이 되었든, 매혹이 그 목록의 선두를 차지하지는 못했다. 대버넌 부인의 말에 의하면 "그곳에는 비좁은 거리도, 높고 낮은 길의 변화도, 구불구불한 통로도, 갑작스럽게 나타나는 안뜰이나 모퉁이 같은 것도 없었다".[14] 그래도 티어가르텐의 눈밭 위를 굴러가는 말이 끄는 썰매의 광경만은 마음에 들어 했다.

썰매를 끄는 말에는 언제나 소리를 내는 자그마한 종들이 달려 있었다. 마구(馬具)는 근위기병의 모자에 달린 깃털 같이 생겼으나 그보다는 훨씬 더 큰, 하얀 말총의 깃털 장식으로 뒤덮여 있었다. 썰매들은 종종 진홍색이나 밝은 푸른색으로 페인트칠이 되어 있었고 그 썰매를 타고 가는 사람들은 두꺼운 모피 옷을 입고 그림 같은 18세기 프랑스풍의 인상을 연출하려고 애를 쓰고 있었다.[15]

개인적으로 독일을 좋아하지 않으면서도 헬렌 대버넌은 예리한 관찰자였다. 그녀는 독일 외무장관과 부인을 처음으로 만난 후에 이렇게 썼다. "베를린에서는 가난과 긴축을 드러내놓고 자랑하는 것이 하나의 유행이다. 그래서 그런 지배적인 분위기와 조화를 이루기 위해 나는 청교도풍의 단순함을 강조하는 비둘기 색깔의 엄숙한 프록(가슴 부분과 스커트가 붙은 여성복)을 입고 나갔다."[16] 그래도 최초의 접견 행사 때에는 모든 근검절약 조치를 잠시 보류하고, 전쟁 이전과 똑같이 화려하고 위엄 넘치는 영국 대사관의 모습을 연출했다. 무도회장에는 꽃들이 흘러 넘쳤다. 하인들은 멋진 황갈색 혹은 진홍색 제복을 입고 손님들을 접대했다. 전쟁 전부터 근무했던 프리츠와 엘프는 챙을 위로 젖힌 모자에 황금빛 레이스로 장식된 롱코트를 입고 대사관 출입문 앞에 서서 왕실 문양이 정교하게 장식된 막대기를 앞으로 쭉 내뻗고 있다가 중요한 손님이 도착할 때마다 그것으로 바닥을 세 번 두드려 도착을 알렸다. 나중에 대버넌 부인은 "우크라이나에서 온 볼셰비키를 제외하고 그 누구하고도 재미있는 말을 열 마디 이상 나누지 못했다"며 투덜거렸다. 그녀는 또 이런 말도 했다. "그 볼셰비키의 정치적 사상은 앙시앵레짐 스타일의 무도회를 마음껏 즐기는 것을 전혀 방해하지 않았다."[17]

대사 부인은 감상적인 여자가 아니었고 어려움을 말하는 독일인의 호소에도 전혀 마음이 움직이지 않았다. 조앤 프라이조차도 그녀에게 깊은 인상을 남기지 못했다. 대사 부인은 이렇게 썼다. "미스 프라이는 아주 자기희생적이고 또 불타는 열정을 보여주고 있다. 그러나 그녀의 동정은 거의 전적으로 독일인을 향한 것이다. 그녀는 영국 내에서 벌어지고 있는 고통과 박탈에 대해서는 언급하지 않는다."[18] 대버넌 부인은 바이올렛 보넘 카터를 상대로도 독일의 진상에 대해서 솔직하게 말했다. "내 말을 믿으세요. 독일인들은 그들이 말하는 것처럼 고통을 당하고 있지 않습니다. 여기에 엄청난 가난 같은 건 없어요. 95퍼센트는 풍요롭게 살고 있고 5퍼센트만 굶고 있어요." 베를린의 가장 가난한 지역을 둘러본 후에 카터는 대사 부인의 말에 동의했다. "영국의 빈민가와는 '비교'가 안 되었다. 도로는 널찍하고, 집들도 크고, 대사관 창문만큼이나 큰 창문이 달려 있었다."[19]

인플레이션으로 신음하는 독일인들을 관찰한 다른 많은 사람들도 그렇지만, 카터 또한 중산층의 고통을 직접 목격하고서 커다란 동정심을 느꼈다. 중산층은 전문직들이 많은데 전후에는 그런 전문직 서비스에 대한 수요가 많지 않았고, 설상가상으로 인플레이션이 그들의 저축을 모두 녹여버렸다. 그래서 많은 중산층 사람들이 완전한 궁핍의 나락으로 떨어졌다. 단정하고 깨끗하고 품위 있는 그들의 집 안에서는 "끔찍하면서 조용한 비극"이 날마다 벌어지고 있었다. 마지막 물건까지 다 팔아먹었으므로, 의사, 변호사, 교사 같은 중산층 인사들은 굶어죽는 수치를 당하기보다는 독약을 먹고 죽는 것을 더 선호했다.[20]

1923년 11월 하이퍼인플레이션이 극에 달했을 때는 심지어 회의적인 대버넌 부인조차도 그들에게 측은함을 느꼈다. "그들은 티어가르텐의 나무들 뒤에서 절반쯤 몸을 가린 채 두 손을 수줍게 내밀면서 동냥을 구걸했다."[21] 바이올렛 보넘 카터는 이런 극단적 빈곤과 베를린 번화가 호화 가게들의 진열장에 전시된 보석류, 모피류, 꽃들을 서로 일치시키기가 어려웠다. 그러나 대버넌 부인이 설명했듯이, 그건 이 시기에 부당이득을 취해 부를 쌓은 뒤 최고급 호텔을 전전하며 "쌈닭"처럼 시비나 걸고 살아가는 모리배들Schiebern이나 감당할 수 있는 사치품에 지나지 않았다. 대사 부인은 모리배의 부인들이 "보석으로 장식된 모피 외투를 입고 또 무릎까지 오는 노란색 부츠를 신어서 그 외투의 화려함을 더욱 돋보이게 한다"[22]라고 말했다.

공산주의자이자 영국 노동조합원인 톰 맨은 1924년 봄 당 대회에 참석하기 위해 베를린을 방문했을 때 모리배를 금방 알아보았다. 그는 그들이 "점심 식사를 거하게 마치고 기다란 시가를 피우면서 자신이 엄청나게 돈이 많다고 과시하는 전형적인 부르주아의 행태를 보인다"라고 적었다. 그러나 맨이 더 곤혹스럽게 여긴 것은 "젊고 호전적인 조합원들"과 "나이든 보수적인 노동조합 간부들" 사이의 심각한 분열이었다. 그는 공산당이 다음 총선에서 국회 의석을 15석에서 50석까지 늘릴 것이라고 내다보았다. 그는 아내에게 보낸 편지에서 베를린의 전반적인 정치적 혼란은 별것 아니라고 썼다. "15개 이상의 군소 정당이 난립하여 후보를 내세우고 있어." 톰 맨에게는 그보다 바그너의 오페라 〈마이스터징거Die Meistersinger〉를 보면서 보낸 저녁이 더 인상적이었다. 맨은 오페라 관람을 이렇게 논평했다. "늙은 구두 수선공이 너무 말이 많은 게 탈이었지만 그래도 멋진 공연이었어 …… 아주 넓은 무대에 배우만 이백오십 명이 등장했지만 혼잡하게 보이지 않았고 깃발과 장식들은 화려했지. 코러스도 장대하고."[23]

보통 독일인들이 음악을 아주 사랑한다는 사실에 주목한 외국인이 톰 맨만은 아니었다. 바이올렛 보넘 카터도 그런 음악 애호 현상을 목격했다. "이런 순간에 음악은 그들의 가장 멋지고 강력한 표현 수단이다. 장시간의 현악사중주가 열린 뒤에야 비로소 정치 집회가 시작된다는 것은 영국에서는 상상조차 할 수 없는 일이다."[24] 이런 식의 정치 행사에 참석한 후에 카터는 대사관에 돌아와 대버

히틀러와 힌덴부르크
이 사진은 1933년의 것이다.

넌 대사 부인이 "독일로 시집온 영국인 아내 서른 명을 후하게 접
대하는 광경을 보았는데, 그들은 모두 어렵게 살고 있었다". 그 중
한 부인은 남편과 단칸방에서 살고 있었는데 서로 말을 안 한 지가
일 년이나 되었다. 하지만 동포 여성의 비참한 곤경을 잠깐 언급하
고서 카터는 이런 말을 한다. "그러나 그들은 로디 중령이 피아노를
치면서 노래를 부르자 기분이 한결 좋아졌고 그 후 모두 차를 마셨
다."[25] 그날 저녁 만찬 때 카터는 독일의 재선(再選) 대통령인 야전
군 원수 파울 폰 힌덴부르크Paul von Hindenburg 옆에 앉았으나 별로
깊은 인상을 받지 못했다. "나는 비호감에 키가 작은 힌덴부르크와
누군지도 모르는 이탈리아 사람 사이에 앉아 있었다."[26]

1920년에 스튜어트 로디는 아들론 호텔에 본부를 둔 협상국 군사 통제 위원회에 임명되었다. 이 위원회의 임무는 독일을 무장해제시키는 것이었다. 로디의 회고록 『평화의 순찰Peace Patrol』에 의하면, 그는 불법 무기들을 추적하는 한편 예전 제국 왕실의 고통 받는 왕가 사람들을 위로하는 데 많은 시간을 보냈다. 인버네스 출신의 옛 음악교사인 로디는 시인 루퍼트 부르크Rupert Brooke 같이 잘 생긴 얼굴에다 동정적인 매너까지 갖추고 있었다. 그는 독일 왕실 사람들 사이를 신중하게 돌아다니면서 그들의 고충을 들어주고 조언도 해주었으며 때로는 그들을 위해 상급자들에게 진정을 넣기도 했다. 그래서 『평화의 순찰』은 마치 국제 유명인사 방명록처럼 읽힌다. 그의 회고록에는 호헨촐레른 왕가 사람들뿐 아니라, 고위 군 인사와 정치계 인사, 유럽 왕족과 영국 귀족들 얘기가 많이 나오는데, 어디든 부지런히 돌아다니는 로디 중령은 그들과 친밀한 사이였던 것으로 보인다.

1919년 여름에 스튜어트 로디는 프로이센의 마가레트 공주를 방문했다. 그녀는 옛 카이저의 막내 여동생이면서 빅토리아 여왕의 손녀였다. 그녀는 남편인 헤세의 프레데릭 찰스 공과 함께 여전히 프랑크푸르트 근처 크론베르크의 프리드리히스호프 성(공주가 어머니인 프레데릭 황비로부터 물려받은 성)에 살고 있었지만, 부부의 생활은 곤궁하고 서글펐다. 그들의 두 아들은 전쟁 중에 전사했고 영지 또한 몰수당했다. 공주 부부는 국가로부터 전혀 지원을 받지 못했고 그들이 갖고 있던 돈도 인플레로 녹아버렸다. 홀에 서서 기다리던 스튜어트 로디는 공주가 그를 환영하기 위해 넓은 계단을 천천히 걸어 내려오던 모습을 기록했다. "하얀 한랭사로 목 부분과 소매 부분을 장식한 진중한 검은 드레스를 입고 내려오던 공주는 한없는 슬픔의 초상화였다."[27] 그로부터 몇 년 뒤 조앤 프라이와 퀘이커교도 일행이 프리드리히스호프 성을 방문했다.

> 우리는 용기를 내어 성을 찾아갔다. 잠시 기다린 후에 우리는 곧 아름다운 잔디밭이 내려다보이는 멋진 거실로 안내되었다. 1~2분 뒤에 대공과 대공비(정확히 말한다면 옛 왕족)가 옆방에서 나와 겸손하고 다정한 어조로 우리와 대화를 나누었다. 부부는 우리가 오래 머무르기를 원하지 않는 듯했고 그래서 우리는 모두 서 있었다. 마리온은 부부가 나온 방에 점심 식사가 준비되어 있는 것을 보았다고 말했다……[28]

마가레트 공주의 편지는 이들 부부가 얼마나 현금에 쪼들렸는지를 여실히 보여준다. 공주는 1924년에 레이디 코크란*에게 이런 편지를 써 보냈다. "편지와 머리그물 너무, 너무 고마워요. 2파운드는 테이블 대금으로는 너무 적은 듯하여 우리는 어쩌면 더 좋은 기회를 기다려야 할까 봐요. 하얀 머리그물도 하나 살 수 있게 수표를 좀 보내주실 수 있나요? 지금까지 제게 해준 것 모두 고맙게 생각하고 있어요. 물론 앞으로도 계속 그래 주셨으면 좋겠지만요."[29] 금전적 고충을 토로하는 내용에도 불구하고 공주의 편지를 보면 그녀가 세상 돌아가는 일에 완전 무관심하지는 않음을 보여준다. 그녀가

---

* 레이디(힐다) 코크란은 빅토리아 여왕의 막내딸인 베아트리스 공주의 여관(女官)이었다.

편지에 붙여 넣은 광고문은 이런 내용이다. "10분이면 누구의 도움도 없이 웨이브진 머리카락을 가질 수 있습니다. 열기도 전기도 필요 없습니다. 웨스트일렉트릭헤어컬러West Electric Hair Curler를 쓰세요. 그저 머리카락 사이에 집어넣기만 하면 됩니다." 카이저의 여동생은 이 광고문의 여백에다 이렇게 적었다. "이 광고가 다 사실인가요? 당신이라면 이 컬러를 한번 써보라고 권유할 건가요? 이건 과장된 말임에 틀림없어요."[30]

스튜어트 로디는 프리드리히스호프 성을 방문하고 "궁전 경내에 많은 흑인 병사들이 돌아다니는 것을 보고서" 분노했다. 실제로 프랑스가 식민지 출신 병사들을 이처럼 배치하자 엄청난 비난의 소리가 터져 나왔다. 그렇게 분노하는 것은 독일인들만이 아니었다. 그처럼 노골적으로 인종차별적이던 시절에, 많은 영국인 관찰자들은 이것을 독일에게 추가적으로 굴욕을 안기려는 프랑스의 의도적 행위라고 보았다. 조앤 프라이는 독일인들 사이에서 분노가 점점 커져가는 것을 목격했다. 그들은 "백인 아이들에게 돌아가야 할 가정 내 침실이 원하지도 않는 많은 갈색(흑인과 백인의 혼혈) 아이들에게 제공되어야 한다"는 사실에 특히 분개했다.[31] 미국인 퀘이커교도인 도로시 데처의 언급은 충격적일 정도로 솔직하다.

나는 9월 3일 오후 네 시 무렵 마인츠에 도착했다. 기차를 내려 승강장에 섰을 때 나는 거기에 펼쳐진 광경을 보고서 그만 속이 메슥거렸다. 프랑스의 점령 사태를 많이 들어왔기 때문에 나는 우리 미국의 남부 흑인 같은 사람들을 만날 것이라고 기대했다. 하지만 실제로는 야만인들을 발견했을 뿐이었다. 나는 과거 필리핀에서 1년을 보낸 적이

웨스트일렉트릭헤어컬러

"당신이라면 이 컬러를 한번 써보라고 권유할
건가요? 이건 과장된 말임에 틀림없어요."

있었는데, 독일에 대한 나의 첫인상은 내가 모코족의 땅에 다시 와 있다는 것이었다. 단지 그 원주민들이 필리핀에서처럼 가릴 곳만 간신히 가리고 있는 게 아니라 제복을 입고 있다는 점만이 달랐다. 나는 독일인들에 대한 연민이 훨씬 더 강하게 일어나는 것을 느꼈다. 저 야만인들이 제대로 일을 해줄 거라고 기대하기는 어려웠다. 저기에 제복을 입히지 않은 원숭이를 세워놔도 아마 그리 달라질 것 같지는 않다. 저 야만인들의 얼굴 어디에도 지적으로 발달해 있다는 증거 따위는 보이지 않았다.

그녀는 비스바덴에서 거행된 대규모 횃불 행진을 보고서도 그에 못지않은 충격을 받았다. 아프리카 병사들로 구성된 행진 대열은 "훈족*의 머리"를 희화화한 그림 포스터를 들고 있었다. 데처 옆에 있던 한 프랑스인은 저런 행사가 자주 개최되는데 독일인들에게 누가 전쟁에서 이겼는지를 상기시켜 주기 위해서라고 설명했다. 데처는 이렇게 썼다. "나는 그 광경을 아무 말 없이 서서 지켜보던 독일인들의 얼굴 표정을 결코 잊지 못할 것이다."[32]

프랑스 점령군 부대에 근무하던 젊은 장교 자크 베누아-메생도 1923년 어느 추운 겨울날 뒤셀도르프의 어느 거리를 통과하며 모로코 저격수 부대를 목격하고서 참으로 기이하다는 생각을 했다. "그들의 얼굴은 아프리카 태양에 쬐어 검게 그을려 있었다." 도로시 데처와 마찬가지로 그도 그 부대를 보고 메스꺼움을 느꼈다고 고백했다. 그는 이렇게 물었다. "이 오물과 안개의 도시에서 저들은 대

• 독일인을 야만족이라며 낮추어 부르는 말.

체 무엇을 하고 있는가?"[33] 그는 루르 점령 지대에서 보낸 군대 생활을 회고한 기록에서, 독일인들은 엄청난 비참함을 느꼈으며 점령 지역 내 프랑스인들도 사정이 별반 나을 게 없었다고 서술했다. 그가 소속 부대에 처음 전입신고를 하자, 상급 장교는 프랑스 부대가 전시 상태에 있다고 말했다. 통신선은 절단되었고 부대는 완전히 고립되어 있었다. 외출할 때 혼자 나다니지 않는 것이 현명하다는 조언도 들었다.

정부의 묵시적 지지를 받는 독일인 노동자들은 그들에게 남아 있는 유일한 방식—수동적 저항—으로 프랑스인들에게 저항했다. 물론 그들의 항의가 언제나 수동적이기만 한 것은 아니었다. 2월 1일 베누아-메생은 1,083건의 사보타주 행위를 기록했다. 그는 점령 지역의 황량한 상황을 에센에 있는 크루프 사의 공장들을 묘사함으로써 생생하게 전달한다. 그는 그 공장을 방문하는 스무 명의 프랑스 엔지니어들을 호송했던 것이다. "또 다시 눈이 내리고 있다. 기중기, 철탑, 거대한 굴뚝이 풍경을 지배한다. 종말이 온 것처럼 어두운 하늘을 배경으로 그 거대한 옆얼굴을 내보이는 거대한 대형 용광로들은 가동이 되지 않았다. 그들의 시신은 방치되었다."[34]

*   *   *

종전 직후의 몇 년 동안 여행자들(특히 영어 사용자들)은 당시 사태에 대한 그들의 견해가 무엇이든 간에 그들이 만나는 독일인들의 곤경을 인정하지 않을 수 없었다. 모든 계층의 독일인들이 여행자들에게 배신감을 토로했다. 카이저, 독일의 정치가와 장군, 특히 미국의 윌슨 대통령과 베르사유 조약에 배신을 당했다고 말이다. 그들의 것이 아닌 잘못을 통해 그들은 식민지, 석탄, 건강과 번영을 잃었고, 무엇보다 고통스럽게도 자존심을 상실했다고 말했다. 독일의 화폐는 가치가 없게 되었고 엄청나게 높은 배상액은 도저히 완불할 수가 없었다. 협상국들이 독일의 원자재를 모두 빼앗아 가기 때문이었다. 그들은 매사에 보복적인 프랑스에게 영국이 왜 양보만 하는지 이해가 되지 않았다. 프랑스 군대 소속의 야만적인 흑인 병사들이 제멋대로 강간을 하고 살인을 한다고 그들은 주장했다.[35] 대체 이런 현실을 그들의 다음 세대에 어떻게 설명해야 할지 난감하다는 것이었다. 잘 먹지 못해 영양 부족이 되어 비실비실한 독일 아이들에게 소위 저 평화 조약이라는 것 때문에 독일이 볼셰비키와 유대인들의 발굽 아래에 놓이게 된 암울한 미래를 어떻게 설명해야 할 것인가?

몇몇 외국인 여행자들은 독일의 농촌 지역은 부분적으로 천천히 정상을 찾아가고 있고 타고난 근검절약과 절제하는 마음은 그대로 남아 있어서 그나마 다행이라는 현실을 파악했지만 대부분의 여행자들은 독일이 심한 고통을 당하고 있다는 강렬한 느낌만 받은 채 본국으로 돌아갔다. 그들이 볼 때, 너무 많은 독일인들이 배를 곯고 있으며, 추위에 떨고 있고, 그리고 아무 희망이 없이 살아가고 있었다.

바로 이런 사회적 환경 아래에서 트루먼 스미스 대위는 1922년 11월 15일 뮌헨에 도착했다. 그 도시는 아직도 민간 사회의 소유와 정치적 음모로 신음하고 있는 중이었다. 베를린 주재 미 대사관의 무관보(武官補)였던 스미스는 국가사회주의자들의 동향을 파악하여 보고하기 위해 그 도시를 방문했다. 국가사회주의당(나치당)은 별로 대단하지 않은 정당이라고 간주되었으나 미국 대사는 좀 더 많은 정보를 원했다. 그리하여 스미스는 히틀러 측근 인사들을 만나 탐문 활동을 벌이고 가능하다면 히틀러를 만나서 그의 능력과 잠재력을 평가하라는 지시를 받았다. 사흘 뒤 스미스는 자신의 공책에다 연필로 이렇게 썼다. "엄청난 흥분. 나는 알프레드 로젠버그Alfred Rosenberg와 함께 코르넬리우스 거리에서 벌어지는 히틀러 훈데르츠샤프텐(100인으로 구성된 중대)의 열병식에 초대받았다." 그 후 그는 이렇게 썼다.

정말로 놀라운 광경이었다. 12개 중대 1천2백 명의 병사들이 히틀러 앞에서 거행한 열식을 난생 처음 보았다. 그들은 나치 상징이 그려진 붉은 완장을 차고서 보무당당한 구스스텝*으로, 옛 제국 깃발이 걸린 건물 앞을 지나갔다 …… 히틀러는 "유대인에게 죽음을!" 등등의 구호를 소리쳤다. 열광적인 환호성이 터져 나왔다. 나는 일찍이 이런 광경은 본 적이 없었다.[36]

며칠 뒤 스미스는 히틀러에게 소개되었고 그는 다음 월요일에 스미스를 만나는 데 동의했다. 그 인터뷰는 게오르겐 스트라세 42번가에 있는 건물 3층의 어느 방에서 1922년 11월 20일 오후 네

* 무릎을 굽히지 않고 다리를 똑바로 뻗으며 걷는 독일 군대식 걸음걸이. 일명 거위걸음이라고도 한다.

시에 개최되었다. 미국인 무관보(武官補)는 그 방이 "뉴욕에 있는 낡은 집의 뒷방 침실 같았고, 믿을 수 없을 정도로 누추하고 황량했다"라고 적었다.[37] 여러 해가 지난 뒤 그때를 회고하면서 스미스는 히틀러의 정치적 견해를 받아 적을 것이 아니라 그의 성격과 특징을 좀 더 집중적으로 살펴보지 못한 것을 아쉬워했다.

몇 달 뒤 자크 베누아-메생의 지휘관이 그의 사무실로 찾아와 최근에 알로이시우스 히틀러Aloysius Hitler라는 자가 뮌헨에 창당한 정당에 대해 알고 있느냐고 물었다. 그 요청은 프랑스 전쟁성에서 공문으로 직접 내려온 것이었다. 전쟁성 공문은 히틀러가 최근에 다수의 열광적 광신자들을 대상으로 프랑스는 물론이고 모든 사람과 모든 사안을 비난하고 있다는 내용이었다. 베누아-메생은 히틀러나 그의 당에 대해서는 들어본 바가 없으니, 영국 측에다 문의해보는 게 어떻겠냐고 조언했다.

이틀 뒤 영국 측에서 답이 왔다. 영국 관측통에 의하면 그리 신경 쓸 필요 없다는 것이었다. 국가사회주의당은 볏짚 속의 작은 불이라 그냥 놔두면 금방 피어오른 것처럼 금방 사라질 군소정당 중하나에 불과하다는 것이었다. 그러면서 그 당의 참여자들은 바이에른 출신의 변변치 않은 분리주의자들로서 바이에른 이외의 지역에서는 아무런 영향력을 행사하지 못할 것이라고 예상했다. 그리고 사실 히틀러는 영국이 격려해줄 만한 인물이었다. 그는 바이에른의 독립을 요구했는데 그것은 비텔스바흐가에 의한 바이에른 왕국의 부활로 이어질 수 있고 더 나아가 독일 제국을 붕괴시킬 수도 있었다. 영국의 답신은 이렇게 계속된다. "그런데 히틀러의 이름은 아돌프이고 알로시우스가 아니다."[38] 1923년 11월 10일, 스미스가 히틀러를 인터뷰하고 거의 1년이 지났을 무렵, 데버넌 부인은 일기에다 이런 기록을 남겼다. 남편은 한밤중에 독일 고위 외교관에 의해 자다가 깨어났다. 그 외교관은 뮌헨에서 발생한 폭동에 어떻게 대처해야 할 것인지, 남편의 조언을 간절히 바라고 있었다. 그녀는 또 이런 사실도 적어 넣었다. "폭동의 주동자는 하층민 출신의 아돌프 히틀러Adolf Hitler라는 자이다."[39]

3

섹스와 햇빛

히틀러의 11월 폭동에 이르기까지 몇 달 동안, 바이마르 공화국의 앞날은 비할 바 없이 암담해보였다. 프랑스의 루르 지역 점령에 대한 수동적 저항은 독일인의 굴욕감은 어느 정도 완화시켰을지는 몰라도, 엄청난 하이퍼인플레이션 사태를 일으켰다. 파업하는 노동자들에게 급료를 지불하기 위해 독일 정부가 돈을 계속 찍어내야 했기 때문이다. 영국 대사관 재무관인 호레이스 핀레이슨은 마르크화 환율을 날마다 기록했다. 첫 번째 기록한 날은 1923년 8월 15일인데 1파운드당 12,369,000마르크였다. 11월 9일(히틀러가 폭동에 실패한 날)에는 28억 마르크로 올랐다가 5주 뒤에는 무려 180억 마르크까지 치솟았다.[1] 뮌헨에서 공학을 공부하던 스위스인 누마 테타츠는 그 위기를 몸소 겪었다.

거의 모든 사람이 흥정에 달려들었다. 오늘 1백만으로 살 수 있는 물건을 내일에는 10억에 되팔 수가 있었다. 핵심은 사려는 사람보다 생각이 좀 느리게 돌아가는 사람을 발견하는 것이었다. 모두들 이런 식으로 한없이 계속할 수 없다는 걸 알았지만 그렇다고 앞으로 어떻게 해야 할지도 알지 못했다. 모두들 두려움 속에서 살았고 아주 힘들게 버티고 있었다. 모두가 지저분하고 눈을 속이는 강물 속을 헤엄치고 있었다. 우리 그룹 사람들은 정치에 대해서 별로 말을 하지 않았다. 나는 그다음 날 폭동이 발생했다는 것만 알았다.[2]

폭동은 1923년 11월 8~9일에 뮌헨에서 발생했다. 히틀러, 루덴도르프Ludendorff 장군, 기타 나치 고위 인사들이 약 이천 명의 지지자들과 함께 시내 중심부로 행군했다. 그들은 먼저 바이에른 지역을 장악한 후에 중앙 정부를 전복시킬 계획을 갖고 있었다. 폭동은 실패로 돌아갔다. 바이에른 정부의 무장 경찰이 그들에 맞서 총격을 가해 열여섯 명이 사망했다. 이틀 뒤 히틀러는 체포되어 대역죄로 기소되었다. 비록 폭동은 실패했지만 뒤이어진 히틀러의 재판은 대중의 엄청난 관심을 불러 모았고 히틀러에게는 자신의 정견을 국민 전체에게 알리는 기회가 되었다. 그는 오 년형을 선고받았으나 수감 생활은 겨우 구 개월에 그쳤다. 히틀러는 감옥에 있는 동안 편안한 대접을 받았다. 방문객 접견이 허용되었고, 많은 문서들을 제공받아가며 『나의 투쟁』을 집필했다.

하이퍼인플레이션과 히틀러의 폭동은 엄청난 시련이었으나 그것이 끝은 아니었다. 내분에 휩싸인 바이마르 공화국은 라인란트의 분리주의자들, 작센의 공산주의자 반란, 그리고 충성심이 의심스러운 육군 등을 상대해야 했다. 많은 관찰자들은 독일이 붕괴되어 산산조각이 날지 모른다고 생각했다. 하지만 몇몇 외국인 방문객들의 시각으로는 바로 이런 압도적 위기 상황이 독일을 더욱 매력적인 여행지로 만들어주는 요소였다. 많은 사람들이 독일에 대해 동정적이었으나 열일곱 살의 캘리포니아 소녀 도로시 보겐처럼 그렇지 않은 사람들도 많았다.

　　많은 영국인 병사들을 보았다. 멋진 광경!! 만세 삼창!! 본에는 프랑스 병사들이 많다. 그곳에서 처음 리쾨르 초콜릿을 먹었다. 쾰른에서 베를린까지 기차를 탔다. 장거리 여행이었지만 음식은 좋았다. 독일에서 유일하게 독일 병사를 보았다. 그는 외로워 보였지만 남루하거나 가난하지는 않았다. 결코 가난하지 않았다. 호텔은 좋지만 웨이터는 틀려 먹었다. 정말 한심한 자들이다. 베를린은 다시 가지 않겠다. 독일, 독일인, 베를린은 이걸로 끝이다. 결코, 결코 다시 찾아오지 않을 거다. 독일이라면 이제 진절머리가 난다![3]

　그러나 조앤 프라이와 스튜어트 로디가 독일을 떠난 1926년 무렵에 상황은 많이 좋아졌다. 사업가 조엘 호덤 캐드버리는 퀘이커 교도의 잡지인 『친구』에 왜 그들이 계속 독일에 원조품을 보내는지 모르겠다는 의견을 피력했다. 독일인들은 아로자*에서 엄청난 양의 샴페인을 마셔대고 있고 파리에서는 고가의 자동차, 속옷, 가구 등을 사들이고 있다는 것이었다. 이런 사치스러운 소비가 독일 밖의 도시들에서만 벌어지는 것은 아니었다. 캐드버리는 함부르크가 대

●　　아로자Arosa는 스키 리조트로 유명한 스위스의 관광 도시다.

로카르노 회의

1925년. 맨 좌측에 있는 사람이 슈트레제만. 그 옆이 순서대로 영국의 오스틴 체임벌린, 프랑스의 아리스티드 브리앙이다. 이 회의에 따라 맺은 로카르노 조약으로 비로소 독일은 전범국의 지위에서 벗어나 1926년에 국제 연맹에 가입하게 된다.

형 선박용 운하, 전기 공장, 내륙의 항구 건설 등 새로운 투자로 흥청거리고 있다고 썼다.[4]

　　독일의 부흥에 제일 큰 공로가 있는 사람은 바이마르 시대의 가장 위대한 정치가 구스타브 슈트레제만Gustav Stresemann이었다. 총리로는 겨우 삼 개월 재직했지만(1923년 8~11월), 그는 1929년 사망할 때까지 바이마르 행정부 내에서 연속적으로 외무장관을 역임했다. 바이마르 공화국에서 여러 해를 살아서 알아야 할 사람들은 웬만큼 다 알고 있는 역사가 존 휠러-베넷은 슈트레제만을 가리켜 그가 일찍이 만나 본 사람 중 "가장 못생긴 사람 중 하나"라고 말했다. "돼지 같은 얼굴에, 작은 두 눈은 서로 붙어 있었고, 머리카락은 분홍빛 대머리에 겨우 몇 가닥만 들러붙어 있었으며 목 뒤에는 심한 삼겹살이 접혀 있었다."[5] 반면 그의 아내는 대버넌 부인이 언급한 것처럼 그녀가 독일에서 만난 여자 중 가장 인물 좋은 여성 중하나였다. 하지만 영국 대사 부인은 이런 말을 덧붙이는 것도 잊지 않았다. "베를린에서는 슈트레제만 부인이 히브리인 후손임을 잊는 사람은 없다."[6]

그런 외모에도 불구하고*, 슈트레제만은 국가 운영을 잘하여 위기에서 벗어나게 하는 재주가 있었다. 대버넌 경은 그를 윈스턴 처칠에 비교했다. "둘 다 총명하고, 도전적이며 과감하다."[7] 독일이 나아갈 유일한 길은 정치적 중도 세력들의 연합이라고 확신한 슈트레제만은 극우와 극좌 세력들을 제압하기 위해 혼신의 힘을 다했다. 수동적 저항은 프랑스보다 독일에 더 피해를 입힌다고 확신한 그는 1923년 파업을 종식시켰고 그로 인해 마르크화를 안정시키는 첫 걸음을 뗐다. 이어 토지와 산업 공장이 든든하게 뒷받침하는 렌텐마르크라는 새 화폐를 도입함으로써 독일을 그토록 괴롭혔던 인플레가 마침내 제압되었다. 곧 1렌텐마르크는 구 화폐로 1조 마르크의 가치를 갖게 되었다. 슈트레제만은 몸소 앞장서서 설득하여 바이마르 정부가 독일 부흥의 또 다른 이정표가 되는 도스 플랜•을 받아들이도록 했다. 이 플랜에 따르면 독일은 뒤로 갈수록 점점 더 액수가 적어지는 배상금—물론 그 당시에는 엄청난 금액이었지만—을 갚아 나가는 동안 언젠가는 루르 지방을 다시 돌려받기로 되어 있었

* 오거스터스 존이 그린 슈트레제만 초상화가 뉴욕주 버팔로의 녹스 올브라이트 갤러리에 걸려 있다.
• 1924. 미국이 지원하는 경제 부흥 계획.

다. 도스 플랜은 단기 처방이었지만 그래도 슈트레제만은 "어두운 지평선 위로 떠오르는 한 줄기 작은 빛"[8]이라고 말했다. 마르크화가 안정되고 도스 플랜이 실시되자, 간절히 바랐던 외화와 투자—특히 미국의 그것—가 독일에 흘러들기 시작했다.

1925년 12월 1일 런던에서 서명된 로카르노 조약은 독일의 부흥에 대해 국제적 승인을 내린 것이었다. 그리하여 슈트레제만이 사망할 때까지 데탕트의 시대를 가져왔다. 외교관이자 출판업자인 해리 케슬러 백작은 자신의 일기에다 이렇게 적었다. "로카르노 시(마기오레 호반에 있는 도시)는 완전 슈트레제만에게 매혹되었다. 어딜 가나 그의 사진이 나붙어 있었다. 그는 아주 인기가 높고 모든 사람에게 극도로 다정하게 대하며 쉐리러 부인의 빵집에 하루 네 번 간다. 부인은 그를 칭찬하느라고 정신이 없을 정도이다."[9] 로카르노 조약 이후인 1926년에 독일은 국제연맹에 가입했다. 경제 회복은 아주 빠른 속도로 이루어져서 종전 후 십 년 만에 독일은 세계 2위의 산업국가로 올라섰다.

이런 반전에도 불구하고 영국대사 대버넌 경의 후임자인 로널드 린지 경Sir Ronald Lindsay은 새 임지를 그리 탐탁하게 여기지 않았다. "베르사유 조약은 내게 너무나 지루한 문서여서 그걸 읽으려면 선 채로 졸게 된다. 내가 보기에 베를린 근무는 아주 부실한 빗자루를 갖고 가파른 고갯길 위로 물을 계속 쳐올려야 하는 일이다."[10] 그러나 로카르노 조약과 월스트리트 붕괴 사이의 격변하는 시기*에

* 로카르노 조약으로 인한 독일의 경제 호황은 월스트리트 붕괴로 인한 1929년의 세계 대공황으로 다시 위기 상황에 몰린다. 이때의 경제 위기를 틈타 부상한 것이 바로 히틀러의 나치당이다.

독일을 방문했거나 거주한 여러 외국인들은 다른 견해를 피력했다. 갑자기 독일(특히 베를린)이 근대적이고, 창의적이며, 섹시하고 흥분되는 나라로 바뀌었다. 고질적인 정치적 불안정도 오히려 그 나라에서의 생활에 경쟁력을 제공했다. 특히 영국의 지루한 관습에서 도피하고 싶어 하는 사람들에게는 매력적인 곳이었다.

영국 소설가 크리스토퍼 이셔우드Christopher Ishewood가 볼 때 베를린은 "남자애들의 도시"였고, 이것은 그의 책 제목『그와 동류인 사람들His Kind』이 잘 말해준다.[11] 모험적인 영국인들이 최근에 그들의 아버지와 형들을 죽인 나라를 여행지로 선택했다는 것은 일종의 도전의식에서 나온 것이다. 계급과 국가를 내던졌다는 것은 엄청난 해방감 내지는 도취감을 안겨주었다. 그것은 베를린의 보이 바(동성애자 술집)나 나이트클럽에서만 느낄 수 있는 것이 아니라 아주 평범한 일상적 체험 속에서도 느낄 수 있었다. 에디 색빌-웨스트Eddy Sackville-West는 비타 색빌-웨스트의 오빠로서 나중에 색빌 경이 된 사람이다. 그는 자신이 드레스덴 근처의 "스코틀랜드풍 안개" 속에서 거리를 걸어내려 가던 기쁨을 적어놓고 있다. 그는 1927년에 한동안 독일 언어와 음악에 흠뻑 젖어 보낸 적이 있었다. "버스를 타고 돌아오면서 나는 전과 마찬가지로 독립의 해방감을 느꼈다. 지나치는 가게들의 정면이 모두 사랑스럽게 보였고, '하우프트반호프'라고 거리 이름을 말하면서도 즐거움을 느꼈다."[12]

그러나 그보다 삼 년 전만 해도 색빌-웨스트는 남자애들**을 찾기 위해서가 아니라 남자애들을 찾게 되는 병***을 치료하기 위해

** 동성애의 상대를 말한다.

엘도라도 나이트클럽

동성애자들이 찾는 곳으로 유명한 베를린 모츠 스트라세의 엘도라도 나이트클럽. 위는 1932년의 모습, 아래는1933년의 모습이다.

독일을 방문했었다. 1924년에 그는 프라이부르크의 닥터 카를 마르텐 병원에서 몇 달을 보냈다. 그 병원에 입원한 색빌-웨스트는 다른 동성애자들과 함께 돌팔이 치료와 가짜 정신분석을 받았다. 마르텐은 에디에게 그의 체증은 모성 콤플렉스 때문이라고 설명하면서 이를 치료하기 위해 그의 몸에 상당한 액체를 펌프질로 투입했다. 불운한 에디는 자신의 일기에 이렇게 적었다.

저녁 식사 후 그것은 생식샘에 갑작스러운 영향을 미치기 시작했다. 나는 엄청난 고통 속에서 세 시간 반을 보냈다. 마르텐은 나의 잠재의식이 그곳에 형벌을 당할 준비가 되어 있는 것이라고 말했다. 젠장! 얼마나 아팠던지! 고통이 내 몸속으로 들어왔다 빠져나갔다 하는 것을 느낄 수 있었다. 그것은 바람 속에 이리저리 흔들리는 등불 같았다.[13]

3월에 색빌-웨스트는 동료 환자인 에디 개던 하디**와 함께 잠시 탈출을 시도했다.

새벽 다섯 시 삼십 분에 베를린을 향해 출발. 멋진 날. 사립 기숙사 학교에서 방학을 맞이하여 집으로 돌아가는 기분. 베를린 근교의 새벽은 아주 아름답다. 거대한 참나무와 은빛 자작나무 그리고 서리가 내린 땅. 하얀 태양. 오페라 극장에서는 〈낙소스의 아드리아네〉를 공연. 너무 멋있어서 말로 설명하기 어렵다. 베를린은 작은 도시이다. 아무 특

●●● 동성애를 말한다.
** E. Gathorne-Hardy는 크랜브룩 백작의 셋째 아들로서 '브리티시 영 피플'의 회원이었다. 존경받는 고대 연구가로서 그는 한때 영국 문화원에서 근무했다.

징이 없고 지방에 있는 파리 같다. 비엔나의 매력은 전혀 없다. 운터덴린덴을 제외하고는 이렇다 할 거리가 없다.

며칠 뒤 두 에디는 단치히를 향해 출발했으나 그들이 합법적 서류를 가지고 오지 않았음을 발견했을 뿐이다. "여권이 잘못되었다고 한다! 폴란드 국경의 지저분한 작은 마을인 라우엔부르크에서 스테프로 추방당했다. 이렇게 멍청할 수가! 지저분하면서도 값만 비싼 호텔. 눈 속을 걸어가다가 물에 빠진 꼴이다. 오 이 얼마나 비참한가! 흉측한 집들과 추악하고 비현실적인 사람들. 텅 빈 목소리와 공허한 하늘!" 그러나 그들이 마침내 도착해 보니 단치히는 성공적인 선택이었다. "이 얼마나 멋진 곳인가! 노랗고 검붉은 벽들을 사용하여 지은 잉글랜드 엘리자베스시대풍의 가옥들. 그리고 얼어붙은 모틀라우 강변에 자리 잡은 하얀 창고들. 크란 토르**는 정말 아름답고 대성당은 말로 다 설명하기가 어렵구나!" 그러나 여행은 사흘이면 충분했고 그들은 다시 베를린으로 돌아와 안도감을 느꼈다. "아들론 호텔은 이 얼마나 안락한가! 파자마 위에 에디의 털외투를 걸치고서 맛있는 저녁식사를 했다."[14]

크리스토퍼 이셔우드가 독일을 처음 방문한 것은 그의 이름과 밀접한 연관을 맺고 있는 베를린 카바레와는 무관한 것이었다. 그는 1928년 여름을 그의 사촌이며 영국 부영사인 배질 프라이와 함께 브레멘에서 보냈다. 우스꽝스러운 인물인 프라이는 이셔우드, W.H.오든Auden, 스티븐 스펜더Stephen Spender 등 당대의 대표적 지

**　중세 시대에 지어진 하적용 크레인 건물로, 단치히의 대표적 관광 명소다.

식인 청년들이 배척하는 그 모든 것을 몸소 구현한 인물이었다. 프라이가 발표한 시 「잉글랜드」의 한 구절은 그것을 잘 말해준다.

> 그대는 잉글랜드로 가서 이마를 내려놓고 편히 쉬어라.
> 그 시원하고 자유로운 가슴에서 나오는 편안한 숨결을
> 들이마시며. 그러면 그녀는 양팔을 활짝 내뻗어
> 그 넉넉한 바다 같은 보호의 품속에 그대를 감싸리라.[15]

이셔우드가 독일에서 처음 본 것은 어느 여름 날 아침 그가 탄 배가 접안하는 베제르강 하구의 블루멘탈이었다. 영사관의 관리가 하구로부터 약 삼십 마일 떨어진 브레멘으로부터 마중 나와 있었다. "우리는 포도밭이 무성한 교외를 통과하여 차를 몰았다. 라일락 향기가 짙었다. 돋을새김의 치장벽토** 현관을 자랑하는 집들은 깨끗했다. 즐거운 시내 전차들. 대로변의 라오콘 조각상이 세워진 분수에서 물이 뿜

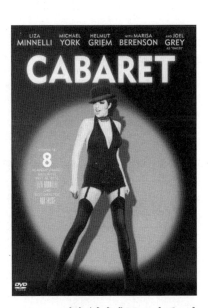

영화 〈카바레〉(1972)의 포스터
주인공인 샐리 보울은 소설 『베를린이여 안녕』에서 이셔우드가 창작해낸 인물이다. 샐리 보울 역의 라이자 미넬리는 영화 〈오즈의 마법사〉의 도로시 역으로 유명한 주디 갈란드의 딸이다.

·· 칠을 한 벽을 마지막 손질할 때 쓰는 고급 품질의 회반죽.

어져 나왔다. 그 물은 뜨거운 태양 아래 타들어가는 라오콘의 어깨를 식혀 주었다." 예상대로, "남자애들"이 그의 첫 인상에서 자주 등장한다. "독일은 전적으로 남자애들의 나라이다. 그들의 바보 같은 잉글스* 색깔에 끈으로 졸라매는 셔츠, 양말, 끈 달린 보병용 약식 모자. 모두들 자전거를 탄다."[16]

독일에서 기이한 유희를 벌였음에도 불구하고 이셔우드는 내심 경멸하는 사촌 집에서의 체류를 별로 즐기지 않았다. 하지만 일 년도 채 안 되어 베를린을 처음 방문한 것은 그에게 아주 색다른 체험이었다. 그때 방문은 일 주 정도밖에 안 되었지만 그는 나중에 이 방문을 자신의 인생에서 가장 획기적인 사건들 중 하나였다고 회상했다.[17] 이미 그 도시에 와서 몇 달을 보내던 옛 친구 W.H.오든은 그에게 갑갑한 전후의 영국과는 전혀 다른 아주 감미로운 세계를 소개했다. 그리하여 1929년 크리스마스 무렵 그는 베를린으로 돌아와 그곳에서 무기한으로 체류하게 되었다. 그가 자신의 회고록에서 적었듯이, 국경에서 여행 목적에 대한 질문을 받자 그는 진심으로 이런 대답을 하고 싶은 심정이었다. "나는 내 고국을 찾고 있는 중인데 이곳이 그런 나라인지 발견하기 위해서 왔다."[18]

그 무렵 오든은 이미 영국으로 돌아가 있었다. 그래서 이셔우드가 베를린에서 교제할 수 있는 영국인 친지라고는 무질서하고 알코올 중독인 고고학자 프랜시스 터빌-피터Francis Turville-Petre뿐이었다. 프랜시스는 성문제 조사연구소에서 매독 치료를 받고 있었다. 그 연구소는 베를린이 새롭게 발견한 모더니티(현대성)의 대

---

* Ingle′s. 이셔우드와 그의 친구 에드워드 업워드가 만들어낸 조어. 황갈색이라는 뜻이다.

표 기관들 중 하나였다. 1919년 마그누스 허쉬펠트 박사Dr Magnus Hirschfeld에 의해 설립된 그 연구소는 구멍가게식 병원이 아니라 폭넓은 범위의 성적 행동들에 과학적으로 대응하고 치료하기 위한 본격적 연구기관 겸 병원이었다. 허쉬펠트 박사의 중요한 임무들 중 하나는 전 세계를 상대로 다음과 같은 점을 설득하려는 것이었다. 동성애는 질병도 범죄도 아니며 다양한 인간의 성욕들 중에서 아주 정상적인 한 부분이다. 이 병원 겸 연구소는 치료와 연구를 겸하면서(엄청나게 많은 관련 문서들과 약 삼 만 권의 책자를 소장), 일반 대중을 상대로 섹스의 모든 측면에 대하여 무수한 강연회를 개최했다. 유럽 전역에서 해마다 수천 명의 방문객이 이 연구소를 찾아왔다. 많은 사람들이 자신의 문제를 이곳에서 치료받았고 또 많은 사람들이 자신의 성욕에 대해 좀 더 알아보기 위해 찾아왔다. 어떤 사람들은 이 연구소의 박물관에 전시된 각종 물품들을 보고서 짜릿한 자극을 받았다. W.H.오든은 그 박물관을 "학문을 위한 춘화(春畵), 환관(宦官)의 쾌락"이라고 불렀다.[19]

여기에 쾌락-고통을 실천하는 자들을 위해 고안된 채찍, 사슬, 고문 도구들이 있었다. 페티시주의자들을 위해서는 하이힐에 아주 정교하게 장식된 부츠가 있었다. 겉으로는 아주 남성적인 프로이센 장교들이 그 제복 밑에다 입었다는 레이스 장식이 달린 여성용 속옷이 있었다. 무릎과 발목 사이에 고정시키는 탄력적인 고무줄이 달린 바지-다리의 아래쪽 절반이 있었다. 이 바지-다리 이외에는 알몸인 상태로 그 위에 외투를 걸치고서 거리를 걸어내려 가다가 적당한 구경꾼이 나타났다 싶으면 그 외투를 쫙 펼쳐서 자신의 알몸을 보여주는 것이다.[20]

이러한 전시물들은 연구소의 공식 연구실에 설치되어 있는 멋진 가구들과는 극단적인 대조를 이루었다. 멋진 가구가 있는 그런 방들은 이 건물이 예전에 브람스의 절친한 친구인 바이올린 주자 요제프 요하힘의 소유였음을 상기시키는 것이었다. 터빌 피터는 티어가르텐의 북서쪽 구석에 위치한 연구소 바로 옆의 방들을 임차했다. 그리고 연구소의 중정을 내려다보는 이 작고 어두운 방에 이셔우드도 입주했다. 매일 저녁 두 청년은 보이 바로 출근했다. 그런 주점 중에 사람들이 자주 가는 곳은, 그 도시의 노동자 거주 지역인 조스너 거리의 '코지 코너'였다. 이셔우드는 훗날 회고록에서 자기들 두 사람을 일종의 무역 거래상으로 생각했다고 썼다.

> 무역 거래상이 정글로 들어간다. 정글의 원주민들[노동자 계급의 독일 남자애들]은 그들을 둘러싼다. 어린아이 같고 궁금증이 많고, 의심하고, 교활하며, 예기치 못할 정도로 갑자기 친구 혹은 적군으로 둔갑해 버리는 남자애들이었다. 두 거래상은 원주민들이 필요로 하는 것, 즉 돈을 갖고 있다. 돈을 얼마나 받으려 하는지 또 그 돈을 받으려면 무엇을 해주어야 하는지 등이 거래의 대상이다. 원주민들은 흥정을 위한 흥정을 즐겼다. 이것을 프랜시스는 아주 잘 이해했다. 그는 결코 서두르는 법이 없었다.[21]

그들은 만나는 남자애들과 닥치는 대로 거래를 했으나, 오든, 이셔우드, 스펜더(처음에 함부르크에 거주)는 남자애들과 좀 더 지속적인 관계를 원했다. 스펜더는 이사야 벌린Isaiah Berlin에게 그가 어떻게 그런 관계를 찾아 돌아다녔는지 설명했다.

나는 아주 적당한 남자애들을 찾아내기 위해 아주 열심히 노력했습니다. 한 아이하고만 지속적인 관계를 유지하는 거 말입니다. 이를 위해 나는 만나는 모든 남자 아이에게 접근했습니다. 독일에서는 그러는 게 전혀 어렵지 않습니다. 남자애 하나를 발견하면 그에게 담뱃불을 좀 빌려달라고 합니다. 그런 다음 아주 황당한 질문을 던집니다. 그 남자애가 당황한 표정을 지으면 나는 영국인이라서 내 의사를 명확하게 표현하지 못했다고 둘러댑니다. 그런 다음 내가 그에게 담배를 한 가치 건네주고 그렇게 하여 수작이 시작됩니다. 나중에 나는 그와 만날 약속을 합니다. 불행하게도 여기에 한 가지 난점이 있습니다. 남자애가 집에 가서 부모에게 영국인을 만난 얘기를 하면, 부모는 그런 사람을 다시는 만나지 말라고 금지합니다. 대부분 그렇게 해서 일이 잘 안 풀리거나 틀어졌습니다.[22]

코지 코너나 베스텐스(시인 루퍼트 브룩이 「그랜트체스터」라는 시를 쓴 곳)는 1972년 영화 〈카바레〉에 묘사된 화려한 나이트클럽과는 아주 다른 곳이었다. 이셔우드는 이렇게 썼다. "코지 코너는 전혀 퇴폐적인 곳처럼 보이지 않았다. 그곳은 평범하고, 수수하고, 전혀 과시적이지 않았다."[23]

베를린이 방문자들—특히 앵글로-색슨 방문자들—에게 각자의 나라에서는 구하기 어려운 성적·지적 모험을 제공한 것은 틀림없다. 1927년에 색빌-웨스트는 해롤드 니콜슨과 함께 베를린에서 크리스마스를 보냈다. 그는 "괴상하고 야성적인 밤의 생활"에 대해서 보고했고, 한 친구에게 자신이 "다소 지저분하고 은밀한 밤의 생활"을 좋아한다고 고백했다. 그는 이런 말도 했다. "그 일은 1890년대에 지어진 거대하고 근엄한 고딕풍 교회 근처에서 벌어졌다. 당시 그 거리는 일종의 크롬웰 도로*와 같은 분위기였다. 그런데 지금은 전기 간판들과 각종 불온한 표시들이 가득한 슬프고 황량한 곳처럼 보인다. 파티에 왔다가 충격 받지 않은 척하는 사람 같다." 그는 소설가 E.M. 포스터에게 자신의 솔직한 심경을 털어놓았다. "나는 이 동성애 술집에서 저 동성애 술집으로 계속 돌아다녔습니다. 그런 행동이 여기에서는 완벽하게 허용되어 있습니다 …… 그런데 우리가 목격하는 어떤 사람들은 정말 이해가 되지 않습니다 …… 어떤 남자는 덩치는 커다란데 여자들처럼 유방이 불룩하고, 또 어떤 남자는 오토라인 모렐 같이 우락부락한 얼굴인데 스페인 여자 무용수 복장을 하고 있습니다 …… 그들은 거대한 의문 부호처럼 이곳저곳을 빈둥거리며 돌아다닙니다……."

그는 그날 밤을 리투아니아 농부와 함께 보냈다. 그 농부는 옷에 작은 진주 단추들이 달린 아주 여성적인 옷을 입고 있었다. "그 아름다운 농부"가 막상 침대에 들어갈 때에는 장전된 권총을 머리맡에 놔두어야 된다고 고집했지만, 색빌-웨스트는 나중에 그 농부가 조금도 무섭지 않았다고 보고하면서, "그는 아주 다정하고 매력적이었다"라고 첨언했다.[24] 화가 프랜시스 베이컨도 1927년에 베를린을 잠시 들렀다. 겨우 열일곱이던 화가는 그를 남자로 만들어주라는 부탁을 받은 아버지 친구에 의해 보이 바를 가게 되었다. 약사십 년 뒤에 베이컨은 이렇게 회상했다. "베를린은 나에게 아주 폭력적인 곳으로 보였다. 내가 아일랜드 출신이기에 그러했는데 아일

---

* 영국 런던에 있는 도로. 당시의 크롬웰 도로는 지금에 비해 무척 한산했다.

랜드는 군사적인 측면에서는 폭력적이었으나 정서적인 면에서는 베를린만큼 폭력적이지 않았다. 십대 소년 베이컨에게 깊은 인상을 남긴 것은 "아주, 아주 흥분되는 밤 생활"이 아니라, 알돈 호텔의 아침 식사였다. 그 식사는 "네 구석에 거대한 백조의 목 같은 장식이 박힌, 멋진 트롤리 위에 담겨서 나왔다".[25]

그러나 베를린 아방가르드파의 성적 자유와 흥분에도 불구하고, "똑똑하고 젊은" 세대에 속하는 많은 영국인들이 그 도시와 전체 독일인들의 추악한 측면에 똑같이 충격을 받았다. 특히 독일인의 신체적 외양을 조롱하는 발언들은 아주 흔했다. 많은 외국인들이 독일인은 목에 살이 쪘고 눈이 툭 튀어나왔다고 비하하는 말을 했는데 그건 사실에 가까운 발언이었다. 라인란트 여행에서 막 돌아온 한 여행자는 이렇게 불평했다. "독일인들은 고기를 너무 많이 먹고 오후에는 기름진 케이크를 곁들여서 많은 양의 차를 마신다. 만약 지금 즉시 하루 두 끼만 먹고 그 두 끼 사이에 간식은 일체 허용하지 않는다면 독일의 국민 건강은 크게 향상될 것이다."[26] 친독 인사인 대버넌 경도 어떤 파티장에서 이런 비외교적인 발언을 한 것으로 알려져 있다. "왜 독일인들은 목 뒤에 그렇게 심한 삼겹살이 접혀 있는가?"[27] 버지니아 주지사 존 가랜드 폴라드의 조카딸인 에밀리 폴라드는 일기에다 자신이 독일인을 좋아하는 이유를 장황하게 적은 다음에, 이런 말을 덧붙이지 않을 수 없었다. "하지만 독일인들은 너무 몸집이 크지 않은가!"[28] 독일인들의 이런 보기 흉한 외모는 스펜더에게 정신쇠약을 가져오는 한 가지 사유가 되었다. 스펜더는 이사야 벌린에게 자신의 장거리 기차 여행에 대하여 이렇게 털어놓았다.

나는 그 여행 내내 같이 기차를 타고 가는 승객들에게 무척 짜증이 났다. 그들의 메스꺼움, 지저분함, 음식냄새, 땀 냄새 등은 이루 말로 다 하기 어렵다. 나는 정신적 탈진 상태에 빠져 그 기차에서 그냥 내려버리고 싶은 심정이었다. 내 머릿속에서는 온갖 보기 흉한 이미지들이 마구 흘러갔다. 중산층 독일인들은 어린아이 같은 면도한 대머리를 번들거렸고, 깡충깡충 뛰어다니면서 즐겁게 미소 짓는 독일 소녀들도 의도가 있는 거짓된 햇살이라는 느낌을 주었다. 그들은 못 생긴 여자와 기만적인 여자를 가학적일 정도로 싫어하는 내 억압된 의식을 마구 뒤흔들어 놓았다.[29]

때때로 시인이고 문학 비평가이나 술 취한 불평꾼일 경우가 더 많은 브라이언 하워드Brian Howard는 1927년 10월 호스피츠 데어 베를리너라는 숙소에서 한 친구에게 편지를 써서 자신의 솔직한 감정을 있는 그대로 드러냈다.

나는 매우 울적하고 외롭습니다. 나는 베를린을 너무 싫어하여 지금 당장이라도 귀국하고 싶습니다. 참을 수 없을 정도로 흉악하고 너무 너무 끔찍합니다 …… 나는 생필품이 어디에 있는지도 모르고, 돈도 없고 이 호텔은 너무 엉망입니다 …… 내가 도착했을 때 그들은 찬송가를 부르고 있었습니다. 아무도 말을 걸지 않았고 내가 담배 피우는 것은 심한 모욕으로 간주되고 있습니다 …… 운터덴린덴 거리는 정말 한심합니다. 모든 게 소란스럽고 저속하고 혼잡하고 상업적입니다. 버스는 시속 오십 마일로 내달려서 죽음의 함정이나 다름없습니다 …… 베를린의 동성애 생활은 심리학자의 관점에서 보면 환상적일지 모르

지만 한 인간의 관점에서 보면 아주 괴기한 것입니다. 아, 내가 얼마나 외로움을 느끼고 있는지.[30]

이태 뒤에 미국 작곡가 폴 바울스(이셔우드는 이 이름을 도용하여 『베를린이여 안녕』에 샐리 보울이라는 인물을 등장시켰다)는 이렇게 썼다. "나는 베를린이 일찍이 내가 둘러본 도시들 중에서 가장 멋대가리 없는 도시라고 결론을 내렸다 …… 위협적인 압력처럼 내리 누르고 있는 무거운 팔뚝으로부터 벗어나기가 어렵다. 베를린은 아름다운 도시가 아니다."[31]

외국인들의 비판을 받은 것은 수도의 흉측한 모습만이 아니었다. 에디 색빌-웨스트는 드레스덴의 안락한 중산층 가옥에서 중산층 가정의 사람들과 함께 살았다. 그 가옥은 "크고 시원하게 지어졌지만 너무 너무 보기 흉한 집이었다". 그는 그 가정의 사람들이 그에게 친절하게 대했다는 것은 인정했다. 그는 심지어 "행복감"을 느끼기 시작했다. 그러나 그 집 아들은 딱 질색이었다. "그 아들은 방 안에 들어오면 박수를 딱딱 치는 버릇이 있었는데 아주 사람을 돌아버리게 만들었다. 게다가 그는 못생기고 얼굴이 반점투성이였다."

색빌-웨스트 같은 영국인들은 독일로 도피함으로써 자신들의 상류층 배경을 완전히 내다버렸다 생각했지만 실제로는 뿌리 깊은 문화적 우월감을 근절하지는 못했던 것이다(단 이셔우드와 오든은 예외다). 리즈데일 경의 외아들이며 열광적 친독인사인 톰 미트포드는 오스트리아에 머물면서 사촌 랜돌프 처칠에게 해외에 나와 있을 때 "같은 계급의 사람들"과 어울리는 이점에 대해 적어 보냈다. "왜냐하면 중산층 사람들과 어울리는 일이 때때로 얼마나 괴로운지를 깨달았기 때문이야. 아무리 세련돼 보인다 해도 중산층은 역시 중산층인 거라네."[32] 이것을 에디는 이렇게 말했다. "해외에서 외국인을 만날 때, 그가 영국인이라고 하면 얼마나 마음에 안 드는지!"[33] 당시 영국 대사관에 근무하던 해롤드 니콜슨Harold Nicholson이 베를린 대학에서 행한 연설에는 이런 귀족 우월감이 드러나 보인다. 그것을 럼볼드 영국 대사 부인은 이렇게 묘사했다.

그가 어제 베를린 대학에서 영어로 아주 흥미로운 강연을 했다. 영국인과 독일인의 아주 다른 특성을 비교했던 것이다. 절반은 진담이고 절반은 농담 조였는데 많은 학생들을 어리벙벙하게 만들었고 그래서 그들은 그 주장을 어떻게 받아들여야할지 난감한 것 같았다. 하지만 우리는 즐겁게 들었다. 그는 영국인의 특징이, 다른 나라 국민에게서는 찾아볼 수 없는 저 기이한 수줍음이라고 말했는데 그건 정말 맞는 말이다. 영국인은 자라나면서 아주 특정한 형태의 외피를 형성함으로써 이 예민함을 보호한다. 그것은 "좋은 매너"의 코드인데 때로는 외국인을 상대로 우월한 척하는 허풍으로 드러나나, 실은 그게 영국인의 수줍음을 위장하기 위해 계산된 행동이라는 것이다. 해롤드는 영국인과 독일인이 서로 진정으로 이해하는 일은 없을 것이라고 말했다.[34]

그렇지만 니콜슨 부부와 울프 부부를 베를린 자택에서 접대한 후에 해리 케슬러는 그 영국인 손님들을 완벽하게 이해한 듯하다. "레너드 울프Leonard Woolf는 총명하고 상상력 넘치지만 너무 신경이 예민하여 말을 하면서 목소리가 떨렸다 …… 버지니아 울프Virginia Woolf는 학장의 딸로서 전형적인 상류 중산층 중 가장 뛰어난 여성이었다 …… 니콜슨 부인(비타 색빌-웨스트)은 전형적인 귀족 출신의 귀부인이었다. 날씬한 몸매에 우아한 분위기, 모든 동작에서 드러나는 편안하고도 맵시 있는 매너 등이 평생 당황감이나 사회적 장애를 느껴보지 못한 사람처럼 보였다."[35] 해롤드 니콜슨에 대해서 케슬러는 이렇게 썼다. "그는 흥미로운 인물이었으나 어쩐지 나는 그가 마음에 들지 않았다. 하지만 왜 그런지 그 이유는 꼭 짚어내지 못하겠다."[36] 케슬러 자택을 방문했던 여자 손님들도 베를린을 좋아하지 않았다. 럼볼드 대사 부인에 의하면, "손발이 아주 큰" 비타는 남편이 영국 대사관에 근무하는 동안 가능하면 베를린에 머무르지 않으려고 애썼다. 한편, 버지니아는 그 도시를 "오싹하다"라고 하면서 다시는 베를린을 방문하지 않았다.[37]

피어스 브렌든Piers Brendon은 『어두운 계곡The Dark Valley』이라는 책에서 영국 지식인들을 그토록 불쾌하게 만들었던 베를린의 특징을 이렇게 요약했다. "베를린에는 국민적 영웅들의 이름을 딴 곧게 뻗은 회색 도로들이 많고, 어딜 가나 똑같은 칙칙한 광장에는 잊힌 장군들의 조각상들이 가득하다. 그래서 이 도시는 새로운 바빌론이라기보다는 프로이센의 근검절약 정신을 기리는 기념비라고 보는 편이 더 적당하다."[38] 참으로 그러했다. 야간에는 베를린이 현대판 소돔이라는 별명을 얻기에 충분하지만, 낮에 본 이 도시는 전형적인 독일 하우스프라우Hausfrau(가정주부)의 모습과 공통점이 많았다.

외국인들은 나이든 세대의 완고한 겉모습에 경멸을 표시하지만 동시에 독일의 모더니티(현대성)에는 감명을 받았다. 특히 알몸

을 드러내는 것—비단 나이트클럽만 그런 것은 아니었다—은 현대
성의 흥미로운 표시였다. 외국인들은 거의 알몸으로 농촌이나 수영
장에서 일광욕을 하는 젊은이들의 건강한 활력에 깊은 인상을 받았
다. 그들의 본국에서는 찾아보기 어려운 현상이었다. 영국의 소설가
겸 여성인권 운동가인 시슬리 해밀턴은 베를린 근처의 숲에서 두
젊은 부부가 공놀이를 하는 광경에 큰 인상을 받았다. 해밀턴은 바
이마르 공화국 말년에 해마다 여름이면 독일 전역을 여행했다.

그 일행 중 두 남자는 짧은 반바지 이외에 아무것도 입지 않았다. 두
여자 중 하나는 헐렁한 수영복 바지에 브래지어만 하고 있었는데 바
지와 브래지어 사이 배 부분은 훤히 드러나 있었다. 다른 하나는 아주
날씬한 여자였는데 수영복 바지만 입고 있었고 허리 위는 알몸이었다.
남자나 여자나 지나가는 행인들의 시선은 아랑곳하지 않았다.[39]

옷을 벗어던지는 이런 열정은 소수의 사람들에게만 유행하는
것이 아니라 모든 사회 계층의 독일인들에게 공통되는 현상이었다.
외국인들은 철도 노동자들이나 농장 노동자들이 검붉게 탄 상체를
알몸으로 훤히 드러내는 것을 자주 목격했다. 그래서 한 여행자는
이렇게 지적했다. "독일에서는 두꺼운 조끼, 둔중한 바지, 높은 중산
모를 쓰고 잔디밭을 정리하는 정원사를 발견할 수가 없다. 그러나
나는 영국에 귀국한 그다음 날 무더운 날씨에 영국인 정원사가 그
런 복장으로 일하는 광경을 보았다."[40]

오든, 이셔우드, 스펜더는 다양한 남자애들을 데리고 발트 해의
한 섬인 뤼겐에서 휴일을 보내길 즐겼다. 기다란 모래 해변에는 수

백 명의 수영객들이 알몸으로 드러누워 있었다. 스펜더는 그 광경을 이렇게 묘사했다. "신체가 짙은 갈색으로 변한 남자애들이 창백한 피붓빛의 사람들 사이를 의기양양하게 걸어 다녔는데 마치 왕들이 신하들 사이를 활보하는 것 같았다. 햇볕은 수년에 걸친 전쟁으로 피곤해진 그들의 몸을 치료해 주었고, 그들의 피곤한 정신을 동물의 가죽처럼 덮고 있는 근육과 피의 활기 넘치는 펄떡거림을 의식하게 해주었다."[41] 심지어 프랑스인이자 조각가로서, 나체에 익숙한 터인 아리스티드 마욜Aristide Maillol도 프랑크푸르트의 야외 수영장에서 목격한 알몸 행렬에 깊은 인상을 받았다. 그를 초청한 해리 케슬러는 그것이 종전 이후 인생에 대한 새로운 전망의 한 표현이라고 설명했다. "사람들은 빛, 태양, 행복, 건강한 신체 등을 향유하면서 살기를 간절히 바라고 있습니다 …… 그것이 모든 독일 청년들을 뒤흔들고 있는 대규모 운동입니다."

그러한 빛과 태양에 대한 동경은 당시의 건축에도 반영되어 있다. 마욜은 특히 프랑크푸르트의 사회적 주택 사업인 뢰머슈타트Romerstadt에 감명을 받았다. "제가 완벽한 현대 건축물을 본 건 그때가 처음이었습니다. 그래요, 그 주택에는 아무런 흠도 없었습니다."[42] 새로운 세대의 요구와 열망에 부응하여 건축가 에른스트 마이는 평등주의에 입각해 뢰머슈타트 주택을 설계했다. 그리하여 입주민들이 햇볕과 신선한 공기를 평등하게 누릴 수 있도록 했다. 시슬리 해밀턴 또한 독일의 현대식 건물에 깊은 인상을 받았다. 그녀는 특히 발터 그로피우스의 데사우 바우하우스의 유리벽들에 감탄했다. 그 건물은 사무실 공간을 환히 밝히는 햇볕에 대한 유행을 불러일으켰다. 그녀는 또 이런 논평도 했다. "함부르크에 도착하는 여행자들은 도시의 그림 같은 중세풍 구역보다는 칠레하우스—"벽돌 표현주의Brick Expressionism"의 대표적 사례인 10층 건물—에 안내될 것이다."[43]

로즈 장학금 수혜자로 선정되어 옥스퍼드 대학으로 가는 길에 독일을 방문한 뉴질랜드 청년 제프리 콕스Geoffrey Cox도 이런 탁 트인 시원한 접근 방법에 크게 감명을 받았다. 그는 베를린에서 개최된 전시회인 〈누구에게나 햇볕, 공기, 주택을〉을 관람한 직후 하이델베르크에서 어머니에게 이런 편지를 썼다. "오늘날 독일에서 가장 멋진 일은 새로운 유형의 사람이 생겨나고 있다는 겁니다. 그런 사람을 도처에서 볼 수 있습니다. 햇볕에 신체가 검게 그을린, 실용적인 옷을 입고 멋진 몸매를 자랑하는 사람들 말입니다. 신체 문화 클럽physical culture club*과 수영 모임 등이 많이 있습니다. 사람들을 야외로 끌어내려는 각종 시도가 이루어지고 있습니다." 그는 사람들이 옷 입는 방식도 칭찬했다.

> 뉴질랜드에서보다 더 실용적으로 옷을 입고 다닙니다. 남자들은 넥타이 없이 부드러운 셔츠만 입습니다. 반바지를 입는 경우도 있습니다. 여자들은 스타킹은 신지 않고 양말만 신습니다. 베를린의 최고 패션은 목 부분을 터놓은 부드러운 셔츠에 회색 플란넬 바지를 입는 것입니다. 더욱이 그들은 밝은 색깔의 옷을 입습니다. 심지어도 남자들도 노란색과 파란색 셔츠를 입어요. 저도 지금 그런 편한 옷을 입고 있는데

---

* 독일의 바이마르 시대에는 온 국민이 국난 극복을 위해 열심히 일해야 한다는 각오가 널리 퍼져 있었고 일을 잘 하려면 신체가 건강해야 한다는 생각에 열심히 운동들을 했는데 이런 사회적 분위기를 반영하여 신체 문화 클럽이나 수영 클럽 같은 것이 많이 생겨났다.

뢰머슈타트

뢰머슈타트의 특징적인 건물 중 하나.
공중에서 내려다본 전경.

멋지게 보여요. 가격은 4파운드 6실링![44]

이런 새로 발견된 자유가 남자들에게만 국한되는 것은 아니었다. 언론인 릴리언 마우러—『시카고 데일리 뉴스』의 베를린 특파원인 에드가 마우러Edgar Mowrer의 아내—에 의하면, 여자들은 바이마르 공화국 시절에 그들이 하고 싶은 일은 뭐든지 할 수 있었다. 제국의회에 서른여섯 명의 여성 의원을 둔 독일은 그 어떤 나라보다 여성 진출 비율이 높았고, 이론상으로 여성은 원하는 직업이 무엇이든 거기에 진출할 수 있었다. 마우러는 독일 여성들이 전기 기사, 기계설계사, 심지어 푸주한으로도 일한다고 했다. "마르가레테 콘은 커다란 나무망치로 단숨에 수소를 쓰러트릴 수 있었다."[45]

섹스, 햇볕, 멋진 신세계의 약속에 유혹되어 독일을 찾는 외국인들이 있는가 하면, 오래된 주택, 자갈 깔린 길, 취주 악단, 맥주 등을 찾아 나선 여행자들도 있었다. 에밀리 폴라드의 일기에는 남녀 옷 바꿔 입기, 재즈, 조세핀 베이커Josephine Baker*의 바나나 춤**에 대한 얘기는 전혀 나오지 않는다. 그러므로 연극배우 막스 라인하르트Max Reinhardt, 극작가 베르톨트 브레히트Bertolt Brecht, 바우하우스Bauhaus 등에 대해서는 얘기조차 들어보지 못했을 가능성이 높다. 그녀의 여행 일기는 이런 점을 보여준다. 바이마르 공화국 십오 년의 존속 기간을 상징하는 자유로운 모더니즘이 독일의 대부분 지역에는 침투하지 못했다는 사실 말이다. 힐데스하임의 현지인들은 에

• 미국 출신의 댄서 겸 가수. 레지스탕스, 인권운동가. 주로 프랑스에서 활동했다.
•• 바나나 모양의 짧은 치마를 입고 추는 선정적인 춤.

밀리와 그녀의 친구 마지를 놀
란 눈으로 쳐다보았다. 그들에
게 미국인 관광객은 너무나 생
소한 존재였기 때문이다. 에밀
리는 현지 여인들이 던들 여성
복***, 나막신, 암청색 앞치마를
착용하고 있다고 적었고 그녀
와 마지가 그 도시의 비좁은 길
들과 "칠백 년 된 중세 건물들"
에 매혹되었다고 썼다. "내가
한 걸음을 떼어놓을 때마다 내
앞에는 중세풍 가옥들이 나타
났다. 이런 일은 되풀이되었다.
그 아름다운 풍경은 여독을 싹
가시게 했다."

조세핀 베이커

조세핀 베이커는 2차 대전 시기에 레지스탕스
활동을 하기도 했고, 마틴 루터 킹과 함께 활동
한 인권운동가로 알려져 있으나 젊은 시절에는
카바레에서 선정적인 춤을 추며 생활을 영위했
었다.

    에밀리와 마지는 하르츠 산맥의 고슬라 유스호스텔에 머물기
도 했는데 그곳에서 그들은 대규모 반더푀겔(하이킹 하는 사람) 학생
집단을 만났다.

    학생들은 등에 배낭을 메고 손에는 지팡이를 들었는데 좀 더 나이든
학생들이 이 야외 활동을 지도했다. 그들은 자동차에 의해 버릇이 나
빠지지 않았다. 지팡이에는 은빛 스티커들이 많이 붙어 있었다. 각각

*** 던들은 오스트리아 지역의 전통 복장이다.

의 작은 마을에는 고유 스티커가 있었는데 학생들은 새로운 마을을 방문할 때마다 그것을 하나씩 얻어서 지팡이에 붙였다. 그 스티커 숫자만 보면 그 학생이 여러 번 하이킹에 나선 아이인지 아니면 신참인지를 금방 알 수 있다.[46]

바이마르 공화국 후기에 독일 농촌지역을 여행한 외국인들은 '청소년 운동jugendbewegung'에 가입한 열성적인 젊은 회원들을 반드시 만나게 되었다. 외국인들은 그들에게도 깊은 인상을 받았다. 자라나는 세대에게 애국심, 협동 정신, 건전한 자연 사랑을 심어 주는 데 이것보다 더 좋은 방식이 있을 수 있겠는가? 하이커들이 하룻밤 묵는 값싼 호스텔은 잘 정돈되어 있고, 깨끗하고, 소박했다. 이런 것들이 전국적으로 "선량한" 독일인의 이미지를 심는 데 핵심적인 사항이었다.

그러나 자세히 들여다보면 이런 청년 카르텔은 겉보기처럼 그리 순수한 것이 아니었다. 시슬리 해밀턴은 경고의 종소리를 울렸다. "'청소년 운동'에는 위험한 구석도 있는데 그것을 단 한 마디로 요약하면 '정치'이다." 그녀는 이런 학생 단체들이 대부분이 기존 교회 모임이나 정당의 하부 조직이라는 것을 재빨리 알아보았다. 그런 모임이나 정당은 그들의 당파주의를 청소년들에게 주입하기 위해 혈안이 되어 있었다. 시슬리 해밀턴은 이렇게 썼다 "이 젊은이들은 정치에 일찍 눈을 떠서 정치에 빨려 들어갔다." 그녀는 주말의 산책길에서 요정들의 무리—너무 어려서 아직 정치를 모르는 아이들—가 긴 행렬을 이루어 숲속으로 행군해 들어가는 광경을 보았다. 그들의 머리 위에서는 붉은 깃발이 휘날렸다. 그녀를 불안하게 만드는 것은 어린 공산주의자들만이 아니었다. 그녀는 이런 기록도 남겼다. "'갈색 셔츠들'*은 당파적 사고방식을 주입받은 청년들의 가장 대표적인 사례이다. 그러나 그들을 불량한 청년들로 볼 수는 없다. 그들의 사상은 위험하고 방식은 도발적이지만 그 청년들 자체는 내가 보기에 깨끗하고 모범적인 아이들이다." 그녀는 독자들에게 이런 정보도 알려주었다. "젊은 '갈색 셔츠'는 국가-사회주의-노동자-당의 하부 조직이다." 시슬리 해밀턴은 이 당의 이름이 너무 길기 때문에 "간단히 줄여서 나치라고 한다"라고 적었다.[47]

• 갈색 셔츠Brownshirt는 나치돌격대라는 말로 오늘날 더 잘 알려져 있다.

템펠호프 공항

템펠호프 공항은 히틀러의 "새로운 제국의 세계수도", 일명 "게르마니아" 건설의 일환으로 이루어졌다. 2016년부터는 시리아 난민을 위한 난민캠프로 사용하고 있다. 사진은 독일 패전 이후 냉전 시기의 모습으로 베를린 공수에 동원된 미 공군 수송기 C-54가 도열해 있다.

4

"설설 끓는 역사의 스프"

에밀리 폴라드는 독일인을 좋아했다. 그녀는 독일인의 좋은 매너, 독일인의 근면함, 독일의 음식을 좋아했고 심지어 깃털 이불도 좋아하게 되었다. "독일인들은 담요라는 걸 알지 못하나봐. 어쩌면 중세부터 그런 게 없었던 걸까." 그녀는 표현주의 예술 전시회보다는 일반 가게들을 더 많이 다녔지만 문화의 새로운 추세를 전혀 모르지는 않았다. 그래서 이렇게 썼다. "독일은 모더니티(현대성)를 추구하는 데 있어서 우리들보다 훨씬 앞섰다." 이러한 견해는 베를린의 템펠호프 공항을 방문하면 금방 이해할 수 있다. 이곳은 한때 프로이센 군대의 연병장이었으나, 1930년에는 날마다 유럽 전역에서 40대의 비행기가 날아와 착륙하는 세계 최대의 공항이 되었고, 베를린의 관광명소 리스트 중에서도 수위를 차지했다. 소액의 입장료만 내면 일반 대중은 이 공항에 들어가 원하는 만큼 머무를 수가 있다. 에밀리는 이렇게 적었다. "많은 사람들이 거기에 몰려들어 작은 테이블에 앉아 비행기 엔진 소리를 배경 삼아 먹고 마셨다."[1] 시슬리 해밀턴 또한 이 공항에 홀딱 빠졌다. "거기에서는 늘 뭔가 일이 벌어졌거나 혹은 벌어지려 했다. 멋지고 새로운 괴물이 창공을 박차 올라 바람을 맞이했고, 새로 도착한 괴물은 공중 어디에선가 갑작스럽게 나타났다!"[2]

이 년 전 템펠호프 공항은 일대 흥분과 화제를 불러온 장소가 되었다. 헨리 미어스와 찰스 콜리어가 기존의 단시간 세계 일주 비행의 기록을 깨기 위해 단발 엔진 비행기로 세계 일주를 하다가 이 공항에 불시착한 것이었다. 그들은 베를린에 도착하기 직전 그 도시 서쪽의 광대한 농지 들판 위의 상공에서 길을 잃었다. 그래서 긴급 착륙하여 방향을 물어볼 수밖에 없다는 판단을 내렸다.

갑자기 함성 소리가 들렸고 얼굴색이 붉은 농부가 양팔을 흔들면서 우리에게 다가오는 모습이 보였다. 그의 뒤로는 금발의 통통한 소년들이 따라오면서 역시 소리를 지르고 있었다. 어린 소녀 둘이 그 뒤를 따랐다. 그 소녀들은 앞치마를 휘날리고 노란 꽁지머리를 등에 털렁거리면서, 흥분이 가득한 어린애다운 목소리로 함성을 내질렀다. 농장에서는 한 무리의 거위가 그들 자신도 바쁘다는 듯이 황급히 따라와서 이 게르만족 특유의 야단법석에 그들 나름의 목쉰 고함소리를 보태주었다.[3]

시간을 상대로 긴박한 싸움을 벌이는 중이었으므로 두 남자는 베를린에 겨우 몇 시간 머물렀을 뿐이었다. 하지만 미어스가 베를린 풍경에 대해 논평할 정도의 시간은 충분히 있었다. "베를린의 대로는 독일 가정주부의 주방처럼 깨끗했고 경찰관들은 군 장교만큼이나 총명하고 위엄이 있었다." 베를린의 아들론 호텔에서 햄과 달걀로 아침 식사를 하고 얼음처럼 차가운 거품이 뭉게뭉게 일어나는 흑맥주를 몇 잔 마신 뒤에 그들은 예정보다 열두 시간 늦은 채로 템펠호프에서 이륙하여 작별 인사로 기수를 두어 번 낮춘 후에 러시아를 향해 날아갔다. 그리고 1928년 7월 22일에 뉴욕에 도착했다. 그들의 기록은 23일 15시간 21분 3초로, 신기록이었다.[4]

* * *

새로운 바이마르 정신의 상징물인 템펠호프 공항은 해마다 영국 대사관을 찾아오는 수십 명의 방문객들이 처음 거치는 관문이었다. 호레이스 럼볼드Horace Rumbold 대사 부부가 1928년 9월에 베를린에 도착한 이래, 독일을 찾아오는 영국인 방문객 수는 점점 불어났다. 이것은 놀라운 일이 아니었다. 베를린 공항은 아주 편리한 관문이었고 거기로부터 도시를 탐사하거나 독일의 다른 지역으로 추가여행을 할 수가 있었다. 에델 럼볼드Ethel Rumbold 대사 부인은 거실 다섯 개, 커다란 연회장 하나, 완벽하게 멋진 침실 하나가 구비된 새로운 대사관저를 흡족하게 여겼다. 그러나 "하얀 유리를 둘러씌운 커다란 놋쇠 램프가 붉을 밝히는 약간 음산한 계단"은 싫어했다. 그녀는 독일인들이 "예전의 오만함은 전혀 없이" 말도 별로 없고 겸손한 것을 보고서 놀랐다. "실제로 독일인은 프랑스인, 벨기에인, 스페인인들과는 유쾌한 대조를 이루는 사람들이다."[5]

호레이스 경의 임기는 오 년이었다. 정치적 무대가 점점 어두워지자 그는 많은 방문객들에게 영국인 정신이 무엇인지 일깨워주는 대표적 인물이 되었다. 한 손님은 대사를 이렇게 묘사했다. "둥글고 붉고 어린아이 같은 얼굴에 장식용 외알 안경, 그리고 아주 어리석게 보이는 표정. 하지만 이런 것들 뒤에다 그는 진정한 영국인의 변덕에 어울리게 면도날처럼 날카로운 두뇌를 감추고 있다."[6] 대사 가족을 기차역에서 마중한 해롤드 니콜슨은 아내에게 이런 편지를 써 보냈다. "럼비, 럼비 부인, 럼비 딸과 럼비 아들 …… 모두 기차에서 일렬로 내렸는데 각자 존 골즈워디John Galsworthy의 소설책을 들고 있었어. 그들처럼 영국적이고 단단하고 예의바른 사람들은 본 적이 없어."[7] 럼볼드 부인은 외교관의 딸이면서 론스데일의 조카인데 대사 부인이 될 자격을 타고났다. 인정이 많고 유머가 넘치는 그녀는 모든 사람을 매혹시켰다. 대사 부부가 베를린에 도착했을 때, 딸 콘스탄티아는 이십이 세였고 아들 앤소니는 옥스퍼드 대학에 진학할 예정이었다(아들 또한 나중에 외무부에 들어갔다).

럼볼드 대사 부부의 최초 사교 행사는 노동당 당수 램지 맥도날드를 축하하기 위한 "조촐하고 조용한 30인 저녁 식사"였다. 하인들은 검은색과 은색이 섞인 정중한 제복("붉은색과 노란색보다는 덜 화려한")을 입었고 식탁은 황금 식기류와 분홍색 카네이션으로 호화롭게 장식되었다. 초대 손님 리스트에는 알베르트 아인슈타인Albert Einstein과 오스월드 모슬리Oswald Mosley 부부가 포함되어 있었다. "모슬리 부인은 너무 사랑스럽고 아름다워서 전혀 노동당 사람 같지 않았다!"*"과감한" 드로게다 부인도 거기 있었고 커즌 공도 참

---

* 그녀는 결혼 전에 레이디 신시아 커즌이었고, 초대 커즌 공의 두 번째 딸이었다. 1933년

석했다. 그러나 럼볼드 대사 부인을 매혹시킨 것은 당시 독일 총리였던 헤르만 뮐러였다.** 그녀는 친정어머니에게 이렇게 써 보냈다. "그는 아주 독일적인 사람입니다. 거대한 사각형 머리, 목 뒤에 접힌 삼겹살, 정말로 전형적인 독일인이에요! 하지만 말을 붙여 보면 매력적이고, 소박하여 가식이 없고, 자연스러운 사람입니다."[8]

만찬 모임 이틀 전에 램지 맥도날드("잘 생기고 특별해서 가장 매력적인 인물")는 만장한 제국의회를 상대로 연설했는데, 외국인으로서는 최초였다. 럼볼드 부인은 약간 화난 어조로 이렇게 썼다. "의회 의장이 그를 전쟁 초기에 영국의 중립성을 보여준 사람이라고 소개하여 나는 약간 화가 났어요. 하지만 그것 이외에는 모든 것이 평온했죠. 그는 미래에 대해 더 많이 얘기했어요. 우리들 바로 뒤에 볼셰비키 무리들이 앉아 있다는 건 좀 기이했어요. 게다가 나는 러시아 황비의 죽음을 맞이하여 공식적으로 상중이었는데 말이에요!"[9]

어떤 영국인 손님들은 너무 오래 머물러 미움을 샀다. 럼볼드 부인은 몇 달 뒤 이렇게 불평했다. "우리는 아직도 의원 한 사람을 대사관에 머무르게 하고 있어요. 이틀 밤을 묵겠다고 왔는데 벌써 여드레째예요! 그는 좋은 대화 상대이지만 이처럼 오래 머무르다니 좀 신중하지 못해요."[10] 문제의 의원은 지역구가 치퍼넘인 보수당 소속의 삼십이 세 청년, 빅터 카잘렛Victor Cazalet이었다. 그는 다소 아둔하게도 대사 부인의 짜증을 전혀 눈치 채지 못하고 이처럼 멋진 주말을 보내본 적이 없다고 말했다. 그는 1929년 1월 5일 베를린

복막염으로 사망했다.
** 헤르만 뮐러(1876-1931)는 1920년과 1928-1930년, 이렇게 두 번 총리를 역임했다. 그는 베르사유 조약의 독일 측 서명자 중 한 사람이었다.

에 도착하기 직전에는 비스마르크(아들) 부부의 초대 손님이었다.

겉보기에는 그렇지만 아주 편안한 집이었다. 온수가 잘 나왔다. 함부르크에서 거의 이십 마일 떨어진 숲속 한가운데 있었다. 일행은 열여덟 명이었다. 오스트리아인, 독일인, 스웨덴인. 스웨덴 사람들은 참으로 매력적이다. 재미있으면서도 소박하다. 나는 그들 모두가 마음에 들었다 …… 모두 영어를 했다. 우리는 궁전 밖에서 식사를 했다. 차가운 잉어와 산토끼 고기 등이었다. 그리 맛있지는 않았다. 대부분의 영지가 숲이었는데 독일에서는 값이 꽤 나간다. 목요일에는 산토끼와 꿩 사냥을 했다.

그다음 날 그들은 사슴과 멧돼지 사냥을 했다.

우리는 점심 식사 후에 우리의 가방을 점검받았다. 전형적인 프로이센 방식의 점검이었다. 저녁 식사 후에는 동물들을 풀어놓았고, 궁전 앞에는 불이 환히 켜져 있었다. 이어 우리는 동물들을 찾아 나섰고 나팔수는 여러 곡조를 연주했다. 아주 추웠다. 사냥감을 찾아나서는 것은 모두 나팔수가 조율했다. 수석 삼림 관리인은 아주 멋진 사람이었는데 일종의 수석 대리인이었다. 그는 두 쌍의 망원경을 목에 걸고 있었고 우리를 각 사냥터에 내려놓으면서 아주 정중하게 인사를 했다.

박물관 관람은 필수 코스였으나 철혈 재상의 개인 숙소는 카잘렛에게 그리 큰 감명을 주지 못했다. "아주, 아주 보기 흉했다. 믿기지 않을 정도로. 그래서 잊어버릴 수가 없다." 비스마르크에 열광하는 젊은 의원에게 프로이센식 사냥은 흥미만점의 체험이었다. 그렇지만 한 시 삼십삼 분 기차를 타고 베를린을 향해 떠날 때는 안도의 한숨이 흘러나왔다. 거기 가면 대사관의 안락함이 기다리고 있었다. 수도에 들어간 그는 영국인을 환대하는 독일인의 다정한 태도에 감명 받았다. "아무도 우리에게는 적대감을 느끼지 않았다. 영국인을 만나 전쟁에 대해 얘기하는 것을 모두들 즐거워했다."[11]

1929년 3월 전쟁 이후 처음으로 베를린을 방문한 영국인 왕자 요크 공(훗날 조지 6세)은 그 어떤 적대적 태도도 발견하지 못했다. 공작 부부는 노르웨이의 올라프 왕자 결혼식에 참석하러 가는 길에 대사관에 잠시 머물렀다. 럼볼드 대사 부인은 이렇게 썼다. "우리는 모두 젊은 공작부인에게 마음을 빼앗겼다. 그녀는 아주 소중한 사람이다. 너무 예쁘고, 너무 부드럽고, 너무 사랑스러운 미소를 짓는다. 겉치레는 전혀 없지만 아주 위엄에 넘친다."[12] 왕세자 부부의 방문은 예기지 않게 길어졌다. 기차 연착으로 하룻밤과 하루 낮을 베를린에 더 머물게 된 것이다. 그래도 대사 부인은 당황하지 않았다. 그녀는 한 친구에게 이렇게 썼다. "그들은 관광을 하거나 교회에 갈 생각은 없었다. 그래서 평온한 아침을 보낸 후에 우리는 그들을 해롤드 니콜슨과 함께 반제에 있는 골프장으로 모시고 갔다. 다행스럽게도 왕세자는 거기서 점심 식사를 하지 않았다."[13] 만약 점심 식사 장소에서 예전의 독일 왕족과 현 영국 왕족(사촌지간)이 만났더라면 그것은 상당한 외교적 결례가 되었을 것이기 때문이다. 그 전날 왕세자 부부는 카이저의 옛 궁전인 쉴로스를 관광했었다.

일반에는 공개되지 않는다는 그의 작은 침실에는 물건이 쌓여 있어서 다소 비극적으로 보였다. 벽지는 아주 낡은 상태였다. 안뜰을 내려다 보는 아주 작은 방이었고 그 옆에는 옷 갈아입는 작은 방이 있었다. 그의 서재에는 카이저가 1914년 8월 1일 군 동원령에 서명했던 유명한 테이블이 있었다. 이 필기용 테이블은 '빅토리' 호°에서 가져온 목재로 만든 것이었다. 선명한 깃발 속에 "잉글랜드는 기대한다"로 시작하는 넬슨의 유명한 문구°°가 새겨진 잉크통 역시 자신이 원래 전함에서 태어난 물건이라 주장하듯 거대했다. 흥미롭지 않은가?[14]

왕세자는 제국이라는 것이 곧 사라져버리는 성질의 것임을 명상하면서 그런 슬픈 광경에 우울해졌다. 대사 부인은 이렇게 말했다. "왕세자는 그것을 아주 슬픈 일이라고 생각했다. 그처럼 짧은 기간에 모든 것이 완전히 변했는데 아무도 신경 쓰지 않는다는 사실을 여러 번 언급했다. 그건 사실이었다. 그건 정말 냉정한 처사였다. 호헨촐레른 왕가는 이제 역사 속으로 사라졌다!"[15]

* * *

외국인들은 호헨촐레른 왕가의 운명을 슬퍼했지만 동시에 베를린의 모더니티에 매혹되었다. 카잘렛은 일기에 이렇게 적었다. "베를린은 흥미로운 도시이다. 멋진 그림들이 많다. 다양한 생활을 영위

● 　빅토리Victory 호는 영국의 전함으로 호레이쇼 넬슨 제독의 기함으로 활약했었다.
●● 　원래의 문구는 "잉글랜드는 모두가 각자의 의무를 다하기를 기대한다England expects that every man will do his duty"이다.

할 수 있지만 값이 너무 비싸다. 사람들이 흥미롭다. 정부 보조를 받는 세 개의 오페라 극장은 매일 밤 만석이다. 영화도 아주 좋다. 나는 볼셰비키 영화를 두 편이나 보았다. 촬영 기술은 1급인데 프로파간다는 엉성하다. 살아가기에는 멋진 시대다!"[16]

　　다른 많은 방문객들과 마찬가지로 그는 바이마르 독일의 다양한 예술과 높은 품질에 경탄했다. 1927년 에디 색빌-웨스트가 드레스덴 거주를 선택한 것은 매일 밤 "놀라운" 연주회나 오페라를 관람할 수 있기 때문이었다. 드레스덴 오페라 극장에서는 리하르트 슈트라우스Richard Strauss의 오페라 다섯 편이 초연되었다. 1929년 4월 12일 그 오페라 극장은 이미 광고된 프로그램을 취소하고 열두 살인 예후디 메뉴인Yehudi Menuhin의 바이올린 연주회 자리를 마련했다. 그날 밤 그는 바흐, 베토벤, 브람스의 바이올린 협주곡을 연주하여 청중을 매혹시켰다. "만석의 대극장은 열광과 환희의 도가니였다"라고 『포크슈타트Volkstaat』는 보도했다.

　　그 전 주에 예후디는 베를린에서 브루노 발터가 지휘하는 필하모닉과 협연하여 청중을 황홀경에 빠트렸다. 한 음악 비평가는 이렇게 썼다. "통통한 금발머리 소년이 지휘대 위에 올라섰고 그 즉시 아주 매혹적인 방식으로 청중의 마음을 온통 사로잡았다. 그는 펭귄처럼 지휘대 위에 한 발을 올려놓았다가 다시 다른 발을 올려놓는 동작을 잠시 계속했다. 청중들 사이에서 웃음이 터져 나왔으나 그가 바이올린에 활을 얹고 바흐의 바이올린 협주곡 E 장조 작품 번호 2를 연주하기 시작하자 웃음은 곧 사라졌다."[17] 예후디에게 바이올린(프린스 케벤휠러 스트라디바리우스)을 기증한 뉴욕 은행가 헨리 골드맨은 그 연주회에 참석하기 위해 일부러 뉴욕에서 여행을 왔다.

『베를린 모르겐포스트』는 이런 보도를 했다. "청중들 중에는 알베르트 아인슈타인, 영화배우 막스 라인하르트, 그리고 베를린의 저명한 시인과 음악가들이 있었다. 그들은 연주가 끝나자 우레와 같은 박수로 신으로부터 은총을 받은 예후디를 찬양했다." 연주회 후에 아인슈타인은 눈에 눈물이 가득한 채로 무대 뒤 분장실에서 이 미국 신동을 만났다. "여보게, 자네처럼 어린 소년으로부터 이런 감동적인 교훈을 얻기는 지난 여러 해 동안 오늘밤이 처음인 것 같아."[18] 그러나 이 유대인 천재 소년을 향한 즐거운 열광도 반유대주의의 지속적인 북소리를 잠시 가려주었을 뿐이었다. 히틀러는 1920년대 후반에는 아직도 주변적 인물에 불과했지만 유대계 음악인들을 지속적으로 비난했다. 그날 밤 예후디와 함께 협연했던 지휘자 브루노 발터에게도 박해의 시곗바늘이 계속 돌아가고 있었다.

예후디 메뉴인과 브루노 발터
1929년 4월.

오페라와 연주회 입장권은 값이 만만치 않았다. 언론인 릴리언 마우러는 극장표 가격이 "너무" 비쌌기 때문에, 마음껏 연극을 볼 수 있게 한 런던 잡지의 연극 비평가로 취직했다. 그녀는 곧 이런 결론을 내렸다. "독일인들은 유럽에서 극장을 가장 많이 다니

는 사람들일 뿐만 아니라 가장 교육 수준이 높은 국민이다. 런던이
나 파리의 스마트한 관중에 비해서 너무 부르주아 분위기를 풍기기
는 하지만 말이다." 마우러는 자체 극단을 가지고 있는 독일 도시가
백 군데가 넘고 영구 오페라 극장을 운영하는 곳도 삼십 군데가 넘
는다고 보고했다. 독일 통일 이전에 독일이 서른여덟 개의 군소 군
주국과 네 개의 자유 도시로 구성되어 있었던 역사의 행복한 유산
이었다.

마우러는 독일의 무대 연출 기술에 깊은 인상을 받았다. "장면
을 바꾸는 기술은 정말 대단했다. 세트 전체가 갑자기 사라지거나
암전되고, 그다음에는 새로운 장면에 새로운 배우들이 나왔다. 무
대는 엘리베이터 장치를 사용해 올라오거나 아니면 위에서 내려왔
다."[19] 지적 모험을 좋아하는 관중들을 위해 하우프트만, 베데킨트,
브로넨, "타락한 자처럼 보이는"[20] 브레히트 등의 연극이 제공되었
고, 쇤베르크 · 힌데미트 · 리하르트 슈트라우스 등의 신작을 발표
하는 연주회도 있었다. 바우하우스 건축, 표현주의, 다다, 화가 게오
르게 그로스George Srosz의 통렬한 풍자화 등이 관람자들을 뒤흔들
고, 혹은 매혹시켰다. 마우러는 이런 문화적 현상을 이렇게 요약했
다. "독일에서는 내가 살아 있다는 느낌이 아주 생생해요."[21]

현대 독일 영화도 아주 매력적이어서 외국 방문객들은 유니베
르숨 필름 AGUFA를 많이 방문했다. UFA 스튜디오는 1929년에 〈푸
른 천사Blauer Engel〉를 제작했다. 럼볼드 대사 부부는 다망한 외교
생활 가운데에서도 하루 시간을 내어 이 스튜디오의 촬영장을 방문
해 여배우 마를레네 디트리히Marlene Dietrich와 함께 사진을 찍었다.
대사 부부는 백여 명의 말 탄 코사크 기병들이 "페트로그라드로 달

영화 〈푸른 천사〉의 포스터

박사 역으로 나온 에밀 제닝스는 제1회 아카데미
남우주연상을 수상한 인기배우였으나, 나치당이
집권한 이후에는 나치 홍보 영화에 열정적으로
출연했다. 한편, 여주인공 룰라 역으로 나온 마를
레네 디트리히는 출연 당시에 신인이었으며, 나
치당 집권 이후 반나치 활동을 하다 미국으로 망
명했다.

러가는" 러시아 영화의 스펙
타클한 장면도 지켜보았다. 대
사 부인은 친정어머니에게 이
런 편지를 써 보냈다. "실감을
내기 위해 진짜 러시아 사람들
을 엑스트라로 동원했다고 해
요. 실제로 진짜 러시아 장군
이 그 병사들을 지휘했는데 출
연료로 하루 25마르크를 받는
걸 그 장군은 고마워했다고 해
요." 그렇지만 대사 부인은 이
런 지적을 하는 것도 잊지 않
았다. "그런데 영화 속 눈은 소
금으로 급조한 것이었고 세트
위의 모든 것이 가짜여서 보는
사람의 환상을 앗아갔어요."[22]

런던 출신의 "똑똑하고
젊은 여자"인 브렌다 딘 폴은 UFA에서 명성과 부를 획득해 보려
고 애쓰는 많은 배우 지망생 중 하나였다. 그녀의 배우 경력은 결국
실패작으로 끝났지만 그녀는 베를린에서 배우가 되기를 바라며 보
낸 몇 주 동안의 생활에 대해 아주 생생한 기록을 남겨 놓았다. 영
국 대사관 소속의 젊은 직원이 브렌다를 밤의 생활에 소개해주었
다. 그녀는 며칠 사이에 플레*의 렉시 호흐베르크 왕자, 막스 라인
하르트** 그리고 당시 베를린에서 가장 인기 있는 배우인 콘라트 바

이트*** 등을 만났다. 그녀는 자신의 "평균적 하루"를 이렇게 묘사
했다.

오후 한 시 쯤에 일어나기 때문에 점심은 일반적으로 아주 늦게 먹었
다. 이건 독일의 방식이기도 하다. 그런 다음 나는 쿠르퓌르스텐담에
있는 로베르트 식당으로 간다. 같은 거리에 있는 유명한 미장원인 피
가로에 들른 다음에 가는 것이다. 로베르트에서는 민트 줄렙****에서
세련된 굴 요리에 이르기까지 뭐든지 다 주문해서 먹을 수 있다. 그 식
당의 기다란 바에 앉아 있으면 연극이나 영화의 저명인사들을 만나게
되어 있다. 점심을 세 시나 네 시에 마치면 에덴이나 아들론 호텔에서
댄스파티가 있다. 차 마시는 시간에 런던의 호텔에서 춤을 춘다는 것
을 한번 상상이나 해보라. 그건 아주 볼썽사나운 꼬락서니가 될 것이
다. 하지만 이곳 베를린에서는 일상적 일과이고 세련된 일이기도 하
다. 그런 다음 자키 클럽으로 가서 칵테일을 마시며 일곱 시나 여덟 시
까지 시간을 죽인다. 이때 베를린 사람들은 집으로 퇴근하여 저녁을
기다리는데 식사는 보통 열 시쯤 한다. 나는 음식을 아주 밝히므로 호
르셔 식당에 자주 갔다. 그곳은 미식가의 천국이다. 예전에 아주 호화
로운 개인 주택이었던 호르셔는 아직도 에드워드 풍의 화려한 사치스
러움을 유지하고 있다. 벽은 진홍색이고 식사 테이블은 예전 서재의
벽들을 따라서 말 수송용 트럭처럼 배열되어 있다 …… 큰 소리로 말

- 오늘날의 프슈치나Pszczyna다.
- 오스트리아 출신의 배우이지만 당시에는 연극 연출로 더욱 유명했다.
- 〈칼리가리 박사의 밀실〉 등에 출연한 독일의 영화배우, 1942년 〈카사블랑카〉에서는 독일
  군 대령으로 출연했다.
- 위스키나 브랜디에 설탕 · 박하 따위를 넣어 얼음으로 차게 한 음료.

을 하거나 웃음을 터드리면 사람들의 차가운 시선을 받는다. 사교적 식사라기보다는 종교적 의식에 가깝다 …… 호르셔에서 식사를 하지 않을 때는 유명한 러시아 식당인 레바로 간다 ……그리고 열한 시나 열두 시쯤 되면 슬슬 춤출 생각이 드는데, 이때야말로 밤이 시작되는 시간이다.[23]

밤의 진짜 핵심은 자정을 넘어 고급 나이트클럽에서 벌어졌다. 그곳은 오든, 이셔우드, 스펜더가 자주 다닌 술집과는 스타일이 전혀 다른 곳이었다. 롤리아 폰슨비(후일의 웨스트민스터 공작 부인)는 엘도라도 나이트클럽의 옆 테이블에 앉아 있는 "보조개 파인 멋진 금발 남자"를 연신 쳐다보았는데 그는 실은 울란(폴란드 경기병대)에 근무하는 상사였다. 그녀는 소위 '남자 전용 댄싱 클럽'이라고 광고하는 나이트클럽을 방문하고 나서 이렇게 썼다. "콤비 양복을 입은 중년의 남자들이 뺨을 맞대고 엄숙하게 탱고를 추는 광경은 근엄한 독일 아버지들의 풍자화인 듯하여, 나는 도무지 그들을 진지하게 춤추고 있는 사람들이라는 생각이 들지 않았다."[24] 그녀의 친구인 이십오 세의 콘스탄티아 럼볼드도 베를린의 밤 생활에 대한 글을 남겼다. 그녀는 베권을 위시하여 일련의 흥미로운 곳들에 대하여 언급했다. 베권은 베를린에서 처음 생겨난 흑인 바(술집) 중 하나였다.

그곳은 붉은 램프가 켜진 어두운 아케이드였고 지하철 같은 냄새가 났다. 맨 끝에는 절반쯤 열린 문이 있었다. 문 너머에는 드럼의 숨죽인 목소리와 색소폰의 묘한 불협화음이 흘러나왔다. 한 줄기 푸른 연기가 공기 중에 떠돌았고 테이블들은 다닥다닥 붙어 있었다. 바로 여기에서 대학생, 백만장자, 사업가, 예술가 등이 화가의 모델을 서는 여성들 혹은 도시의 여자들과 어깨를 비벼대며 어울리고 있었다. 그들은 음악에 취해 눈을 절반쯤 감은 채 아무 말 없이 무도장 위를 물결치듯 선회하며 헤쳐 나갔다. 뚱뚱한 흑인 여자가 노래를 불렀는데 가슴이 깊게 파인 드레스를 입고 있었다 …… 흐릿한 불빛은 더욱 어두워졌고 흑인 여가수는 두 발로 박자를 맞추며 감상적인 노래를 흥얼거렸다. 그녀는 점점 더 빨리, 점점 더 크게, 점점 더 비명을 내지르듯 노래했다 …… 여가수의 뚱뚱한 몸은 고뇌의 경련 속에서 꽈배기처럼 꼬아졌다. 그녀는 광분하듯 양팔을 허공에 내던지면서 "모두들 그녀가 무엇 때문에 괴로워하는지 알아요. 그녀는 캐롤라이나를 그리워하고 있어요"라는 가사를 내뱉었다. 여가수가 노래를 마치면 언제나 우레와 같은 박수소리가 터져 나왔다. 그녀는 계속하여 노래를 불렀다. 그녀의 풍부하고 기름진 목소리가 구슬픈 메아리가 되어 방 안을 흘러 다녔고, 그녀의 몸은 가만히 있지를 않았다.

그러나 밤은 아직 끝나지 않았다. "지친 방랑자들을 위한 마지막 특식은, 조용한 거리에 숨어 있는 퀸스틀러(예술가의 거리라는 뜻이다)에서 먹을 수 있는 닭고기 스프와 뜨거운 소시지였다. 그 식당의 육중한 현관문은 초인종을 울려야만 조금 열렸다. 방문객은 안으로 들어간 뒤 조용한 안뜰을 가로질러서 돌계단을 내려가야 한다. 그러면 식탁과 의자가 마련된 자그마한 지하 공간이 나왔다. 구석에서는 맹인이 부드럽게 피아노를 연주했다. 스프는 뜨겁고 맛있으며, 맥주는 황금빛에 상쾌했고, 여기서 방문객은 카드 테이블에 둘러앉은 예술가, 화가, 작가, 자칭 지식인들을 만날 수 있었다."[25]

* * *

그리고 1929년 10월 24일, 이른바 검은 목요일에 월스트리트 증권
시장이 붕괴했고 그와 함께 독일에서 지속적 성장의 희망도 사라졌
다. 그런 궁극적 재정 파탄 이전에도 이미 바이마르 "황금" 시대의
도금(鍍金)이 얇게 벗겨져 나가는 징조들이 있었다. 스티븐 스펜더
는 한 해 전 여름에 함부르크에서 목격한 가난의 참상에 크게 심적
압박을 받았다고 회상했다. "나는 이제 나만의 통상적인 황홀경에
빠져들고 싶다는 생각이 거의 사라졌다 …… 이 나라에 즐비한 창
녀들을 하나의 상품으로 볼 수 있는 것은 이 나라의 공통적인 문제
라고 보았다. 그러나 이제 나는 그들을 썩은 고기라고 밖에 생각할
수가 없다. 나 자신을 그런 고기에 달려드는 외국인 맹금이라고 생
각하는 것은 그리 즐겁지가 못했다."[26]

릴리언 마우러는 위기가 닥쳐오는 것을 이미 파악했다고 주장
했다. 그녀는 연극 비평을 쓰는 것 이외에 일반 기사도 작성했다. 그
리하여 다른 언론인들과 마찬가지로 독일 국가 철도국으로부터 독
일의 덜 알려진 지역들도 방문해달라는 초청을 받았다. 그녀는 가
는 곳마다 "과다한" 공공 지출이 이루어지는 것을 보고서 충격을
받았다.

나는 새로 지은 화려한 건축물들을 안내받았다 …… 나무가 심어진 안

116

뜰을 둘러싸고 널찍한 공동주택이 들어서 있었다. 새로운 주택단지에 들어선 멋들어진 단독 주택들이었다. 나는 다른 나라에서 보았던 주택들과 비교하곤 했다. 프랑스의 재건축 단지들은 이러한 독일의 화려한 주택에 비하면 아주 값싸고 초라해 보였다.[27]

그러나 마우러가 지적했듯이, 이 "공공 지출의 카니발"에서 한 가지 결정적 흠결은 그 공사비가 미국의 단기 차관*에 의존한다는 것이었다. 거품이 꺼지고 부채가 회수되면 그것이 독일에 끼칠 영향은 재앙에 가까웠다.

증권시장 붕괴 일 년 후에 럼볼드 대사는 독일 정부의 장관들이 더는 대규모 만찬 행사를 개최하거나, 행사에 참석하지 않는다는 것을 발견했다. "그들은 외국인들이 보여준 환대에 답례를 해줄 능력이 되지 못했다. 게다가 그들은 그런 대규모 연회가 봉급을 삭감당한 하급 관리들에게 끼칠 악영향을 우려했다 …… 베를린 사교 시즌에 유대인 은행가들이 제공하는 화려한 연회는 올해에는 개최되지 않을 것 같다. 이 모든 것이 사람들의 소화 기관에는 큰 혜택이 될 것이다."[28]

전반적인 불경기는 곧 심화되었다. 스펜더는 베를린의 가게에 들어가려 하면 그 문 앞에서 반드시 거지를 만나게 된다고 적었다. 그러나 많은 프랑스인 방문객들은 회의적이었다. 그들은 독일인이 또 다시 경제 위기를 핑계로 대면서 배상금 지불을 미루고 있다고 생각했다. 앙드레 지드는 해리 케슬러에게 이렇게 말했다. "베를

---

* 이 차관은 **도스 플랜**에 따라 지급된 것이다.

린에서 귀국한 프랑스인들은 그곳에 널리 퍼진 엄청난 사치와 화려한 과시를 자랑하고 있습니다."[29] 에밀리 폴라드는 1930년 고슬라 식당에서 거창한 식사를 즐길 수 있었다. "정규 만찬 코스는 신들을 위한 연회나 다름없었는데 거기서 나오는 여섯 가지 코스에는 초록색 거북이 스프와 양념 친 게가 포함되어 있었다."[30]

그렇지만 월스트리트 붕괴 일 년 후에도 빈민가 공동주택에서 남자 친구의 가족과 함께 살고 있던 크리스토퍼 이셔우드는 진상을 훨씬 더 잘 알고 있었다. 그는 나중에 이렇게 썼다. "여기에 역사의 스프가 설설 끓고 있었다. 실제 요리가 요리책을 시험해 보듯이, 그것은 모든 정치적 이론을 시험해볼 국물이었다. 베를린의 국물에는 실업, 영양실조, 증권가 붕괴, 베르사유 조약에 대한 증오, 기타 강력한 구성 요소 등이 재료로 들어가 설설 끓고 있었다."[31] 달리 말하면, 국가사회주의당(나치)의 유권자 설득에 필요한 그런 조건들이 성숙하고 있었다. 나치는 국가 재건의 유일한 희망은 독재, 증오, 왜곡된 애국심 등이 재료로 들어간 히틀러의 스프뿐이라고 주장했다.

* * *

1924년 2월 26일 히틀러가 폭동에 실패하고 대역죄 재판을 받기 위해 뮌헨 법정에 나왔을 때, 그의 정치 생명이 끝났다는 것을 의심하는 사람은 거의 없었다. 그러나 이틀 뒤『맨체스터 가디언』은 이런 보도를 냈다. "히틀러는 이 순간의 영웅이다. 오늘 조간신문들의 칼럼으로 소개된 그의 변론은 무척 강한 인상을 남겼다." 서른넷의 히틀러는 "연극적인 감정적 어조에다 폭포수같이 쏟아지는 언변으로 입에 거품을 가득 문 채로" 자신을 변호하여 전 국민의 관심을 사로잡았다. 바이마르 정부, 유대인, 베르사유 조약을 광적으로 비난하는 그의 거침없는 언사는 많은 독일 국민들의 감정을 대변하는 것이었다. 재판장 또한 거기에 동조하여 대역죄 형량으로는 터무니없이 낮은 징역 9개월을 선고했다.

그러나 재판의 진행 과정을 지켜보던 『맨체스터 가디언』의 기자는 히틀러의 동기 부족을 의아하게 여겼다. 그 기자는 이렇게 썼다. "그에게는 짓밟힌 사람과 억압받는 사람을 위해 싸운다는 의식이 별로 없었다. 그는 어떤 뚜렷한 동기도 없이 자신과 지지자들의 생명을 위태롭게 하는 모험을 걸었다." 그가 왜 그런 엄청난 짓을 저질렀는지 설명해주는 자기 이익이나 개인적 야망의 징조도 보이지 않았다. 그렇지만 히틀러가 그 재판에서 엄청난 홍보 효과를 거두었다는 데는 의심의 여지가 없었다. 그의 출옥 직후 수년 동안 나치는 독일 정계에서 계속 주변부에 머물렀지만 말이다. 하지만 이런 비교적 평온한 시기에 히틀러는 나치당의 확고부동한 지도자로 자리 잡았다. 그때 이후 그는 언제나 "총통"으로 불렸다.

그리고 1930년 9월 14일, 나치가 연방선거에서 107석을 획득하면서 정치 무대는 극적으로 바뀌었다. 오랜 기다림의 시대가 끝난 것이었다. 더욱이 히틀러는 실패한 폭동에서 단단히 교훈을 얻은 상태로 합법적인 성공을 거두었다. 언론 재벌 로더미어 경은 당시 뮌헨에 있었는데 히틀러가 독일의 새로운 시대를 열었다고 기뻐했다. 그는 동포 영국인들에게 독일 파시즘이 유럽에 제공할 수 있는 여러 이점들을 눈여겨보아야 한다고 권고했다. 특히 그들은 공산주의를 상대로 철저하게 싸울 것이었다.[32] 그러나 럼볼드 대사는 회의적이었다. 그는 한 달 뒤 총선 후 의회가 처음 열린 10월 13일, 국왕 조지 5세에게 이런 보고서를 올렸다.

독일 파시스트들이 금지된 제복—카키색 셔츠, 바지, 각반, 나치 완장—을 착용하고 의회에 들어왔을 때 저는 마침 의사당 건물 안에 있었습니다. 나치 지도자 중 한 사람은 골프 바지를 입고 있었는데 그의 몸에 잘 어울리는 것 같지 않았습니다. 그들은 그 제복을 감추기 위해 겉에 외투를 입었고, 그들의 입장은 뮤직홀에서 자유 연출되는 무솔리니의 입장을 연상시켰습니다. 행동거지에 별로 위엄이 없고 어린아이 같았지만, 그들은 독일 내에 새로운 기운을 진작하는 데는 성공했습니다. 그 기운은 "이제 앞으로 나아가자"는 소망으로 표현되고 있습니다.[33]

럼볼드 대사가 볼 때 새로 뽑힌 나치 국회의원들은 단지 연기를 한 것이고, 그들의 파시스트식 인사도 아직은 그저 특이하게만 보일 뿐이었다. 심지어 파시스트들에게조차도 그러했다. 그는 본국의 어머니에게 이런 편지를 썼다. "그들은 곧 공산주의자들과 대치하기 시작했습니다. 이 두 당은 의사당에서 서로를 향하여 고함을 질러댑니다. 임시 의장은 여든세 살의 점잖고 장중한 '털보'인데 그런 유치하고 무엄한 양당의 짓거리를 말리지 못했습니다."[34]

그날 늦게 폭력 사태가 거리에서 터져 나왔다. 럼볼드 대사는 크게 충격을 받으며 아들에게 젊은 나치 당원들이 유대인 가게들의 유리창을 파괴했다고 말했다. 피해를 당한 가게 중에는 베르타임이나 티에츠 같은 유명한 백화점들도 있었다. 럼볼드 대사는 분명 이런 심각한 소요 사태와 가벼운 반유대주의 사이에 아무런 모순도 없다고 생각했다. 그의 계급과 세대에 속하는 다른 많은 사람들이 그러하듯이, 그 역시 그런 모순적 태도를 자주 보였다. 그는 베를린에 부임한 직후 전임자인 로널드 린지 경에게 보낸 편지에서 이렇게 썼다. "이곳에 유대인들이 많다는 사실에 놀랐습니다. 어디를 가나 그들을 피할 수 없습니다. '저 사악한 코'를 물리치기 위해 유대인 방지용 호신 부적을 가지고 다녀야겠습니다. 하지만 그것도 별 효과가 없으리라는 생각이 듭니다."[35] "다수의 히브리인들을 만나야 하는 일종의 시온주의 회합에 초대받았다"[36]라는 문장을 적었던 것으로 보아 그가 유대인을 경멸한다는 것에는 의심의 여지가 없다.

평소 선량한 그의 아내도 거기서 예외가 아니었다. "우리는 온갖 기이한 사람들과 어울리고 있습니다. 어제는 아프가니스탄 사람들과 차회를 가졌어요. 오늘은 이스라엘(이런 명칭을 쓴다고 해서 감춰지는 것은 아니지만)이라고 하는 일부 유대인과 차회를 하고 그다음에는 투르크인들을 만날 예정이에요. 내일 우리는 페르시아인들의 거실을 찾아갈 예정이에요. 루시는 오슬로에서도 이런 사람들을 만나나요?"[37]

『평화의 경제적 결과The Economic Consequences of the Peace』 (1919)라는 책을 쓴 경제학자 존 메이너드 케인스John Maynard Keynes는 아인슈타인이나 은행가 카를 멜키오르 같은 사람들을 칭송했지만, 베를린을 방문한 후에 이런 글을 썼다. "그러나 내가 거기에 거주한다면 나는 불쌍한 프로이센인들을 위해 반유대주의자가 될지 모릅니다. 프로이센 사람들은 너무 느리고 굼뜹니다. 반면 유대인들은 요정이 아니라, 자그마한 머리뿔과 갈라진 발굽에 기름진 꼬리를 늘어트린 악마에게 봉사하는 자들입니다." 그는 독일 문명이 그런 사람들 밑에서 신음한다는 건 불쾌한 일이라고 말했다. "불순한 유대인들은 돈, 권력, 두뇌를 모두 갖고 있어서 사람들을 그 추악한 손바닥 아래 억압하고 있습니다."[38]

사려 깊은 여행자이고 나치 지지자는 아닌 시슬리 해밀턴은 많은 동료 여행자들의 심정을 대변하면서 독일의 반유대주의를 정당화하려 했다. 그녀는 "유대인 증오Judenhetze"의 주된 원인을 질투라고 보았다.

고통을 당하고 아주 비참할 정도로 가난한 한 종족이 그들 자신의 재정적 폐허에 편승하여 번창하는 종족을 바라본다. 그 종족의 가슴에 질투가 일어나는 것은 놀라운 일이 아니다. 그리하여 그 종족에 소속된 모리배들을 향하여 비난의 언사를 내뱉는 것도 당연하다. 이스라엘이 오늘날 쿠르퓌르스텐담 거리에서 고관대작처럼 살고 있는 것은 그 종족이 다른 종족의 비참함을 바탕으로 살이 쪘기 때문이 아닌가? 그 거리는 과거에 독일 귀족들이 살았고, 제국 중심 베를린에서는 일종의 메이페어*가 아니었던가?[39]

윈덤 루이스Wyndham Lewis는 작가, 화가, 소용돌이파 운동Vorti-

• 　메이페어Mayfair는 영국 런던의 고급 주택가다.

cist movement**의 공동 창립자인데 오든은 그를 가리켜 "우파의 외로운 구식 활화산"[40]이라고 정의했다. 이 윈덤 루이스가 자신의 저서 『히틀러』에서 "유대인 문제"를 언급하면서 한 술 더 떠서 그것을 이렇게 표현했다.

> 그건 앵글로-색슨족이 볼 때 인종적 훈제 청어***에 불과하다. 이 문제 때문에 당신의 판단을 너무 흐리지 말기 바란다. 이 투박한 튜톤족이 당신과 함께 있을 때에는 공손하다는 점을 미리 말해두고 싶다. 그렇지만 약간의 혈연이 당신의 판단에 영향력을 미치게 하라 …… 이 용감하지만 매우 불운하고 그리하여 가난한 동포를 위하여. 유대인 문제라는 사소한 것이 당신의 사고방식에 방해가 되도록 하지 마라![41]

표지에 나치의 스와스티카 문장이 새겨진 『히틀러』는 나치 총통에 대한 최초의 단행본 분석 연구서였고, 루이스가 1930년 11월 베를린을 방문하고 4개월 후에 출판된 것이었다. 그는 독자들에게 이렇게 보고했다. "나치의 폭력은 공산주의자들이 사주한 것이고, 그들은 또한 무고한 나치 당원들에게 총격을 가하여 경찰을 자극했다."

루이스는 또한 새로 제국의회의 의원으로 선출된 헤르만 괴링Hermann Goring과 프로파간다의 귀재 요제프 괴벨스Joseph Goebbels가 참석한 슈포르트팔라스트 체육관의 "대규모 대회"에도 참석

** 소용돌이를 써서 그림을 입체적으로 구성하려고 하는 큐비즘의 한 파.
*** 훈제 청어는 사냥개에게 여우 냄새를 정확히 분간하도록 훈련시키기 위해 일부러 제시하는 것으로, 비유적으로 본론에서 남의 주의를 다른 데로 돌리게 하는 것을 가리킨다.

슈포르트팔라스트

슈포르트팔라스트는 나치당의 단골 행사 장소였다. 사진은 1930년의 모습이다.

했다. 괴링과 괴벨스는 이만 명의 당원들을 상대로 연설을 했다. 루이스는 이렇게 썼다. "엄청나게 분노하는 사상의 힘이 구체적으로 내 몸을 짓누르는 것을 느낄 수 있었다."[42] 릴리언과 에드가 마우러 부부도 그와 유사한 모임에 참석했다. 릴리언은 이렇게 썼다. "우리가 포츠다머 스트라세에 도착하기 훨씬 전에 우리가 탄 택시는 열성 갈색 셔츠 당원들의 제지를 받았다. 그들은 우리의 초청장을 꼼꼼히 살펴본 후에 통과시켰다."

마침내 마우러 부부는 홀 안으로 안내되었는데 그 벽들은 밝은 미래주의 색깔로 칠해져 있었다. 실내의 이만 석이 모두 찼을 뿐만 아니라, 좌석들 사이의 통로도 구경꾼들로 인산인해였다. 그리고 홀 뒤에는 "마치 거대한 합창단처럼" 더 많은 사람들이 운집해 있었다. 가죽 부츠에 뾰족한 모자를 쓴 제복 입은 당원들이 일렬로 늘어

서서 장내 질서를 유지했다. "그들은 굳은 자세로 미동도 하지 않고
서 있었으나 조금이라도 이상한 기미가 보이면 곧바로 제지 동작에
나섰다. 그들의 태도는 무섭고, 도전적이고, 호전적이었다. 그들의
얼굴 표정은 아주 공격적이었다.
대회장의 전반적인 분위기는 화
약 공장의 그것처럼 아주 삼엄했
다."[43] 그러나 이런 살벌한 광경을
보고 나서도 윈덤 루이스는 여전
히 이런 글을 쓸 수 있었다. "아돌
프 히틀러는 칼을 휘두르는 사람
이 아니라는 것을 반드시 깨달아
야 한다."[44] 그는 이 점을 특히 강
조하기 위하여 『히틀러』 속의 한
챕터 제목을 "아돌프 히틀러: 평
화의 지도자"로 정했다.

「아돌프 히틀러: 평화의 지도자」
이 경이로운 챕터의 첫 문장은 "Hitler is
the German Man, therefore Hitler is a
Man of Peace"로 시작한다.

　　총선에서 최초의 대대적 승
리를 거둔 후, 나치는 곧 오만함
과 잔인함의 속성을 거침없이 드러내기 시작했다. 그러나 많은 외
국인 관찰자들은 나치당이 독일에 새로운 동력을 주입하고 있다고
생각했다. 그래서 호레이스 럼볼드 대사 같은 노련한 외교관도 그
런 현상을 보고서 정치적 미래를 예측할 수 없었다. 나치당에 무슨
일이 벌어지든 독일의 지위를 대내외적으로 개선하려는 의지는 확
고하다고 생각했다. 외무부 장관 아서 헨더슨Arthur Henderson에게
보낸 보고서에 대사는 이렇게 썼다. "그들의 의지는 여기에 계속 남

아 있을 것이고 어디로 가지 않을 깃입니다. 그것은 현 정부와 장래의 독일 정부에게 계속하여 강력한 격려와 자극이 될 것입니다."[45]

5

올가미가 조여 오다

1931년 봄에 이르러 럼볼드 대사는 외무부에 보낸 보고서에서 독일의 생활환경이 점점 더 나빠지고 있다고 보고했다.

> 돈을 가진 사람이 아무도 없고, 빵 값은 떨어지지 않고 실업률은 여전히 높다 …… 사람들은 다가오는 겨울을 어떻게 넘길 수 있을 것인지 걱정하고 있다. 그들은 더는 잃을 것도 희망할 것도 없다고 생각하는 듯하다 …… 그들이 보기에 상황이 더 절망적인 것은 이런 희망의 부재이고, 독일 총리 브뤼닝*은 국민들을 잘 단속하는 것을 점점 더 어렵게 생각하고 있다.[1]

관광업도 직접적인 타격을 받았고 휴일에 리조트를 찾는 사

---

* 하인리히 브뤼닝(1885-1970). 1930-32년 사이의 독일 총리.

람들의 수도 1930년 여름 동안에 30퍼센트나 줄어들었다. 대공황은 유럽 전역에 이와 유사한 문제들을 발생시켰지만, 독일은 배상금 지불이라는 추가 부담을 안고 있었으므로 특히 상황이 더 심각했다. 게다가 자가용 자동차를 이용하는 관광객들이 늘어남에 따라, 과거에 방문객들이 1주일을 묵었다면 지금은 몇 시간만 머물다가 떠나는 관광지들이 많아졌다. 그러나 전통적 관광업에 가장 위협이 되는 것은 단체 관광의 급속한 증가였다. 새로 나온 대형 유람 버스 덕분에 많은 사람들이 독일을 방문하기는 했다. 그러나 그 버스를 타고 온 단체 관광객들은 예전의 개인 관광객에 비해 상당히 적은 돈을 썼다.

독일 남부 지역은 북부에 비해 그래도 덜 피해를 입었다. 남부에는 바그너 오페라 극장의 본산인 바이로이트 시와 세계적으로 유명한 〈수난극〉을 상연하는 오베라메르가우 마을 등 많은 관광 명소들이 있었기 때문이다. 『옵서버』지는 이런 보도를 했다. "바이에른 지역은 승차 요금도 싸고 산뜻하게 단장한 여관들이 비교적 싼값에 손님들을 다정하게 접대하고 있다. 반면 베를린 주위의 소위 주말 리조트들은 인플레이션의 시기에 등장한 신흥 부자들이 많이 다닌다는 불유쾌한 소문으로부터 회복하지 못하고 있다."[2] 1930년대 초에는 관광객의 유입 흐름이 눈에 띄게 줄어들기는 했지만, 독일의 혁신·기술·문화는 계속해서 사업가, 과학자, 지식인, 기인들을 끌어들였다. 케슬러는 일기에다 이렇게 썼다. "네 시에 에릭 길*이 도착했다. 그는 기차역에서 기발한 복장으로 사람들의 주목을 단숨에

---

* 에릭 길(1882-1940) 영국의 조각가 겸 판화가. '예술과 공예 운동'과 밀접한 관계를 맺었다.

끌었다. 무릎 높이까지 오는 스타킹, 아주 짧은 검은 겉옷, 아주 눈에 띄게 다채로운 스카프."[3]

영국 대사관을 통해 유입되는 방문객들은 끊어지지 않았다. 대부분의 방문객들은 따뜻한 대접을 받았지만 그렇지 못한 사람들도 있었다. 럼볼드 대사 부인은 이렇게 썼다.

그리고 어젯밤에는 아주 활기차게 진행된 무도회가 있었다. 참석 인원이 육백 명을 넘었고 그래서 이런 많은 사람을 상대로 파티를 하게 되어 아주 멋지다는 느낌이 들었다! 그것은 다소 "역사적인" 사건이었다. 1914년 이후 해군과 육군 장교들이 그렇게 모인 것은 처음이었다 …… 에드가 월리스*도 참석자 중 한 사람이었다. 아주 못 생긴 얼굴에 지독할 정도로 평범한 사람이었다. 그렇지만 사람들은 그를 만나게 되어 흥분했다.[4]

『킹콩』의 저자에는 별 감흥을 받지 못했지만(월리스의 책을 출판한 출판사들은 당시 영국 독서 인구의 4분의 1이 그의 책을 읽고 있다고 주장했다), 대사 부인은 에이미 존슨Amy Johnson을 만난 것을 아주 감격스럽게 생각했다. 이 이십칠 세의 여류 비행사는 그전 해에 자신의 단발 프로펠러 복엽기 '제이슨'**을 몰고 영국에서 오스트레일리아까지 단독 비행하는 역사적 기록을 세운 바 있었다. 그녀는 시드니에서 "대영제국이 자랑스럽게 여기는 작은 여인"이라는 칭송을 받았

•   Edgar Wallace. 그는 영화 〈킹콩〉의 각본가로 유명하지만, 그 이전에 다작의 스릴러 작가였다.
••   당시 인기를 끌었던 드 하빌랜드 사의 DH 60 시리즈 중 Gipsy Moth형이다.

고 현재는 본의 아니게 전 세계적인 유명인사가 되어 있었다. 그녀는 공인 생활의 부담에서 벗어나기를 소망하며 1931년 1월 초의 어느 날 밤 쾰른을 떠나 베를린에 도착했다. 바르샤바, 모스크바를 거쳐 궁극적으로 베이징에 들어갈 계획이었다. 당시는 한겨울인데도 불구하고 그녀는 시베리아 횡단철도 노선의 상공을 따라 4천 마일을 비행하여 중국으로 들어가려고 했다. 럼볼드 대사 부부가 볼 때 그것은 자살 행위나 다름없었다. 도저히 그 비행 계획이 믿기지 않는 럼볼드 대사는 이렇게 썼다. "그녀는 그 어떤 종류의 사전 준비도 하지 않고 창공으로 날아올랐다. 그녀는 영어 이외에 다른 나라 언어는 알지 못했고, 영국 파운드화를 조금 갖고 있었으며, 자세한 축척 지도도 갖고 있지 않았다."[5] 에이미의 그런 어리석은 계획은 대사 부인의 모성 본능을 자극했다.

그녀는 아주 자그마하고 귀여운 여인입니다. 결코 강인하지 않고 목소리도 태도도 다 부드럽습니다. 그녀는 여기 오는 길에 어둠 속에서 한 시간 반을 더 비행했기 때문에, 베를린에 도착해서는 아주 피곤하고 몸이 차가웠습니다. 그녀를 그녀 자신으로부터 보호해주고 싶다는 생각이 들었습니다. 그녀는 아주 어리고 또 힘없어 보였으며, 씩씩하고 강인한 마음을 가진 여성 같지 않았습니다. 초록색 가죽 비행복을 입은 그녀는 아주 산뜻하게 보였습니다. 그녀는 자그마한 여행용 가방에서 매력적인 암청색 드레스를 꺼내 보였는데, 그게 유일하게 갈아입을 수 있는 옷이었습니다.

에이미는 그다음 날 아침 뜨거운 차가 든 보온병과 샌드위치

에이미 존스

1930년 6월 14일.

에이미 존스의 비행기

DH 60 Gipsy Moth.

한 봉지만 준비하고서 바르샤바를 향해 출발했다. 그녀는 안쪽에 모피를 덧댄 러시아 모자를 쓰고 있었는데 영국 대사관의 목사가 준 것이었다. 럼볼드 대사 부인은 이렇게 적었다. "나는 그녀가 꼭 돌아오기를 바랍니다."*

며칠 뒤인 1931년 3월 9일, 찰리 채플린Charlie Chaplin이 그의 마지막 작품이자 가장 유명한 무성영화 〈시티 라이트City Lights〉를 홍보하기 위해 베를린에 도착했다. 럼볼드는 딸 콘스탄티아에게 이런 편지를 보냈다. "네 엄마는 그를 만날 때까지 흥분을 가라앉히지 못할 것 같다. 그는 오늘밤 저녁 식사에 참석하고 우리와 카드놀이를 할 예정이다. 우리는 사람들의 주목을 많이 받을 것 같다."6 그의 추측은 옳았다. 채플린의 베를린 도착을 알리는 〈파테 뉴스Pathé News〉는 이런 자막을 달고 있었다. "열광하는 대중들이 이 유명한 영화 코미디언에게 바치는 충성심은, 가히 왕들도 부러워할 만한 것이다." 프리드리히 스트라세에서 아들론 호텔에 이르는 연도에는 수천 명의 사람들이 나와서 도열하고 있었다. 채플린은 명예 손님으로서 그 호텔 로열 스위트룸에 머무를 예정이었다.

그러나 그를 맞이한 사람들이 하나 같이 우호적인 환영만 하는 것은 아니었다. 채플린이 유대인이라는 착각 아래, 나치 당원들은 아들론 호텔 밖에 모여서 그에게 욕설을 퍼부었다. 그리고 공산

주의자 무리는 채플린이 그들의 대표단을 접견하지 않으면 아들론 호텔의 창문을 다 부수어버리겠다고 위협했다.[7] 괴벨스가 편집하는 나치 기관지 『데어 앙그리프Der Angriff』•는 나치의 전형적인 수사를 그대로 실으면서 이렇게 보도했다. "전형적인 유대인 영화배우인 유대인 채플린은 독일 청년들을 이상적인 독일 남자 지그프리트의 모범으로부터 멀어지게 함으로써 독일 종족의 미래를 망치고 있다."[8] 나치 프로파간다가 이처럼 지독하고 극악한 것을 보고서 채플린은 그다음 날 일찍 베를린을 떠났다. 그는 자신의 영화 초연에 참석조차 하지 못했다.

* * *

바이마르 시절에 영국인과 미국인은 독일에서 비교적 인기가 있었으나 프랑스인은 전혀 그렇지 못했다. 독일의 불운에 대해 원인을 따지는 문제가 나오면, 많은 독일인들은 프랑스에 유대인과 독일 정부 못지않은 책임이 있다고 생각했다. 그러니 신임 주독 프랑스 대사 앙드레 프랑수아 퐁세가 쾌활한 성격이었다는 건 다소 다행스러운 일이었다. 그는 1931년 9월 21일 베를린에 부임했다. 프랑스 신임 총리 피에르 라발과 외무장관 아리스티드 브리앙이 최초로 베를린을 공식 방문하기 일주일 전의 시점이었다. 총리와 장관은 나폴레옹 시대 이래 베를린을 방문한 최초의 고위 공직자들이었

• 독일어로 Angriff는 공격, 습격, 비난의 뜻을 갖고 있다.

다. 럼볼드 대사 부인은 "모두들 그들의 방문을 거정스러운 시선으로 바라보고 있다"라고 적었다. 양국 정치가들의 최선의 노력에도 불구하고 프랑스와 독일의 관계는 전과 마찬가지로 긴장되어 있었고 대중도 언론도 화해에 대한 생각이 별로 없었기 때문이다.

프랑수아 퐁세는 당시의 상황을 이렇게 기록했다. "프랑스 대사관에서 연회가 끝난 후에 거리 쪽에서 웅성거리는 소음이 들려왔다. 우리는 발코니에 나가서 그쪽을 쳐다보았는데 광장에서 한 무리의 사람들이 이리저리 밀리며 움직이고 있었다. 그때 갑자기 프랑스어 고함 소리가 들려왔다. 우리는 그것을 'Sauvez-nous!' 그러니까 'Save us(우리를 구해주세요)!'라고 알아들었다. 그러나 귀가 밝고 정신이 예리한 외무장관 브리앙은 우리가 잘못 알아들었다고 정정했다. '아닙니다, 저 목소리는 Sauvez-vous! 그러니까 Get out of here!(여기서 꺼져라)라고 말하고 있습니다.'"[9]

럼볼드 대사 부인도 프랑스인들을 별로 좋아하지 않았다.

지난 밤 프랑스 대사관의 만찬회에서 나는 약간 피곤했다. 여러 종류의 샴페인을 맛보는 약식 만찬이었다. 프랑스 대사는 말은 많지만 책략은 별로 없는 사람이었다. 그곳에 두 명의 독일인이 참석해 있었기 때문에 호레이스(남편)는 프랑스 대사의 일부 발언을 못마땅하다고 생각했다. 나도 프랑스인들이 좀 마음에 안 드는 점이 있다. 그들은 자기 자신을 아주 좋은 사람이라고 생각하는 경향이 있는데, 그 모습이 마치 장난기 가득한 어린 소년들 같다.[10]

두 달 전 당시 영국의 총리 지위에 올라 있던 램지 맥도날드Ramsey MacDonald와 외무장관 아서 헨더슨도 베를린을 방문했는데 프랑스인들과는 아주 다른 환영을 받았다. 럼볼드 대사는 만족스러운 어조로 이런 사실을 기록했다. "총리는 크게 고무되었다. 나는 대중들 사이에서 다수의 나치 당원들을 보았는데 그들은 총리에게 파시스트식 경례를 붙였다. 내가 앞으로 나서자 군중 속의 한 사람이 소리쳤다. '영국 대사 만세!' 그러자 군중들도 따라서 만세를 외쳤다. 나는 독일 군중들로부터 격려를 받으리라고는 꿈에도 생각하지 못했다."[11]

영국과 프랑스의 장관들은 경제적 위기가 아주 심각한 때 독일을 방문했다. 1931년 5월 오스트리아 은행 하나*가 파산하면서 촉발된 금융 위기는 유럽 전역으로 퍼져나갔고 이미 극심했던 불경기를 더욱 악화시켰다. 비참함과 두려움이 상승작용을 일으켰고, 파시스트들의 대(對) 정부 비판 공장에는 더 많은 원료가 제공되어 그들은 더욱 악랄한 소문을 퍼트렸다. 럼볼드 대사 부인은 이렇게 썼다. "이 얼마나 불행한 시대인가. 10월 1일에 대사관에서 지불해야 하는 엄청난 월간 지불액을 생각하니 마음이 무거워졌다. 게다가 어제부로 1파운드는 14실링 6펜스로 낮추어졌다. 내 마음은 아주 울적하다."[12] 그녀는 평소처럼 프랑스인들을 원망했다.

환율이 이처럼 요동치자 여행자들은 귀국할 여비마저 부족한 난감한 상황에 자주 봉착했다. 토니 럼볼드의 옥스퍼드 대학 동창생들처럼 유복한 자제들도 호텔비를 마련하지 못해 영국 대사관에

• 로스차일드 가문이 세웠던 크레디탄슈탈트 은행이다. 그 뒤 기적적으로 회생했으나 오스트리아 합병 후 도이치방크에 인수되었다.

나타나 하룻밤 묵어가기를 요청했다. 당시 베를린 대학에서 독일법을 연구하고 있던 톰 미트포드는 그 해 11월 사촌 랜돌프 처칠Ran-dolph Churchill에게 보낸 편지에서 이렇게 썼다. "사람들이 마침내 절망적 상황을 뼈저리게 느끼게 되었고 불필요한 사치품이나 향락에는 돈을 거의 쓰지 않는다." 그리고 이런 말을 붙여 썼다. "괜찮다면 자네가 내게 빚진 10파운드를 좀 돌려줄 수 있겠나? 환율이 크게 떨어져서 나도 여기 생활비가 만만치 않다네."[13]

그러나 국회의원 (낸시) 애스터 부인과 조지 버나드 쇼George Bernard Shaw에게 현금은 문제가 되지 않았다. 정치적 견해는 달랐지만 두 사람은 가까운 친구였고, 베를린을 방문하는 많은 사람들이 그렇듯, 진짜 목적지인 모스크바에 가기 전에 이 도시에서 이틀정도 보낼 생각이었다. 럼볼드 대사 부인은 버나드 쇼에 대해 이런 평을 했다. "괜히 아일랜드인이 아닌 건 분명하다. 기이한 방식으로 매력적인 매너, 반짝거리는 푸른 눈, 부드럽지만 따끔하게 찌르는 듯한 목소리!" 그녀는 나중에 버나드 쇼가 러시아에 도착해 "볼로(볼셰비키)" 친구들로부터 환대를 받았다는 뉴스를 읽고서 흥미롭다고 생각했다. 하지만 대사관 밖에서는 모든 것이 마비 상태라고 대사 부인은 적었다. "사람들은 여행을 하거나 물건을 살 수가 없다. 식량 부족에 대한 엄청난 공포가 만연되어 있다. 사람들은 지난 세월의 인플레이션 사태를 기억하며 불안을 느낀다. 겉으로는 모든 게 평온하게 보인다. 그러나 사람들은 슬프고 걱정하는 표정이고 하늘은 회색빛에 우중충하다."[14]

1932년 3월에 대통령 선거가 개최되었다. 그것은 정말로 중요한 행사였다. 왜냐하면 바이마르 정부의 지속적인 불안정 사태로 힌덴부르크의 권력이 크게 늘어났기 때문이었다. 그는 이제 포고령으로 입법할 수 있었고 마음대로 정부 각료를 임명하거나 해임할 수 있었다. 투표 몇 주 전에 럼볼드 대사 부부는 야전군 원수(힌덴부르크)가 개최한 만찬행사에 참가했다. 그 무렵 원수는 이미 대통령직에 있은 지가 칠 년이나 되었다. 대사 부인은 이렇게 썼다. "나는 위대한 힌덴부르크의 팔을 잡고 만찬장 안으로 들어가서 정말 기뻤다. 그는 대통령으로 재선되지 않을 것이므로 이게 그의 마지막 공식 만찬이 될 가능성이 높았다." 늙은 야전군 원수에 맞선 후보는 아돌프 히틀러와 공산당 지도자 에른스트 텔만Ernst Thalmann이었다. 결국 힌덴부르크가 낙승했지만, "거리에 정당들, 경찰, 군대가 끊임없이 행진을 벌이는 광경"을 싫어했던 스티븐 스펜더 같은 사람들이 볼 때, 히틀러가 강력한 차점자로 등장했다는 현실은 놀라운 일이었다. 지속적인 정치적 혼란과 공공 불만 때문에 바이마르 공화국의 수명이 거의 다 되었다는 게 너무나 분명했다. 스펜더가 나중에 썼듯 바이마르 정부는 "바이마르의 황혼"으로 들어섰다. "대내외의 여러 힘들, 외국의 세력과 외국의 대출업자들, 산업 음모꾼들, 분노하는 장군들, 가난한 지주 계급, 잠재적 독재자들, 동유럽 피난민들 등에 의해 이리저리 떠밀리면서, 바이마르 정부는 이 위기에서 저 위기로 비틀거리면서 항구적인 위기 상황 속에 몰려 있었다."15

제국 의회에는 스물아홉 개 정당이 진출해 있었고 정치적 혼란으로 인해 그 해에만 다섯 번의 선거가 있었다. 1월에 함부르크와 베를린에서 강연한 후에 보수당 소속 의원 밥 부스비는 윈스턴 처칠에게 이렇게 말했다. "독일인들은 전혀 희망이 없는 혼란 상태에 빠져 있어. 그들은 정치에 대한 열정이 없어. 그들은 노동조합이나 가톨릭교회 같은 기관들에 밑바탕을 둔, 서로 모순되는 힘들과 이론들의 뒤범벅이야. 사실 노조나 교회 같은 세력은 정치 분야에서 완전 빠져야 하는 건데 말이야." 그렇지만 그는 독일 사람들이 여전히 강력한 존재라고 보았다. "난 프랑스 사람들이 겁먹는 것을 뭐라고 비난하지 않아." 부스비는 히틀러와 장시간 인터뷰를 했지만 히틀러의 주장에 전혀 동조하지 않았고 독일인들에 대한 견해를 이렇게 요약했다. "내게 가장 큰 인상을 남긴 두 가지 사항은 노동자들의 집이 아주 화려하다는 것과, 그들의 질서정연한 절망감이야."[16]

스물두 살의 제프리 콕스는 마침 1932년 7월의 연방 총선 때 베를린에 있었다. 이 선거로 나치당은 230석을 획득하여 제국의회 내에서 제1당이 되었다. 그렇지만 여전히 과반수에는 미달이었다. 콕스는 본국에 있는 어머니에게 총선의 경과를 이렇게 보고했다.

공공 집회는 금지되어 대규모 군중이 집결하지는 않았습니다. 단지 거리에는 신문을 사면서 총선 결과를 기다리는 사람들이 많았어요. 주위에는 무장 경관들이 다수 배치되었고 힌덴부르크 관저 정문에는 보초병들이 경계를 했습니다. 경찰차가 가끔 지나갔는데 그 안에는 착검한 소총을 든 한 무리의 경찰관들이 앉아 있었고, 나팔수는 요란하게 나팔을 불어대며 거리의 차량들에게 옆으로 비키라고 지시했습니다. 그 뒤를 이어 자동차, 자전거, 오토바이 등이 다수 따라왔는데, 다들 그 광경을 구경하려 했습니다. 내 생각에 그들은 이런 광경을 좋아하는 것 같았습니다. 나라 상황은 아주 절망적이지만 말입니다. 나는 앞으로 6개월 이내에 독일에 공산당 정부가 들어서거나 아니면 동방 확장 정책을 밀어붙이며 폴란드와 전쟁을 할 거라고 예상합니다. 내가 느끼는 가장 큰 위험은 이런 것입니다. 독재자 당은 공산당의 세력에 맞설 정도로 독일 군대의 전력을 강화하면 그 즉시 전쟁을 벌이려고 나설 겁니다. 독일인들이 정말로 멋진 사람들이라는 걸 생각하면 이건 치욕이 아닐 수 없습니다. 젊은이들 사이에는 절망감이 만연해 있습니다. 자기들이 대포의 밥이 되리라는 것을 너무나 잘 아니까요. 한 독일 대학생은 내게 이렇게 말했습니다. "우리가 무엇을 할 수 있겠습니까? 할 수 있는 건 바리케이드로 가서 싸우는 것뿐입니다!"[17]

콕스는 그해 여름 내내 대학 하이델베르크 시에서 독일어를 공부했다. 울창한 소나무 숲으로 덮인 언덕들은 그에게 고국 뉴질랜드의 다니딘Dunedin 시를 연상시켰다. 그는 허물어진 붉은 사암 성채, 네카 강 위에 걸려 있는 아치형 다리, 유서 깊은 대학 건물 등에 경탄했다. "심지어 학생들조차도 그림처럼 보였다. 그들은 대부분 다양한 결투 클럽의 제복 모자를 썼고, 놀랍게도 많은 학생들이 양 뺨에 칼에 맞은 상처를 지니고 있었다." 계급과 신분의 표시로 간주되는 펜싱 칼 상처는 특히 대학생들 사이에서 명예의 훈장으로 간주되었고 그런 전통은 19세기부터 내려오는 것이었다. 어디를 가든 음악이 흘러나온다는 것은 추가적인 즐거움이었다.

하녀들은 아침마다 나무 발코니 위로 매트리스를 털면서 노래를 불렀다. 강 위를 떠나가는 카누에서는 축음기 소리가 흘러나왔고, 하이커들은 만돌린을 튕기면서 언덕의 꼭대기까지 올라갔다. 저녁 무렵 성채의 가든에 들어선 카페에는 재즈 밴드가 등장했다. 거리를 방랑하는 사람들은 밤늦도록 속 깊은 독일인 목소리로 노래를 불렀다. 네카 강 위쪽에는 초록색 언덕 꼭대기에 붉은 지붕과 하얀 벽들을 자랑하는 하일브론 마을이 있었다. 그 마을은 하얀 먼지가 풀썩이는 도로를 타고 들어가게 되어 있었다. 길 양옆의 사과나무 아래에는 질서정연하게 베어낸 건초가 쌓여 있었다. 마을 카페의 자그마한 오케스트라는 대낮의 햇빛 환한 무대 위에서 아름다운 곡조를 연주했다.[18]

콕스에게 고향 같은 편안함을 안겨준 것이 도시를 둘러싼 아름다운 풍경만이 아니었다. 그는 와이셔츠를 입은 채, 수영복을 들고서 아이스크림을 먹으며 도시의 거리를 돌아다니는 교수들의 캐주얼한 모습에도 깊은 인상을 받았다. "이 사람들에게는 거만한 초연함이라고는 전혀 없어요. 경직된 스승과 사제의 관계 또한 찾아보기 어려워요." 그 바이마르 말년의 여름 동안, 콕스는 마음에 맞는 동료 대학생들과 하숙집 여주인의 손녀딸과 매일 아침 네카 강에서 수영을 하고, 피크닉을 하고, 카누를 타고, 테니스를 쳤다. 오로지 저 멀리 보이는 만하임의 공장 굴뚝만이 그들에게 외부 세계를 어렴풋이 알려줄 뿐이었다. 그 세계에는 "파시즘, 볼셰비즘, 전쟁, 혁명, 그리고 위기가 존재했다."[19]

그러나 전원적인 하이델베르크에서도 독일의 사회적 긴장은 완연히 느껴졌다. 콕스의 하숙집 여주인은 지난 전쟁통에 남편과 세 아들을 모두 잃었기 때문에 언제나 검은 옷만 입었다. 그녀의 이웃들과 마찬가지로 그녀도 각종 세금으로 재정적인 어려움을 겪었고 또 전후의 여러 가지 어려운 상황들을 힘겹게 헤쳐 나갔다. 더욱이 콕스의 지도교수는 철저한 친 나치 인사였다. 그 교수가 늘 하는 말은, "히틀러가 정권을 잡으면 모든 게 잘 풀릴 거야"였다. 토니 럼볼드 또한 그 해 여름에 뮌헨에서 독일어를 공부하고 있었다. 그 또한 가난한 중산층 가정에서 하숙을 했으나 그의 선생은 친 나치 인사가 아니었다. 럼볼드 대사 부인은 본국의 친정어머니에게 이런 편지를 썼다. "토니의 지도를 맡은 가난한 교수는 나치 감옥에 3주간 투옥된 적이 있대요.* 단지 사회주의자라는 이유로 목구멍에다 피마자유를 들이붓는 고문을 당했대요. 그는 너무 가난해서 토니에게 열 번치 수강료를 선불로 줄 수 없겠냐고 물어보았대요. 그의 어머니를 부양해야 한다면서요."[20]

1932년에 하이델베르크 대학에 유학 온 외국인 중에서는 단연 밀턴 S. J. 라이트Milton Wright가 가장 눈에 띄었다. 이유는 단 하나, 그가 아프리카계 미국인이었기 때문이다. 그 자신도 "나는 뭐라고 할까, 일종의 구경거리였다"라고 시인했다. 일반 대중은 흑인 권투선수, 재즈밴드 연주가, 가수 등에는 친숙했지만 하이델베르크 주민들 중에서 흑인을 직접 만나본 사람은 거의 없었다. 라이트가 지적한 대로, "흑인 문화계 인사"라는 개념은 대부분의 사람들에게 생소한 것이었다. 그는 사람들이 길을 걸어가다가 그를 만나면 멈춰서서 그를 응시하면서 그가 곧 몸을 흔들며 노래 부를 것을 기대하는 표정을 지었다고 말했다. 어떨 때는 혹시 아프리카의 왕자가 아니냐는 질문을 받기도 했다. 그러나 컬럼비아 대학 졸업생인 라이트는 하이델베르크 대학으로 유학을 와서 경제학 박사 학위를 얻기

---

* 럼볼드 대사 부인이 말한 "나치 감옥"이 무엇을 가리키는지 불분명하다. 그녀가 이 편지를 쓴 시점은 나치가 집권하기 전이기 때문이다.

위해 공부하는 중이었다. 그로부터 십 년 뒤, 진주만 공격이 발생한 직후에 그는 『피츠버그 쿠리어』와 인터뷰를 했다. 여기서 그는 히틀러를 직접 만난 이례적인 이야기를 자세히 털어놓았다.

해마다 하이델베르크는 장대한 '소리와 빛son et lumiere' 행사를 거행했다. 네카 강 근처에 우뚝 솟은 언덕 위 성채를 붉은 빛의 "화염"으로 둘러싸는데, 17세기에 프랑스에 의해 그 성이 파괴된 아픈 과거를 추모하는 것이다. 언덕 위 성을 비추는 화염의 불빛이 사라지면 곧 불꽃놀이가 밤하늘을 수놓았다. 1932년 밀턴 라이트는 동료 학생들과 함께, 제등으로 장식된 보트 위에서 그 불꽃놀이를 구경했다. 행사가 끝나자 군중은 히틀러의 증오에 가득한 연설을 듣기 전에 애국가를 불렀다. 그 후 라이트와 동료 학생들은 히틀러가 묵고 있던 오이로페이셔 호텔로 갔다. 거기서 저녁식사를 할 예정이었는데, 라이트가 그들의 눈에 띄었다. 호텔 식당으로 들어가려는데 히틀러의 근위대SS 두 명이 그에게 접근하여 총통이 만나보고 싶어 한다는 말을 전했다. 그는 히틀러를 만나기로 되어 있는 방으로 들어가기 전에 여권을 동료 학생에게 건네주면서, 만약 그가 돌아오지 않으면 미 영사관에 연락해 달라고 부탁했다.

라이트는 그런 걱정을 할 필요가 없었다. 라이트는 이렇게 회상했다. "히틀러와 함께 있던 시간 내내 그는 미국의 흑인들에 대해서 질문했습니다. 내게는 대답할 시간이 별로 없었습니다. 그는 질문을 던진 즉시 곧바로 자기가 대답을 해버렸으니까요." 그렇지만 라이트는 히틀러가 기대와는 다르게 아주 정중한 사람이라는 것을 발견했다. "그건 좀 놀라운 일이었습니다"라고 그는 기자에게 말했다. "그는 미국의 흑인에 대하여 아주 많이 알고 있었어요." 하지만 실제로 히틀러가 거론한 이름은 사상가 부커 T. 워싱턴Booker Wash-inton과 연극배우 폴 로버슨Paul Robeson 둘뿐이었다. 히틀러는 라이트에게 흑인이 3류 시민이라고 말했다. 그들이 줏대가 있는 사람들이라면 백인들이 린치를 하고, 구타를 하고, 인종차별을 하는데도 그처럼 아무런 저항도 없이 묵묵히 참지는 않을 것이라는 주장이었다. 그는 라이트에게 결국 아무 쓸모도 없을 것임을 알면서 왜 백인의 교육을 받으려 하느냐고 물었다. 라이트가 다시 미국으로 돌아가면 하이델베르크 유학 체험은 그를 더 비참하게 만들 뿐이라는 말도 했다. 처음에 라이트는 히틀러가 그의 독일어를 칭찬하자 우쭐한 기분이었다. 만나본 그 어떤 미국인이나 영국인보다 독일어를 더 잘 한다고 히틀러가 말했으니까. 그러나 히틀러는 뒤이어서 검둥이Negro들은 남 따라하는 짓에 타고났다는 얘기를 들었는데, 그래서 라이트가 "주인의 언어"를 그처럼 잘 익히게 되었을 거라는 언급을 했다.

라이트는 회담 내내 히틀러가 침착했으며 라이트가 해준 말을 아주 흥미롭게 들었다고 회상했다. "그는 큰 목소리로 확고하면서도 최종적인 자세로 말했지만, 침착함과 냉정함을 잃지 않았습니다." 히틀러는 그를 방에서 내보내기 전에 경호원에게 자신의 서명이 담긴 사진을 하나 주라고 지시했고, 뮌헨에서 다시 만나자고 제안했다. 이 기이한 얘기에는 후일담이 있다. 라이트의 박사논문 제목은 "옛 독일 식민지들에서의 경제 발전과 원주민 정책, 1884~1918"이었다. 그가 미국으로 돌아간 후에 그 논문은 독일어 원문에서 프랑스어와 영어로 번역되어 독일로 다시 보내졌다. 이 논문은 독일의 잃어버린 아프리카 식민지들을 다시 찾기 위한 노력의 일환으로 나치에 의해 유럽 전역에 널리 유포되었다. 하지만 그 논문의 저자가 흑인이었다는 사실을 알고 있는 사람은 과연 몇이나 될까.[21]

* * *

1932년 9월, 언제나 고민거리였던 호레이스 럼볼드 대사의 허리둘레가 더욱 늘어나자 대사 부부는 바이마르 공화국 근무의 마지막 해 여름을 보헤미아의 유명한 온천지인 마리엔바트에서 보내기로 결정했다. 이 일대에 산재한 수백 개의 자연 온천장은 소화불량과 류머티즘 치료에 효과가 있는 것으로 널리 소문이 나 있었다. 럼볼드 대사 부인은 친정어머니에게 이렇게 말했다. "호레이스의 치료는 아주 잘 되어가고 있어요. 그는 이미 12파운드나 체중이 빠졌어요." 19세기 후반에 지어진 대형 호텔들이 장악한 온천장은 이미 오래 전부터 돈 많고 유명한 사람들을 유치해왔다. 그 중 몇 명만 들어보면 괴테, 에드워드 7세, 쇼팽, 바그너, 프란츠 요제프 황제 등이었다. 온천장의 인기는 전후에도 계속되어 럼볼드 대사 부부는 소수의 영국 귀족들, 스페인의 알폰소 왕, 메테르니히 백작 같은 사람들과 함께 온천욕을 했다. 그들의 치료를 담당한 사람은 "위대한 의사"로 소문난 포르게스였다.

지난 밤 포르게스는 만찬 파티를 열었다. 멋진 행사였다. 우리는 초대를 받았고 그의 환자들 여러 명이 진수성찬이 진열된 산뜻한 식탁 주

144

위에 둘러앉아 있었다. 그는 먼저 간단한 연설을 했고 잠시 삶과의 "휴전"을 선언하니 마음껏 먹고 마시며 즐거운 시간을 보내라고 했다. 그건 멋진 아이디어였다. 이 만찬 행사는 언제나 치료 과정 한 가운데서 특별한 환자들만을 위해 개최된다. 그의 돈 많고 세련된 히브리 아내가 이 만찬 행사를 아주 멋지게 주관했다.[22]

포르게스 의사가 선택한 소수 중에서 불참으로 눈에 띈 환자는 미국인 산아제한 운동가 마가렛 생어Margaret Sanger였다. 그녀 또한 극심한 피로와 전반적 무기력 때문에 그해 여름 마리엔바트를 찾았다. 그녀는 한 친구에게 이런 편지를 써 보냈다. "나는 여기 와 있어. 괴테가 묵었다는 방에서 자고 있어. 그가 사용한 난로와 시계가 내 앞에 있고 그의 초상화와 그가 마지막으로 사랑했다는 여자의 초상화가 저 벽 높은 곳에 걸려 있어."[23] 포르게스 의사는 그녀의 난소에 다양한 물질을 주입했고 진흙 팩을 주면서 그녀의 간 부위에다 붙이라고 지시했다. 온천장을 찾은 다른 많은 사람들과 마찬가지로 그녀도 맛이 끔찍한 물을 다량 마셔야 했다. 생어는 동료 환자들을 그리 대단하다고 생각하지 않았다.

나이든 뚱보 남자와 여자들이 음악에 맞추어 이리저리 발걸음을 떼어 놓는 광경을 쳐다보는 것은 좀 신기한 느낌이 들어. 모두들 초록색, 푸른색, 붉은색 선글라스를 손에 들고 다른 손에 쥔 유리병에서 물을 쪽쪽 빨아먹고 있지. 마치 젖병을 빠는 어린아이처럼. 모두 보기 흉하고 몸매는 엉망이야. 하느님이 왜 저런 괴물들을 만들어내셨을까, 하는 생각이 들어.[24]

어느 날 럼볼드 대사 부인은 차를 타고 근처의 온천장인 카를 스바트로 친지들을 방문했다. "그곳에는 몇몇 슬픈 스페인 사람들과 역시 슬픈 독일인들이 있었다. 우리가 아는 이 두 나라가 이런 나쁜 시절을 만났다니 너무나 기이하다!(럼볼드 대사는 베를린에 부임하기 전에 마드리드에서 대사로 근무했다). 한때 아주 부자였던 스페인 사람들이 비좁고 더러운 작은 호텔에서 살고 있었다. 우리는 아주 끔찍한 작은 식당에 앉아 있었다. 독일인들은 재정적으로 문제가 없었으나 울분과 비참한 기분을 느끼고 있었다. 그 독일인 부부는 둘 다 정계에서 활약했는데 남편은 인기도 높고 저명한 사람이었다."[25] 그러나 며칠 뒤 럼볼드 대사 부인이 알폰소 왕을 위해 베푼 점심 파티에서는 경제적 어려움의 흔적이 전혀 보이지 않았다.

점심 행사는 대성공이었다. 알폰소 왕은 아주 기분이 좋았고 에드워드 왕과 다른 인사들에 대한 흥미로운 일화들을 많이 들려주었다. 모두 황홀해했다. 게다가 트뤼트 오 블뢰*, 차가운 햄, 배 콩포트**, 치즈 등으로 구성된 점심 식사는 아주 맛있었다. 식탁에는 붉은색과 노란색(스페인의 색깔들) 달리아가 장식되어 있었다. 왕은 그 색깔을 즉시 알아보았고 녹색은 "베르데"인데 스페인 왕당파들에게는 "스페인 국왕 만세"라는 뜻이라고 말했다. 행사는 모든 것이 원만했다. 식사 후에 우리는 골프를 치러 갔다.[26]

• 　포도주와 후추 따위로 만든 소스를 쳐서 구운 송어.
•• 　과일의 설탕 졸임.

알폰소 왕이 마리엔바트에서 온천욕을 즐기는 동안에 텔마 카잘렛은 라인란트에 있는 빈 공장들과 실업자 청년 캠프를 방문했다. 그 캠프는 18세에서 25세 사이의 청년들을 위해 저임금의 단기일자리를 제공하는 곳이었다. 셀마는 보수당 의원인 그녀의 오빠 빅터와 마찬가지로 동료의원들과 함께 사실 확인차 독일을 여행 중이었다. 그녀는 연필로 휘갈겨 쓴 문장에서 독일에 대한 인상을 이렇게 요약했다.

독일은 폴란드인을 싫어하는데 주된 이유는 그들이 아시아계이기 때문이다. 독일은 우리 영국이 그들 편을 들어 프랑스와 맞서고 또 프랑스에 단호한 태도를 취하는 것을 당연시한다. 그들은 영국의 상황에 대해서 잘 모른다. 그들은 우리가 고통을 당한 게 거의 없고 전쟁을 아예 잊어버렸다고 생각한다. 국가 전체가 '아주' 무감각하다. 물론 히틀러의 정당이 사람들을 분열시킴으로써 독일을 사회주의/공산주의 정부로부터 구제한 것은 사실이다. 독일의 청년들은 거의 모두 히틀러 지지자이다. 독일인들은 우리가 다음 전쟁에서도 그들의 편을 들 것이라고 생각한다.[27]

한편 바이마르 공화국이 최후의 몇 달을 맞이하고 있는 중에도 앙드레 지드Andre Gide는 프랑스-독일의 화해 희망을 완전히 포기하지 않았다. 그는 모든 중요한 분야에서 독일이 프랑스보다 삼십 년 앞섰다고 보았다. 그의 동료 소설가인 로저 마르탱 뒤가르Roger Matin du Gard*는 1932년 11월에 처음으로 베를린을 방문했는데 지드보다 더 열렬하게 독일을 응원했다. 그는 베를린의 거리 생활을 면밀히 관찰한 끝에 이런 결론을 내렸다. "독일에서는 새로운 사람, 미래의 사람이 만들어지고 있다 …… 과거와 미래, 개인주의와 사회주의를 종합하는 새로운 유형의 사람이 생겨날 것이다."[28]

그러나 그 해 가을 베를린 거리에 대한 럼볼드 대사 부인의 묘사는 다른 그림을 전한다. 그녀는 친정어머니에게 이렇게 썼다. "베를린은 요사이 흥분의 기운이 가득하고 경찰들로 넘쳐납니다. 혁명 전야라는 느낌이 들어요. 이틀 전 라이프치거 스트라세에서 대대적인 파괴 행위가 벌어졌어요. 백화점 베르트하임의 그 큰 유리창이 하나도 남지 않고 모두 깨졌지요. 유대인 이름을 단 가게 대부분이 박살나 버렸어요. 이런 악행을 저지른 것은 나치 당원들이었어요. 나치는 일종의 파시스트예요." 그녀는 어머니가 이해하지 못할까봐 이런 설명을 달았다. 어느 일요일 혼자서 대사관에서 쉴로스까지 산책을 나갔던 대사 부인은 길모퉁이를 돌아가는 순간 한 무리의 나치 당원들을 보았다. "그들은 어떤 불쌍한 공산주의자 한 명을 무더기로 쫓아가서 마구 폭행했습니다. 경찰을 가득 태운 트럭들이 린덴 거리를 위아래로 훑으면서 단속을 했어요. 아직까지 총격은 없었지만 사람들은 그런 광경을 즐기는 듯합니다. 그것이 그들에게는 산책의 즐거움을 더해주는 또 다른 재미입니다."[29] 그러나 히틀러가 총리로 임명되면서 그 "재미"는 신속하게 공포로 바뀌어갔다.

7월 총선의 성공에도 불구하고 히틀러는 총리직을 제안 받지 못했다. 당시 힌덴부르크는 이런 유명한 말을 했다. "그 친구를 총

---

* 로저 마르탱 뒤가르는 동료인 앙드레 지드보다 십 년 앞선 1937년에 노벨 문학상을 받았다.

리로? 난 그를 우체국장에 임명할 거야. 그러면 내 얼굴이 들어 있는 우표를 침으로 붙이느라고 바쁘겠지."[30] 그러나 6개월에 걸친 정치적 우여곡절 끝에 힌덴부르크는 자신의 그런 본능적 저항감에도 불구하고 생각을 바꾸어만 했다. 1933년 1월 30일 정오 직후에 새로운 독일 총리 아돌프 히틀러와 그의 내각은 대통령 집무실에 집결했다. 힌덴부르크 앞에서 히틀러는 헌법을 수호하고, 대통령의 권리를 존중하며, 의회에 의한 통치를 유지하겠다고 맹세했다. 그리고 정확히 52일 뒤에, 수권법the Enabling Act이 통과되어 바이마르 공화국의 종식을 선언했다. 이 법은 히틀러에게 의회 없이 통치할 수 있는 권한을 부여하는 것이었고, 사실상 그에게 절대 권력을 안겨준 것이었다. 그의 총리직 취임이 전문적 관점에서 볼 때 바이마르 공화국을 종식시킨 게 아니라면, 그 취임 맹세는 공화국이 내지르는 죽음의 비명이었다.

6

괴물인가 경이인가?

크리스토퍼 이셔우드는 히틀러의 총리 취임 이 주 전에 스티븐 스펜더에게 편지를 보내면서 이런 불평을 했다. "독일의 정치는 정말 지루해졌어. 거지나 전차 차장의 몸짓에서는 위기를 의식한다는 어렴풋한 흥분을 전혀 찾아볼 수 없어."[1] 그러나 사정이 어찌되었든 간에, 1933년 1월 30일 히틀러의 취임 직후에 벌어진 장대한 횃불 행진은 결코 지루하지 않았다. 엄청난 규모로 진행된 초호화판 나치 행사는 앞으로 세상을 바꾸어 놓게 될 그 날을 기념하는 하이라이트 행사였다.

콘스탄티아 럼볼드는 그녀의 침실 창문으로 그 행사를 지켜보았다.

횃불의 행렬이 번쩍거리는 뱀처럼 거리를 통과했다. 먼저 브란덴부르크 대문 밑을 지나서 파리저 플라츠를 통과하여 빌헬름 스트라세로 들어갔다. 그날 밤 독일의 모든 청년들이 행진에 나섰다. 갈색 셔츠를 입은 그들은 손에 횃불을 들고서 6열 종대를 이루어 앞으로 나아갔다. 행진은 다섯 시간 동안 계속 되었다. 횃불들은 평소 근엄한 회색 거리에 춤추듯 일렁이는 핑크빛의 기이한 빛을 던졌고, 건물의 벽마다 구부러진 거대한 그림자들을 어른거리게 했다. 스와스티카 문양이 새겨진 붉은색 깃발 수백 개가 공중에 나부꼈다. 기수가 어깨 위에 걸친 거대한 깃발부터 어린아이들 손에 들려 있는 자그마한 종이 깃발까지 형형색색으로 다양했다.[2]

그녀는 밖으로 나가 군중을 뚫고 총리부 청사 앞까지 걸어갔다. 그 건물의 창문을 통해 커튼으로 절반쯤 가려진 힌덴부르크 대통령의 커다란 몸집을 볼 수 있었다. 그로부터 수백 야드 떨어진 곳, 발코니 위에서는 히틀러가 팔을 밖으로 내뻗은 채 꼿꼿이 서 있었다. 밝은 불빛 때문에 실루엣으로만 보였으나, 콘스탄티아는 그의 "긴장하여 창백한 얼굴이 그의 목에 비해 다소 헐렁한 칼라만큼이나 하얗다"는 것을 볼 수 있었다. 릴리언 마우러는 그날의 강추위를 기억했다. 차가운 공기 속으로 횃불들의 불꽃이 탁탁 소리를 냈고, 끝없는 행진을 지켜보는 동안 그녀는 몸의 온기를 유지하기 위해 헛되이 이 발을 들었다 다시 저 발을 들면서 애를 썼다. 그날 밤 행사에 참가한 사람들은 쿵쿵거리는 부츠 소리와 왱왱 울리는 북소리를 뚜렷이 기억했다. 나치의 행진곡, 〈독일아 깨어나라, 유대인이 오고 있다〉를 부르는 목쉰 외침, "모든 사람의 얼굴에 번들거리는 승리의 도취감"도 기억했다. 콘스탄티아는 이렇게 썼다. "집들의 벽에 딱 붙어서 또는 거리 위에서 몸을 밀착시키고서 독일의 여자들,

행진하는 사람들의 어머니들, 아내들, 여동생들은 구호 소리를 따라 외쳤고, 손수건과 스카프를 흔들었다. 그들은 현관 계단에 딱 달라붙거나 창문틀에 앉아서 다소 신경질적으로 웃음을 터트렸다."[3]

영국 외교관의 침착한 딸이나 마우러 부부 같은 진보적인 미국인들이 볼 때 그것은 심란한 광경이었다. 도저히 외국인이 거리에 나돌아 다닐 밤이 아니라는 것을 발견하고서 콘스탄티아는 재빨리 대사관저로 돌아왔다. 그녀의 아버지는 뒷방에 혼자 앉아서 관저 바깥의 소음을 애써 무시하고 있었다. 부녀가 이층 침실로 올라가던 순간에, 호레이스 럼볼드 대사는 과연 이 사태의 결말이 어떻게 날 것인가 의아해 했다. 하지만 그것은 물어보나 마나 한 수사적 질문이었다. 콘스탄티아가 볼 때 질문에 대한 답변은 너무나 명확했다. "그날 밤 독일의 영혼이 행진하는 광경을 지켜본 사람은 그 결말에 대해 의문을 가질 수가 없었다."[4] 하지만 히틀러가 그의 독재 권력을 강요한 것은 그로부터 몇 달 뒤의 일이었다. 그에게 절대 권력을 부여할 수권법을 통과시키기 위해서, 그에게는 좀 더 그럴 듯한 권력의 위임이 필요했다. 그리하여 3월 5일에 연방 선거를 실시하기로 했다.

히틀러가 취임하기 두 주 전에 오언 트위디와 짐 터칸은 10파운드를 주고 산 중고 모리스 승용차를 몰고서 본으로 들어가는 작은 시골길을 달리고 있었다. 두 사람은 케임브리지 대학 시절부터 친구였는데 트위디는 현대 언어학을 전공했다. 이제 사십대 중반인 두 사람은 지난 대전에 참여했다가 부상을 입기도 했다. 트위디는 그 후 중동에서 여러 해를 보냈으나 현재는 런던에 기반을 둔 언론사 소속의 프리랜서 언론인이었다. 그가 현재의 취재 업무에 나선 것은 새로운 독일이 『데일리 텔리그래프』 같은 신문사들이 솔깃해할 만한 기사거리를 많이 제공할 것이라는 기대에서였다. 다소 산만하지만 다정한 짐은 친구와 동행해주기 위해 소속 엔지니어링 회사로부터 잠시 휴가를 얻었다. 두 남자는 아주 기분이 상쾌했다.

트위디는 일기에 이렇게 썼다. "아주 멋진 날이었다. 다소 춥고 서리가 내렸지만 라인 강에 접근할수록 햇빛이 환해졌다. 풍경은 점점 더 좋아졌다. 마을들은 수수하지만 아름다웠고 탁 트인 넓은 들판이 있었다. 산울타리는 없었으며 나무들이 많았다." 유일하게 눈에 거슬리는 것은 어디를 가나 그들의 시야에 들어오는 선거 프로파간다였다. 그래도 트위디는 나치의 스와스티카가 공산주의자들이 즐겨 쓰는 거대하고 보기 흉한 문구들보다는 눈에 덜 거슬린다고 생각했다. 공산주의자의 벽보는 때때로 길이가 30~40야드에 달할 때도 있었다.[5]

눈에 거슬리는 그런 슬로건에도 불구하고 그들은 "본은 여전히 본이고, 예전처럼 건강하고 힘찬 모습"임을 발견하고 기뻐했다. 본에서 동쪽으로 칠십 마일 떨어진 곳에는 사랑스러운 구 도시 바일부르크가 있었다. 언덕 꼭대기까지 꼬불꼬불 올라가는 비좁은 거리와 목조 가옥들—그리고 눈처럼 하얀 지붕들—은 일찍이 트위디가 학창시절부터 익숙해져 있는 구 독일을 그대로 연상시켰다. 카셀에서 두 남자는 러들로*의 페더스 여관 같이 생긴 자그마한 여인숙을 발견했다. 거기에는 아주 뚱뚱한 여인숙 주인, 그에 못지않게 뚱뚱한 아내, 명랑한 하인들, 값싼 객실, 좋은 음식, 그리고 타고가야 할

---

* 영국 쉬롭셔 주의 마을.

길을 흔쾌히 알려주는 친절한 사람들이 있었다.

카셀에 도착했을 무렵에 그들은 이미 독일에 들어온 지 일주일차가 되었지만, 선거 기간 동안 나치 당원들이 써먹은 공포의 책략, 신체적 폭력과 위협은 아직 체험하지 못했다. 나치의 잔인성은 모든 반대 세력을 효과적으로 침묵시켰다. 그래서 한 영국인 체류자는 보복을 두려워하며 익명으로 『19세기와 그 이후*The Nineteenth Century and After*』에 글을 기고했다.* 거기서 그는 그나마 약간의 항의라도 내놓은 이는 대부분 미국과 영국의 해외 언론인들뿐이라고 보고했다. 기고자는 이렇게 썼다. "독일인이 나치에 적대적인 비판을 한다는 것은 자살행위이다. 위협은 경제적인 것일 수도 있고 때로는 신체적인 것이기도 했다."[6] 그러나 가장 심각한 위험에 처한 사람들은 나치의 공격에 전혀 무방비 상태였다. 러시아계 유대인으로 미국 좌파 활동가로 활약했던 에이브러햄 플로트킨은 독일 유대인들의 느긋한 태도에 깜짝 놀랐다. 2월 6일 베를린에서 다수의 부유한 유대인들을 만난 후에 그는 일기에 이렇게 썼다. "독자들에게 이상하게 보일 것이고 또 나한테도 이상하게 보이는 것은 그들이 히틀러가 전면에 나섰는데도 별로 걱정을 하지 않는다는 것이었다. 그들은 올 것이 왔다는 태도를 보였다 …… 그들은 히틀러의 불길이 탈대로 타다가 그치도록 내버려두는 것이 최선이라고 생각하는 듯했다."[7]

그다음 주말에, 플로트킨과 한 네덜란드 노조 운동가는 독일 피복 노조 위원장과 베를린 근처의 숲속을 여러 시간 산책하면서

---

* 이 잡지의 오랜 역사 동안에 기고자의 익명 투고가 허용된 것은 이 때가 처음이었다.

그에게 노조가 직면하고 있는 위험을 납득시키려 했다.

나는 그에게 여러 가지 질문을 했다. 히틀러가 이런 저런 조치를 취하면 그 때는 사태가 어떻게 될 것인가? 위원장은 그런 질문에 미소를 지으면서 내가 제기한 질문들은 모두 충분히 검토되었고 또 그 가능성도 살펴본 것이라고 대답했다 …… 힌덴부르크가 완전한 공포 전략이나 비헌법적 수단에 의해 수립된 독재정권을 절대 용납하지 않으리라는 것이었다 ……우리가 말한 것들은 그 어느 것도 그의 평온한 마음을 뒤흔들지 못했다.[8]

히틀러는 그의 개인 비행기 '리히트호펜'—당시 독일에서는 가장 빠르다고 하는 비행기*—을 타고서 독일 전역을 날아다니며 선거 운동에 매진했다. 가레스 존스는 『데일리 엑스프레스』의 데니스 세프턴 델머와 함께 템펠호프 공항의 눈밭에 서서 새 총리의 도착을 기다렸다. 두 청년은 히틀러를 따라서 프랑크푸르트의 정치 집회에 참여해 달라는 초청을 받았다. 델머가 영화 카메라로 그 장면을 촬영하는 동안에, 대담한 탐사언론인인 존스는 이렇게 그 상황을 기록했다. "그러자 외침 소리가 들려왔다. '지도자가 오고 있다.' 승용차 한 대가 눈밭 위를 달려왔다. 그 차에서 아주 평범하게 보이는 남자가 내렸다. 중년의 야채가게 주인 같이 생겼다." 존스는 히

---

* 이 부분도 다른 서술처럼 가레스 존스의 기자수첩에서 나온 것이다. 거기에는 휘갈겨 쓴 글씨로 "엔진 3개짜리 단엽기, 리히트호펜, 독일에서 가장 빠른 최고의 비행기. 시속 240킬로미터 비행 가능with three motors. Monoplane. 'Richthofen', the fastest & best aeroplane in Germany. Can fly 240 kilometers per hour"이라고 적혀 있다. 정확한 기종은 융커 JU-52 기종의 일종인Junkers Ju 52-3 mce D2202 Richthofen model이다.

틀러가 괴벨스의 새 차를 보고서 소년처럼 기뻐하는 모습을 목격하고 그 느긋한 태도에 놀랐다. "허세라고는 전혀 없는 자연스러운 태도였고 비극적인 몸짓도 전혀 없었다." 반시간 뒤에 존스와 델머는 베를린 상공 6천 피트 위에 올라가 있었다. 이들은 비행기 안에 탑승한 유일한 비 나치 당원들이었다. 존스는 공책에다 이렇게 적었다. "만약 비행기가 추락한다면 독일의 역사가 완전 달라질 것이었다." 그들의 밑에 구불구불 나아가는 엘베 강이 보이는 순간, 존스는 목면 솜으로 양귀를 틀어막은 히틀러가 지도를 면밀히 연구했다고 적었다.

히틀러 바로 뒤에 앉은 괴벨스는 계속 웃음을 터트렸다. 몸집이 작고, 안색이 거무튀튀한데다가 "밝게 빛나는 두 눈"을 가진 괴벨스는 존스에게 사우스웨일즈의 광부를 연상시켰다. "그는 장차 독일에서 고위인사가 될 것이다. 머리가 대단히 좋은 사람처럼 보였다." 한편 히틀러의 경호원들은 두개골과 빗장뼈 무늬가 새겨진 검은 제복을 입고 있었고 대단히 수다스러웠다. 그 중 한 명은 "키가 크고 몸집이 단단하고 앞 이빨이 가지런한 청년으로, 똑똑한 버스 운전사 같았다." 존스는 그 경호원이 이틀 밤 전에 한 공산주의자 시위꾼을 잡아내어 그 자의 머리를 피아노에다 쾅쾅 처박았다고 얘기하는 걸 들었다. 그렇지만 존스는 동료 탑승객들이 불친절하다는 생각은 전혀 하지 못했다. "내가 설사 열성 나치 당원이었다 하더라도 그들이 나를 그 이상으로 친절하고 공손하게 대하지 못했을 것이다."[9]

그로부터 나흘 뒤인 2월 27일 저녁 아홉 시 오 분에 데니스 세프턴 델머는 주차장 직원으로부터 놀라운 전화를 받았다. 제국의회 건물이 불타는 중이라는 놀라운 소식이었다. 사무실을 나서 1.5마일 거리를 부리나케 달려간 델머는 당시 불타는 건물에 도착한 몇 안 되는 사람 중 하나였다. 의사당 건물로부터 검은 연기가 깔때기에서 나오는 것처럼 위로 솟구쳤고 거대한 유리 돔은 화마와 연기의 기둥에 휩싸여 있었다. "소방차가 속속들이 도착했다. 거리를 달려오는 소방차들의 사이렌 소리가 요란했다." 럼볼드 대사 부인과 콘스탄티아는 빌헬름 푸르트뱅글러가 지휘한 베토벤 연주회 참석을 마친 뒤 차를 타고 집으로 돌아오는 길이었다. 거리가 시끌벅적한 것을 보고서 모녀는 차를 주차하고 구경꾼들 무리에 합류했다. 델머는 울타리 밧줄 밑으로 들어가서 제국의회 출입문까지 다가갈 수 있었다. 그 순간 히틀러가 차에서 내렸고 그 뒤를 괴벨스와 경호원들이 뒤쫓았다.

"히틀러는 한 번에 두 개씩 계단을 달려 올라갔다. 그의 바바리코트 자락이 휘날렸으며, 챙이 처지는 검은 모자는 머리 앞쪽으로 당겨져 있었다." 그들은 건물 안에서 괴링을 발견했다. 낙타털 외투를 입은 괴링은 전보다 더 거대하게 보였다. 두 다리를 벌리고 선 그는 "UFA 영화에 나오는 프리드리히 황제의 근위병처럼 보였다." 그는 히틀러에게 공산주의자들이 방화를 했고 범인들은 이미 체포되었다고 보고했다. 델머는 히틀러와 그 일행을 따라 건물 안으로 들어갔다. "물웅덩이, 그을린 잔해, 나쁜 냄새가 나는 연기 기둥을 뚫고서 우리는 방들과 복도를 돌아다녔다. 누군가가 니스 칠이 된 노란 문을 열자, 잠시 동안 우리는 회의실이 불타오르는 용광로가 된 광경을 엿볼 수 있었다. 마치 가마솥의 뚜껑을 여는 것과 비슷했다." 히틀러는 이어 델머에게 고개를 돌리더니 이렇게 말했다. "이

건 틀림없이 공산주의자들의 소행이오. 델머 씨, 당신은 독일 역사에서 새로운 시대가 개막되는 광경을 목격하고 있는 겁니다. 이 화재가 그 시작입니다."[10]

"세상에! 상식을 벗어난 일이 이리도 자주 벌어지다니 이 나라는 대체 뭐하는 나라인가"라고 럼볼드 대사 부인은 몇 시간 뒤에 썼다.[11] 부인은 그 참사에 대한 일반 대중의 반응을 요약하면서 친정어머니에게 이런 취지로 적어 보냈다. 사태의 진상을 파악하는 것은 불가능하겠지만, 많은 사람들, 심지어 히틀러의 지지자들까지 포함한 많은 사람들이 그 화재는 선거를 앞두고 공산주의자들을 매도하기 위해 나치 자신이 저지른 자작극일 것이라 말하고 있다는 내용이었다.*

제국의회 건물이 화염에 휩싸이기 하루 전에 트위디와 터칸은 "뤼베크의 가장 좋은 호텔인 슈타트함부르크에서 개최된 차회를 겸한 무도회"에 참석했다. 그들은 깊은 오지에 있고 널리 칭찬받는, 실업자를 위한 노역장을 방문한 후에 "피곤해진 립 밴 윙클의 몰골"로 그 도시에 도착했다. 뒤집어진 보트 같이 생긴 낮은 건물에 있는 실업자 노역장은 트위디에게 찰스 디킨스의 소설 『데이비드 코퍼필드David Copperfield』에 나오는 페고티의 집을 연상시켰다. 그들은 노역장을 둘러보고 또 "분실물 보관 사무소 같이 생긴" 산뜻하고 깨끗한 기숙사 내부도 살펴본 후에, 점심 식사에 초대받았

---

* 프리츠 토비아스는 그의 책 『제국의회의 화재 사건: 전설과 진실』(1953)에서 나치는 그 화재 사건에 책임이 없다는 설득력 높은 논증을 폈다. 방화범은 네덜란드 사람 마리누스 반 데어 루베였고, 그 범행으로 처형을 당했다. 토비아스는 방화범이 자발적 계획 아래 단독 범행을 저질렀다고 논증했다.

다. 지도자의 호각 소리가 울리자 모든 사람이 일어나 중세의 행진곡—〈결코 죽는다고 말하지 마라〉—을 불렀다. 그레이비소스를 곁들인 감자로 배를 채우고, 약간의 고기와 절반쯤 절인 오이를 먹은 뒤에는 맛없는 코코아와 사고*로 만든 스프가 뒤따랐다. 트위디는 독일 청년들의 어려운 상황을 보고서 마음이 울적해졌다. "인생이 이제 막 시작인 청년들이 실제로는 막다른 골목에 있는 꼴이니 정말 어려운 형국이었다." 그러나 뤼베크로 가는 길은 곧 그의 사기를 북돋았다. 그들은 비포장도로를 통하여 매혹적인 마을들을 지나갔다. 마을들의 붉은 벽돌 가옥들이 희미한 빛 속에서 눈밭 위로 기다란 그림자를 던졌다. 매혹적인 14세기풍의 거리, 첨탑, 박공 등이 가득한 뤼베크는 특별한 도시였다. 트위디는 이렇게 썼다. "내가 가본 곳 중에서 가장 멋진 중세풍 도시다."

그다음 날 그들은 베를린으로 가는 백팔십 마일의 여정에 올랐다. 북부 독일의 "죽도록 따분한" 풍경과 끝없이 이어지는 듯한 도로에 따분해져서 그들은 루드비히스루스트라는 작은 마을에 하룻밤 묵기로 했다. 그리고 이튿날 아침에 다시 길을 떠나려 하는데 방금 제국의회 건물의 화재 소식을 들은 여관 여주인이 아주 놀란 상태로 나타났다. 그녀는 양손을 비틀어대면서 황급히 말했다. "베를린에서 모든 게 사라졌대요. 모든 곳이 불타고 있대요." 그때 트위디는 이런 생각을 했다. "우리는 발이 묶이는 게 아닐까? 이건 앞으로 벌어질 더 많은 음울한 일들의 전조일까?" 베를린에서 사십 마일 떨어진 지점에 도착했을 때 그들은 한 작은 마을에 들러 점심 식

●　각종 야자나무 줄기의 고갱이에서 채취한 녹말로 푸딩 따위를 만드는 데 쓰인다.

사를 했는데, 그 마을에서는 소문이 만발했다. 히틀러가 전쟁을 하려고 한다. 공산주의자들이 일부러 불을 놓았다. 그 지도자들이 모두 구금·체포되었다. 베를린에 계엄령이 발동되었다. "당신들은 운이 좋아요. 영국인이니까. 당신들은 통과가 될 거예요. 만약 통과 안 되면 이리로 다시 오세요. 여기는 침대도 좋고 음식도 훌륭하니까." 그들은 베를린 중심부에서 약 십 마일 떨어진 스판다우까지 조심스럽게 차를 몰고 갔다. 모든 것이 조용했다. 이어 샬로텐부르크, 티어가르텐 순으로 접근했고 마침내 브란덴부르크 대문에 도착했다. 그들은 거기서 극심한 교통 정체 이외에는 그 어떤 위협적인 것도 발견하지 못했다.

선거 이틀 전인 3월 2일, 트위디는 '태번Taverne'이라는 곳을 소개받았다. 베를린의 외국 신문사 특파원들이 자주 가는 자그마한 레스토랑이었다. 나무 벤치와 기다란 테이블로 가득한 낮고 연기 가득한 방들에서는 와인, 맥주, 커피 냄새가 났다. 사람들이 왁자지껄하게 떠들며 대화하는 소리가 오케스트라의 연주를 억눌러버렸다.[12] 매일 밤 기자들은 거기에 모여 최근 벌어진 악랄한 사태에 대해 의견을 교환했다. 갓 의원으로 선출된 자유당 소속 로버트 버네이스는 처음에 태번의 음모론적 분위기를 다소 어리석다고 생각했다. 그러나 그는 곧 특파원들이 위험한 입장에 놓여 있다는 것을 깨달았다. 그들은 간첩이라는 날조된 혐의로 고통을 받고 있었다. 그러나 그 특파원들은 트위디에게 아무런 인상도 남기지 못했다. "불평이나 해대는 혼란스러운 무리들로서, 내게 최악의 상태의 블룸스버리 그룹(영국의 소수 지식인 무리)을 연상시켰다." 그가 참석한 이집트 대사관의 파티는 신나는 행사였다. 볼리비아인, 스위스인, 스웨덴인, 미국인 등이 참석했는데, "온몸이 버터 덩어리처럼 보이는" 핀란드 여자도 있었다. 또 다른 파티에서 그들은 "히틀러의 수석 부관을 만났다. 장식 술을 주렁주렁 단 멋진 친구였는데, 해군 제복 위로 커다란 국화꽃이 핀 것처럼 보였다".*

트위디 일행은 선거 전야에 새로운 독일의 어두운 측면을 직접 목격했다. 한 소년이 나치 당원들에 의해 구타당하고 발길질 당하는 광경을 보았던 것이다. 트위디는 이렇게 기록했다. "우리는 바싹 겁을 집어먹고 온 힘을 다해 도망쳤다. 호텔 안으로 무사히 들어서자 안도의 한숨이 새어나왔다." 선거 운동 기간에 베를린을 방문했던 또 다른 영국인은 이렇게 썼다. "공기 중에 떠도는 공포가 우리 모두를 겁쟁이로 만들었다."[13]

3월 5일의 선거에서 히틀러는 대승을 거두었다. 그리 놀라운 일은 아니었고, 트위디는 호텔의 혼잡한 로비에서 무선으로 그 결과를 들었다. "이렇다 할 흥분도 칭송도 없었다. 히틀러는 계속 이기고 있었고 그것으로 끝이었다." 일주일 뒤 트위디는 그토록 짧은 시간에 많은 변화가 발생한 것에 놀라움을 표시했다. "선거는 대내외적으로 독일을 완전히 바꾸어 놓았다. 과연 이곳이 우리가 한 달 전에 입국한 그 나라가 맞는가 하는 의문이 들었다. 나치는 파시스트를 완전히 능가하는 소행을 벌이고 있었다." 이틀 뒤 그들은 베를린을 떠나면서 선거 후의 혼란을 피할 수 있게 된 것을 다행으로 여겼다.

---

* 에른스트 "푸치" 한프슈탱글. 절반은 미국인인 이 남자는 하버드 대학을 졸업했고 히틀러의 친한 친구였다. 1933년 그는 외신기자국의 국장이었다.

트위디는 이제 다른 많은 외국인들과 마찬가지로 완전한 혼란에 빠졌다. 이 조잡한 새로운 사회에 대해 못마땅한 점이 너무 많았지만 그 자신이 너무 비판적인 게 아닌가 하는 생각도 들었다. 결국 히틀러는 "나쁜 사람은 아니었다". 그가 "히스테리성 광기"를 부리는 것은 사실이지만, 독일 내에 벌어진 모든 위대한 운동이 이 괴이한 사람의 영감에서 나온 것이 아닌가? 그 전 여러 주 동안에, 트위디는 각계각층의 사람들과 많은 인터뷰를 했다. 히틀러에게 적대적인 사람도 많았지만 그보다 더 많은 사람들이 새로운 "믿음"에 매혹되었다. "그것은 힘차고 흥분되고 생생했다. 잘난 체하지를 않았다. 사회적 장벽들을 허물었고 화려한 구경거리와 자극을 제공했다." 간단히 말해 그것은 새로운 복음이었다. 트위디는 이렇게 썼다. "게다가 경찰은 아주 매력적이었다."

의회 건물이 전소됐기 때문에, 의회의 개원은 3월 21일 프리드리히 대제의 무덤 앞에 있는 포츠담의 개리스 교회에서 했다. 외교가의 사람들이 대거 그곳으로 몰려갔다. 럼볼드 대사 부인은 이렇게 썼다. "우리가 앉은 곳은 대통령석 바로 앞의 갤러리였다. 그래서 행사를 잘 보고 잘 들을 수 있었다. 행사는 완벽하게 조직되었고 어느 곳에서도 실수가 없었으며 시간에 맞추어 잘 진행되었다." 황제의 빈 의자 뒤에는 황태자가 앉았고 그 위 갤러리에는 노장군들과 제독들이 앉았다. "회색 야전군 제복과 훈장을 착용한 그들은 아주 인상적인 모습이었다." 교회 내부에는 다수의 SA(폭풍 돌격대) 갈색 셔츠들이 포진하고 있었다. 럼볼드 대사 부인은 히틀러에 대해서 이렇게 썼다. "히틀러는 전보다 더 찰리 채플린처럼 보였다(채플린의 영화 〈위대한 독재자〉는 1940년이 되어서야 상영되었다). 그는 검은 프록코트를 입고 의자 가장자리에 걸터앉았는데 왜소하고 가련하게 보였다."[14] 그날 밤 또 다른 대규모 횃불 행렬이 벌어져서 럼볼드 대사 부부는 국립 오페라하우스에 간신히 시간 맞추어 갈 수가 있었다. 그곳에는 나치 인사들이 바그너의 오페라 〈마이스터징어〉를 보기 위해 대대적으로 모여 있었다.

그 무렵 트위디와 터칸은 "매혹적인 구세계 도시"인 예나에 도착해 있었다. 그들은 의회의 개원을 축하하는 나치 지지자들로 북적거리는 작은 여관에 머물렀다. 그 여관은 "케임브리지의 레드라이언 여관과 아주 비슷했다".

여관에서 북적거리는 축하객들은 흥미로운 구경거리였다. 비유적으로 말하자면 행복한 사냥동호회 회원들이 사냥이 끝난 후에 맥주를 들이붓듯 마시는 것과 비슷했다. 노부인들은 아득한 표정을 지으며 옛날의 호시절이 이제 돌아올 수도 있겠다는 생각을 했다. 많은 학생들, 가족이 통째로 나온 사람들, 그리고 나치 제복을 입은 한 소녀 등 아주 소란스러우면서 유쾌한 파티였고 다들 기분이 좋은 상태였다.

이틀 뒤인 1933년 3월 24일 힌덴부르크는 수권법에 서명함으로써 히틀러가 그토록 줄기차게 요구하던 모든 권력을 그에게 넘겨주었다. 국회가 불필요한 기관이 되어 버렸으므로 민주주의의 마지막 불꽃은 사라져버렸다.

* * *

선거 후 날씨는 이례적일 정도로 화창했다. "히틀러의 날씨예요." 크리스토퍼 이셔우드가 묵었던 놀렌도르프 스트라세 하숙집 수위의 아내가 말했다. 그 거리에도 베를린의 다른 거리들과 마찬가지로 스와스티카 깃발이 가득 내걸렸다. "그걸 게양하지 않는 것은 현명치 못한 일이었다"라고 이셔우드는 적었다. 제복을 입은 나치 당원이 걸어갈 때 길을 비켜주지 않는다거나 그들이 식당이나 영화관에 들어와 모금함을 흔들어댈 때 돈을 내지 않는 것 또한 현명치 못한 일이었다. 시끄럽게 떠들어대는 괴링과 괴벨스의 연설, "독일아, 깨어나라"를 피해 간다는 것은 불가능했다.

곧 동성애 술집인 소년 바가 사라지기 시작했다. 좀 똑똑한 소년들은 지하로 잠입했고 "어리석은 소년들만 거리를 돌아다니면서 제복을 입은 나치 돌격대원들이 정말 섹시하다고 바보처럼 중얼거렸다."[15] SA 대장인 에른스트 룀이 동성애자라는 것은 널리 알려진 사실이었으므로 동성애자들의 사회에서 낙관적인 사람들은 그들의 때가 왔다고 좋아했을 수도 있었다. 그러나 몇 주 사이에 수백 명이 살해되거나 구금되었다. "그들을 보호한다는 차원에서" 새로 개장된 다하우 강제 수용소로 동성애자들을 끌고 갔던 것이다.

그러나 동성애자 박해는 유대인 박해에 비하면 새 발의 피에 불과했다. 4월 1일 아침, 독일 전역에서 나치 SA 돌격대원들이 유대인 가게 앞에 포진하고서 출입을 막았다. 그들은 "독일아 깨어나라. 유대인들이 오고 있다"라고 적힌 플래카드를 들고 있었다. 그 전날 라이프치히 근처에서 중고 모리스 승용차에 기름을 넣던 트위디는 바로 옆 주유 탱크에서 가재도구를 가득 실은 트럭이 기름을 넣는 광경을 목격했다. 트럭 주인과 얘기를 해보니 그와 아내는 "황급히 달아나고 있는 유대인"이었다. 그들은 몇 달에 걸쳐서 위협을 당한 끝에 그동안의 손해를 감수하고서 가게를 닫고 스위스로 가는 중이었다. 그들의 얘기는 곧 어디서나 볼 수 있는 흔한 것이 되었지만, 그걸 듣는 당시에 트위디는 좀 "기이하고 황당하다는 생각이 들었다. 그러나 나치 독일을 충분히 체험한 뒤에는 "유대인이 큰 곤경을 치르게 생겼다"라는 현실을 똑똑히 인식했다. 아주 자세히 계획된 유대인 거부 방송을 듣고 난 후에 그는 이렇게 썼다. "이것은 내가 유대인들에게 동정을 느꼈던 몇 안 되는 경우 중 하나였다." 선거가 끝나고 한 달도 채 되지 않아, 트위디는 히틀러의 독일에 대해 명확히 알게 되었다. 그리하여 그는 국경 검문소에서 독일 경찰들에게 짐을 검사받기 전에 일기에다 적어놓은 모든 사람들의 이름을 꼼꼼히 지워버리는 것을 잊지 않을 수 있었다.

독일을 떠나게 되어 안도감을 느낀 트위디는 유대인 거부의 전면적 효과를 직접 목격하지는 못했다. 그러나 럼볼드 대사 부인은 보았다. "그것은 철저히 야만적이었고 훈족(야만족) 같은 짓이에요"라고 그녀는 친정어머니에게 썼다.[16] 베를린의 경우에는, 그 도시의 가장 번화한 상업 거리인 쿠르퓌르스텐담 전역에서, 가게 창문에 밝은 노란 색깔의 포스터가 나붙었다. 그 중 많은 것들에는 유대인의 코에 대한 풍자화가 그려져 있었다. 다수의 외국인들이 그런 조치에 항의하면서 비어 있는 유대인 가게들을 출입했다. 릴리언 마우러는 카우프하우스 데스 베스텐스에서 쇼핑을 했고, 이셔우드는 일부러 '이스라엘스'라는 이름의 가게를 찾아가 물건을 샀다. 가게 출입구에서 그는 '코지 코너' 술집에서 만났던 소년을 알아보았다. 그 소년은 이제 갈색 셔츠 돌격대원 제복을 입고 있었다. 외국인들의 눈에는 이런 현상이 아주 분명해졌다. 그들이 알고 있던 많은 독일인 친지들이 예전의 정치적 견해가 무엇이었든 간에 나치의 편에 붙었다. 그것은 살아남기 위해 어쩔 수 없는 방편이었다. 5월에 베를린을 영원히 떠나기 직전에 이셔우드는 하숙집 여주인에 대해 이렇게 썼다.

> 이미 그녀는 적응을 하고 있었다. 그녀는 새로운 체제가 들어설 때마다 거기에 적응하려고 했으니까. 나는 오늘 아침 그녀가 수위의 아내에게 아주 존경하는 어조로 "총통"에 대해서 말하는 것을 들었다. 누군가가 지난 11월 선거에서 그녀가 공산당에 투표했다는 사실을 지적한다면 그녀는 아주 열렬히 그것을 부정할 것이고 그것을 이미 마음속에서 철저히 믿고 있지도 몰랐다. 그녀는 단지 자연의 법칙에 따라 순응하는 것일 뿐이었다. 겨울이 오면 동물이 털갈이를 하듯이.[17]

제임스 그로버 맥도날드는 해외정책 협회의 회장이고 곧 독일 난민들을 위한 국제 연맹 위원회의 위원장이 될 사람이었다. 그는 보이코트 운동이 벌어지고 난 이틀 뒤에 미국을 출발해 베를린에 도착했다. 키가 크고 금발인 맥도날드는 일기에다 나치 인사들이 자신을 노르딕 인종의 우월성을 보여주는 표본 같은 사람이라고 말한다는 사실을 기록했다. 그러면서 그들은 이런 질문을 계속했다. 왜 당신은 우리의 인종적 신념을 공유하지 않습니까? 어느 독일인 경제학자는 이렇게 말했다. "완벽한 아리안 사람인 당신이 우리의 견해에 동의하지 않는다는 건 있을 수 없는 일이죠." 그러면서 그 사람은 이런 설명을 했다. "독일은 백인종의 싸움을 벌이고 있는데 그 과정에서 타락한 프랑스인들의 도움은 전혀 받지 못하고 있습니다. 사실 프랑스인들은 너무 타락하여 흑인종이 되고 말았어요." 그러면서 그는 미국인들도 이 싸움에 도움을 주지 않는다고 불평했다. 미국인 또한 정화 작업이 필수적이라는 얘기도 했다.

맥도날드는 나치 장례식에 참석할 것도 요청받았다. 거기에 가면 새로운 도덕성의 구체적 실천을 볼 수 있다는 것이었다. 거기서는 더 이상 "침을 흘리는" 목사 따위에 주목하지 않고, 그 대신에 나치 관리들이 차렷과 경례에 이어서 연설을 하면 문상객들 사이로 전율이 퍼져나간다는 것이었다. "그게 바로 정신적 지도력이라는 겁니다."[18] 4월 7일 히틀러는 맥도날드와의 개인 인터뷰에서 이렇게 말했다. "나는 온 세상이 하고 싶어 하는 바로 그 일을 할 것이다. 세상은 어떻게 해야 유대인을 제거할 수 있는지 알지 못한다. 내가 그들에게 방법을 보여주겠다."[19]

그러나 맥도날드가 곧 발견하게 되듯이 반유대주의는 국가사회주의(나치)당에만 국한된 현상이 아니었다. 베를린에서 바젤까지 기차를 타고 가면서 그는 세일즈맨인 것처럼 보이는 동료 승객과 대화를 나누었다. 비록 나치 당원은 아니었지만 그의 생각은 분명했다. "유대인들은 독일의 피와 종족을 오염시키는 세균입니다. 한번 유대인이면 영원히 유대인입니다. 그들은 동물의 한 종에서 다른 종으로 이동하지 못해요. 유대인들은 독일 인구의 1퍼센트에 불과한데 그들이 우리의 문화를 지배해왔습니다. 그건 용납될 수 없어요," 이어 그 승객은 다소 기이하게도 이런 말을 덧붙였다. "유대인들이 독일 종족에게 피해를 입히는 것에 비해 보면 라틴 종족에게 미치는 피해는 그리 심각하지 않아요."[20]

*　*　*

제3제국의 발족 직후 첫 몇 달 동안에 나치 혁명의 진정한 본질을 폭로한 외국인들(주로 언론인들)이 있는가 하면, 그 혁명을 즉각 칭송하려는 다른 많은 사람들도 있었다. 그들이 볼 때 히틀러는 이상가였다. 다른 많은 나라들이 비실비실 시들어가던 시기에 국민들에게 일을 시키고, 새로운 인프라(사회 기반 시설)를 건설하고, 무엇보다도 국민의 자부심을 회복시키는 영감 넘치는 지도자였다. 히틀러가 집권하기 이전에, 독일을 찾아오는 외국인 방문객들의 수는 줄어들고 있었다. 그러나 이제 직업적 이해관계를 가진 사람들이 독일로 돌아오기 시작했다. 그들은 신생 제3제국을 직접 관찰하고 싶어 했고, 이 나라에서 나오는 찬반양론의 뒤섞인 메시지에 대하여 스스로 판단하려 했다. 그것은 다른 나라들도 마땅히 따라해야 하는 현대판 유토피아인가? 아니면 많은 신문들이 믿고 있는 바와 같이, 잔인함, 탄압, 반유대주의의 공포 쇼인가?

　영국인 학자인 필립 콘월-에반스Philip Conwell-Evans는 나치 체제를 옹호한 초창기 지지자들 중 한 명이었다. 그러나 카리나 어바흐가 『히틀러의 중개자들Go-Betweens for Hitler』에서 지적한 것처럼, 콘월-에반스가 진정으로 나치 지지자였는지 아니면 영국 첩보부 요원이었는지는 아직도 불분명하다.[21] 1933년 초에 그는 철학자 칸트가 평생을 보낸 곳, 쾨니히스부르크의 대학에서 외교사를 가르쳤다. 쾨니히스부르크는 동프로이센의 수도이고 폴란드, 발트3국과 가까운 곳에 자리 잡고 있었다. 따라서 그 대학의 학생들이 외교 문제에 깊은 관심을 갖는 것은 별로 놀라운 일이 아니었다. 콘월-에반스는 이렇게 썼다. "학생들은 매일 오후 네 시면 복도에 있는 둥근 테이블에 둘러앉았고, 우리는 시사 문제를 토론했다." 그는 나치의 폭력을 부정하지 않았다. 하지만 다른 많은 친 나치 평론가들과 마찬가지로, 언론이 사태를 과장하고 있다고 확신했다. 거리에서 벌어지는 싸움과 구타 행위를 강조함으로써 신문들은 이런 행위가 국가사회주의의 본질적 부분이라는 잘못된 인상을 독자들에게 전달하고 있다는 것이었다.

콘월-에반스는 이렇게 썼다. "아주 소수의 깡패 같은 자들이 그런 방식으로 나치 운동에 불명예를 안겨주고 있다. 그러나 대부분의 사람들은 공동체를 위해 희생하며 봉사하고 싶다는 이상과 열망에 불타고 있다."[22] 많은 우파 인사들과 마찬가지로 콘월-에반스는 독일인들에게 깊은 혈연 의식을 느꼈다. 나치 당원을 지지하는 것은 바람직한 일이었다. 히틀러가 베르사유 조약의 불공정을 시정하고 있을 뿐만 아니라, 콘월-에반스 자신이 나치당에게 공유된 그런 혈연 의식을 소중한 것이라고 느끼기 때문이었다. "유대인 문제"나 소수 불평불만 과격파들의 사소한 문제들 때문에 다툴 것이 아니라, 영국인과 미국인은 앵글로색슨족인 독일인 형제들과 공동의 적인 공산주의를 상대로 싸울 준비를 해야 한다는 것이었다.

콘월-에반스와는 다르게, 로버트 버네이스는 국가사회주의를 신랄하게 비판하는 사람이었다. 그렇지만 그 또한 나치 학생들의 철저한 정신 집중에는 감명을 받았다. 그는 단기간의 독일 탐사 여행에서 학생들을 만나는 일만은 철저히 했다. 한 대학생은 그를 베를린 대학의 기숙사 방에 초대했다. 그 방은 나치 운동의 요약 그 자체라고 버네이스는 말했다. 아무것도 없는 투박한 방이었지만 그 안에 있는 물건들은 특별한 의미를 갖고 있었다. 특히 방 벽에 걸려 있는 독일 전도와 붉은색으로 표시된 빼앗긴 아프리카 식민지들의 리스트는 의미심장한 것이었다. 방 안에 있는 유일한 사진은 히틀러의 것이었고, 가구라고는 넓은 테이블과 등받이가 단단한 의자 두 개뿐이었다. 방의 한쪽 구석에는 등산 장비가, 다른 쪽 구석에는 결투 장비가 있었다. 그밖에 방 안에 있는 물품이라고는 무전기와 나란히 세워 놓은 맥주잔들뿐이었는데, 그 맥주잔은 대학 음주 대회에서 획득한 트로피였다. 버네이스가 지적했듯, 나치의 부상(浮上)을 영화로 만들려는 영화감독이라도 그보다 더 설득력 높은 무대 세트는 만들어내기가 어려울 것이다.[23]

『스펙테이터』지의 회장이며 또 다른 히틀러 독일의 초창기 방문객인 이블린 렌치는 "상대방의 관점을 더 잘 이해하기 위해" 독일을 방문했다. 나치 체제의 유대인 탄압을 맹렬하게 비난하기는 했지만, 그는 사태를 정확한 맥락 속에서 이해하려 했다. 4월에 영국으로 돌아온 그는 독일 정부의 반유대주의가 일시적 현상으로서 곧 지나갈 것이라고 보는 많은 독일인 친구들의 견해를 소개했다. 독일인 친구들은 렌치에게 이런 점을 상기시켰다. 독일은 거의 무혈 혁명을 완수한 지가 얼마 되지 않는다. 따라서 이런 시국에는, "당신이 영국인들 역사의 경험으로부터 잘 알고 있듯이", 유감스러운 일들이 벌어지게 되어 있다. 1920년대에 아일랜드에서 벌어진

'흑색과 갈색 제복Black and Tans'이라는 조직*의 행태를 상기하면서, 늘 혼란스러운 상황에 혼란을 더 가중시키는 경향이 있는 렌치는 그런 불쾌한 일이 벌어진 곳은 독일뿐만이 아니었다고 말했다. 그는 이런 결론을 내렸다. 반 유대인 운동은 독일 내에 널리 퍼진, 전혀 불합리하다고 할 수 없는 생각에 의해 촉발된 것이다. 이처럼 실업률이 높고 경제적 어려움이 가중되는 시기에 "유대인은 과도할 정도로 '좋은 자리나 혜택'을 차지하고 있는 것이다". 베를린 청년들이 "유대인에게 죽음을!"이라는 구호를 맹렬하게 외쳐대고 있는데도 불구하고, 렌치는 독일 정부가 반유대주의 운동을 거두어들이기 일보 직전이라는 생각을 품고서 영국으로 돌아왔다. 그는 이런 주장을 폈다. "우리가 독일의 유대인들에게 해줄 수 있는 가장 좋은 일은 독일을 향해 중립적인 태도를 취하면서, 우리가 독일의 열망을 잘 이해하려 애쓰고 있다는 신호를 보내는 것이다."[24]

최근에 제3제국의 초창기 몇 주 간에 독일을 둘러보고 돌아온 사람들도, 칭찬 일색인 콘월-에반스의 이야기를 액면 그대로 받아들였다. 독일 국민들의 전반적인 환대, 산뜻하고 깨끗한 집들, 집중적인 토지 경작, 다양한 윈도박스, 거품 가득한 맥주잔, 그리고 독일의 생기 넘치는 청년들에 대한 추억이 거리에서 가끔 목격하는 갈색 셔츠들의 공격적 행위를 압도하고도 남음이 있었다. 미국의 극작가인 마틴 플래빈Martin Flavin은 1933년 3월에 이렇게 썼다.

* 1920년 1월, 영국 정부가 아일랜드 폭동을 진압하기 위해 모집한 아일랜드 근무의 영국 경찰.

꽃망울이 터지기 시작했다. 그것은 아주 사랑스럽다. 그 어떤 종류의 피상적 고민 같은 것은 없다. 아름답고 조용한 전원풍이다. 도시들에서는 핀이 땅에 떨어지는 소리가 들릴 정도이다. 이 글을 쓰고 있는 프랑크푸르트는 세상에서 가장 아름다운 소도시일 것이다. 어쩌면 내가 독일과 독일인을 편애하는 것인지도 모른다. 청결함, 효율성, 유능함, 질서의식. 나는 이런 것들을 좋아한다. 나는 젊음과 힘을 좋아하고, 명확한 목적 아래 어디론가 가고 있다는 사실 혹은 환상을 좋아한다. 독일인들이 겪고 있는 곤경의 비극적 성격이 나에게 호소해 온다. 이 가련한 뒤늦음과, 뒤따라 잡으려는 처절한 노력이 눈물겹다. 그리고 이건 엄청난 아이러니인데, 패전으로 입은 손해를 벌충하려고 열심히 노력하면서 동시에 동쪽 하늘에서 뭉게뭉게 피어오르는 짙고 검은 구름들**에 대해서도 대비를 해야 하기 때문이다.[25]

그러나 괴벨스의 그다음 프로파간다 전술은 열렬한 나치 지지자들조차 잠시 생각을 멈춰야 했을 만큼 고민해야 할 일이었다. 독일 내 약 서른 개 대학에서 거행된 의례적인 책 화형식은 나치의 의도를 노골적으로 드러내는 것이었다. 그것은 하이네의 유명한 말을 생각나게 했다. "책을 태우는 사람들은 결국에는 사람을 불태우게 될 것이다."

열여섯 살인 딤프나 로더바익은 최근에 오스트레일리아에서 뮌헨에 도착했다. 그 도시의 고등학교에서 1년간 유학하기 위해서였다. 그녀는 곧 수업 전후에 하일 히틀러를 외치는 것에 익숙해졌

** 소련의 공산주의를 말한다.

고 "독일의 소녀들은 어떻게 국가에 봉사해야 하나?" 같은 제목으로 에세이를 썼다. 3월 10일 그녀는 어머니와 함께 군중들 사이에 끼어서 멋진 횃불 행렬을 구경했다. "조명이 환히 밝혀진 도시에서 멋지게 차려입은 학생들이 행진을 했다." 학생들은 쾨니히스 플라츠에 도착하자 커다란 모닥불을 만들었다. 그 주위에는 수천 권의 책들—타락했거나 "비독일적"이라고 매도된 책들—이 불속으로 던져 넣어지기를 기다리고 있었다. 그 사건의 전반적 의미를 파악하기에는 너무 나이가 어린 딤파나가 볼 때, "널름거리는 불길, 불타는 책들, 화끈거리는 화염, 화려한 장식의 옷을 입은 학생들은 위압감을 불러일으켰다."[26] 그러나 옥스퍼드 대학 박사 학위를 가지고 있는 콘월-에반스 같은 학자가 이런 야만적 행위를 평온한 심정으로 바라볼 수 있었다는 건 참으로 기이한 일이다. 그는 축구 경기를 논평하는 것처럼 그 화형식에 대해 언급했다. "나는 쾨니히스베르크 대학에서 벌어진 책 화형식을 흥미롭게 바라본 증인이었다." 그는 독일의 책 화형식이 루터에 의해 시작된 전통이라고 하면서 "그것은 포괄적이라기보다 상징적인 행위라고 보아야 한다"라고 말했다.[27] 그는 그런 충격적인 행위에 무슨 타당성의 근거가 있는 것처럼 이야기했다. 그것은 히틀러를 옹호하는 외국인들이 그 후 여러 해 동안 자주 써먹게 되는 수법이기도 했다.

한편 베를린에서 책 화형식은 아주 대대적인 규모로 실시되었다. 사만 명의 군중이 그 광경을 구경하기 위해 대학과 오페라 극장 사이에 있는 광장*에 모여들었다. 줄잡아 약 오 마일의 거리에서 횃

---

* 이 광장의 이름은 베벨 플라츠Bebelplatz다. 서쪽으로는 훔볼트 대학이, 동쪽으로는 오페

일명 베를린 분서 사건

사진은 베벨 플라츠에서 일어난 사건을 촬영했다. 베벨 플라츠의 서쪽에는 훔볼트 대학이 있다.

불을 높이 쳐든 학생들이. 저주받은 책들을 수송하기 위해 징발된 트럭과 차량을 호송했다. 『뉴욕 타임스』의 프레데릭 버철Frederick Birchall 기자는 그 광경을 이렇게 묘사했다.

> 붉은 모자, 초록 모자, 보라색과 푸른색 모자 등 학생 대표단들이 모두 나왔다. 소수의 선발된 결투단 임원들은 빌로드 탐오샌터** 모자, 하얀 바지, 푸른 상의, 그리고 박차가 달린 기다란 부츠를 신고 있었다. 깃발을 흔들고 나치 노래와 대학 노래를 부르면서 그들은 도착했다.

    라 극장이 있다.
** 스코틀랜드 사람이 쓰는 베레모 비슷한 것.

베벨 플라츠 명판

베벨 플라츠에 있는 이 명판은 분서 사건을 잊지 않기 위해 하이네의 희곡 「알만조르Almansor」에 나오는 그 유명한 격언을 좌측에 적어놓았다. "이것은 서막일 뿐이다. 책을 태우는 사람들은 결국에는 사람을 불태우게 될 것이다."
© Mike Peel

12개조 선언문

분서 사건이 일어나기 전, 각 대학에서는 「12개조 선언문」을 게시했는데, 이는 종교개혁가 마르틴 루터의 「95개조 반박문」을 흉내 낸 것이었다. 다만 그 내용은 나치당의 구미에 맞춘 것으로, "유대인과 그 하수인을 가장 위험한 적"으로 규정하며 독일 문화의 순수성을 극단적으로 강조하고 있다. © Mike Peel

그들이 대 광장에 도착한 것은 자정 무렵이었다. 그곳 인도의 화강암 포석 위에는 보호 차원에서 모래가 두텁게 깔려 있었고 그 위에는 약 12피트 사각에 5피트 높이로 화형대용 장작이 높이 쌓여 있었다.

럼볼드 대사 부인과 딸 콘스탄티아는 세 명의 젊은 대사관 직원들의 호위를 받으며 그 화형식 현장에 나와 있었다. 콘스탄티아는 학생들이 화형대를 지나가면서 나무 장작을 향해 횃불을 던졌다고 기록했다. 곧 장작더미에 불이 붙었고 거대한 혓바닥 같은 화염이 공중을 향해 혀를 날름거렸다. 럼볼드 대사 부인은 학생들이 정신 나갔고 "유머감각이 전혀 없다"고 생각했다. 저처럼 유대 문학 책들을 열광적으로 태우려 들면서 왜 성경은 불태우지 않는지 의아했다. "그렇게 해야 논리적일 텐데 말이다."[28] 모녀는 나치 장식물을 몸에 걸친 학생 대표들이 동료 학생들을 상대로 독일 문학의 순수성을 보호해야 한다고 외치는 소리를 들었다. 비난받은 책들이 화염 속으로 던져질 때, 유죄판결을 받은 저자들의 이름이 호명되었다. "지그문트 프로이트Sigmund Freud는 우리의 역사를 왜곡하고 그 위대한 인물들을 폄훼했다." 『서부 전선 이상 없다』의 저자 에리히 마리아 레마르크Erich Maria Remarque는 "독일 언어와 최고의 가치인 애국심을 오염시켰다". 그 리스트는 끝이 없는 듯했다. 유대계 작가들 이외에, 1929년 노벨 문학상 수상자 토마스 만Thomas Mann, 헬렌 켈러Helen Keller, 잭 런던Jack London 같은 작가들도 그 명단에 들어 있었다. 마그누스 허쉬펠트의 섹스학 연구소에서 압수한 문서와 책자들이 불길 속에 내던져질 때는 다들 열렬히 환호했다. 이어 행사의 클라이맥스로서, 자정에 괴벨스가 연단에 올라 이렇게 선언했다.

"유대인의 문화는 사망했습니다 …… 독일의 영혼은 다시 그 자신을 표현할 수 있을 것입니다."

화형식의 모닥불은 전국적으로 불타올랐고 버철은 『뉴욕 타임스』의 기사를 이렇게 마무리 지었다. "대학생들의 편견과 열광 이상의 것이 연기가 되어 공중으로 솟구치고 있었다. 오늘밤 옛 독일 자유주의의 많은 부분—그게 아직도 남아 있다면—이 불타버렸다."[29] 히틀러가 집권한 지 딱 백 일째 되는 날이었다.

7

여름휴가

1933년 여름에 이르러 나치 혁명을 둘러싼 혼란은 더욱 심화되었다. 좌파든 우파든 굳건한 정치적 견해를 갖고 있는 여행자들은 자신들의 사상을 뒷받침해주는 많은 증거들을 발견했으나, 많은 다른 여행자들은 독일을 어떻게 보아야 할지 미정인 상태로 귀국했다. 사회주의적 원칙들의 실행은 이상주의에서 촉발된 것인가, 아니면 독재 체제의 소치인가? 자발적 노역장은 진정한 박애정신의 발로인가, 아니면 음습한 속셈을 감추기 위한 위장용인가? 끝없는 행진 대열, 스와스티카 깃발과 제복은 국민적 자부심의 회복을 즐겁게 표현한 것인가, 아니면 새롭게 등장하는 공격성의 전조인가?

정치 전문가들조차도 히틀러의 독일이 정체가 모호하다고 생각했다. 사람들이 한밤중에 자기 집에서 끌려가고, 고문을 받고 위협을 받는다는 소문에 대해 많은 외국인들은 그냥 외면해 버렸다. 그들은 국가사회주의의 긍정적인 측면에만 집중하고 있으면 그런 지저분한 측면들은 곧 사라져버릴 것이라고 막연하게 희망했다. 유대인 박해는 그런 것들보다 더 외면하기가 어려웠다. 그러나 1933년에 독일을 방문한 많은 외국인들은 비록 심각한 수준은 아니더라도 그들 자신이 반 유대주의자였다. 그들이 볼 때 소수의 유대인이 겪는 고통은 위대한 국가의 회복을 위해 치러야 할 소액의 대가에 지나지 않았다. 게다가 독일은 공산주의에 맞서는 튼튼한 버팀목 같은 유럽 국가가 아닌가.

그러나 프랑스의 좌파 언론인인 다니엘 게랭Daniel Guerin은 나치 독일의 본바탕에 대해 조금의 의심도 없이 확신했다. 5월에 그는 자전거를 타고 쾰른을 출발하여 라이프치히를 거쳐 함부르크, 그리고 베를린에 도착했다. 그보다 일 년 전에 그는 당시 바이마르 공화국이던 독일 전역에서 장거리 도보 여행을 했었다. 그래서 히틀러 집권 후의 짧은 기간 동안 독일에서 벌어진 변화들을 비교 검토할 만한 근거를 갖고 있었다. 그는 그 변화를 아주 파괴적이라고 생각했다.

사회주의자의 관점에서 볼 때 라인 강 너머의 독일은 지진을 맞아 폐허가 된 도시를 탐사하는 것과 비슷했습니다. 여기에는 얼마 전만 해도 정당의 본부, 노동조합, 신문사, 그리고 노동자 전용의 서점이 있었습니다. 오늘날 이런 건물들에는 엄청나게 큰 스와스티카 깃발이 내걸려 있습니다. 이곳은 한때 공산주의자의 거리였습니다. 이곳 사람들은 어떻게 투쟁해야 하는지 알았습니다. 하지만 오늘날 여기서는 입 다문 사람들만 만날 뿐입니다. 그들의 시선은 멍하고 슬프고 우울합니다. 반면 어린아이들은 "하일 히틀러!" 고함 소리로 사람의 고막을 찢어놓습니다.[1]

일 년 전만 해도 에센의 유스호스텔은 평화로운 여행 배낭을 짊어진 청년들로 북적거렸다. 이제는 가죽 부츠와 벨트를 자랑하는 젊은 나치 당원들이 넘쳐났다. "히틀러 청년단의 넥타이가 그들이 입은 카키 셔츠의 목 부분을 검은 얼룩처럼 감고 있었다." 일 년 전 이곳을 방문했을 때만 해도 게랭은 기타 반주에 맞추어 부드럽게 흘러나오는 보헤미아 노래를 들었었다. 그러나 이번에는 달랐다. "폭풍돌격대원들이 행군을 하고 있었다." 땀과 가죽 냄새가 나는 숨막히는 방에서는 "히틀러의 깃발이 우리를 싸움터로 부른다"라는 노랫소리가 진동했다. 게랭은 이렇게 썼다. "합창으로 노래하면 배고픔을 느끼지 않습니다. 사태의 경위와 이유를 알아보고 싶은 생각도 들지 않습니다. 당신의 양옆에서 똑같은 노래를 불러대는 사람이 오십 명이나 되다 보면 당신이 무조건 옳다는 생각이 듭니다." 게랭이 히틀러 청년단의 한 청년에게 도전적 질문을 던져보니 그 청년의 대답은 간단했다. "보세요, 우리가 이 세상을 볼셰비즘으로부터 구해내지 않았습니까?"[2]

그것은 나치 당원들이 무수히 써먹은 주장이었다. 그리고 많은 외국인들도 그런 주장에 동조했다. 특히 영국 국회의원인 토머스 무어 중령도 그런 사람 중 하나였다. 중령은 러시아 혁명 직후에 그 나라에서 이 년을 근무한 바 있었다. 그는 1930년대에 독일을 정기적으로 여행했고 1933년 9월에 히틀러를 처음 만나고 나서는 이렇게 썼다. "내가 히틀러 씨를 개인적으로 알고 있는 바로 판단해보면, 평화와 정의가 히틀러 정책의 핵심 어휘다."[3] 무어는 공산주의를 극단적으로 혐오했다.

반면 1916년 이래 영국 정부의 내각 사무국장이었던 모리스 행키 경Sir Maurice Hankey은 신중한 판단을 내렸다. 그러나 그런 행키 경조차도 독일이 오늘날 내보이는 놀라운 자신감의 회복은 히틀러가 독일을 볼셰비즘으로부터 건져낸 결과라고 생각했다. 행키 부부는 그해 8월에 바흐 코랄*을 노래 부르며 독일 전역을 자동차로 돌아다니는 동안 그런 생생한 회복의 현장을 목격했던 것이다.

그러나 럼볼드 대사의 후임자인 에릭 핍스 경Sir Eric Phipps은 이러한 주장에 반대했다. 그는 히틀러가 공산주의의 위협을 과장하면서 그 카드를 교묘하게 사용하여 아주 큰 효과를 보았다고 진단했다. 나치는 공산주의의 위협이 실제로는 그리 대단치 않다는 것을 알아보았다. 하지만 그 위협을 지겨울 정도로 노래 부름으로써 독일 국민들을 세뇌했을 뿐만 아니라 많은 외국인들에게도 이런 생각을 심어주었다. 총통은 혈혈단신으로 독일과 서구를 휩쓸고 있는 "붉은 물결"을 퇴치했다는 것이다.[4]

행키는 독일에 간 것을 휴가를 보내기 위해서라고 했지만 그가 현지 여행에서 가져온 정보를 화이트홀**에서는 아주 진지하게 받아들였다. 모든 독일 시민, 고등학교, 대학교, 정부 관청과 기관 등에서 철저하게 나치 교리를 주입시키는 운동이 벌어지기는 했지만, 그 교리에 대한 독일 국민의 반응은 지역에 따라 상당한 차이가 있었다. 예를 들어 바덴-뷔르템베르크의 시민들은 여전히 자유로운 전통을 고수했는데, 그것은 프로이센보다는 프랑스와 더 공통점이 많은 것이었다. 다름슈타트, 하이델베르크, 칼스루에 같은 도시

---

* 성가대 혹은 군중이 합창하는 단순 선율의 찬송가로서, 독일 프로테스탄트 교회에서 시작되었음.
** 영국 정부.

들에서 행키 부부는 집들과 자동차들에 걸린 스와스티카 깃발의 수가 다른 지역에 비해 훨씬 적은 것을 목격했다. 끈덕진 "레드****"의 명성을 갖고 있는 드레스덴은 히틀러 지지가 그리 보편적이지 않은 도시였다. 행키는 라인란트 지방을 특히 번창하고 생기 넘치는 유쾌한 지역이라고 생각했다.

1930년대 중반에 본에서 살았던 미국인 베스트셀러 작가 노라 월른Nora Waln****도 행키와 비슷한 생각을 갖고 있었다. 국가사회주의는 라인란트에 비교적 늦게 도착했고 심지어 도착했을 때도 가톨릭 정신과 신중한 태도에 의해 희석이 되었다. 과도한 군국주의의 과시는 프랑스의 또 다른 공격을 불러올지 모른다는 우려가 있었던 것이다. 월른이 현지에 도착한 직후에 한 베를린 친구는 그녀에게 이렇게 말했다. "라인란트 사람들의 몸에는 피가 아니라 와인이 흘러요. 그들은 정치보다 축제에 더 관심이 많죠." 그 친구는 독일이 라인란트를 다시 점령하자 그런 현지 주민들의 분위기가 바뀌어야 할 것이라며 이런 음울한 얘기를 내놓았다. "이들의 생활과 활기는 좀 더 실용적으로 국가에 봉사하는 쪽으로 집중되어야 할 겁니다."[5]

그러나 이런 지역적 편차에도 불구하고, 1933년 여름 독일 전역에서는 퍼져나가는 나치의 압도적 지배 체제를 누구나 목격할 수 있었다. 행키는 몇 주 뒤에 이런 결론을 내렸다. "되돌아보니 내가 그 나라에 대해서 갖고 있는 인상은 이런 것이었다. 어디서나 끊임없는 시가행진이 있었다. 나치 당원들이 쉴 새 없이 행군을 했다. 취

●●● 공산주의.
●●●● 정확히는 저널리스트이다.

주악단의 연주가 크게 울려 퍼졌다. 음악적인 합창이 아니라 신경질적인 스타카토 방식의 노랫소리가 거리에 울려 퍼졌다. 순찰대원들이 어디에나 있었다. 파시스트 방식의 경례, 카키 제복이 쉽게 눈에 띄었다." 온 나라가 비상한 흥분의 도가니 속에 있었다. 저명한 법률가에서부터 카센터 직원에 이르기까지 누구나 그에게 반복하여 들려준 말은 이런 것이었다. "히틀러가 우리 조국을 한 단계 상승시켰습니다."

　행키는 나치가 엄청난 부담을 안겼는데도 중산층이 아무 말 없이 그것을 받아들이는 것을 보고서 깜짝 놀랐다. 여자들은 최근인 바이마르 공화국 시절에 힘겹게 얻었던 자유도 기꺼이 포기했다. 여자들은 직장에 나가서 일을 하는 게 만류되었을 뿐만 아니라 사람들이 보는 데서 담배를 피우거나 짙은 화장을 하면 크게 비난을 받았다. 그렇지만 전반적으로 볼 때 모든 독일 국민들이 그들에게 요구되는 희생을 기꺼이 부담하려는 태도를 보였다. 단 그것이 독일 국민에게 이익이 된다면 말이다. 하지만 그것이 일방적인 희생만 요구하는 것은 아니었다. 행키는 가게들에는 물건이 많고, 전차는 아주 깨끗하고, 호텔 객실에서는 뜨거운 물이 나오고, 어디에서나 잘 차려 입은 사람들이 다량의 맥주와 와인을 소비하고 있다고 보고했다. "독일 전체가 휴가를 보내는 것처럼" 보였다.[6]

　1933년에 독일을 방문한 외국인 여행자들은 아무리 주의가 산만하다고 하더라도 독일 청년들이 나치 운동에 동참하는 모습을 목격하지 않을 수 없었다. 그들은 SA돌격대, SS근위대, 히틀러 청년단, 자발적 노동 캠프에 참여했다. 3주 동안 면밀히 관찰한 끝에 행키는 프랑스의 광적인 편집증을 이해할 수 있을 것 같았다. 저처럼 열광적이고 군기 잡힌 청년들은 국가 간 분쟁 사태가 터지자마자 무기를 달라고 요구할 게 뻔했기 때문이다. 그리고 이런 청년 동원이 아주 신속하게 이루어지고 있기 때문에 행키는 마음속으로 이런 생각을 했다. "히틀러는 이제 용의 이빨*을 뿌렸다."[7]

젊은 아리안 청년들을 도취시킨 행진, 의식, 취주악대, 파시스트식 경례는 전국노동절(히틀러가 노동절을 대체하여 만든 날) 같은 대규모 나치 축제에서만 벌어지는 것이 아니었다. 그것들은 모든 도시, 읍, 마을에서 일요일마다 정기적으로 실시되었다. 개랭이 말한 바, 이 주마다 벌어지는 "집단 광기"는 확성기에서 나치 찬가인 〈호르스트 베셀〉**이 흘러나오는 아침 일곱 시부터 시작되어, 저녁 무렵의 횃불 행진에 이르기까지 계속되었고 자정에 이르러서야 끝이 났다.

이러한 어느 여름 일요일에 다니엘 게랭은 고참 군인들 대표단 사이에 끼게 되었다. 그들은 낡은 군복에 꼬챙이가 달린 투구를 썼고, 축제에 참가하기 위해 여러 마일 떨어진 동네에서 일부러 찾아왔다. 그들이 꼿꼿이 서서 제42폭풍돌격대 소대의 취주악대 연주를 듣고 있는 동안, 게랭 주위에 있던 소녀들은 더 많은 폭풍돌격대

•   그리스 신화 중 카드모스 신화에 나오는 분쟁의 씨앗 혹은 파괴의 단서.

•• 목사의 아들인 청년 호르스트 베셀Horst Wessel은 어릴 때부터 아돌프 히틀러의 열렬한 추종자가 되어 자신의 온 힘을 국가사회주의에 온전히 바쳤다. 1929년에만 거의 60차례나 나치 모임에서 연설을 했다. 그는 음악가 동료들을 모아 함께 공산주의 강세 지역을 따라 가두 행진을 하며 나치를 찬양하는 노래를 불렀다. 그가 악단을 위해 만든 노래 중 하나는 그의 가장 유명한 곡이기도 한데, 살아 있는 자들의 옆에서 순교한 동지가 진군하는 걸 상상하는 내용이고 이것이 나중에 나치의 행진가가 되었다. 그는 1930년 1월 14일 저녁에 집세 문제로 집주인과 다투다 세 명의 공산주의자에게 구타와 총격을 당했고 병원으로 실려 간 5주 뒤에 죽었다. 베셀은 이후 괴벨스에 의해 나치의 순교자로 미화되었다.

병사들이 다가오는 희미한 군화 소리에 열광적으로 반응했다. 그러한 가죽 장화 소리는 나치주의를 뒷받침해주는 위태로운 에로티시즘을 상기시키는 것이었다. 게랭은 이렇게 썼다. "부츠가 없다면, 그 가죽 냄새가 없다면, 전사다운 꼿꼿하면서도 힘찬 걸음걸이가 없다면, 오늘날 이 브륀힐드*들을 정복하는 것은 불가능하다."[8]

그 행사의 화려함과 소란스러움은 게랭이 몇 주 후 동료들과 함께 방문했던 함부르크 엘베 터널**의 어둡고 음습함과는 극명한 대조를 이루었다. 게랭은 또한 빈민가도 방문했다. 그곳 사람들은 "벌레 먹은 목조 가옥"에 살았고 사방 벽에는 도발적인 낙서가 휘갈겨져 있었다. "히틀러에게 죽음을", "혁명 만세."[9] 독일에는 나치 당원들이 감히 들어가지 못하는 이런 곳들이 여전히 남아 있었다.

행키는 독일의 고립 상태를 주목했다. 독일 국민들은 해외여행을 할 수 없을 뿐 아니라, 신문들도 엄중하게 검열을 당해서 독일 이외의 세상에서 벌어지는 일들을 잘 보도하지 못했다. 그렇지만 그가 만난 독일인들은 영국에 대해서 관심이 많았다. 그의 차에 붙여져 있는 GB(그레이트브리튼) 스티커는 관리들, 나치 당원들, 일반 대중과의 성공적 소통을 보장해주는 여권이었다. 그는 자신의 모리스에이트 중고차가 왜 그리도 독일 국민들의 관심을 받는지 의아했으나, 곧 그게 영국제이기 때문에 그렇다는 것을 알았다. 영국이 그처럼 높이 평가받는다는 것은 즐거운 일이었고, 또 보통 독일 사람

---

* 북유럽 신화에서 발키리, 혹은 아이슬란드의 여왕으로 등장한다. 어느 전승에서건 여전사의 이미지가 강하며, 브륀힐드와 결혼하기 위해서는 불의 벽으로 대표되는 여러 가지의 시련을 통과해야 한다. 한국에서는 흔히 브륀힐데, 브륜힐트 등으로 발음이 잘못 알려져 있다. 여기서는 독일 처녀들을 의미한다.

** 1911년 개장한 엘베 강을 가로지르는 지하 터널.

들도 그런 만큼 영국도 독일을 좋게 생각해주기를 간절히 바랐다.

행키 부부는 여행 기간이 끝나자 국경을 건너 벨기에로 들어갔다. 그들은 안도감을 느꼈다. 3주 여행 중에 독일 사람들로부터 친절한 환대를 받았고 아름다운 자연환경, 좋은 음식, 안락한 호텔을 즐기기는 했지만, 따지고 보면 아주 심란한 체험이었던 것이다.

벨기에의 조용한 온천장에 도착하자 아내와 나는 문명으로 돌아온 듯한 기이한 느낌이 들었다. 나치 당원들의 함성, 고함, 합창, 그리고 그 모든 열기와 자극은 사라져버렸다. 우리는 정상적인 생활 조건 아래에서 사는 정상적인 사람들 사이에 들어왔다고 느꼈다. 독일에서 귀국한 때처럼 영국의 안정되고 단단한 사회 분위기에 안도감을 느껴본 적이 없었다.[10]

행키와 게랭은 정치적 상황을 잘 판단할 수 있는 훈련된 안목을 가진 관찰자들이었다. 그러나 미국인 화가 마스덴 하틀리Marsden Hartley 같은 외국인처럼 나치 독일에서 눈 뜬 장님처럼 살아가는 경우도 있었다. 게랭이 장거리 자전거 여행을 나섰던 그 무렵에 하틀리는 무기한 체류할 생각으로 함부르크에 도착했다. 그는 파시스트도 반유대주의자도 아니었다. 그렇지만 독일어를 유창하게 구사하고 그 나라를 잘 알며, 나치가 증오하는 현대 예술을 열렬히 옹호하는 사람이었다. 하지만 그가 그 해 여름 써 보낸 편지들을 보면 무척이나 순진한 사람이었다는 느낌이 든다. 하틀리는 "유대인 학대가 끔찍한 문제"이기는 하지만 "히틀러는 이상주의와 국가적 자부심에 새로운 활기를 불어넣은 사람"이라고 보았다.[11] 또 다른 편지에서 그는 이렇게 썼다.

　　나는 독일에 있다는 생각이 거의 들지 않는다 …… 만나는 사람이 없
　　기 때문에 그 누구와도 거의 얘기를 하지 않는다 …… 좀 더 인간적인
　　관점을 가지고 수백 명의 사람들이 굶주림으로 고통 받고 있다는 것을
　　신경 써야 한다 …… 하지만 나는 그들을 보지 못한다 …… 그들이 집
　　밖으로 나오지 않기 때문이다. 그들은 구걸을 할 수 없다. 그렇게 하면
　　감옥에 가기 때문이다. 그렇지만 나는 부유한 사람들이 거품 나는 크
　　림을 엄청 먹어대고 여러 톤의 음식을 먹어치우는 걸 본다. 그들이 그
　　걸 감당할 수 있기 때문이다 …… 이건 자세히 말하기에는 너무 복잡
　　한 문제이고 게다가 나는 외국인이기 때문에 길거리에서 사람들에게
　　감히 말을 걸지 못한다 …… 그래서 내 일만 신경 쓰면서 내 일을 열심
　　히 하고 있다.[12]

　　하틀리는 독일에 도착했을 때부터 이미 친독일 인사였다. 그러
나 히틀러 집권 후 6개월이 흘러간 1933년 여름에 이르자 평범한
관광객들도 독일에 대하여 경계하게 되었다. "유대인 학대", 책 화
형식, 거세(去勢) 단종(斷種) 법률, 집중 노역장, 반대자들에 대한 무
자비한 숙청 등은 해외 언론에서 크게 비판을 받았다. 특히 히틀러
가 좋은 인상을 주고 싶어 했던 영국과 미국에서는 더욱 비판 일색
의 기사가 실렸다. 나치 당원을 KKK 단원(미국 남부의 백인우월주의자
들)에 비교하는 신문 기사가 책 화형식 직후에 『맨체스터 가디언』
지에 났는데,[13] 이러한 기사는 히틀러의 심기를 크게 건드리는 것이
었다.

나치는 국제주의를 증오했지만 프로파간다 도구로 관광이 유익하다는 것을 잘 알았다. 해외에서의 부정적 이미지를 불식하는 데는 관광이 필수적인 수단이었다. 단지 독일인들만 그렇게 하는 것이 아니라, 외국인 관광객들이 제3제국 내에서 인상 깊은 체험을 하게 함으로써 귀국 후에 독일을 자연스럽게 칭송하도록 만드는 것이 중요했다. 그리하여 1933년 6월에 창설된 제국 관광 위원회는 외국인 관광객들을 독일로 유치하는 것을 최우선 사업으로 여겼다. 잠재적 방문객들에게는 이런 메시지를 계속 전달했다. "유대계" 신문들에서 뭐라고 떠들어대든 간에 제3제국 내에서의 일상생활은 아주 정상적으로 돌아가고 있다. 독일은 "평화를 사랑하고 믿을 만하며 진보를 지향하는 나라이다. 축제에 참가하고, 즐겁게 식사하고, 미소를 짓는 농민들과 음악 애호가들이 많은 유쾌한 나라다".[14]

반유대주의와 적개심—이것은 내국인용 관광 책자에만 나왔다—은 쏙 뺀 채, 그림 같은 마을들, 다채로운 의상들, 다정한 경찰관들을 보여주는 그림들로 가득한 관광 유치 책자들이 해외로 발송되었다. 한 팸플릿은 이렇게 자랑했다. "직접 와서 보십시오. 독일이 얼마나 앞서 나가는지를. 실업률 제로, 최고 수준의 생산율, 사회 안전망, 산업 발전을 위한 거대한 프로젝트들, 경제 계획, 잘 조직된 효율성, 함께 일하려는 역동적 의지, 이런 것들이 어우러져 있는 나라입니다. 자신들의 업적을 당신과 함께 나누려고 하는 행복하고 정력적인 사람들이 있습니다."[15]

결과적으로 그 홍보 캠페인은 성공했다. 그 후 몇 년에 걸쳐서 방문을 망설이던 많은 휴가자들이 독일의 매혹에 굴복했고, 그 나라가 너무 좋아서 그 뒤에도 되풀이하여 방문해왔다. 그러나

1933년에는 여름 제국 관광 위원회의 프로파간다가 아직 결실을 맺지 못했다. 외국인 관광객들은 여전히 많지 않아서 열다섯 살의 브래드포드 와서만과 동료 보이스카우트들은 헝가리에서 열리는 제4차 세계 스카우드 잼버리에 가던 길에 일종의 소란스러운 사태를 일으켰다. 버지니아 주 리치먼드 출신의 유대인 소년인 브래드포드는 정치에 대해서는 잘 몰랐지만 히틀러에 대한 생각은 뚜렷했다. "우리는 독일에 있는 내내 푸른색 스카프를 목에 둘러야 했다. 저 나약한 사내 히틀러가 붉은 스카프는 안 된다고 했기 때문이다. 그는 *utsna*(영어식 말장난Pig Latin으로 "괴짜nuts"라는 뜻)다." 여행자의 사소한 기록과 나치의 악몽에 대한 엿보기가 뒤섞여 있는 브래드포드의 일기는 특별한 정취를 자아낸다.

우리는 기차로 뮌헨까지 갔다. 아주 피곤한 여행이었다. 우리는 열 시에 뮌헨에 도착했다. 나는 몸을 씻고 잠이 들었다. 우리가 뮌헨에 도착하자 한 나치 당원이 기차로 왔다. 나는 기차 밖으로 나가면서 나치 제복을 입은 일고여덟 살쯤 되는 소년을 보았다. 우리는 여러 오래된 성들을 둘러보았고 흑림도 가보았다. 비가 오는 날씨였다. 그 나치 당원은 히틀러의 참모였다.

히틀러에 대한 저항이 심한 드레스덴에 대한 브래드포드의 일기는 이렇게 되어 있다. "나는 일행들에게 아이스크림을 사주었다. 우리가 오기 전에 드레스덴에서는 이백에서 백오십 명 사이의 사람들이 살해되었다. 우리는 관광을 나갔다. 우리는 서로 다른 호텔들을 돌아다니면서 호텔 스티커를 모았다. 나는 몇 명의 히틀러 부

하들을 보았다." 쇼핑을 아주 좋아하는 브래드포드는 베를린에서
는 가격 흥정이 안 된다는 것을 알고서 실망했다. "나는 쇼핑을 하
러 갔다. 돈이 날아가는 듯하다. 많은 나치 깃발과 가게들을 보았
고 가게 안에는 나치 제복이나 나치 칼 같은 것이 많이 진열되어 있
다. 여기서는 가격 흥정을 하기가 어렵다.* 흥정을 하려 드니 누군가
가 내게 정가 판매라고 쓰인 표지판을 가리켰다." 그러나 포츠담 방
문은 성공적이었다. "강을 거슬러 올라가는 뱃길은 아름다웠다. 나
는 카이저 궁전의 바닥에서 자그마한 나뭇조각 하나를 얻었다. 나
치 제복을 입은 히틀러 단원이나 아이들을 너무 자주 만난다. 오렌
지 재배 온실이 너무 아름다워 그 앞에서 사진을 찍었다. 나치 대원
들이 노래를 부르며 지나갔다."

처음으로 해외여행을 나선 십대 소년으로서 그 여행은 잊을 수
없는 추억이 되었을 것이다. 그러나 간결하게 기록되어 있는 일기
임에도 불구하고 브래드포드가 새 독일에 대해 많은 것을 알고 돌
아왔다는 느낌이 든다. 그래서 돌아오는 배가 "그리 멋지지 않았음"
에도 불구하고 그는 귀국하게 되어 기쁜 마음이었다. 일단 배가 바
다로 빠져나오자 그는 이런 사실을 깨달았다. "선상에는 많은 유대
인과 독일인이 있었다. 이들은 독일을 벗어나서 속이 후련한 사람
들이었다. 야물케*를 쓴 사람도 보인다. 이제 졸음이 온다."[16]

뉴욕 주 로체스터 출신인 클라라 루이스 쉬퍼는 그 해 여름 동

---

* 가격 흥정의 원어는 jew down(유대인식으로 깎다)다. 이 표현은 현재는 금기어가 되었으나
예전에는 널리 쓰였다. 2013년 오클라호마 주의 공화당 정치인이 공개 토론을 하던 중에
"Jew me down oh a price(가격을 깎아주세요)"라고 말하기도 했다.

• 유대인 남자가 기도나 의식 때 쓰는 작은 두건.

알테나 고성

세계 최초의 유스호스텔이 들어선 알테나 고성. 지금은 유스호스텔 박물관을 비롯, 박물관 여럿
이 입주해 있는 관광지다. © Dr. Gregor Schmitz

료 학생들과 함께 독일에서 한 달을 보냈다. 그들은 하이킹을 하고
합창을 했으며 다량의 아이스크림을 먹었다. 클라라의 일기가 분명
히 밝혔듯이 음식은 최우선 과제였다. "우리는 고슬라 식당에서 대
축제를 열었고 감자와 그 외의 모든 것을 마음껏 먹었다." 부퍼탈
에 대해서 그녀는 이렇게 썼다. "다양한 종류의 케이크와 특별히 맛
있는 체리 파이를 곁들인 차회를 했다."[17] 십대 소년들은 유스호스
텔Jugendherbergen에 머물렀다. 그 중에는 쾰른에서 북동쪽으로 육
십 마일 떨어진 알테나에 세워진 세계 최초의 유스호스텔도 있었
다. 최초의 유스호스텔은 현지 교장인 리하르트 쉬어만Richard Schir-
rmann이 1912년에 건립한 것인데 도시를 내려다보는 언덕 꼭대기에
있는 12세기 고성을 개조한 것이었다.

전후에 쉬어만의 개척자적 사업은 곧 불이 붙었고 그리하여 유럽 전역에 유스호스텔이 우후죽순처럼 생겨났다. 그는 그 운동을 주도하기 위해 학교 교장직을 그만두었다. 이상주의자인 그는 1932년 국제유스호스텔협회를 세웠고, 서로 다른 배경을 가진 청년들이 서로 더 잘 알게 되면 세계 평화를 촉진시킬 것이라 희망했다. 그러나 쉬어만이 그 운동을 벌인 시점이 최악이었다. 쉬어만의 줏대 없는 감상주의는 독일 청년들을 비정하고 군기 엄정한 지배자 민족으로 만들려는 나치의 청년 운동과는 아주 거리가 먼 것이었다. 곧 쉬어만은 일자리를 잃었고, 클라라와 동료 학생들이 유스호스텔에서 새로 사귄 독일 학생들과 불렀던 정다운 노래는 히틀러 청년단의 행진곡으로 바뀌어버렸다. 클라라는 일기에서 나치, 히틀러, "유대인 문제"를 언급하지 않았다. 그녀가 만나본 독일은 친절하고 쾌활한 나라였고 햇볕과 노래가 가득한 땅이었다. 켄터키 출신의 교사인 루이스 워딩턴의 일기에도 정치적인 논평은 나오지 않는다. 아무튼 그녀는 그 해(1933) 여름 3주에 걸쳐 독일 전역을 여행했는데 유대인에 대한 언급은 딱 한 번, 뉘른베르크의 유대인 거리를 서술할 때만 나온다. "이어 유대인 거리인 호프와 가센이 나왔다. 비좁고 꼬불꼬불하고 더러웠다."[18]

1933년 가을, 메리 굿랜드는 옥스퍼드 대학에 진학하기 전에 독일어 실력을 좀 향상시키고 싶어 했다. 그래서 그녀는 뒤셀도르프의 어느 가정집에서 몇 주를 머물렀다. 그녀는 백 세가 된 지금도 아주 또렷하게 그때 일을 기억했다. 당시 그녀는 독일에서 벌어지던 중요한 변화들을 조금도 눈치 채지 못했다는 것이다. 그녀가 묵은 집의 주인들도 마찬가지였다. 그 도시의 중요 백화점인 티에츠의 우아한 아르누보풍 유리창이 박살난 다음에야. 비로소, 트로스트 부부는 깊이 생각한 끝에 이웃들의 사례를 따라 나치 포스터를 집 앞에다 붙이는 게 좋겠다고 결정했다. 트로스트 씨는 또 다음번 SA 돌격대의 횃불 행진에도 참가하는 것이 정치적으로 유리할 것 같다는 판단을 내렸다. 정력적인 사람이 아닌 트로스트는 택시를 타고서 그 행사에 갔다. 그는 돌아올 때에도 택시를 타고 왔다. 하지만 그가 의논하고 싶어 한 것은 독일의 부흥이나 베르사유 조약의 부당성이 아니라 행진 도중에 그의 발목을 물어뜯은 커다란 모기들이었다.[19]

* * *

럼볼드 대사 부부가 1933년 여름 베를린을 영영 떠나기 전에 이들의 딸 콘스탄티아는 별난 초청장을 하나 받았다. 그녀와 동갑이지만 친하지는 않은 처녀 렉시가 히틀러 SS근위대의 고위 인사들을 만나볼 의사가 있느냐고 물어왔다. 모두 바이에른 사람들로서 초창기부터 히틀러를 옆에서 도왔고 뮌헨 폭동 때도 현장에 있던 사람들이라고 설명했다.

그다음 날 저녁 콘스탄티아는 렉시의 고급 승용차를 타고서 베를린 동쪽에 있는 운하 지구로 갔다. 그들은 음침해 보이는 대저택 앞에 멈춰 섰다. 렉시는 그곳이 SS근위대의 대장 에른스트 룀의 집이라고 말했다. 렉시가 노크를 세 번 하자, 대문이 "마치 약속이라도 되어 있는 듯이 짠 하고 열렸다". 문 뒤에는 아무도 없었다. 그러나 가파른 계단 끝에는 그들을 "환한 불빛 속으로" 안내해줄 돌격 대원 한 명이 서 있었다. 열두 명의 장교들이 대기하고 있다가 빠각 거리는 장화 소리와 뻣뻣한 목례로 콘스탄티아를 영접했다. 검은색 과 은색이 섞인 그들의 제복에는 두개골과 빗장뼈가 장식되어 있었 고 무릎까지 오는 장화, 검은 벨트, 툭 튀어나온 권총 등은 묵직한 마호가니 가구, 도자기 난로, 촛불 환한 식탁의 편안한 베를린 응접 실 분위기와는 영 어울리지 않았다. 이어 그녀는 방 안에서 다소 기 이한 비품을 발견했다. 다수의 스프링 침대가 벽에 부착되어 있었 다. "왜 저렇게 많은 침대가 필요하죠?" 그녀가 순진하게 물었다.

잠시 어색한 침묵이 흐른 뒤에 룀 대장에게는 제국의 먼 지방 에서 찾아오는 손님들이 많아서 그들이 하룻밤 묵어갈 침대가 필요 하기 때문이라는 대답이 나왔다. 룀은 거기 직접 나와서 환영하지 못해 미안하면서 개인적인 안부 인사를 전했다. 콘스탄티아가 그녀 를 위해 준비한 전형적인 바이에른식 연회를 마음껏 즐기기를 바 란다는 뜻도 함께였다. 콘스탄티아는 연회장에 앉은 이후를 이렇게 회상했다. "나는 내가 정말 이 기다란 나무 식탁에 앉아 있는지 내 무릎을 꼬집어보았다. 렉시는 식탁의 반대쪽 맞은편에 앉아 있었고 그 사이에는 깜빡거리는 촛불 속에서 내가 일찍이 본 적이 없는 열 두 명의 강건한 장교들이 앉아 있었다." 이어 진지한 프로파간다가 시작되었다. 그들이 그녀에게 말한 것이 대사를 통하여 영국 정부 로 곧장 전해진다는 것을 확신하는 젊은 장교들은 거침이 없었다.

그들은 소시지를 먹는 코스 중에 정말 기계처럼 작동했다. 각자 사전 에 연습한 말을 축음기처럼 재생했다. 그들의 말에 끼어든다는 것은 불가능했다. 마침내 내가 그 대화에 내 의견을 말하거나 나의 관점을 소개하면 그들은 아주 당황하는 것처럼 보였다. 그들은 전혀 이해가 되지 않는다는 눈빛으로 나를 쳐다보았다. 잠시 말을 멈추고 이어 맥주잔을 쳐들고 건배한 다음에 그 축음기는 다시 돌아갔다. 나는 대화를 포기했다.[20]

식사가 끝나갈 무렵 문이 갑자기 열리더니 루돌프 헤스Rudolf Hess가 걸어들어 왔다. 콘스탄티아는 그의 검은 머리카락이 이마에서 위로 솟구쳐 있고 짙은 눈썹 아래에서 회색의 두 눈이 밝게 빛났다고 적었다. 영국 대사의 딸에 대한 관심은 갑자기 사라졌고, 히틀러의 제자들은 부총통 곁에 모여서 최근의 나치당 소식을 열렬히 듣고 싶어 했다.

룀이나 헤스와는 다르게, 요아힘 폰 리벤트로프Joachim von Rib-bentrop는 1933년 여름에 비교적 무명 인사였다. 그래도 아내가 헨켈 샴페인 재벌가의 딸이고 그 자신도 유창한 영어를 구사했기에 그는 대부분의 히틀러 측근 인사들보다 사교적으로 우월한 지위에 있었다. 비록 그의 이름 앞에 붙인 "폰"이라는 귀족 호칭이 가짜이기는 했지만 말이다. 그 당시 그가 나치와 연계되어 있다는 사실을 아는 사람들은 드물었지만, 리벤트로프는 외교가에서는 친숙한 인물이었다. 콘스탄티아는 프랑스 대사관에서 그를 처음 만난 이래로 종종 테니스를 치기 위해 달렘에 있는 그의 집을 찾아갔다. "리벤트로프 저택은 백색에다 현대식이었고 자그마한 정원에 둘러싸여 있었다. 아주 매력적인 가구들을 갖추고 있었고 현대 프랑스 그림들이 많았다. 테니스장과 수영장도 있었다. 어쩐지 남부 프랑스 같은 분위기가 나는 저택이었다"라고 콘스탄티아는 회상했다. 한 차례 테니스 시합에서 격돌한 후에(그는 테니스를 잘 쳤다), 그녀와 리벤트로프는 레모네이드를 마시며 정치에 대해 이야기했다. 그는 이런 말을 자주했다. "당신네 영국 사람들은 독일이 볼셰비즘과 나머지 유럽 국가들 사이에 든든한 버팀목 역할을 하고 있다는 것을 잘 알지 못하는 것 같아요." 그는 그 잘 알려진 주문을 틈만 나면 외워댔다. 콘스탄티아는 이런 말도 했다. "그의 아내 아날리제는 늘 근심 걱정이 많은 표정을 지었는데 끝없는 두통과 여러 명의 소란스러운 아이들 때문이었다." 몇 년 뒤 "한 저명한 독일인"이 콘스탄티아에게 이런 말을 해주었다. 리벤트로프가 나치가 된 것은 손상된 자존심 때문이었다고. 그는 독일 귀족들로부터 아무 근본도 없는 벼락출세한 포도주 세일즈맨에 지나지 않는다고 경멸당했었다. 그가 독일의 가장 저명한 클럽에 입회 신청서를 냈을 때 그런 배경 탓에 입회가 거절되었다. 바로 이 시점에 그는 나치당으로 고개를 돌렸다.[21]

몇 주에 걸친 피곤한 작별 파티 끝에 럼볼드 부부는 마침내 1933년 7월 1일 독일을 떠났다. 그 날 오후에 치체스터 교회의 참사회장인 아서 덩컨 존스Arthur Duncan-Jones가 템펠호프 공항으로 날아왔다. 그는 "소음을 제외하고는" 그 비행을 마음껏 즐겼다고 말했다. 참사회장은 나름 임무를 띠고서 베를린을 방문했다. 영국 교회는 최근 글로스터 주교를 위원장으로 하는 해외관계 협의회를 구성했다. 이 협의회는 덩컨 존스에게 독일 복음 교회의 현재 상황에 대하여 조사 보고하는 임무를 맡겼다. 트롤로프(자유주의적)풍의 치체스터와 나치 베를린은 어느 모로 봐도 양극단에 처한 도시들이지만, 참사회장은 그 임무를 기꺼이 받아들였고 그 스파이 행위 같은 임무에 나름 매혹을 느꼈다. 그는 아내에게 이런 편지를 써 보냈다.

"혼잡했던 지난 24시간을 제대로 설명할 것 같지 않소. 설사 그렇게 하는 것이 현명한 일이라 할지라도 말이요. 하지만 내 임무 상 그건 현명치 못해요. 나의 도착 사실은 이미 알려진 것 같소." 그는 카를 프리드리히 게데흐트니스 키르케(교회)의 예배에 참석하여 나치 주교인 요아힘 호센펠더의 설교를 들었다. 그는 아내에게 이렇게 보고했다. "이제 감사드립시다. 축제가 벌어지는 도시. 할렐루야 코러스. 그 외의 모든 것이 있었소. 나치 인사들이 아주 많이 나왔어요. 글쎄, 그럴 수밖에 없을 테지! 지금은 시가를 피우면서 모젤 백포도주를 마시고 있소. 화요일에 귀국 비행기를 탈거요. 나는 안소니 호프, 필립스 오펜하임, 에드가 월리스의 탐정 소설 속에 들어와 있는 것 같소." 그는 서명을 하고서 이런 추신을 붙였다. "오, 독일인은 언제나 독일인일 뿐이고, 루터는 그 중에서 최악이오!"[22]

참사회장이 공항에서 만났던 한 사교계 파시스트의 소개 덕분에 그는 예기치 않게 총통을 면담하게 되었다. 참사회장은 외교관계 협의회에 이런 보고서를 냈다. "이 인터뷰를 성사시키는 데 상당한 어려움이 있었다고 들었습니다. 그를 만나러 들어갔을 때 분위기는 약간 긴장되어 있었습니다." 그러나 참사회장은 인터뷰를 마치고 나오면서 이런 확신을 갖게 되었다. 전반적으로 볼 때 히틀러는 진심을 말하고 있다. 히틀러는 참사회장에게 자신은 가톨릭 신자로서 개신교 일에 끼어들거나 교회의 자유를 간섭하는 일을 하지 않겠다고 말했다는 것이다.

비록 방문 기간은 짧았지만 참사회장은 독일 현지 사정을 잘 파악했다고 확신했고 그래서 자신 있게 자신의 생각을 협의회에 보고했다. 새로운 체제 아래에서 고통을 받는 사람들조차도 계속 히틀러를 지지할 수밖에 없다. 왜냐하면 그들은 나치가 볼셰비즘을 막아내는 유일한 대안이라고 보기 때문이다. 그리스도는 이제 죄악을 구원하는 분이라기보다 공산주의를 상대로 하는 싸움에서 더 중요한 지도자가 되었다. 참사회장은 이렇게 썼다. "그들 중 많은 사람들이 히틀러는 하느님이 보낸 사람이라고 믿었다. 그처럼 한미하게 시작했으나 십 년의 투쟁 끝에 히틀러 운동이 그처럼 성공을 거둔 것은, 하느님이 기적을 행사하신 명백한 증거다." 그렇다면 중요한 문제는, 앞으로 영국 교회는 어떻게 행동해야 할 것인가라는 질문이었다. 최전선에 나가 있는 많은 사제들을 인터뷰했으므로 그건 참사회장이 분명하게 밝힐 수 있는 사안이었다. 영국 교회가 독일 내의 박해받는 사람들에게 동정을 표시하는 것은 "아주 처참한 패착"이 될 것이다.[23]

교회의 복지에 대해 관심이 많은 다른 외국인들은 많은 나치 당원들이 선호하는 "종교"가 전통적인 기독교와는 무관하다는 것을 깨닫기 시작했다. 언론인 겸 저술가인 필립 깁스는 나치의 신앙에 대해 놀라운 분석을 전했다. 그것은 그가 1934년 독일 방문길에 한 프랑스 사업가로부터 들은 것으로서 대강 이런 내용이었다. 나치의 종교는 부족과 종족을 중시하는 이교도주의로 회귀하는 것이다. 이 새로운 신앙은 입헌 정부, 의회, 자유로운 토론을 철저히 거부한다. 최고 지도자 아래 있는 여러 족장들이 나라를 통치하고 최고 지도자의 말은 곧 법률이 된다. 그리고 예전의 신들과 마찬가지로, 최고 지도자는 절반은 신이고 절반은 전사이다.

국가의 국경은 더 이상 존재하지 않는다. 왜냐하면 나치 체제

최고 지도자 히틀러

"십 년의 투쟁 끝에 히틀러 운동이 그처럼 성공을 거둔 것은, 하느님이 기적을 행사하신 명백한 증거다." 히틀러가 독일 내에서 새로운 신앙의 대상이 되어간다는 현실을 알아챈 사람은 그리 많지 않았다. 이 새로운 메시아는 죄악에서 인류를 구원하는 대신 조만간 인류 모두를 죄악의 전쟁으로 끌고 들어갈 터였다. © Bundesarchiv

에서는 피가 피를 부르기 때문이다. 궁극적 목적은 원시림에 깊은 뿌리를 내리고 있는 독일 종족들의 느슨한 연합이다. 폴란드, 헝가리, 러시아에 있는 스칸디나비아 그룹들도 독일의 숲에서 생겨난 종족들이므로 이 부족 연합체에 가입하게 될 것이다. 과거의 신들은 죽지 않았다. 그들은 단지 잠자고 있었을 뿐이다. 그들은 기독교 신화에 의해 잠시 지위를 박탈당했을 뿐이다. 본능과 자연에 적대적인 기독교는 독일 정신을 약화시켰고 그 정신의 활기를 빼앗아 비인간화시켰다. 이제 힘, 용기, 활기가 인간의 최고 미덕으로 우뚝 서게 될 것이고, 내적 반성, 주지주의, 병적인 의식(意識)을 모두 척결할 것이다. 이교도 신들과 이교도 정신이 다시 생활 속으로 들어

오게 될 것이다.[24]

　이런 사상을 치체스터 교회의 참사회장이 그 짧은 베를린 방문 기간에 얼마나 많이 파악했는지는 정확히 알 수가 없다(글로스터 주교는 치체스터 주교에게 참사회장의 경비 25파운드를 환불해줄 것이라고 말했다). 그러나 몇 년 뒤에 집필한 편지에서 참사회장은 많은 독일인들이 이제 기독교 교리를 포기하고 그 대신에 이렇게 암송하기를 좋아한다고 적었다. "나는 나를 낳아준 독일인 어머니를 믿습니다. 나는 땅의 흙을 부수는 독일 농부를 믿습니다. 나는 국민을 위해 물건을 만드는 독일 노동자를 믿습니다. 나는 국민을 위해 목숨을 내놓은 망자들을 믿습니다. 왜냐하면 나의 하느님은 나의 국민이기 때문입니다. 나는 독일을 믿습니다."[25] 기이하게도 이 범(汎) 독일적 이상주의의 주된 예언자는 영국인 휴스턴 스튜어트 체임벌린이었다. 그 메카는 독일의 흑림 깊숙한 곳에 있지 않았고 북 바이에른의 완만한 구릉지대 한가운데에 있었다. 그곳은 베를린과 뮌헨의 중간 지점, 바이로이트라고 하는 곳이었다.

8

축제와 팡파르

영국 해군 제독의 아들인 휴스턴 스튜어트 체임벌린Houston Stewart Chamberlain은 청년 시절에 강박적일 정도로 독일을 좋아했고, 마치 그 반작용처럼 그가 태어난 나라는 아주 싫어했다. 그는 1882년에 바이로이트에서 오페라 〈파르지팔Parsifal〉 공연을 연속 6회 관람하며 바그너 종교의 신도가 되었다. 그는 음악, 드라마, 종교, 철학, 아리안족 영웅, 원시적 숲 등이 혼연일체를 이룬 그 오페라에 압도되었고, 그 세계는 체임벌린이 동경하던 그것과 완벽하게 일치를 이루었다. 그는 1899년 마흔다섯 살 때 노골적으로 반유대주의적 주장을 담은 『19세기의 기초The Foundations of the Nineteenth Century』라는 책을 펴냈다. 책의 핵심 메시지는 간단했다. "신체적으로나 정신적으로나 아리안족이 세상의 모든 종족들 중에서 가장 뛰어나다. 그런 이유로 그들은 타고난 권리에 의하여 …… 세상의 지배자가 되어야 한다."[1]

책은 곧 독일에서 베스트셀러가 되었고 그 이외의 지역에서도 잘 팔려나갔다. 체임벌린은 자신의 호전적인 주장을 아주 설득력 있게 제시했기 때문에 프랑스와 미국에서도 호평을 받았고 특히 러시아에서 절찬을 받았다. 영국에서 조지 버나도 쇼는 그 책이 역사 분야의 걸작이라고 말했다. 그 책은 제1차 세계대전 이전에 10만 부가 팔렸고 1938년에 이르러서는 25만 부가 팔렸다. 카이저는 그 책에 너무나 매혹되어 체임벌린에게 이런 칭찬을 했다. "하느님이 당신을 통하여 독일 민족에게 당신의 책을 내려주셨소."[2] 히틀러는 이 책을 신성한 교본으로 여겼고, 1908년 바그너의 딸과 결혼한 체임벌린을 자신의 예언자로 삼았다.

초창기에 히틀러를 열렬하게 추종한 사람들 중에 두 명씩이나 영국인이 있었다는 것은 다소 기이한 일이다. 휴스턴 체임벌린과 위니프레드 바그너(처녀 때의 성은 윌리엄스)는 각자 바그너 가문 사람과 결혼했고 바이로이트에서 이웃집이었다는 인연으로 가까이 지냈다. 이 둘은 완전히 독일에 동화되어 서로 대화할 때도 영어가 아닌 독일어를 사용했다. 두 사람 다 불우한 유년 시절을 보냈는데 위니프레드가 특히 더 불우했다. 아주 어릴 때 고아가 된 그녀는 마침내 독일 노부부에게 입양이 되었고 그 부부는 그녀를 바그너 측근들에게 소개했다. 1915년 열여덟 살의 위니프레드는 마흔다섯 살인 바그너의 아들 지그프리트와 결혼했다. 체임벌린은 그다음 해인 1916년에 귀화하여 독일 시민이 되었다.

제1차 세계대전이 터지면서 바그너의 음악 드라마에 길게 끄는 황혼이 내려앉았다. 먼지가 켜켜이 내려앉은 페스트슈필하우스의 무대 위에는 아직도 〈방황하는 네덜란드인The Flying Dutchman〉의 세트가 그대로 남아 있었다. 그 오페라는 1914년 8월 2일에 공연될 예정이었으나 미수에 그치고 말았다. 그 전날, 〈파르지팔〉의 제3막 직전에 독일은 러시아를 상대로 선전포고를 했다. 그리고 5년 뒤 해리 프랭크가 바이로이트를 방문했을 때, 바그너 축제의 미래는 암울했다. 프랭크가 참관했던 페스트슈필하우스의 "갈라 공연"은 그리 인상적이지 못했다. 오케스트라석은 파손된 의자들과 악보대로 채워져 있었고 오케스트라 자체도 그리 생생하지 못했다. "촛불보다 좀 밝은 전등 하나만이 그 가옥의 돔 밑에서 빛나면서 한때 화려했던 이 먼지 낀 건물에 희미하고 음울한 빛을 던졌다." 건물 밖은 따뜻한 여름 저녁이었지만 홀 안은 너무 추워서 얼마 안 되는 관객들은 "얇게 입은 옷 때문에 몸을 떨었다."[3]

그러나 1923년 여름, 인플레이션과 전반적인 불경기에도 불구하고 그다음 해 바그너 축제의 재개장을 위한 준비는 이미 진행 중이었다. 지그문트와 파르지팔 역할을 맡기 위해 오디션에 나선 사람들 중에는 위대한 덴마크 테너 가수 라우리츠 멜히오르Lauritz Melchior도 있었다. 그 당시 무명이었던 멜히오르는 한 후원자와 함께 왔다. 아주 성공한, 좀 더 구체적으로 말하면 부유한 영국 작가 휴 월폴Hugh Walpole이었다. 월폴은 멜히오르에게 매혹되었다. 런던의 프롬나드 연주회*에서 그가 부르는 노래를 듣고서 매혹되었고, 그를 데이비드라고 불렀다. 이 방문에서 월폴은 바이로이트에 단 열흘을 머물렀다. 그래도 셰익스피어의 〈12야Twelfth Night〉** 정도의

• 객석을 만들지 않은 교향악단 연주회인데 싼 요금으로 되도록 많은 사람에게 음악을 즐기게 할 목적으로 19세기 말에 시작되었다.

•• 올리비아와 세바스찬, 오시노와 바이올라 커플을 중심으로 착각과 오해가 펼쳐지는 셰익

낭만적 관계를 형성하기에는 충분한 시간이었다. 여자를 밝히는 멜히오르는 월폴의 사랑을 받았고, 월폴은 위니프레드의 사랑을 받았으나 정작 그녀의 남편 지그프리트는 동성애자였다.

이런 복잡한 관계에도 불구하고 월폴은 위니프레드와 가까워졌고, 그녀를 가리켜 "소박하면서도 상냥한 여인"[4]이라고 말했다. 그는 "극복하기 어려운 난관들"을 헤쳐나간 그녀의 용기를 가상하게 여겼고 그녀가 친히 그를 에스코트하여 정원 끝에 있는 바그너의 무덤 참배를 도와주자 감동을 받았다. 그로부터 몇 주 뒤인 1923년 10월 1일 위니프레드는 또 다른 남자와 함께 바그너 무덤 참배에 동행했는데, 이 남자에 대해 월폴보다 더 깊은 매혹을 느끼게 되었다. 이것이 그녀가 아돌프 히틀러와 악명 높은 우정을 맺게 되는 시작이었고 히틀러 또한 바이로이트 축제와 악명 높은 관계를 유지하게 되는 첫 시작이었다.

히틀러는 당시 실패한 폭동 이후에 감옥에 들어가 있었기 때문에 1924년의 바그너 축제 재개장에는 참석하지 못했다. 그러나 그 다음해인 1925년 7월 23일에는 휴 월폴과 함께 바그너의 가족석에 앉아서 〈파르지팔〉 공연을 보았다. 월폴은 이렇게 썼다. "드라마의 날이었다. 극장 안에서나 밖에서나 어디에서나 천둥소리가 울렸다."[5] 이때는 히틀러에 대해서 언급하지 않았으나 십오 년 뒤 런던 문학잡지에 기고한 기사에서 그는 히틀러의 인상을 이렇게 회고했다. "나는 그가 아주 무식한 삼류 인사라고 생각했다. 위니 바그

스피어의 희극. 남성과 여성의 역할 전도, 쌍둥이에 의한 정체성 혼란, 사랑의 대상이 뒤바뀌는 착오, 여주인이 자신을 사랑한다고 믿는 엉뚱한 하인의 신분 관계 전도 등을 주제로 한다.

너가 그를 가리켜 온 세상의 구세주가 될 거라고 했을 때 나는 그저 웃음을 터트렸다 …… 나는 그가 어리석고, 용감하고, 초라하다고 생각했다."[6] 두 사람은 그 공연에서 깊은 감명을 받았다. 영국인에게는 파르지팔 역할을 맡아 노래하는 멜히오르에 대한 사랑 때문에 더욱 그러했다. "그는 놀라운 공연을 했다. 모든 사람이 황홀해했다."[7] 그리고 히틀러는 "얼굴에 눈물이 줄줄 흘러내리는 가운데"[8] 파르지팔에게서 그 자신의 모습을 보았을 것이다. 지금까지 안 낫는 독일의 상처를 치유하라는 운명의 부름을 받은 단순소박하고 정직한 남자로 말이다.

1925년의 바그너 축제에 히틀러가 참석함으로써 그 축제는 국가사회주의의 색채가 강해졌다. 이미 그 전 해에도 뚜렷이 나타났던 현상이었다. 위니프레드는 페스트슈필하우스에서 월폴에게 단지 영어로 말했다는 이유로 강한 비난을 받았다. 그리고 바그너를 애호하는 독일인과 외국인들이 보기에는 너무나 놀랍게도, 객석의 히틀러 열광 지지자들은 〈마이스터징어〉의 끝부분에서 갑자기 자리에서 일어나 "독일이 최고"라는 노래를 불렀다. 이제는 노골적인 맹목적 애국주의가 바그너 축제의 필수불가결한 부분이 되었음에도 불구하고 월폴은 여전히 출판사 사장에게 이렇게 썼다. "그들은 내게 아주 친절하게 대했습니다. 음악을 사랑하는 독일인들은 정치 분야만 빼놓고 보면 아주 마음이 따뜻한 사람들입니다." 게다가 그는 이런 말을 덧붙였다. "내부의 음모는 정말 놀랍습니다."[9] 그러나 8월 초가 되자 그도 신물이 났다. "나는 이곳을 떠나도 전혀 섭섭하지 않을 겁니다. 날씨는 너무 무덥고 사람의 신경을 건드리는 일들이 너무 많습니다."[10] 그는 8월 8일 바이로이트를 떠나서 다시는 돌아오지 않았다.

바그너 축제와 관련 있는 가장 유명한 외국인은 아르투로 토스카니니Arturo Toscanini였다. 바그너를 애호하는 외국인 혐오자들은 1920년대에 그가 바이로이트에서 지휘하는 것을 사전에 예방했다. 1930년대에는 토스카니니가 자신의 정치적 본능에 입각하여 그 축제와 일정한 거리를 두었다. 그러나 이 지휘자의 바그너 사랑은 파시즘에 대한 혐오보다 더 강렬했다. 그래서 바이로이트의 악화되는 분위기와, 프란체스코 폰 멘델스존Francesco von Mendelssohn 같은 유대인 친구들의 경고도 무시하고 1930년 바그너 축제에서 지휘를 맡아달라는 지그프리트의 초청을 열렬히 받아들였다. 그는 얼마나 흥분했던지 출연료도 받지 않겠다고 했다. 그의 출연은 음악적으로는 또 다른 방면으로 화제를 불러일으켰다. 보수적인 바그너 애호가들이 볼 때, 이 바그너의 성역에서 외국인, 그것도 이탈리아인이 지휘를 한다는 것은 신성모독이었다. 그러나 토스카니니의 〈트리스탄Tristan〉과 〈탄호이저Tannhauser〉 지휘는 너무나 감명 깊어서 심지어 바그너 광신도들조차도 마음을 고쳐먹었다. 『타임』지는 그 공연을 이렇게 묘사했다.

〈탄호이저〉의 마지막 부분은 연민과 용서의 합창으로 낭랑하고 숭고하게 마무리 되었다. 공연이 끝났을 때 평론가들은 지난 여러 해 동안 바이로이트 개막 공연으로는 최고의 것이었다고 앞 다투어 칭찬했다. 토스카니니 이전에 페스트스필 하우스에서 지휘봉을 잡은 남부 유럽인은 없었다. 한 막이 끝날 때마다 객석을 가득 채운 청중들은 우레와 같은 박수를 쳤고, 모자를 던지고, 발을 구르고, 칭송하면서 지휘자와 출연자들이 무대 앞으로 나올 것을 요구했다. 그러나 아무 소용없는 일이었다. 바이로이트에서 커튼콜은 원래 없는 것이다.[11]

그러나 이탈리아 사람 토스카니니의 성공은 전통주의자들에게 하나의 문제를 제기했다. 바그너의 광적인 팬인 파울 프레치는 이렇게 말했다. "독일 음악을 순수 라틴인이 이처럼 이상적으로 공연한다는 것은 그의 능력 밖의 일이 되는 것이 당연하다." 그러니 그 현상에 대해서는 뭔가 설명이 필요했다. 프레치는 그것을 발견했고, 현지 신문에다 이렇게 썼다. "북부 이탈리아에서는 노르딕 피가 많이 뒤섞여 있다. 이러한 사실은 심지어 오늘날에도 인종 연구가들에 의해 종종 강조되었던 바이다."[12] 그러니 파르마 출신의 토스카니니는 결국 아리안족인 셈이고, 이것은 모든 사람을 안도케 했다. 그러나 그가 행동마저 아리안족처럼 했던 것은 아니었다. 위니프레드 바그너의 비서에 의하면, 그는 첫 번째 리허설 때 제2바이올린 주자들의 연주에 너무 화가 나서 지휘봉을 절반으로 부러트려 그것을 어깨 너머로 던졌을 뿐 아니라 발을 동동 구르기도 했다.[13]

음악적으로 볼 때, 그다음 해(1931) 바이로이트 축제에 토스카니니가 출연한 것은 그 전 해보다 더 성공적이었다. 그러나 무대 뒤에서는 사정이 전혀 달랐다. 일련의 불쾌한 사건들이 발생하여 그는 축제를 떠나야 했고, 다시는 그곳에서 지휘하지 않겠다고 선언했다. 그는 위니프레드에게 이런 유명한 편지를 보냈다. 그는 바이로이트가 하나의 신전인 줄 알고 방문했는데 아주 평범한 극장에 지나지 않음을 발견했다는 것이었다.[14] 그러나 토스카니니가 뉴욕 인터뷰에서 분명히 밝혔듯이 그런 불화를 일으킨 것이 단지 관리와 예술적 취향 차이의 문제만은 아니었다.

1931년 봄, 그는 공시적으로 무솔리니의 이탈리아를 거부했는데 몇 주 뒤 바이로이트에 도착해 보니 바그너의 며느리가 적극적으로 사회국가주의를 선전하고 있는 모습을 발견했던 것이다. 그는 "바그너의 천재성이 히틀러의 프로파간다에 이용되는 것을 용납할수 없다"라고 선언했다.[15] 그렇지만 바그너 가족들의 간절한 호소때문에 1933년 축제 때는 지휘봉을 잡는 데 동의했다.

그러나 1933년 1월 히틀러가 집권하면서 모든 것을 바꾸어 놓았다. 브루노 발터와 오토 클렘페러 같은 유대인 음악가들에 대한 박해를 부당하다고 생각했던 토스카니니는 미국에서 히틀러에게 보낸 항의 메시지에 대표 서명자로 나섰다. 위니프레드는 총통이 토스카니니에게 개인 편지를 보내면 사태가 부드럽게 봉합될 것이라고 확신했다. 그러나 오판이었다. 1933년 5월 토스카니니는 그녀에게 이런 메시지를 보냈다. "인간으로서 또 예술가로서 나에게상처를 입혔던 그 슬픈 사건들은 아직 아무런 변화가 없습니다. 내가 그렇게 되지 않기를 간절히 바랐는데도 말입니다. 그러니 나는 …… 당신에게 …… 더는 바이로이트에 가지 않는 것이 좋겠다고생각한다는 것을 의무감에서 말씀드립니다."[16] 바그너를 열렬히 사랑하는 사람으로서 그것은 아주 고통스러운 결정이었다. 그리하여토스카니니는 여러 해 뒤에 이렇게 탄식했다. "바이로이트! 내 인생의 가장 깊은 슬픔."[17]

그 축제를 거부한 토스카니니의 결정은 현명한 것이었다. 그것은 『맨체스터 가디언』지 기사의 제목에 의해 입증되었다. "바이로이트 축제. 1933년 축제에는 히틀러가 주인공으로 등장."[18] 그 신문의 음악 평론가인 월터 레그*는 바그너 축제에 우연히 들른 방문객들이 바그너 축제가 아니라 히틀러 축제에 온 것이라고 착각해도 틀린 게 아니라고 불평했다. 그 전의 여러 해 동안에는 도자기로 만든 바그너 조각상이 도자기 가게에 진열되어 있었고 서점들은 바그너의 자서전을 눈에 띄는 곳에다 진열했었다. "그런데 이제 도자기 가게에는 히틀러 흉상이 가득하고, 바그너 자서전 『나의 생애Mein Leben』 대신에 히틀러의 책 『나의 투쟁Mein Kampf』이 진열되었다." 토스카니니가 지휘를 거부하자 수백 명의 외국인들이 관람권을 반환했다. 그 표는 즉시 충실한 나치 당원들에게 배분되었다. 레그는 오페라 극장 풍경을 이렇게 묘사했다. 그들은 페스트슈필하우스 밖에서 여러 시간 총통을 기다렸다. 그리고 관람객들은 부리나케 극장 안으로 들어가 총통이 지정석에 앉자 "그 쪽을 정신없이 쳐다보았다". 그들은 극장 내의 조명이 어두워질 때까지 그렇게 했다. "막이 끝날 때마다 관람객들의 관심은 무대에서 총통 쪽으로 옮겨갔다."

위니프레드의 반항적인 맏딸 프리데린트 바그너는 훗날 나치에 적극적으로 반대하는 인사가 되었는데, 바이로이트에서 만난 어느 히틀러 광팬의 놀라운 에피소드를 소개했다. 오스트리아 출신의 베이스 바리톤 가수 요제프 폰 마노바르다Josef von Manowarda의 아내는 오른손의 손등에 커다란 황금 스와스티카 마크를 부착하고 있었는데, 그 마크는 손목의 팔찌, 엄지에 낀 반지, 새끼손가락에 낀 반지, 이렇게 세 군데에 연결된 체인에 의해 단단히 고정되어 있었

* 레그는 나중에 소프라노 엘리자베스 슈워츠코프와 결혼했다.

다. 왜 이런 괴상한 체인을 달고 있느냐는 질문을 받자, 그녀는 총통이 키스한 손을 보호하기 위해서라고 대답했다.[19] 레그는 1933년 축제를 다소 약하게 비난했다. "국내 정치를 외부적으로 과시하는 것이 국제적 음악 애호가의 즐거움을 향상시킨다고 주장하는 건 다소 안이한 태도이리라."[20]

*　*　*

바이로이트 축제만 해마다 개최되는 유일한 나치 대규모 행사는 아니었다. 장대한 스펙터클이 나치 체제의 국민들을 단단히 묶어놓는다는 것을 잘 아는 나치 당원들은 일 년 내내 정기적으로 이런 저런 종류의 축제와 전당대회가 개최되도록 철저히 신경을 썼다. 10월은 농민들의 차례였다.

파이드 파이퍼Pied Piper* 의 고향 하멜른 근처의 자그마한 언덕에 자리 잡은 뷔케베르크에서는 1933년에서 1937년까지 다른 곳에서는 찾아볼 수 없는 수확 축제가 열렸다.

미국 소설가 노라 윌른은 진보적인 독일 친구들에게 이 축제에 가보고 싶다는 말을 하자 그들이 어색하게 입을 다무는 바람에 잠시 당황했다. 그녀는 자신이 실언을 했다는 것을 알았지만 그 이유

---

* 독일 전설에 나오는 하멜른의 얼룩무늬 옷을 입은 피리 부는 사람. 하멜른 마을이 쥐 때문에 고통을 받고 있을 때 절묘한 피리 소리로 쥐를 꾀어내어 베저 강에 빠져 죽게 했으나, 마을 사람들이 약속한 사례금을 주지 않자 다시 피리를 불어 마을 아이들을 꾀어내어 사라지게 만들었다.

는 알지 못했다. 수천 명의 전통 복장 농부들이 참석하는, 그림 같은 하르츠 산맥 마을의 수확 축제보다 더 정치와 무관한 행사가 어디에 있겠는가? 그녀의 젊은 친구들 뤼디거와 오토는 열렬한 히틀러 청년단의 단원이었는데 그 축제를 아주 열렬하게 그녀에게 설명해주었던 친절하고 예민한 소년들이었다. 이들의 말에 따르면 보라색과 오렌지색, 녹색, 청색, 진홍색 등의 옷을 입은 농민 가족들이 기차나 버스로 제국의 전국 각지에서 하멜른으로 온다는 것이었다. 이어 그들은 밝은 색깔의 대오를 형성하여 정교한 머리장식을 바람에 나부끼는 가운데 뷔케베르크까지 걸어간다는 것이었다. 그 무렵이면 그 마을은 단풍이 불타오르는 때였다. 일찍 도착한 사람들은 언덕 꼭대기의 회색 바위에 자리를 잡고서 마을의 전경을 내려다볼 수 있었다. 우연한 방문자들에게 그것은 성경의 분위기를 연상시키는 감동적 광경이었으나, 노라 월른의 독일인 초청자가 설명했듯이, 그 광경은 이미 나치 당원에 의해 혐오스러운 광경으로 탈바꿈해버렸었다. 그 초청자는 이런 말을 덧붙였다. "당신(노라 월른)은 아마도 이 사실을 몰랐을 것이다. 메피스토펠레스가 파우스트를 이끌고 산꼭대기로 올라가 이 세상 영화를 다 당신에게 주겠다고 유혹한 곳이 바로 하르츠 산맥의 화강암 꼭대기였다. 이 사실을 뤼디거나 오트 같은 청년들은 아마도 알지 못했을 것이다."[21]

월른은 수확 축제에 가보지 못했으나 『타임스』 기자는 1933년 10월 1일 오전 열 시에 "무더위 속에서" 뷔케베르크의 언덕 위에 서서 수천 명의 농민들과 함께 역사적 순간을 기다렸다. 여섯 시간 뒤 히틀러가 일행과 함께 그곳에 도착하기로 되어 있었다. 그 사건은 아주 정교하게 짜인 멜로드라마였다. 나치는 농민들에게 "순수한 피, 소박한 힘, 부채 면제"를 약속했고, 또 농민들을 밑바탕으로 하여 새로운 독일을 건설할 계획이었다.[22] 스위스 언론인인 콘라트 바르너는 1935년 수확 축제 때 현장에 있었다. 그는 공중에 떠도는 미묘한 긴장에 강한 인상을 받았다. 많은 사람들이 흥분한 채 언덕 위로 몰려들고 있었다. 다들 앉거나 설 자리를 찾으면서 그 신성한 순간을, 총통이 일행과 함께 그들 사이에 나타날 시간을 기다렸다. 마침내 그가 탄 자동차 행렬이 저 멀리 들판에 나타났다. 바르너는 이렇게 썼다. "차량 행렬이 가까이 다가오자 수천 명이 연이어서 하일을 외치는 소리가 허리케인처럼 언덕 아래로 흘러내려가, 독일 국민에게 이처럼 주술을 걸어대는 그 사람에게까지 전달되었다."[23]

영국, 프랑스, 미국 대사들은 수확 축제에의 초청을 정기적으로 거절했으나 벨기에 장관 드 케어초브는 그 초청을 수락했다. 에릭 필립 경의 말을 빌면 그는 자신이 "언제나 강대국을 따라하는 사람"은 아니라는 것을 증명하려 했다.[24] 그와 그의 아내는 기병대가 스와스티카 모양으로 대열을 형성하면서 복잡한 열병식을 거행하는 광경을 지켜보았고, 끝이 없는 연설을 들었으며, 주변의 가을 풍경을 즐겼다. 그러나 백작 부인이 핍스 대사 부인에게 보고한 바와 같이, 그 행사의 백미는 저 아래 계곡에 임시로 만들어진 마을에서 벌어지는 모의 전투였다. 이국적인 새들처럼 언덕 꼭대기에 자리 잡은 농민들은 그 광경을 내려다 볼 수가 있었다. 그들은 그 광경을 사랑했다. 탱크의 빠른 속도, 뒤이어 터져 나오는 불길, 폭발하는 포탄에 "아아" 하는 감탄 소리가 하늘 높이 울렸고, 특히 상어처럼 생긴 비행기들이 '함락된' 마을을 저공비행하면서 폭탄 투하로 산산조각을 내는 광경에 감탄, 또 감탄했다. 바르너는 이렇게 썼다. "비행기 엔진의 웅웅거리는 소리가 군중의 함성 소리와 뒤섞였다."[25]

민속 전통, 현대전, 불꽃놀이, 좋은 음식, 그리고 총통의 등장이 뒤범벅된 이 짜릿한 행사는 농민 가족들의 하루 외출로는 최고의 선물이었다. 그러나 『타임스』 특파원이 보고한 바와 같이 나치의 완벽한 동원 행사는 농민들의 귀가하는 순간에 허술한 면을 드러냈다. 주위 수마일의 길들이 인산인해를 이루어, 수천 명의 사람들이 노천에서 잠을 자야 했다. 기자는 이런 결론을 내렸다. "파이드 파이퍼의 시절 이래로, 하멜른 마을의 사람들이 이처럼 어마어마한 대군중을 목격한 일은 일찍이 없었다."[26]

* * *

뷔케베르크의 수확 축제에는 많은 외국인 관광객들이 참석했을 것 같지 않으나, 그들은 오버라머가우 마을의 '수난극Passion Play'에는 떼를 지어 몰려갔다. 1934년 8월 1일, 토머스 쿡 앤 손 여행사는 『타임스』지에 이런 광고를 실었다.

여러 가지 소식들로 흥미로운 독일

오늘날 모든 사람이 독일에 대하여 말하고 있다. 추측하고 경이롭게 여기면서 많은 경우에 과장을 하고 있다. 너무 많은 사람들이 정치적 동요와 공동체의 일상적 생활에 대한 간섭을 혼동하고 있다. 하지만 막상 독일을 방문해보면 베를린의 생활이 런던의 그것 못지않게 평화

롭고 즐겁다는 것을 발견하고 놀라게 된다.[27]

여행사 사장 토머스 쿡Thomas Cook에게는 그 해 여름 독일에서 흘러나오는 나쁜 소식에 대해 우려할 만한 이유가 있었다. 그 해는 오버라머가우 수난극의 삼백주년이 되는 해였기 때문이다. 최근 1930년에 공연되었을 때, 그 극은 약 십만 명의 외국인 관람객(대부분 영미인)을 유치했으므로, 이 기념비적인 해에 대한 기대는 그 어느 때보다도 높았다. 철저한 금주가인 쿡은 자신의 여행업을 일차적으로 종교적·사회적 기업이라고 생각했다. 다행스럽게도 오버라머가우에 단체 관광객을 보내는 사업은 경건주의와 상업주의가 행복하게 결합된 경우였다. 쿡 여행사는 이 일을 1890년 이래 아주 멋지게 해내고 있었다. 그것은 완벽한 패키지 휴가 여행이었다. 중세풍의 한 마을에서 세계 수준의 행사가 벌어지는 것이었다. 현지 농민들이 바이에른 알프스를 배경으로 그리스도의 희생을 재연하는 연극을 무대에 올리는 행사였다. 단독 여행을 떠난 젊은 여성들도 안전하게 가볼 수 있는 프로그램이었으므로, 그 여행은 모든 방문객들에게 즐거움과 목적의 두 마리 새를 동시에 잡을 수 있게 해주었다. 쿡 여행사가 이 대목 사업에 정치가 끼어들면 안 된다고 노심초사하는 것은 그리 놀라운 일이 아니었다.

오버라머가우 수난극의 기원은 1633년으로 거슬러 올라간다. 그때 마을 사람들은 흑사병으로 하나 둘 죽어가고 있었는데, 만약 하느님께서 아직까지도 살아남아 있는 사람들을 살려주신다면 향후 십 년마다 수난극을 공연하겠다고 맹세했다. 하느님이 그 맹세를 들어주셨다고 확신한 마을 사람들은 그다음 해인 1634년에 수난극을 처음 공연함으로써 맹세를 실천했다. 사십 년이 흘러간 후에 그들은 매 십 년의 첫 해에 공연하는 것으로 스케줄을 바꾸었다. 그리하여 1920년에 수난극을 공연해야 되었으나 바로 전 해에 종전이 되어서 실행하기가 어려웠다. 그러나 이 년 뒤, 마을 사람들은 공연할 준비가 되었다. 식량 사정이 너무 좋지 않아 외국인 방문객들은 음식을 지참해 달라는 요청이 내려갔다. 쿡 여행사는 이런 물자 조달의 어려움도 아랑곳하지 않고, 1922년의 수난극이 영국 관광객을 독일에 다시 소개할 수 있는 황금 같은 기회라고 판단했다. 회사에서 매달 출간하는 사보는 그 공연을 "화해의 축제"라고 명명했고, 동시에 인플레이션 덕분에 여행비용이 1900년보다 저렴해졌다는 사실도 강조했다. 전쟁의 공포가 아직도 일반 대중의 기억에 생생하게 남아 있었지만 그래도 누가 이런 유혹에 넘어가지 않겠는가?

오버라머가우는 깨끗한 목조 가옥들이 들어선 기다란 거리, 낮은 첨탑의 교회, 풍요로운 과수원들 사이에 흩어져 있는 자그마한 경작지와 농가, 나무다리[木橋] 아래를 흐르는 아머 강의 맑은 물살을 자랑한다. 꽃이 만발한 초원들은 소나무들이 울창한 산등성이로 둘러싸여 있는데, 그 산들은 바이에른 알프스의 바위 많은 정상까지 솟아오른다. 우뚝 솟은 코펠 산의 정상에는 거대한 대리석 십자가가 세워져 있다. 오버라머가우는 소박한 농민 장인과 목각공과 도예공들이 사는 공동체 마을이다. 이들이 수난극을 상연한다. 저 오래된 맹세를 지키기 위해 경건한 헌신과 열렬한 기술을 다 발휘하는 것이다.[28]

1930년에 이르자 전 세계 사람들은 오버라머가우 마을 사람들과 그들의 수난극을 단순소박하고 더 정신적이었던 과거—이제는 완전히 사라진 과거—에서 이어져 내려온 독특한 유산으로 여기게 되었다. 한 영국 언론인은 이렇게 썼다. "그 모든 것이 현대 세계의 유년 시절을 연상시킨다."[29] 이런 시간을 역행하는 판타지는 오버라 머가우의 알록달록 채색된 집들, 아름다운 산간 풍경, 1천 명에 달하는 마을 남자들이 성서의 분위기에 맞추어 그들의 머리카락과 수염을 길게 기른다는 사실 등에 의해 더욱 강화되었다. 여자들은 전통적인 홍색, 청색, 흑색의 기다란 치마를 입고 그 앞에 에이프런을 둘렀다. 미국인 작가 겸 여성 참정권론자인 아이다 타벨Ida Tarbell은 마을 사람들이 수난극에 아주 열렬하게 참여함으로써 그들을 보통 인간과는 다른 어떤 존재들로 만들어준다고 생각했다. 많은 관광객들이 이런 생각에 동의했다. "마을 사람들이 무슨 행동을 하든 그들은 소박하고, 직접적이고, 정직하며, 내면 그대로를 드러내 보이고, 그러면서도 모방 탐욕 술수에 전혀 물들지 않았다는 인상을 주었다."[30] 또 다른 논평가는 알로이스 랑Alois Lang이 소유한 펜션에 머물렀다. 랑은 1930년과 1934년에 예수 역할을 맡았고, 열성적인 나치 당원이었다. 랑은 미국인 투숙객들이 그에게 그들의 자녀를 축복해달라고 요청해왔다고 말했다.[31] 전쟁과 경제적 불경기에 지친 사회에서, 이런 좋은 그림—실제적이든 상상이든—은 엄청난 정서적 반응을 불러일으키게 되어 있었다. 레이먼드 티프트 풀러Raymond Tifft Fuller는 1934년에 독자들을 상대로 이렇게 썼다.

오버라머가우는 대도시 뮌헨에서 남쪽으로 육십마일 떨어진 곳, 하늘의 별들에 1,050피트 더 가까운 곳에 있다. 하지만 실제 가보면 그보다 더 하늘 가까이에 있다! 몇 시간만 지나면 곧 황혼이다. 당신은 이미 최초의 스쳐지나가는 첫 인상 이상의 것을 획득했다. 당신은 이제 영원, 신앙, 성실이라는 단어들에 대하여 새로운 의미를 알게 된 것이다.[32]

그러나 모든 사람이 매혹된 것은 아니었다. 1934년의 수난극을 관람한 시드니 라킨(시인 필립 라킨Phillip Larkin의 아버지다)은 그 마을을 "가장 상업화된 종교적 소품"이라고 생각했다. 그는 1900년, 1910년, 1922년에 예수 역할을 했던 안톤 랑이 "자그마하고 남루한 가게"에서 목조상을 직접 조각하고 있는 모습의 기록화를 보았던 것을 기억했다. 하지만 라킨은 일기에 실상이 달라졌다고 기록했다. 그 가게는 "거대한 상업 시설로 바뀌었다. 런던의 번화가 웨스트엔드에 내놓아도

안톤 랑

사진은 1910년의 것이다.

손색이 없을 정도였다. 유리 진열장도 많고, 판매 구역도 여럿이었다 …… 그가 목각 일을 직접 한 것도 아마도 수십 년 전이지 않을까 싶다". 라킨은 수난극이 멋지게 연출되었다고 인정했지만 그것이 과연 전적으로 "소위" 농민들만의 작품인지 의심을 품었다. "연

극의 구조를 보면 많은 자금이 들어갔음을 알 수 있고 소박한 농촌 마을의 풍경과는 상당히 거리가 있었다. 이런 것들을 모두 종합해 보면 그 극은 거대한 사기 혹은 술수에 지나지 않는다."[33]

티프트 풀러 같은 애호가들이 왜 오버라머가우의 악령, 즉 반유대주의는 언급하지 않는지 주목할 만하다. 수난극은 첫 시작부터 "그리스도의 살해자들"을 아주 노골적으로 묘사하고 있어 나치의 프로파간다 선물로는 아주 적절한 것이었다. 히틀러의 말에 의하면 "진흙과 오물인 유대인들"[34]의 본모습을 보여주는 수 세기 된 농촌 드라마가 여기에 있다는 것이다. 1930년의 수난극을 관람한 오만 명의 미국인 중에는 반유대주의자 헨리 포드˙도 있었다. 『뉴욕 타임스』는 이런 보도를 냈다. "포드 씨는 자신의 감동과 기쁨을 표시하기 위해 안톤 랑*에게 자동차를 한 대 선물하겠다며 뮌헨에 가서 그가 좋아하는 차를 하나 고르도록 했다."[35] 헨리 포드는 그 해에 오버라머가우를 찾아온 수십 명의 국제적 명사들 중 하나일 뿐이었다. 라빈드라나트 타고르Rabindranath Tagore˙˙는 수난극을 보고 깊은 감명을 받아서 직접 영어로 「어린아이」라는 장시를 지었다. 램지 맥도날드Ramsey MacDonald도 오래된 방문객이었다. 1900년, 그와 아내는 "순례자" 자격으로 일주일 동안 걸어서 오버라머가우에 도착했다. 그러나 이 네 번째 방문은 각별한 의미가 있는 것이었는데, 그가 종전 후 독일을 방문한 최초의 영국 총리였기 때문이다.

˙   우리가 알고 있는 자동차 왕 헨리 포드가 맞다.

*   안톤 랑은 1900년, 1920년, 1922년에 예수 역할을 해서 국제적 명사로 떠올랐다. 그는 1930년과 1934년 수난극에서는 서언prologue을 담당했다.

˙˙ 『기탄잘리』를 쓴 그 타고르다.

헨리 포드 독일 방문

1930년에 헨리 포드는 오버라머가우에 방문해서 수난극을 관람했다. 오른쪽에서 두 번째 남자
가 헨리 포드다.

　히틀러도 수난극의 열렬한 옹호자였고 그 극을 독일 전역에서
상연해야 한다고 생각했다. 유대인들이 아리안 종족에게 가하는 위
협을 이보다 더 잘 보여줄 수 있는 것이 어디에 있겠는가? 이러한
견해는 외국 신문사들에게 1934년의 공연이, 북유럽 출신의 나치풍
그리스도와 튜톤족 풍경이 가득한 나치 선전 행사로 변질될지 모른
다는 우려를 낳았다. 다수의 마을 사람들이 나치 제복을 입고 돌아
다녔고 "긴 머리카락 때문에 다소 병든 것처럼 보였으나",[36] 수난극
의 텍스트는 "예전 그대로여서" 외국인 열광자들을 안심시켰다.

　그해 여름 수난극을 관람한 영국인 방문객들을 보도하면서 『더
타임스 코트 서큘러』 지는 두 명의 학교 선생을 언급하지 않았다.
그들은 웨스트요크셔 주 린스웨이트 출신의 미스 루시 페어뱅크와
미스 클래리스 마운튼이었다. 두 사람은 1930년 오버라머가우를 처

음 방문하고서 너무 감동을 받아서 삼백주년 행사에 다시 참석하게
되었는데 이번에는 영화 카메라를 들고 왔다. '허더스펠드 스크린
플레이어스Huddersfield Screen Players'에서 그 카메라 사용법을 익힌
루시는 과감하게 그 카메라를 한 대 사서 휴대하고 왔다. 당시에 중
년 여자가 그런 카메라를 들고 다닌다는 것은 너무나 희귀한 일이
었다. 하지만 그녀는 "뮌헨 호텔과 거리의 경찰관에게 심문을 당하
고 난 뒤에 그걸 들고 다녀도 괜찮겠다고 안심하게 되었다."[37] 두 여
인은 오버라머가우 도착하면서 과연 그들의 기대가 어긋나지 않았
다는 것을 알았다.

> 기차에서 내리면 곧바로 별천지의 세상으로 이끌려 들어가게 된다. 꿈
> 인 듯 환상인 듯싶은 세상. 하얀 셔츠에 장식 멜빵을 걸친, 장발의 사
> 내들이 가죽 반바지 아래로 강인한 갈색 근육을 자랑한다. 그들은 무
> 거운 여행 가방을 마치 성냥골처럼 가볍다는 듯이 넓은 어깨에 짊어진
> 다. 박공이 높은 집들이 포진한 메인스트리트 위쪽으로, 아머 강이 흐
> 르는 나무다리를 통과하여 걸어간다. 많은 사람들이 역에서 이런 코스
> 를 거쳐서 마을로 들어선다. 일단 마을 광장에 도착하면 한쪽에는 포
> 스트인 여관이 있고 다른 쪽에는 비텔스바흐 호텔이 있다. 꽃들이 파
> 도처럼 흘러넘치는 발코니, 제비들이 바쁘게 찾아드는 깊은 처마, 페
> 인트칠을 한 벽들, 그리고 어디에서나 보이는 차양 우산. 정말 그림 같
> 은 풍경이다.[38]

1934년 8월 13일 루시와 클래리스는 비텔스바흐 호텔 밖에 서
서 히틀러의 도착을 기다렸다. 수많은 군중들에 의해 이리저리 밀

렸지만, 루시는 오픈카를 타고 극장으로 달려가는 총통의 움직이는 이미지를 찍을 수 있었다. 일단 극장 안으로 들어선 히틀러가 그보다 몇 줄 앞에 앉아 있는 햄프스테드에서 온 제프리 러셀 부부를 쳐다보았을 가능성은 별로 없다. "우리는 바로 앞줄에 앉아 있지는 않았으므로 고개를 돌려 막 바로 그를 쳐다본다는 것은 예의 없는 짓이었다." 그렇지만 러셀 부부는 히틀러가 입고 있는 매킨토시 겉옷이 아주 남루했고 또 경호원이 한 명뿐이었다는 사실을 눈여겨보았다. 무대 위에서 벌어지는 산헤드린*의 모임과 예수를 처형하라는 군중들의 소란스러운 광경을 지켜보면서 부부는 자신들이 〈햄릿〉의 한 장면을 보고 있다는 느낌이 들었다.** 부부는 히틀러 쪽을 은밀히 쳐다보면서 그가 "여느 사람들과 다름없이" 텍스트를 읽으면서 오페라 안경을 쓰고 무대 쪽을 바라보고 있다는 것을 목격했다. 극이 끝나자 그는 조용히 사라졌다. 러셀은 이렇게 썼다. "하지만 그가 극장 안에 있다는 사실 때문에 내 마음이 너무나 산란하고 신경 쓰여서 나는 수난극에 집중할 수가 없었고 그래서 다음 공연을 또다시 보러 가야 했다."[39]

그 해의 수난극 관람자들 중에는 제5차 침례교인 대회에 참석하기 위해 독일을 찾아온 다수의 침례교 신자들도 있었다. 이 대규모 행사—전 세계에서 구백 명의 대표가 참석하는 행사—는 1934년 8월 4일과 10일 사이에 베를린의 슈포르트팔라스트에서 치

---

* 예수 당시의 유대인 최고 종교 회의.
** 햄릿 4막 5장에는 프랑스 유학에서 급거 귀국한 폴로니어스의 아들 레어티스가 아버지 복수를 하겠다고 국왕 클로디어스를 압박하고, 성 밖에서는 군중들이 레어티스가 햄릿에 대하여 복수를 해야 한다고 외치는 장면이 나온다.

러졌다. 스와스티카와 십자가로 장식된 대형 홀에서 치러진 그 행사는 인종차별주의와 반유대주의를 싸잡아 비난했지만, 미국인 대표들은 히틀러에게 존경할 만한 점이 많다고 생각했다. "그는 술 담배를 하지 않고 여자들이 겸손해야 한다고 주장하고 포르노그래피를 적극 반대합니다. 이런 지도자는 그리 나쁜 사람일 수가 없어요."[40] 다른 대표는 이런 의견을 피력했다. "음란한 섹스 문학은 판매될 수 없고, 지저분한 영화와 폭력적 갱 영화는 상연이 되지 않는 나라. 이런 나라에 와 있다는 것에 깊은 안도감을 느낍니다."

이런 관점에 입각하여 심지어 지난해의 책 화형식조차도 미국 침례교 신자들의 승인을 받았다. "새로운 독일은 유대인 관련 책자들뿐만 아니라 사람을 타락시키는 책과 잡지들을 대대적으로 불태웠습니다."[41] 독일 언론들은 아프리카계 미국인 목사들도 그 대회에 참석하면서 전혀 인종차별을 받지 않는다는 사실에 주목했다. 그런 목사들 중 한 사람으로 마이클 킹 시니어가 있었다. 그는 독일 방문에 깊은 감명을 받고서—특히 마르틴 루터의 개혁 운동에 감동되어서—애틀랜타로 귀국한 뒤 그 자신과 아들의 이름을 마르틴 루터 킹Martin Luther King으로 바꾸었다.

* * *

전 세계 침례교 신자 대회가 시작되기 이틀 전인 8월 2일에 폰 힌덴부르크 대통령이 사망했다. 루시와 클래리스는 오버라머가우로 가는 도중, 그들이 탄 기차가 쾰른 역으로 들어서는 순간에 그 역사적 사건을 알게 되었다. "모든 것이 엄숙하고 애도하는 분위기였다." 대통령의 장례식은 오버라머가우에서 북쪽으로 삼백 마일 떨어진 동프로이센에 있는, 음울한 성채 같이 생긴 탄넨베르크 기념관Tannenberg Memorial에서 거행되었다.* 당시 『데일리 텔리그래프』의 현지 기자는 23세의 휴 C. 그린Hugh Greene이었다. 그린은 훗날 BBC의 사장이 되었는데 소설가 그레이엄 그린Graham Greene의 동생이기도 하다. 그린은 "탄넨베르크에서의 하루가 지옥 같았다"라고 적었다. 그는 기차에서 날밤을 새운 후 동료 기자들과 함께 "아주 딱딱한" 의자에 네 시간이나 앉아서 장례식이 시작되기를 기다렸다. "그날 행사의 기념물은 내 엉덩이에 종기가 났다는 것입니다." 그 후 그는 들판 한 가운데 찌는 듯한 더위 속에서 장례식 관련 기사를 작성했다. "나치 근위대의 검은색, 제국군대의 회색, 괴링 경찰대의 녹색, 공군의 청색, 노동단의 주황색이 섞인 녹색, 폭풍돌격대의 갈색 등이 노장군들과 외국 무관들의 이색적인 제복들과 어우러져 총천연색 제복들의 일대 장관을 이루었다."[42] 다른 외교관들과 함께 참석한 에릭 핍스 경은 장례식에서 히틀러가 한 마지막 말은 "이 위대한 인물을 발할라의 전당에 모시자는 것"이었다라고 보고했다. "발할라는 가짜에다 음산하기 짝이 없는 바그너풍의 신들을 모신 신전으로, 문명인이라면 그런 곳에서 단 한 주도 보내지 않으려 할 것이다."[43]•

* 탄넨베르크는 동프로이센의 지명으로 이곳에서 힌덴부르크는 1914년 8월 26일과 30일 사이에 진격해오는 러시아군을 패배시켰다.

• 발할라는 북유럽 신화에서 전사한 영웅의 영혼이 주신인 오딘 신의 환영을 받는 곳이며, 오딘 신에게 시중을 드는 열두 명의 시녀 발키리는 오딘 신의 명령에 따라 말을 타고 공중을 날아다니다가 전장에서 수훈을 세우고 죽은 영웅의 영혼을 발할라에 인도하고 그곳에

힌덴부르크가 세상을 떠나자 히틀러가 총리직과 대통령직을 겸임하는 것을 가로막는 장애물은 사라졌다. 열이틀 뒤 실시된 국민투표에서 독일 국민들은 히틀러에게 전보다 더 강고한 독재 권력을 부여했다. 종교적 신심이 강하고 그림 같은 마을 오버라머가우에서는 주민들 92퍼센트가 히틀러에게 찬성표를 던졌고, 그리하여 한 베를린 신문은 "유다는 반대표를 던졌는가?"라고 묻는 기사를 실었다.[44] 『뉴욕 타임스』는 이런 기사를 실었다. 히틀러의 압승 소식이 그 마을에 전해지자 근처 언덕 등성이에 승리의 모닥불이 밝혀졌다. "상당수가 해외에서 온 약 1천 명의 방문객들이 마을 주민들의 움직임을 살펴보았다. 거의 모두 수난극의 출연자이기도 한 주민들은 한데 모여서 모닥불을 피우고 지도자의 성공을 축하했다."[45]

명백한 반유대주의를 제외하면 수난극의 메시지는 골수 나치 당원들에게 별 호소력이 없는 것이었다. 그러나 하지 무렵의 새로운 이교도적 축하 행사는 전혀 다른 문제였다. 미드섬머 이브(한여름 전야)에 수천 개의 모닥불이 독일 전역에서 불타올랐고 나치 웅변가들은 독일 청년들의 마음에 애국적인 광분을 불러일으켰다. 오버라머가우에서 백이십오 마일 떨어져 있는, 프랑코니아 산맥의 최고봉인 헤셀베르크Hesselberg는 나치의 성스러운 산으로 지명되었다. 프랑코니아의 정치적 지도자인 율리우스 스트라이허Julius Streicher는 해마다 불의 튜튼 축제, 태양을 기리는 기도, 총통에게 바치는 기도를 조직했다. 헤셀베르크 정상에서 괴링이 행한 연설은 기독교에 대한 직접적 도전이었다.

서 그 영혼을 환대했다.

이 산 위에 세워진 하느님의 돔처럼 아름답고, 강력하고, 힘차고, 신앙심 강한 교회는 세워진 적이 없었다. 만약 남들이 우리에게 신앙을 내버렸다고 말한다면 우리는 그들에게 이렇게 반문한다. 독일에 오늘날보다 더 깊고 열정적인 신앙이 존재했던 적이 있었는가? 오늘날 우리가 총통을 믿는 신앙보다 더 강력한 신앙이 일찍이 있어 본 적이 있는가?[46]

그렇지만 비 독일인이라고 해서 그 신앙에서 자동적으로 제외되는 것은 아니었다. 스트라이허는 운집한 수천 명의 군중에게 이렇게 말했다. "좋은 노르딕 피를 가진 외국인들이 이 산에 오른다면 마음이 다시 정화되어 독일을 이해하는 상태로 하산하게 될 것이다. 그들은 독일과 공동체를 결합시키는 힘을 느끼게 될 것이다."[47] 평범한 외국인들이 스트라이허의 제안을 받아들이는 경우는 거의 없었지만, 아주 이례적인 한 젊은 영국 여인은 그렇게 했다. 1935년 6월 23일, 이십 세 처녀 유니티 미트포드Unity Mitford는 스트라이어 옆의 연단에 서서 장갑 낀 팔을 앞으로 쭉 내밀고 히틀러 방식대로 경례를 한 다음에, 이십만 명의 군중을 상대로 연설을 했다. 두 달 반 뒤에 그녀는 히틀러의 명예 손님 자격으로 나치 체제가 기획한 가장 드라마틱한 행사인 연례 뉘른베르크 전당대회에 참석했다.

9

하일 히틀러

1933년 9월 1일 프랑크푸르트 주재 미국 영사 로버트 하인가트너Robert Heingartner는 사무실에서 라디오를 틀었다. 독일 신문들이 세계 최대 규모의 대회라고 보도한 뉘른베르크 제5차 나치 전당대회의 중계 상황을 듣기 위해서였다. 그러나 영사는 곧 라디오를 꺼버렸다. 그 후 그는 일기에 이렇게 썼다. "히틀러는 평소 늘 하는 얘기인 마르크스주의의 사악함에 대해 연설하고 있었다. 삼십 분 후에 다시 틀어도 여전히 같은 얘기를 하고 있었다. 약간 쉰 목소리였으나 여전히 힘차게 비난을 해댔다."[1] 하인가트너는 히틀러에 대해 회의적이었으나 1933년과 1938년 사이 뉘른베르크의 나치 전당대회에 참석한 사람들은 엄청난 감명을 받았다. 그런 사람들 중 많은 이들, 적어도 열성 파시스트는 아니었던 사람들은 여러 해가 지나간 뒤 그때를 되돌아보며 자신들의 어리석음에 경악했을 것이다. 그래도 마이클 번처럼 자신의 어리석었음을 솔직하게 고백한 사람들은 그리 많지 않다. 2003년에 발간한 회고록에서 번은 1935년 뉘른베르크에서 그의 어머니에게 써 보낸 편지를 공개했다. 당시 그는 『글로스터 시티즌』에서 일하는 젊은 기자였다.

> 전당대회는 오늘 오전에 끝났습니다. 저는 이번 주에 일관된 생각을 할 수가 없었어요. 히틀러가 이 나라를 다시 정상화시키고 앞날을 내다보게 한 공로를 생각하면 참으로 마음이 흐뭇합니다. 어제 히틀러의 연설을 들었습니다. 연설을 다 듣고 보니 앞으로 그 연설을 결코 잊지 못할 것이며, 내가 사람이 바뀔 것 같다는 생각이 들었습니다. 저에게 성경을 한 부 보내주세요.[2]

그 누구도, 설사 외국인이라 할지라도 뉘른베르크 전당대회에 객관적으로 반응하는 것은 불가능했다. 그 대회를 구경한 사람은 마이클 번처럼 감동의 도가니에 휩쓸려 들어가거나 아니면 작가 로버트 바이런처럼 철저한 혐오감을 느끼거나 둘 중 하나였다. 바이런은 1938년 전당대회에 참석하고 나서 베를린에서 이런 편지를 썼다. "이 사람들과는 타협이란 있을 수 없다. 그들과 나 사이에는 어떤 절충점이라는 것이 없다. 둘 중 하나는 사라져야 하는 것이다."[3] 매료되었든 경악했든 간에 해외 방문객들은 행사의 엄청난 규모에 놀랄 수밖에 없었다. 끊임없는 행진과 북소리, 휘젓는 탐조등, 타오르는 횃불, 바람에 휘날리는 수천 개의 거대한 흑색 적색 스와스티카 깃발 등이 교묘하게 배열되어 단 한 명의 최고 족장에게 경의를 바쳤다. 그 족장은 그의 부족을 어둠에서 이끌어내 햇빛 환한 올바른 곳으로 인도할 반신(半神)이기도 했다.

상당수가 총통의 개인 손님이기도 한 해외 방문객들은 젊은 아리안 청년들의 끊임없는 물결이 완벽한 조화를 이루며 구스스텝으로 사열대를 지나가는 광경을 여러 시간에 걸쳐 쳐다보았다. 그들은 독일이 세계를 통치할 권리가 있다고 믿도록 훈련된 세대였다. 교주를 신봉하는 신자들이 인산인해를 이룬 그 현장에서, 큰 바다의 작은 좁쌀에 불과한 외국인 중 그 누가 그런 일(세계 통치)은 벌어지지 않을 것이라고 확신할 수 있었겠는가? 수백만이 외치는 "하일 히틀러" 소리가 귓바퀴에 맴도는 가운데, 현장에 나온 모든 비 독일인들은 등골을 타고 흘러내리는 전율을 느낄 수밖에 없었다. 그것이 공포에서 나온 것이든 아니면 흥분의 결과이든 말이다.

『맨체스터 가디언』은 1934년의 나치 전당대회가 러시아의 노동절, 미국의 독립기념일, 프랑스의 바스티유 기념일, 영국의 제국 기념일 등이 모두 합쳐져서 일주일 동안 계속되는 행사와 비슷하다고 보도했다.[4] 제법 그럴 듯한 묘사이기는 하지만, 히틀러의 저 기괴한 '소리와 빛' 행사가 갖고 있는 진정한 힘은 전혀 전달하지 못한 것이었다. 그것을 가장 잘 전달한 사람은 레니 리펜슈탈Leni Riefenstahl이었다. 그녀가 제작한 1934년 전당대회 다큐멘터리인 〈의지의 승리Triumph of the Will〉는 나치 대회를 기록한 영상들 중에서 가장 유명하다. 이 년의 공백 뒤에 다시 독일에 돌아온 로즈 장학생 제프리 콕스가 다큐멘터리 촬영 현장에서 그녀를 지켜본 적이 있었다. "그녀는 아주 남성적인 환경에서 단연 눈에 띄는 홍일점이었다. 크림색 양장을 입고, 머리에 꼭 맞는 모자를 쓴 채 카메라 팀과 함께 사열대 옆에 서 있었다."[5]

리펜슈탈이 제작한 1933년 전당대회 다큐멘터리 〈신앙의 승리Victory of the Faith〉는 〈의지의 승리〉에 비해 다소 덜 알려져 있다. 오십만 명의 군중이 동원되기는 했지만 그 뒤 성황을 이룬 다섯 번의 대회에 비하면 다소 규모가 작은 행사였다. 1933년은 고전 세계의 장대한 건축물과 경쟁하려는 히틀러의 과대 망상적 건축 구상들(그 중 상당수는 실현되지 못했다)이 아직 실현되기 전이었다. 게다가 1933년 대회에는 그 뒤의 대회들에 비해 저명한 외국인들도 그리 많이 참석하지 않았다. 1933년 12월 3일 『옵저버』지의 베를린 특파원은 〈신앙의 승리〉 초연에 초대를 받았다. 그 특파원은 "시저를 찬양하라Hail Caesar"라는 제목이 붙은 관련 기사에서 이렇게 썼다. "그것은 시저의 정신을 극찬하는 기록물이었다. 히틀러 씨는 거기서 시저의 역할을 맡았고 군부대는 로마 노예의 역할을 했다." 그는 그 영화가 해외에서 가능한 한 널리 상영되어 "오늘날 독일을 움직이는 열광적 부흥 정신이 좀 더 널리 알려졌으면 좋겠다"라고 썼다.[6] 나중에나 밝혀진 사실이지만, 그 특파원은 〈신앙의 승리〉를 직접 본 소수의 기자들 중 한 명이었다. 몇 달 뒤 히틀러가 그 영화의 필름을 모두 없애라고 지시했기 때문이다. 그 이유는 당시 히틀러의 최측근인 SA돌격대 대장 에른스트 룀이 그 영화에서 핵심적 역할을 했기 때문이었다. 1933년 전당대회가 끝나고 10개월도 채 되지 않아 룀은 사망했다. 내부 권력 투쟁에서 패배한 것인데, 그 투쟁은 1934년 6월 30일—장검(長劍)의 밤—에 최고조에 달했다. 이날 밤 히틀러 체제를 전복하려고 음모를 꾸몄던 수십 명의 나치 당원들이 살해되었다. 그 후 〈신앙의 승리〉는 아예 자취를 감추어 버렸고 1990년대에 가서야 영국에서 필름 한 부가 발견되었다.

외국인 중에 가장 열렬하게 하일 히틀러를 외친 사람이라면 유니티 발키리 미트포드를 들어야 할 것이다. 1933년 뉘른베르크 전당대회에서 총통에게 처음 매혹된 이래, 그녀는 기회만 나면 오른팔을 공중으로 들어 올리며 하일 히틀러를 외쳐댔다. 에릭 핍스 경 부부는 스트레스 받는 상류층 집안 딸들이 조금만 힘든 일이 생겨도 "저 끔찍한 SS 스타일"에 빠져들기 쉽다는 사실을 잘 알고 있었다. 하지만 이들 부부조차도 유니티의 열광적 태도에는 학을 뗐다. 그녀는 부부의 거실에 들어오면서도 대뜸 하일 히틀러를 외쳐댔던 것이다. 키가 크고 몸집이 단단한 유티니에 비해 머리 하나는 작은 에릭 경은 발끝으로 서서 그녀가 내민 손에 악수하는 것으로 대신했다.[7] 몇 달 뒤, 제시카 미트포드는 여동생 유니티와 함께 지중해 크루즈 여행을 하면서 선실을 함께 썼다. 그녀는 여동생이 밤에 침대 위에 누워서 히틀러에게 기도를 올린 뒤에 공중에 오른팔을 내밀어 하일 히틀러를 외치고 나서야 잠이 들었다고 기록했다.[8] 리즈데일 경의 유명한 칠남매 중 다섯째 딸인 유니티의 이야기는 집안 환경에 스트레스를 받는 전형적인 청소년의 태도를 보여준다. 불행하면서도 그리 똑똑하지 못한 어린 소녀가 컬트 신앙의 매혹과 의도에 걸려든 경우인 것이다. 어쩌면 그녀는 다른 괴기한 신앙이나 컬트에 빠져들었을 수도 있었다. 하지만 그녀와 주변의 친척들에게는 불행하게도, 그만 총통에 빠져버리고 만 것이다.

별로 세련되지 못한 그루피*인 유니티는 잘 알려진 특별 케이스이기는 하지만, 그녀와 비슷한 배경을 가진 무수한 젊은이들이 양차 대전 사이에 독일을 여행하거나 독일로 유학을 떠났다. 그리하여 이런 질문이 자연스럽게 나오게 되었다. 왜 그들은 독일로 갔을까? 영국의 기성세대들이 자녀들의 성인 교육을 위해 이런 사악한 전체주의 국가로 여행·유학을 보낸다는 사실은 아무리 보아도 의아한 일이다. 공산주의를 격퇴하고 독일을 위대한 국가로 부흥시키겠다는 히틀러의 목적에 공감하는 부모들일지라도 갈색 셔츠 돌격대원을 사위로 맞고 싶은 생각은 별로 없었을 것이다. 1차 대전의 주범이 독일이고 나치의 우상숭배가 위험 수위에 도달했음에도 불구하고, 독일은 여전히 영국의 지적 상상력에 강력한 영향을 미치고 있었다. 나치의 만행과 악랄함에도 불구하고 영국 상류층 자제들은 이곳 독일에서 교육을 심화하고 인생에 대한 전망을 넓히도록 기대되었다. 옥스퍼드 대학이나 외무부에 진출하려는 학생치고, 괴테, 칸트, 베토벤, 독일어의 불규칙 동사에 몰두하는 것 말고 무슨 더 좋은 학습 방법이 있겠는가? 게다가 유학에 드는 비용조차 저렴했다. 뮌헨, 프라이부르크, 하이델베르크 같은 대학 도시의 많은 가난한 귀족 부인들은 아주 싼 값에 하숙을 놓고 있었다.

1930년대 중반에 국경을 넘어 독일로 들어가려는 여행자가 처음 내려야 하는 결정은 하일 히틀러를 소리쳐야 할지 말지의 여부였다. 유티티가 뮌헨으로 이사한 1934년에 이르러, 나치식 경례는 너무나 널리 퍼져 있어서 그 문제를 피해가기 어렵게 되었다. 제3제

---

* 록 그룹의 광적인 소녀 팬.

MG f2형

영국의 자동차 회사인 마그나 사에서 만든 MG f2형. 1932년에 생산된 2인승 오픈카다. 존 헤이게이트는 이 자동차로 나치 시대의 독일을 여행한 뒤, *Motor Tramp*라는 책을 썼다.
© Lothar Spurzem

국의 초년기에는 그저 선의의 표시로 특별한 정치적 의도 없이 나치식 경례를 하는 것이 가능했다. 그러나 표면적으로 나치의 업적이 아주 바람직한 것으로 드러나기 시작하자, 일부 낙관론자들은 이런 희망을 갖기 시작했다. 히틀러 비판자들이 계속 지적하는 잔인한 폭력과 반유대주의는 사회적·경제적 상황이 좋아지면서 자연 줄어들 것이다.

20대 후반의 존 헤이게이트John Heygate는 1934년 3월의 어느 화창한 날 스포츠카를 몰고 독일로 들어가면서 국경 수비 대원에게 망설임 없이 하일 히틀러를 했다. 과거에 그는 몇 달 동안 UFA 스튜디오에 고용되어 촬영 감독을 하거나 영어 시나리오를 집필한 바 있었다. 그러나 이번에 그는 프라하로 가는 길이었다. 마그나 MG

오픈카가 너무 눈에 띄는 물건이라는 점을 의식한 나머지, 그는 만나는 사람마다 하일 히틀러를 외쳐댔다.

나는 그것을 즐겼다. 그것은 하나의 게임이었다. 마을의 소년과 아이들은 그것을 즐겼다. 그들은 도로변에 늘어서서 혹은 들판에서 엄숙하게 적의 자동차를 향해 팔을 내뻗었으나, 그 적이 친구인 것으로 드러나자 웃음을 터트렸다 …… 나는 일일이 답례를 하느라고 오른팔이 뻣뻣해졌다. 금속으로 만든 손을 자동적으로 들어 올렸다 내리는 기계장치가 있었으면 좋겠다는 생각이 들었다. 그러면 계속 운전에 집중할 수 있을 테니까.[9]

이튼 학교 졸업생인 헤이게이트는 그보다 몇 년 전 소설가 이블린 워Evelyn Waugh의 아내와 사랑의 도피행을 벌임으로써 스캔들을 일으킨 바 있었다. 그는 결국 그녀와 결혼했다. 그가 활동하는 사교계 사람들이 다 그렇듯이, 그의 정치적 정서는 우파에 동조하는 것이었다. 따라서 그가 보기에 투박한 신흥 독일에는 웃음거리가 많았지만, 존경할 만한 점도 많았다. 깃발들은 그를 매혹시켰다. "지붕을 스와스티카로 단장한" 마을의 거리들을 지나가던 그는 "십자군의 붉은 깃발들 아래를 지나가는 현대판 기사 같은 느낌이 들었다." 그래서 그는 자신의 스포츠카에 하켄크로이츠(나치의 비스듬한 십자 문양)를 휘날리는 하는 것도 "재미있겠다"라고 생각했다. 카센터 직원에게 하나 달아달라고 했더니 호응이 열렬했다. 그러나 그 재미는 곧 사라졌다. 자그마한 스와스티카 깃발이 바람에 "자랑스럽게" 휘날리기 시작하자, 그는 "갑작스러운 외경심"을 느꼈다. 그리고 이런 느낌이 들었다. "그 깃발은 공중에 흔들어대거나 창문을 장식하는 자그마한 장식품 이상의 의미를 갖고 있었다. 그것은 사람들을 앞으로 이끌고 이어 사람들은 뒤따라가게 만드는 전투의 깃발이었다."[10]

오스트리아의 티롤에 도착하자 그는 자연세계를 찬양한 『수달 타르카Tarka the Otter』(1927)의 작가이며 친구인 헨리 윌리엄슨Henry Williamson에게 편지를 썼다. 독일을 제외하고 모든 유럽 국가들이 절망적인 상태에 있다. 독일 청년들의 강건한 힘과 목적의식을 감안하면, 주변 유럽 국가들이 겁먹는 것은 놀라운 일도 아니다라는 내용이었다. 이어 헤이게이트는 오스트리아가 일종의 나치 비밀 지부로 재편되고 있다고 적었다. 독일은 날마다 국경 산맥을 넘어 오스트리아 마을들로 나치 선전요원을 파견하고 있다. 거대한 스와스티카가 티롤 전역에서 갑자기 등장했고 눈 덮인 티롤 산맥의 산등성이에 나치 문장이 새겨져 있다. 헤이게이트는 심지어 그 자신도 금지된 나치 문서(뮌헨에 거주하는 오스트리아 나치당의 대표가 그에게 건네준 것이다)를 여러 부 가지고 있고 그것을 몰래 배부하고 있다고 시인했다. 오스트리아에서 나치주의를 위한 비밀 투쟁이 전개되고 있는 것은 흥미로운 이야기라고 헤이게이트는 친구에게 말했다.[11]

헤이게이트와 동시대인인 로버트 바이런Robert Byron도 비슷한 사교계에서 활동했으나(둘 다 미트포드 가문을 알고 있었다) 두 사람의 반응은 아주 달랐다. 바이런은 단치히에서 어머니에게 이런 편지를 썼다. "사람들이 전화상으로 하일 히틀러 하고 소리치는 광경을 보았을 때 정말 의아하다는 생각이 들었습니다. 또 혼잡한 버스에서 두 친구가 서로 헤어질 때에도 거의 신경질적으로 그 구호를 외치는 걸 보고서, 이렇게 흔한 광경이니 곧 적응되겠지 하는 생각을 했습니다."[12]

사실 나치식 경례를 거부하는 행위는 심지어 외국인 관광객에게도 점점 위험한 일이 되어가고 있었다. 제프리 콕스는 뉴질랜드의 친구에게 이렇게 썼다. "지난밤에 웃기는 일을 당했어. 내가 나치 깃발에 경례를 하지 않는다고 갈색 셔츠가 나를 툭 치더라고."그 것은 베를린 거리에서 자정 가까운 시간에 벌어진 일이었다. 그때 이 젊은 뉴질랜드인은 뉘른베르크 대회에 참석하기 위해 기차역으로 행진해가고 있던 SA돌격대의 소부대를 만났던 것이다. "그는 내가 다른 두 사람과 논쟁을 벌이고 있는데 나도 모르게 내 옆구리를 툭 쳤어." 콕스는 전혀 겁먹지 않았기 때문에 그 사건을 다소 즐거운 마음으로 회상한다는 말도 했다. 그는 자기 동생에게 이런 설명도 했다. "적대적인 군중 한가운데 서 있으면서도 전혀 겁먹지 않으니 일종의 의기양양함이 느껴졌어. 물론 좀 더 용감해질 수도 있었겠지. 가령 그에게 반격을 하는 거 말이야. 그러면 아주 흠씬 두들겨 맞았겠지. 그래도 다음번에는 그렇게 할 거야."[13]

콕스는 이런 반감을 가지고 있었으므로, 나치가 성스럽게 여기는 기념물인 펠트헤른할레Feldherrnhalle*는 방문하지 않았다. 여기 히틀러의 미수에 그친 폭동 현장에는 두 개의 하얀 돌로 건조된 전당이 세워져 있다. 이 안에는 1923년 11월 밤, 경찰이 히틀러와 그추종자들에게 총격을 가하면서 사망한 열여섯 명 "순교자들"의 납

● 용장기념관. 원래 국가의 영웅을 위한 기념관이었으나 나치가 뮌헨 폭동에서 사망한 나치 인사를 순교자로 찬양하는 장소로 바꾸어놓았다.

빛 석관이 안치되어 있었다. 영국 작가 겸 언론인인 J.A. 콜은 이렇게 썼다. "날마다 날씨 불문하고 순례자들이 이곳을 찾아왔다. 순례자들은 승합차를 타고 웃으면서 오는 관광객이거나 아니면 여행에 나선 행복한 가족 모임일 수도 있었다. 그렇지만 이 홀 가까운 곳에 오면 그들의 태도는 달라졌다. 그들은 아무 말 없이 계단을 천천히 올라가 잠시 발아래의 석관들을 내려다보면서 나치식 경례를 했고 이어 기념홀의 다른 곳으로 갔다."[14] 차를 타고 왔든 걸어서 왔든 펠트헤른할레를 통과하는 사람들은 그 기념물을 향해 나치식 경례를 하는 것이 필수였다. 방금 윈체스터 칼리지(고등학교)를 졸업하고 외무부에 들어갈 공부를 하고 있던 팀 마텐은 자전거를 타고 가는 어떤 뚱뚱한 남자가 하일 히틀러와 자전거 운전을 동시에 하려다가 쓰러지는 광경을 목격하고 아주 우습다고 생각했다.[15]

뮌헨을 방문한 데렉 힐의 어머니는 아들 힐에게 히틀러를 직접 한 번 보고 싶다는 뜻을 전했다. 그러자 아들은 어머니를 히틀러가 잘 다닌다는 칼톤 다실로 모시고 갔다. 다실에서 기다리던 모자가 포기하려는 순간, 히틀러가 괴벨스와 헤스를 데리고 현장에 나타났다. 데렉은 즉각 유니티에게 전화를 걸어 히틀러가 다실에 나타난 사실을 알렸다. 몇 분 뒤 유니티가 택시를 타고 나타났다. 그녀는 자신의 우상을 처음 직접 목격하게 되었다는 사실에 마구 흥분하고 있었다. 그녀는 데렉에게 이렇게 말했다. "이건 네가 나에게 해준 가장 친절한 일이야. 나는 이런 호의를 결코 잊지 않을 거야." 당연히 유니티는 정서적으로 아주 불안정했지만, 스코틀랜드 사람인 데렉 힐의 어머니는 전혀 흥분하지 않았다. 하지만 그녀 또한 그 순간이 너무 감명 깊었는지 히틀러 일행이 자리를 뜨자 나치식 경례를

해서 아들을 놀라게 했다.[16]

　열여덟 살의 조안 톤지는 그보다는 더 강인한 기질의 여성이었다. 그녀는 "멋진 줄무늬 점박이 모피 코트를 입고서" 어느 멋쟁이 프로이센 장교의 호위를 받아가며 SA돌격대 단합대회에 참석했다. 그녀는 모든 게 순조롭게 진행되다가 하일 히틀러가 시작되자 "조용한 군중 속의 갑작스런 소음"과 비슷한 문제가 발생했다고 회상했다. 그녀는 자리에서 일어는 섰지만 두 팔은 옆구리에 붙인 채 나치식 경례를 거부했다. 그러자 몇 초 사이에 "여러 명의 땅딸막하고 못생긴 갈색 셔츠들이 관람석으로 뛰어올라와 양팔을 휘두르며 맹렬하게 소리치기 시작했다. 그러나 헬무트가 발목까지 내려오는 외투 자락을 휘날리며 장화를 쿵쿵 구르면서 내가 영국인이라고 그들보다 더 큰 소리로 외쳐대자 잠잠해졌다."[17]

　케니스 싱클레어-루티트와 "매슈" 더멧(실제 이름은 로버트 더멧일 것으로 추정[18])은 케임브리지 대학의 트리니티칼리지 학생이던 1934년 여름에 함부르크에서 잘츠부르크까지 자전거 여행에 나섰다. 쿠퍼라치아 호(당시 함부르크로 여행하는 가장 값싼 방법은 소련 배를 이용하는 것이었다)에서 내린 즉시 그들은 도심으로 들어가서 3파운드를 지불하고 각자 자전거를 구입했다. 같이 여행하기로 합의를 보기는 했으나 두 사람은 서로 잘 아는 사이가 아니었고, 곧 그들 사이에 공통점이 별로 없다는 것을 발견했다. 예전 하이델베르크 대학 교수의 아내와 사귄 적이 있었기 때문에 우파인 더멧은 독일어가 유창한 반면, 싱클레어-루티트는 그렇지 못했다. 게다가 최근 케임브리지에서 벌어진 기아 행진hunger march을 직접 목격했기에 싱클레어의 정치관은 좌파 쪽으로 기울어져 있었다.

이런 불안정한 파트너 관계 속에서 두 청년은 독일 남부를 향해 출발했다. 더멧은 곧 독일의 엄정한 기강("영국은 기강이 너무 없어"), 아우토반과 노역장, 어딜 가나 잘 유지되어 있는 높은 수준의 청결함에 감명을 받았다. 반면 싱클레어-루티트는 국가사회주의를 선전하는 온갖 장식물들을 역겹게 생각했다. 그는 이렇게 회상했다. "우리 두 사람은 새로운 독일에 더 가까워지기 전까지는 그럭저럭 잘 어울렸다. 뤼네부르크에 도착했을 때 매슈는 최근에 사망한 힌덴부르크의 흉상이 있는 급조된 사당을 향해 나치식 경례를 했다. 그 광경을 보고서 내가 받았던 충격을 지금도 잊지 못한다."[19] 매슈는 교회에 들어갈 때 모자를 벗는 것처럼 공손함의 표시일 뿐이라고 말했지만 싱클레어-루티트는 그 경례가 아주 불쾌한 나치 체제를 공식으로 인정하는 거나 다름없다고 보았다.

"하일 히틀러" 소리가 온 사방에서 들려오자, 그것은 마침내 관대한 여행자들의 신경마저 건드리게 되었다. 젊은 교사 에드워드 윌은 친구인 톰 아이어몽거와 함께 1935년 4월에 베이비 오스틴 차*를 몰고서 독일을 여행했다. 그는 헬름슈테트에서 점심 식사를 망쳐버린 사건을 기록했다.

그 점심 식사는 사람들이 식당을 들어올 때나 나갈 때 하나같이 하일 히틀러 인사를 외쳐대는 바람에 망쳐버렸다. 그러면 인사를 받은 사람 역시 똑같이 하일 히틀러를 복창했다. 우리는 출입문 가까이 앉아 있었으므로 그 인사 소리를 너무 많이 들었다. AA 도로 안내서에는 "산

• 오스틴 7Austin 7의 별칭. 영국 오스틴 사에서 만든 경차다.

업 센터들이 많은 평지의 도시"로 나와 있는 헬름슈테트의 주민들이 사실은 다소 공격적으로 나치 지지를 표시한다는 것을 적어 넣었어야 하지 않나 하는 생각이 들었다.[20]

그러나 독일인들이 하나같이 골수 나치 당원은 아니라는 사실은 며칠 뒤 바이로이트(에드워드 월은 이 도시를 "독일의 사이런세스터•"라고 불렀다)에 도착하면서 명확해졌다. 월은 이렇게 썼다. 두 청년이 식사하고 있는 카페에 어떤 나이든 부부가 들어왔는데 "노인이 손목을 얼굴 정도까지만 들어 올리고서 다시 맥없이 내려놓으면서 아주 힘없는 목소리로 '하일, 히틀러'라고 중얼거렸다. 마치 손자에게 '잘 자라' 하고 말하는 것 같았다."

월과 아이어몽거는 별로 정치지향적인 청년이 아니었다. 하지만 월이 예전 여행에서 알게 된 쉴라우흐 가정은 체제의 반대편에서 있는 사람들의 생활이 얼마나 어려운지를 생생하게 보여주었다. 루터교 목사인 쉴라우흐 씨는 튜톤족 이교도 신들을 예배하면 안 된다고 설교하다가 최근에 잠시 감옥에 갔다 왔다. 신도들 중 나치 열광자—모든 교회에는 설교를 감시하기 위해 이런 자가 배치되어 있었다—가 그를 고발했던 것이다. 옥고를 치른 후에 쉴라우흐는 취직을 할 수가 없었다. 1930년대 중반에는 이런 일이 흔하게 벌어졌지만, 일반적 예상과는 다르게 동료 피해자들 사이에 단단한 연대의식 같은 것은 생겨나지 않았다. 에드워드 월은 쉴라우흐 부인이 남편의 옥고에도 불구하고 유대인 소설가들을 모두 출판 금지시

• 영국 글로스터셔 주의 한 읍.

킨 조치를 입이 마르게 칭찬했다고 적었다. "그렇게 해서 불건전한 에로 문학이 모두 퇴출되었잖아요."[21]

월의 휴가 여행 기록은 어둡고 신비한 소나무 숲 사이로 나 있는 하얀 모래 깔린 길, 조지 5세가 히틀러의 생일을 맞이하여 보낸 생일 축하 인사에 기뻐하는 독일 공장 노동자들, 프랑스 군사 경찰이 루르 지역에서 독일 민간인들을 학대하는 광경을 묘사한 담배 카드** 등, 생생한 이미지들로 가득하다. "사람들로 붐비고 아주 무더운" 영화관에서 보았던 〈의지의 승리〉는 아주 불쾌했고, 재미없는 오페라에서 노파들이 갑갑하게 여기는 아이어뭉거를 향해 좀 더 "예의바른" 행동을 하라고 설교하던 일만큼이나 짜증났다. 두 청년은 "푸른 제복"에 뾰족한 은제 고리가 달린 반짝거리는 철모를 쓴 덩치 큰 바이에른 경찰관에 대해서는 매혹을 느꼈으나 아헨의 노골적인 반 나치 서점을 보고서는 공포감을 느꼈다. 여러 가지 독일 인상들 중에서 특히 눈에 띠는 것은 "유대인 출입 금지"라는 간단한 문구의 표지판이 너무나 많다는 것이었다.[22]

두 영국인 청년은 아머제 호수의 호반에서 특별히 유쾌한 하루를 보냈다. "구름들이 뒤로 물러가고 강한 바람이 불어오자 넓은 호수는 바다로 들어가는 입구처럼 보였다." 1935년 4월 28일 호수를 바라다보면서 케이크와 커피를 즐긴 월은 그렇게 썼다. 몇 달 전 싱클레어-루티트와 매슈 더멧이 뮌헨에서 약 십오 마일 떨어진 곳까지 접근한 순간, 더멧은 갑자기 자전거의 속도를 올리면서 쉬지 말고 도시로 들어가자고 말했다. 그곳은 호수에서 북동쪽으로 조

** 예전에 담뱃갑에 들어 있던 그림 카드.

"노동이 너희를 자유케 하리라Arbeit macht frei"

다하우 강제 노동 수용소 대문에 이 유명한 문구가 적혀 있다. 나치는 아우슈비츠를 비롯해, 다른 수용소에도 동일한 문구를 대문에 걸어놓았다.

금 떨어진 지점이기도 했다. 더멧은 도시에 입성하고 나서야 비로소 그 이유를 말했다. 지도를 살펴보던 중 더멧은 그들이 다하우 강제 노동 수용소*에 아주 가까이 왔다는 것을 발견했다. 그 수용소는 히틀러가 총리에 오른 직후에 개장한 것이었다. 더멧은 그 근처에서 얼쩡거리다가 의심을 사지는 않을까 우려했다. 싱클레어-루티트는 다하우 얘기는 들어본 적이 없었다. 그래서 더멧은 그 수용소가 "쓰레기 같은 자들, 빈둥빈둥 노는 자들, 사회적 낙오자들, 유대인 모리배와 협잡꾼들"들에게 노동을 통하여 교화하려는 나치식 방법이라고 설명해주었다. 23 당시 언론인으로 성공하려고 애쓰면서 뮌헨에 머무르고 있던 휴 그린은 하숙 중인 집안의 경구에서 이런

* 나치가 세운 최초의 강제 수용소로 아우슈비츠의 원형이 되었다.

문장을 얻었다. "하느님, 저를 벙어리로 만들어주세요. 다하우에 가는 일이 없게끔."[24] 그로부터 몇 달 뒤 "노동이 너희를 자유롭게 하리라"라는 악명 높은 간판이 다하우 입구에 세워졌다.

더멧의 걱정은 불필요한 것이었다. 독일 당국은 적어도 초창기에는 그들의 강제 노동 수용소를 외국인들에게 자랑하려고 했다. 그리하여 1930년대 중반에 이르러 다하우는 미국인과 영국인 관광객들(특히 정치가와 언론인)을 위한 관광 명소가 되었다. 그곳에서 부당한 학대나 고통을 발견하지 못했으므로 영국 국회의원 빅터 카잘렛은 그 수용소를 가리켜 "별로 흥미롭지는 않으나 잘 운영되고 있다"라고 말했다. 그는 일기에 이렇게 적었다. "부소장은 대부분의 재소자들이 공산주의자라고 말했다. 만약 그게 사실이라면 내가 보기에 그들이 거기에 그대로 머물러 있어도 별 문제가 없을 듯하다." 하지만 그는 재소자들 대부분을 석방시키지 않는 나치당을 "바보"라고 생각했다. "히틀러가 완벽한 절대 권력을 장악한 마당에"[25] 나치 체제에 도전하는 것은 정말로 바보 같은 짓임이 분명하기 때문이다. 카잘렛의 동료 의원인 아놀드 윌슨 경Sir Arnold Wilson은 다소 애매한 태도를 보였다. 윌슨은 1934년과 1936년 사이에 독일을 폭넓게 여행했다. 그는 가능한 한 많은 독일 국민들과 깊이 있는 대화를 나눔으로써 새로운 독일을 더 잘 알게 되기를 희망했다. 그 결과 그가 써낸 많은 기사들은 『해외에서의 산책과 대화Walks and Talks Abroad』(1939)라는 단행본으로 출간되었다. 1934년 7월 쾨니히스베르크에서 많은 군중을 상대로 연설하게 되었을 때, 그는 아주 찬양하는 어조로 국가사회주의에 대해서 말했다.

지난 석 달 동안 저는 독일 방방곡곡에서 젊은 독일이 일하고 놀이하는 것을 지켜보았습니다. 저는 국가사회주의 운동이 일으킨 저 강력한 에너지를 존경합니다. 독일 청년들의 애국적 열기를 존경합니다. 독일의 학교와 대학에 영감을 주고 있는 국가적 단결을 실현하기 위한 깊은 통찰과 진지한 노력을 알아보았으며 선망하기까지 했습니다. 그 노력은 전적으로 이타적인 것이었으며 전적으로 선량한 것이기도 했습니다.[26]

그렇지만 윌슨이 나치당을 열광적으로 지지한다고 해서 그것이 다하우에 대한 인상을 흐려놓지는 못했다. 그는 재소자들이 자발적 노역장에서처럼 잘 먹고 잘 자는 것 같다고 생각은 했지만, 그래도 이렇게 적어넣었다. "수용소의 분위기에서는 내 영혼에 거슬리는 무엇인가가 느껴졌다."[27] '독일 피난민을 위한 미국 고등 판무관'인 제임스 그로버 맥도날드James Grover McDonald도 그런 의견에 동의했다. 재소자들이 그의 앞에서 차려 자세를 취하자 그는 그들의 눈을 쳐다보았다. 그는 그날 저녁 일기에 이렇게 썼다. "내가 그 눈동자에서 읽은 것을 결코 잊지 못할 것이다. 공포, 강박적인 공포, 독재적이고 무자비한 의지에 대한 철저한 복종 따위를 읽을 수 있었다." 맥도날드가 왜 이런 수용소가 필요하냐고 묻자 안내인은 마치 외운 것을 다시 말하듯 줄줄 말했다. "독일은 혁명의 고통을 겪고 있습니다. 대부분의 혁명적 사태에서 정치적 죄수들은 총살을 당합니다. 하지만 우리는 다하우에서 그런 자들을 교화하려고 애쓰고 있습니다." 시찰을 끝낸 후 맥도날드는 뮌헨 미술관이 아직도 열려 있는 것을 발견하고서 안도감을 느꼈다. "그 덕분에 나는 입

안에서 강제 수용소에서 맛보았던 공포의 미각을 털어낼 수 있었다."[28]

전쟁이 끝나고 수십 년이 지난 뒤에 특공대장, 저술가, 시인을 겸한 마이클 번은 1935년 다하우를 방문하고 써놓았던 기록을 발견했다. 그는 수용소의 잔인하고 비인간적 측면들에 대해 자신이 어떻게 그리도 무지할 수 있었는지 경악했다.* 그 당시 수용소에서 저지른 잔인한 처벌에 대해 번은 이런 무심한 논평을 하고 있다. "이런 처벌에 전율하는 사람들은 심지어 영국에도 이런 우범자들이 완전히 사라지지 않고 존재한다는 사실을 기억해야 한다."[29] 여러 해가 지나간 뒤 그는 자신을 향해 이런 반성의 말을 던졌다. "나는 과연 기자 노릇을 제대로 했는가? 재소자들에게 당신들은 어떤 재판과 변호를 받았습니까 하고 물어 보았던가? 나치에게는 단지 정부를 비판한다는 이유만으로 개인을 이렇게 감금하는 행위를 과연 도덕적으로 정당화할 수 있는가 하고 물었던가? 당시 『글로스터 시티즌』의 기자 자격으로 당연히 그런 질문을 던졌어야 했는데 나는 그렇게 하지 못했다." 이제 나이도 들어 더 현명해진 번이 볼 때 더 충격적인 것은, 그 자신과 다른 세상 사람들을 향해 그 자신이 다하우 때문에 심한 정신적 상흔을 입었다는 위선을 떤 것이었다.

그러나 그 당시 강제 노동 수용소의 끔찍한 처사를 보고서도 아무렇지도 않다는 듯이 어깨를 한번 움찔하는 것으로 끝난 사람이 마이클 번뿐만은 아니었다. 반유대주의는 영국 상류층에 만연해 있

---

* 번이 만난 수용소장은 하인리히 도이벨이었다. 몇 달 뒤 힘러는 그가 너무 유약하다고 판단하여 해임했다.

었고 이것은 프랑스와 미국의 상당한 지역에서도 마찬가지였다. 똑같은 이유로 인해, 유대인과 함께 다하우에 강제 입소한 공산주의자, 집시, 동성애자, "광인들"의 운명은 사람들에게 그리 화급한 문제가 아니었다. 뮌헨에서 무대 디자인을 연구하면서 그 기술에 매혹된 십팔 세의 데렉 힐은 다하우 강제 노동 수용소의 본질적 사악함에 대해 그리 깊이 생각하지 않았다. 그는 1934년의 어느 날 눈뜬 장님이라는 점에서 그와 다를 바가 없는 『모닝 포스트』지의 기자 피터 매슈스와 함께 그 수용소에서 하루를 보냈다. 두 사람은 재소자들과 함께 같은 식당에서 식사를 했다. 하지만 그들의 자리는 수용소장 테오도르 아이케와 함께한 "높은 식탁"에 마련되어 있었다. 그러한 좌석 배치는 힐에게 옥스퍼드 대학이나 케임브리지 대학의 식당에서 했던 식사를 연상시켰다.[30]

* * *

1930년대 내내, 뮌헨에 도착해 "신부 수업"을 받는 "선량한 영국 여성들"의 흐름은 끊이지 않고 꾸준했다. 그 중 상당수가 라로슈 남작부인의 학교Baroness Laroche's school에 다녔는데 유니티 미트포드 또한 그 학교에 잠시 다녔다. 미술, 음악, 독일어 등을 공부했고 중간중간에 피크닉, 문화 탐방, 차와 댄스 같은 행사들이 끼어들었다. 조안 톤지는 이렇게 회상했다. "우리는 젊은 육군 장교들을 많이 만났습니다. 그들은 아주 우아하고, 오만하고, 자부심이 넘쳤으며 엄청난 존재감을 갖고 있었습니다. 그들의 제복은 티 하나 없이 깨끗했고 그들의 자부심은 퍼스펙스*
처럼 단단했습니다."³¹ 당시 뮌
헨에 머물며 미술을 공부하던
또 다른 십대 소녀 에어리얼 테
넌트는 영국인 중 많은 사람들
이 나치의 공격성에 대해 얘기
해줘도 믿지 않으려 든다는 사
실에 강한 인상을 받았다. 잠시
귀국했을 때 독일에서 보았던
아주 놀라운 체험들을 털어놓
자, 그녀가 너무 어려서 사태를
정확히 인식하지 못했다는 반응   유니티 미트포트
이 나왔다.³² 테넌트는 사촌 데   1938년.

렉 힐과 마찬가지로 유니티의 친구이기도 했다. 테넌트는 유니티와
함께 잉글리셔 가르텐을 걸어내려 가던 일을 회상했다. 그렇게 같
이 걷던 중에 유니티는 그녀의 팔을 살짝 꼬집더니 히틀러를 좋아
한다고 고백하라고 요구했다. "만약 네가 고백하지 않는다면 네 팔
을 또 다시 꼬집을 거야."³³

　일주일에 두 번, 신부학교에 다니는 여성들은 저녁에 오페라
관람을 갔다. 그 오페라 극장은 다하우에서 몇 마일 떨어져 있지 않
았다. 나중에 애스터 후작과 잠시 결혼하게 되는 사라 노턴Sarah
Norton에게는 바그너의 〈반지〉 연작이 고문이나 다름없었다.³⁴ 그러

●　　투명 아크릴 수지로 항공기 방풍 유리로 사용한다.

나 글래스고 백작의 딸인 마거릿 보일은 〈트리스탄〉을 처음 듣고서 열네 페이지에 달하는 장문의 찬양 편지를 써서 집에 보냈다. 그녀의 어머니는 "애야, 네가 그 오페라를 좋아했다니 너무 기쁘구나"라고 답신했다.[35] 사라 노턴은 그 도시를 억누르는 "공포의 분위기"를 생생하게 의식했다. 나치당원들을 싫어했기 때문에, 그녀는 마음이 맞는 학생들과 함께 칼튼 다실로 가서 히틀러의 테이블 가까운 곳에 앉아 그에게 얼굴을 찌푸려 보일 계획을 세웠다. 노턴은 훗날 이렇게 회상했다. "그것은 아주 무의미한 계획이었어요. 그들이 우리를 주목할 것 같지 않았지만 그래도 우리에게 대리 만족을 주었지요."[36]

히틀러의 테이블에는 언제나 이런 카드가 놓여 있었다. "총통을 위해 예약된 자리." 한번은 한 젊은 영국인 미술 전공생이 그 카드를 뜯어내어 여자 친구의 윗옷에다 붙였다. 그녀는 다행히 운이 좋아 체포당하지 않고 남작부인의 학교로 무사히 되돌아갔다.[37] 사라 노턴은 공공 전시된, 율리우스 스트라이허가 발행하는 반 유대인 신문 『데어 쉬튀르머』를 뜯어내다가 붙잡혀서 독일 외무부에 의해 귀국 조치를 당했다. 그녀 어머니의 반응이 걸작이었다. "네가 공공 방해를 했지만 그래도 잘 된 일이야. 네가 그들의 언어를 잘 배웠기를 바라."[38] 그녀는 실제로 그 언어를 잘 배웠고 그리하여 그 뒤 2차 대전 중에 블레칠리 파크•에 고용되었다.

휴 그린은 독일에 첫발을 들여놓은 때부터 계속 나치에 적극

• 영국 버킹엄셔 주 밀턴케인스에 있는 대저택으로 2차 대전 당시 독일 암호를 해독하던 영국 정부 암호 학교가 입주했다.

반대했으나, 야심만만한 젊은 기자로서 나치당원들을 가능한 한 면밀히 관찰하는 것을 중요시했다. 1934년 1월 11일 그는 어머니에게 이렇게 썼다.

새해 들어 일이 점점 더 흥미로워지고 있습니다. 나는 히틀러를 직접 볼지도 모른다는 희망으로 그가 종종 들린다는 카페에 자주 가게 되었습니다. 지난 주 어느 날 밤에 거기에 갔는데 그가 그곳 자신의 지정석에 앉아 있었습니다. 나중에 괴벨스 부부도 와서 합류했습니다. 괴벨스는 다리를 약간 절고 키가 작은 남자인데 미소가 매력적이라 아주 멋지게 보입니다.[39]

문제의 카페는 총통이 자주 가는 레스토랑인 '오스테리아 바바리아'**였다. 유니티가 히틀러를 여러 달 동안 스토킹한 곳도 바로 이 식당이었다. 그녀는 마침내 1935년 2월의 어느 토요일에 히틀러의 테이블에 합석해 달라는 요청을 받았다. 그들은 그가 좋아하는 영화 〈기병대〉에 대해 논의했고, 유대인들이 두 노르딕 종족 사이에 전쟁을 붙이는 일을 하도록 내버려두어서는 절대 안 된다는 얘기를 나누었다. 그날 늦게 유니티는 아버지에게 보낸 편지에서 너무 행복하여 지금 죽어도 여한이 없다고 말했다.[40]

유니티가 히틀러를 처음 만난 지 몇 달 뒤, 대규모 중국 유학생 그룹이 베를린에 나타났다. 그들은 괴테를 감상하거나 국가사회주

** 이름과 달리 이탈리아 요리 전문점이다. 지금도 오스테리아 이탈리아나로 이름을 바꾼 채 영업 중이다.

의를 연구하기 위해 온 것이 아니라, 지금 유학 중인 파리보다는 베를린에서 여름휴가를 보내는 것이 더 비용이 적게 들기 때문에 찾아온 것이었다. 중국인 유학생들에게 여름휴가는 아주 생소한 개념이었다. 그러나 그들은 파리에서 여름휴가가 보편적 일상임을 발견했다. "심지어 거지들도 막대기와 바이올린을 챙겨서 시골로 내려갔다. 그들도 여름휴가 중임을 보이기 위해 시골에서 구걸을 하면서 그날그날 식량을 조달하여 살아간다." 베를린에 도착하자마자 이들이 당면한 일차적 문제는 숙소를 구하는 것이었다. 방들은 매달 1일에 세를 놓는데 그들은 15일에 도착했다. 그들의 여행에 대하여 회고록을 남긴 쉬민은 이렇게 썼다. "우리는 하루 종일 돌아다녔으나 방을 구할 수 없었고 마침내 다리가 너무 아파 더는 걸을 수가 없어졌다. 그래서 결국에는 유대인의 집에 머물게 되었다."[41] 쉬민은 특히 수세식 화장실을 인상 깊게 보았고 그래서 이렇게 썼다. "거기에 앉는 것은 청 황실의 옥좌에 앉는 것보다 더 편안했다. 담배를 피우고 『우주의 바람Space Wind』을 읽으면서 일을 볼 수 있었다. 말로는 그 경이로움을 다 표현하지 못한다." 그 외에도 놀라운 일들이 많았다.

베를린의 거리들은 넓고 깨끗하여 같은 높이의 나무들이 도로변에 도열하고 있다. 도로 한 가운데 말똥이 떨어져 있지 않고 보도에는 휴지가 나뒹굴지 않는데 파리 주민들에게는 상상조차 하기 어려운 일이다 …… 자그마한 쇠창살이 감싸고 있는 창틀에는 화분들이 놓여 있다. 그래서 멀리서 보면 무수하게 많은 자그마한 정원들이 하늘과 절벽 끝에 매달려 있는 것처럼 보인다.

그러나 서구에 오래 머물러서 유럽인들의 편견을 잘 알고 있는 이들 중국인 청년들에게, 세상 물정 모르는 순진한 구석은 없었다. 쉬민은 이렇게 썼다. "우리 황인종들은 시원한 바람을 맞아들이기 위해 창문을 열고 밖을 내다본다. 우리는 '3등 시민'이 1등 시민의 행운을 감히 바라볼 수 없다는 것을 안다. 이것은 하느님의 부당한 처사이다. 그는 사람들의 피부를 이처럼 다양하게 만들어 놓으면 안 되는 거였다."

중국인 학생들은 프랑스 여성과 독일 여성의 대조적 차이를 흥미롭게 여겼다. 쉬민은 이렇게 기록했다. "프랑스에서 여성들은 수백 가지 다른 색상의 옷과 다른 모양의 신발을 착용한다. 똑같은 복장을 한 여성을 찾아보기 어렵다. 그러나 독일 여성들은 커다란 발에 단화를 신고서 낙타처럼 거리를 지나간다. 그들이 입은 옷은 이모에게서 빌려온 것처럼 보인다." 또 다른 놀라운 차이가 있었다. 베를린의 무수한 스포츠 시설에서 여성들은 남성 못지않게 활발하다. "맨 다리를 드러낸 채 반바지에 러닝셔츠만 입고 스파이크 운동화를 신은 독일 여성들은 자신이 여성이라는 사실을 잊어버리고 남자처럼 스포츠를 즐긴다. 만약 전쟁이 터진다면 프랑스나 중국과는 다르게 독일 여성은 모두 참전할 것이다." 날카로운 관찰자인 쉬민은 유대인의 상황을 완벽하게 이해했다.

그들은 정부 조직에 아무런 영향력이 없다. 그들 자신을 보호할 힘도 없지만 그래도 그들은 부자다. 경찰관들은 가끔 그들을 무례하게 대한다. 오늘은 서류를 작성하고 내일은 영수증을 받으러 오라 말하는 식이다. 유대인들은 자유롭게 이동하지 못한다. 그들이 할 수 있는 것이라곤 "유대인 규칙"에 순종하면서 시어머니 앞의 며느리처럼 살아가는 것이다.

쉬민은 얼마나 많은 사람들이 히틀러주의를 믿는지 파악하는 것은 불가능하다고 하면서 계속 하일 히틀러를 외쳐대는 태도는 구역질난다고 말했다. 나치 당원들에 대해서는 이렇게 논평했다. "그들은 자기 자신을 아주 높이 평가한다. 꼿꼿한 자세로 거리를 걸어 내려 가며 거만하게 공중을 향해 코(독일인의 코는 짧고 작다)를 쳐든다. 그들은 정말 이 세상의 1등 국민 같아 보인다." 경찰관들은 가끔 중국인 학생들을 멈춰 세우고 일본인들이냐고 물었다. 쉬민은 긴장하면서 중국인이라고 말할 때 당황스러워 얼굴을 붉혔던 사실도 털어놓는다. "독일 경찰관들은 일본인을 싫어했지만 존중했다. 그들은 중국인에 대해서는 동정적이었으나 경멸했다. 그는 현대 중국의 비참한 상황을 의식하면서 이런 말을 덧붙였다. "왜 그런지 그 이유를 자세히 말할 필요가 없으며 따라서 그들을 비난할 수도 없다."

* * *

제3제국 초창기 몇 년 동안에 다하우 시찰이 진지한 여행자의 필수 코스였다면 그 도시의 유명 시설인 노역장 방문 또한 그러했다. 제프리 콕스는 노역장을 몸소 체험하겠다고 결심했다. 1934년 8월 7일 그는 동생에게 이런 편지를 썼다. "노역장에 일을 하러 가는 길이야. 오늘 오후에 출발해. 나는 독일에서 한동안 머물렀고 그건 어디 비교할 데가 없는 귀중한 체험이었어. 나중에 다시 자세하게 쓸 게. 하지만 내 인생에 무슨 진전이 있다고 한다면 그건 지난 2주간 의 일이었어."[42] 콕스는 하노버 근처의 노역장에서 3주를 보냈는데 그건 그리 불쾌한 체험은 아니었다. 물론 무수하게 하일 히틀러를 외쳐야 했고 칙칙한 회색 군복을 입고 행진을 많이 해야 했다. 그것 도 삽을 소총처럼 어깨에 둘러맨 채로. 그러나 강인한 뉴질랜드 청 년에게 노역장의 노동은 그리 힘들지 않았다. 콕스는 늪지가 많은 황무지를 가로질러 배수로를 파는 작업을 했고 키 작은 나무들을 베어서 장작단으로 묶었다. 분대장이 감시하지 않을 때, 그와 동료 노동자들(주로 하노버와 루르 출신)은 "햇빛 속에서 해바라기를 하면서 황무지를 기어가는 뱀들을 잡았다." 그는 아주 잘 적응했다.

우리는 아침 일곱 시부터 이스트앵글리아 같아 보이는 농촌에서 일에 나섰다. 우리는 저 멀리 지평선 위의 숲들이 아직도 안개에 잠겨 있는 것을 쳐다보면서 들판을 가로질러 행진을 했다. 정오가 되면 커다란 구름들이 넓고 푸른 북 독일의 하늘을 헤엄쳐 갔다. 일을 하고, 막사를 청소하고, 축구를 하고, 밤에는 몰래 빠져나가 근처 배 과수원에서 배 를 서리해왔다. 나는 곧 청년들의 손쉬운 동료 의식 속으로 빠져들었 다.[43]

군사 훈련은 없었다. 하지만 콕스는 모의 군사 경기에서 탁월 한 기량을 선보였다. "1백 야드를 전력으로 질주하고 그다음엔 십 야드를 포복으로 기어가고, 이어 손잡이가 긴 모의 수류탄을 땅 위 에 그려놓은 표적을 향해 던지는 경기였다." 콕스가 이건 군사 훈런이라고 지적하자 동료 노동자들은 얼굴을 찡그렸다. 이건 독일의 모든 학교에서 학생들이 하는 학교 운동이라는 것을 너는 모르니? 노역장 동료들은 그곳 생활의 군사적 측면을 즐겼지만—많은 동료들이 오후에 축구를 하는 것보다 훈련하는 걸 더 좋아했다—그 중에 열렬한 나치 당원은 없었다. 콕스는 『스펙테이터』지에 기고한 기사에서 자신의 노역장 생활을 잘 요약했다. 그는 전반적으로 볼 때 독일의 노동 관련 공공사업을 군사적 목적이라고 비난할 수는 없다고 하면서도 다음과 같은 사실은 확실하다고 말했다. "만약 전쟁이 터진다면 독일의 청년들은 심신 양면에서 전장에 나설 각오가 되어 있다."[44]

콕스는 의지와 추진력이 강하기 때문에 제3제국을 여행하면서 얻어내야 할 유익한 것은 모두 얻어냈다. 그러나 역사가 아놀드 J. 토인비Arnold Toynbee의 맏아들 안소니 토인비 같은 불안정한 청년에게, 나치 독일은 최악의 성장환경이었다. 본 대학에서 유학하며 러시아어, 세르비아어, 펜싱 등을 배우던 시절에, 안소니는 우울하면서도 혼란스러웠다. 그는 어느 한 순간에는 베르사유 조약에 반대하는 시위에 참가하여 〈호르스트 베셀의 노래〉(나치의 행진가)를 부르며 하일 히틀러를 외쳐댔다. 안소니는 하일 히틀러에 대해 이렇게 말했다. "히틀러 경례에 대해서는 할 말이 많지만, 우선 오른팔 근육을 강화하는 좋은 방법이라고 해두자."[45] 하지만 그다음 순간에는 공산주의 사상을 만지작거렸다. "내가 공산주의에 대해 잘 모르기 때문에 M에게 그 사상에 대해서 좀 말해달라고 해야겠다. 만약 그 사상이 마음에 든다면 앞으로 진지한 추종자가 될 수도 있어. 그건 흥분되는 일이고 짐승 같은 나치에 맞서는 무기가 될 수 있어."[46]

몇 달 뒤 안소니는 결심했다. 적어도 당분간은 그래 보자고. 1934년 5월 11일, 그는 일기에다 브리지 게임을 하는 모임으로 위장하여 활동하는 초기 공산주의 세포 조직에 가입했다고 적었다. 안소니 토인비는 이렇게 썼다. "모임의 위장에 걸맞도록 모든 회원은 브리지 게임의 요령을 숙지해야 한다. 나는 그것을 몰랐고 그래서 M이 내게 가르쳐주었다."

젊은이들의 즉각적인 계획은 만약 1935년 1월 13일에 실시되는 국민 투표로 자르 지역을 독일에 반환하기로 결정된다면, 자르브뤼켄에서 꾸며지고 있는 봉기에 가담한다는 것이었다. 안소니는 브리지 게임 모임에 참석하고 난 뒤에 일기에 이렇게 적었다. "소총과 기관단총은 아마도 프랑스 제품을 쓸 것이다. 나는 톰슨 기관단총도 함께 사용하면 좋을 것이라고 말했다. 그 무기는 시가전에서 아주 유용하기 때문이다. M은 그 가능성을 언급했고 폭동이 성공할 경우에 우리들 중 일부에게는 적군의 명예 계급이 수여될 것이라고 말했다." 그것은 물론 소년용 잡지에나 나올 법한 판타지였고 그런 계획이 유치하다는 것은 토인비가 일기에 그 계획을 자세히 적어놓은 것만으로도 알 수 있다. 이런 순진한 처사는 귀엽게 보일 수도 있을 것이다. 단 그가 주위 사람들을 위험에 빠트리지만 않는다면 말이다. 게다가 그는 친 나치 가정에서 하숙을 하고 있었다. 아무튼 안소니 토인비 자신은 공산주의든 봉기든 믿지 않았다. 그는 일기에서 이렇게 고백했다. "이것은 모두 아주 황당하고 비현실적으로 들린다. 하지만 그것을 생각해보는 것은 흥분되는 일이다. 만약 아무런 일이 벌어지지 않는다면, 나중에 이것을 읽어보는 일은 그래도 흥미로울 것이다."

그의 혁명가 경력이 시작되기도 전에 끝나버리자, 토인비는 예쁜 여자를 찾아다니고, 라인 강에서 노를 젓고("고정된 자리에서 46K를 노저어서 린츠까지 갔었지"), 술을 마시면서 본 대학 생활을 보냈다. "저녁의 마지막 코스를 우리는 도시 외곽에 있는 아주 악명 높지만 흥미로운 술집에서 보냈어. 거기에 유대인 여자들이 많더군. 독일에서 비 아리안족이 할 수 있는 몇 안 되는 일이 그것이었으니까." 그러나 안소니는 가끔 그의 사기를 높여주는 광경을 보기도 했다.

이 우울한 11월의 날에 두 가지 밝은 기억이 있었다. 하나는 라인 강계곡 너머 언덕들의 광경이었다. 오버카셀 위의 산꼭대기는 어둠이 짙어지고 있었는데 거기서 갑자기 불빛이 터져 나왔다. 다른 하나는 묘지 광경이었다. 만성절이어서 모든 묘에 촛불이 켜져 있었다. 아주 사랑스러운 광경이었고 마치 망자들이 실제로는 죽지 않은 것 같은 느낌을 주었다.[47]

비디 발로는 지식인 가정 출신이었고, 찰스 다윈의 손자인 에라스무스 발로와 결혼한 여성이었다. 그녀는 자신의 회고록에서 이런 시기에 자신을 독일로 유학 보낸 부모의 처사를 의아하게 생각했다고 고백했다.

자유로운 좌파 성향을 가진 부모들이 자녀들의 마음을 넓히기 위해서 그들을 나치 독일로 유학 보낸 것이 1930년대의 역설이었다. 한동안 해외에 머물면 견문이 넓어질 것이라고 본 것이다. 나의 언니는 쉬투트가르트에서 미술을 공부했고, 오빠는 튀빙겐 대학에 유학했으며, 남

편 에라스무스는 학교를 떠난 후에 흑림 근처에서 한 교사의 집에 하숙했다.[48]

이 순진한 청년들을 자녀로 둔 부모들은 신문도 읽지 않는가? 그들은 나치의 폭력과 세속주의가 실러와 바흐의 즐거움에 비하면 아무것도 아닌 곁가지라고 생각하는 것인가? 비디 발로의 경우, 그것은 대체로 보아 실용적인 처사였다. 그녀의 가족은 히틀러를 싫어했고, 그가 또 다른 전쟁을 일으킬지 모른다고 우려했으며, 지배자 민족이라는 개념을 경멸했다. "그러나 파운드화와 마르크화 사이의 환율이 아주 좋았다."[49] 자녀 유학에 대해 여러 설명이 있겠지만, 공교롭게도 많은 영국 국민들은 독일 문화에 대한 영국의 전통적 시각과 국가사회주의(나치)의 악랄한 처사를 별개의 문제라고 생각하는 경향이 있었다. 그리하여 정치적 상황이 나빠지는데도 불구하고 젊은 사람들이 제2차 대전 발발 직전까지 나치 독일을 계속하여 탐사했다.

10

노병

1935년 9월 영국 대사관의 일등 서기관 아이본 커크패트릭Ivone Kirkpatrick*은 메클렌브루크와 포메라니아를 경유하는 육백 마일의 자동차 여행으로부터 막 돌아왔다. 그는 그 여행에서 "많은 사람들을" 만났다. 커크패트릭은 도처에서 가난과 불만을 목격했으나, 독일 국민에 대한 총통의 장악은 완벽하다는 것을 발견했다. "그 어떤 정치적 · 경제적 사건도 히틀러를 권좌로부터 밀어내지 못할 것이다." 그는 새로운 시민법, 그러니까 유대인으로부터 국적을 박탈하는 악명 높은 "뉘른베르크 법"을 아주 영리한 조치라고 생각했다. "모든 독일인은 시민증을 얻으려면 당국의 지시를 철저히 따라야

---

* 커크패트릭은 1차 대전 중에 부상을 당했으나 전장으로 다시 돌아가기 위해 베일리얼 칼리지의 교수 자리를 거부했다. 그는 1940년 루돌프 헤스가 비행기를 타고 와 스코틀랜드에 내렸을 때 그를 심문했고, 1950년에는 독일 주재 고등 판무관을 역임했다. 그는 외무부의 차관으로 외교관 경력을 끝냈다.

합니다. 시민권을 얻은 이후에는 그것을 잃지 않기 위해 정부의 열렬한 지지자가 되어야 하죠."[1]

십삼 년 전 히틀러를 처음으로 인터뷰했던 미국인 관리 트루먼 스미스는 이제 미국 대사관의 무관이 되어 있었다. 그는 "아직도 독일은 한 마음이 아니다"라고 생각했지만, 독일 국민의 비판은 나치당을 향한 것일 뿐 히틀러에 대한 것은 아니라는 커크패트릭의 견해에 동의했다. 그가 볼 때 히틀러가 떠안은 가장 큰 문제는 나치 지도자들의 자질 미달이었다. 그들은 "깡패와 하층민" 출신으로, 1차 대전 이후에 상류층으로 벼락출세한 자들이었다. 이렇듯 절반은 깡패인 자들이 지역별 나치당 지부의 대표이거나 정부 장관으로 행세하고 있었다. 스미스가 보기에 이런 자들은 국민들 사이에서 별로 인기가 없었다. 하지만 기이하게도 국민들의 분노는 총통 자신을 향하는 법이 거의 없었다. 스미스는 이렇게 썼다. "독일인들은 계급과는 상관없이 이 괴상한 남자를 사랑하고 존경했다. 그들은 히틀러가 이타심이 강하고, 허세가 전혀 없는 사람이며, 독일 국민의 기쁨과 슬픔에 동참하는 사람이라고 생각했다."[2]

나치 집권 이전 독일에는 살아본 적이 없는 커크패트릭은 독일 전 지역에서 목격한 빈곤한 상황을 강조했으나, 대공황 시절 영국 대사관에서 근무했고 1935년 9월에 독일을 여행했던 오스트레일리아 외교관 아서 옌켄은, 의미심장하게도 커크패트릭과는 다른 전망을 내놓았다.

이삼 년 현장을 떠나 있다가 독일을 다시 방문하는 사람은 사람들의 외양이 크게 향상된 점에 감명을 받을 것이다. 동유럽에서 유입되던 괴상한 사람들은 대체로 거리와 카페에서 사라졌는데 그게 이야기의 전부는 아니다. 독일 국민 전체가 말쑥하게 단장하고 있는 듯하다. 어디를 가나 그들이 입고 있는 바지는 깨끗하고 뚜렷하게 주름이 잡혀 있었다. 전국적으로 옷을 잘 다려 입고 또 머리를 잘 깎고 다니는 듯하다. 그러나 안타깝게도 노점상들은 여전히 사라지지 않았다. 젊은이들도 더는 불평불만의 프롤레타리아를 흉내 내며 어슬렁거리지 않는다. 그들은 그들 자신을 다잡았는데, 그것도 자발적으로 그렇게 했다. 그들은 자긍심을 되찾았다.[3]

엔켄이 주목한 또 다른 사항은 이삼 년 전에 비해 금발머리가 훨씬 많아졌다는 것이었다. 공식 통계에 의하면 머리 염색약 1천만 통이 1934년에 팔려나갔다. 반면 "유대인 여성이 좋아하는 립스틱"은 비 독일적인 것으로 매도되어 쓰레기통에 내버려졌다.[4] 트루먼 스미스의 열한살 난 딸이 수업 시간에 짙은 붉은색 립스틱을 바른 미국인 할머니의 모습을 그리자, 그녀의 선생님은 놀라면서 이렇게 말했다. "오, 학생. 할머니들은 립스틱을 바르지 않는답니다!"[5] 엔켄은 또한 광범위한 식량 부족 등 심각한 문제들에 대해서도 기록했다. 많은 사람들이 파트타임제로만 일을 하고 있었고, "깨끗하게 주름 잡힌" 바지도 사실은 옷감이 형편없어서 겨울에 보온이 제대로 되지 않았다. 예전에 SA돌격대 대원이었던 사람은 엔켄에게 이런 말도 했다. "보온을 위해 몸에 털이 잘 자라나도록 날마다 몸에 로션을 바르고 있습니다."[6]

전쟁 중 십자무공훈장을 받은 엔켄은 유대인 학대를 정당화하는 널리 퍼진 주장에 다소 동의하는 쪽이었다. 그는 바이마르 공화국에서 사 년 동안 외교관으로 근무한 후에 유대인이 독일 문제를 좌지우지하는 것은 국가적으로 해롭다는 견해에 공감했다. 이런 견해를 갖고 있는 사람이 나치 동조자들만은 아니었다. 그는 "독일 전역에서 병적일 정도로 혐오스러운 단행본들이 넘쳐나는 서점들"이 있다고 지적했고, 연극과 영화도 그런 포르노의 "경향"을 보이는데, 모두 전적으로 유대인의 영향 아래에 있다는 것이었다. 그는 외무부에 보내는 보고서에서 이렇게 썼다. "이 나라는 정말로 숙청 작업이 필요하다."[7] 그리고 제3제국 시대에 독일을 방문한 많은 군 관계 인사들이 볼 때, 나치는 그런 숙청 작업을 잘해내고 있었다.

* * *

"경찰대장" 메리 알렌Mary Allen은 지난 대전에 참전한 "노병"이 아니었지만 마치 그랬던 것처럼 행동했다. 사실 메리처럼 나치의 이상적 독일 여성상과 거리가 있는 여성도 찾아보기 어려웠다. 그녀는 자녀, 주방, 교회에 관심이 없었다. 게다가 그녀의 티 하나 없는 경찰관 제복, 긴 장화, 짧게 깎은 머리, 엄청난 자존심은 남성적 권위에 대한 노골적 도전이었다. 그렇지만 이런 모든 점에도 불구하고 1934년 3월 어느 늦은 밤에 메리는 히틀러를 만나러 갔다. 그녀는 묵고 있던 베를린 호텔에서 나와 눈 덮인 빌헬름 광장을 가로질러 총리 관저로 가서 히틀러와 개인 면담을 했다. 유니티 미트포드보다 무려 일 년이나 앞서서 그런 쾌거를 성사시킨 것이었다.

메리가 그때 독일을 처음 방문한 것은 아니었다. 영국군이 라

인란트를 점령하고 있던 1923년
에 그녀는 전쟁성으로부터 그녀
가 지휘하는 쾰른 주재 여성 보
조 부대에서 여섯 명의 여성을
차출해 라인란트로 보내달라는
요청을 받았다. 그들은 현지에서
매춘을 단속하는 임무를 부여받
을 예정이었다. 그 요청은 그녀
로서는 개인적 승리였다. 이 년
전만 해도 메리는 런던 경찰관
비슷한 복장을 하고서 돌아다닌
다는 혐의로 기소되어 10실링
의 벌금을 부과 받았기 때문이
다. 그랬는데 마침내 그녀는 영

"경찰대장" 메리 알렌
오른쪽의 여성으로 제1차 세계대전 중에 촬영
했다.

국 정부로부터 그녀가 그토록 설립하기를 갈망했던 여자 경찰대 설
립에 대하여 공식적 승인을 받은 것이었다. 적어도 겉보기에는 그
러했다. 하지만 그것은 진정한 여명이 아니었다. 그녀가 이끄는 쾰
른 경찰대는 성공을 거두었지만 런던 경찰청은 여자 경찰관을 그들
의 조직 속으로 편입하려는 계획을 갖고 있었으면서도 거기에 자칭
"경찰대장" 메리 알렌은 포함시키지 않았다. 하지만 메리는 좌절하
지 않았다. 그녀는 1920년대 중반에 널리 여행을 다녔고 그 여행 사
진 중에는 경찰 제복을 입고 피라미드 앞에서 낙타에 올라탄 모습
을 찍은 것도 있었다.[8] 그녀는 자기 말을 들어주려고 하는 사람들을
상대로 여자 경찰대의 필요성을 역설했다.

1934년에 그녀는 독일로 다시 돌아왔다. 관계 당국을 설득하여 나치 사상을 밑바탕으로 하는 여자 경찰대를 창설하기 위해서였다. 그로부터 2년 뒤에 발간된 회고록에서 그녀는 "나치의 집회에서, 총통의 매력적인 여동생 옆에 앉아 위대한 독재자의 연설을 들으며 황홀했다"라고 적었다.[9] 그녀는 홀에 가득한 감동의 열기를 서술했고 "과거의 낡고 빛바랜 군복을 입은 뚱뚱한 독일 장군들이 흥분에 젖어서 핑크빛 대머리를 흔들어댔다"라고 썼다.[10] 메리는 영국 이외의 지역에서는 아주 설득력 넘치는 자기선전꾼이었고, 그래서 나치는 그녀가 영국 사회에서 중요한 인물임에 틀림없다고 추정했다. 실은 그저 변덕스러운 여성에 불과했는데 말이다.

어쩌면 그들은 그녀를 준남성으로 인정했는지도 모른다. 아무튼 한밤중이었고 히틀러는 방금 두 시간 반에 걸친 연설을 끝냈는데도 그녀를 만나는 데 동의했다. 메리는 이렇게 회상했다. "엘리베이터를 타고 몇 분간 올라가다가 꽃들로 단장한 대합실을 가로질러 잠시 걸어갔더니 거기에 유럽에서 가장 인상적인 남자 중 한 사람인 히틀러가 있었다."[11] 다른 많은 외국인 방문객들이 그런 소감을 밝혔듯이, 직접 만나 본 히틀러는 매력적인 남자였다. "정중하고, 조용하고, 인내심이 많았다." 그러니 영국 대사 에릭 핍스 경은 영국인 방문객들을 상대로 그건 겉치레일 뿐이라고 납득시키는 데 애를 먹어야 했다. 그들이 방금 만나고 온 그 정중한 히틀러가 정작 대사를 개인적으로 만났을 때는 미친 사람처럼 입에 거품을 물면서 고함을 지르기 일쑤라고 말하면 아무도 믿지 않았다.[12] 외무부에 보낸 보고서에서 핍스 대사는 이런 격정적인 인터뷰를 끝낸 후에는 총통이 찬물을 큰 컵으로 여러 번 들이키고 삶은 양배추를 많이 먹었다는 정보를 탐문했다고 적었다. 핍스 대사는 이런 말도 덧붙였다. "나 또한 피곤했지만 그런 방식으로 피로 회복을 도모하지는 않았다."[13]

"공군원수" 헤르만 괴링.
사진은 제1차 세계대전 중인 1917년에 촬영한 것으로 당시 괴링은 독일 제국 항공대 소속이었다.

당연히 메리 알렌은 히틀러가 여경 창설 계획을 말해주자 깊이 감동받았다. 괴링이 베를린에서 여경 백 명을 모집할 계획을 세우고 있다는 것이었다. 히틀러를 만나 감명을 받은 메리는 이런 확신을 갖게 되었다. "히틀러는 영국의 지속적인 친구이고 유럽 보통 사람들의 피를 나눈 형제이다. 그들의 국적이 무엇이든 그들의 직업을 위해 평화를 원하고 자녀들의 안전을 바라는 모든 유럽인들의 친구이다."* 며칠 뒤 괴링을 만난 그녀는 이번에도 만족감을 느꼈다. 특히 괴링이 장차 나치 여경은 제복을 입어야 한다는 얘기를 하자 그녀는 흔쾌히 동의했다.

두 사람 모두 제복을 강박적으로 사랑했지만 그것을 표현하는

---

* 알렌의 책 151쪽. 이처럼 히틀러를 적극 지지한 것은 나중에 그녀로서는 아주 난처한 일이 되었다. 1940년 11월 6일, 그녀는 한 위원회 앞으로 출두했다. 그 위원회의 임무는 그녀가 구금해야 할 정도로 위험한 인물인지 결정하는 것이었다. "지금은 히틀러에 대하여 어떤 의견을 갖고 있습니까?" 위원회가 물었다. "아무 의견도 없습니다"라고 그녀는 대답했다.(NA, Mary Allen papers, HO 144/1933).

방식은 다소 달랐다. 메리는 밤이나 낮이나 경찰 제복을 입고 있었고 때로는 외알 안경도 썼다. 하지만 괴링은 이런 저런 제복을 바꾸어 입는 것을 좋아했다. 제복 중에서도 가장 화려한 편인 공군원수 제복은 보석 박힌 지휘봉도 곁들인 것이었다. 그는 분위기에 따라 옷을 갈아입는 것을 좋아했다. 에릭 핍스 대사가 본부에 보내는 보고서에서 썼듯이 괴링은 같은 행사 동안에도 여러 번 옷을 바꿔 입었다.

미국인 언론인 윌리엄 샤이러William Shirer는 핍스 대사가 "완벽한 포커페이스를 갖춘 헝가리 신사"처럼 보인다고 썼다.[14] 그러나 대사는 국가사회주의의 모든 측면을 혐오했고, 동시에 나치 당원들의 행동에 대해 아주 시사하는 바가 많은 통찰력을 발휘하기도 했다. 그런 사실을 보여주는 에피소드가 1934년 6월 초에 벌어졌다. 대사는 사십여 명의 외교관들과 함께 쇼르프하이데에 있는 괴링의 사냥 영지에 초대를 받았다. 베를린에서 차를 타고 북동쪽으로 한 시간 정도 떨어진 거리였다. 핍스 대사는 이렇게 보고했다. "우리를 초대한 주인장은 평소와 마찬가지로 지각했다. 그러다 갑자기 자신이 손수 모는 차를 미친 듯이 몰고 나타났다. 그는 인도산 고무로 만든 항공복을 입었고 무릎까지 오는 장화에 허리띠에는 사냥용 칼을 매달고 있었다."[15]

그날 행사의 주된 목적은 괴링의 들소 방목장 자랑이었다. 행사에 들어가기에 앞서 괴링은 원시적 독일 숲의 천연미에 대해 일장 연설을 늘어놓았다. 그는 최근에 "독일 숲 관리관"으로 임명되었는데 그 숲에는 과거의 원시적인 독일 동물들이 많이 돌아다녔다는 것이었다. 그는 고대의 "숲Wald"를 재창조하여 현대의 독일인들이 직접 원시적 독일 동물들을 자연 환경에서 볼 수 있게 하겠다고 장담했다. 대사는 이어 이렇게 보고했다.

> 그의 연설이 끝나자, 인부들이 서너 마리의 암컷 들소를 한 마리 수컷 들소가 들어 있는 커다란 우리 쪽으로 몰아갔다. 한 무리의 촬영 기사와 사진 기사들이 들소의 등장에 대비하여 이 우리에 촬영기와 사진기를 집중시키고 있었다. 스페인의 황소가 불펜에서 미친 듯이 돌격해 나오는 광경을 지켜본 적이 있는 나는 이 경우에도 그와 비슷한 광경을 기대했다. 그러나 우리는 크게 실망했다. 수컷 들소는 아주 내키지 않는다는 듯한 자세로 우리에서 나왔고 암컷 들소들을 다소 슬픈 눈초리로 쳐다보더니 다시 우리로 돌아가려 했다. 따라서 행사 계획 중 이 부분은 우리의 기대를 만족시키지 못했다.[16]

나중에 외교관들은 마차를 타고서 숲을 가로질러 가서, 호수를 내려다보는 괴링의 사냥터 별관인 카린할로 갔다. 그곳에서 괴링은 거대한 작살을 손에 든 채 외교관들을 맞이했다. "그는 하얀 테니스 운동화에, 하얀 즈크천* 바지에 하얀 플란넬 셔츠를 입었고 그 위에 초록색 가죽 상의를 걸쳤다. 커다란 사냥용 칼은 여전히 그의 허리띠에 매달려 있었다." 괴링은 또 한 차례 별관 앞에서 연설을 하면서 최고의 독일 자재를 써서 건설한 카린할의 건축미를 자랑했다. 이어 외교관들은 별관 안으로 들어갔다. 그들은 거실 안에 나무 한 그루가 자라고 있는 것을 보고서 깜짝 놀랐다. 핍스 대사는 이런 추

• 천막이나 캔버스 등에 쓰는 거친 천.

카린할

사진은 1939년의 것이다.　©Matthias Süßen

측을 했다. "저 나무는 무엇인가? 바그너 오페라에 나오는 보탄°이
저 나무 등치에다 신비한 칼을 꽂아 넣기라도 할 것인가? 진정한 독
일의 영웅 지그프리트가 나타나서 그때까지 꽂혀 있든 저 칼을 뽑
아낼 때까지? 아니면 괴링 장군이 지그프리트인가?"[17]

　　에릭 핍스 대사처럼 나치의 괴기한 소행에 대해 멋진 농담을
던질 수 있는 사람은 없었지만, 그날의 그 어리석은 행사는 심각한
우려를 자아냈다. 대사의 보고서에 의하면, 괴링은 그 날 자신의 장
난감들을 "뚱뚱하고 버릇없는 아이"처럼 자랑했다. 이어 대사는 이
런 경고를 내놓았다. "히틀러의 공군 장관은 다른 날개 달린 장난감
들도 가지고 있다. 그 비행기들은 장래 어느 때에 지금처럼 어린애

•　　북구 신화의 오딘 신.

같은 정신과 어린애 같은 즐거움 속에서 살인적 비행에 나서게 될 것이다."[18]

* * *

1930년대에 영국 대사관을 거쳐 간 끊임없는 방문객들의 흐름 중에는, 1차 대전에 참전하여 싸운 사람들이 상당수 있었다. 또한 대사관 방명록에 서명한, 이 용감무쌍하며 훈장 수여자들이기도 한 역전의 용사들 중 많은 수가 나치 체제의 열렬한 응원자이기도 했다. 그레이엄 세튼 허치슨 중령은 수훈장과 무공훈장을 받았고 대사의 보고서에서도 네 번이나 언급되었다. 전후에 중령은 독일에 거주하면서 동맹국 간 연락 위원회에서 근무했다. 그는 영국 재향군인회의 창설 멤버였고, 모험 소설을 써서 성공을 거둔 작가이기도 했다. 더욱 놀랍게도, 히틀러가 집권한 무렵에 중령은 나치 선전가로 나치당의 봉급자 명단에 올라 있었고 철저한 반유대주의 파시스트 정당인 '전국 노동자 운동'을 창설했다. 괴링이 영지에서 들소 파티를 벌이고 며칠 후에 허치슨은 우파 미국 시인 에즈라 파운드에게 이런 편지를 보냈다. "나는 지난 십이 년간 독일을 면밀히 연구했고 지금은 그 지도자 몇몇을 연구하고 있습니다. 독일인들에게는 최고의 지성만이 그 본질을 알아볼 수 있는 어떤 투박한 면[**]이 있습니다. 그러나 당신은 그것이 곧 옳게 제자리를 찾아가는 걸 발견할 겁

[**] 유대인 학대를 말한다.

니다." 중령은 거짓으로라도 겸손함과는 거리가 먼 사람인지라 이렇게 말을 이어갔다. "영국인들 중에서, 나보다 더 독일인들이 경청해주는 사람은 아마 없을 것입니다. 특히 바이에른에서는 저를 알아줍니다. 독일은 군국주의 국가가 아닙니다. 나는 그것을 확신합니다."[19]

극우인사인 허치슨 중령은 괴짜 소수세력의 대표일 뿐이었지만 참전 용사들 사이에 널리 퍼진 견해를 대변하는 사람이기도 했다. 그는 이렇게 썼다. "1차 대전에서 살아남은 우리들은 그 누구보다 평화의 수호에 관심이 많습니다. 의료적 측면에서 볼 때 우리는 이런 추측을 해볼 수 있습니다. 우리는 지난 전쟁에서 전투를 수행할 정도의 신체적 능력을 갖고 있으므로, 우리의 자녀들은 만약 다음 번 전쟁이 벌어진다면 국가의 부름을 받고 나설 첫 번째 병력이 될 것입니다."[20]

참호에서 싸웠던 사람들이 무슨 일이 있더라도 전쟁은 막아야만 한다는 절실한 심정을 갖는 건 쉽게 이해할 수 있다. 하지만 그들 중 상당수가 파시즘에 매혹된 이유는 잘 설명하지 못한다. 조지 헨리 레인-폭스 피트-리버스 대위는 저명한 인류학자 어거스터스 레인-폭스 피트-리버스Augustus Lane-Fox Pitt-Rivers(그의 인류학 수집품이 그의 이름을 딴 옥스퍼드 대학 박물관에 전시되어 있다)의 손자인데 1차 대전에 참전하여 용감하게 싸웠고 부상을 당했다. 그는 할아버지와 마찬가지로 인류학자였으나 동시에 우생학자였다. 1934년 11월 28일 『쾨니히스베르커 알게마이네』 신문은 그가 쾨니히스베르크 대학에서 행한 강연을 보도했다. "피트-리버스는 인종을 생물학적 집단으로 보면서, 인종은 다수의 확정적 특징들을 가진 사람들의 무리로 규정된다고 말했다. 바로 그런 특징들이 여러 인종을 서로 구분해주는 기준이라는 것이다."[21] 이 문장은 그 자체로는 별 문제가 없어 보인다. 그러나 맹렬한 반 유대주의자인 피트-리버스는 곧 그와 비슷한 성향을 가진 카를 아스텔Karl Astel 교수와 정기적으로 모임을 갖게 된다. 아스텔 교수는 '유전 건강 최고 법정'의 위원장이었는데 바이마르 공화국의 이 법정은 어떤 자를 강제로 거세할 것인지를 결정하는 기관이었다. 아스텔은 SS근위대의 대장인 힘러에게 이런 보고서를 보냈다. "우리의 임무는 종(種)에 일치하는 더 고상하고, 더 건전하고, 더 건강한 생명을 촉진하는 것입니다." 교수는 이어 여러 가지 실험을 구상 중에 있는데 그 중에는 동성애 조사 연구도 들어 있다고 말했다. "이 작업을 위해 당신이 튀링겐 출신 동성애자 1백 명을 보내 줄 필요가 있다고 생각합니다. 곧 요청하겠습니다."[22] 바로 이런 사람과 피트-리버스(클레멘타인 처칠과 미트포드 가문의 인척이다)는 긴밀한 교우 관계를 유지했다.* 아스텔 교수는 1935년 새해 전야에 그에게 편지를 보냈다. "당신에게 새해 인사를 보냅니다. 무엇보다도 당신 나라의 인종-우생학이 지속적으로 발전하기를 바랍니다."[23]

---

* 2차 대전 종전 후에 피트-리버스의 맏아들 마이클은 "남색"으로 재판을 받았다. 이 재판은 동성애자 법을 개혁하는 촉매제들 중 하나가 되었다.

1935년 7월 15일, 자동차 행렬이 운집한 베를린 군중들 사이로 천천히 지나갔다. 한 장의 사진 속에서, 그들 중 상당수가 팔을 내뻗어 나치식 인사를 하고 있고 몇몇 사람들은 다소 회의적인 표정을 짓고 있었다. 그렇지만 모든 군중이 차에 탄 사람들을 보고 싶어 하는 표정이었다. 행렬 맨 앞의 오픈카에는 프랜시스 페더스톤-고들리 소령Major Francis Fetherston-Godley이 앉아서 활짝 미소를 지으며 오른팔을 공중으로 엉거주춤 쳐들고 있었다. 다정한 손짓과 나치식 경례 사이의 불안정한 타협이었다.[24] 소령은 영국 재향군인회 소속 멤버 다섯 명으로 구성된 대표단의 단장이었다. 대표단은 역전의 용사들의 자연스러운 동료 의식이 세계 평화에 기여할 것이라는 희망 아래 친선 여행에 나선 것이었다.

대표단의 방문 목적은 전적으로 명예로운 것이었고 각 대표의 개인적 성실성은 전혀 비난 받을 여지가 없었다. 그러나 이 방문을 둘러싸고 처음부터 논쟁이 벌어졌다. 영국 황태자가 그 여행단을 축복해주었다는 사실은 전 세계적 주목을 받기에 충분한 것이었다. 독일 또한 황태자의 연설을 나중에 독일 전역에 녹화 중계했다. 나치는 장래 영국 왕위에 오를 사람의 말에 집중하면서 그것이 영국 정부가 앞으로 좀 더 친독일 정책을 펼 것을 보여주는 신호라고 선전했다. 이러한 믿음은 1935년 6월에 체결된 영-독 해군 협약에 의해 더욱 강화되었다. 히틀러는 그 협약을 영국과의 공식 동맹을 맺는 중요한 첫 걸음이라고 생각하여, 그 협약이 체결된 날을 자신의 생애 중에서 가장 행복한 날이라고 토로했다. [25] 따라서 그로부터 한 달 뒤 영국 재향군인회의 대표단이 독일을 방문한 것은 프로파 간다의 꿈이 실현된 것이었다. 페더슨-고들리 소령이 운터덴린덴의 전쟁 기념관에 화환을 내려놓았을 때, 나치 언론 매체의 취재 경쟁 이 벌어지는 가운데 수천 명의 사람들이 그 광경을 지켜보았다.

몇 주 뒤 『황태자 자원병 연대(사우스랭커셔)의 연대기』라는 영 국 재향군인회의 여행에 대한 기록이 발간됐다. 수훈 훈장을 받은 크로스필드 중령Joseph CROSFIELD은 이렇게 썼다. "우리의 대표단을 성대하게 맞아준 점을 감안할 때 우리가 훌륭한 지도자 히틀러 자 신을 포함하여 정부의 고위 관리들을 만나는 것은 자연스러운 일이 었다."[26] 1차 대전 때 한쪽 다리를 잃은 크로스필드는 조금도 기죽 지 않고 그에 대한 반응으로 즉각 영국 공군에 합류한 인물이었다. 그는 유서 깊은 퀘이커 가문 출신이었고 따라서 파시스트가 아니었 다. 그가 털어놓기를, 그는 히틀러에 대해 아주 심한 편견을 가진 상 태로 독일을 방문했다. 그리고 히틀러를 직접 만났다.

히틀러는 혼자서 멀찍이 떨어져 서 있었다. 다들 히틀러의 강렬한 사 명감과 그에 대한 경이로운 존경심에 압도되어 그의 근처에 가려고 하 지 않았다. 우리는 그와 한 시간 반 정도 환담하는 특혜를 얻었다. 그 시간은 대부분 각종 전투 장면에서의 경험을 서로 비교하는 데 할애되 었다 …… 회담을 마치고 나오면서 우리는 그의 소박함, 성실성, 조국 에 대한 열광적 헌신 등에 큰 감명을 받았다. 우리는 그가 또 다른 세 계 대전만큼은 어떻게든 피하고 싶어 한다고 확신했다.[27]

총통을 열광적으로 지지하기는 했지만 크로스필드는 국가사회주의가 영국에서도 통할 것이라는 망상은 갖고 있지 않았다. 그는 단합에 대한 강박적 집착, 모든 비판의 억압, 당에 가장 오래 근무한 사람이 "가장 좋은 보직"을 맡아야 한다는 전제조건을 믿지 않았다. 크로스필드는 반유대주의 정책이 대전 이래 독일을 쳐들어온 "질 낮은 유형의 유대인들"만을 대상으로 한 것이라는 주장도 잘 납득이 되지 않았다. 그러나 그렇게나 엄청난 환대와 초호화판 접대를 받고 나서 그런 까다로운 문제들을 따지고 드는 것은 무례하다고는 할 수는 없어도 심술궂은 일이었다. 하지만 한 가지 피해갈 수 없는 문제가 있었다. 뮌헨 일정의 일환으로 독일측 여행 조직자들은 교묘하게도 펠드헤른할레에 있는 나치 "순교자들" 기념탑에 헌화하는 일정을 집어넣어 두었다. 하지만 그것은 대표단의 호의를 너무 악용하는 것이었고 그래서 소령은 그 일정을 황급히 수정하도록 요청하여 관철시켰다.

베르히테스가덴에 있는 히틀러의 산간 별장에서 개최된 리셉션에 참석하고 근처에 있는 괴링 부부의 저택에서 점심 식사를 한 대표단은 필수 코스인 다하우 노동 수용소를 시찰했다. 하지만 그 시찰에서 대표단이 한 가지 알지 못하는 사항이 있었다. 그들의 사열을 받은 "타락한 범죄자들"은 실제로는 변장한 수용소 간수들이었고 다른 많은 외국인들도 그와 비슷하게 위장한 사람들이었다. 대표단은 쾰른에서 관광을 마쳤는데 거기서 가장 성대한 환영을 받았다. 크로스필드는 이렇게 썼다. "쾰른에서는 전 도시가 우리를 기념하여 환하게 조명을 밝혔다. 부두 쪽에는 주민들이 무려 10열을 이루면서 도열해 있었다. 우리는 부두에서 호텔에 이를 때까지 '영국인 만세'를 외치는 주민들 사이를 뚫고 천천히 차를 몰아 돌아왔다. 우리 영국군이 라인란트를 점령하던 시절에 보여주었던 훌륭한 행동에 대한 멋진 답례 인사였다."[28] 그것이 과연 진짜 이유였을까? 어쩌면 나치의 노련한 무대 관리 기술을 보여주는 또 다른 사례는 아니었을까? 영국으로 돌아오는 길에 페더스톤-고들리와 그 동료들은 자신들의 노력이 보람 있었다는 환상을 품고 있었다. 비록 그의도는 선한 것이었으나, 대표단은 그들의 노력이 히틀러의 야욕에 조금도 영향을 미치지 못했다는 사실은 전혀 눈치 채지 못한 것이었다.

이 주 뒤 또 다른 영국 대표단이 똑같은 선의를 가지고 독일을 향해 출발했지만 이번에는 훨씬 주목을 덜 받았다. 이 대표단은 교직자와 교육자로 구성되었다. 이들은 노병이라기보다 기독교도의 자격으로 베를린을 방문했으나, 세계 평화를 도모해야 한다는 목표는 똑같았다. 그들은 철학, 경제학, 교육학에 대한 나치의 사상을 탐구할 목적으로 학술 대회에 참석할 예정이었다. 참석자들은 이른바 지식인들의 그룹이었다. 신학자들 중에는 네빌 탤보트 주교, 엑세터 참사회장 스펜서 카펜터, 그리고 에릭 펜 목사(학생 기독교 운동의 부소장) 등이 들어 있었다. 교육자들 중에는 웨스트민스터 학교 교장인 존 크리스티와 리즈 대학의 경제학 교수 등이 포함되었다. 일행 중에 여성으로는 엘리자베스 패크넘(후일의 레이디 롱포드)과 에이미 불러Amy Buller가 있었다. 불러는 학술대회의 추진자이면서도 조직자이기도 했다. 에릭 펜은 미세스 패크넘을 보더니 다들 놀라는 표정이었다고 기억했다. "그녀는 아이 둘을 둔 미모의 어머니였고, 옥스퍼드 대학 졸업생, 노동당 고문관에 경제학을 잘 아는 저자였기 때문이다."[29] 달리 말해 나치 체제가 사랑하는 '가정, 주방, 교회'라는 이상형으로부터 아주 까마득히 떨어져 있는 여성이었던 것이다.

사십대 중반의 강인한 여성인 에이미 불러는 현재 리버풀에 있는 '여성 거주 홀'의 소장이면서 독일을 잘 아는 사람이었다. 처음에 그녀는 다른 많은 외국인들과 마찬가지로 나치 체제에 깊은 인상을 받았으나 최근에 독일을 여러 번 방문하면서 직접 보고 들은 것 때문에 점점 더 심란해 했다.[30] 그녀는 양국의 신학자와 학자들 사이에 적절한 대화의 장을 마련하는 것을 아주 긴급한 문제라고 느꼈다. 그래서 요크 대주교 윌리엄 템플의 지원 아래 학술 대회를 적극적으로 조직하게 된 것이었다.

학술 대회는 카이저호프에서 열렸다. 그곳은 히틀러가 총리가 되기 전에 나치당 본부를 두었던 호텔이었다. 참사회장 카펜터는 에이미 불러가 그들에게 은밀히 해준 경고를 기억했다. 그들이 날마다 모이는 그 방 안에는 굴뚝 위로 "도청 장치"가 설치되어 있으므로, 독일인의 이름을 말하지 않도록 아주 주의해야 한다는 것이었다. 카펜터는 이렇게 회상했다. "우리가 개인적으로 만난 교수들은 아주 다정했습니다. 하지만 그들은 아주 놀라운 얘기를 했습니다."[31] 한 독일인 연사는 그들을 위해 다양한 유형의 사회주의를 설명해주었다. "마르크스 사회주의는 아주 혐오스러운 것입니다. 반면 기독교 사회주의*는 가난한 사람들에게 도움을 주자는 것입니

* 19세기에 영국 성공회 교회 내에서 일어난 사회 개혁 운동. 기존 교회에 대한 반발로 시작되었고 벤덤과 J.S.밀의 공리주의와 자유방임주의 원리를 철저히 반대했다. 이 운동은 모든 사회적 관계에 있어서 기독교의 원리를 적용함으로써 개인과 사회를 개혁하려는 목표를 갖고 있었다. 1831년에 프랑스에서 사회주의라는 말이 처음 생겨났는데, 그로부터 영향을 받아 기독교 사회주의라는 용어를 사용하게 되었다. 1840년대와 50년대 초에 활발한 활동을 펼쳤으나, 1853년 크리미아 전쟁이 발발하는 바람에 세력이 많이 줄어들었다.

다. 이건 그리 해로울 것도 없습니다. 그러나 진짜 사회주의는 국가 사회주의입니다."[32] 하지만 가장 우려스러운 진술("휴머니즘"이라는 제목이 붙은 강연 중에 나왔다)은 모든 철학은 인종을 밑바탕으로 삼는 다는 얘기였다.

어느 날 밤 펜이 "다소 평판이 의심스러운 지하 카페"라고 말한 곳에서 은밀한 모임이 있었다. 그곳은 천장이 낮았고 그래서 신장이 6피트 7인치(2미터 1센티)인 탤보트 주교는 허리를 절반쯤 굽혀야 간신히 입장할 수 있었다. 펜의 회상에 의하면, 한 테이블에 앉아 있던 어떤 소녀가 앞치마에 양말대님을 두른 탤보트의 모습을 보고서 놀라며 이렇게 말했다. "저 황당한 생물은 대체 뭐야?"[33] 그것은 모든 면에서 울적했던 한 주 동안에 유일하게 웃어볼 수 있는 순간이었다. 그들 중 어떤 사람은 올바른 종류의 독재자라는 게 있기야 하다면야 독재 체제도 나름 가치가 있을 수 있다고 말했지만,[34] 그 학술 대표단은 선의가 완전히 파탄 나 버리고 장래에 대해 음울한 전망만 가득한 채로 귀국했다.

* * *

영국 재향군인회 대표단이 귀국하기 며칠 전인 1935년 8월 4일 새벽 네 시, 돔빌 부인은 퍼트니의 자택에서 남편을 깨웠다. 부제독 배

이 운동은 현대의 사회 운동에 많은 영향을 미쳤고, 노동조합의 결성, 노사 상생의 법률, 노동자 교육 등에 커다란 영향을 미쳤다.

리 돔빌 경Vice-Admiral Sir Barry Domvile은 대영제국 제2급 훈위(勳位) 보유자, 영국 훈장 상급 훈사, 영국 해군 고위 훈장 수여자였다. 그로부터 한 시간이 채 지나기 전에 부제독은 크로이던 공항으로 나갔고 정오 무렵에는 베를린의 템펠호프 공항에 도착했다. 그를 초청한 사람은 친 나치 스위스계 독일인 사업가인 월터 드 사저Walter de Sager였다. 그는 런던을 기반으로 사업을 펼치고 있었는데 부제독에게 현지 시찰 여행을 제안했다. 부제독은 최근 그리니치의 왕립 해군대학의 학장 자리에서 은퇴했고 그 전에는 해군 정보부의 책임자였다. 즉, 나치가 공들여 선전하고 싶은 저명한 외국인 유형에 딱 들어맞는 인물이었다. 알돈 호텔까지 짧은 거리를 차를 타고 가는 동안 돔빌이 독일에 대한 갖게 된 첫 인상은 유쾌함이었다. '음울한' 크로이돈 공항을 뒤로하고 떠나온 부제독은 베를린의 깨끗한 거리 카페와 다채로운 윈도박스가 아주 상쾌하다고 생각했다. 게다가 더 좋은 것은, 속도 제한도 없고 "조기 도로 폐쇄"도 없었으며 운전기사는 아무데나 주차를 할 수가 있다는 점이었다. 그는 일기에다 이렇게 적었다. "독일은 금지된 게 많은 나라이고 영국은 자유의 나라라더니, 그것도 아니네."[35] 그러나 그는 드 사저 부부의 집이 아니라 호텔에 머무르게 된 것이 좀 의아했다. 그렇다면 누가 진짜로 나를 초대한 것일까 하고 그는 의아해했다.

그다음 날 여러 강제 수용소들을 통합 감시하는 수석 감사관 테오도르 아이케가 그를 호텔로 데리러 갔다. 아이케는 몇 달 전만 해도 다하우 수용소장으로 근무하면서 제임스 맥도날드와 데렉 힐을 영접했던 인물이다. 그리고 공용차의 호송을 받아 도시 외곽으로 나가 아돌프 히틀러 연대의 사령부로 향했다. 히틀러의 예전 운

전기사였던 조제프 디트리히Josef Dietrich가 지휘하는 이 엘리트 연대는 SS근위대에서 선발한 최정예 병력으로 구성되어 있었다. 돔빌은 이렇게 썼다. "높은 군기를 자랑하고 히틀러에 대해 철저한 충성을 맹세한 아주 뛰어난 병사들이다." 하일 히틀러의 함성에 둘러싸이자 돔빌은 곧 그 자신의 말처럼 나치식 경례에 "꽤 능숙해졌다". 사실 이상한 일도 아니었다. 일제히 울리는 북소리를 들은 후에, 제독은 연대 병력이 사열대 앞을 완벽한 구스스텝으로 지나가면서 올리는 나치식 경례를 받았기 때문이다. 그 무렵 그를 초대한 인사가 다름 아닌 SS근위대 사령관 하인리히 힘러라는 것이 밝혀졌다. "세상은 참으로 재미있는 곳이구나!"라고 돔빌은 적었다.[36]

열병식 뒤 그를 위해 벌어진 리셉션 행사에서 돔빌은 몇몇 장교들이 두개골이 상감된 반지를 끼고 있는 것을 보았다. 부제독은 곧 그 두개골 반지가 특별한 용기를 발휘한 SS근위대 병사들에게 힘러가 개인적으로 하사한 선물이라는 것을 알았다. 반지 안쪽에는 30.6.34라고 새겨진 숫자가 보였다. 그것은 힘러가 정적인 에른스트 룀을 제거한 날짜를 가리키는 것으로, 곧 장검(長劍)의 밤 학살이 벌어진 날이었다. 하지만 돔빌은 그의 바로 옆에 앉아 유쾌한 대화를 나누는 아이케가 과거에 어떤 짓을 했는지는 알지 못했다. 아이케는 투옥된 에른스트 룀이 자살을 거부하자, 감방 안에서 룀을 직접 처형하겠다고 자원한 자였다. 돔빌은 연대장 디트리히를 "다소 매너가 투박한 사람이지만 훌륭한 지도자"라고 평가했다. 하지만 그 연대장 역시 히틀러의 정적 숙청 작업에서 큰 역할을 했던 인물이었다. 그는 어느 한 순간에는 총통의 운전수였다가 그다음 순간에는 SS의 장군으로 승진했었다.

히틀러 연대 막사를 떠난 후에 돔빌은 에릭 핍스 대사를 방문했다. 부제독이 대사에게 아침의 열병식에 대해 어떤 얘기를 했는지는 기록에 나오지 않으나, 영독 친선이 나치의 주요 우선사항이라는 확신을 대사에게 전달했을 게 틀림없다.[37] SS근위대가 돔빌을 선전 대상으로 삼은 것은 그야말로 적절한 선택이었다. 부제독은 영국 정부 내에서 고위직이었고 영향력 있는 자리에서 활약해왔기 때문이었다. 그러나 전반적으로 볼 때, 영국인을 이해하려는 나치의 투박한 노력은 양국의 동맹 관계를 가까이 하는 데는 별 기여를 하지 못했다. 독일 지도부가 영국의 역사에 대해 얼마나 무지했는가는 대사관 일등 서기관 아이본 커트패트릭이 전한 이런 에피소드가 잘 말해준다. 율리우스 스트라이허는 베를린 청중들에게 영국인이 유대인의 위협을 얼마나 모르는지 설명하면서 이런 말을 했다고 한다. "유대인 정치가 디스레일리는 빅토리아 여왕으로부터 '글래드스턴 경'이라는 귀족 칭호를 수여받았습니다."[38]•

그다음 날 아침 드 사저 부부는 돔빌을 그들의 벤츠 차에 태워 남쪽으로 갔다가, 라이프치히 남쪽 어딘가에서 점심 식사를 하기 위해 식당에 들렀다. 그 식당의 웨이터는 그들에게 최근 어떤 남자가 참수되는 광경을 5마르크를 내고 보았다고 얘기했다. 중국에 있을 때 참수 광경을 많이 보았으므로, 독일의 참수 기술은 어떤지 비교해보고 싶었다는 것이었다. 돔빌은 이런 기록을 남겼다. "그는 독일인들이 도끼를 아주 잘 다룬다고 말했다." 이어 부제독은 곧 그가

• 디스레일리와 글래드스턴은 서로 다른 사람이며 빅토리아 시대 후반기에 활약한, 정계의 치열한 라이벌이었다.

좋아하는 주제, 정말 사랑스러운 독일의 윈도박스에 대해서도 적었다.

독일인들이 돔빌의 방문을 얼마나 중시했는지는 다음 사건이 잘 보여준다. 부제독은 며칠 뒤 뮌헨에서 남쪽으로 사십 마일 떨어진 테게른제 호수에 있는 하인리히 힘러의 별장에서 점심 식사를 같이 하게 되었다. 그날 오후 두 사람은 사냥을 위해 바이에른 알프스의 산으로 떠났다. 그리고 바이에른의 깊은 숲 속에서 진정한 아리아인 형제들처럼 사냥을 하며 유대를 돈독히 했다. 돔빌은 이렇게 썼다. "우리는 아름다운 삼림지를 통과해 달렸고 꼬불꼬불하고 아찔한 비탈길을 통과하여, 해발 천백 미터에 있는 힘러의 사냥 오두막으로 갔다." 깔끔한 것을 좋아하는 돔빌로서는 드 사저와 한 방을 써야 하는 것도 못마땅해 했었지만, 사냥 오두막은 온수 없이 냉수만 나오는 곳인데다 '화장실'도 땅 속 깊이 파놓은 구덩이가 전부였다. 뚱뚱한 주방장은 주방의 선반 위에서 잠을 잤다. 그곳은 편안한 퍼트니 자택으로부터 아주 멀리 떨어져 있는 곳이었다.

다음 날 아침 힘러는 "하느님 국왕을 보우하소서"라는 영국 국가를 부르며 돔빌을 깨웠다. 돔빌은 "하일 히틀러"로 응답했다. 이날 여행 안내역을 맡은 빌리 자크스는 건설회사 피히텔앤자크스를 소유한 친 나치 인사로 바이에른에 대규모 토지를 소유하고 있었다. 그는 신새벽에 사냥감을 찾아서 돔빌을 산 속으로 안내했다. 자크스는 영주들에게 "봉건적" 충성을 바치는 가신 같은 존재였고, 그래서 부제독은 "사막의 아랍인과 그의 노예들"을 생각하게 되었다고 적었다. 그들이 사냥을 포기하고 오두막으로 돌아오려고 하는데 마치 기다렸다는 듯이 산양이 나타나서 돔빌에게 영광의 기회를 안겨주었다. 그는 표적을 정확하게 맞추었고 그래서 모두들 안도했다. 돔빌은 이렇게 썼다. "자크스의 기쁨은 좀 황당할 정도였다. 그는 나를 포옹하면서 정말 기분이 좋다고 거듭 거듭 말했다. 그는 나에게 계속하여 그를 빌이라고 불러달라고 했고 그래서 나는 그에게 '바이에른의 빌'이라는 별명을 붙여 주었다. 나는 바이에른 알프스의 최고 사냥꾼으로 그날 일정을 마감했다. 잡은 산양은 사냥 오두막으로 옮겨졌고 "빌은 그곳 베란다에서 구스스텝으로 걸었다".

아마 독일 숲의 수석 관리관인 괴링이 개인적으로 돔빌에게 특별 사냥 허가를 내주었을 것이다. 그날 밤 그들은 더욱 돈독한 교우 관계를 다졌다.

우리는 전형적인 바이에른식 저녁 한때를 즐겼다. 한 명의 아코디언 주자와 세 명의 춤꾼이 나왔는데 그 중 둘은 남자였다. 현지 민속춤은 아주 놀라웠다. 훌쩍 훌쩍 뛰어오르고, 고함을 치고, 소리를 지르며 자기 엉덩이와 허벅지를 찰싹 치고, 발을 쿵쿵 구르고, 여자들의 스커트를 살짝 들어 올리려고 시늉을 내는 등, 고원지대의 릴 춤을 연상시켰다. 빌은 아주 흥분하여 노래를 부르며 뚱뚱한 요리사와 춤을 췄다. 모두들 한바탕 춤을 췄다. 월터 드 사저, 볼프*, 힐러. 나만 가만히 앉아 있었다. 흥겨운 파티는 계속되었고 음식과 술이 계속 들어오면서 더욱 열기가 뜨거워졌다. 나는 자정에 물러났다 …… 그들은 새벽 세 시까지 놀았다. 들여온 상당히 많은 양의 술을 다 마실 때까지. 하인리히 힐러는 아주 매력적이었다.

---

* 카를 볼프는 힐러의 인사 수석이었고 히틀러에게 직접 보고하는 SS 근위대 연락 장교였다.

테게른제에 돌아오니 일행은 더 늘어나 있었다. 미국 시카고에서 온 부부 방송팀, 미국 외교관인 핀스터월드 씨와 그 부인, 그리고 영국 하원에서 든든하게 히틀러를 지원해주고 있는 토머스 무어 중령 겸 의원 등이었다. 8월 12일, 그들은 다하우로 1일 시찰을 떠났다. 무더운 날이었고 돔빌은 이미 짜증이 나기 시작했다. "나는 자동차 맨 앞좌석을 그 빌어먹을 미국인 여성 핀스터월드 부인에게 양보해야 했다. 코끼리 같은 피부를 가지고 있었는데 이런 데 와서는 안 되는 여자였다." 그들은 수용소 재소자들과 몇 시간을 함께 보냈다. 수용소에서 내보인 "재소자들"이 실은 수용소 간수라는 사실을 까마득히 모르는 돔빌은 이렇게 썼다. "어떤 특정한 유형만이 아니라 온갖 부류 사람들이 뒤섞여 있었다. 어린 소녀를 상대로 범죄를 저지른 자, 한두 명의 살인자들 …… 그리고 동성애자들이 가득한 방으로 들어갔다." 남자들은 수용소가 편안하고 질서정연하다고 칭찬했다. 이런 "인간쓰레기들"에게 새로운 출발을 할 수 있게 해주니 나치가 얼마나 멋진 일을 하고 있느냐고 감탄했다. 그들은 진짜 재소자들이 만든 목제 맥주잔을 선물로 받고 다하우를 떠났다. 돔빌은 그날 밤 일기에다 이렇게 썼다. "영국 언론들은 최근에 독일에 대한 가짜 뉴스를 너무 많이 전하는 수치스러운 짓을 했다."

그러나 이틀 뒤 그의 기분은 심드렁해지기 시작했다. 드 사저 부부는 점점 더 짜증나게 행동했고 날씨는 축축하면서 추워졌다. 돔빌은 이렇게 논평했다. "무어는 유대인들을 계속 공격했고 여행의 사전 준비는 아주 엉망이었다. 나치는 자기들끼리 너무 싸운다. 외교부에만도 리벤트로프 조직, 나치 FO, 통상적 조직 이렇게 세 개가 있다. 그리고 이 세 조직은 서로 경쟁한다." 돔빌은 독일 여행을 하고 나서 확고한 신념을 갖게 되었고 그것은 1차 대전에 참전한 많은 용사들이 동감하는 바였다. 즉, 영국과 독일 사이에 강력한 동맹 관계가 맺어지지 않으면 세계 평화는 없다는 것이었다. 새로운 독일은 아주 잘나가고 있었으나, 그래도 베를린에 도착한 지 2주 후 귀국 비행기에 오른 돔빌은 상당한 안도감을 느꼈다.[39]

* * *

돔빌 부제독이 안전하게 퍼트니로 돌아가고 3주 후에, 아주 이국적인 방문자가 베를린에 도착했다. 자동차 행렬, 수많은 아내와 아이들(아이들만 여든여덟 명이었다)을 거느린 파티알라의 태수 부핀데르 싱Bhupinder Singh은 인도 태수의 진면목을 유감없이 보여주었다. 호화로운 복장에 온갖 보석을 두른 1급의 크리켓 선수인 싱은 영국 군대의 명예 중령이기도 했다. 그 해 초에 영국왕 조지 5세의 즉위 25주년 행사에 참석한 후, 태수는 프랑스의 온천욕장으로 물러가 있었다. 그곳에서 8월 9일에 그는 영국 정부 인도청의 닐 대령에게 그의 여행 계획을 알렸다. 그는 벨기에의 왕과 왕비를 방문하고 이어 네덜란드 여왕을 방문하고 싶다고 전했다. 여왕을 아직 "그녀의 땅에서 직접 만나본 적이 없다"는 것이었다. 그런 다음 태수는 특별히 "떠오르는 독재자인 히틀러 씨"를 만나보고 싶은 소망을 표시했다. 그는 닐 대령에게 이렇게 썼다. "그를 직접 만나 그의 공로와 기타 사항들에 대하여 판단해보는 것은 아주 즐거운 일이 되리라 생각합니다."[40]

베를린은 처음에는 싫어하는 내색이었으나 곧 적극적으로 나왔다. 태수는 파티알라에서 많은 독일인들을 고용하고 있을 뿐만 아니라, 그의 병원도 독일 장비로 채웠고 또 왕궁을 단장하는 데도 독일인 실내장식가들을 초대했다. 인도는 상업적 잠재력이 풍부한 곳이었고 또 나치는 태수의 독일 방문이 인도에 대한 영국의 신경을 건드릴 수 있는 좋은 기회라고 판단했다. 그래서 태수의 주치의가 유대인이라는 사실에도 불구하고 환대를 해주기로 의견이 모아졌다. 심지어 태수와 히틀러의 만남까지 주선될 정도였다. 그러나 그 면담은 좋게 시작되지 않았다. 태수는 지난 번 베를린 방문 때 단 한 번의 진료에 독일인 의사가 1만5천 파운드를 요구했다면서 투덜거렸다. 그것은 당연히 총통을 불쾌하게 했다. 그러나 태수가 새 독일에 대한 열광적 지지를 표시하자 분위기는 다시 밝아졌다.

부핀데르 싱 태수는 인도 내에서 독일의 영향력이 점점 커지는 것을 따뜻하게 환영했고 독일 영사관을 캘커타에서 델리나 심라로 옮길 것을 권유했다. 그래야 "좀 더 표적에 가까워진다"는 것이었다. 그는 독일이 "시장 물품들"로는 일본과 경쟁할 수 없지만, 대규모 기술 설비에 대해서는 영국보다 우위에 있다고 말했다. 태수는 또 노련한 외교술의 일환으로 독일의 젊은 외교관 디트리히 폰 미르바흐 남작Baron Dietrich von Mirbach에게 파티알라에 새 헌법을 작성해줄 수 있는 훌륭한 독일 법률가의 이름을 요청했다.[*] 영국 정부가 히틀러와 좀 더 긴밀하게 협력하는 것을 꺼리는 분위기에서, 그런 요청은 폰 미르바흐의 상급자들이 당연히 주목할 만한 요청이었다.

---

[*] 인도정부법은 태수가 독일을 방문하기 몇 주 전에 런던에서 통과되었다. 태수의 방문

1930년대에는 예전의 많은 협상국 병사들이 제3제국을 여행했고 자연히 나치에 대한 그들의 반응은 각양각색이었다. 하나같이 지난 1차 대전 같은 참호전은 막아야 한다는 뜻은 명확했다. 그러나 피트-리버스 대위 같은 소수의 사람들은 히틀러의 독재체제에 너무나 매혹되어 옳고 그름을 제대로 판단하지 못했다. 그보다 더 많은 사람들, 가령 크로스필드 중령이 좋은 사례인데, 그들은 평소의 비판 능력이 나치의 프로파간다에 의해 무디어졌다. 크로스필드 같이 아주 점잖은 사람들이 히틀러의 독일을 방문한 후에 거듭하여 묻게 되는 질문은 이런 것이었다. "잔인한 억압, 부패한 법률, 무자비한 반대세력 탄압이 영국 정부에게는 전혀 용납될 수 없는 문제이다. 그렇지만 제3제국에서는 그런 것이 용납되어도 국가가 잘 굴러가고 있지 않은가?" 그런데 여기서 진정한 비극이 생겨난다. 이런 화급한 문제들에 대해 이런 식으로 외면을 해버림으로써 이 역전의 용사들은 그들이 그토록 피하고자 했던 그 갈등을 좀 더 가까이 당겨왔을 뿐이었다.

기록에 대해서는 폰 비르바흐의 보고서인 "Auswartiges Amt Poitisches Archiv", Berlin, R77444를 참조할 것.

11

문인 "관광객들"

표현의 자유는 작가의 기본적 권리다. 그러나 20세기의 많은 저명한 문학인들이 파시즘에 매혹되었다는 사실은 발견하는 건 하나의 충격이다. 에즈라 파운드, 윈덤 루이스, 노르웨이의 노벨상 수상 작가 크누트 함순Knut Hamsun 등이 책을 불태우고, 나치에 반대한 사상을 표현했다며 사람을 고문해 죽이는 정치 체제를 공개적으로 지지했다. 이런 사실은 참으로 당황스럽다. 더 나아가 T.S. 엘리엇도 파시스트 경향을 보인다는 비난을 받았고, W.B. 예이츠는 아일랜드 푸른 셔츠Irish Blueshirts*를 지지했다. 설령 이런 비난이 근거 없거나 과장된 것이라고 해도 여전히 이런 의문이 남는다. 양심적인 해외 작가들이 악랄함, 검열, 억압 등으로 악명 높은 독재 체제를 적극적으로 비난하지 않는 것은 도대체 어떻게 된 일인가?

---

*   푸른 셔츠는 1930년대에 아일랜드에서 활동한 친 파시스트 조직의 이름이다.

크누트 함순(위 오른쪽), 에즈라 파운드(아래 왼쪽),
윈덤 루이스(아래 오른쪽)

모두 나치를 적극적으로 지지한 문인들로 특히 크누트 함순
은 자신의 노벨상 메달을 괴벨스에게 보내줄 만큼 나치에 헌
신적이었다.

그러나 이런 것들이 헨리 윌리엄슨에게는 전혀 문제가 되지 않았다. 자연 세계와 수달이라는 동물을 다룬 『수달 타르카』를 발표하여 1928년에 호손던 문학상을 받은 이 영국인 작가는 히틀러의 독일에서 그가 보고 싶은 것만 보았다. 1차 대전 당시 참호 속에서 싸운 보병으로서, 윌리엄슨은 그 유명한 1914년의 크리스마스 휴전에도 참여했었다. 그것은 강렬한 체험이었고, 온갖 반대 프로파간다에도 불구하고 자신이 본질적으로 독일과 뜻을 함께하는 사람이라는 확신을 심어주었다. 게다가 대전이 끝난 지 십오 년이 되었는데도 그의 조국 영국은 여전히 진흙탕 속에 있었다. 그는 히틀러가 밝고 새로운 미래를 향해 독일을 이끌고 나가는 모습을 보았고 또 독일의 국가적 전통을 새롭게 살려내는 광경도 목격했다. "피와 땅"이라는 나치의 구호는 단순소박한 시절로 되돌아가자는 간절한 호소였다. 농민들이 농경지에서 일을 하면서 자연과 하나가 되고, 부족과 토지가 한몸이 되었던 시절 말이다. 자연 세계에 매혹된 윌리엄슨이 볼 때, 이런 신비한 과거는 강력한 낭만적 호소력을 갖는 것이었다. 그는 히틀러가 이런 자연 사상을 신봉하고 실천하는 사람이라고 보았고, 히틀러 청년단의 운동이 독일의 청년들에게 영감을 불어넣어 준다고 생각했다.

1935년 8월 초 당시 데번셔에 살고 있던 윌리엄슨은 오랜 친구이며 동료 작가인 존 헤이게이트로부터 편지를 한 통 받았다. 뉘른베르크 나치 전당대회에 참석해달라는 요청이었고 여비를 제공하겠다는 것이었다.[1] 헤이게이트는 티롤 지역에서 나치 선전물을 나누어주는 모험을 끝낸 후에 베를린의 UFA 스튜디오로 돌아와 시나리오 쓰는 일을 하고 있었다. 그는 윌리엄슨에게 그 초청은 독일작가 관리청에서 하는 것이고 따라서 기금도 거기서 나온다고 말했다. 윌리엄슨은 이런 괴상한 일을 하는 정부 관청이 있다는 사실에 조금도 개의치 않고 그 초청을 받아들였다. 나치로서는 현명한 투자를 한 셈이었다. 독일에 발을 내딛는 순간부터 이 자연주의자 겸 소설가는 나치의 적극적인 지지자가 되었고, 그들의 프로파간다를 있는 그대로 받아들였으며, 그 주장을 조금도 의심하지 않았다. 그는 특히 총통의 비전에 감동하여 "레닌의 그것을 향상시킨 비전"이라고 칭송했다. "히틀러의 비전은 국가가 지원하는 방식으로 모든 사람이 자기 땅을 소유하여, 자연 세계에 살면서 그들 자신의 자아를 성취하게 하려는 것이다."[2]

일 년 뒤 그는 독일을 다시 방문했다. 윌리엄슨은 헤이게이트의 MG 자동차를 타고서 9월 7일 아침 일찍 베를린을 떠나 뉘른베르크로 갔다. 그는 당시 상황을 이렇게 묘사했다. "우리는 해가 뜨기 전 엷게 깔린 안개를 뚫고서 시속 팔십이 마일로 부드럽게 달려갔다. 그러다가 회색 야전군 제복과 장화를 착용하고 행군 중인 병사들 곁을 지나갔다. 군부대 수송 차량의 나무 바퀴에는 먼지가 묻어 있었고, 병사들은 투구나 상의에 꽃을 꽂고 있었다." 그들이 뉘른베르크 근처로 가자 지평선 위에 불꽃놀이가 펼쳐져서 "마치 대포를 쏘는 것처럼 밝게 불타오르며 퍼졌다". 현장에 도착한 윌리엄슨은 외국인들이 너무 많은 것을 보고서 놀랐다. 그들은 대부분 철도의 측선에 옮겨놓은 기차 차량 안에서 묵었다. "미트로파*제 차량 안은 무관들, 비서들, 대사관 하급 직원들, 옥스퍼드 운동가들, 보이

• 제1차 세계대전 중에 창업한 회사로, 열차의 침대차와 식당차, 객차 등을 만들었다.

스카우트 간부들, 언론인들, 대중 강연가들, 산업 재벌들, 그 외에 우리처럼 분류하기 어려운 수십, 수백 명의 외국인들로 북적거렸다."

그다음 날 아침 여덟 시, 윌리엄슨과 헤이게이트는 이미 거대한 나치 연병장에 나와 있었다. 윌리엄슨은 이렇게 회상했다. "우리는 통로 끝 쪽 좋은 자리를 차지했다. 나는 가장자리에 앉았고, 소매를 걷어 올려 해바라기를 했다." 그러나 몇 분 사이에 좋았던 기분은 어그러졌다. 눈앞으로 전체주의의 오싹한 행진 대열이 지나가서 그런

프랭크 부크맨

"아돌프 히틀러 같은 사람이 있다는 것에 신께 감사드립니다." 그토록 독실한 기독교도인 프랭크 부크맨에게 히틀러는 공산주의로부터 기독교 세계를 보호하고 있는 진정한 지도자였다. 그에게 히틀러는 "신의 통치에 자신의 몸의 맡긴 사람"이었고, 히틀러의 반유대주의도 히틀러가 유대인 안에 있는 공산주의자를 발견했기 때문이라고 생각하며 두둔했다.

것은 아니었고, 다른 일로 그러했다. "내 옆구리를 밀치면서 거대한 엉덩이가 밀고 들어왔다. 나는 끝 쪽 좌석으로부터 안쪽으로 밀려났다. 나는 고개를 돌려 그 뚱뚱한 친구를 쳐다보았다 …… 창백하고 통통한 손 안에 커다란 봉투를 들고 있었는데, 주소에 옥스퍼드 대학이 적혀 있었다." 이어서 그 사람의 이름이 시야에 들어왔는데, 그는 다름 아닌 옥스퍼드 그룹의 미국측 창립자인 프랭크 부크맨Frank Buchman 목사였다.[3]

옥스퍼드 그룹은 훗날 도덕재무장Moral Re-Armament. MRA으로

알려지게 되는 조직인데 "하느님이 통제하신다"라는 구호를 내걸었다. 부크맨의 사상은 세계 평화는 오로지 "하느님이 통제하는 인물들"이 창조한 "하느님이 통제하는 국가들"에 의하여 달성될 수 있다는 것이었다. 그날 부크맨은 수백만이 환호하는 히틀러 권력의 진면목을 목격했으므로 "하느님이 통제하는 히틀러"가 옥스퍼드 운동을 위해 무엇을 해줄 수 있는지 분명하게 깨달았을 것이다. 여기에 지도자, 진정한 위버멘쉬Ubermensch(초인)가 있었다. 그는 이미 공산주의라는 겉옷을 입고 나타난 적그리스도를 패배시킴으로써 자신의 진가를 입증했다. 부크맨은 대회를 보고난 후 이렇게 썼다. "이 멀리 보는 지도자가 우리에게 나갈 길을 보여줄 듯하다."[4] 그러나 하느님의 사람이라는 부크맨도 자연을 사랑하는 감수성 민감한 윌리엄슨도 유대인에 대해서는 조금도 관심이 없었던 것 같다. 그날 그 대회에서 앞으로 며칠 안에 유대인의 시민권을 박탈할 것이라는 공개적인 성명이 나왔는데도 말이다.

부크맨은 옥스퍼드 그룹이 유럽 전역에서 상당한 성공을 거두었던 1930년대 중반에 독일을 자주 여행했다. 그는 "화려한 여행 가방은 죄악"이라며 자신을 소박한 사람으로 표방하면서 "나라에서 나라로, 가정에서 가정으로, 마음에서 마음으로" 일하는 사람이라고 말하고 다녔지만, 특별한 대우와 편안한 호텔을 좋아했던 그의 습성은 별로 알려지지 않았다. 그는 "가진 자와 못 가진 자, 계급과 계급, 나라와 나라 사이에서 가교 역할"을 하기를 원했다. 그가 이런 "힘든" 여행을 잠시 멈추는 때는 "그의 내부에 있는 자그마한 목소리가 장래의 나아갈 갈 길에 대해서 말해줄 때"뿐이었다.[5] 뉘른베르크 대회 이 주 뒤에 부크맨은 성령의 인도를 받아 제네바로 갔다. 그곳에서 그는 총통, 깃발, 쿵쿵대는 군홧발의 기억이 생생한 채로 이런 연설을 했다. "국제주의가 충분하지 않다고 말하는 사람들이 있습니다. 민족주의는 국가를 만들 수 있습니다. 초(超) 민족주의는 세계를 만들 수 있습니다. 하느님이 통제하는 민족주의는 세계의 평화를 구축할 수 있는 유일한 기반입니다."[6]

윌리엄슨은 그 해 뉘른베르크 대회에서 나치당이 공식적으로 초청한 다수의 영국 손님 중 한 사람이었다. 유니티 미트포드, 그녀의 언니 다이애나 기네스(그 무렵 오스왈드 모슬리 경의 정부가 되어 있었다), 그들의 남동생 톰(곧 영국의 파시스트 동맹에 참가할 예정이었다)은 명예 손님 명단에 들어가 있었다. 영국 무관 하트블랙은 런던 본부에다 이들 중 몇몇은 "아주 반 영국적인 견해"를 표명했다고 보고했다. 그는 특히 윌리엄슨을 지목하여 "아주 수다스러운 비판가였고 자신이 『타임스』의 특별 특파원이라고 거짓 주장을 하고 돌아다녔다"라고 보고했다.[7] 윌리엄슨은 국가사회주의를 아주 열광적으로 지지했지만, 곧 육체적으로 피곤해지기 시작했다. "대규모 병력과 그들의 움직임은 풀, 나무, 계곡 생활의 단조로움에 익숙한 나의 신경을 피곤하게 만들었습니다." 나치가 외국 언론인들을 위해 조직한 관광을 일주일 더 하고 난 뒤, 윌리엄슨의 여행은 베를린의 아들론 호텔에서 비참하게 끝났다.

제국 정부에서 준 지원은 바닥이 났다. 나는 돈이 없었다. 다른 사람들은 영국으로 돌아갔다. 나는 혼자 앉아서, 침실 웨이터에게 줄 몇 마르크의 팁과 브레머하펜을 거쳐 사우샘턴으로 돌아갈 여비를 어떻게 마련할 것인지 궁리했다. 존 헤이게이트에게서 돈을 빌리는 건 싫었다.

『수달 타르카』를 번역 출판한 베를린 출판사를 찾아가기도 싫었다. 그 책의 지난 한 해 동안 인세는 고작 11마르크 정도였다. 나는 마침내 호텔 로비에서 만난 독일 정부 선전부의 초청자에게 내 고통을 털어놓았다. 그는 호텔 사무실로 가더니 다시 돌아와서 커피를 주문했다. 커피를 홀짝거리는 동안에, 그는 테이블 위로 살짝 지폐 묶음을 내밀었다. 그리고 시선을 다른 데로 돌린 채 이렇게 얘기했다. "이거면 문제가 해결될 겁니다." 150마르크였다.[8]

만약 2차 대전 종전 후에 윌리엄슨이 자기가 사태를 잘못 파악했다고 솔직하게 털어놓았더라면 그를 동정하는 게 한결 쉬웠을 것이다. 그러나 로이 플롬리의 〈데저트 아일랜드 디스크Desert Island Discs〉에 출연해 인터뷰를 했던 1969년에도, 윌리엄슨은 단지 이렇게 말했을 뿐이다. "엄청난 예술적 기질을 가진 사람이 국가를 운영해서는 안 된다는 것을 우둔하게도 알아보지 못했습니다." 그나마 윌리엄슨이 나치의 범죄를 가까스로 시인했다고 볼 수 있는 말은 고작해야 이런 정도였다. "히틀러는 완벽주의자였고 누군가가 사람들에게 그런 완벽주의를 강요하기 시작하면 그는 악마가 됩니다."[9]

* * *

노르웨이에서 가장 저명한 소설가인 크누트 함순은 문학적 성취나 나치 독일에 대한 충성도에서 다른 작가들과는 특별히 다른 인물이었다. 개성적인 자아와 독특한 문체를 갖고 있는 그의 소설들은 유럽 문단에 큰 영향을 미쳤다. 그가 1920년 『땅의 혜택Growth of the Soil』으로 노벨 문학상을 받았을 때, 토마스 만은 그보다 더 수상 자격이 있는 문인은 없을 것이라고 논평했다. 헤밍웨이는 함순의 소설을 스콧 피츠제럴드에게 추천했고, 앙드레 지드는 그를 도스토옙스키에 비유했다. 카프카, 조이스, 사르트르의 원조라고 할 수 있는 이 노르웨이 작가는 문학인들 사이에서 현대 문학의 창시자라는 소리를 들었다.[10] 함순의 소설들은 정서적 심리적 충격이 문학계의 아방가르드들에게 영향을 준 한편, 나치 당원들에게 깊은 감명을 안겨주었다. 그리하여 그는 헤르만 헤세와 요제프 괴벨스에 의해 좋아하는 작가라는 칭송을 들은 보기 드문 사례가 되었다.

나치는 함순을 제외하고는 모더니즘 작가들을 싫어했다. 함순은 가난한 농가에서 태어나 북극권의 험한 날씨와 아름다운 풍경 속에서 성장했고, 자연에 대한 노르딕인의 경탄 그리고 후기 소설들에 나타나는 '피와 땅'의 주제들로 나치 당원들의 존경을 받았다. 나치당의 관점에서 볼 때, 그보다 더 중요한 사실은 이 세계적으로 유명한 작가가 나치의 대의를 공개적으로 또 절대적으로 지지한다는 것이었다. 게다가 함순은 독일 문화를 열렬하게 숭배하는 반면 영국 문화는 모조리 증오했다. 나치에게는 이보다 더 좋을 수 없는 조건이었다. 함순은 영국인들이 기만과 살인을 통해 세계 지배에 몰두하는 교만한 위선자들이라고 맹렬하게 비난했다. 반면 히틀러는 십자군이고 "위대한 독일권 공동체"를 만들려는 준비가 된 개혁가이며, 노르웨이는 그 공동체에서 핵심 역할을 하게 될 것이라고 주장했다. 그는 노르딕회에 이런 전보를 부치기도 했다. "저는 …… 노르웨이인이면서 독일인입니다."[11] 그는 독일을 이처럼 사랑했으나, 정작 그 나라에 머문 시간은 얼마 되지 않는다. 삼십오 년 동안 독일을 방문하지 않다가 1931년 일흔두 살의 나이로 그 나라를 방문하자, 모든 신문들이 "환영합니다, 크누트 함순"이라는 헤드라인을 뽑아 반가움을 표시했다. 대중의 열광이 너무나 뜨거워서 그는 베를린 호텔 방을 떠나지 못했다. 이틀 뒤 그는 아내와 아들과 함께 기차로 이탈리아를 향해 떠났다.

함순 자신은 독일에 오랜 머문 적이 없지만, 그의 자녀들은 오래 머물도록 조치했다. 그는 자녀들이 "예의바르고 아주 유능한 독일 사람들" 사이에서 커야 적절한 교육을 받을 수 있다고 생각했다. 친구에게는 이런 편지도 썼다. "나는 아이들을 하나씩 하나씩 독일로 유학을 보냈습니다. 이미 그곳에 머문 지 여러 해가 되었고 잘 보살핌을 받고 있으니 성숙한 인간이 되어 귀국할 겁니다."[12] 그다지 객관적이랄 수는 없는 내용이었다. 그가 이런 편지를 쓴 지 몇 주 후에 그의 막내딸인 열여섯 살의 세실리아가 베를린 생활의 어두운 측면을 알리는 편지를 집에 보냈으나 함순은 전혀 듣지 않으려 했다.

세실리아, 너는 아주 위대하고 멋진 나라에 가 있는 거다. 이런 저런 자살하는 사람들 얘기는 편지에 적어 보내지 말거라. 하녀들이 보면 독일이 아주 끔찍한 나라라고 오해할 수도 있으니까 말이다. 온 세상의 증오와 적개심에도 불구하고 히틀러와 그의 정부가 이룩한 놀라운 업적에 대해서 쓰도록 해. 훗날 너와 나, 그리고 모두가 독일에 감사하며 축복을 내리게 될 거다. 독일은 미래를 향해 가고 있는 나라야.[13]

이런 열광에도 불구하고 아들 토레가 SS근위대에 입대했을 때에는 크게 즐거워하지 않으면서 이런 말을 했다. "그건 좋은 일이기도 하고 나쁜 일이기도 해."[14] 아마도 입대에 따르는 추가 비용이 그리 탐탁치 않았을 것이다. "너는 지난 번 편지에서 250마르크가 필요하다고 말했어. 나는 거기다 50마르크를 보태서 보내주었다. 그런데 이제는 SS 외투가 필요하니 돈을 더 보내달라고 하는구나! 네가 돈 없는 나라에 와 있다는 것을 기억해라 …… 만약 내가 네 입장이라면 좀 더 겸손하게 행동하면서, 네가 함순의 아들이라는 사실을 알려서 편의를 얻으려 들기보다는 그것을 감출 것이다. 잘 생각해보아라, 토레!"[15]

*　*　*

미국 소설가 토머스 울프Thomas Wolfe의 여행기는 좀 더 균형 잡힌 시각을 제공한다. 울프는 독일이라는 나라를 아주 사랑했는데 그의 책들이 그 나라에서 잘 팔린다는 사실도 크게 한몫했다. 심지어 나치 당원들도 그를 좋아했다. 그가 1935년 5월 다섯 번째로 독일을 방문했을 때, 그의 소설 『시간과 강에 대해서Of Time and the River』는 이미 화제를 불러일으키고 있었다. 그는 베를린에서 영웅 대접을 받으면서 "파티, 차회, 만찬, 밤새워 술 마시기, 신문 인터뷰, 라디오 출연, 사진사들, 그리고 마사 도드와 도드 부부 같은 저명인사들"의 열렬한 환대를 받았다.[16] 트루먼 스미스의 아내 케이는 윌리엄 도드를 가리켜 "주름 잡히고 바싹 마르고 아무런 색깔도 없는 피부에 건조한 머리카락을 가진 자그마한 사내"라고 말했다.[17] 도드는 독일

주재 미국 대사였고 마사 도드는 그들의 기행을 일삼는 딸이었다. 그녀는 자신의 책『독일에서 보낸 세월』에서 이렇게 썼다. "독일의 황량한 지적 생활이라는 관점에서 볼 때, 토머스 울프는 위대한 작가들이 곧 위대한 인간이었던 과거의 상징이었다."[18]

베를린으로 가는 길에 울프는 하노버를 경유했고 그 도시의 니커마이어 식당에서 점심 식사를 했다. "뷔르거브로이를 연상시키는 독일풍의 큰 식당이었다. 뷔르거브로이에는 오딘 신을 닮은 뚱뚱한 독일인들과 젊은 비행사들이 있었고 그런 만큼 그들을 접대하는 음식도 아주 풍성했다. 천장에는 거대한 바이킹 배의 모형이 매달려 있었고 특별한 테이블에는 공손한 웨이터들이 손님 접대에 여념이 없었다." 그러나 그가 우연히 들어간 이 선술집은 그리 인상이 좋지 못했다. "문을 열고 안으로 들어가자마자 즉각 지저분하고 쉰 냄새가 내 코를 찔렀고 우둔하고 찌든 얼굴들이 나를 돌아다보는 바람에 마음이 움찔하고 뒤로 물러서게 되었다. 얼굴이 털투성이에 노란 턱수염을 기른 어떤 노인이 자기 식판에서 음식을 떠서 턱수염 쪽으로 가져가고 있었다."[19] 그러나 이런 을씨년스러운 풍경은 울프가 볼 때 진짜 독일과는 아무런 상관도 없는 일탈적 광경일 뿐이었다. 독일은 낭만적 아름다움을 자랑하는 땅이었다. "그 나라의 초록은 지구상에서 가장 짙은 초록이고 나무의 잎사귀에 일종의 숲 같은 어둠을 안겨주어, 마법과 시간에 대하여 어떤 전설적인 느낌을 갖게 한다."[20] 울프는 도시의 풍경도 이에 못지않게 설득력 있게 묘사했다.

시내를 굴러다니는 노란색 전차는 티 하나 없이 깨끗하고 완벽한 장난감처럼 반짝거린다. 전찻길 위에서 식식거리고 다른 차량과 마주 칠 때에만 약간의 소리가 난다. 그 외에 전차는 아무런 소음도 내지 않는다. 독일인이 만들어내는 다른 모든 것과 마찬가지로 전차는 그 기능이 완벽하다. 전찻길을 덮은 작은 포석들조차도 날마다 커다란 빗자루로 깨끗이 청소한 것처럼 티끌 하나 없다. 전찻길 양옆의 풀밭은 옥스퍼드 대학의 잔디밭처럼 푸르고 벨벳처럼 윤기가 난다.[21]

토마스 울프

"내가 그토록 오래 사랑해왔던 그 오래된 땅에 이제 작별 인사를 고하노라." 토머스 울프는 친독일 인사였으나 곧 마음을 고쳐먹었다. 그의 책은 독일에서 금서 목록에 올랐고, 독일 방문도 금지되었다.

마사 도드 같은 친구들이 그의 눈을 개안시켜 주려고 최선을 다했지만 그는 남들 얘기를 들어서 알게 된, 전원적 목가풍의 독일이라는 인상을 포기하려 들지 않았다. 그 여행에서 울프는 독일에 대한 환상을 그대로 유지한 채 귀국했으나 의심의 씨앗은 뿌리를 내리기 시작했다.

일 년 뒤 그는 독일을 다시 찾았다. 환율 규제 때문에 그의 상당한 인세 수입을 국외로 반출하지 못하게 되자, 그는 독일에서 장기 휴가를 보내면서 그 인세를 사용하기로 마음먹었다. 그 여행이 끝났을 때 울프는 귀국행 첫 여정으로 베를린에서 파리로 가는 기차에 올랐다. 국경 도시인 아헨에서 기차는 십오 분간 정차했는데 그는 여기서 다마스쿠스의 순간*을 맞이했다. 동료 승객들과 친해지게 되었으므로 그는 기차가 다시 떠나기를 기다리면서 그들과 함께 승강장을 가볍게 산책했다.

그러나 그들이 기차로 돌아오자 무언가 중대한 위기가 발생했다는 것이 분명하게 드러났다. 울프는 즉각 그 조짐을 알아보았다. "물론 정확한 상황은 알 수가 없었지만 즉각 그것이 비극의 최종 단계라는 것을 느낄 수 있었다 …… 승객들의 굳어버린 어깨, 등, 그리고 뒷머리를 보고서 뭔가 비극적이고 파멸적인 일이 벌어졌음을 알 수 있었다." 그 드라마는 동료 승객들 중 한 사람에게 집중된 사건이었다. 울프는 그 사람과 오전 내내 대화를 나누었고 그에게 '불안정한 법석꾼'이라는 별명을 지어주었다. 그런데 이제야 그가 유대인이고 거액의 돈을 지참하고 독일을 떠나려다 붙잡혔다는 것을 알아채게 되었다. 울프는 계속하여 이렇게 썼다. "그를 체포한 관리는 광대뼈가 툭 튀어나오고, 번들번들한 얼굴에 갈색 턱수염을 기르고 있었다 …… 머리는 면도하여 배코를 쳤고 두개골 뒷부분과 살찐 목에는 깊은 주름살이 잡혀 있었다." 울프는 유대인을 특별히 좋아하는 사람은 아니었으나 까닭모를 살인적 분노에 사로잡힌 자기 자신을 발견했다.

나는 주름살이 깊게 팬 그 살찐 목을 강타하고 싶었다. 그 부어오른 듯한 살찐 얼굴을 마구 두들겨서 젤리로 만들고 싶었다. 그 어기적거리

---

* 사도 바울이 유대교에서 기독교로 개종한 순간. 사람이 마음을 개심하게 되는 순간을 의미하기도 한다.

는 궁둥짝의 살찐 부분 한 가운데를 내 오른발로 마구 걷어차고 싶었다. 하지만 나는 내가 무기력하다는 것을 알았다. 우리 모두가 그러했다 …… 나는 무능하고 족쇄가 채워졌으며 악랄하고 잔인한 권위의 벽 앞에서 아무것도 할 수가 없었다.[22]

그러나 울프가 휘두를 수 있는 무기가 하나 있었으니 바로 펜이었다. 하지만 그 이야기를 발표하면 그에게 큰 손실이 닥쳐오리라는 것을 그는 알았다. 그의 책들은 독일 내에서 판매 금지가 될 것이고 그가 좋아하는 이 나라를 다시는 방문하지 못하게 될 것이었다. 「나는 당신에게 할 말이 있어요」는 그가 미국으로 돌아오고 나서 몇 달 후 『뉴 리퍼블릭』에 발표되었다. 그 글은 아주 감동적인 작별인사를 담은 강력한 작품이었다. "그 아름다움, 영광, 마법, 그 폐허 등을 갖춘 오래된 독일 땅, 내가 그토록 오래 사랑해왔던 그 오래된 땅에 이제 작별 인사를 고하노라."[23]

* * *

1935년 10월, 스위스의 문인이며 문화 철학자인 드니 드 루즈몽-Denis de Rougemont은 프랑크푸르트 대학에 문학을 가르치러 갔다. 파리에 있는 그의 학자 친구들은 깜짝 놀랐다. 하지만 그는 히틀러를 연구하자면 그의 추종자와 피해자들의 눈으로 현지 사정을 직접 관찰할 필요가 있다고 친구들에게 설명했다. 토머스 울프보다 냉정한 두뇌의 소유자인 드 루즈몽은 아주 객관적인 시각으로 히틀러의 독일을 해부하기 시작했다. 그 결과가 그의 저서 『독일 일기Journal d'Allemagne』에 고스란히 담겨 있다. 그는 나치 체제가 일상생활 중에서 보통 사람에게 어떻게 영향을 미치는지 법의학적으로 분석하여 아주 세세한 기록을 남겼다. 그리고 자신의 관찰이 시간의 검증을 통과하는지 지켜보기 위해 이 년을 기다렸다가 1938년에 일기를 발간했다.

그는 "히틀러주의"가 우파 운동이라고 확신하며 독일에 도착했으나, 다양한 배경을 가진 독일인들과 대화를 나누면 나눌수록 점점 더 혼란에 빠졌다. 프랑크푸르트에 자리 잡은 지 몇 주 뒤, 그는 "이 체제는 좌파인가, 아니면 우파인가?"[24] 하고 궁금해 하는 자기 자신을 발견했다. 보통은 우파로 간주되는 인사들─법률가, 의사, 기업가 등─이 아주 격렬하게 국가 사회주의를 비판하는 세력이라는 점이 그를 당황하게 만들었다. 그들은 이런 불평을 했다. '나치당은 공산주의에 맞서는 든든한 버팀목이 아니다. 오히려 그 당자체가 위장된 공산주의이다.' 그들은 노동자와 농민들만이 나치 개혁 정책으로부터 혜택을 보고 있고, 반면 우파 전문가 그룹의 가치는 교묘한 방법에 의해 체계적으로 파괴되고 있다고 불평했다. 그들은 엄청난 세금을 부과당하고, 가정생활은 돌이킬 수 없을 정도로 피해를 입었으며, 부모의 권위는 땅에 떨어졌고, 종교와 교육은 제거되었다는 것이었다.

그 어떤 종류의 전체주의든 철저하게 거부하는 연방주의자 드 루즈몽은 이러한 고통의 외침에 별로 깊은 인상을 받지 않았다. 그는 중산층이 바이마르 시대에 사회적 문제에 정면으로 대응하지 않았다고 비난했다. 그러더니 지금은 히틀러의 과도한 처사 앞에서도 손 놓고 아무것도 하지 않고 있었다. 드 루즈몽은 이렇게 썼다. "내가 그들에게 어떻게 저항할 것이냐고 물으면 그들은 대답을 회피했다. 나는 그들에게 비록 사상은 동일할지라도 갈색의 볼셰비즘이 적색의 볼셰비즘보다 덜 두려운 것이 아니냐고 물었고 그들은 그것을 시인했다. 대규모 학살은 없었고 모든 것이 잘 조직된 방식으로 벌어지고 있었다."[25]

학식이 풍부한 에이미 불러는 드 루즈몽의 비판이 불공정하다고 반론을 제기했을 것이다. 그녀는 영국 교회의 상층부와 교분이 있었고 학생 기독교 운동에도 참여했으므로, 정기적으로 양차 대전 사이의 시기에 독일을 방문했다. 그녀는 자신의 저서 『독일을 뒤덮은 어둠Darkness over Germany』(1943)에서 나치당에 저항하는 가장 좋은 방식을 두고서 많은 사람들이 겪었던 심적 고뇌를 생생하게 기록했다. 진상은 이러했다. 히틀러는 모든 반대세력을 무자비하게 탄압했다. 그리고 그 방식이 너무나 신속하고 총체적이었기 때문에 감히 나치당에 도전하려 한 사람들은 국외 추방을 당하거나 순교하거나 둘 중 하나를 선택해야만 했다. 어느 것도 선택하지 않은 사람은 아주 심적 고통이 많은 타협으로 내몰렸다. 한 젊은 교사는 불러에게 이런 말을 했다. 많은 동료 교사들이 나치 교리를 가르치기보다는 강제 수용소에 들어가는 것을 더 선호한다. 하지만 가족들마저도 고통을 받을 것이 두려워 감히 나치에 반기를 들지 못한다는 것이었다.[26]

대체 국가사회주의와 공산주의사이에 다른 점이 무엇인가? 이렇게 물어본 사람이 드 루즈몽만은 아니었다. 많은 외국인들이 이처럼 완전히 다른 정치적 운동이 어떻게 그토록 많은 공통점을 갖고 있는지 의아하게 여겼다. 사실을 있는 그대로 정확하게 말하는 케이 스미스는 장황한 국가사회주의 이론을 듣고 나서 이런 질문을 던졌다. "그렇지만 로쿠스 씨, 국가사회주의와 공산주의의 뚜렷한 차이점은 무엇입니까?" 로쿠스라는 독일인은 무섭다는 듯이 두 손을 위로 들어 올리면서 대답했다. "조용하세요. 여기서 그런 얘기는 하면 안 됩니다."[27] 가훈이 "정의롭게 행하고 아무것도 두려워하지 마라"인 열일곱 살 조안 웨이크필드는 그보다 더 과감했다. 그녀는 영국의 기숙사 학교를 졸업하고 베를린 대학에서 독일어를 공부하고 있었다. 그녀는 어느 날 강의실에서 나치 인사의 장황한 연설을 듣다가 자리에서 일어나 영어 억양이 남아 있는 어투로 그 연사에게 국가사회주의와 공산주의의 차이점을 좀 설명해줄 수 있겠느냐고 물었다. 일순 강의실 내에는 정적이 흘렀다. 조안이 나중에 자랑스럽게 이 에피소드를 하숙집 여주인에게 말하자, 남작 부인은 얼굴이 하얘지면서 어린 하숙생의 실수가 그녀 자신에게 해를 끼치는 것이 아닐까 두려워했다.[28] 몇 년 뒤 언니인 데보라 미트포드에게 보낸 편지에서 낸시 미트포드는 이렇게 썼다. "나는 볼셰비키와 나치 사이에는 핀 하나 꽂아 넣을 간격이 없다고 늘 말해왔어. 단 나치가 더 잘 조직이 되어 있으므로 더 위험스럽다는 점만 제외하고."[29]

이것은 외국인들이 종종 제기해온 문제였으나 드 루즈몽에게 그랬었듯, 만족스러운 답변은 나오지 않는 질문이었다. 한때 호전적인 공산주의자였던 사람이 나이 오십에 갑자기 진영을 바꾸기로 결정한 이유를 드 루즈몽에게 들려주었는데 그게 나름대로 설명이 될 수도 있을 것이다.

우리는 일자리와 오전 늦게 마실 한 잔의 라떼 커피를 원했습니다. 그거면 충분합니다. 노동자들은 일과 음식을 얻을 수 있다면 정치에는 흥미가 없습니다. 히틀러? 이제 그는 선거에서 승리했으므로 그의 공약을 실천하기만 하면 됩니다. 그건 우리들의 희망사항과 거의 같습니다! 하지만 그는 겉보기보다 더 영리합니다. 그는 종교를 즉시 공격하지 않음으로써 부르주아를 안심시켰습니다 …… 당신에게 한 가지 말씀드리지요. 만약 그들이 그를 내버린다면 그 주위에 있던 살찐 돼지들이 설칠 겁니다 …… 나는 가서 그를 위해 싸울 겁니다! 히틀러는 적어도 성실한 사람입니다. 그런 사람 또 없습니다.[30]

국가 사회주의의 명확한 정치적 위치에 대해서 드 루즈몽은 이런 결론을 내렸다. 나치 체제는 프랑스에서 생각하는 것보다 훨씬 왼쪽으로 치우쳤지만, 독일 부르주아지가 주장하는 것만큼 좌파는 아니다.

"유대인 문제"에 대해 드 루즈몽은 제3제국을 여행했거나 거기에 거주했던 많은 외국인들이 주장한 것처럼, "자유로운 유럽인 타입 유대인"과 "세속적이고 오만한 유대인"을 구분하려 했다. 후자의 유대인은 언제나 동유럽 출신을 가리키는 것이었다. 이렇게 유대인을 갈라치기 함으로써 그들은 자신들의 잠재적인(종종 무의식적인) 반유대주의를 은연중에 드러냈다. 드 루즈몽의 친구인 어떤 "좋은" 타입의 유대인은 자신이 프랑스-독일의 화해를 위해 부지런하게 일해왔다고 말했다. 드 루즈몽은 이렇게 말했다. "그 유대인은 히틀러주의가 전면적으로 어리석은 것이라고 생각하지는 않았다. 그가 볼 때 정말 너무한 것은 반유대주의—사실 많은 유대인이 속으로는 은근이 사상에 동조했다—가 아니라, 합리적 사고방식이 끼어들 여지가 없는 순전히 힘에만 의존하는 세상이었다."   "나쁜" 타입의 유대인에 대해서 말해보자면, 드 루즈몽이 날마다 오페른 플라츠의 카페에 옹기종기 모여 있는 모습을 발견하는 그런 유대인들이었다. 그가 볼 때 진짜 문제의 원인은 이런 유대인들이었다. 그들은 히틀러가 내세우는 최악의 프로파간다를 정당화해주는 사람들이었다. "배가 툭 튀어나오고 반지를 꼈으며, 입에 시가를 문 채 카페 의자에 앉아 빈둥거리는 그들. 사실 『시온 장로 의정서 *The Protocols of the Elders of Zion*』 같은 가짜 문서를 공개적으로 꺼내들 필요도 없을 것이다. 그들의 툭 튀어나온 배를 가리키고 그들의 부모를 모욕하기 좋아하는 아이들을 상기하는 것으로 충분할 것이다. 그들의 아이들은 유대인들도 다닐 수 있는 학급에서 1등을 한 적이 없는 아이들이었다."

레너드 울프가 유대인이라는 사실을 감안하면, 레너드 울프와 부인인 버지니아 울프가 1935년 5월 로마로 가던 길에 독일을 통과하는 자동차 여행을 했다는 사실은 다소 기이하다. 주독 영국 대사관의 해롤드 니콜슨(부부는 칠 년 전 베를린을 방문했을 때 니콜슨의 집에서 묵었다)은 울프 부부가 먼저 외무부에 자문을 구하는 게 좋을 것 같다고 제안했다. 울프는 "유대인이든 이교도든 영국인이 유럽 국가를 방문하는 걸 망설이게 된다는 것"을 아주 이상하게 생각했다.[31] 그래도 당시 런던의 독일 대사관에서 근무하던 비스마르크 공작의 소개장은 부적 삼아 갖고 있었다.

일단 독일에 도착한 뒤, 울프 부부는 라인 강 위쪽에서 여정을 시작했으나, 대부분의 외국인 관광객들과는 달리 독일에 대해 그리 열광하지 않았다. 레너드는 라인 강이 "세상에서 가장 보기 흉한 강 중 하나"라고 생각했고[32], 버지니아는 그 나라가 "허세가 심하고" 풍경이 "오페라 같으며" 언덕들은 "높지만 무의미했고" 유명한 라인란트 성탑과 폐허들은 "규격만 일정할 뿐"이라고 말했다. 그녀는 이런 말도 덧붙였다. 라인 강은 "옥스퍼드 거리처럼 석탄 수송선들과 함께 흘렀다."[33] 하이델베르크에서 그녀는 이런 사실을 목격했다. '대학교수들과 그들의 딸들은 오래 써서 빛 바랜 푸른색 베토벤 현악사중주곡 악보를 겨드랑이에 낀 채 서로의 집을 오가며 방문했다.'[34] 울프 부부는 처음엔 나치 당국에 순종하는 태도를 보였으나 그 감정은 곧 분노로 바뀌었다. 도로가 괴링의 자동차 행렬을 기다리는 열광적인 군중들로 뒤덮여서 자동차가 달팽이 기어가는 속도로 움직여야 했기 때문이었다. 단기 독일 체류에 대한 부부의 인상을 바꾼 것은 비스마르크 공작의 소개장이 아니라 레너드의 어깨 위에 매달려 있는 그들의 애완동물 미치(비단털원숭이)였다. 미치는 비정한 나치 당원들의 마음도 녹여 버렸다. 레너드는 이렇게 썼다. "땋아 늘인 머리의 여학생, 노란 머리의 아리안 처녀, 블론드 머리의 독일 부인, 음울한 SA돌격대원 등도 하나 같이 그 원숭이를 좋아했다." 이런 "귀엽고 자그마한 동물"을 소유한 사람은 결코 유대인일 수가 없다는 건 누가 봐도 분명한 것이었다.[35]

* * *

공산주의자 마리아 라이트너Maria Leitner는 1936년부터 1939년까

마리아 라이트너
그녀의 죽음에 얽힌 사건은 아직도 미스터리로
남아 있다. © Schwarz, Helga

지 제3제국을 불법 여행하는 동안 그녀를 보호해줄 귀여운 원숭이도, 공작의 소개장도 갖고 있지 않았다. 그녀는 오로지 용기 하나로 헤쳐 나갔다. 오늘날 크로아티아의 독일어를 말하는 유대인 가정에서 태어난 그녀는 부다페스트에서 성장했다. 독일에서 지하 공산주의 요원으로 활약할 무렵에는 이미 유럽 전역에서 노동한 경력을 쌓았고 또 아메리카 대륙을 여행하며 오 년을 보내기도 했다. 미국에 있을 때에는 글을 써서 수입을 올리기도 했고 부족한 돈은 청소 일로 보충했다. 장편 소설 『호텔 아메리카*Hotel America*』(1930)는 그녀의 목격담으로, 아메리칸드림을 폭로한 것이었다. 그녀는 또 다른 책 『엘리자베트, 히틀러 처녀*Elisabeth, Ein Hitlermadchen*』(1937)에서 나치 당원들이 독일 청년들을 현혹시키는 실태를 적나라하게 폭로했다. 이 주제는 절망에 빠진 부모들이 드 루즈몽에게 지속적으로 털어놓는 문제였다. 어떤 변호사의 아내는 그에게 이런 불평을 털어놓았다.

매일 밤 나의 두 아이는 나치당에게 매혹됩니다. 내 딸은 열여덟 살인데 일주일에 두 번 체조와 정치 논의를 하는 여학생 그룹의 리더입니다. 그 애는 단원들이 가난한 사람들을 위해 구호 작업을 하고 또 그들이 병들면 찾아가 보도록 일일이 단속을 합니다. 이 모든 것이 당에 보고가 되기 때문에 사람들을 통제하는 또 다른 수단입니다. 이런 일들 때문에 우리는 그 애를 거의 보지 못합니다. 이러니 부모가 어떻게 권위를 유지하겠습니까? 당이 최우선입니다. 우리는 우리 자녀들에게 그저 민간인일 뿐입니다. 그 애들은 자신들이 군인이라고 생각해요 …… 당연히 아이들은 이걸 좋아합니다. 십대의 자유는 가족과 함께 있지 않는 것이기 때문에 아이들은 거기서 자유를 느끼는 겁니다.[36]

외국 좌파 신문들*에 그녀의 기사가 실릴 무렵에, 그녀는 사십대였다. 그녀는 나치 체제의 어두운 이면을 적나라하게 파헤치기 시작했다. 독일의 농촌 지역을 여행하면서 그녀는 많은 "피와 땅"을 발견했다. 하지만 함순과 윌리엄슨에게 그토록 깊은 영감을 주었던 피와 땅과 라이트너가 발견한 그것은 천지차이였다. 그것은 나치가 교묘하게 이용한 농민 생활의 "낭만적" 이미지일 뿐 실체가 없는 것이었다. 독일 농민들은 너무 가난하여 그들의 땅과 영웅적인 합일을 이룰 그런 형편이 되지 않았다.

어떤 마을의 교사는 라이트너에게 겨울이 되면 마을 사람들이 완벽하게 고립된다고 이야기했다. 길은 통행이 불가능해지는데, 농부들의 간절한 호소에도 불구하고 도로는 건설되지 않았다. 그 교사는 이렇게 말했다. "농부들은 여덟 차례에 걸쳐 나를 수레에 태워 학교까지 데려다주기로 계약이 되어 있습니다. 하지만 그들은 그렇게 하는 걸 꺼립니다. 말들이 학교까지 갈 수가 없기 때문이지요."

---

* 예를 들어 *The Paris Daily*, *The Word*(Moscow), *The New World Stage*.

통풍이 잘 되지 않아 교실의 공기는 아주 갑갑했다. 땔감을 책임지는 농부들이 단 일 분이라도 창문을 열어놓는 것을 허용하지 않기 때문이었다. 다양한 연령대의 학생 오십이 명이 한 교실에 앉아 있었다. 칠판에는 사람, 치아 관리, 벌레의 그림들이 붙여져 있었고 그 사이에 아리아인과 유대인의 그림도 있었다. "너희들 중 칫솔 가지고 있는 사람?" 라이트너가 묻자 아이들은 웃음을 터트렸다. 그녀는 또 다른 질문을 던졌다. "어제 점심으로 뭘 먹었니?" 그들은 합창하듯 감자 스프를 먹었다고 대답했다. 어린 학생 하나만이 "구운 오리를 먹었습니다"라고 대답했다. "가족 잔치였니?" "아닙니다. 오리가 질식하여 죽었기 때문입니다."

라이트너가 지적한 것처럼, 이런 작은 마을들은 나치가 권력을 잡는 데 중요한 역할을 했다. 히틀러 이전에 농민들은 대체로 정치에 무관심했으나, 나치당 초창기에 농민들은 동네에 하나뿐인 선술집(이 마을의 선술집은 때 묻은 검은 벽에 빙하와 용담꽃 뿌리를 그린 그림이 걸려 있었다고 그녀는 기록했다)에 들러서 나치가 약속하는 말들을 경청하며 그것을 모두 철석 같이 믿었다. 몇 년 뒤 농민들은 집에서 마실 우유마저 부족해졌다. 들판에서 일을 많이 해야 하기 때문에 아이들에게는 공부할 시간도 체력도 없었다. 아이들은 읽기나 쓰기를 제대로 하지 못했지만 그래도 잘하는 과목이 있었다. 이들은 인종 문제에 대해서는 잘 알고 있었고 또 방공(防空)에 대해서도 모르는 게 없었다. "왜 우리는 방공을 해야 하는가?" 현지의 나치 집단 지도자가 학생들에게 물었다. "우리의 항공 장관 괴링이 독일의 읍과 마을은 폭격기가 날아올 수 있기 때문에 방공이 곧 생존의 문제라고 말했기 때문입니다." 한 아이가 대답했다. "현대의 폭격기는 얼마나 멀리 날아갈 수 있는가?" "500킬로미터입니다." "이런 폭격기의 폭장량은?" "1,500킬로⋯⋯."[37]

그러나 라이트너가 했던 가장 오싹한 보고는 시골 지방의 가난이 아니라 독일의 전쟁 준비 상황이었다. 이 유대인 여성이 어떻게 나치의 의심을 받지 않고 나치의 비밀 계획에 대해 그토록 많은 정보를 얻어낼 수 있었는지 정말 신비한 일이다. 하지만 그 신비는 영원히 밝혀지지 않을 것이다. 왜냐하면 라이트너는 1942년 마르세유에서 미국행 비자를 얻으려 하다가 어떤 불명확한 상황에서 사망했기 때문이다. 나치 독일을 폭로하는 그녀의 기사들 중 가장 눈에 띠는 것은 「획스트의 말 없는 자들」이라는 보고서였다. 라이트너는 보리수나무가 활짝 꽃핀 1930년대 중반의 어느 여름에 염색 공장에서 이름을 따온 프랑크푸르트 교외의 획스트 마을을 방문했다. 보리수나무의 꽃들이 풍기는 달콤한 향기를 사방에서 진동하는 악취가 완전히 뒤덮고 있었다. "공장 근처의 집들은 문이 꼭꼭 닫혀 있었다. 사람들은 감히 환기를 할 생각을 하지 못했다. 이 지독한 악취가 온 사방에 퍼지자 그것을 제거하는 건 불가능했다. 그것은 음식 속에 파고든 정말로 싫은 불청객 양념과 비슷한 것이었다. 그것은 어떤 불길한 조짐처럼 꿈속에서도 나타났다."

공장 옆의 벤치에 앉아 있던 한 노인이 그녀에게 말했다. 그는 현재 일흔두 살인데 획스트에서 이런 악취는 처음 겪어본다고 했다. 그는 나지막한 목소리로 말했다. "저 공장 안에서 뭘 만드는지 아무도 말하지 않아요. 하지만 그들이 무슨 치명적인 독약을 발명한 게 틀림없어요." 공장의 노동자들은 강제로 서면 맹세를 해야 했다. 공장 안에서 알게 된 사실은 절대로 외부에 발설하지 않겠다는 맹세였다. 노인은 계속해서 말했다. "그들은 우리에게도 입 다물고 있으라고 할 거예요. 하지만 말없는 자들이 그들의 비밀을 누설하고 말았지요." "그들이 누군데요?" 라이트너가 물었다. "물고기이지요." 공장 가까운 곳에는 상당한 규모의 물고기 양식장이 있었다. 그런데 소량의 독약이 공장 배수로를 통하여 근처의 마인 강으로 흘러들었다. 갑자기 시간 시간마다 잉어와 양식어가 전혀 예상하지 못한 방식으로 죽어가기 시작했다. 이어 그 물고기들이 부패하면서 악취를 풍기기 시작했다. 수만 마리의 죽은 물고기들이 강둑에 내던져졌다. 라이트너가 나중에 들은 바에 의하면, 그 부패한 물고기들을 청소하기 위해 동원된 인부들은 몇 주에 걸쳐 메스꺼움과 위경련을 호소했다. 당연히 어업 당국은 그 공장에 대해 시정 조치를 요구하려 했으나 그 사실을 공개하면 대역죄로 처벌될 것이라는 엄명을 받았다. 그들은 입을 다물 수밖에 없었다.

독약 누출이 있은 후 첫 번째 일요일에 전국적인 낚시 대회가 열렸다. 네 시간 동안 수백 명의 척사들이 마인 강둑에 앉아 고기를 낚으려 했으나 단 한 마리도 잡지 못했다. 라이트너는 이렇게 썼다.

그들은 슬픈 마음으로 집으로 돌아갔다. 그들은 잡지 못한 물고기를 생각한 것일까 아니면 인류의 미래에 대한 무서운 광경을 흘낏 엿본 것일까? 그 독약은 무해한 물고기가 아니라 그들과 똑같은 인간을 상대로 하는 것이었다. 마인 강에 흘러든 독약 한 방울이 이러할진대 획스트 염료 공장에서 만들어지고 있는 다량의 독약은 어떻게 할 것인가? 만약 인간을 표적으로 그 독약을 살포한다면 지구상의 생명은 마인 강의 물고기들처럼 갑자기 몰살당하지 않을까?[38]

마리아 라이트너는 아주 과감한 여성이었다. 그녀는 특별한 용기의 소유자였고 그래서 뒤셀도르프 공립 도서관으로 걸어 들어가 방 안 가득히 앉아 있는 말없는 도서관 직원들을 상대로 하인리히 하이네의 방을 보고 싶다고 요구했다. 그녀는 이렇게 썼다. "그들은 내가 마치 전설상의 동물이나 되는 것처럼 나를 쳐다보았다." 그 도서관은 알베르트 쉴라게터의 기념실도 운영하고 있었다. 쉴라게터는 프랑스가 루르 지역을 점령했을 때 사보타주를 일으켰다가 희생된 나치의 최대 영웅이다. 쉴라게터가 입관하기 전까지, 하이네는 뒤셀도르프가 자랑하는 아들이었다. 하지만 하이네는 유대인이었고 그의 책들, 흉상, 그가 애지중지한 박제된 앵무새 등이 전시되었던 하이네의 방은 폐쇄되어 잊힌 지 오래 되었다. 그런 방을 라이트너가 보자고 했으니 다들 뜨악하게 쳐다본 것이었다. 이윽고 어떤 "수척한" 남자가 그녀를 기다란 복도 아래쪽으로 데려가 그 폐쇄된 방을 열어주었다. 방 안에 있는 모든 것은 먼지로 뒤덮여 있었다. 그녀는 몇 분 동안 낡은 가죽 장정으로 된 시인의 책들을 살펴볼 수 있었다. "이어 우리는 방을 나왔고 자물쇠는 다시 잠겼다."[39]

* * *

나치의 관료 체제에 대한 새뮤얼 베케트Samuel Beckett의 체험은 그리 극적이지는 못하다. 그가 나치 독일에 머무는 육 개월 동안, 비난받는 그림들을 관람하기 위해 지루하게 협상해야 하는 일은 너무나 우울한 일이었고 그게 일상적 절차가 되었다. 최근 학원 생활에 등을 돌렸으므로 박물관 세계*에서 경력을 쌓아볼까 생각하던 베케트는 독일의 미술 컬렉션을 집중적으로 연구할 계획을 세웠다. 그가 1936년 9월 함부르크에 도착했을 때, 많은 위대한 그림들과 미술사가(美術史家)들은 나치 당국에 의해 타락 혹은 불순으로 낙인 찍혀 있었다. 그리하여 그림과 그림 평론가들은 공공의 영역에서 사라지고 없었다. 그리고 그의 도착 몇 주 후에 나치 당국으로부터 명시적인 지시가 내려왔다. 미술 갤러리와 박물관의 벽에서 "타락한" 현대 그림들을 모두 제거하라. 그리하여 클레, 놀데, 뭉크 같은 화가들의 걸작 수천 점이 어둠 속에 내던져졌다.

베케트는 때때로 지하실에 갇혀 있는 그런 작품들의 관람을 허용 받을 수 있었다. 하지만 때때로 그의 요청은 노골적으로 거부당했다. 그렇지만 그는 독일에 있는 동안 많은 양의 현대 미술 작품을 관람할 수 있었고 또 우수한 현대 미술가들을 적지 않게 만났다. 함부르크에서는 현지에 거주하는 저명한 화가들을 대부분 만났고 그들의 열악한 작업 환경에 대해서 잘 알게 되었다. 그는 그들의 곤경에 대해 동정했다. 그들은 그림 전시가 금지되었고 나치의 감시에 시달렸고 서재는 모두 몰수당했다. 하지만 베케트는 이 "자신들의 보루에 틀어박힌, 이 위대하고 오만하고 분노하는 가난한 자들에게 예스든 노든 어느 쪽으로도 답변하지 못하는" 자기 자신을 발견했다.[40]

베케트의 여행 기록은 그가 직접 본 수백 점의 그림에 대한 자세한 분석에 집중되어 있다. 하지만 일상생활의 세세한 기록, 특히

---

* 1933년 베케트는 런던 내셔널 갤러리의 차석 큐레이터 자리에 지원한 적이 있었다.

그가 한 식사, 가령 음식 값이나 먹은 음식 등을 잘 기록해놓았다. "아침은 식당에서 먹었는데 꿀과 불알 크기의 자그마한 롤빵이었다."[41] 그가 그 음식을 별로 즐긴 것 같지는 않다. "독일 음식은 정말 끔찍하다. 하지만 인간이 먹지 못할 것이 무엇이겠는가?"[42] 그의 관심을 가장 크게 사로잡은 것은 사소한 세부사항들이었다. 가령 "볏짚, 표류물, 이름, 날짜, 출생과 죽음 같은 것들이었다." 그는 이런 것들이 그가 실제로 알 수 있는 것들의 전부라고 주장했다.[43] 개인의 수준이든 역사적 규모든 인간의 혼란을 이해하려고 하는 시도는 쓸데없는 것이다. 베케트의 전기 작가 제임스 놀슨은 이렇게 말했다. "베케트는 사건들의 구체적 연대를 좋아했고, 개인들의 생활에서 사소하지만 검증 가능한 세부사항들을 사랑했다. 행동의 동기나 움직임 같은 폭넓고 포괄적인 사항들에 대해서는 전혀 관심이 없었다."[44]

　　그래서 베케트의 일기에는 나치당원들에 대한 노골적인 비난이 나오지 않는다. 하지만 그의 일기를 읽은 사람들은 베케트가 나치 체제를 얼마나 싫어했는지 분명하게 알 수 있다. 그는 2차 대전 중에 프랑스 레지스탕스에 참여했다. 베케트는 자신이 직접적인 논평을 내리기보다는 나치를 아주 객관적으로 묘사하려고 애썼다. 베케트와 친해지게 된 책방 주인은 두 사람(베케트와 책방주인)이 다 아는 어느 친구에게 베케트에 대해 이렇게 적어 보냈다. "그는 지적 기준에 의해서만 사물을 특정할 뿐이다. 사람들의 겉모습과 사람들을 탐구하기 위해 아무리 많은 시간을 들인다 하더라도 그는 우리의 고뇌를 이해하지 못할 것이다."[45] 이러한 진술의 사실 여부는 차치하더라도 베케트는 부조리한 상황은 재빨리 알아보았다. 그는 어느 집안의 하인과 우유 배달부에 관해 이런 얘기를 들었다. 인종이 뒤섞이는 것을 방지하기 위해 사십오 세 이하의 아리안족 하인은 유대인 가정에서 일하는 것이 금지되었다. 그래서 우유배달부는 의아하게 여기면서 유대인 레비 씨의 집에서 일하는 아리안족 여성에게 왜 유대인의 집에서 하녀로 일하느냐고 물었다. 그래서 그녀는 자신이 절반쯤 유대인 피가 섞였다고 대답했다. 그 후 그 집 주인인 레비 씨가 왜 우유배달부에게 거짓말을 했느냐고 묻자, 그녀는 자신이 사십오 세가 넘은 사실을 인정하기 싫었다고 대답했다.[46]

드레스덴에서 베케트는 비슷한 예술가 정신을 소유한 남자, 빌 그로만을 만났다. 그는 영향력 높은 유대인 미술 평론가였는데 1933년 초에 즈빙거 갤러리의 소장 자리에서 해고되었다. 두 사람은 나치 치하의 지식인들이 겪는 곤경에 대해 장시간 논의했다. 그로만은 철학적인 사람이었다. 설사 독일을 떠나는 게 가능하더라도 떠나지 않겠다고 베케트에게 말했다. 독일에 머무는 것이 더 흥미롭다는 것이었다. "저들이 '생각'을 통제하지는 못할 겁니다."[47]

함부르크에 도착하기 전에 베케트는 일기에다 이렇게 썼다. "앞으로 육 개월 후에 독일은 어떻게 될 것인가? 주로 걸어 다니면서 알아보아야겠다."[48] 실제로 그는 걸어서 돌아다녔다. 때때로 외로웠고 우울했으며 엄청난 불편을 느꼈다. 그는 제3제국에 머무는 동안 계속 건강이 좋지 못했다. "입술은 부르트고 코에는 종기가 나고 음낭에는 아픈 멍울이 생겼으며 손가락은 곪았다." 그러다가 추운 날씨가 닥쳐왔고 돈은 떨어졌고 비가 내렸으며 신발은 해졌다. 그것은 슈베르트의 〈겨울 나그네〉 바로 그것이었다.

아주 추운 날씨에 브뢸 곁을 맹목적으로 걸어갔다. 괴테 스트리트에서 는 바그너의 탄생지도 케체 쉰호프도 보지 못했다. 그리마이쉬 스트리 트에서는 겔러트의 거주지도 보지 못했다. 또 레싱이 학생 시절에 묵 었다는 집도 보지 못했다. 요한 세바스찬 바흐의 냄새도 맡지 못하고 토마스 교회 옆을 지나갔다. 노이에마르크트에서는 점점 더 몸이 얼어 붙었으나 괴테의 학생 시절 거주지는 보았다. 하지만 클라라 슈만이 태어난 집은 보지 못했다. 마침내 아우어바흐 켈러에 들어갔고 그곳에 서 세프너가 제작한 멋진 괴테 흉상을 보았다 …… 나는 몸을 떨면서 기어가듯 걸어갔고 맥줏집에서 카레를 친 양고기를 먹었다. 이어 계속 걸어갔지만 더는 버틸 수가 없어서 펠쉬로 들어갔다. 거기에는 사람이 너무 많았다. 아무튼 나는 몸을 약간 덥혔고 퓌르스트 레흐쉬츨러 카 페까지 갔다. 그곳의 커피는 형편없었으나 신문들은 많았다. 나는 너 무 사기가 저하되어 있어서 『더 타임스』를 읽었다. 이어 나는 급하게 노르트 호텔로 돌아갔다. 그곳의 새 객실은 예전 객실에 비하여 더 따 뜻하거나 상쾌한 것은 아니었지만 그래도 더 조용했다.[49]

그러나 우울한 기분이 가끔 전환되어 어떤 시적인 순간을 보여 주기도 했다. 가령 1936년 새해 전야에 베를린에서 겪었던 한 순간 이 그러했다.

티어가르텐을 가로질러 걸었다 …… 사랑스럽고 온화하면서 화창한 날씨였다 …… 공중에는 한 무리의 멋진 풍선들이 떠 있는 것을 보았 다 …… 무지개 삼나무가 바람에 부드럽게 흔들렸다 …… 오리들이 갑 자기 놀라는 소리를 내며 물에서 날개를 접었다가 다시 기다란 물의 계곡 위로 내려앉았다. 그들은 짝을 이루어 맹렬하게 물의 도끼들 사이로 내려왔는데 공중에 있을 때의 모습은 물 위에 떠 있을 때와는 아주 달랐다. 나는 얼마나 고독을 사랑하는지.[50]

1937년 3월 뮌헨에 도착할 무렵, 베케트는 여행이 피곤해졌고 그래서 아마도 그것이 뮌헨을 바라보는 비관적 견해에 영향을 주었을 것이다. 그는 친구에게 이런 편지를 써서 보냈다. "이자르 강은 뷔르츠부르크의 서정적인 마인 강이나 레겐부르크의 다뉴브 강에 비하면 아주 시시한 강이다."[51] 여행 초기부터 베케트는 "독일이 곧 싸워야 한다(폭발해야 한다)"는 것을 알고 있었다.[52] 그는 1937년 4월 1일 영국행 비행기에 탑승하면서 독일은 다시 방문하지 않으리라는 걸 확신했다.[53]

* * *

물론 알베르 카뮈에서 카렌 블릭센, 그리고 막스 프리시에서 스벤 헤딘에 이르기까지 여러 유형의 문학인들이 제3제국 하의 독일을 방문했다. 메그레 탐정을 만들어낸 추리 작가 조르주 심농은 호텔 엘리베이터에서 히틀러를 만나고,[54] 그의 동생 휴 그린에 의하면 소설가 그레이엄 그린은 "베를린의 매력에 압도되어 …… 이 도시에 살고 싶다"라는 말을 했다.[55] 장 주네도 나치 당원들 사이에서 실존적 범죄자로 살아가려는 시도가 좌절되지 않았더라면 독일에 더 오래 머물렀을 것이다. 주네는 이렇게 썼다. "이들은 도둑들의 종족입니다. 만약 내가 여기서 훔친다면 그건 나의 자아를 성취시켜 주는 독특한 행동이 되지 못합니다. 나는 관습적 명령을 따르는 것일 뿐입니다 …… 나는 그 어떤 것도 뒤흔들어놓지 못합니다. 무모한 짓은 불가능합니다. 나는 진공 속에 서 있습니다."[56] 장-폴 사르트르는 장학금을 받아서 구 개월 동안 베를린에 머물렀으나, 이 시기 그의 일기와 시몬 드 보부아르(여러 번 베를린으로 사르트르를 방문)와 주고받은 편지들은 인멸되었다. 나치에 의해 책 화형식을 당했음에도 불구하고 서머셋 몸은 그의 애인 알란 설과 함께 뮌헨 페스티벌을 정기적으로 방문했다.[57]

그러나 여기서 언급된 문학인들은 나치 독일에서 상당한 시간을 보냈을 뿐만 아니라 그 체험을 그 즉시 혹은 좀 시간이 지난 후에 기록했다. 단 1943년에 히틀러와 극적인 의견 마찰을 빚게 되는 함순은 예외이다. 그 결과, 그들의 독일에 대한 인상은 종전 후에 나치를 비판하는 관점이 생겨났다고 해서 문학적으로 크게 달라지지 않았다. 게다가 문인들은 정치적 스펙트럼의 양극단을 대표했고 더러 드 루즈몽처럼 중도파도 있었다. 이런 소수의 문인 샘플들 중에서 토머스 울프의 견해는 개인적 체험 때문에 극적인 변화를 겪었다. 1930년대 중반에 이르러 정치에 관심이 있는 사람이라면 히틀러에 대해 어떤 특정한 견해를 갖지 않기가 더 어려웠다. 그를 지지하거나 반대하거나 둘 중 하나였다. 우리는 작가들이 일반인보다 더 자유롭고 열린 마음을 갖고 있으리라 생각하는 경향이 있다. 그러나 나치 독일의 문제와 관련하여, 그들은 일반 대중과 마찬가지로 독일에 도착하기도 전에 이미 나름대로 확고한 견해를 갖고 있었다.

베케트는 올림픽 직후에 독일을 여행했다. 그 당시는 제3제국의 위력이 전성기에 도달한 시점이었다. 그러나 우리가 다음 장에서 살펴보게 되겠지만, 히틀러 올림픽을 보기 위해 몰려든 수천 명의 외국인들은 대부분 베케트와는 다르게 나치의 지속적이고 집요한 프로파간다에 자발적으로 넘어간 사람들이었다.

12

내리는 눈과 스와스티카

스포츠와 정치는 별개라는 생각은, 독일이 1936년에 주최한 하계 올림픽과 동계 올림픽 앞에서는 정말로 황당무계한 발상이 아닐 수 없다. 나치의 정당 조직은 온갖 공을 들인 개회식부터 올림픽 참여 팀들의 아침 메뉴까지 모든 측면에서 일일이 파고들며 감시했다. 전례 없는 해외 방문객의 쇄도 덕분에 나치는 온 세상을 향해 그들의 주장이 정당하다고 입증할 완벽한 기회를 잡았다. 나치 선전원들은 새로운 독일이 어마어마하게 강력하고 유능한 국가일 뿐만 아니라 관용적이며 즐거움을 추구하는 국가이기도 하다는 끊임없는 선전전을 퍼부어서 해외 관광객들을 설득하려 했다. 이런 교묘한 속임수를 현명하게 사용함으로써 나치의 프로파간다는 전반적으로 성공했다.

프랑스 대사 앙드레 프랑수아 퐁세가 주장한 것처럼 하계 올림픽이 "히틀러와 그의 제3제국의 신격화"[1]를 널리 선전했는데 그것

동계 올림픽 개막 축포

4문의 대포가 축포를 쏘아올리고 있다. 사진은
동계올림픽 개막식의 장면이다.

은 이미 육 개월 전 자국에서 개최된 동계 올림픽으로 예고된 것이었다. 하계 올림픽보다 훨씬 더 작은 규모로 진행되었지만, 가르미슈-파르텐키르헨("이름이 하이픈으로 연결된 이 두 마을은 실제로도 개울을 두고 마주하고 있다")[2] 두 마을에서 개최된 네 번째 동계 올림픽은 베를린 올림픽을 무척 악명 높지만 동시에 무척 매력적인 행사로 만든 수많은 요소들을 압축적으로 보여줬다.

동계 올림픽은 2월 6일 개최되었다. 선구적인 영국인 스키어 아놀드 런은 여러 노력을 통해 회전 활강 경기와 활강 경기가 처음으로 올림픽 종목에 포함되게 했다. 그는 이제 개회식이 시작되길 기다리며 관중석에 앉아 겨울 추위에 가볍게 몸을 떨고 있었다. 영국팀 주장인 그의 아들 피터는 나치에 반대해왔고, 이미 퍼레이드에 참여하길 거부한 바 있었다. 런은 이런 글을 남겼다. "휘몰아치는 눈이 내리는 가운데 갑작스레 그리스팀을 선두로 선수단 입장 행렬이 나타났다. 그들의 국기는 아테네보다는 스파르타에게 더 편안함을 느낄 법한 사람(히틀러)에게 경의를 표하고자 잠깐 내렸다 올려졌다 …… 눈발이 휘날리는 가운데 화로에서 불꽃이 타올랐고, 언덕의 올림픽 성화는 현재 올림픽 경기 중임을 알리는 불꽃을 계속 피워 올렸다. 불꽃, 휘몰아치는 눈, 그리고 바람이 그곳에 있었다." 며칠 뒤 그는 라디오 인터뷰에 출연하여 현재 진행 중인 올림픽에 대해 어떤 생각을 하고 있는지 질문을 받았을 때 이렇게 대답했다. "독일인들에게, 내가 별것은 아니지만 비밀 하나 알려주고 싶습니다. 정치적 행사가 아니라 순전히 재미 때문에 스키 타는 사람들이 아직도 있다고 말입니다."[3]

놀랍게도 저널리스트 윌리엄 샤이러는 자신이 올림픽을 즐기고 있다는 걸 깨달았다. 그는 이런 글을 남겼다. "그건 예상보다는 더 즐거운 막간극이었다. 바이에른 알프스 산맥의 풍경, 특히 일출과 일몰 때의 풍경은 대단히 아름답다. 산간의 차가운 공기는 기운을 북돋고, 스키복을 입은 뺨 붉은 여자들은 하나같이 매력적이다. 올림픽 경기도 흥미로운데, 특히 엄청난 고난도의 스키 점프, 봅슬레이, 하키 경기, 그리고 소냐 헤니가 관중들의 관심을 자아낸다."[4] 이 노르웨이 스케이트 스타*에 대한 샤이러의 열정은 그녀가 며칠 전 베를린에서 히틀러를 열렬한 경의를 표시하며 환영하는 걸 봤더라면 다소 식어버렸을지도 모른다. 노르웨이 신문사들은 그 일을 못마땅하게 생각했다. 히틀러와의 만남이 있었던 다음 날 신문사들은 "소냐는 나치인가?" 하고 헤드라인을 뽑았다. 그녀가 나치 고위 간부들과 어울리는 걸 무척 즐겼다는 걸 감안하면 그런 질문이 그리 불합리한 건 아니었다. 올림픽 경기를 마치고 얼마 지나지 않아 그녀는 베르히테스가덴을 방문해달라는 히틀러의 초대를 받고서

---

* 소냐 헤니는 3연속으로 올림픽에서 금메달을 획득했다. 나중에 그녀는 할리우드 영화배우가 되었다.

이를 흔쾌히 받아들였다.

샤이러와 달리 미국 전역에 자신의 칼럼 「그런 대로 괜찮네」를 기고했던 웨스트브룩 페글러는 독일에 거주하지 않았고, 따라서 나치에 대해 다소 강경한 어조로 글을 쓸 수 있다고 생각했다. 나치에 대한 그의 적의는 그가 뮌헨에 "다소 우려하며" 도착했을 때부터 명확히 드러났다.

기차역은 금발 백인 남녀들로 가득했다. 대다수는 스키화를 신고 산맥으로 가는 지선 열차를 타러 갔고, 스키화의 철제 밑창이 콘크리트 승강장에 부딪쳐 끼익 하고 긁히는 소리를 냈다. 그들은 겉보기에 아주 건강하고 강인했으며, 스키 바지를 입은 다리가 긴 여자들은 배낭과 스키를 매고 가면서 어떠한 남자에게도 좀 들어달라고 부탁하는 일이 없었다.[5]

페글러는 동계 올림픽을 "국제올림픽위원회의 명목적 후원을 받아 나치 국가가 수행하는 대규모 정치·군사적 과시 행위"[6]라고 묘사했다. 물론 그의 말이 맞지만, 샤이러가 지적한 것처럼 가르미슈를 방문한 수백 명의 해외 관광객들은 나치가 배후에서 조직한 그 행사 중에서 "호화롭고 원활한" 진행 방식만 봤을 뿐이었다. 더욱이 일반적 예상과는 다르게 "해외 관광객들은 독일인의 친절한 태도에 크게 감명 받았다". 샤이러는 미국 대사관 상무관을 초청하여 오찬회를 조직하고서, 방문 사업가들에게 독일의 실제 상황을 알려주게 했다. 그러나 상무관의 말은 그들의 귀에 제대로 들어가지 않았다.[7] 상무관의 청중은 나치의 프로파간다를 그대로 믿고 싶

크리스틸 크란츠(위)와
다이애나 고든 레녹스(아래)

크란츠가 올림픽의 스타였다면 관중의
사랑을 받은 건 고든 레녹스였다.

은 마음이었으므로 그걸 액면 그대로 받아들였다. 히틀러 치하 독일의 놀라운 발전과 업적을 멀리서 지켜보던 수많은 사람들처럼 그들도 저널리스트와 외교관이 뭘 잘 모른다고 생각하기를 더 좋아했다. 물론 나치는 다소 과도하게 열성적인 태도를 가끔 보이기도 하지만, 가까이서 면밀히 살펴보면 실제로 그렇게 나쁜 사람들이 아니라고 생각했다.

캘리포니아 태생 메리 트레시더가 "미친 듯이 달려오는 사람들, 스키, 수하물"과 함께 가르미슈에 도착하여 기차에서 내렸을 때 그녀의 머리에서 뱅뱅 맴도는 생각은 국가사회주의의 옳고 그름이 아니라, 어떻게 하면 최대한 빠르게 스키 경사로에 접근할 수 있는가 하는 것이었다. 그녀는 2월 8일의 일기에 이런 글을 남겼다. "반호프 앞에서 우리는 첫 번째 버스에 몸을 밀어 넣었다. 그래야 크리스틀 크란츠*가 여자 알파인 스키에서 영광과 열광의 환호 속에서 안정적이고 리듬감 있는 두 번의 시도에서 최단 시간을 기록하는 아름다운 모습을 볼 수 있었기 때문이다. 가르미슈-파르텐키르헨은 무척 그림 같은 곳이었다."[8]

크리스틀 크란츠는 쇼의 스타였을지 모르지만, 관중의 사랑을 받은 건 캐나다 해군 제독의 겁 없는 딸이자 스키 선수인 다이애나 고든 레녹스였다. 그녀의 팀원 네 명은 경기에 임박해서 급조되었는데, 몸 상태가 그리 좋지 않았다. 그녀 자신은 훈련 중에 손가락 몇 개가 부러진 상태였고, 팀원 한 사람은 한쪽 발에 붕대를 감았

---

* 크란츠(1914~2004)는 1930년대 스키 선수권을 지배했다. 1936년 그녀는 신설된 복합 알파인 경주에서 금메달을 수상했다.

으며, 다른 한 사람은 독감에서 회복하는 중이었다. 산 정상에서 자기 차례를 기다릴 때 그들에겐 저 밑의 산기슭이 끔찍하게 멀게 보였다. 경기를 치르고 나서 얼마 지나지 않아 팀의 주장은 이런 글을 남겼다. "어마어마한 내리막 활강을 앞에 두고 경기를 시작하려니 마치 내가 다른 세상에 와 있는 다른 사람이 된 것 같았다." 팔에 깁스를 한 다이애나는 스키 폴(막대)을 하나만 들고 "거친 바람에 검은 머리카락을 마구 휘날리며" 결승선을 통과했지만, 삼만 명의 관중이 환호하는 가운데 그녀가 눈에 낀 외왈 유리안경은 여전히 굳건히 눈 주위에 박혀 있었다.[9]

　"붉은 스타킹"으로 알려진 미국 여자 스키 선수들은 캐나다 선수들보다 기록이 좋았을지 모르지만, 숙소를 같이 쓴 독일팀에게는 비교조차 안 되는 성적을 거두었다. 그것은 미국인 선수들에게는 그리 성공적인 행사라 할 수 없었다. 미국 선수들은 식사 시간에 두 번째로 배정되었고, 독일인들이 남긴 음식을 먹어야 했으며, 욕실 입장이 허용되었을 때 온수도 나오지 않았다. 미국팀 주장인 앨리스 키아어는 당시를 이렇게 회상했다. "건장한 독일 여자들이 식당으로 진군하듯 와서 입 안에 쑤셔 넣듯 소시지와 자우어크라우트를 먹는 모습을 보고서 얼마나 가슴이 철렁했는지. 나는 그 광경을 절대 잊지 못할 것이다. 독일 여자들을 지켜보면 볼수록 우리의 가슴은 더욱 더 철렁 내려앉았다. 그들은 초인적이었다." 키아어는 어떤 독일 공무원과 함께 활강 코스를 점검하게 되었다. 코스를 내려가던 도중 그들은 거대한 소나무가 코스를 가로막고 있는 걸 발견했다. "보치 박사는 주머니에서 작은 호루라기를 꺼내 한 번 불었다." 이 분 뒤 열 명의 나치 군인들이 구성진 화음으로 군가를 부르면서 숲에서 일렬종대로 나타났다. 박사의 명령 한 마디에 그들은 나무를 치우고 다시 숲으로 사라졌는데, 여전히 군가를 부르면서 유유히 떠나갔다.[10]

트레시더의 일기에 정치적 언급은 전혀 없다. 심지어 그녀와 훗날 스탠퍼드 대학 총장이 되는 그녀의 남편이 뮌헨의 브라운 하우스(나치 사령부)와 성스러운 나치의 성소인 펠트헤른할레(야전군 원수 기념홀)를 방문하여 둘러봤는데도 정치적인 얘기를 적어 넣지 않았다. 축제 분위기가 한창인데("사육제 파티가 시작되었고 우리는 무척 유쾌했다."[11]), 이런 즐거움을 왜 그런 얘기로 망쳐야 하겠는가? 봅슬레이 금메달 수상자인 미국인 아이번 브라운도 마찬가지였다. 그는 고향으로 보내는 편지에서 나치에 관해서는 딱 한 번 언급했을 뿐이었다. 동계와 하계 올림픽에 참여한 수많은 미국 선수들과 마찬가지로, 작은 시골 마을 출신인 브라운은 독일 정치에 관하여 전문적인 평가를 내리는 것은 고사하고, 유럽에 가면 무엇을 먼저 둘러보아야 하는지도 전혀 알지 못하는 상태였다. 아내를 "자기"라고 부른 그의 편지에는 흥분, 향수, 그리고 좌절감이 뒤섞여 있다.

드디어 독일에 오게 됐는데 정말 놀라워. 모두가 우리한테 다정하게 대해주기는 하는데 인적이 드문 곳이야. 하지만 나는 잘 해낼 수 있을 거로 생각해 …… 우리 뒤로 솟은 산맥은 무슨 탑 같아. 아침엔 봅슬레이를 탔는데 어찌나 대단하던지. 우리나라의 운동 시설보다 훨씬 나아. 그리 가파르지도 않은데 커브도 많아. 자기, 여긴 모든 게 좋아 보여.[12]

그는 개회식 뒤에 또 다시 아내에게 편지를 썼다. "히틀러는 괜찮은 사람이야. 사진에서 보는 것보다 훨씬 덩치가 크더라고", "우리 자기가 신문에서 나를 포함한 우리 선수단이 공작처럼 자부심을 느끼며 행진 대열에 참석하여 씩씩하게 걸어갔다는 소식을 읽었기를 바라".[13]

런던데리 7대 후작의 열다섯 살배기 막내딸인 마이리 베인-템페스트-스튜어트와 그녀의 어머니 이디스에게 동계 올림픽 첫날의 주된 기억은 "캐비어를 위에 바른 굴이 나온 기가 막힌 점심"[14]이었다. 마이리의 아버지는 유럽을 평화롭게 하는 최선의 방법은 히틀러를 모욕하기보다 그와 교류하는 것이라고 굳게 믿었다. 비록 후작은 이제 공직에 있지 않았지만(그는 램지 맥도날드의 내각에서 공군 장관이었다), 나치는 그를 영국과의 관계 개선에 다리를 놓을 수 있는 주요 인물로 보고 그의 독일 방문을 성공적으로 마무리 지으려고 모든 노력을 아끼지 않았다. 독일 측의 그런 노력은 베를린에서부터 시작되었다. 자연스럽게 카린할(괴링의 사냥용 오두막)에서 하루를 보내는 건 필수 코스였다. 마이리는 오 년 동안 사용해온 자신의 일기장에 이렇게 적었다. "어머니는 총을 쏘아 담황색 수사슴을 한 마리 맞췄다. 아버지는 붉은 사슴 한 마리를, 나도 담황색 수사슴 한 마리를 맞췄다."[15] 마이리는 훌륭한 사수였을 뿐 아니라 열두 살에 처음으로 비행기를 조종한 적도 있었으므로 데사우의 융커 공장에 방문했을 때 대다수 십대 소녀보다 훨씬 더 그곳에 매혹되었다. "그곳은 무척 흥미로웠다. 우리는 비행기와 엔진이 직접 제작되는 현장을 봤다. 점심 식사를 한 뒤, 융커 비행기의 모형을 선물로 받았다. 히틀러와는 저녁 식사를 함께했다."[16] 그런 대조적 사항들의 기이한 병치는 정기적으로 그녀의 간결한 다이어리 기록에서 나타난다. "우리는 작스 코부르크 공작과 함께 점심 식사를 했고 그 후에는 노동 수용소로 갔다."

* * *

그들의 돈독한 친 나치 관계에도 불구하고, 런던데리 후작 부부가 가르미슈에서 서쪽으로 오 마일 떨어진 곳에 하우스 히르트가 있었다는 걸 알았을 것 같지는 않다. 방명록 페이지가 보여주는 것처럼 이 수수한 산간 오두막은 1920년대 초 이래 지식인들의 메카였는데, 특히 영국과 미국 지식인들이 자주 찾는 산 속의 펜션이었다. 영국 시인 지크프리트 사쑨, 레드 휘슬러, 미국 여배우 캐서린 코넬, 미술사가 존 포프 헤네시, 작가 이디스 올리비어는 물론이고, 이어 경과 조지 빈센트(록펠러 재단의 회장) 같은 공인들도 몇 년 동안 정기적으로 이곳을 찾아왔다. 윌리엄 월튼이 비올라 협주곡의 마지막 부분을 작곡한 곳도 하우스 히르트였고, 빛나는 청년들 중 가장 빛나는 사람이라던 스티븐 테넌트가 결핵에서 회복하는 동안 지크프리트 사쑨과 연애하던 곳도 하우스 히르트였다. 방명록에 등재된 더욱 놀라운 인물은 장개석(蔣介石)의 양아들 장위국(蔣緯國)이었다. 그는 독일에서 독일군의 정예 알프스 부대와 함께 훈련을 받는 중이었다. 등에 삼십 파운드 무게의 배낭을 지고 활강 코스를 벗어나 가파른 산을 오르던 일상과, 하우스 히르트의 따뜻한 환대는 틀림없이 엄청난 대조를 이뤘을 것이다.

하우스 히르트의 소유주 요한나와 발터 히르트는 아주 완벽한 인적 연결망을 갖추고 있었다. 요한나의 아버지는 헤센 대공국의 재판장이었고, 그녀의 오빠인 에밀 프레토리우스는 바이로이트 축제의 가장 뛰어난 무대 디자이너로 널리 평가받았다. 하지만 1차 대전 이후의 인플레이션은 가문의 부를 파괴했고, 요한나와 발터는 운터그라이나우에 있는 발터 어머니의 산간 오두막으로 도피할 수밖에 없었다. 독일에서 가장 높은 산인 이곳 추크슈피체 아래에서 닥스훈트, 암탉, 개암나무 덤불에 둘러싸인 채로 히르트 부부는 엄선한 손님들에게 하루 일 파운드의 숙박비를 받는 것으로 생계를 꾸렸다. 외국인들은 "키가 크고 여왕 같은" 요한나를 무척 좋아했다. 그들은 그녀의 던들, 완벽한 영어, 진공청소기를 다루는 재주도 좋아했지만, 무엇보다 "부러진 다리부터 상처 입은 마음까지 모든 것에 적절히 대처하는"[17] 그녀의 능력을 가장 좋아했다. 그 지방 특유의 가죽 반바지를 입고 큼지막한 무릎을 돌출시킨 땅딸막한 발터는 요한나보다 덜 세련되었지만, "신의 축복으로 손님의 수입이 올라가기를God bless your income", "저는 모든 면에서 공동체주의자죠I am in all ways a Communalist"[18] 같은 특유의 별난 영어로 손님들에게 사랑을 받았다.

글라인드본 오페라의 설립자 존 크리스티는 왜 수많은 지식인이 산속의 펜션 하우스 히르트에 끌렸는지에 대하여 이렇게 분석했다.

모두가 늘 즐거운 시간을 보내는 것 같았다 …… 그럼에도 불구하고 대화와 잠깐의 산책을 제외하고, 거기에는 사소하지만 아주 귀중한 무엇이 있었다. 우리 중 누구도 산을 오르거나 스키를 타지 않았고, 그렇다고 크리켓이나 럭비를 하지도 않았지만 우리는 모두 해마다 그곳으로 돌아오고 있었다 …… 이제 와서 돌이켜보니 이런 생각이 든다. 그곳에서는 그저 산 위쪽을 바라다보기만 해도 그 광경에서 어떤 위안을 느끼게 해주었다. 그건 아주 묘한 성취감이었다. 오페라 축제도, 크리켓 주간도, 잉글랜드 여흥의 중심점이 되는 어떠한 것도 없었지만, 그럼에도 불구하고 이 산장은 사람의 마음을 강하게 끌어당기는 묘한 매력이 있었다.[19]

수준 높은 지적 대화가 너무 부담이 되면, 산장 손님들은 전통적인 바이에른식 행사, 가령 마을에서 매년 열리는 나무꾼 무도회를 찾아갈 수 있었다. 이 무도회는 1935년까지 외부인은 참석할 수 없었지만 그 후에는 관광객에게도 개방이 되었다. 한 미국 관광객이 전한 바에 따르면 나무꾼은 초록색 모자, 상의, 바지를 입어 휘황찬란했으며, 그들의 깎아지른 조각상 같은 강건한 체구와 긴 수염은 원시 기독교 교회의 12사도를 떠올리게 했다. 일요일 교회를 다녀온 뒤에 시작되는 축제는 다음 날 새벽 여섯 시까지 계속되었고, 엄청난 양의 돼지고기가 푸짐하게 나왔으며, 그것을 외국인의 관점에서 보면 다소 불쾌한 맛이 도는 맥주와 함께 먹었다. 귀청이 떨어질 것 같은 엄청난 음악 소리는 무도회의 시작과 끝을 알려주었다.

하지만 1936년 겨울에 외국인들은 오로지 올림픽을 위해 가르미슈를 찾아왔다. 돌이켜볼 때 그들 중 다수가 정치적으로 순진한 사람들이었고, 더러는 해당 문제에 대해 지나치게 깊이 의문을 품지 않기를 선택한 사람들도 있었다. 하지만 그 누구도 군인의 존재를 의식하지 않을 수는 없었다. 병사들은 어디에나 있었다. 그리하여 페글러는 마을이 "중요한 부대가 이동 중에 있는, 서부 전선 뒤의 작은 도시처럼 보인다"라고 논평했다. 그는 군대 특유의 위장도색을 한 군용 트럭이 "산으로 빠르게 움직이며 비좁은 보도에 녹아서 진창이 된 눈을 튀기는 광경"에 특히 분노했다. 대체 왜 친선을 위해 스포츠인들이 모인 작은 산악 리조트 주위에 이토록 많은 군 병력을 투입한 것일까? 하지만 겁 없는 페글러조차도 간첩으로 고발당할 것을 두려워하여 애써 그 질문을 피했다.

하지만 그는 모든 반유대주의의 흔적이 감쪽같이 사라졌다는 걸 발견했다. 이곳저곳에 걸려 있던 '유대인 출입 금지' 표시는 철저하게 제거되어 있었다. 그러나 나치의 철저함에도 불구하고 페글러는 「데어 슈튀르머Der Sturmer」(율리우스 스트라이허의 반 유대인 타블로이드 간행물)가 가끔 가르미슈로 밀반입되어, 어리둥절한 외국인들에게 은밀히 배부되는 것을 목격했다.

올림픽이 시작되고 며칠 만에 "가볍게 불어오는 겨울바람 속에서 1만 개의 스와스티카 깃발이 나부끼는 가운데" 히틀러가 또다시 등장했다. 페글러는 이런 글을 남겼다. "이날은 독재자의 날이었다. 올림픽은 중요성에서 그다음으로 밀렸다." 그는 총통의 존재가 군사력을 크게 과시하고, 교통 체증을 일으키고, "올림픽이 헌신하는 평화로운 이상을 완벽하게 빛바래게 했어도" 히틀러가 하키 경기장 전용 특등석에서 거의 보디가드도 없는 상태로 앉아 그에게 끊임없이 다가오는 낯선 자의 무리를 기쁘게 맞이하는 모습이 아주 기이했다고 적었다. 페글러는 이렇게 말했다. "성질이 고약한 린드버그 대령과 까다로운 그레타 가르보와는 놀라울 정도로 대비되는 베이브 루스처럼, 히틀러는 기꺼이 사람들에게 미소를 지으며 서명을 해줬다."

동계 올림픽은 2월 16일에 종료되었다. 마이리는 이런 글을 남겼다. "대단했다. 아이스하키 경기가 끝났고, 잉글랜드가 승리했다. 밤엔 특별 공연이 있었다. 많고 많은 사람들이 다들 나와 춤을 췄다."[20] 페글러는 폐회식을 이렇게 묘사했다.

폐회식 날, 산에서 쏘아올린 폭죽은 아름다운 형형색색으로 반짝거렸고, 군용 탐조등은 인공 달빛으로 눈 덮인 언덕을 휩쓸고 갔다. 하지만 동시에 산 경사면 중간쯤의 은폐된 포대 속에 자리 잡고서 계속 발포하는 3인치 구경 화포들은 우리로 하여금 이제 탑에서 서서히 꺼져가는 아름다운 올림픽 성화가 그저 불꽃일 뿐이며 결국 아무런 의미도 없다는 걸 연상시켜줬다.[21]

다시 한 번 이 저널리스트는 독일의 진상을 명백히 설명해줄 책임이 있다고 느꼈다. 그러나 베를린 올림픽 준비가 가속화되면서 페글러의 독자들 중에서 그런 불편한 진실을 받아들이려는 사람은 극소수에 불과했다. 런던데리 후작 부부가 그의 신문 칼럼을 읽었다면 무책임한 저널리즘이 또 한 건 터트렸다면서 일축했을 것이다. 그것은 독일이라는 대국에 대한 또 하나의 근거 없는 비방으로 간주되었을 것이다. 이들에게 독일은 영감 넘치는 영도자의 지도 아래 불확실한 미래를 극복하기 위해 최선을 다하고 있을 뿐이었다.

본국으로 돌아가는 중에 런던데리 후작 부부는 독일 주최자에게 과도한 감사의 편지를 보냈다. 그나마 후작은 리벤트로프에게 보낸 편지에서 히틀러의 유럽 정책과 반유대주의 같은 꽤 불편한 문제에 대해 슬쩍 언급하기라도 했지만, 이에 비해 후작 부인이 히틀러에게 보낸 편지는 그야말로 노골적인 칭찬과 감탄 일색이었다. 그녀는 이렇게 썼다. "깊은 인상을 받았다고 하는 것만으로는 부적절합니다. 나는 정말 놀랐습니다. 총통님과 독일은 내게 성경의 창세기를 떠올리게 했습니다. 그 외의 다른 어떤 것도 독일의 현재 상태를 정확히 묘사하지 못합니다. 도시의 건물들은 너무 아름다워 나는 절대 잊지 못할 것입니다. 그런 건물들이 보여주는 강건함과 소박함은 그것들을 만들어낸 사람이 어떤 분인지 생생하게 느끼도록 해주었습니다."[22]

런던데리 경은 그 후 이 년 동안 독일을 여섯 번 여행했는데, 그 중에서도 이 첫 번째 여행은 아주 성공적인 것이었다. 하지만 그것은 사람들 사이에서 커다란 의혹을 불러일으키기도 했다. 샤이러는 올림픽이 끝나고 열흘 뒤 일기에 이렇게 적었다. "런던데리 경이 이달 1일에 이곳 주변에 있었다는 이야기를 들었다 …… 그는 철저한 친 나치 인사다. 후작의 그러한 소행이 전혀 도움이 안 될 것이라는 우려가 널리 퍼져 있다."[23]

* * *

동계 올림픽 폐회식이 끝나고 3주 뒤인 1936년 3월 7일, 독일군은 베르사유 조약을 노골적으로 위반하면서 제1차 세계대전 이후 비무

장지대로 남아 있던 라인란트를 재점령했다. 이전 며칠 동안 케이 스미스는 뭔가 심상찮은 일이 벌어질 거라고 느꼈다. "그런 불길한 기운이 감도는 걸 느꼈다." 3월 6일 베를린 연회실에서 열린 환영 연회에서 그녀는 이런 대화를 엿들었다.

따뜻한 날이었다. 발코니 문은 열려 있었다. 르몽도(프랑스 무관)가 폰 파펜하임(독일 참모본부 고위 장교)의 팔을 끌고 발코니로 나갈 때 나는 그 근처에 서 있었다. 나는 그곳 가까이 조금씩 움직여갔고, 그들이 있는 발코니에 등을 돌린 채 그들의 말을 엿들었다. 르몽도는 이렇게 물었다. "정말 라인란트를 재점령할 거요?" …… 파펜하임은 놀랐다. 그의 얼굴은 붉어졌고 말도 더듬기 시작했다 …… "아니오, 확실히 그렇지 않소." "명예를 걸고 맹세할 수 있소?" "맹세하오." …… 나는 어서 빨리 트루먼에게 재점령이 확실하다고 말해주고 싶어서 기다릴 수가 없었다![24]

같은 날 저녁 드니 드 루즈몽은 프랑크푸르트의 오페른 플라츠 광장을 지나가면서 독일 의회가 다음 날 임시 회의를 소집했다는 신문 헤드라인을 보았다. 이튿날 아침 그는 이웃집의 라디오에서 총통이 맹렬하게 고함치는 소리를 들을 수 있었다. 하지만 실제로 무슨 말을 하는지는 분명하게 들리지 않았다. 그러나 그 내용이 틀림없이 중요한 거라는 점은 짐작할 수 있었다. 왜냐하면 자신과 같은 세입자들이 문단속을 철저히 하고 현관 벨이 울려도 전혀 응답하지 않았기 때문이다.[25] 그곳에서 북동쪽으로 삼백사십 마일 거리에 있는 베를린에서, 케이 스미스 역시 라디오를 통해 총통의 연설을 듣고 있었다. 그녀는 히틀러가 평소의 장광설을 늘어놓은 뒤 목소리를 착 내리깔면서 독일 군대가 지금 라인 강 다리를 건너는 중이라고 발표했던 걸 기억했다. "그때 우리는 쾰른 성당의 종이 울리는 소리를 들었다."[26]

히틀러의 연설이 끝나갈 때가 되자 드 루즈몽은 아파트 건물 전체에서 문을 쾅하고 닫는 소리와 계단을 서둘러 오르내리는 소리를 들을 수 있었다. 그는 일기에 이렇게 적었다. "집주인의 아들은 지하 저장고에서 나와 손에 술병을 들고 흥분한 몸짓을 보였다. 그는 계단을 한 번에 두 개씩 뛰어오르면서 〈호르스트 베셀 찬가〉(나치 찬가)를 휘파람으로 불었다. 이웃들은 활발하게 대화를 나누는 중이었다. 나는 "프랑스"라는 단어를 외치는 소리를 들었다 …… 나치 깃발이 이미 발코니에 나타나 휘날리고 있었다." 그는 신문을 사려고 밖으로 나갔다. 노점상이 물었다. "전쟁이 일어나는 겁니까?" 그러자 드 루즈몽은 이렇게 답했다. "전쟁이라니, 세상에! 그저 당신들이 국경에 소규모로 군인을 배치했다는 이유로 전쟁이 날 것 같습니까? 프랑스인은 그렇게까지 미치지는 않았습니다."[27]

트루먼 스미스는 달리 생각했다. 집에 도착한 순간 그는 아내에게 아파트의 짐을 싸는 데 얼마나 시간이 걸리느냐고 물었다. 그녀는 사흘이라고 답했다. "사흘이라고! 프랑스가 마땅히 해야 할 대로 대응한다면 시간은 겨우 삼십 분밖에 없어 …… 삼십 분이면 폭격기가 여기까지 올 거란 말이야." 그녀는 두 개의 여행 가방을 꾸렸고, 차에 휘발유를 가득 채웠으며 비행기 엔진이 웅웅거리는 소리가 들리자마자 어린 딸과 함께 피신할 준비를 갖췄다.[28] 하지만 프랑스 대사관의 창문이 밤새 환히 빛났지만, 폭격기는 단 한 대도 나타나지 않았다. 다음 날에도, 이어진 한 주 동안에도 폭격기는 코빼기도 보이지 않았다. 히틀러의 커다란 도박이 성공을 거뒀다.

한 달 뒤 라인란트에서 벌어진 극적인 사건에도 불구하고 차터하우스 학교의 하키팀이 빅토리아 역에서, 배편과 접속되는 임항(臨港) 열차를 타고 쾰른으로 출발했다. 학교가 팀을 해외로 보낸 건 이번이 처음이었다. 엄청난 관중이 개막전을 구경했는데, 이 경기는 주위가 숲으로 둘러싸인 바닥이 고르지 못한 경기장에서 치러졌다. 그러나 이내 관중은 경기의 점수보다 선수들에게 훨씬 더 많은 관심을 보였다. 한 팀원은 교지에 이런 글을 남겼다. "우리는 가는 모든 곳마다 이후 알게 된 진실, 즉 '잉글랜드 아이들'의 특정한 측면들이 현지 주민들에게 무척 즐거움을 준다는 걸 알게 되었다." 잉글랜드 학생들의 "다양하고 독창적인 머리 모양", 기묘한 옷, 별난 모자 등은, 짧게 깎은 머리와 무릎까지 올라오는 장화를 착용하는 나치 표준 제복과는 놀라울 정도로 대비되었다.

라이프치히와 드레스덴을 포함한 현지 원정에서 무척 인상적인 기억은 하키팀이 만난 모든 사람이 보여준 "경이로운 친근함"이었다. 저자는 이렇게 요약했다. "독일 신문이 '잉글랜드 아이들이 긴장을 누그러뜨리기 시작하다'라고 보도한 순간부터 우리는 평화와 친선의 진정한 대사가 된 기분이었다. 우리는 양국의 국제적 관계가 차터하우스의 하키 팀에 달려 있다면, 전쟁과 전쟁에 관한 소문이 영원히 중단될 거라는 생각이 들었다."[29] 그러나 이 하키 친선 대사들의 일원이었던 찰스 페틀리는 1941년 7월 8일, 전투기를 몰고 오스나브뤼크를 폭격하러 가던 중 네덜란드 상공에서 피격당해 전사했다. 향년 이십삼 세였다.

케이 스미스는 베를린을 떠날 필요가 없었다. 그리하여 라인란트 재점령의 위기 이후 넉 달이 지나간 무렵에 스미스 부부는 찰스 린드버그 대령을 초대한 주인 역할을 하게 되었다. 대령은 틀림없이 당대에 가장 널리 알려진 유명 인사 중 한 사람이었다. 트루먼 스미스는 대사관의 무관 자격으로 한동안 워싱턴에 독일 공군 전력에 대하여 정확한 평가 보고서를 제공하려 했다. 이런 업무와 관련하여, 세계에서 가장 유명한 비행사인 린드버그 대령보다 더 큰 도움을 줄 수 있는 사람이 어디에 있겠는가? 린드버그와 그의 가족은 1932년 어린 아기였던 아들이 납치되어 살해당한 스캔들의 엄청난 유명세와 후유증에서 벗어나기 위해 미국을 떠나 잉글랜드에서 살고 있었다. 스미스는 그에게 편지를 보내 자신이 해결해야 할 문제를 간략히 말하고 그를 독일로 초청했다. 린드버그는 크게 기뻐하며 이를 수락했다.

7월 22일 린드버그의 아내 앤은 일기에 이렇게 기록했다.

독일로 떠난다. 아침 일찍 일어났다 ……펜스허스트에 있는 공항으로 차를 타고 갔다. 무척 기이하고, 조용하며, 잉글랜드다웠다. 그 큰 격납고엔 우리가 탈 작은 회색 저익(低翼) 단엽기밖에 없었다. 처마에서 많은 새들이 지저귀는 소리 외엔 아무런 소리도 들려오지 않았다. 길고 깃털 같은 풀에는 이슬이 주렁주렁 맺혔다 …… 들판 끝에는 홉 건조소와 양떼가 있었다.

쾰른에서 연료를 보급한 뒤 그들은 하르츠 산맥으로 날아갔고 이어 "포츠담으로 향했는데, 여러 호수와 작은 범선들이 발아래 보였다. 궁전이 나타났고, 베를린을 앞두고는 많은 녹지와 강들이 나타났다. 들판엔 융커스 비행기들이 모두 일렬로 늘어서 있었다".[30] 그들은 템펠호프 공항에 내렸다. 그곳에선 스미스 부부가 수많은 나치 고위 간부와 함께 린드버그 부부를 환영하고자 기다리고 있었다. 케이는 흥분됐지만, 동시에 조금 걱정되기도 했는데 "린드버그가 무척 '까다롭다'는 평판이 돌았기 때문이다."[31] 하지만 걱정할 필요가 없었다. 잠시 뒤 스미스 부부의 아파트 발코니에 앉아 따뜻한 여름 황혼 속에서 서로 수인사를 나눈 두 부부는 향후 오래 지속될 우정의 첫 시작을 구축해나갔다.

린드버그의 방문은 나치에게 하나의 좋은 선물이었다. 특히 베를린 올림픽 개막식 한 주 전에 있었던 일이라서 그 방문의 의미는 더욱 각별했다. 이후 며칠 동안 찰스 린드버그의 구미에 맞을 법한 비행장, 공장 견학, 무수한 사교 행사들이 빡빡하게 진행되었다. 베를린 비행 클럽 오찬장에서 그가 행한 주요 연설은 독일 국내 신문들의 국제면에 실렸으나 사설로 다룬 신문은 없었다. 그건 별로 놀라운 일이 아니었다. 그 이유는 린드버그가 현대 비행기술 덕분에 문명화된 세계의 소중한 유물들이 일거에 파괴될 위험성이 높아졌다고 지적했기 때문이었다. 그는 연설을 이렇게 마무리했다. "우리가 보호하길 바라는 그런 문화 유물을 파괴하지 않는 것, 바로 이것을 확실히 하는 게 우리의 책임입니다."[32] 그 연설은 총통의 마음에 들 만한 얘기가 아니었다. 같은 오찬장에서 린드버그 부인은 1차 대전 이후 독일 공군의 주요 설계자였던 밀히 장군과 이야기를 나누면서 아주 인상적인 한 순간을 포착했다. 그녀는 잉글랜드인이 성격, 인종, 기질에서 독일인과 무척 가깝다고 느낀다고 장군에게 말했다.

"그렇게 생각하십니까?" 장군은 재빨리 날 쳐다보더니 눈매가 잠시 날카로워졌다. 그 시선은 마치 어두운 방 안에 빛이 새어 들어와 바깥의 풍경을 내다보게 해주는 그런 시선이었다. 장군은 깜짝 놀라는 듯한 "그렇게 생각하십니까?"라는 억제된 말과 눈빛으로, 그 말 뒤에 숨겨진 기쁨, 열망, 희망, 취약성을 드러내 보였다. 그의 눈빛은 그렇지 않다는 반론을 펴기 위해 뭔가 말하고 싶은 마음을 내보였으나 차마 거기까지 대화를 이어가지 못했다. 장군이 느끼는 취약성은⋯⋯.[33]

린드버그 부부가 구 일간의 베를린 방문 중에 경험한 사교적 모임의 절정은 헤르만 괴링과의 오찬이었다. 여기엔 스미스 부부도 초청되었다. 케이는 이렇게 회상했다. "위가 트인 커다란 검은색 벤츠 차가 우리를 공군 총사령관 관저로 데려가고자 왔다. 오토바이를 탄 경호 선도자들도 함께 왔다 ⋯⋯ 홀로 들어서는데 독일 공군의 영웅들이 입구를 마주보며 원형으로 도열한 채 대기했고, 중앙에 괴링이 흰 제복을 입고 부인을 옆에 둔 채 서 있었다." 오찬이 끝나고 손님들은 서재에 모였다.

문들이 벌컥 열리고 어린 사자 새끼가 방 안으로 뛰어들어 왔다 ⋯⋯ 녀석은 사람이 많은 걸 보고 무척 놀랐고, 그 상황을 별로 좋아하지 않았다. 괴링은 커다란 안락의자에 앉아 있었다. "여러분에게 이 아우기(사자 이름) 녀석이 얼마나 멋진지 보여드리고 싶습니다. 이리 오렴, 아우기." 사자가 기운차게 방을 가로질러 그의 무릎에 뛰어올랐다. 녀석은 괴링의 어깨에 발을 얹고 그의 얼굴을 핥기 시작했다. 나는 뒤에 서 있었고, 우리 사이에는 커다란 탁자가 있어 안전거리가 확보되었

다. 갑자기 한 보좌관이 웃음을 터뜨렸다. 그에 놀란 사자가 방자하게
도 샛노란 오줌을 눈처럼 흰 괴링의 제복에 싸갈겼다! 괴링은 벌컥 화
를 냈고 목은 붉게 달아올랐다. 그는 사자를 가볍게 던져 떼어내고 팔
을 휘두르면서 벌떡 일어났다. 사자는 반대편 벽으로 뛰어갔다. 괴링
은 몸을 홱 돌려 우리를 쳐다봤는데, 얼굴은 분노로 새빨갛게 됐고, 푸
른 눈은 불붙어서 타오르는 것 같았다. "누가 그랬지?" 그가 다그쳤다.
그러자 괴링 부인이 앞으로 황급히 나오더니 그를 감싸 안으면서 이렇
게 큰 소리로 말했다. "헤르만, 헤르만, 저 녀석은 아기나 다름없어요."
이 말에 괴링은 다소 진정되었다. 사자는 곧 다른 곳으로 끌려갔다.
"그래, 아기하고 다를 바 없지." 그가 말했다. 이어 우리는 모두 즐겁게
웃었다.[34]

트루먼 스미스는 자기가 수립한 독일 공군력 평가 계획을 무
척 흡족하게 여길 만한 이유가 있었다. 그가 예상했던 것처럼 나치
는 린드버그에게 깊은 인상을 남기고 싶어서 대사관 무관에게는 절
대로 보여주지 않을 비행기와 정보를 린드버그가 시찰할 수 있도
록 해주었다. 독일인들은 또한 자국 공군이 실제보다 더욱 강하다
고 린드버그가 생각하는 것을 보고서 기쁨을 감추지 못했다. 그들
은 이것 한 가지는 확신할 수 있었다. 즉, 린드버그 대령에 의해 워
싱턴과 런던으로 전달될 독일 공군력 정보는 깊은 인상을 남길 게
틀림없었다. 린드버그 부부는 처음엔 올림픽에 참석하지 않겠다고
단호한 태도를 보였지만, 『뉴욕타임스』 특파원은 8월 1일 히틀러의
전용 특등석에서 개회식을 관람하는 특전을 누리게 된 소수 외국인
귀빈들 사이에서 나치 군인들의 호위를 받는 린드버그 부부의 모습

을 포착했다. 그다음 날 부부는 자가용 비행기를 타고 독일을 떠났지만, 부부는 곧 돌아올 것이었다.

13

히틀러의 올림픽

1936년 8월 1일, 수십만 인파가 베를린의 거리에 몰려들었다. 올림픽 경기장으로 차를 타고 이동하는 총통을 잠깐이라도 보기 위해서였다. 마사 도드와 함께 올림픽에 참석한 토머스 울프는 이런 글을 남겼다. "마침내 그가 왔다. 초원을 가로지르는 바람 같은 것이 군중들 사이로 흘러들었고, 멀리서 물결이 그와 함께 밀려왔다. 그 바람 안에는 독일의 목소리, 희망, 소원 같은 것이 들어 있었다." 울프는 히틀러가 차 안에서 움직임도, 미소도 없이 목석처럼 기립해 있었다고 적었다. "그는 손을 높이 들어 올렸는데, 나치식 경례가 아니라 똑바로 들어 올린 손짓이었다. 손바닥을 바깥으로 향한 그 모습은 마치 부처나 메시아가 축복을 내리는 것 같았다."[1]

총통이 나치 최고위 인사와 국제올림픽위원회 위원들의 호위를 받으며 마라톤 계단을 통해 경기장으로 내려오자 『뉴욕타임스』 기자 버촐이 말한 것처럼 관중이 하나의 거대한 물결처럼 일어나

"팔을 쭉 뻗고 목소리를 높여 열광하며 총통을 맞이했다".[2] 그 순간 오케스트라와 군악대는 바그너의 〈경의의 행군〉을 연주했고, 군중은 "독일이 세계 최고"라는 국가를 크게 불러댔다. 국가에 이어서 그다음에는 나치 찬가인 〈호르스트 베셀〉의 노래가 경기장 안에 크게 울려 퍼졌다.

『맨체스터 가디언』이 보도한 바에 따르면 그 화려한 행사는 "그것이 진행된 거대한 경기장의 장엄한 분위기로 인해 그 화려함의 분위기가 더욱 크게 증폭되었다."[3] 케이 스미스도 이 말에 동의했다. 많은 외국인 실황 방송인들과 마찬가지로 그녀 역시 경기장의 근엄하면서도 단순명쾌한 분위기에 감탄했다. 십만 명 이상의 관중을 수용할 수 있는 시멘트 경기장은 지면 아래로 절반쯤 내려가 있어서 외부에서 경기장으로 들어오는 방문객은 이미 한참 아래에 있는 푸른 잔디와 붉은 육상 트랙을 내려다보는 계단석보다 어느 정도 위에 있게 되었다. 한 저널리스트의 기록에 의하면 거대한 마라톤 문 양쪽의 탑 위에는 철제 헬멧을 쓴 군악대가 도열했고, "서쪽 하늘을 향한 지휘자의 몸짓은 작지만 분명하게 드러났다".[4] 지휘자 리하르트 슈트라우스 역시 그곳에 나와 있었는데, 그는 베를린 교향악단과 흰 옷을 입은 1천 명의 합창단을 지휘했다.

"고대 그리스 이후 그 어떤 나라도 독일만큼 진정한 올림픽 정신을 담지 못했다."[5] 놀랍게도 이런 말을 한 사람은 선전 장관인 요제프 괴벨스가 아니라, 미국올림픽위원회 회장인 에이버리 브런디지였다. "히틀러 올림픽"을 보이콧하려는 무수한 시도에 맞서 싸워왔던 브런디지는 자기 앞에 펼쳐진 개회식(레니 리펜슈탈에 의해 무척 훌륭하게 촬영되었다)에 틀림없이 엄청난 안도감을 느꼈을 것이다. 올림픽 행사의 조직은 완벽했고, 분위기는 열띠고 활기찼다. 하지만 그런 걸 넘어서서 독일인들은 자신들이 올림픽 정신을 아주 세심하게 신경 쓰고 있다는 걸 분명하게 보여주었다. 그들은 1896년 제1회 올림픽에서 현대 마라톤의 최초 우승자인 예순셋의 그리스 농부를 베를린으로 초청한 것이었다. 반유대주의? 브런디지는 아무리 주위를 둘러 봐도 그런 압제와 폭력의 흔적을 찾아 볼 수 없었다.

네 시 십오 분에 올림픽 종이 울리기 시작했다. 그날 종소리를 들은 수천 명 중 얼마나 많은 사람이 종에 새겨진 "나는 세상의 청년을 부른다"라는 온건한 글이 실제로는 전쟁으로의 호출이었다는 걸 꿰뚫어 보았을까? 종이 울리는 소리와 함께, 그리스인들이 전통에 의거하여 주경기장 안에 들어오는 선수들을 선두에서 이끌었다. 『올림피아 차이퉁』 신문은 다음과 같은 기록을 남겼다.

> 전통 의상을 입은 스피리돈 루이스는 동료들과 떨어져 있었다. 손에는 올림피아의 숲에서 가져온 소박한 올리브나무 잔가지를 하나 들고 있었다. 사십 년 전 그는 최초의 마라톤 경주에서 우승했다. 오늘 그는 열한 번째 올림픽의 후원자에게 그리스에서 보내는 인사를 가져왔다 …… 총통이 일어섰다 …… 그리스 마라톤 우승자는 멈춰 선 채로 잠시 아돌프 히틀러와 시선을 마주쳤다. 그리고 몇 마디 인사가 오갔다. 이어 농부는 고상하게 고개를 숙였고, 아돌프 히틀러의 표정엔 자부심이 드러났다. 개회식에서 가장 아름다운 순간이 지나갔다.[6]

스피리돈으로서는 사 년 반 뒤 히틀러가 그리스를 침공하는 광경을 지켜볼 때까지 살아 있지 않았던 것이 하나의 행운이었을 것이다. 각 나라의 선수단이 총통 앞을 지나쳐 행진할 때 관중의 환호는 그 나라의 선수들이 나치식 경례로 총통에게 감사를 표하는지 여부에 따라 오르내렸다. 나치식 경례는 올림픽 경례와 무척 비슷하여 팀이나 관중이나 누가 무엇을 하는지 정확히 구분하지 못해 큰 혼동이 발생했다. 『뉴욕타임스』에 따르면 뉴질랜드인은 한 독일 선수를 히틀러로 오인하고 모자를 벗음으로써 이 문제를 산뜻하게 해결했다.[7] 그들의 감독인 아서 포릿 경(나중에 경의 호칭을 얻음)은 국제올림픽위원회 위원이기도 했는데, 일기에 이런 내용을 적었다. 그날에 관한 온갖 광고와는 아주 대조적으로, 그가 기록한 8월 1일의 일기는 참신할 정도로 간결했다.

성당에서 미사를 봤다. 실크해트를 쓰고 연미복을 착용했다. 무명용사의 무덤에 갔다. 육군, 해군, 공군이 행진했다. 그들은 내내 무릎을 굽히지 않고 높게 다리를 들며 구스스텝으로 행진했다! 루스트 정원에는 사만구천 명에 달하는 청년들이 모여 있었다! 올림픽 횃불이 도착했다. 괴링, 괴벨스를 만났다. 히틀러와 그의 저택에서 오찬을 함께했다. 경기장으로 가는 행렬이 계속 이어져 있었다(힌덴부르크 비행선이 머리 위 상공에 떠 있었다). 개회식이 열렸다. 참가한 나라의 선수단이 지나갔고, 불꽃이 타올랐으며, 비둘기들이 공중을 날아갔다.[8]

포릿이 언급한 비둘기들의 행동은 새장에서 풀려난 즉시 다른 새들이 하는 행동과 크게 다르지 않았다. 미국 육상 선수인 샘 퍼리니는 당시를 이렇게 기억했다. "우리는 버스터 키튼이 쓸 법한 밀짚모자를 쓰고 있었는데, 멋져 보였다. 비둘기들이 새장에서 풀려날 때 우리들은 모두 경기장에 들어와 있었다. 새들이 우리 머리 위를 날아다니며 똥을 싸갈겼는데, 이 밀짚모자에 계속 떨어져 철퍽, 철퍽하고 소리를 냈다. 모두가 부동자세로 서 있으려고 했지만, 그렇게 하기가 무척 힘들었다."[9]

* * *

수십 년 뒤 미국 선수들이 인터뷰에서 밝힌 베를린 올림픽 이야기는 감동적인 것이었다. 많은 선수들이 보잘것없는 집안 출신이었고, 나라를 대표하기 위해 베를린 올림픽 선수로 선발되기 전에는 나고 자란 도시에서 벗어난 적이 단 한 번도 없었다. 대서양을 건너는 건 그 자체로 엄청난 모험이었다. 증기선 '맨해튼' 호에서의 생활에 대해 그들은 하나같이 무척 좋았다고 회상했다. 선상에서 "끝도 없이 음식"[10]이 제공되었다. 마라톤 주자 타잔 브라운은 메인 주 출신의 나라간세트족 인디언이었는데, 이런 예외적인 후한 대접은 그에게 치명적이었다. 그는 항해 중에 너무 먹어 엄청나게 체중이 불어난 나머지, 몇 주 뒤 마라톤 경기에서는 일 마일 정도만 뛰고 경기를 포기할 수밖에 없었다.

'맨해튼' 호는 독일이 가까워 오자 짙어지는 황혼 속에서 엘베 강을 천천히 거슬러 올라가 함부르크로 들어갔다. 증기를 내뿜으며 배가 지나가는 연안에는 밝게 빛나는 무수한 노천 맥줏집들이 있었고, 수천 명의 독일인이 강기슭에 모여 지나가는 증기선을 향해 노래하고, 춤추고, 박수치며 환호했다. 수구 선수 허버트 와일드먼은 이렇게 당시를 회고했다. "이 사람들은 이 멋진 강의 강변에 서서 내내 모든 팀에게 세레나데를 불러주었다. 내가 봤던 가장 아름다운 광경이 아니었나 싶다. 앞으로 살아가면서 잊을 수 없을 것이다."[11] 베를린에서 미국인을 향한 호의적 열광은 거의 병적인 흥분 상태에 도달해 있었다. 모든 곳에서 미국 선수들은 호기심 넘치는 수백 명의 사람에게 둘러싸였다. 그것은 나치 치하에서 독일이라는 나라가 얼마나 고립되었는지를 상기시키는 것이었다. 와일드먼은 이렇게 기억했다. "군중은 우리가 무엇을 살펴보는지 보려고 따라다녔다. 그들 중에 영어를 말할 수 있는 사람은 거의 없었다. 그렇지만 우리가 웃자 그들도 전부 따라서 웃었다."[12]

베를린 중심지에서 십오 마일 정도 떨어진 올림픽 선수촌은 더욱 흥미로운 곳이었다. 이탈리아 이주민 광부의 아들 샘퍼리니는 주변에 "들짐승"이 뛰어다니고, 핀란드인을 위해 특별히 지어진 사우나가 있고, 골프 코스로 써도 좋을 정도로 잘 관리된 선수촌의 모습을 기억했다. 각 나라 선수들에게 맞춰 고유의 식단이 주어졌다. "소금에 절인 소고기부터 티본스테이크, 필레 미뇽까지 원하는 건 뭐든 먹을 수 있었다. 그저 경이로웠다."[13] 누군가 바나나 껍질을 떨어뜨리면 젊은 독일 종업원이 즉시 나타나 그것을 치웠다. 많은 외국인이 올림픽 기간 중 베를린 거리의 놀라운 청결 상태에 관해 언급했다. "잡초라도 있는 빈 터가 전혀 없었다."[14]

하지만 올림픽 구역 이외의 지역으로 모험에 나선 소수는 전혀 다른 현실을 목도했다. 미국 수구 팀은 플뢰첸제 호수에서 친선 경기를 갖고자 베를린 북쪽 교외로 향했다. 그곳은 죄수 삼천 명이 처형됐던 악명 높은 나치 감옥이 있는 곳이었다. 미국 선수들은 "수영장"이라는 곳이 고작 밧줄을 쳐놓은 더러운 수로라는 것을 발견하고 놀랐다. 와일드먼은 이렇게 당시를 떠올렸다. "떠다니는 오물을 피하면서 수구 연습을 하는 건 다소 힘든 일이었다." 서너 살밖에 안 된 아이들이 차갑고 지저분한 물에서 첨벙거리며 노는 모습에 그는 놀라움을 금치 못했다. 그렇지만 그를 더욱 놀라게 한 것은 그런 상황임에도 불구하고 독일팀이 뛰어난 경기 실력을 발휘했다는 것이다. "나는 그들이 그런 열악한 환경에서 그런 뛰어난 실력을 키웠다는 사실을 믿을 수가 없었다."

그렇지만 더욱 놀라운 일이 기다리고 있었다. 브루클린 출신 유대인 야구 선수 허먼 골드버그는 올림픽 선수촌 구역에 있는 어떤 문 뒤에 무엇이 있는지 알고 싶었다. 문을 열었더니 또 다른 문이 있었고, 사슬로 묶여 있었다. 그는 사슬을 풀고 지하로 내려갔는데, 그곳에서 십오 인치 두께의 강화 콘크리트로 지은 거대한 동굴 같은 지역을 보게 되었다. "무엇 때문에 그런 시설이 지어져 있는지 몰랐지만, 나는 분명 탱크를 봤다." 그러자 어디선가 경비원이 득달같이 나타나 소리를 질렀다. "밖으로 밖으로 밖으로Raus raus raus! 당장 거기서 나와요, 당장."[15]

와일드먼도 호기심이 많아 베를린 전역 어디서든 눈에 띄는 글라이더에 관해 더 많은 걸 알고 싶어 했다. "우리가 이해한 바로는 그런 글라이더는 주둥이 부분을 휙 잡아당기고 모터를 걸면 곧바로 전투기로 변했다." 올림픽 선수촌과 베를린 사이를 오가며 선수들의 수송을 담당한 버스도 마찬가지였다. 와일드먼은 버스의 지붕 위에 받침대가 있다는 걸 알아챘다. 끈질기게 왜 저런 물건이 버스 상판 위에 있는지 버스 기사에게 물어서 결국에는 답을 얻어냈다.

"뭐, 저기에 기관총을 설치하는 거죠." 평범하게 보이는 버스가 몇 분 만에 무장 차량으로 변할 수 있다는 사실을 깨닫는 건 가히 충격적인 일이었다.[16]

베를린을 오가는 미국인들은 종종 청년들이 완전군장을 하고 소총을 양팔에 낀 채 배를 땅에 대고 기어가는 포복 훈련 광경을 목격했다. 이런 훈련과 그런 불길한 발견이 서로 결합한 결과 체조 선수 케니스 그리핀은 "독일이 실제로 전쟁을 준비 중이라는 으스스한 생각이 들었다".[17] 그것은 정말로 놀라운 발견이었는데 그리핀은 다른 대다수 동료 선수처럼 독일에 도착하기 전까지 나치에 대해 아는 바가 거의 없었기 때문이다. 실제로 그는 본국에서 무례한 행동을 하지 말라고 주의 받은 것 외에는 아무런 공식 브리핑을 받지 않았다.[18]

800미터 달리기 우승자 아프리카계 미국인 존 우드러프는 미국 선수들의 이런 전반적인 무지 상태를 확인해줬다. "우리가 올림픽에 갔을 때 독일 정치에는 관심이 없었다. 우리는 그저 독일에 가서 올림픽 경기에 참여하고, 최대한 많은 메달을 얻어 본국으로 돌아오려고 했다."[19] 그에 반해 터키 펜싱팀의 일원인 스무 살의 할렛 참벨은 엄청나게 정치적인 선수였다. 신생 터키 공화국(올림픽 경기 13년 전에 건국되었다)의 딸로서, 그리고 올림픽에 참가한 첫 여자 무슬림으로서 그녀는 동료 선수들이 국가사회주의에 무관심한 태도를 보고서 무척 놀랐다. 그녀는 내심 나치를 혐오했고 그래서 마음 대로 할 수 있었다면 베를린에 아예 오지 않는 쪽을 선택했을 것이다. 그녀는 히틀러를 만나고 싶으냐는 질문에 이런 유명한 답변을 남겼다. "아니오NO."[20]

미국 저널리스트들은 미국팀의 흑인 선수와 유대인 선수들에 대한 차별 이야기를 찾아내려고 애썼지만, 두 집단의 선수들에게서 거의 협조를 받지 못했다. 히틀러는 네 개의 금메달을 획득한 제시 오웬스Owens와 악수하는 걸 거부했을지 모르지만, 독일인들은 이 훌륭한 흑인 선수를 아주 좋아했고, 그가 나타날 때마다 "오벤스Oh-vens! 오벤스!"라며 환호했다. 다른 나라 사람들은 독일인들만큼 예의 바르게 처신하지 못했다. 오웬스가 또 다시 금메달을 따낸 직후에 한 이탈리아 외교관은 트루먼 스미스에게 비꼬는 어조로 이렇게 말했다. "이런 멋진 미국인의 승리에 축하를 드리는 바입니다." 그러자 스미스가 이렇게 대응했다. "신경 쓸 것 없습니다, 만치넬리 경. 다음 해면 당신 나라 에티오피아인들이 훌륭한 승리를 거둘 테니까요.[21]

『뉴욕타임스』를 위해 올림픽 경기를 취재하던 프레데릭 버촐은 미국의 흑인 선수들에 대하여 나치가 의아하게 여긴다고 생각했다. 가령 우드러프 같은 흑인 육상 선수는 아주 빠른 속도로 달려 목표를 달성함으로써 아리아인의 이상을 구현했을 뿐만 아니라, 그의 달리는 옆모습도 "성스러운 스와스티카를 완벽하게 재현한"[22] 모습처럼 보였기 때문이다. 사실 우드러프에게는 독일인에 관해 좋은 기억밖에 없었다. 그는 베를린을 관광할 때 어떠한 인종적 편견에도 시달리지 않았다. 오히려 독일 사람들이 그의 주변으로 몰려 서명을 부탁했다. "나는 1936년 올림픽에 참여했던 내내 부정적인 어떤 것도 의식하지 못했다."[23] 그가 몇 년 뒤에 한 말이었다. 400미터 달리기 금메달 수상자인 아치 윌리엄스는 『샌프란시스코 크로니클』지와의 인터뷰에서 핵심적인 부분을 짚으면서 이렇게 말했다.

"내가 고향에 돌아오자 누군가 내게 '그 추잡한 나치가 당신을 어떻게 대우했소?'라고 묻더군요. 그래서 이렇게 답했습니다. 추잡한 나치는 하나도 보지 못했고, 그저 수많은 훌륭한 독일인들만 보았어요. 거기서 나는 버스 뒷좌석에 앉을 필요도 없었습니다."[24]

분명한 이유 없이 계주 경기에서 갑자기 탈락한 유대계 미국인 육상 선수 마티 글릭먼과 역시 유대계인 동료 선수 샘 스톨러도 마찬가지로 비슷한 의견을 냈다. 베를린에 머무르는 동안 반유대주의를 조금이라도 의식했냐는 질문에 그는 이렇게 답했다. "어떤 식으로든 반유대주의적인 건 들은 적도 없고, 본 적도 없다. 단 한 번 예외가 있었는데 내가 400미터 계주 1차 예선을 뛰기로 한 날에 경험한 바 있었다. 그런데 그런 차별은 독일인들에게 당한 게 아니라 미국 코치들에게서 경험한 것이었다."[25]

이 미국 선수들은 올림픽 기간에 유대인과 흑인 선수에 대한 명백한 차별을 보지 못했을지 모르지만, 미국팀의 여자 팀원들은 확실히 열등한 사람으로 대우받았다. 최소한 일상생활의 관점, 그러니까 숙소와 식사의 측면에서는 차별을 겪었다. 그들은 호화로운 숙소나 필레 스테이크를 대접받기는커녕, 돌처럼 딱딱한 침대에 삶은 소고기와 양배추만 대접받았다. 독일인 여성 요한나 폰 바겐하임이 경기장과 가까운 벽돌 건물인 여자 선수 숙소를 담당했다. 『시드니 모닝 헤럴드』와의 인터뷰에서 요한나 바겐하임은 자신의 세련되고 현대적인 선수 관리를 자랑하려고 했다. 그녀는 젊은 여자 선수가 자기 숙소에 남자 친구를 받아들이는 걸 전적으로 찬성한다고 주장했다. "스포츠에서 남자들끼리 따뜻한 악수를 나누잖아요? 저는 그게 여자 선수들 사이에서 부적절하다는 생각을 이해할 수가 없어요." 더욱이 그녀는 자신이 담당하는 젊은 여자 선수들이 마음 편히 지낼 수 있게 돕고자 "단발이 엉망일 때, 혹은 비단 양말을 수선해야 할 때, 혹은 비에 젖은 스커트를 다림질해야 할 때 어디에 들러 도움을 받아야 하는지 알려주기 위해"[26] 세 가지 언어로 조언해 주는 "여자 안내원"을 항상 근처에 대기시키고 있다고 설명했다. 그러나 미국 수영 선수 아이리스 커밍스는 요한나 바겐하임의 그런 말을 도저히 납득할 수 없다면서 그녀를 가리켜 "선수들 위에 군림하려 드는 괴팍한 노파"[27]라고 말했다.

*　　*　　*

나치 정권이 특히 어떻게든 환심을 사려고 한 외국인 방문객은 외무부 장관 로버트 밴시타트 경(나중에 남작이 되었다)이었다. 그는 확고한 반 나치 견해를 갖고 있는 걸로 잘 알려졌는데, 원래는 베를린 올림픽 초청을 거부하려고 했었다. 하지만 영국에서 아내의 오빠인 에릭 핍스(다음해 베를린을 떠나 파리 대사가 될 예정이었다)를 상대로 친독일 로비 단체가 배후 조종한 "감지할 수 없는 은밀한 운동"으로 생각을 바꾸게 되었다. 독일이 자신을 몹시 싫어한다는 걸 아주 잘 알았던 밴시타트는 그렇게 하여 "이런 곤란함"이 곧 누그러지고 이어 "친절로 변한 관심이 높아지자"[28] 안도감을 느꼈다. 장관이 언급한 것처럼 올림픽에 의한 일시 휴전 분위기가 "도시에 팽배했고", 나치는 "난항"을 피하길 간절히 바랐으므로 밴시타트와 나치 사이의 공식적 만남은 비교적 온건하게 진행되었다.

런던으로 돌아오고 얼마 지난 뒤에 쓴 "평일 같은 휴가*"에서 밴시타트는 나치의 핵심 인물들을 언급했다. 그는 총리 관저에서 공식적으로 만나 식사한 바 있는 히틀러를 이렇게 묘사했다. "아주 소박하며, 다소 수줍어하고, 아주 금욕적이며, 극도로 민감한 피부와 가느다란 머리카락의 부르주아풍 신사였다 …… 유머가 없었고, 남을 위협하지 않았으며, 사람을 자석처럼 끌어당기는 매력도 없었지만, 엄청나게 자연스러운 위엄, 혹은 이젠 자연스럽게 되어버린 위엄이 그의 주위에 감돌았다."[29] 하지만 이렇게 좋게 말한다고 해서 밴시타트가 히틀러 내면에 들끓고 있는 폭력과 증오를 보지 못했다는 뜻은 아니었다. 히틀러가 독일과 해외의 모든 사람에게 아주 초조한 긴장 상태를 조성하고 있다는 것을 그는 잘 알고 있었다.

실제로 베를린에 도착한 이후 장관은 여러 차례 올림픽 경기장을 화산 분화구에 비유하는 소리를 들었다.[30] 리벤트로프에 관해 밴시타트는 좋은 말을 해줄 게 아무것도 없었다. 장관만 그런 게 아니었다. 모두가 리벤트로프를 경멸했고, 심지어 그의 동료들마저도 그랬다. 유니티 미트포드조차 마찬가지였다. 그를 얄팍하고 이기적인 사람이라고 지적한 다음에 밴시타트 장관은 이렇게 덧붙였다. "그의 입을 보면서 말만 들은 사람이라면 안심할 수 없을 것이다."[31] 영국 외무장관에 대한 리벤트로프의 반응도 마찬가지로 부정적이었다. "대화가 그토록 보잘것없은 적도 없었다."[32] 괴링에 대해 밴시타트는 이렇게 말했다. "괴링은 자신이 즐기는 걸 모두 자랑하고 과시했는데, 특히 자기가 주최한 파티에서 더욱 그러했다. 트루먼 스미

●   Busman's Holiday. 휴가이지만 평소와 같이 일하는 경우를 의미한다.

스의 어린 아들이 학교 매점에 자기가 좋아하는 음식이 갑자기 무한정 채워진 걸 발견한 것처럼 행동했다."

그는 괴링을 전혀 진지한 인물이라고 생각할 수 없었지만, 많은 외국인이 실제로 그랬던 것처럼 괴링 부인에게는 매료되었다. 그는 이런 글을 남겼다. "괴링의 아내는 리가 출신의 젊은 여성이었다. 설사 호랑이가 갑자기 나타난다고 하더라도 얼굴에 여전히 미소를 지으며 자리를 지킬 정도로 늠름하고 우아했다."[33] 밴시타트가 진정으로 친화력을 느낀 나치의 주요 인사는 괴벨스였다. "나는 그가 무척 매력적이라고 생각했다. 다리를 약간 저는 이 자코뱅(과격한 급진주의자) 정치인은 아주 머리가 빨리 돌아갔고 판단력은 날카로웠다 …… 그는 상황을 재빨리 파악하는 계산기 같은 사람이었고 따라서 거래를 해도 될 만한 사람이었다."[34] 괴벨스도 이와 비슷한 생각을 했다. "그는 틀림없이 우리에게 넘어올 수 있다." 괴벨스는 일기에 이렇게 썼다. "나는 한 시간 동안 그에게 공을 들였다. 나는 볼셰비키 문제를 자세히 설명했고, 우리의 국내 정치 활동도 설명했다. 그는 독일 문제를 새롭게 이해했다 ……그는 깊은 인상을 받고 떠났다. 나는 그에게 앞으로 나아갈 길의 등불을 켜주었다."[35]

밴시타트는 바쁜 사람이었다. 올림픽 이벤트에 참석하고 나치 고위층을 만나는 사이에 그는 그리스 비극을 관람했고("완벽하게 연출되었지만 연기는 정말 형편없었다."[36]), 불가리아의 보리스 왕과 두 번에 걸쳐 장시간의 대화를 나눴다. "여왕에게 수술을 받게 하여 후사(後嗣)의 가능성을 높이고자 베를린에 와 있던" 왕은 도청을 우려하여 주위가 탁 트인 숲에서 만나자고 제안했다. 하지만 결국 두 사람은 왕이 머무르던 호텔에서 만나게 되었는데, 왕은 자기 방이 도청

되고 있다고 확신했으므로 그들의 논의는 "다소 갑갑해졌다".[37]

보리스 왕이(괴벨스에 따르면 베를린에서 무기 공급 계약을 체결했다[38]) 베를린에 와 있던 유일한 왕족은 아니었다. 올림픽 개막식 날에 히틀러가 주최한 오찬에 초대받은 다른 손님들 중에는 이탈리아의 왕세자 움베르토와 그의 여동생 사보이의 마리아 공주, 그리스 왕세자, 헤센의 필립 왕자 부부, 헤센의 크리스토프 공작 부부, 그리고 스웨덴의 구스타프 아돌프 왕자등이 있었다. 같은 날 덴마크 국왕의 조카딸인 알렉산드린 루이즈 공주는 잘생긴 독일 백작을 처음 만나 몇 주 안에 백작과 약혼에 들어갔다.* 하지만 『뉴욕타임스』가 보도한 것처럼 "역사를 통틀어 이렇게 많은 각기 다른 언어를 쓰는 방문객을 맞이한 적이 단 한 번도 없었지만"[39], 그런 외국인 총원은 예상보다 1만 명 정도 모자랐다. 특히 영국인과 미국인이 부족하여 실망스러웠지만, 그래도 스칸디나비아 사람 다수가 유입됨으로써 부분적으로 상쇄되었다. 이렇게 유입된 사람 중에는 유명한 친나치 탐험가 스벤 헤딘도 있었다. 그는 신문 인터뷰에서 이렇게 말했다. "나는 확신합니다. 올림픽 행사가 국제 연맹보다 세계의 미래에 훨씬 더 큰 중요성을 갖고 있다는 걸요."[40]

그런 논쟁적인 발언이나 대담한 행동을 예의 주시하면서 올림픽 취재 경쟁을 벌이던 수백 명의 기자들이 틀림없이 즐거워할 일이 벌어지기도 했다. 남자 1,500미터 자유형 경기가 끝나기 직전에 "붉은 모자를 쓴 눈에 확 띄는 토실토실한 여자가 저지선을 돌파하여 히틀러에게 다가가 그의 뺨에 키스했다. 삼만 명의 관중은 그걸

---

* 독일 백작은 루이폴트 추 카스텔-카스텔로. 1941년 불가리아에서 전사했다.

미국 십대 소녀 도로시 보겐(뒷열 오른쪽 세 번째)이 프리드리히 대왕의 여름 별궁인 상수시를
방문하고자 포츠담 행 관광버스를 타고 있다. 1922년 9월 17일.

1931년 3월 13일 찰리 채플린이 페르가몬 박물관의 유명한 그리스 제단을 응시하고 있다. 나
치가 그에 대하여 맹렬한 반대 운동을 펼쳤기 때문에 그는 베를린 방문을 갑작스럽게 중단
했다.

제1차 세계대전이 종료되고 몇 달 뒤에 발행된 이 책자는 스무 곳의 선두적인 호텔이 제작한 것으로, 미국 관광객을 독일로 오도록 권장하는 것이었다.

토머스 쿡 앤 손 관광회사는 오버라머가우 예수 수난극과 바그너의 바이로이트 축제 방문 같은 유명한 이벤트를 다수 만들어 영국 대중에게 독일을 널리 홍보했다. 이 광고물은 1934년 4월 4일 주간지 『펀치』에 등장한 것이다.

1937년, 1938년, 1939년의 토머스 쿡 앤 손 관광회사의 브로슈어. 유럽을 뒤덮은 정치적 위기는 조금도 느낄 수 없다. 이 회사는 계속 독일을 행복하고 상냥한 나라로 묘사했다. 다정한 독일인들은 외국 관광객이 최고의 경험을 누릴 수 있도록 언제나 적극 협조한다는 것이었다.

콘스탄시아 럼볼드(우)와 그녀의 사촌 이디스 로더. 어머니인 럼볼드 대사 부인처럼 콘스탄시아는 재치 넘치는 통찰력으로 바이마르 독일을 관찰했다.

럼볼드 대사 부인이 아들과 딸인 콘스탄시아와 앤소니를 옆에 두고 있다. 주독 영국대사 호레이스 경은 의자에 앉아 있다. 럼볼드 가족은 호레이스 대사가 베를린에서 근무하는 오년 동안 그 도시를 들른 수백 명의 방문객들에게 전형적인 영국의 이미지를 보여줬다.

히틀러의 선전 기관은 올림픽 기간에 이러한 포스터를 무수히 제작했다. 이 포스터는 독일의 끈기와 힘을 보여준다. 다른 포스터들은 외국인들에게 나치의 "박애"를 확신시키려고 제작되었다.

올림픽 성화를 든 단독 주자가 완벽하게 통제된 대규모 군중 사이로 올림픽 주경기장 제단을 향해 달려가고 있다. 올림픽 성화는 십만 명 정도의 관중 앞에서 점화되었다.

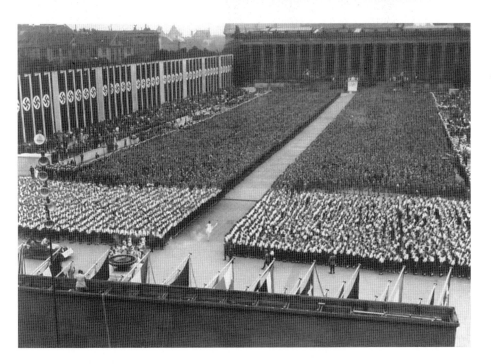

(위) 1935년 매슈스 가족(친구들)이 히틀러의 베르히테스가덴을 방문한 모습. 이 가족은 휴가 중에 총통의 집 근처를 걷다 우연히 그를 만났다. 본머스 지역 보건의사였던 가장은 이 사진을 진료소 벽난로 위의 선반에 모셔두었고, 한 환자는 이를 지역 경찰에 신고했다. 경찰은 그에게 전쟁이 끝날 때까지 사진을 치우는 게 현명할 것이라고 제안했다.

(반대편 위) 영국 관광객이 1930년대의 어느 한때 독일에서 휴가를 보내는 모습. 캠핑카 옆에서 솥을 살펴보고 있다.

(반대편 아래) 1938년 노이에 바헤의 전쟁 기념관을 방문한 영국의 제대 군인들. 제1차 세계대전에 참전한 영국 용사와 독일 용사의 단체 사이에는 1930년대 후반 동안 많은 교류가 있었다. 그들은 그런 만남이 세계 평화에 이바지하리라는 헛된 희망을 품었다.

1938년 6월과 9월치 『앵글로 저먼 리뷰』 지의 전면 표지. 『앵글로 저먼 리뷰』는 1939년 8월 최종호를 행할 때까지 나치 독일에 관한 "좋은 소식"만 계속 실었다.

히틀러 청년단 단원 수백 명이 1937년 뉘른베르크 집회에서 아돌프 히틀러의 연설을 들으며 나치식 경례를 하고 있다.

보고서 웃느라 정신이 없었다."[41] 나중에 그런 대담한 일을 벌인 이유가 무엇이었냐는 질문을 받고 캘리포니아 노워크에 사는 칼라 조지 드 브리스 부인은 이렇게 답했다. "왜 그 사람을 껴안았냐면, 무척 친근하고 품위 있게 보였기 때문이에요. 아무래도 난 충동적인 여자인가 봐요."[42]

올림픽 2주차에 들어가자 밴시타트 부부는 유럽 전역과 미국에서 온 부유하고 매력적인 사람들과 함께 연달아 사치스러운 오락 행사에 참석했다. 『시카고 트리뷴』은 이렇게 보도했다. "난초는 베를린에서 이틀 만에 품절되었다. 새로운 꽃이 외진 도시들에서 수도로 몰려오듯 들어왔는데, 올림픽을 기념하고자 독일 정부가 주최하는 공식 파티에 참가하는 여자들이 꽃이란 꽃은 모두 닥치는 대로 사들였기 때문이었다."[43] 프랑스 대사가 지적한 것처럼 히틀러는 항상 고위 외국 인사들이 그런 행사에 참석하기를 간절히 바랐다. 히틀러는 그들이 나치의 스타일과 당당함에 감탄하길 바랐을 뿐만 아니라 자신의 국민들도 그런 외국인들이 그렇게 나치의 행사에 감탄했다는 걸 알아주길 바랐다. 프랑스 대사 프랑수아 퐁세는 이런 글을 남겼다. "독일 국민들은 그들의 지도자처럼 열등감과 자부심이 뒤섞인 묘한 존재였다."[44]

괴링은 8월 6일 오페라 극장에서 정부 공식 연회를 주최함으로써 올림픽 후원 행사를 발진시켰다. 18세기 스타일의 분홍색 제복을 입은 수십 명의 하인들이 유리 용기 안에 든 횃불을 들고 계단에 줄을 지어 서 있었고, 발레리나들은 테이블 사이를 유쾌하게 돌아다니며 흥을 돋웠다. 이보다 덜 "화려한" 행사는 영국 대사관에서 개최된 1천 귀빈을 위한 환영 연회였다. 아메리카에서 태어난, "칩스"라는 별명을 가진 국회의원 헨리 채넌 경은 그 연회가 "지루하고, 붐비고, 조잡했다"[45]라고 비난했다.

8월 11일 아침 리벤트로프가 주 영국 대사로 임명되었다는 소식이 알려졌다. 그날 저녁 그와 그의 부인은 달렘에 있는 그들의 자택 정원에서 파티를 열었다. 참석한 수많은 영국인 중 저명한 인사로는 언론 재벌인 로더미어, 비버브룩, 그리고 캠로즈가 있었다. 밴시타트 부부가 열정적으로 춤추고 늦게까지 있었기에 리벤트로프는 로버트 경(밴시타트)이 베를린을 그다지 불쾌하게 여기지 않기를 희망했다.[46] 리벤트로프 연회에 참석한 채넌은 이런 글을 남겼다. "나는 몹시 즐겁게 시간을 보냈다. 매력적인 저녁 한때였고, 명사들도 환상적으로 많이 모여 있었으며, 연회가 개최된 상황도 색달랐고, 대사가 제공한(혹은 더 정확히 말하면 폰 리벤트로프 부인이 제공한) 샴페인도 훌륭했다. 모든 게 나를 다소 황홀하게 만들었다."

그러나 이토록 훌륭했던 리벤트로프의 파티도 고작 이틀 뒤에 빛이 바래게 되었다. 이미 대단한 연회를 주최했지만 단 한번으로는 만족하지 못한 괴링은 당시 유럽에서 가장 큰 사무용 건물이었던 자신의 새로운 공군 본부 건물 잔디밭에서 또 다른 연회를 개최했다. 정원의 한쪽 끝은 어둠으로 뒤덮여 있었는데 갑자기 그쪽에 불이 들어오더니 슈플라틀러(전통 민속 무용)를 추는 농부, 여관, 우체국, 빵집, 당나귀, 그리고 회전목마가 등장하는 18세기풍 마을이 나타났다. 프랑스 대사가 전한 바에 따르면 괴링은 숨이 찰 때까지 회전목마를 탔다.[47] 뚱뚱한 여자들이 프레첼(매듭 모양의 표면에 소금을 뿌린 일종의 비스킷으로 맥주 안주)과 맥주를 흥청거리는 연회 참석자들에게 나눠주었다. 귀빈 중 한 사람은 채넌에게 이렇게 말했다. "루이 14세 시절 이후 이와 비슷한 연회는 본 적이 없어요." 채넌은 거기에 "네로 시대 이후에" 이런 일이 없었다고 응수했으며, 괴벨스와 리벤트로프가 "질투로 절망에 빠졌을 것"[48]이라고 덧붙였다.

괴벨스 주최의 파티는 하벨 강에 있는 섬에서 올림픽 폐회식 전날 밤에 치러졌다. 모든 올림픽 선수단이 초대되었다. 푸른 잔디, 어마어마한 크기의 흰 식탁보, 맛있는 음식에 즐거워했던 아이리스 커밍스는 제공된 막대한 양의 "라인 강 유역에서 난 샴페인"으로 많은 올림픽 참가 선수들이 고주망태가 되었다고 회고했다. 저녁 행사는 빗발치는 공중에 쏘아올린 폭죽으로 마무리되었다. 이윽고 폭죽 행사가 끝나자, 채넌은 이런 글을 남겼다. "어둠이 감히 괴벨스에 저항하여 다시 엄습해오기 전에, 하늘은 한동안 그렇게 계속 반짝거리며 환하게 빛났다."[49] 이런 나치의 호화로운 오락 행사에 노련하고 경험 많은 밴시타트조차도 깊은 인상을 받아서 이런 글을 남겼다. "그들의 오락 취향은 정말 놀랄 만하다." 하지만 그는 그런 여흥의 막대한 비용을 생각하면서 영국이 다음 올림픽 개최를 포기한 사실에 오히려 감사하는 마음을 느꼈다. "일본인들이라면 올림픽을 개최할 수 있을 것이고, 또 그것을 반길 수도 있을 것이다."[50]

* * *

8월 16일 폐회식이 끝난 뒤 대다수 선수들은 짐을 챙겨 고향으로 떠났다. 프랭크 부크맨도 마찬가지였다. 어디에나 모습을 드러내는 옥스퍼드 그룹의 지도자 부크맨은 올림픽 동안 엄청나게 사람들 눈에 띄었다. 미국으로 돌아가고 열흘 뒤 부크맨은『뉴욕 월드 텔레그램』지와 인터뷰를 했는데 그것이 일약 센세이션을 불러일으켰다. "아돌프 히틀러 같은 사람이 있다는 것에 신께 감사드립니다." 그가 말했다. "반 기독교적인 공산주의에 대항하여 최전선을 구축하고 있지 않습니까." 물론 그는 나치가 한 모든 일을 받아들이는 건 아니었다. "반유대주의? 당연히 좋지 않습니다." 하지만 그는 계속 말했다. "히틀러는 신의 통치에 자신의 몸을 맡겼습니다. 무솔리니나 다른 독재자도 그렇지요. 그게 이 세상에서 어떤 의미인지 한번 생각해보세요. 그런 사람을 통해 신께서는 하룻밤 사이에 나라를 통제할 수 있고, 또 남아 있는 모든 혼란스러운 문제를 해결할 수 있을 겁니다."[51]

영국으로 돌아오면서 밴시타트는 다소 다른 결론에 이르렀다. 그는 분명 즐거운 시간을 보냈다. "개인적으로 많은 것을 열심히 즐겼고, 또 보편적인 후한 환대에 감사를 표시하면서 베를린을 떠났다." 하지만 "문제의 이면에는 넓은 이마와 겁먹은 눈을 가진, 수척하고 거의 속이 비쳐 보이는 얇은 옆얼굴의 사람이 있었다. 그 사람의 이름은 '이스라엘'이었다". 어느 날 한 유대인이 영국 대사관으로 밴시타트를 만나러 왔다. 그것도 뒷문을 통해 은밀하게 들어왔다. 그는 속삭이듯 말했는데, 절대로 그 이상으로 언성이 높아지지 않았다. 그는 자신이 이곳에 방문했다는 게 알려지면 곧바로 자신은 죽게 될 것이라고 말했다. 밴시타트는 유대인의 곤경을 나치 인사들과 자주 논의하고 싶은 유혹을 느꼈지만, 핍스 대사는 그런 개입이 오히려 피해자에게 득보단 해가 되는 게 훨씬 많다고 만류했다. 삼 주 뒤 밴시타트는 독일인에 관한 자신의 인상을 다음과 같이 요약했다. "이 민족은 여태껏 나타난 것 중에 가장 무시무시한 상대이다. 그들은 지금 엄격한 훈련을 하는 중이다. 그건 올림픽 경기의 기록을 위한 훈련이 아니고, 스포츠와 관련이 없는 어떤 불길한 기록을 위해 그런 훈련을 하고 있다. 그들은 어쩌면 세계 기록이 아니라, 세계 그 자체를 파괴하려는 목적을 가지고 있는지도 모른다." 그리고 외무부 장관은 이런 말을 덧붙였다. "그럼 목적을 간파하여 뭔가 조치를 취해야 할 것이다."[52]

올림픽이라는 친선 행사의 성격을 고려하여 계속 앞날을 낙관하는 이들도 있었다. 런던의 『이브닝 포스트』가 보여준 관점이 그러했다.

확실히 독일은 방문객에게 깊은 인상을 남기려는 임무를 완수했다. 처음에 독일인들은 방문객들이 그들을 격의 없이 대하는 것을 보고서 다들 깜짝 놀랐다. 독일인들은 지난 3년 동안 외국인을 의심하라고 교육을 받아 처음에는 외국인을 다소 냉담하게 맞이했다. 하지만 베를린 사람들은 곧 마음을 열고서 그들의 방문객을 놀라울 정도로 따뜻한 마음으로 맞이했다.[53]

신문기사는 이어 청년들, 대다수가 프랑스인, 미국인, 독일인인 청년들이 기다란 행렬을 이뤄 행복하게 팔짱을 낀 채로 경기장을 향해 걸어가는 사진을 보여줬다.

모든 방문객들이 올림픽 직후에 곧바로 베를린을 떠난 건 아니었다. 농구 선수 프랭크 J. 루빈은 태어난 곳인 리투아니아로 여행하기 전에 그 도시에 한 주 더 머물렀다. 이 한 주는 그에게 도시의 무척 다른 모습을 보여준 시간이었다. 농구 경기에 배정된 형편없는 시설에도 불구하고(히틀러는 농구에 관심이 없어 독일은 참가팀도 없었다), 그는 올림픽에서의 경험이 "모두 무척 아름답게 보였다"고 했다.

하지만 이제 잔치는 끝났고 그의 눈에 달라붙은 콩깍지는 떨어졌다. 그와 그의 아내가 특정한 식당에 들어가려고 하자 그들의 동행은 창문에 붙은 다윗의 별을 가리키며 부부를 빠르게 다른 곳으로 데리고 갔다. 이어 그들은 수영하러 갔는데, 수영장 안에는 "유대인 금지"라고 새겨진 커다란 판자가 걸려 있었다. 루빈은 어리둥절하며 며칠 전만 해도 이런 표시는 전혀 없었다고 말했다. 그에 대한 답변은 이러했다. "맞습니다. 하지만 이제 올림픽은 끝났습니다." 석 달 뒤 『이브닝 포스트』는 베를린에서 이런 노래가 빠르게 퍼지고 있다고 보도했다.

이제 올림픽 게임이 끝났으니,
유대인을 손보면서 재미를 좀 봐야지[54]

올림픽은 나치가 바랐던 것만큼 해외에서 많은 방문객을 끌어들이지는 못했다. 그럼에도 불구하고 베를린으로의 외국인 유입은 전례 없을 정도로 많았다. 방문객들은 서로 이질적인 집단이었고, 그들 중 다수는 이번이 첫 방문이었다. 자연스럽게 그들은 엄청나게 다양한 기억을 가지고 독일을 떠났다. 대다수는 번영하고, 효율적이고, 친근하지만 제복에 집착하는 나라의 압도적인 인상을 간직한 채 귀국했다. 하지만 아프리카계 미국인 교수 W. E. B. 듀보이스는 올림픽 동안 독일에 있었고, 자신이 받은 인상을 객관적으로 분석 이해하려고 애썼다. 그는 "올림픽 경기 동안에 가벼운 마음으로 독일을 방문한, 비독일어 사용의 방문객자들이 내놓은 증언은 어느 모로 보아도 무가치하다"는 글을 남겼다. 그의 주장은 결국 옳았다.[55]

이런 의견을 지지한 사람들 중 하나로는 미국 성공회 소속 델라웨어의 필립 쿡 주교가 있었다. 올림픽이 끝나고 미국으로 돌아온 주교는 언론에다 대고 이렇게 말했다. "독일은 해외로 나가는 미국 관광객에게 가장 즐거운 나라이다. 그 나라의 관습에 순응하고 그 나라 사람들이 시키는 대로 해주면 그들은 최선을 다해 당신에게 신경 써줄 것이다." 그의 아내와 일곱 아이들은 이에 동의했다.[56]

14

황무지가 된 학계

올림픽 이후 베를린에 남은 외국인들 중에 윌리엄 에드워드 부그하트 듀보이스보다 더 흥미로운 인물은 몇 사람 되지 않는다. 역사, 사회학, 경제학 담당으로 애틀랜타 대학에 적을 둔 듀보이스는 마지막 올림픽 방문객이 떠났을 때 이미 여섯 달 동안의 안식년 중 몇 주를 그 도시에서 보낸 상태였다. 많은 다른 미국 교수처럼(윌리엄 도드 대사도 그중 한 사람이었다) 그도 대학원생일 때 독일이라는 나라에 매혹되었다. 1890년대 독일 유학 당시에 그는 베를린 대학을 매력적이라고 생각했다. 하지만 이제 예순여덟이 된 이 노 교수에게는 그의 친독일파 동료와 두드러지게 다른 점이 있었는데, 바로 자신이 흑인이라는 사실이었다. 하버드 대학에서 박사 학위를 받은(아프리카계 미국인으로는 최초다) 그는 저명한 교수이자 민권 운동가, 그리고 작가로서 계속 경력을 쌓아나갔다. 그렇게 사십 년 이상을 보낸 뒤 그는 베를린으로 다시 돌아와 미국 남부의 흑인 실업학교가 독일 모델을 추구함으로써 혜택을 볼 가능성을 찾고자 독일의 교육과 산업 분야를 살펴보았다.

연로한 흑인 교수가 "흑인" 교육을 증진하는 방법을 검토하고자 제3제국의 전성기에 독일에서 일정한 시간을 보내기로 한 선택은 다소 기이해 보인다. 분명 뉴욕의 빅터 린드먼 씨도 그렇게 생각했다. 언론에 공개된 노 교수의 계획을 읽은 뒤 그는 듀보이스에게 편지를 써서 "아주 흥미롭다"고 말했다. 이어 아리안족이 아닌 다른 인종(유대인)에게 나치가 저지른 악랄한 범죄를 나열한 뒤 이렇게 물었다. "미국 흑인 교육의 가능성을 증진시킬 유익한 무언가가 도대체 독일 어디에 있다는 말입니까?"[1] 그것은 타당한 의문이었고, 듀보이스는 이렇게 답했다. "어떤 사람이 어떤 상황에서 진리의 탐구에 나서는 것이 왜 당신에게 흥미를 안겨주는지 나는 잘 모르겠습니다. 내가 조사를 위해 독일로 떠난다고 해서 어떤 결론이나 판단에 이르는 것도 아닙니다. 육천칠백만의 사람들은 언제나 연구할 가치가 있습니다."[2]

듀보이스의 독일 여행은 제3제국을 여행한 많은 외국인들의 기본적 태도인 애매모호함을 실제로 증명한다. 젊은 시절의 어떤 중대한 순간에, 듀보이스는 당시 대다수 아프리카계 미국인이 감히 발견하지 못할 지적 보고(寶庫)를 독일에서 발견했다. 그것이 얼마나 훌륭한지는 중요한 게 아니었다. 어느새 나이가 든 그가 보기에 유럽의 미래는 부서지기 쉬운 유리구슬처럼 보였다. 그래서 히틀러의 악랄한 처사에도 불구하고 과거의 자신에게 그토록 풍부한 문화적 선물을 제공한 그 나라로 돌아가길 갈망했다. 하지만 이런 강렬한 개인적 동기 이상으로 그는 "독일이 현대 문화의 운명이 결정되는 중요한 지점"[3]이었기 때문에 현지에 가서 그곳의 극적인 사건들을 직접 목격하는 게 중요하다고 확신했다.

"미국과 독일 사이 지식인들의 교환을 통해 범 대서양적 이해를 증진시키는 데 관심이 많은" 오버랜더 신탁회사는 노교수에게 산업 교육을 연구하는 데 쓰라며 천육백 달러의 보조금을 제공했다. 신탁회사의 창업자 구스타프 오버랜더는 자선 활동을 벌이기 전에는 펜실베이니아에서 스타킹을 제조하여 재산을 쌓은 라인란트 출신의 이주민이었다. 이 신탁회사의 고상한 목적은 나치의 등장 때문에 많이 흐려졌다. 특히 오버랜더가 독일을 방문할 때마다 총통과 다른 나치 지도자들이 열렬히 그를 맞이한 이후로 회사의 그런 목적은 더욱 흐릿해졌다. 비록 오버랜더는 개인적으로 히틀러에게 반유대주의에 대한 반감을 명확히 밝혔지만, 제3제국에는 그가 감탄해 마지않는 것이 여전히 많이 있었다. 특히 나치가 노동 쟁의를 처리하는 방식이 아주 인상적이었다.

오버랜더 신탁회사와 국가사회주의의 상호 연결 관계는 분명 듀보이스에게 골칫거리였다. 노교수는 '반 나치 문학을 위한 미국 위원회'에 합류하라는 초청을 거절하는 편지에서 이렇게 썼다.

나는 오버랜더 신탁에서 여섯 달 동안 독일 현지 조사를 위한 보조금을 받았습니다. 처음에는 인종적 편견 혹은 식민지 문제를 직접 연구하고 싶었지만, 그것은 그들의 목적에 부합하는 것이 아니었습니다. 하지만 내가 교육과 산업 연구를 하는 건 허용했습니다. 물론 독일에서 미국으로 돌아온 뒤로 내가 발표하려는 것엔 그 어떠한 제약도 없을 것입니다. 하지만 독일로 떠나기 전에 가입했더라면 연구를 허락받

지 못했을 것이므로, 귀 위원회에 공공연하게 합류하는 건 내게 현명치 못한 일입니다.[4]

독일에서 듀보이스는 아프리카계 미국인을 위한 주간지 『피츠버그 쿠리어』에 정기적으로 칼럼을 기고하며 자신의 연구 진척 상황을 보고했다. 베를린에서 처음으로 보내는 문서에서 그는 9월 1일에는 행사가 끝난 뒤여서 올림픽 관련 장식품이 거리에서 모두 사라졌고, 운터덴린덴 거리에 있는 카페들이 절반은 비어 있다는 보고를 했다. 올림픽에서 승리하여 대중을 기쁘게 했고 그 기억이 아직도 생생한 흑인 선수들에 대하여 언급할 때 그는 낙관적인 태도를 보였다. "그들은 유럽에서 미국 흑인을 새롭게 인식시켜주는 하나의 전형이 되었고, 미국 내의 인종 관계를 새롭게 돌아보게 하는 계기가 되었다."[5]

몇 주 뒤 노교수는 자신이 어느 가을날 아침 아홉 시에 지멘스 시티에 가서 겪었던 일을 칼럼에다 썼다. 지멘스 시티는 올림픽 경기장에서 북쪽으로 4마일 떨어진 곳에 있는 광대한 공업 단지로, 그곳에서 일하는 사람만 삼만육천 명이었다. 그는 그 공장에서 무척 정중한 대접을 받으며 지멘스 학교를 두루 견학했다. 지멘스에 관련된 모든 것이 그에게 감명을 줬다. 학생 선발 과정, 교실, 장비, 각 학생의 잠재력을 극대화하기 위한 주의력, 4년 과정의 원대한 비전 등이 그런 감동적인 사항이었다. 그는 칼럼에서 이렇게 썼다. "그런 활발한 정신은 놀라운 것이며 또 당연한 것이다. 이 학생들은 돈을 내고 공부하는 게 아니라, 돈을 받고 공부했다 …… 그들은 온갖 방법으로 격려를 받으면서 공부에 열중했다. 클럽 회관, 운동장, 가족

지멘스 시티

독일어로는 지멘스슈타트(지멘스 사의 도시라는 뜻이다)인 이 계획도시는 독일 기업인 지멘스 사의 주도로 개발이 진행되었다. 1904년경 계획이 시작되었으며 1930년을 전후하여 대대적인 공사가 진행되었다. 당시 바이마르의 저명한 건축가들이 참여하여 독특한 모양의 건축물들이 자리를 빛내는 이 지역은 유네스코 세계문화유산으로 지정되어 있다.
© Stadtgeschichtliches Museum

과 친구를 위한 저녁 오락 행사가 있었고, 한낮엔 식사가 무료로 제 공되었다."[6]

노교수는 어디서든 훌륭한 주택, 풍성하고 저렴한 음식("그래 도 나는 지방질이 좀 부족하단 생각이 들었다"), 완벽한 공공질서, 전반적 인 번영의 분위기를 발견할 수 있었다. 하지만 진보적인 교육을 지 향하는 듀보이스의 열정에도 불구하고, 그는 나치 독일에 대해 순 진한 생각만 품은 것은 아니었으며 독일을 그런 식으로 평가하지도 않았다. 한 저널리스트가 그가 미국으로 돌아온 뒤 독일인이 행복 한지 여부를 묻자 그는 이렇게 대답했다. "행복하냐고요? 그렇지 않 습니다. 하지만 희망으로 가득하죠."[7] 그는 신문 독자들에게 자신이 독일 전국을 어떻게 여행했는지 무척 공들여 설명했다. 그는 독일 현지를 여행하며 신문을 읽고, 강의를 듣고, 연극을 보고, 극장을 가고, 온갖 다른 부류의 사람과 이야기를 나눴다. 그는 "일하면서 노는 나라"를 봤다. 그렇기는 해도 노교수는 확고한 결론에 이르기가 여전히 어렵다고 생각했다. 그는 이렇게 말했다. "어떤 개인이 육천칠백만에 이르는 사람들을 싸잡아서 비난할 만큼 그들을 제대로 알기가 어렵다. 그래서 나는 그저 구경만 했을 뿐이다."

하지만 사악한 반유대주의에 대해서만큼은 아주 분명한 견해를 밝혔다. 노교수는 독자에게 이렇게 말했다. "유대인을 박해하는 캠페인은 내가 여태껏 보았던 그 어떤 것보다 더 보복적인 잔인함이요 공연한 모욕이었다. 나는 그런 악랄한 행위를 많이 봤다."[8] 현대에 들어와 유대인 박해처럼 엄청난 비극은 없었다. 그는 이렇게 썼다. "그것은 문명에 대한 공격이며, 스페인의 종교(이단) 심문과 아프리카 노예무역 정도만이 그에 비교될 수 있는 악랄한 행위이다."[9] 그것은 독일에서 돌아온 수많은 여행자가 공유했던 견해였지만, 듀보이스는 추가로 이런 의견을 제시했다. 그는 미국 "흑인"의 상황과 독일 유대인의 상황을 서로 비교하는 건 불가능하다고 말했다. "독일에서 벌어지는 일은 잔혹하고 부당하긴 해도 합법적인 방식으로 공공연하게 벌어지고 있는데 반해, 미국의 흑인들은 아주 불법적 방식으로 은밀하게 박해되고 탄압당하고 있기 때문이다."[10] 여기서 우리는 이런 의문이 들지 않을 수 없다. 듀보이스는 독일이 유대인을 학대하는 것에 대해서 고결한 분노를 표시하는데 그렇다면 왜 아프리카계 미국인에 가해지는 린치와 고문을 무시하는 미국의 위선은 강력하게 비판하지 않는가?

듀보이스는 유대인 박해, 끔찍한 선전, 검열과 다른 많은 불쾌한 나치 독일의 측면을 혐오했다. 하지만 독자에게는 이런 말을 했다. "그렇다고 해서 이런 것들 때문에 내가 독일에서 보낸 다섯 달을 즐기지 않았다는 뜻은 아니다. 나는 즐거웠다. 나는 그들로부터 한결같은 정중한 배려를 받았다." 이어 그는 흑인 올림픽 선수들이 했던 말을 그대로 따라했다. 그는 이렇게 썼다. "내가 미국 어떤 곳에서 비슷한 시간을 보내더라도 개인적인 모욕이나 차별을 어느 정도—자주는 아닐지라도—받지 않는 일은 거의 없다. 하지만 이곳에서는 단 한 번도 그런 일을 겪은 적이 없다."[11]

그것은 공식적인 언명이었지만, 듀보이스는 개인적으로도 전혀 환상을 품고 있지 않았다. "나는 나를 대하는 독일인의 태도에 전혀 속지 않았습니다. 그들을 방문한 흑인은 극소수에 불과했습니다." 그는 '유대인계 미국인 위원회' 총무에게 이런 글을 보냈다. "이론적으로 흑인에 대한 그들의 태도는 유대인에 대한 것과 마찬가지로 좋지 못합니다. 독일에 어느 정도 흑인들이 있었다면 유대인을 대하는 것과 같은 방식으로 흑인을 대했을 겁니다." 그럼에도 불구하고 그는 여행을 하면서 유대인에 대한 독일의 공식적 태도와는 다르게, 평범한 독일인들은 원래부터 유색 인종에 대한 편견을 가진 것은 아니라고 확신했다.[12]

듀보이스가 그토록 열정적으로 독일로 돌아가고자 한 이유는 여러 가지가 있었겠지만, 오페라, 특히 바그너에 대한 사랑은 그에게 큰 의미가 있는 것이었다. 1936년 축제 기간에 바이로이트에서 쓴 글에서 그는 『피츠버그 쿠리어』 독자에게 "오페라와 흑인 문제"라는 제목의 기발한 기고를 하면서 자신이 바그너에 탐닉하는 마니아임을 밝혔다. 그는 인종차별주의자로 널리 알려진 바그너를 향한 그의 감탄이 소수 독자에게서 질책을 받을 수 있다는 점을 잘 알았고, 그래서 이렇게 말을 시작했다. "특정 유형의 사려 깊은 미국 흑인 독자가 '도대체 바이로이트와 오페라가 아칸소에서 굶고 있는 흑인 농장 노동자나 뉴욕에서 일자리를 찾는 흑인 대학 졸업자와 무슨 상관이 있단 말인가?'라고 자문할 것이라는 점을 나는 알고 있다."

그는 이에 대한 답변으로 바그너의 투쟁을 들고 싶다고 적었다. 바그너의 투쟁이 흑인의 그것과 무척 비슷하다는 것이었다. 바그너 역시 일자리도 없이 빚을 진 채로 교육을 받기 위해 힘들게 싸워야 했다. 그 역시 조국에서 쫓겨났으므로 추방된 사람이 어떤 삶을 살아야 하는지 잘 알았다. 듀보이스는 이렇게 주장했다. "바그너의 악극은 그가 살았던 인생을 말하며, 백인이든 흑인이든 그런 오페라를 알지 못하면 삶을 안다고 할 수 없다."[13] 이는 대담한 주장이며 진심에서 우러나온 것이었다. 그럼에도 불구하고 노교수의 글이 독자들에게 확신을 주었다고 보기는 어려웠다.

* * *

듀보이스가 독일에 도착했을 때 하이델베르크 대학은 창건 550주년을 맞이했다. 독일에서 가장 오래된 이 대학이 1386년에 설립인가증을 받은 날짜는 10월 1일이었지만, 나치는 6월 마지막 4일 동안 기념행사를 치르기로 정했다. 이는 정확히 히틀러의 장검의 밤으로부터 2년 뒤의 일이었다. 당시 케임브리지 대학에서 박사과정 중이던 시블 크로*는 이 모든 걸 알지 못했고, 친구들과 함께 시간을 보내기 위해 하이델베르크에 6월 27일 아침 일찍 도착했다. 그녀는 기차 여행을 했는데, 모젤의 작은 마을로 향하는 도중에 만난 승객 집단에게 매료되었다. 그녀는 이렇게 말했다. "그들은 맨체스터에서 온 서른 명 집단이었는데, 주로 가게 주인, 점원, 타자수, 그리고 직공으로 무척 소박하고 빈곤한 사람들이었다. 몇몇은 애처로울 정도로 창백하고 초췌했지만, 모두 휴가를 즐기겠다는 생각에 무척 기분이 들떠 있었다." 그녀는 그들 중 대다수가 이미 독일을 몇 차례 여행했다는 사실을 알고서 놀랐다. "어떤 직물점 주인 남자는 내게 칠 년 연속으로 독일을 방문했다고 말했다. 그는 독일인에게 찬사를 보내며 정말 훌륭한 민족이라고 했다." 맨체스터 백화점의 어떤 젊은 점원은 과거 유스호스텔에 머무르며 바이에른 알프스 산맥을 전부 등반하기도 했다. 시블은 이런 글을 남겼다. "다른 사람들도 대화에 합류했다. 우리가 있는 기차 칸은 이내 독일 마을, 독일인, 독일인의 기질 등이 멋지다며 찬양하는 말들로 흘러넘쳤다."[14]

즐거운 낮 관광을 마치고 저녁 여덟 시가 되기 직전에 시블과 그녀의 친구는 하이델베르크 대학의 광장에서 행사 개회식을 잘 볼 수 있는 곳을 찾아냈다. 오십여 개국의 대표들이 보낸 깃발이 대학의 멋진 새 강당 앞에 줄을 지어 도열했는데, 그 강당은 졸업생이자 전 주독 미국대사 제이콥 굴드 슈어먼이 모금한 돈으로 건립되었

---

* 시블 크로는 제1차 세계대전을 준비하는 동안 외무부의 선두적인 독일 전문가였던 에어 크로(어머니가 독일인이었다)의 딸이었다.

다. 영국 국기와 프랑스 국기가 그 깃발 대열에 포함되었더라면 더 좋았을 걸 하는 희망 사항도 있었다. 영국과 프랑스 대학들은 예외 없이 모두 대표 파견을 거부했기 때문이었다. 그들의 보이콧은 인종, 종교, 혹은 정치를 근거로 하여 마흔네 명의 하이델베르크 대학 교수를 파면한 것에 항의하기 위한 것이었다. 그런 불법 파면으로 대학의 학문적 자유가 파괴되었으며, 나치가 대학의 신뢰성을 파괴했다는 것이었다. 이처럼 하이델베르크 대학 당국이 계몽주의를 노골적으로 거부했다고 해서, 모든 나라가 그 행사의 참석을 거부한 건 아니었다. 대표를 보낸 미국 대학은 스무 곳 정도 되었으며, 그중엔 하버드와 콜롬비아도 들어 있었다. 하버드 대학의 참여 결정을 둘러싼 대중의 격분에도 불구하고 총장인 제임스 코넌트는 대표 파견 입장을 고수했다. 총장은 에이버리 브런디지의 나치 올림픽 지지를 연상시키는 성명문을 발표하면서 "세상의 대학들을 통합하는 오래된 유대 관계는 정치적 상황과는 별개"[15]라고 주장했다.

코넌트 총장이 드니 드 루즈몽(당시 여전히 프랑크푸르트 대학에서 교편을 잡고 있었다)이 그해 여름에 읽고 있던 대학생의 글들을 읽었더라면 마음을 바꿨을 수도 있었을 것이다. 드 루즈몽은 이런 글을 썼다. "프랑스에서는 그 어떤 것도 이런 글에 나타나는 선동적 폭력을 이해하지 못할 것이다 …… 반대 측을 쫓아가 마지막 수단까지 동원하여 두들겨 부수고, 더 나아가 가장 깊은 내적 생활까지 쳐부수는 그들의 무례함, 투지는 정말로 악랄하다. 그들은 더 이상 온순한 굴복 정도로는 만족하지 못한다. 나치당에 적극 봉사하며 광적인 열정을 드러내지 않으면 누구든 맹렬한 비난을 받는다." 드 루즈몽은 이러한 주장을 입증하고자 프랑크푸르트 대학의 나치당 신문에 실린 나치의 암송문을 인용했다.

> 나는 열의를 갖고 나의 방향을 따른다.
> 나는 세미나에서 멋진 말을 해서 돋보이겠다.
> 나는 절박한 빈자에게 얼마 안 되는 돈을 주고, 오늘 저녁에 SA돌격대 근무에 참여하는 걸 잊지 않는다.
> 나는 나의 존재감을 널리 드러내고 『푈키셔 베오바흐터*Der Völkische Beobachter*』[•][*]를 열심히 읽는다.
> 나는 오늘 SA돌격대에 회비를 냈다. 내가 부대의 소속원이기 때문이다.[16]

하이델베르크 대학 출판물도 이와 동일한 음울한 메시지로 가득했다. 기념식 행사를 위해 하이델베르크 대학으로 돌아온 미국인 졸업생들은 분명 예전의 모교를 거의 알아보지 못했다. 옛 교복과 학우회의 다채로운 장식 띠가 사라졌고, 풍만한 웨이트리스가 거품이 이는 돌 단지를 들고 와서 명랑하게 "건배Prost"라고 젊은 귀족에게 외치던 세플Seppl 같은 노천 맥줏집의 유쾌한 분위기도 사라졌다. 이제 학생들은 칙칙한 SA돌격대 제복을 입고 "독일의 인종적 운명", "북유럽 게르만 민족의 과학", 혹은 "국가사회주의 국가에서 여자의 위치"[17]를 논의하며 저녁 시간을 보냈다. 이들은 6월 27일 저녁, 하이델베르크 거리에 나와 줄을 형성한 학생들이었고, 평상시

[•] 신문 이름은 민중 관찰자라는 의미이다.
[*] 1923년 이래 날마다 출간되는 나치당의 공식 신문.

라면 제복 일부로서 어깨에 엇매었을 가죽 끈을 가지고 바리케이드를 쳤다. 시블은 그들이 얼마나 어린지, 그녀와 친구가 길을 가로지르려고 할 때마다 얼마나 "무척 쾌활한 기분"으로 바리케이드의 줄을 풀어주었는지 알아보았다.

고위 나치 관리들의 등장을 군중 속에서 기다리던 이 두 젊은 여자는 소방관 무리가 광장 위로 우뚝 솟은 거대한 기둥 위에 있는 네 개의 반짝거리는 화로에 담긴 내용물에 불을 붙이는 걸 보게 되었다. 거대한 연기 기둥이 맑은 저녁 하늘로 나선형으로 치솟아 오르는 걸 보던 시블은 그 광경의 "기이하고 야만적인 화려함"에 매료되었다. 그녀는 그 상황이 고대의 희생 의식을 보는 것 같다는 생각이 들었다. 그녀는 이렇게 썼다. "거의 종교적인 침묵이 흘렀다. 군중은 숨도 참고 감탄하며 아무런 소리도 내지 않았다." 그것은 전형적인 나치의 연출 기법이었다. 하지만 이 경우에 상황은 그들의 계획대로 흘러가지 않았다. 결함이 있는 연료는 곧 검은 연기를 자욱하게 뿜어냈고, 몇 초 만에 황금색 저녁 불빛은 아예 사라지고 말았다. 시블은 이렇게 적었다. "월식 현상에 선행하는 그림자 같은 어둠과 비교될 법한 불길한 어둠이 공중을 채웠다. 모든 사람에게 검댕이 마구 쏟아지기 시작하여 머리와 얼굴, 그리고 옷이 검게 뒤덮였다." 그녀는 그것이 제3제국의 운명을 완벽하게 보여주는 예고편이라고 말할 수 있었을지도 모른다.

하지만 짜증내며 중얼거리는 소리가 분노로 변하기도 전에, 군중의 관심은 슈어먼 강당 계단에 모인 사백여 명의 외국인 대표에게로 옮겨갔다. 최근까지는 팔라스 아테네의 조각상이 "영원한 정신을 위해"라는 명문(銘文)과 함께 강당 정문을 장식해왔다. 하지만 이제 날개를 활짝 펼친 구릿빛 독수리 조각상이 지혜의 여신을 대체해 버렸고, "영원한"이라는 단어도 "독일의"라는 단어로 변했다. 대학 당국이 주빈으로 초청한 제이콥 슈어먼이 행사장으로부터 멀찍이 떨어져 있기로 한 건 그리 놀라운 일도 아니었다. 시블과 그녀의 친구는 광장을 떠나면서 광장에 쳐진 철책을 통해 대학 마당 안뜰을 내다볼 수 있었다. 그곳에는 내버려진 아테네 조각상이 "허약하고 축 늘어진 무릎 위로 손을 움켜쥔 채로 낙심하여 앉아 있었다".[18]

이후 사흘 동안 화려한 행사, 행렬, 연회, 그리고 이런 행사엔 반드시 불꽃놀이가 등장했다. 시블과 그녀의 친구는 초청을 받아 하이델베르크의 고풍스러운 성으로 흐르는 네카 강 건너편의 풍경을 볼 수 있는 집에서 그 장관을 지켜봤다. 그 집은 대학에서 해고된 어느 유대인 교수의 집이었다. 대학에서 제공되는 미미한 연금으로는 생계를 이어가기에 터무니없이 부족했고, 가족도 해외 이주의 허가를 받을 수 없는 상태에서 교수는 약간의 개인 재산이 있어 겨우 버틸 수 있었다. 하지만 사십오 세 미만 아리아인 하녀를 고용하는 게 금지되었다는 사실을 제외하면 시블은 교수의 가정에서 그 어떠한 사회적 낙인도 발견할 수 없었다. 그녀는 집주인 부부가 다른 유대인 친구들과 어울리는 걸 아주 자연스럽게 생각한다고 말했다. "그들은 그렇게 행동하는 데 따르는 결과를 어떤 식으로든 겁내지 않았다."[19]

불꽃놀이의 장관에 대하여 시블은 일찍이 그 비슷한 것조차 본 적이 없다고 말했다. 하지만 제3제국의 악랄한 행동의 본질이 무엇인지를 잊어버린 사람이 있을까 싶어서인지, 그런 장관 다음에 곧

바로 암흑이 뒤따라왔다. 이어 사람의 귀를 먹먹하게 하는 지속적인 "폭격"의 굉음이 뒤따랐다. 시블은 그녀의 친구로부터 저것은 "미래의 어느 때에 사람들이 아주 진지하게 받아들여야 하는 몰풍경의 사전 예고편"이라는 얘기를 들었다.

더위에도 불구하고 콜럼비아 대학의 파견 대표인 독일 철학 교수 아서 레미는 하이델베르크 대학 기념식에서 정말 좋은 시간을 보내고 있었다. 다른 모든 외국 귀빈과 함께 그는 괴벨스가 하이델베르크 성에서 주최한 감명 깊은 "16세기식 환영 연회"에 초청되었는데, 웨이터들조차 그 시대의 의복을 입고 있었다. 저녁 식사 중 펼쳐진 베를린 발레단의 공연은 특히 인상적이었다. 그는 이렇게 보고했다. "무척 즐거운 행사였다. 어느 모로 봐도 프로파간다라고 할 만한 것은 전혀 없었다."[20] 하지만 다음 날 교육부 장관의 연설에는 순진한 레미 교수조차도 깜짝 놀랐다. 그 연설은 명백히 550주년 기념식 전체에서 가장 중요한 부분으로 계획된 것이었다. 베른하르트 루스트 장관은 독일 전역의 모든 고등 교육 기관이 반드시 국가의 사회적, 정치적, 인종적 이상과 조화를 이룬 형태를 취해야 한다고 강조했다. 레미는 이렇게 썼다. "우리는 이런 요구에 따를 수 없는 자에겐 독일 대학 교직원으로 내어줄 자리가 없으며, 특정한 교수의 파면은 따라서 필연적이고 정당하다는 노골적인 말을 들었다."[21] 그는 한 시간 넘게 지속된 장관의 연설이 해외 대표들 사이에서 엄청난 비난을 받았다는 걸 언급했다. "고백하건대 나는 그런 비난이 정당하다고 생각했다."

레미 교수는 장관의 연설이 외국인들에게 다소 놀라운 것이었다고 암시했을 뿐이다. 하지만 어떻게 그들이 독일 대학들에서 발생한 유대인 교수들의 숙청을 모를 수 있겠는가? 20세기 가장 훌륭한 철학자로 많은 이가 손꼽는 저명한 마르틴 하이데거를 포함하여 수많은 우수한 독일인 교수들이 기꺼이 국가사회주의의 지지자가 되었다는 걸 그들이 어떻게 모를 수 있겠는가? 나치 제복을 입고 프라이부르크 대학(1933년부터 34년까지 그는 이 대학의 총장이었다)에서 강연하는 걸 즐겼던 하이데거는 개인적으로 자기 대학의 유대인 교수 축출에 개입하기까지 했다. 이 모든 사실에도 불구하고 레미 교수는 여전히 이렇게 썼다. 대표 자격으로 초청을 받아들인 콜롬비아 대학은 물론이고 다른 미국 대학들도 그런 결정에 대해 어떠한 사과도 할 필요가 없다.”[22]

장관의 웅변을 듣는 특권은 해외 대표들만 누린 게 아니었다. 확성기는 장관의 웅변을 주변 몇 마일에 실어다 주었으며, 매혹적인 6월 아침에 시블이 하이델베르크의 평화와 아름다움에서 느끼는 즐거움을 산산조각 냈다. 그녀는 이렇게 썼다. “거리를 걷는 동안 우리는 정원과 광장 모든 곳에 놓인 확성기를 보게 되었다. 얼마 안 되는 무리가 그 주변에 모여 거기서 나오는 소리를 들었다.” 나중에 그날 행사가 어떻게 진행되었는지에 관한 설명을 신문으로 읽게 되었을 때 그녀는 외국인의 연설에 관한 내용이 일절 없다는 것을 알고 실망했다. 이내 그녀는 그 이유를 알아냈다. 해외 대표들에게는 각각 오 분씩만 발언할 시간이 배정되었기 때문이었다. 『뉴욕 타임스』가 보도한 것처럼 축제 행사를 나치가 처음부터 끝까지 전적으로 배후 조종했음이 명확했다. 실제로 나치당의 특별 선전 부처가 도시에 설립되어 각 이벤트를 사소한 것 하나까지도 다 감독했다.[23]

시블이 볼 때, 이 기념식은 그녀가 가장 두려워하던 모든 것이 사실임을 보여줬다. 나치당은 영국 언론을 통해 그녀가 알아왔던 것보다 더 불쾌한 면모를 보였다. 그녀는 나치당이 철저히 파괴되기 전까지 독일에는 희망이 없다고 결론을 지었다. 하지만 레미 교수는 자신이 한 경험을 정리하며 이런 글을 남겼다. "전반적으로 기념식은 품위 있고 인상적이었다는 생각이 든다. 또한 행사는 주로 학문적이기도 했다 …… 흑색 제복이나 갈색 제복의 존재가 해로운 의미로 이해될 수 없다는 건 자명하다." 그는 하이델베르크를 떠나며 자신이 "중요한 학계 행사"[24]에 참여했다고 확신했다.

기념식이 끝나고 며칠 뒤 에든버러의 조지 왓슨 여고에서 한 여학생 무리가 독일로 수학여행을 떠나기 직전 단체 사진을 찍기 위해 자세를 잡았다. 이제 칠십대 할머니가 된 아이다 앤더슨은 당시를 이렇게 회상했다. "나는 웨이벌리 역에서 우리가 고동색 블레이저를 입고 파나마모자를 쓴 채 들떠 있던 모습을 기억한다." 수학여행단이 쾰른에 도착했을 때는 이미 어두워진 뒤였다. 그들은 긴 행렬을 이뤄 유스호스텔로 걸어갔다. 아이다는 이렇게 글을 남겼다. "톰슨 양이 갑자기 '저기 쾰른 성당이야'라고 소리쳤다. 마치 우리를 위한 듯 성당이 번쩍이는 벼락 속에 모습을 환히 드러났고, 이어 엄청난 천둥소리가 나더니 폭우가 쏟아졌다." 그들이 쓴 파나마모자의 챙은 이내 빗물로 채워졌고, 작은 폭포가 목 줄기를 따라 흘러내렸다.

며칠 뒤 그들이 하이델베르크를 방문했을 때는 "티 하나 없이 청결한" SA돌격대원들이 그들의 안내인으로 나섰다. 시블 크로처럼 아이다 앤더슨도 그들의 훌륭한 태도에 깊은 인상을 받았다. "그들은 어찌나 매력적이고 정중하던지!" 삼림 지대인 슈바르츠발트로 이동하면서 여고생들은 "삼림 지대의 일부처럼 보였던 것이 움직이며 다가와서 놀랐지만, 그것이 군인들과 함께 있는 잘 위장된 무장 탱크라는 것이 드러나자" 곧 진정했다. 나치의 전쟁용 기계와 조우했다는 현실을 가벼이 여긴 여고생들은 맥베스가 어떤 기분이었는지 알겠다고 즐거운 목소리로 재잘거렸다.[25]•

* * *

1935년 대학원생으로 독일에 도착했을 때 중국 유학생 지시안린(季羨林)*은 오랫동안 품은 꿈을 실현한 셈이었다. 그에게 독일은 "황금 아지랑이"를 통해 본 이상의 구현이었다. 하지만 몇 달 뒤 괴팅겐에 도착했을 때 그는 자신의 환상이 "다소 부서졌음"을 깨달았다. 이런 쓸쓸한 상황에도 불구하고 그는 산스크리트어 박사 과정을 위해 이 년 동안 독일에 머무르기로 결정했다. 하지만 전쟁에 갇혀서 실제로는 십 년을 독일에 머무르게 되었다. 이런 긴 기간 동안 지시안린은 같은 하숙집에서 계속 살았다. 그는 자신이 좋아했던 집주인 아주머니를 전형적인 독일 주부라고 묘사했다. 그녀는 중학교까지만 다녔으며, 보수적인 사람이었고, 요리 솜씨가 뛰어났다. 이는 모두

• 셰익스피어의 희곡 『맥베스』 제5막에 "버남의 숲이 움직인다"라는 말이 나오는데, 실은 폭군 맥베스를 정벌하러 오는 병사들이 버남의 나뭇가지를 잘라 투구에 위장을 한 채 움직였으므로, 마치 숲이 움직이는 것 같은 인상을 맥베스에게 준 것이다.

* 당대 가장 뛰어났던 중국 학자 중 하나인 지시안린은 산스크리트어와 인도 역사 전문가였다. 그는 1935년부터 1946년까지 독일에서 지냈다.

젊은 중국인 유학생에게 아주 자연스럽게 보였지만, 그를 당혹스럽게 하는 다른 것들도 있었다. 예를 들면 집주인 아주머니가 가장 친한 친구가 같은 모자를 샀다는 이유만으로 사이가 완전히 틀어져버리는 것이었다. 그는 이렇게 썼다. "서양의 남녀는 같은 모자나 옷을 다른 사람이 착용하는 것에 대한 이해할 수 없는 혐오가 있다. 이것은 중국인으로서는 이해하기 무척 어려운 일이다."[26]

중국 도시의 불결한 거리에 익숙한 사람이라면 노부인들이 괴팅겐의 인도를 비누로 문질러 깨끗이 청소하는 모습을 보면 이상하다고 여길 것이다. 지시안린은 돌출한 지붕을 자랑하는 독일의 키 높은 중세 가옥을 사랑했고, 도시 중앙에 있는 자그마한 참나무 숲에 혼자 들어가 멍하니 앉아 있는 걸 즐겼다. 일요일마다 그는 다른 중국 교환 학생들과 함께 시골로 나갔다. 때로 그들은 언덕을 올라 비스마르크 "정자"로 가거나 숲으로 소풍을 나갔다. 가끔 그들은 지역 식당에 가서 흑곰 고기를 먹었는데, "중국 요리와 무척 비슷한 맛이 났다".[27] 그는 절대 공공연하게 정치를 논하지 않았는데, 그럼에도 불구하고 독일인들이 얼마나 히틀러를 "광적으로" 숭배하는지에 대해서는 언급했다. 그는 어떤 젊고 아름다운 여자가 자신에게 히틀러의 아이를 낳는다면 자신이 상상할 수 있는 것 중 최고의 영광이 되겠다고 말하는 걸 듣고 충격을 받았다.[28]

지시안린과 그의 중국 친구들은 라디오에서 "황소 같은 우렁찬 목소리(히틀러의 연설)"가 흘러나오는 것에 점점 익숙해졌다. 특히 뉘른베르크 대회 기간엔 더욱 그러했다. 라인란트 재점령 이후 열린 1936년 나치 전당대회(9월 8일~14일)에는 "영광의 집회"라는 별칭이 붙었다. 처음에 그 행사는 많은 교수를 끌어들일 가능성이 없는 부류의 행사였다. 라디오를 듣던 듀보이스는 무력을 내세운 위협적 수사법을 "끔찍하다"고 생각했으며, 전쟁을 촉발시킬 가능성이 크다고 보았다. 하지만 워싱턴 DC의 아메리칸 대학 찰스 C. 탠실 교수는 확고한 우익이자 친독파였고, 동시에 독실한 가톨릭 신자이기도 했다. 그리고 그해 뉘른베르크에 공식으로 초청을 받는 "명예를 누린" 열네 명의 미국인 중 하나였다. 탠실은 동료 교수에게 자신이 얼마나 히틀러와 "나치당의 다른 뛰어난 지도자들"[29]을 만나길 고대했는지 모른다고 털어놓았다. 교수직에 더하여 탠실은 미국 상원 소속의 역사가로 일하고 있었는데, 그곳에서 주요 외교 문서를 작업했다. 이 교수는 노골적인 수정주의자였지만, 출간된 그의 저서는 동료 역사가들에게서 존중을 받았고, 폭넓은 영향력을 미쳤다.

1936년 10월 20일 독일 당국의 요청으로 탠실 교수는 베를린에서 미국을 향해 방송을 했다.* 나치 독일의 경이로움을 묘사한 뒤에 그는 총통에 관해서도 언급했다. "그는 몸짓이 절대로 과장되지 않고, 목소리가 크지도, 표현에서도 야단스럽지 않습니다." 그는 청자들에게 이렇게 설명했다. "그 사람에겐 소박함과 절제가 있으며, 그것이 바로 가장 매력적인 점입니다. 또한 그 누구도 부정할 수 없는 성실성도 있습니다." 나치당은 그들을 그처럼 유창하게 옹호해 주는 사람을 틀림없이 좋아했을 것이다. 더욱이 다른 많은 외국 방문객과는 달리 이 교수는 두 가지 아주 중요한 점을 완전히 이해했다. 첫째는 나치당이 군사 시설을 확장하는 게 "진정으로 국방을 위

---

* 탠실은 당시 그의 가장 유명한 책 『전쟁에 나선 미국(1938)』을 집필하는 중이었는데, 이 책은 제1차 세계대전에서 미국의 역할에 관한 분석이었다.

한 것"이라는 점이며, 둘째는, 독일이 공산주의를 물리치는 데 독특한 역할을 맡고 있다는 점이었다. 탠실 교수는 그의 청자들에게 이렇게 말했다. "독일을 가장 적대적으로 비판하는 미국 비평가들조차도 총통의 낙관적 자신감이 막아주지 않았다면 독일이 볼셰비키 사상에 빠졌을 것이라는 사실을 인정해야 한다."[30]

듀보이스는 다소 상황을 달리 봤다. 그는 전적으로 히틀러 때문에 독일이 이미 "볼셰비키 사상에 빠졌다"고 주장했다. 그의 관점에서 볼 때, 나치 정부는 소비에트 연방을 모방한 것이었고, 그 모방의 정도가 너무 심하여 두 이데올로기 체계 사이에 이젠 거의 차이가 없어졌다. 그는 이를 예증하고자 "독일의 산업 소유와 통제, 독일의 자금과 은행업 통제, 정부에 의한 토지 소유와 통제를 향한 독일의 움직임, 독일의 노동과 임금, 독일의 사회 기반 시설과 주택의 건설, 독일의 청년 운동과 단일 정당 선거인 상황"[31]을 들었다.

이십사 세의 바바라 런클도 이에 동의했다. 교수는 아니었지만 (그녀는 뮌헨에서 성악과 피아노를 공부하는 중이었다), 그녀는 매사추세츠 주 케임브리지에서 성장하여 대학 생활을 많이 경험했다. 또한 런클의 조부는 매사추세츠 공과대학의 총장을 지내기도 했다. 그녀는 이렇게 썼다.

정치는 나의 가장 큰 관심사이다. 공산주의는 이론상으로만 가장 좋은 사상이라는 걸 알아낸 이후로 그랬다. 나는 천천히, 그렇지만 확실하게 국가사회주의를 크게 반대하는 사람으로 성장했다. 참 묘하게도 사실상 내가 공산주의에 등을 돌린 것과 같은 이유 때문에 그렇게 되었다. 나치당과 공산당은 서로 놀라울 정도로 비슷하다. 그래서 각자 표면적으로 자기 "종교"를 보호하는 중인 독일과 러시아 사이에서 다음 전쟁이 발발할 거라는 주장은 거의 믿을 수 없을 정도로 어리석게 보인다.[32]

바바라 런클이 인정한 것처럼 처음에 그녀는 나치에 동정적이었다. "독일 사람들이 느끼는 바가 상대적으로 얼마나 더 안전하고 희망에 찼는지를 보게 되면 처음에는 나치당에 마음이 기울게 마련이다." 하지만 그녀는 이내 자기의 실수를 깨달았다. 그녀의 편지는 평범한 독일인에 대한 그녀의 이해도가 아주 성숙해졌음을 보여준다. 당시는 나치의 기세가 전성기에 도달한 시점이었다. 사실 많은 독일인들이 난생 처음으로 미래에 관하여 진정으로 낙관적인 희망을 품게 된 시점이기도 했다. 이와 관련하여 그녀는 몇 번 데이트했던 젊은 독일 군인 카를 마이어에 관해 편지에서 적었는데 전문을 인용할 가치가 있다.

표면상으로 카를은 가장 믿을 수 있는 사람 중 하나였다. 몸에 꼭 맞는 제복을 입고, 산뜻하게 바싹 깎은 밤색 머리카락을 한 말끔하고 균형 잡힌 머리, 곧고 작은 얼굴, 흰 치아, 굉장히 멋진 활짝 웃는 미소를 지닌 게 바로 카를이었다. 그의 모자는 그의 푸른 눈 한쪽 위로 살짝 기울어졌는데, 이 모습은 그야말로 봐줄 만했다. 그의 성격은 그의 외양만큼이나 믿을 만했다. 그는 실제로 여기 말로 수수한 남자ein einfacher mensch였다. 즉, 그의 부모는 시골에 살았고, 그는 처음에는 내가 거의 알아들을 수 없는 부류의 독일어 방언으로 말했다. 게다가 그의 미덕은 주로 그의 혈통 덕분이었다. 그는 무척 자부심이 강했고, 무척 세심했고, 무척 재미있었고, 무척 다정했으며, 노래를 잘 부르고 기타를 훌륭하게 쳤는데, 더불어 총을 쏘고 스키를 타는 데도 전문가였다. 거기에 더하여 그는 나에게 매력적인 친구였는데, 그가 살아온 인생과 인생관 때문이었다. 그는 가장 훌륭한 부류의 전형적인 군인이었다. 빠르고, 깨끗하고, 용맹하고, 자긍심 있고, 독일이 한 번 더 크고 강력한 나라가 될 것이라고 철저히 믿었다. 그는 전쟁을 바라지 않았지만, 전쟁이 발발하면 전사할 때까지 싸우겠다고 했다. 유대인과 공산주의자에 관해 나눈 논의가 가장 흥미롭다. 처음에 그는 내가 그걸 언급조차 하지 못하게 했지만, 마침내 우리는 실제로 몇몇은 훌륭한 유대인이라는 사실까지 나아갔고, 그는 심지어 이론상으로 공산주의는 몇몇 훌륭한 생각을 지녔다고 말하기도 했다. 그는 군인의 삶에 관한 모든 세부적인 부분을 무척 좋아했고, 분명 군인으로 성공할 것이었다. 그는 믿기지 않게도 딱 내 나이였는데, 이미 계급이 하사였다.[33]

이것은 기이할 정도로 감동적인 한 독일인의 초상화이다. 동시에 1936년에 모든 독일 청년들이 유대인을 박해하기 위해 제복을 입은 것은 아니었고, 때로는 카를처럼 독일의 창창한 앞날을 위해 군인이 된 청년도 있었다는 것을 알려주는 기록이다.

* * *

바바라가 뮌헨에 체류할 때 다른 젊은 미국인들과 어울리고자 했다면 그건 전혀 어렵지 않았을 것이다. 1920년대 이래로 대학 2학년 해외 연수 프로그램은 미국 학부 교육의 주요 과정이었고, 나치 통치기 동안 독일(특히 뮌헨)로 다수의 대학생을 계속 보냈다. 이는 특히 가장 명망 있는 여대, 즉 "일곱 자매"라는 별칭이 있던 여자 대학들 사이에서 인기가 있는 프로그램이었다.[34] 기이하게도 제3제국이 통치하는 동안 뮌헨으로 공부하러 떠나는 여학생들의 수는, 정작 독일 여자들의 고등 교육 추구는 강력하게 억눌러지는 상황임에도 줄어들지 않았다. 제3제국의 딸에겐 독일 전역에 우후죽순처럼 늘어난 수천 개의 신부 학교에서 산파술을 공부하는 게 훨씬 더 중요한 일이었다. 결국 독일 여자의 주된 직분은 조국을 위해 아이들을 낳고 남편에게 아낌없는 후방 지원을 하는 것이었다. 하지만 리사 개트윅이 브린 모어 여자대학에 자신의 해외 방문을 보고했을 때 그녀의 마음속에서 독일 여자들의 줄어드는 교육 기회는 그리 중요한 것이 아니었다. 그녀는 난생 처음으로 즐거운 시간을 보내는 중이었다. 리사가 최근 흥분하며 본 일 중 하나는 11월 9일, 1923년 폭동에서 사망한 열여섯 명의 나치 당원을 기리는 기념식 행사였다.

독일 전역에서 온 엄청난 군중이 보도에 줄을 섰고, 자정이 되자 실제로 길을 건널 수 없을 정도로 빽빽하게 사람이 들어찼다. 실제로 우리는 한쪽 모서리에 네 시간 정도 도열해 있었고, 설혹 우리가 원치 않았다고 하더라도 군중에 밀려 그렇게 할 수밖에 없었다. SS근위대, SA돌격대, 히틀러 청년단, 베테랑 등의 군인 부대가 한밤중에 세 시간 동안 끊임없이 열을 이뤄 행진했다. 북 소리나 음악 소리, 혹은 다른 소리는 전혀 없었고, 모든 것이 완벽하게 침통하고 비극적인 분위기를 연출했다. 폭동 중에 사망한 16인은 현재 독일의 영웅으로 추앙되었고, 그들을 기리고자 이 많은 사람들이 여기에 왔다. 그들 중 몇몇은 아주 멀리 떨어진 곳에서 왔다. 히틀러가 그곳에 왔을 때조차 "하일 히틀러"라는 소리가 없었다. 하지만 한두 사람이 자신을 주체하지 못하고 그 말을 소리쳤다가 주위의 차가운 압력에 재빨리 입을 다물었다.[35]

그녀는 자신이 히틀러를 "무척 가까운 거리에서 네다섯 번 보았다"는 사실을 아주 즐거운 마음으로 전했다. 소식을 전하는 리사의 편지는 흥분이 가득한 것이었지만, 단 한 번도 유대인 박해나 나치의 악랄한 행위로 인한 공포를 언급하지 않았다. 그녀는 그보다는 "손이 아플 때까지 계속 박수를 치는" 오페라 관객, "모두가 훌륭한 맥주에 취해 무척 즐거워지는" 맥줏집에서 벌어지는 주간 무도회, 매일 식사를 같이 하는 독일 가정에 관하여 글을 썼다. "거의 매일 클루스만 씨는 우리에게 미국과 독일 사이의 관계에 관한 통계를 제공한다(무척 신중하고 자랑스럽게 작업된 것인데, 이 정보는 모든 걸 담고 있는 그의 작은 공책에서 나온다). 그 통계는 인구, 혈통, 온도 등 온갖 것을 다 담고 있다!"

리사는 두 가지 이상의 요리가 나오는 일이 없고, 보통 한 가지 요리였지만, 그래도 그 음식조차 즐겼다고 말했다. "오늘 우리는 건포도를 곁들인 팬케이크를 먹었는데, 시럽 대신 잼이 올라왔고, 차와 빵, 그리고 버터 샌드위치가 함께 나왔다. 어제는 저녁으로 진한 야채스프를 먹었는데, 차가운 쌀을 살구와 섞은 것이었다." 저녁을 먹은 뒤 독일인 가정은 라디오 근처에 앉아 이야기를 나누고, 바느질하고, 글을 읽었다. 이 장면을 지켜본 리사는 "라디오는 상당한 사치품"이라고 했다.

그러나 라디오는 이미 나치당의 필수적인 선전 도구가 되어 있었고, 리사의 생각만큼 귀한 물건은 아니었다. 1934년 프랑크푸르트 법정은 집행관이 더는 라디오를 압수할 수 없다는 판결을 내렸는데, 새로운 독일에서 가정 필수품이 되었다는 게 그 이유였다. 한 나치 정보원이 한 말을 『맨체스터 가디언』지는 다음과 같이 인용했다. "시민 교육과 독일인 통합을 위한 투쟁에서 라디오는 극도로 중요하다."[36] 아홉 시 삼십 분이 되면 클루스만은 라디오를 껐고, 가족은 침실로 갔다. 리사는 뜨거운 물로 목욕을 하기는 어려웠지만, 적어도 그녀가 머문 아파트는 중앙난방이 들어왔다. 그녀는 대체로 "아주 흡족한 생활이었다"라고 결론을 내렸다.[37]

리사가 나치 독일을 무비판적으로 받아들인 것은 어려서 순진했기 때문이라고 치부할 수 있을 것이다. 당시 그런 여행은 대다수 젊은 미국인에게 특이한 경험이었으니 정치 문제가 그들의 멋진 모험을 망치지 않길 바랐던 것을 비난할 수는 없다. 그렇다고 당시 뮌헨으로 그녀와 그녀의 동료 학생 스물일곱 명을 보낸 교수들까지 그런 책임을 모면할 수는 없다. 그 교수들은 틀림없이 독일에서 무슨 일이 벌어지고 있는지 알았을 것이다. 몰랐다면 그들은 자신들이 해야 할 일을 하지 않은 것이다. 뒤늦게 깨달았다는 걸 감안한다고 쳐도 그런 억압적이고 반지성주의적인 나라에 대해 칭송을 늘어놓는 교수들이 있었다. 가령 마운트 홀리요크 대학의 독일어 교수이자 2학년 뮌헨 연수 프로그램 책임자인 그레이스 M. 베이컨은 1938년에 이르기까지 "뮌헨에서의 공부는 직접 접촉해야 얻을 수 있는 다른 문명에 관한 폭넓은 견해, 관용, 그리고 이해를 터득하게 해준다"고 주장했다.[38]

물론 진심으로 나치 이데올로기에 공감하고, 어떻게든 그런 체제와 동질감을 가지려고 하는 탠실 같은 교수도 있었다. 하지만 다른 많은 교수들은 제3제국을 여행하는 이유로서, 독일의 현재 상황이 아무리 불쾌하다고 해도 그곳의 문화적 유산이 아주 소중하므로 정치 때문에 현지 여행을 포기할 수는 없다고 주장했다. 그들은 현재에 대한 자신의 판단을 왜곡하려고 과거에 대한 숭배를 끌어들였다. 그 결과 그들은 의도적으로 나치당이 독재를 자행하는 현실을 외면하고 무시했다. 독일의 당시 현실은 무엇이었는가? 1936년에 이르러 독일은 올림픽 신기루에도 불구하고 독재가 온 나라에 만연했다. 나치당은 부끄러운 줄도 모르고 형언할 수 없는 온갖 악랄한 소행을 자행하면서 그것을 과시하기까지 했다.

15

미심쩍은 서곡

1936년 말이 되자 은둔자, 반유대주의자, 투철한 국가사회주의자가 아니라면 누구든 나치의 악랄한 소행을 모른다고 하기 어려운 상황이 되었다. 유대인 난민, 무수한 신문 기사, 강제 수용소의 생존자, 종교적 박해를 받은 사람 등 히틀러 독재정부의 극악성에 대해 충분한 증거가 쏟아져 나왔기 때문이다. 그럼에도 불구하고 낙관론자들—이들 중에는 기존 지배층 인사들이 많았다—은 총통의 "성실성"에 대한 믿음을 계속 유지했고, 적절한 시기에 히틀러의 합리적인 요구들이 충족될 수 있다면 장차 모든 게 괜찮아질 것이라고 주장했다. 그결과 많은 유명 인사들이 1930년대 후반 독일을 여행했고, 이런 식의 개인적인 접촉과 합리적인 대화가 궁극적으로는 유럽의 평화를 보장할 것이라고 확신했다. 그밖에 올림픽 이후 독일로 여행간 사람들 중에는 반유대주의자, 파시즘 동조자, 유명인, 스파이, 왕족, 그리고 당연하게도 미트포드 가문의 사람들이 포함되었다.

한편 나치의 악랄한 소행을 신문 기사에서 읽었음에도 불구하고 계속 독일로 휴가를 보내러 갔던 평범한 미국과 영국 관광객 수백 명 중 대다수는 정치를 아예 무시해버렸다. 그들이라고 획일적 제복과 행진에 중독된 독일인들의 기이한 모습을 의식하지 않을 수는 없었으나 그래도 귀국하고 나서 본국에 전하는 인상은 대부분 친독일적이었다. 여전히 쾌활하고 친근한 독일인들이 외국 관광객을 최대한 따뜻하게 반겨주려고 열심히 애쓴다는 것이었다. 독일의 농촌 지역은 아름다웠고, 중세 도시는 고풍스러웠고, 맥주는 저렴했다. 그러니 유대인 따위에 신경 쓰며 좋은 휴가철을 일부러 망칠 이유가 어디 있겠는가?

위니프레드 바그너에게 1936년 바이로이트 축제는 늘 있어 왔던 일련의 걱정거리를 가져왔다. 그해엔 거기에 더해 토머스 비챔 경이라는 걱정거리도 추가되었다. 늘 사태를 잘못 파악하는 리벤트로프는 이 영국 지휘자가 당시 영국 왕 에드워드 8세와 친한 친구 사이라고 히틀러에게 보고했다. 국왕이 나치에게 호의적이니까 그 친구인 비챔도 틀림없이 그럴 것이라는 판단이었다. 이런 잘못된 보고 덕분에 비챔은 나중에 나치 정권이 비용을 부담하는 조건으로 런던 필하모닉 관현악단과 함께 독일로 초청받게 되었다.

비챔이 바이로이트 축제의 개막식에 나타날 것으로 예상되었기에 위니프레드 바그너는 작은 오찬회를 마련해 그가 히틀러와 비공식으로 만날 수 있는 기회를 주려고 했다. 하지만 토머스 비챔 경은 나타나기로 정해진 시간 겨우 몇 시간 전에 이런 전보를 보냈다. "죄송합니다. 갈 수 없겠어요. 비챔." 이런 무심한 취소에 바그너 가문은 엄청난 불쾌감을 느꼈다.[1] 총통이 바그너 지정석에서 토머스 경과 함께 앉길 바랐는데 그게 틀어진 것이었다. 하지만 비챔은 히틀러가 바이로이트를 떠나 돌아오지 않는다는 게 확실해지자 축제 후반 현장에 돌연 나타났다. 깨끗하게 옷을 갖춰 입은 점잖은 비챔은 모든 사람에게 마음껏 매력을 발산했다. 하지만 이 지휘자는 매번 공연이 끝날 때마다 곧바로 자리를 떴다. 이는 괴링이 이끌고 다니는 "속물적이고 평범한" 나이든 여성들과 어울리며 말을 섞었다가 훗날 엄청난 구설수에 휘말리는 걸 피하기 위해서였다.[2]

토마스 비챔 경
"저 늙다리 꼰대 새끼가 지금 기분이 좋은 모양이군." 명백히 나치를 경멸하는 비챔이었지만, 결국 지휘자인 그에게는 그 무엇보다도 자신의 관현악단이 가장 중요했다.

비챔이 히틀러 정권을 경멸했던 건 분명하다. 그럼에도 불구하고 다른 많은 사람들처럼, 독일의 매력에 너무 이끌린 나머지 나치가 그의 여행 계획을 바꾸는 것을 허용하고 말았다. 나치가 제안해 온 런던 필하모닉 관현악단 투어는 잉글랜드에서 상당한 논란을 야기했지만, 자신의 새 관현악단을 자랑하고 싶었던 비챔으로서는 그 제안을 물리치기가 쉽지 않았다. 하필 경멸했던 나치 정권이긴 해도, 모든 비용을 부담하겠다는 조건이 붙었으니 그 유혹은 더욱 더 강했다. 결국 지휘자인 그에게는 그 무엇보다도 자신의 관현악단이 가장 중요했다. 그보다 이해하기 어려운 점은, 언제나 자부심이 과

칸넨베르크

아코디언을 연주하는 칸넨베르크. 맨 왼편의 여성은 히틀러의 정부인 에바 브라운이다.

도한 비챔이 어떻게 작곡가가 유대인이라는 이유만으로 프로그램에서 멘델스존의 "스코틀랜드" 교향곡을 제외하라는 독일의 압박에 굴복할 수 있었는가 하는 거였다. 하지만 당시 토머스 경이 무척 잘 아는 바와 같이 나치당은 피리를 부는 자에게 배후에서 돈을 대고 있었다*.

히틀러는 나치 정부의 고위 인사 대다수를 동반하고 1936년 11월 13일 베를린에서 열린 런던 필하모닉 교향악단 콘서트 개막일에 나타났다. 첫 곡(드보르작의 슬라브 랩소디 3번)이 연주된 이후 히틀러는 열광적인 갈채를 받으며 연주장에 등장했다. 그 콘서트는 독일 전역에 널리 방송되었는데, 비챔은 마이크가 닿는 거리에서 이런 유명한 말을 남겼었기에 그런 중계방송 사실을 틀림없이 알고 있었을 것이다. "저 늙다리 꼰대 새끼가 지금 기분이 좋은 모양이군."[3]

히틀러가 공연을 어떻게 생각했는지 여부와는 무관하게, 괴벨스는 그 연주가 형편없다고 판단했다. 그는 일기에 이렇게 썼다. "푸르트벵글러와 비챔 사이의 차이는 질리(이탈리아의 유명 테너)와

* 영어 속담에 피리 부는 사람에게 돈을 대는 자는 피리 곡조도 결정한다라는 것이 있다.

칸넨베르크(히틀러의 아코디언 주자)** 사이의 차이와 마찬가지다."[4] 또한 그는 이렇게 덧붙였다. "그런데도 예의를 차리자고 박수를 쳐야만 했던 게 무척 당혹스러웠다."[5] 다음 날 신문에 가짜 사진이 실렸는데, 비챔이 막간에 히틀러 전용석으로 와서 나치 주요 간부들과 이야기를 나누는 모습이었다. 하지만 사실 비챔은 무대 뒤의 대기실을 떠난 적이 없었다.

예상대로 온갖 나치 프로파간다의 공작이 런던 필하모닉 교향악단 독일 투어를 따라다녔다. 하지만 온갖 환영 연회, 스와스티카 깃발, 연설의 한 가운데에서도 또 다른 독일, 즉 여전히 엄청난 비밀과 고통 속에 여전히 존재하는 그런 독일이 잠깐씩이지만 종종 모습을 드러냈다. 라이프치히에서 발신자 서명이 없는 편지 하나가 비챔에게 몰래 전해졌는데, 불과 며칠 전까지 게반트하우스 앞에 우뚝 서 있던 작곡가 펠릭스 멘델스존의 거대한 청동상이 어떻게 사라졌는지를 알려주는 내용이었다. 이 익명의 편지 작성자는 절망하여 이렇게 썼다. "아무도 그 동상이 어디로 갔는지 모릅니다. 총을 만든다고 녹였을지도 모르지요." 그는 계속 말을 이었다. "그의 음악은 죽지 않습니다. 멘델스존의 곡들은 연주가 엄격히 금지된 독일을 제외하고 모든 문명국에서 계속 연주될 겁니다. 독일의 문화계는 전부 저와 같이 생각하고 느끼고 있습니다 …… 매일 올리는 기도엔 도움과 자유를 향한 나의 간절한 외침이 들어가 있습니

•• 당시 칸넨베르크Arthur "willi" Kannenberg는 나치당사 내 요리사직을 그만둔 뒤 제국 수상 관저의 건물관리인으로 일하고 있었다. 오늘날 우리에게는 보통 히틀러의 집사로 알려져 있다. 에바의 뒤에서 아코디언을 켜는 사진이 남아 있는 걸 보면 사석에서는 종종 아코디언 연주를 한 모양이다.

다."[6] 런던 필하모닉 교향악단이 한 가닥 희망의 빛이라도 그런 사람들에게 가져다주었다면 토머스 경은 당연히 자신의 투어가 보람 있었다고 주장할 수 있으리라. 하지만 오히려 투어가 나치 프로파간다의 엄청난 성공을 도와주어 나치당의 명분을 더욱 강화해주기만 했다면, 토머스 경은 뭐라고 할 것인가?

독일로 갈 것이냐, 가지 않을 것이냐의 딜레마는 독일을 사랑하고 나치를 증오하는 분별력 있는 외국 여행자들이 여행 전에 마주치는 문제였다. 투어 이후에 비챔이 어떤 결론에 이르렀는지 여부와는 무관하게, 멘델스존의 "스코틀랜드" 교향곡은 지휘자 비챔에게 나치와 불가피하게 맺었던 파우스트식 거래를 프랑스의 파리와 자유세계로 가는 내내 계속 생각하게 만들었을 것이다.

비챔은 순전히 편의주의적 판단 때문에 나치 독일을 방문했었다. 하지만 데이비드 로이드조지의 저 유명한 1936년 9월 독일 방문은 어떻게 보아야 할까? 그것은 자만심 말고 다른 진정한 동기를 찾아보기 어렵다. 일흔셋의 로이드조지는 유럽의 현재 문제가 강력한 리더십의 부재에서 오는 것이라고 확신했다. 이때 강력한 리더십이란, 제1차 세계대전 동안 자신이 영국 총리로 재직하면서 훌륭하게 입증한 그런 부류의 리더십을 가리키는 것이었다. 그 결과 그는 영국이 예전의 지도자(로이드조지)에게 다시 울며 매달릴 때까지, 히틀러 같은 독재정부가 계속해서 영국 같은 허약한 민주국가를 압도할 것이라고 내다보았다. 적어도 히틀러는 실업이나 사회 기반시설 등 핵심적인 문제에서는 멋진 지도력을 발휘하고 있었다. 그러니 『웨스턴 메일』이 장난스럽게 뽑아놓은 헤드라인처럼 영국 정부가 그 자신을 불러줘야 한다는 얘기였다. "참으로 멋진 날이구나.

가까이 오거라, 눈부시게 빛나는 아들아."[7]•

이런 배경 아래 로이드조지는 9월 3일 아침 일찍 뮌헨의 사계절Vier Jahreszeiten 호텔에 도착했다. 그와 동반한 사람으로는 그의 딸 메건과 아들 그윌림(둘 다 하원의원이다), 로이드조지 행정부에서 일했던(현재는 스탠리 볼드윈 행정부에서 같은 보직을 담당한다) 내각 차관 토머스 존스 박사, 개인 비서 아서 실베스터, 주치의인 버트런드 도슨 경, 그리고 유화 정책의 열렬한 지지자인 『타임스』지 편집인 제프리 도슨 등이 있었다. 연회에는 필립 콘웰 에번스 교수도 참석했는데, 그는 삼 년 전 쾨니히스베르크 대학에서 거행된 책 화형식을 태연하게 지켜본 사람이었다. 콘웰 에번스는 막후에서 신중하게 움직이며 여러 영향력 높은 영국 인사들을 나치당의 주요 간부와 연결시켜 주는 중요한 역할을 맡았다. 예를 들어 1934년 12월 로더미어 경을 주빈으로 둔 외국인을 위한 히틀러 주최의 최초 주요 만찬을 성사시키는 데 힘쓴 이도 그였다. 이제 콘웰 에번스는 로이드조지의 여행 계획을 짜는 친한 친구 리벤트로프와 긴밀히 협조하고 있었다. 이 웨일스 사람에 관해 존스 박사는 일기에 이런 글을 남겼다. "그는 독일인의 결점을 너무나 알아보지 못한다. 우리는 그 결점 때문에 오히려 프랑스인의 미덕을 알아보게 된다."[8]

리벤트로프 부부와 함께한 첫날 만찬은 그리 성공적이지 못했다. 새로운 주영 독일대사(리벤트로프)는 자신이 선호하는 주제, 즉 공산주의의 위협을 파악하지 못하는 영국 정부의 무능을 가차 없이

• 이 헤드라인은 루이스 캐럴의 소설 『거울 나라의 앨리스』에 나오는 「재버워크」라는 기묘한 시에서 따왔다. 용을 닮은 괴물인 재버워크의 목을 베고 돌아오는 아들을 향해 "Come to my arms, my beamish boy!/ O frabjous day!"라는 대사가 쓰였다.

파리 강화 회의에서의 Big4
왼편부터 로이드조지(영국), 비토리오 올랜도(이탈리아), 조르주 클레망소(프랑스), 우드로 윌슨
(미국). 로이드

파고들었고, 이는 로이드조지의 분노를 불러일으켰다. 하지만 다음
날에는 모든 것이 다정하고 부드러운 분위기 속에서 다시 논의되었
다. 정확히 세 시 사십오 분에 총통의 차가 로이드조지 일행이 머무
르던 베르히테스가덴 그랜드호텔 외부에 멈추어 섰는데, 로이드조
지를 히틀러의 산장으로 데려가 그와 함께 차담(茶談)을 나누게 하
기 위해서였다. 영국 대표단 중엔 콘웰 에번스만이 로이드조지와
동행했고, 나머지는 뒤에 남아서 그가 돌아오기만을 걱정하며 기다
리게 되었다. 베르그호프 입구에 차가 도착하자 히틀러는 아주 긴
돌계단을 내려와 이 웨일스 정치인을 반겼다. 이어 그는 로이드조
지를 자신의 개인 거실로 이어지는 회랑으로 안내했다. 거실에 도
착하자 히틀러는 손님을 젊은 프리드리히 대왕의 초상화 앞에 있는

등받이 없는 불편한 소파에 앉게 했다. 로이드조지가 그 그림에 관해 언급할 때 콘웰 에번스는 어떻게 독일 총리가 웃었는지, 또 어떻게 "그의 눈이 자비로움과 감탄으로 가득한 채로" 로이드조지를 바라봤는지를 기록했다. 실제로 그는 히틀러가 방문 내내 "두 눈을 로이드조지에게서 떼지 못했다"고 말했다.[9]

그들의 정치적 대화는 친숙한 문제를 다루어나갔다. 공산주의의 위협, 평화를 바라는 독일의 입장, 레벤스라움Lebensraum(생활권), 옛 독일 식민지의 반환, 스페인 내전 등이었다. 모든 주제에 대해 논의를 한 후에 그들은 광대한 응접실로 자리를 옮겼다. 콘웰 에번스는 이곳을 "오래된 성의 거대한 홀 같다"고 묘사했다. 베크슈타인 그랜드피아노 위에 바그너의 흉상이 있었고, 벽에는 고블랭 직물로 짠 벽걸이 융단이 걸려 있었다. 하지만 응접실 북쪽 벽 대부분을 차지한 건 유명한 창이었다. 콘웰 에번스는 그 창이 "극장 커튼만큼 크다"고 했다. 날이 좋으면 유리는 양옆의 홈을 따라 아래의 바닥으로 내릴 수가 있었고, 그럴 때마다 히틀러의 손님들은 광활한 하늘과 산을 보고서 엄청난 즐거움을 느꼈다. 히틀러 산장에서는 멀리 떨어진, 히틀러의 고향인 오스트리아의 린츠 북쪽에 있는 잘츠부르크가 그렇게 유리창을 내리면 분명하게 보였다. 콘웰 에번스는 "풍경의 극적인 아름다움에 거의 숨이 막힐 지경이었다"라고 썼다.[10]

커피를 마시면서 히틀러는 아주 좋아하는 화제인 아우토반 건설에 대해 신나는 어조로 논의했다. 그는 로이드조지가 뮌헨에서 베르히테스가덴으로 여행할 때 이 훌륭한 새 도로 중 하나를 이용했다는 말을 듣고 좋아했다. 왜냐하면 히틀러는 새 도로 건설이 실업률을 크게 낮추었다는 사실을 로이드조지에게 알려주고 싶었기 때문이다. 이 방문에 대하여 후대에 전해지는 영상은 로이드조지 일행이 탄 벤츠 차량들이 산 쪽으로 가는 텅 빈 고속도로를 따라 움직이는 모습을 보여준다. 그동안 마주친 유일한 통행 차량이라고는 자동차와 자전거 각각 한 대씩뿐이었다. 라디에이터가 과열되어 차량을 멈추었을 때는 짚을 잔뜩 쌓은 달구지 하나가 아우토반을 가로지르는 육교를 가로질러 천천히 터덜터덜 이동하는 모습도 보였다.[11]

이튿날 오후에도 로이드조지는 베르크호프 산장을 찾아갔다. 하지만 이번에는 영국 일행 전원과 동행했다. 실베스터의 영화 촬영용 카메라가 배경에서 윙 하는 소리를 내며 돌아가는 동안 콘웰 에번스는 다음과 같은 내용을 메모지에 적었다.

한동안 모두가 참여하는 대화가 벌어지다가 갑자기 우리는 로이드조지 씨와 히틀러 간의 대화를 귀담아 듣기만 하는 우리 자신을 발견했다. 그 분위기를 묘사하기란 어려운 일이다. 갑작스럽게 분위기는 아주 엄숙해졌다. 우리는 대영제국의 위대한 전쟁 지도자와 현재 상태로 독일을 회복시킨 위대한 지도자가 공통된 문제로 만나고 있다는 걸 깨달았다. 두 사람 사이의 상징적인 화해 행위를 목격하고 있는 것이었다. 모두가 열심히 그 대화를 들었다. 이것이야말로 가슴 뭉클한 체험이었다.[12]

바야흐로 두 사람 간의 유대를 더욱 깊게 해줄 무언가가 더 나와야 할 순간이었다. 히틀러는 조용히 말했다. "협상국이 승리를 얻었다고 한다면 그 공로는 군인이 아니라 한 사람의 위대한 정치인에게 돌아가야 합니다. 그 사람이 바로 당신, 로이드조지입니다." 나이가 지긋한 정치인은 "감동하여 가슴이 먹먹한 채로"[13] 총통의 개인적인 찬사에 깊은 감명을 받았고, "이 시대의 가장 위대한 독일인"[14]에게서 그런 말을 듣게 되니 특히 자랑스럽다고 답했다.

이토록 감동적인 자리에 뒤이어 다음 날 뮌헨 외각의 루돌프 헤스 저택에서 그와 함께 차를 마신 시간은 그야말로 맥 빠지는 행사였다. 그럼에도 불구하고 로이드조지는 자신을 초대한 주인에게 연달아 질문을 퍼부었다. 하지만 그가 국가사회주의와 이탈리아 파시즘 사이에 무슨 차이가 있냐는 질문을 하자 부총통은 그저 잘 모르겠다고 답할 뿐이었고, 그것은 "주변 모든 사람들을 크게 웃게 했다".[15]

재건된 독일에 자신들이 내려준 모든 혜택을 자랑하려는 나치의 열망은 어마어마했고 그리하여 남은 십 일의 여정 동안 더는 유쾌하게 이야기를 나눌 시간이 거의 없었다. 여러 공장들, 다임러벤츠 사, 방적 공장, 뷔템베르크 유제품 회사와, 농업 노동자를 위한 견본 주택, 시골 학교, 그리고 노동 전선 본부를 방문한 로이드조지 일행은 진지한 토론, 끊임없는 통계, 그리고 수 마일에 걸친 운행을 동시에 경험했다. 그들은 여러 노역장 중 하나를 방문하기도 했다. 콘웰 에번스는 몇몇 재소자가 방문객들의 질문을 받기 위해 줄을 섰을 때 "도슨 경이 흉부 팽창을 확인하고자 깊이 숨을 쉬어보라고 했다"고 기록했다. 이 저명한 의사(여덟 달 전 이 왕실주치의는 더 『타임스』지에 조지 5세의 서거 소식을 알리고자 그의 죽음을 앞당겼다)는 자신이 진찰한 젊은 남자들의 다양한 육체적 결함을 교정해줄 목적으로, 수용소 당국에 교정 체조를 도입할 것을 권장했다.[16] 이런 유용한 제안에 대한 나치의 반응이 무엇이었는지는 기록되지 않았다.

잉글랜드로 돌아간 뒤 로이드조지는 마치 접신하여 황홀경에 빠진 사람처럼 히틀러를 찬양했다. 이는 그가 『데일리 익스프레스』와 가진 악명 높은 인터뷰에서도 명백히 드러난다. "그는 타고난 지도자입니다. 대단히 매력적이고 정력적인 성격이며, 목적에 매진하고, 확고한 의지가 있으며 불굴의 심장을 갖고 있습니다 …… 그는 독일의 조지 워싱턴입니다. 모든 압제자로부터 독립하여 나라를 얻어낸 사람이란 뜻이죠." 더 중요한 핵심을 말해보자면 히틀러는 의심할 나위 없이 평화를 지향하는 지도자라는 것이었다. 로이드조지는 이렇게 말했다. "독일이 그 막강한 군대로 국경으로 진군하며 유럽을 겁박하려 한다는 생각은 히틀러의 새로운 비전에는 전혀 들어 있지 않습니다 ……그들은 지난 전쟁에서 호되게 교훈을 얻었습니다."[17] 이런 열광적으로 호의적인 견해는 리벤트로프에게 보낸 로이드조지의 개인 서신에서도 되풀이되었다. 그는 자신과 나머지 일행이 다녀온 유럽 방문 중 독일 여행이 가장 기억에 남을 만한 것이었다고 말했다. 그가 "훌륭한 총통"에게 늘 느꼈던 감탄이 더욱 깊고 단단해졌다는 말도 했다. 로이드조지는 이렇게 썼다. "그는 비스마르크 이후 당신의 조국에 나타난 가장 큰 행운입니다. 나로서는 프리드리히 대왕 이후라고 해도 무방하겠다는 생각이 들지만 말입니다."[18]

그 당시 이런 발언은 널리 조롱을 받았지만, 그런 생각을 표현한 사람이 로이드조지만은 아니었다. 그리고 이런 이들 중 다수가 1935년 말 무렵 설립된 영독 협회AGF, Anglo-German Fellowship의 일원이었다. 콘웰 에번스와 어니스트 테넌트(1919년 베를린에서 스튜어트 로디 중령과 함께 복무했던 탁월한 사업가)는 리벤트로프와 함께 주요 선동가였다. 시작부터 영독 협회는 부유하고 영향력이 큰 사람들을 끌어들이려고 나섰고, 따라서 일원 중엔 수많은 정치인, 사업가, 귀족이 포함되어 있었다. 몇몇은 광적인 친 나치 인사였지만, 대부분은 그저 독일과 더 밀접한 관계를 발전시키고자 가입한 이들이었다.

1936년 11월부터 1939년 7월까지 영독 협회는 월간지인 『앵글로 저먼 리뷰*AGR, Anglo-German Review*』를 발행했다. 이 잡지의 지면에는 직업적 전문가부터 휴가 여행객까지, 온갖 여행자들이 쓴 독일을 극찬하는 내용이 실렸다. 어슐라 스캇 모리스 부인은 "둥둥거리는 북소리, 반짝이는 메달, 행진하는 발소리에 깊은 인상을 받을 걸 기대하면서 독일에 갔지만" 그 대신 "꽃을 발견하게 되었다. 길거리의 모든 구석마다 제비꽃, 팬지, 장미가 있었다".[19] 1937년 아우토반을 연구하고자 독일을 방문했던 대규모 영국 대표단의 일원이었던 하원의원 프랭크 클라크는 "바이로이트의 예쁜 아이들"로부터 환영 인사를 받고서 감동받았다. 아이들은 "앙증맞은 드레스와 깔끔한 슈트"를 입고 아우토반으로 나와 인사, 환호와 박수, 노래로 대표단을 맞이했다. 대표들이 버스로 돌아갔을 때 그들은 모든 좌석에서 세련되게 준비된 샌드위치, 케이크, 과일이 담긴 봉투를 발견했다. 클라크는 이런 글을 남겼다. "우리가 놀라자 그들이 어찌나 웃던지."[20] 유대인 박해에 관련된 모든 소란에도 불구하고, 몇 달 동안 프라이부르크에서 지낸 켄싱턴의 윌리엄 플레처 씨는 자신이 "금요일 저녁마다 아무런 방해도 받지 않고 유대인들이 유대교 회당으로 몰려드는 모습"과 "행복한 표정의 유대인 아이들이 유대인

학교 앞에서 노는 모습"을 봤다고 보고했다.[21]

　　이런 논평 중 몇몇 사례는 쉽게 속아 넘어가는 여행객들의 기질 때문이라고 치부할 수 있겠지만, 왕실 변호사인 스코틀랜드 변호사 아치볼드 크로포드에게까지 그런 순진함의 비난 딱지를 붙이기는 힘들다. 그는 1937년『앵글로 저먼 리뷰』1월호에 기고한「과거를 위한 새로운 법」이라는 글에서 나치의 법체계에 대해 놀라울 정도로 극찬했다. 뮌헨에서 회의에 참석하는 동안 형사 재판을 지켜보게 된 크로포드는 잉글랜드 독자들에게 자신의 오랜 법정 경험을 통틀어 보더라도 "이렇게 끈기 있고 공정하게 진행되는 재판을 단 한 번도 본 적이 없다"는 걸 확언할 수 있다고 말했다. 그는 살인으로 기소된 청년들이 "그들의 부탁에 따라 사건의 모든 측면이 논의될 뿐만 아니라 유죄 판결을 받더라도 스코틀랜드 형사 재판에서 지켜봤던 어떤 재판보다도 더 가벼운 형량을 받는 것"에 관해서도 언급했다.[22] 크로포드는 피살된 희생자에 대해선 아무런 말이 없었다. 피살된 사람은 유대인이 아니었을까? 살인자들은 나치 폭력배이지 않았을까? 그가 쓴 글은 뮌헨에서 고작 십이 마일 떨어진 다하우 강제 수용소에 관해서는 아무것도 언급하지 않았다.

＊　　＊　　＊

로디언 후작* 부부와 런던데리 후작 부부 같은 저명한 사절들의 노

<hr/>

*　　로디언 경은 1935년 1월과 1937년 5월에 히틀러를 만났던 중요한 유화론자였다. 그는

력은 물론이고, 나치 독일과 우호 관계를 구축하려고 기울인 영독 협회의 온갖 노력에도 불구하고, 1937년 중반에 이르자 영독 관계에 새로운 냉기류가 흐르고 있다는 게 분명해졌다. 독일 쪽에선 영국이 나치와의 협력을 지속적으로 거부했으므로 이런 서먹한 관계가 형성되었다고 보았다. 이들이 보기에 이런 현상은 독일의 국력이 늘어나면서 영국 언론이 적대감을 드러냈기 때문에 생겨난 것이었다.

배리 돔빌 경은 1937년 나치 전당대회에 참석하러 뉘른베르크에 도착하자마자 이런 냉담한 태도를 감지했다. 그는 이렇게 말했다. "나치 SS근위대가 평소보다 더 공격적이라는 생각이 들었다." 그는 또한 삼 층 방이 숙소로 주어진 걸 알고 짜증을 냈다. "작년 수준에 한참 못 미치는 방이었다."[23] 사실 뉘른베르크에서 그는 운이 좋은 편이었다. 영국 방문객 대다수는 사십 마일 떨어진 밤베르크에서 묵었을 뿐 아니라 체류 비용도 알아서 부담하라는 요구를 받았던 것이다. 그날 저녁 칵테일파티에서 돔빌은 어니스트 테넌트와 필립 콘웰 에번스가 아주 침통해 하는 모습을 보았다. 히틀러 독일과의 우호 관계에 큰 투자를 한 그들 같은 사람에게 이런 분위기의 변화는 우울한 것일 수밖에 없었다. 심지어 『데일리 텔레그라프』지는 영국 손님에 대한 변화된 대우를 강조하는 기사까지 내보냈다.[24]

그럼에도 불구하고 나치 전당 대회에 참석한 외국 요인들을 위한 연간 행사인 다과회에 히틀러가 도착하길 기다리는 영국 손님

———

1939년 주미 영국 대사로 임명되었다.

들 사이*에선 흥분의 전율이 흘렀다. 이 행사의 중요성을 강조하고자 올해 초청된 손님들은 격식을 차린 모닝코트를 착용해야 했다. 돔빌은 이를 다소 떨떠름하게 받아들였다. "국가사회주의 정권에서조차 소박한 옷차림은 성공의 기준을 통과하지 못하는구나."[25] 그는 총통이 연회에서 자신에게 말 한 마디 건네지 않고 지나치자 더욱 실망했다. 실제로 히틀러는 영국 손님의 열을 따라 걸으면서 경직된 채 아무런 표정도 드러내지 않았는데, 유독 프랜시스 예이츠-브라운을 소개받을 때는 활짝 미소를 지었다. 예이츠 브라운의 자서전 『벵골 창기병의 삶』(1930)은 개리 쿠퍼 주연으로 할리우드 영화로 제작되었는데, 히틀러는 이 영화를 무척 좋아했다. 그는 영화가 아리아인들이 열등한 인종을 어떻게 다뤄야 하는지 소중한 실례를 구체적으로 보여주고 있다고 생각했고, 나치 SS근위대가 의무적으로 이 영화를 보도록 지시했다.[26]

뉘른베르크 대회는 1937년의 영국에게는 미심쩍은 서곡 중 하나였고, 주독 영국 대사가 이 행사에 참여하는 일은 처음이었다. 네빌 헨더슨 경(4월에 에릭 핍스 경의 후임으로 대사에 취임했다)은 프랑스 대사 프랑수아 퐁세, 미국 대리 대사 프렌티스 길버트와 함께 이틀 동안 행사에 참석했다. 외교관들은 철로의 측선에 주차된 객차에

---

*　1937년 뉘른베르크 대회에 참석한 중요한 영국 손님들은 다음과 같았다. 반유대주의 작가 고든 볼리토, 수훈장을 받은 대령 토머스 커닝햄 경 부부, 존 블래키스턴-휴스턴 중령, 하원 의원 로버트 그랜트-페리스, 주독 영국 대사 네빌 헨더슨 경, 다이애나 모슬리, 유니티와 톰 미트퍼드, A. P. 로리 교수, 렌넬 경, 22대 스터튼 남작이자 26대 세그레이브 남작이며 26대 모브레이 남작인 윌리엄 스터튼, 스노든 부인(노동당 재무장관이던 故 필립 스노든의 부인), 조지 와드 프라이스(데일리 메일 특파원), 헬렌 누팅 부인, 조지 핏-리버스 대위, 하원 의원 애쉬튼 포홀 경, 하딩지 부인(故 아서 하딩지 경의 부인), 하원 의원 아놀드 윌슨 경, 그리고 프랜시스 예이츠-브라운.

머물렀다. 첫째 날에 아침을 먹는 동안 독일 공군 비행 중대가 두 번이나 스와스티카 대형을 이뤄 객차 위의 상공을 지나갔다.[27]

그날 밤 헨더슨은 호화로운 '소리와 빛' 행사에 깊은 인상을 받았다. 삼백여 개의 탐조등이 내뿜는 빛이 수천 피트 상공에서 네모난 "지붕"을 형성했는데, 그는 그 광경을 쳐다보면서 "엄숙하고 아름답다"는 느낌을 받았다. "그 장면은 말로 다할 수 없이 고풍스러웠고, 마치 "얼음으로 된 성당 안"에 있는 것 같았다." 또한 "거창한 아름다움" 측면에선 그가 모스크바에서 무척 감탄했던 러시아 발레단조차 이 나치 연출과 경쟁할 수 없었다.[28]

하지만 어느 영국 방문객에게는 이런 자극적 행사가 너무 흥분되는 것이어서 견뎌내기 어려운 것이었다. 빛으로 연출된 쇼가 끝난 뒤, 조금 전 그 광경을 맥주를 마시며 텐트에서 지켜보았던 '영독 협회'의 대표 메이저 와츠는 인사불성이 되어 건장한 나치 친위대 청년들의 어깨에 둘러 메인 채로 버스로 가야 했다. 그는 밤베르크로 돌아가는 한 시간의 여정 동안 좌석에 뻗어 있다가 마침내 바닥으로 쓰러졌고, 이 상황에 동포들은 경악했다.[29]

쉴 틈 없는 빡빡한 일정에도 불구하고 돔빌은 짬을 내서 헤르만 오토 호이어가 히틀러를 "지상에 빛을 밝히는 자"로 묘사한 유화 〈태초에 말이 있었다〉의 복제화를 샀다. 이 그림에 무척 흡족했던 나머지 그는 다시 상인에게 가서 동료에게 줄 복제화를 하나 더 샀다. 그는 일기에 이렇게 적었다. "3마르크 60페니히라면 굉장히 싸게 사는 것이었다. 나는 그들에게 히틀러를 신격화하려는 의도가 있다는 걸 확신한다."[30]

나치 전당대회가 사람들의 감성을 고조시키는 경험이긴 했지

〈태초에 말이 있었다〉

만, 더불어 진을 빼는 경험이기도 하여 돔빌은 "이곳을 떠나니 정말
좋다"고 했다.[31] 잉글랜드에 돌아오자 그는 『앵글로 저먼 리뷰』에
전당대회를 묘사하는 생생한 글을 썼다. 뉘른베르크를 벗어난 돔빌
은 그 잡지의 독자들에게 고향에 계속 머무르면서 "노예들과 집단
히스테리, 화 잘 내는 문필가들의 헛소리" 등에 대해서 글을 쓸 게
아니라, 독일에 가서 "직접 현실을 보면" 상상과 현실 사이의 격차
에 놀라게 될 것이라 확신한다고 말했다. 그는 다음과 같은 경고로
글을 마무리했다. "독일인들은 우리와의 친선을 바라지만, 그것을
얻을 가망이 없다고 생각하기 시작했다. 우리 영국이 독일의 관점
을 이해하지 못하거나 이해하지 않으려 하는 태도에 대하여, 그들
이 내보이는 초조함은 그들이 자신감과 자존감을 되찾으려고 하면
서 더욱 심해지는 중이다 …… 독일이 영원히 기다려 줄 것으로 볼
수는 없다."[32]

9월에 이런 저런 편의를 받으며 몇 달 만에 독일을 세 번째로 방문하고 잉글랜드로 돌아온 런던데리 경도 "독일과 영국의 친선 관계가 명백히 악화하고" 있음을 발견했다.[33] 이번에 그는 카린할에서 괴링에게 환대를 받지 못하고, 그 대신 발트 해에 있는 사냥용 사유지로 가게 되었다. 그곳의 주인은 동료 귀족인 프란츠 폰 파펜*이었다. 영국의 옛 공군 장관인 런던데리 후작이 기대했던 것만큼 영향력이 크지 않다는 걸 마침내 나치가 깨달은 모양이었다. 이번 방문에서 런던데리 후작은 아리아인답지 않은 몸짓으로 자신에게 제공된 엘크를 총으로 쏘는 걸 거부했다. 그러면서 이렇게 해명했다. "훌륭한 동물을 보는 것만으로도, 쏘는 것만큼 만족감을 얻습니다."[34]

*　　*　　*

돔빌은 나치가 "영원히 기다려주지 않을 것"이라고 주장했는데, 막상 전쟁을 준비하게 되자 나치는 정말 기다리지 않았다. 괴팅겐에서 산스크리트어를 공부하던 지시안린은 9월 20일의 일기에 그날이 공습 훈련 첫날이었다고 적었다. "어디에서도 불을 켜는 게 허락되지 않았다. 모든 창은 검은 종이를 붙여야 했다. 한 주 내내 이런 등화관제 상태가 지속됐다."[35] 다음 날 케이 스미스는 스위스에서

---

*　힌덴부르크에게 히틀러를 총리로 임명하라고 촉구한 건 폰 파펜이었다. 그는 히틀러를 쉽게 통제할 수 있다고 생각했다. 그는 1934년 '장검의 밤' 동안 겨우 탈출하여 암살을 피할 수 있었다.

학교에 다니던 딸 카첸에게 다음과 같은 편지를 썼다.

> 우리는 공습 훈련 주간을 보내고 있단다. 부엌, 식모 방, 그리고 욕실
> 에 있는 창문에도 검은 종이를 발라놓아야 해서 빛이 새어나갈 곳이
> 없어. 거리등은 아예 꺼놓았더구나. 자동차 전조등에도 검은 종이를
> 붙여 아주 작은 틈으로 빛이 새어 나오는 것만 허락되었고, 붉은 미등
> 엔 절반만 틈을 낼 수 있어. 지난밤엔 보름달이 떠서 어쨌든 주위가 밝
> 더구나. 우리는 헝가리 담당관과 저녁 식사를 하러 갔고, 그곳에서 천
> 천히 안전하게 차를 타고 돌아왔어. 오늘은 비가 내려서 집에 머물렀
> 지. 밖은 정말로 깜깜하구나. 어떤 집에서도 빛이 흘러나오지 않아. 멀
> 리 저 위로 비행기가 날아다니고 탐조등이 그걸 따라잡는데 멀리서 기
> 관총 소리가 들리더구나. 밤에 사이렌을 울리는 일은 없단다. 하지만
> 낮에, 어제 아침에는 두 번이나 사이렌을 울려 모든 것이 멈췄어. 사람
> 들은 나와서 사이렌이 다시 울릴 때까지 머무르던 곳의 지하실로 달려
> 내려갔어. 배너먼 부인(미국 공군 담당관의 부인이지)은 자기도 역시 내
> 려가야 한다는 생각에 지하실로 내려갔는데, 남편이 오랫동안 비행사
> 였음에도 폭격이 자신한테도 벌어질 수 있는 일이라고 절실히 느꼈던
> 건 이번이 처음이라고 하더구나. 사람들은 이제 훨씬 더 잘 적응하고
> 있단다.[36]

사이렌이 울리기 시작하면 운행 중인 차는 현재 있는 곳이 어
디든 멈춰서야 했고, 차주는 가장 가까운 대피소로 달려가야 했다.
"공습" 중에 거리에 그대로 남은 차 주인은 구금형에 처해졌다.[37] 미
국 공군 담당관의 부인은 그 주(제2차 세계대전 발발로부터 정확히 이 년

전)에 1백 대의 항공기가 도시를 "폭격"하는 광경을 보고서 인생이 바뀔 만한 경험을 했다. 하지만 유독 그녀만 베를린 거주 외국인들 중 그런 경험을 한 것은 아니었다.

영국과의 관계에 새로 냉담한 기류가 생겨나고, 공습 훈련 주간이 실행되고, "민생보다 군사 우선"이라는 지속적인 외침이 터져 나오고, 히틀러가 동유럽에서의 영토 재량권을 달라고 거침없이 밀어붙임에도 불구하고, 독일에서 본국으로 귀국한 해외의 저명인사들은 전쟁이야말로 현실성이 떨어지는 총통의 최후 카드라고 확신했다. 술탄 모하메드 샤 경, 즉 국제 연맹 회장인 아가 칸 3세는 10월에 베르히테스가덴을 방문하고는 이렇게 선언했다. "히틀러는 평화의 대들보이다. 이유는? 평화가 히틀러 국가 재건 계획의 본질이기 때문이다." 이슬람교 분파 이스마일파의 지도자인 그는 새로운 독일만큼 "건설적이고 현실적인 사회주의"를 추구하는 나라를 지금껏 본 적이 없다고 선언했다. 그는 이렇게 말했다. "독일의 모든 계획은 최대 다수의 최대 행복을 위해 준비되었다. 히틀러 씨는 아주 위대한 인물이며, 누구도 그걸 부정할 수 없다."[38]

아가 칸의 여행은 엄청나게 많은 사람들의 주목을 받았지만, 그래도 윈저 공작 부부의 여행과는 비교될 수 없었다. 국제적 명성과 부적절함의 측면에서 1937년 10월에 있었던 윈저 부부의 방문은 그 해에 그 어떤 외국인도 제공하지 못한 가장 화려한 장관을 독일에게 안겨주었다. 『옵저버』지의 베를린 특파원은 이런 기사를 썼다. "12일 일정의 방문을 위해 월요일 아침 일찍 이곳에 도착한 윈저 공작은 엄청난 스케줄을 앞에 두고 있었다."[39] 실제로 공작은 그런 일정을 소화했다. 갓 양위한 영국 국왕은 노동 환경과 노동자의

윈저 공작 부부와 히틀러

세기의 사랑으로 알려져 있는 이들 부부이지만 이들의 친 나치 행적을 기억하는 사람은 그리 많지 않다. 사진은 1937년 10월 방문 당시 베르그호프 앞에서 찍은 것이다.

주택에 큰 관심이 있었으므로 나치는 자신들의 사회 개혁을 소개할 완벽한 기회를 얻게 되었다.*

　나치는 많은 외국인이 국가 제도의 연구를 위해 독일을 방문한 사실을 자랑했는데, 『도이치 알게마이네 차이퉁』 신문은 이런 보도를 했다. "이제 윈저 공작 역시 새로운 독일이 자국의 사회 문제를 다루는 활력을 확인하게 되었다."[40] 이는 조지 6세(고작 4개월 전에 왕위에 올라 형의 이런 방문에 대해 통보조차 받지 못했다)나 그의 정부가 읽고 싶은 그런 기사는 아니었다. 고약한 기관인 '노동 전선'의 책임자인 로베르트 라이 박사의 호위를 받으며 윈저 공작 부부는 공장, 주

---

* 　윈저 공은 1936년 에드워드 8세로 즉위한 후 미국인 이혼녀 심슨 부인과의 결혼을 고집하다가 같은 해 동생 조지 6세[현왕 엘리자베스 2세 여왕의 아버지]에게 왕위를 양보한 인물이다. 양위 후에는 윈저 공으로 불렸다.

택 단지, 그리고 공작의 시종 무관 더들리 포우드에 따르면 강제 노역장까지 보았다. 노역장은 버려진 것처럼 보이는 거대한 콘크리트 건물이었다. 포우드는 당시를 이렇게 기억했다. "공작께서 저것이 무엇인지 물었을 때 우리를 초대한 주인은 이렇게 답했다. '여기는 냉동육을 저장하는 곳입니다.'"[41]

포우드는 윈저 공작 독일 방문의 주된 목적이 공작부인에게 여왕이 된 기분을 느끼게 해주기 위해서라고 주장했는데, 아마도 옳은 지적이었을 것이다. 그러자면 "국빈" 방문보다 더 나은 방법이 무엇이 있겠는가? 포우드는 이렇게 말했다. "공작은 그녀에게 퇴위로 인해 아무것도 잃지 않았다는 걸 증명해 보이고자 했다."[42] 그런 방문이 성공적으로 수행될 수 있는 나라는 한 곳뿐이었으며 당연히 그곳은 독일이었다. 공작을 향한 나치의 구애는 그의 상처 난 자아를 회복시켜주는 역할을 했다. 영국 왕실이 해당 문제(공작부인을 전하라고 부르는 문제)에 대해 완강하게 거부하는 모습을 보인 점을 감안하면, 독일인들은 계속하여 공작부인을 전하Her Royal Highness라고 불러주어 공작을 특별히 기쁘게 해주었다.

늘 자신의 독일계 뿌리를 강하게 느끼고 독일어를 유창하게 구사했던 윈저 공작은 분명 독일 여행을 즐겼다. 그는 맥줏집으로 술을 마시러 갔고, 가짜 콧수염을 착용했으며, 엉터리 노래를 부르고 구주희[**]를 하며 놀았다.[43] 환호하는 군중, 비위를 맞추는 관리, 그리고 끊임없이 윙 하는 소리를 내며 돌아가는 카메라는 틀림없이 공작에게 자신이 아직도 왕인 것처럼 상상하도록 만들었을 것이다.

[**] 현대 볼링의 전신.

베르히테스가덴에서 가진 히틀러와의 만남은 평범한 이야기를 주고받는 것일 뿐이었지만, 공작의 평판에는 막대한 손상을 주었다. 이로 인해 영국 대중들 사이에서 그가 히틀러의 열렬한 지지자라는 인식을 확고하게 굳혔기 때문이었다. 더욱이 그는 시찰했던 모든 것에 대해 아주 기뻐하는 모습을 보였다. 그래서 나치는, 브루스 록하트의 말을 빌리자면, 공작이 이내 "사회적 평등을 믿는 국왕으로 왕좌에 복귀하여 영국 파시즘을 창시하고, 독일과의 동맹을 발족시킬 것"이라고 믿었다.[44]

1937년 10월 13일, 윈저 공작 부부의 여행이 끝자락에 가까워지던 때, 추밀원 의장인 핼리팩스 자작은(이 맥락에서 더욱 중요한 건 그가 폭스하운드를 길렀다는 점이다) 독일 사냥 협회로부터 다음 달 베를린에서 개최되는 국제 사냥 스포츠 전시회에 참석해달라는 초청장을 받았다. 그것은 네빌 체임벌린이 5월에 총리에 취임한 이래, 히틀러에게 접근하려는 영국 정부의 진지한 의도를 좀 감추어보려는, 그렇지만 엉성한 핑계에 지나지 않았다. 핼리팩스가 참석하겠다고 동의했을 때 그 방문의 진짜 목적이 무엇인지 모르는 사람이 없었고 다들 사냥 협회 운운은 믿지 않았다. 그 진짜 목적은 히틀러와 건설적으로 일을 처리하여 전쟁을 회피하는 것, 훗날 핼리팩스가 헨더슨에게 쓴 편지에서 드러나는 바와 같이, "이 세대에서 가장 중요한 일"이었다.[45]

하지만 우선은 그런 핑계에 신뢰성을 부여하고자 그는 스포츠 전시회를 둘러봤다. 핼리팩스의 전기 작가가 한 말을 빌리자면 이는 "아주 우스꽝스러운 독일식 행사"였다. 괴링의 거대한 초상화 여럿 옆에 걸려 있는 것은, 똑같이 엄청난 크기로 작성된 독일의 잃어버린 식민지 지도였다.[46] 마지막 순간에야 영국이 제출한 전시품이 준비되었지만, 그 전시품은 대형 사냥감 부문에서 일등상을 차지했다. 이런 성공은 분명 조지 6세와 엘리자베스 2세가 쏘아 맞춘 여러 동물들 덕분이었다. 영국 매사냥꾼 동호회의 총무 잭 마브로고다토는 당시 그런 일등상 수상이 독일인들의 조롱을 받았다고 회상했다. 독일인들은 아프리카의 독일 식민지를 영국이 부당하게 몰수해 가버리는 바람에, 야생 동물 전시회에 출품할 동물들을 사냥할 터전이 부족했고, 이 때문에 독일이 사냥에서 독일을 젖히지 못했던 거라고 불평했다.

전시회장을 방문하여 박제된 자이언트 판다를 보고 크게 감탄한 핼리팩스는 드디어 마음 편하게 진짜 임무, 즉 총통을 만나는 일에 착수했다. 히틀러의 고집으로 장소는 베르히테스가덴으로 정해졌고, 그러자면 히틀러의 특별 열차를 타고 야간 이동을 해야 했다. 이 방문이 전적으로 "개인적이며 비공식적"이라는 주장을 유지하고자 대사가 아닌 1등 비서관 아이본 커크패트릭이 핼리팩스와 동행했다. 커크패트릭은 이런 글을 남겼다. "열차의 승무원들은 영국인이 위스키를 입에 달고 산다고 생각한 게 분명했다. 그들은 위스키와 탄산수를 올린 쟁반을 들고 삼십 분 정도마다 나타났다."[47] 벤츠 승용차들의 영접을 받은 그들은 산속의 설경을 지나 곧장 베르그호프로 향했다. 핼리팩스는 이렇게 일기에 적었다. "차창 너머를 보는데 검은색 바지를 입고 비단 양말과 예장용 구두를 신은 두 다리가 보였다. 나는 그걸 하차를 도울 하인의 다리라고 생각했는데, 내 귀에 "총통입니다, 총통"이라는 쉰 목소리가 들려왔다. 나는 다리가 하인의 것이 아닌 히틀러의 것임을 분명하게 알게 되었다."[48]

그리 좋은 조짐의 출발은 아니었다. 그러나 그 뒤에 더욱 나쁜 것이 왔다.

렌넬 경(낸시 미트포드의 시아버지이자 전 주이탈리아 영국 대사)은 여러 차례 뉘른베르크에서 총통을 만났다. 린넬 경은 히틀러를 만나러 떠나기 전에 핼리팩스에게 간단히 정보를 알려주려는 의도에서 "인간적인 측면에서 개인과 개인이 만난 것처럼" 접근하라고 조언했다. 이어 렌넬은 그의 불안감을 덜어주고자 편지를 보내 히틀러가 "정말 남의 말을 잘 들어주는" 사람이라는 걸 알게 될 것이라고 했다.[49] 혹시 이런 말을 격려의 언사로 생각했다면 조만간 그는 크게 실망하게 될 터였다.

실제로 그 만남의 자리에서 히틀러는 "언짢은 상태"였고, 절대 남의 말을 잘 들어주지 않았다. 과도하게 난방이 되는 히틀러의 응접실에서 두어 시간 정도 아무 보람 없는 대화를 나눈 다음에 그들은 오찬을 하러 갔다. 커크패트릭은 긴 새틴우드 탁자와 분홍색 천을 씌운 의자를 갖춘 "흉측한" 식당에서 오찬이 진행되었다고 전했다. 음식은 썩 좋지 못했고, 사교적 관점에서 봐도 오찬은 "빵점"이었다. 이어지는 대화는 무슨 화제가 나와도 모조리 실패했다. 날씨, 비행, 헤스의 득남, 스포츠 전시회 등의 이야기는 아무런 소용이 없었다. 야외 스포츠를 싫어하는 히틀러는 화를 내며 기억에 남을 만한 말로 사냥을 비난했다. "당신들은 고도로 완벽한 현대 무기로 무장하고 나가 아무런 위험도 겪지 않으면서 무방비 상태의 동물을 죽이는 거요."

커피를 앞에 두고 이야기를 나눠도 상황은 나아지지 않았다. 인도에서의 질서 회복에 대해 히틀러는 해결책으로 "간디를 총살하

라"고 했고, 그것이 효과가 없으면 "의회의 선임 의원들 열두 명을
총살하라"고 했으며, 그것마저도 먹히지 않으면 "이백 명 정도 총살
하라"고 말했다. 커크패트릭이 관찰한 것처럼, 한때 인도 총독을 지
냈던 핼리팩스가 "히틀러를 경악, 반감, 그리고 연민이 뒤섞인 감정
으로 바라본" 것은 전혀 놀라운 일이 아니었다.[50]

외교적으로 볼 때 핼리팩스의 방문은 우울한 한 해를 우울하게
마무리한 행사에 지나지 않았다. 히틀러의 환심을 사려는 노력들은
점점 부정적인 결과만 낳았다. 그렇지만 평범한 여행자 대다수는
그 수는 조금 더 줄어들었지만 여전히 자유롭게 즐거워하며 독일을
돌아다녔다. 많은 여행자들은, 사태를 바라보는 이들의 시야가 협소
하고 순진했을지 모르지만, 그래도 생활 철학은 이들을 보낸 여행
사의 사업 철학처럼 단순했다. 그것은 늘 사태의 밝은 면만 바라보
자는 것이었다.

16

여행 앨범

나치 정권이 독일인들의 생활을 모든 면에서 강력하게 통제하기 시작하자 "밝은 면만 바라보는 건" 더욱 어려워졌다. 그럼에도 불구하고 1937년, 그리고 더 나아가 1938년에도 여전히 놀라울 정도로 많은 관광객(대다수가 영국인과 미국인)이 독일을 경험하려는 호기심과 좋은 시간을 보내려는 열망으로 가득한 채 그 나라를 방문했다. 그런 여행객 중 한 사람이 이십 세의 리스 존스*로, 출판된 적 없는 그의 일기는 생생한 인상을 담고 있어서 길게 인용할 가치가 있다.

1937년 8월 8일 일요일: 오후 12시 15분에 코블렌츠 도착.

첫 인상 ― 거대하고 견고하다는 느낌.

---

* 이후 존스는 슨트 데이비즈 램피터 대학 프랑스어 강사이자 학술지 『트리비엄』의 편집자가 되었다.

사람들의 체격은 확실히 우리보다 더 훌륭하다. 외모보다 신체 단련이 우선시된다. 영국 기준으로 여자들은 종종 지나치게 살집이 많다.

산등성이는 모두 양배추 밭으로 개간되었고, 소유 경계를 표시하는 산울타리 같은 건 없다.

옷: 검은 반바지, 독특한 헐렁한 반바지를 제외하면 무척 점잖다. 흰색 신발은 신기하다. 독일인들은 날씨에 따라 옷을 입지 않는다. 크리켓 셔츠를 입지 않는다. 베레모는 인기가 없다 — 프랑스 것이니까!

언어: 활기차고 거의 전투적이다.

내가 약간 매부리코라 유대인으로 착각될 수도 있다는 생각에 마음이 동요되었다.

울워스 식료품점*이 보였다.

각 나라의 고유한 냄새(우리나라 것을 제외하고). 독일의 냄새는 생선 냄새와 뒤섞인 담배 냄새 같은 것으로 다소 강했다.

남자는 꼿꼿하게 군인처럼 걷고, 무릎을 거의 뻣뻣하게 하면서 걷는다. 뒤꿈치로 걸어 균형을 잃을 것 같다는 인상을 준다. 거의 모두 수염을 깨끗이 깎았거나 거울 같이 매끈하게 머리가 벗겨져 있다.

대가족. 아이들은 조금 옛날 냄새가 나지만(주름장식 등에서), 청결하고 깔끔하다. 가게 창문에는 유모차가 가득 보인다.

차가 적다. 독일인들은 자전거 정도밖에 사지 못할 정도로 돈이 없고 그래서 아주 가난하다.

여자들은 끔찍할 정도로 용모를 꾸미지 않는다. 땡볕에서 짐을 나른다. 그 힘은 남자에게도 밀리지 않을 듯! 코르셋은 거의 입지 않는다.

• 울워스Woolworths는 1924년 창업한 호주의 체인 슈퍼마켓이다.

빈곤을 가장 잘 증명하는 건 영화관. 가장 저렴한 좌석만 만석이 된다. 영화관의 엄숙한 분위기는 우리나라의 수많은 교회를 부끄럽게 할 정도이다. 금연! 단 것 섭취 금지! 속삭임 금지! 박수도 금지되고 엄청나게 조용하다. 사람들은 말수 적은 사람을 좋아한다. 갈채 같은 걸 할 줄 모른다. 히틀러에게도 갈채를 보내지 않는다! 영화가 끝나고 국가가 나오지 않는다! 거의 웃지 않는다. 영국이나 프랑스의 "뉴스"는 전혀 나오지 않는다! 가끔 나오는 음악은 고전 음악이다. 영화관의 전반적 분위기는 감옥 같다.

어디에 가든 소음이 없다. 강에서는 배가 경적을 울리지 않고, 거리에는 차가 적다. 무척 규율이 있어 경찰관 같은 부수적인 요소가 필요 없다. 절대적으로 안전하다는 느낌이 든다.

빈민가나 불결한 가게가 없다.

학교에서 프랑스어를 가르치지 않는다.

그 유명한 로렐라이를 지나가다. 님프는 흔적도 없고, 오로지 꼭대기에 나치 깃발만 나부낀다!

배에서 스코틀랜드 친구들을 만나다. 독일인은 스코틀랜드인과 잉글랜드인을 친구로 대하지만, 프랑스인과는 삼 년 안에 "기관총질"을 할 것이라고 말해주었다! 여기선 프랑스어를 단 한 마디도 듣지 못한다!

책, 포스터 등은 유난히 도덕적이다. 매춘하는 "아가씨"가 거리에는 거의 없다.

하모니카와 아코디언이 어디에든 있다. 민속 음악을 사랑한다.

담배는 칠레 초석 느낌이 지나치게 가득하다. 터키산.

여기선 햇볕에 그을린 아름다운 마호가니빛 피부를 얻을 수 있다. 이것은 영국엔 알려지지 않은 비밀.

프랑스인처럼 사람을 뻔히 쳐다보지 않는다.

카페 짐머만에서 롤빵을 주문했지만 버터와 함께 나오지는 않았다! 대신 케이크를 먹었다.

길에 쓰레기 바구니도, 쓰레기통도 없다.

히틀러의 『나의 투쟁』을 구매하다. 점원은 무척 의심스러운 눈길을 보냈지만, 나는 돈을 냈고 그는 아무 말도 하지 않았다.

에렌브라이트슈타인 성에서 오늘밤 총소리가 들려왔다.

독일 사람들은 영국의 비위를 맞추려고 할 수 있는 건 모두 하고 있는 중이다.

사람들의 얼굴은 무척 상냥하며, 험악한 경우는 드물다.

사람들은 지극히 정직하다. 거스름돈을 세어볼 필요가 없다. 팁도 줄 필요 없다.

개신교 교회를 봤는데, 문이 닫혀 있고 가시 철망으로 둘러싸여 있어 마치 요새 같았다.

여기에 온 이래 딱 한 번 유대인 가게를 봤는데, 그 가게를 이용하는 유대인은 눈 씻고 찾아볼 수 없었다.

8월 15일 일요일: 오전 10시 02분 쾰른을 떠남.[1]

확실히, 리스 존스가 머무르던 기간에 독일에서 가장 매력적인 관광 명소는 뮌헨의 퇴폐 예술 전시회였다. 1935년 뉘른베르크에서 히틀러는 이렇게 선언했다. "입체파 예술가, 미래파 예술가, 인상파 예술가, 혹은 객관주의 허풍선이들이 들어설 자리는 제3제국에 없다."[2] 이 유명한 전시회는 1937년 7월에 개장했는데, 거명된 예술가들의 부패한 타락상을 널리 알리기 위한 행사였다. 클레, 코코슈카,

퇴폐 예술 전시회를 시찰하는 괴벨스

가운데의 남자가 괴벨스다. 베를린에서 1938년에 촬영했다. 왼쪽으로 에밀 놀데의 그림 두 점이, 오른쪽으로는 게르하르트 마크스의 조각 작품이 보인다.

퇴폐미술전 포스터

조롱조의 선언과 함께 전시된 작가와 작품의 이름을 열거하고 있다.

16   여행 앨범

칸딘스키, 딕스, 놀데, 그로스, 베크만, 그리고 키르히너 같은 화가들의 작품이 오로지 비웃음을 퍼붓기 위한 목적 아래 마구잡이식으로 전시되었다. 여기서 얼마 안 되는 거리에 있는 하우스 데어 도이첸 쿤스트(히틀러가 선호하는 건축가 파울 트루스트가 지은 기념비적인 새로운 미술관)에서는 나치가 승인한 전시회인 '위대한 독일 예술전'이 동시에 개최되었다. 하지만 순결한 아리아인의 누드와 타락의 장소 중 선택을 하게 되었을 때 대중은 단호히 자기 마음대로 했다.

영국 작가 J. A. 콜은 자신의 책 『막 독일에서 돌아와』(1938)에서 그 당시 대중들 사이에 널리 퍼진 여론을 전하고 있다. "나는 몇몇 작품은 좋아했고, 몇몇은 아무런 생각도 들지 않았으며, 몇몇은 솔직히 말해서 이해할 수 없었다."

모든 곳에 전시품을 조롱하려고 느낌표와 물음표가 붙어 있었다. "나치는 관람객이 충분히 조롱하지 않고 그냥 건성으로 지나칠 것을 우려했던 것 같다." 그곳에서 발견된 어떤 중년 남자는 관람객들에게 전시된 작품을 조롱하라고 옆에서 부추겼는데, 그런 일을 하라고 갤러리에서 일부러 고용한 박수부대인 듯했다. 콜이 관찰한 바로는 사실 대다수 관람객이 전혀 반응을 보이지 않았다. "그들은 그냥 묵묵히 걸어 다녔고, 비 오는 일요일 오후에 그 어느 미술관에서든 그렇게 하듯이 무신경하게 그림을 봤다. 그런 다음 그들은 다시 발걸음을 옮겼다." 콜은 특별히 전위파는 아니었지만, 전시회를 절반 정도 둘러본 다음에는 기묘하게도 기분이 붕 뜨는 걸 느꼈다. 그는 이렇게 썼다. "이 그림들의 대담함은 전염성이 있다. 마치 정신병동에 일부러 들어가 오랜 세월 미치광이가 되려고 노력해온 사람의 작품인 듯하다."[3]

트루먼과 케이 스미스도 찰스와 앤 린드버그와 함께 퇴폐 예술 전시회에 몰려든 수천 관람객 사이에 끼어 있었다. 케이는 몸서리치며 이렇게 말했다. "피와 구토가 분출되는 추하게 왜곡된 얼굴과 형체, 그런 상스럽고 역겨운 장면들을 계속 보자니 아주 역겨운 신체적 반응이 저절로 일어났다." 무사히 밖으로 나가 상쾌한 공기를 들이마신 린드버그는 난생 처음으로 술이 필요하다는 걸 인정했다. 나치의 무교양을 비난하는 미국 언론의 기사들을 읽어온 케이는 최소한 이번에는 전적으로 총통을 지지했다. "나는 히틀러가 붙인 퇴폐 예술이라는 명칭을 진심으로 지지한다." 그녀는 이렇게 썼다. "또한 그가 '보라빛 암소의 시대'는 끝났다고 선언했을 때 정말로 기뻤다."4•

1937년 10월 12일 전시회를 방문한 뒤 스미스 부부와 린드버그 부부는 폰 라이헤나우 장군과 식사를 함께했다. 앤 린드버그는 그에게서 깊은 인상을 받았다.

그는 폭넓은 경험, 엄청난 영향력, 그리고 집중력을 갖춘 완벽히 세련되고, 매력적이고, 교양 있는 사람이었다. 또한 훌륭한 통찰력과 폭넓은 비전도 갖춰 만찬 자리 대화가 즐거웠다. 나는 살아오면서 그와 같은 부류의 사람을 두어 명 이상도 만났던 적이 없는 것 같다. 그가 "위인", 혹은 천재, 혹은 거대한 힘을 지닌 사람이라는 인상을 준 건 아니다 ...... 그것은 저녁이 깊어 가면서 점차 느끼게 되는 은은한 감정이

• 보라빛 암소purple cow는 퇴폐성, 동성애, 비현실적인 것 등을 통칭하는데 바이마르 시대의 퇴폐적 문화가 나치 시대에 일소되어 기쁘다는 뜻이다.

었다. 여기에 문명인이 있구나. 꼭 만나보고 싶었던 균형감 있고 동시에 학식 높은 문명인, 뭐 이런 감정이었다.[5]

정확히 사 년 뒤인 1941년 10월 10일 독일의 소비에트 연방 침공이 몇 개월째 진행 중일 때, 왕년에 앤 린드버그를 초대하여 그녀에게 문명인의 느낌을 안겨주었던 라이헤나우 장군(당시 육군 원수)은 휘하의 제6군에 "라이헤나우 강조 명령"을 내렸다. 해당 지시는 이런 내용이었다. "유대인-볼셰비키 체계에 대항하는 이 작전의 가장 중요한 목적은 해당 체계의 동력원을 철저히 파괴하고, 유럽 문명에서 아시아의 영향을 근절하는 것이다 …… 이 동방 전투에서 독일군은 인간도 아닌 유대인에게 엄격하고 정당한 보복이 반드시 가해져야 한다는 사실을 온전히 인식해야 한다."[6] 폰 라이헤나우의 부대는 나중에 우크라이나 유대인 삼만 삼천 명을 학살하는 일에도 가담했다.

바바라 런클(여전히 뮌헨에서 음악을 공부하고 있었다)이 1937년 3월 16일 본국의 여동생에게 반유대주의 선봉장인 율리우스 스트라이허를 만난 일을 편지로 알렸다. 이 당시 런클은 한때 나치의 업적에 관해 품었던 환상을 이미 내다버린 지 오래였다.

요즘 꽤 흥미로운 경험을 했어. 독일인 중에 율리우스 스트라이허라고 엄청난 유대인 사냥꾼이 있는데 어느 날 저녁에 그가 '호프브로이 하우스'에서 연설을 한다는 공고를 보았어. 내가 머무르는 하숙집 주인 아들 이름은 클라우스 뤼트겐스인데 나는 그날 클라우스와 함께 그 연설에 가기로 했어. 그 맥줏집에 도착해보니 우리가 갖고 있던 입장권으로는 커다란 메인 룸으로 들어가지 못하고, 연설이 라디오로 전달되는 작은 방 중 하나로만 들어갈 수 있더라고. 너무 한심한 일이어서 어떻게든 큰 메인 룸으로 들어가고 싶었어. 나는 여권을 들고 출입문을 지키는 멍청이한테 접근해서 미국인인데 유대인 문제에 관심이 무척 많다고 설명했어. 근데 그 사람은 내가 독일인이 아니라 외국인이라는 걸 못 믿더라고. 그러다 결국 그 사람보다 더 배운 구경꾼이 내가 정말 외국인이라고 보장해줘서 안으로 들어가게 됐어. 밖에 남은 클라우스는 스트라이허가 입장할 때 그에게 만세를 외치느라 다들 정신없는 틈을 타서 식료품 저장실 창문을 통해 간신히 그 룸 안으로 들어왔어. 그렇게 우리 두 사람은 담배 연기가 자욱하고 소음 가득한 홀에 들어가게 됐어.

이어진 연설은 난생 처음으로 듣는 그런 부류였는데, 물론 들으면 엄청 화가 나리라고 생각했지만, 문자 그대로 분노로 몸이 부들부들 떨려서 서 있기도 힘들었어. 사실 분노가 그 정도일 줄은 몰랐지. 우선 그 사람 엄청난 선동가야. 청중을 아주 매료하는 그런 사람이더라고. 청중을 언제 웃게 할지, 언제 감정적이 되게 할지, 또 인종적 편견의 불꽃을 어떻게 부추길지 잘 알아서, 결국 청중에게 유대인을 아주 미워하여 공격하고 싶은 마음이 들게 하는 거야. 그 사람은 믿기 어려운 거짓말을 길게도 늘어놨어. 세상엔 제대로 된 건전한 유대인 따위는 없고, 유대인은 모두 "백인"에게 질병을 옮기는 특정 균을 핏속에 가지고 있고, 유대인이 세계 전쟁을 유발하고, 로마제국을 몰락시키는 등 온갖 나쁜 일을 했다는 거야. 그러고는 유대인과 결혼해서 더럽혀진 독일 여자들에 관한 섬뜩한 이야기들을 늘어놓았어. 아주 저속한 농담으로 어떻게 더럽혔는지를 아주 생생하게 보여주는 거야.

난 그런 말을 믿지 않는, 정신이 온전한 사람을 단 한 사람이라도 찾으려고 방을 둘러봤어. 아주 간절하게. 그러나 비록 국가사회주의자이지만 그 연설을 역겹다고 생각하던 클라우스 하나만 제외하고, 나머지는 모두 그 사람 말에 홀딱 빠져 있더라고. 물론 여긴 나온 청중들은 무척 우둔하고 평범한 군중이야. 점잖은 사람들은 스트라이허가 내지르는 헛소리를 들으러 오지 않아. 얼마나 흉악한 악마인지 잘 알거든. 하지만 그들 중 일부라도 이 사람이 하는 소리를 들으러 온다면 나치 정권에 대하여 보다 현실적인 견해를 갖추게 될 거야. 클라우스는 원래 이 어리석은 군중들의 열성을 절반도 따라가지 못하는 사람이지.

클라우스는 종이에 여러 발언들을 적어뒀어. 나와 논의하고 싶은 점이 있었나 봐. 우리가 연설장을 빠져나가려고 하는데 제복을 입은 나치 SA돌격대원 하나가 클라우스한테로 와서 자기랑 같이 상관에게 좀 가자고 하더라고. 부인(나를 착각한 거겠지)이 명백히 모든 일에 반항적이고, 만세를 외치거나 노래를 부르지 않는데다 남편(마찬가지로 클라우스를 이렇게 착각한 거지)이 종이 묶음에 뭔가 적고 있었으니까. 이런 말을 듣고 여태까지 억눌렸던 모든 분노와 신경질이 제복을 입은 그 남자한테 물밀듯이 터져 나왔어. 겉으로는 그랬지만 사실 나는 겁먹고 있었어. 내가 클라우스한테 빌려준 종이 묶음엔 독일에서 벌어지는 유대인 문제에 대한 내 미완성 에세이가 적혀 있었는데 그 사실을 클라우스는 모르고 있었거든. 클라우스는 몇 분 뒤 아주 유쾌한 모습으로 나한테 돌아왔어. 그가 만나본 상관은 아주 합리적인 사람이었고 종이 묶음 따위는 보자고도 안 했다는 거야. 참 다행이었지. 정말 소름이 끼치는 순간이었어. 국가가 모든 힘을 가지고 있는 사회 체제가 곧 천국이라고 생각하는 사람은 입 닥치고 다시 한 번 생각해봐야 할 거야. 그 사람은 뭐가 뭔지 정말 모르는 사람이니까. 우리나라에서는 그런 일이 아직 벌어지지 않았다는 게 얼마나 다행인지 모르겠어.[7]

바바라 런클이 스트라이허의 집회에 참석하고 몇 달 뒤 윌리엄 보일 박사와 그의 부인은 반유대주의의 현실과 예기치 못하게 직면하게 되었다. 부부는 최근에 윌리엄이 의사로 일하던 나이로비에서 결혼했다. 그의 장인인 육군 준장 조지프 번 경은 케냐 총독이었다. 가족을 만나고자 잉글랜드로 돌아온 뒤 부부는 독일로 신혼여행을 떠나기로 했다. 여행 후에는 마르세유로 차를 몰고 가서 케냐로 돌아갈 배를 탈 작정이었다. 『앵글로 저먼 리뷰』의 「자동차 여행자를 위한 유용한 조언」[8]이라는 기사에서 권장한 것처럼 자동차에 유니언잭 깃발을 달고 휘날리게 하지는 않았지만, 부부는 커다란 그레이트브리튼 스티커를 자랑스럽게 뒷 유리창에 붙였다. 영국 정부와 나치 정부 사이에는 냉기류가 흐르고 있었지만 이 스티커는 평범한 독일인에겐 자석처럼 끌어당기는 매력을 발산했다. 독일인들은 그것을 보고 보일 부부를 아주 친근하게 대하려고 엄청 노력했다.

하지만 에이트니와 윌리엄 부부는 어느 화창한 날 프랑크푸르트에서 벌어질 일에 대해선 아무런 예상도 하지 못했다. 그들이 막 차를 주차하고 관광에 나서려고 하는 순간, 어떤 유대인 여자와 십대 소녀가 부부에게 다가왔다. 아이는 심하게 절뚝였는데, 열다섯 살쯤 되어 보였고 한쪽 발엔 높게 굽을 댄 신발을 신고 있었다. 그 여자는 곧바로 본론을 꺼냈다. 그녀는 차에 붙여진 그레이트브리튼 스티커를 봤고, 이제 부부에게 애원하며 딸을 잉글랜드로 제발 데려가 달라고 애원했다.

결정을 내린 건 에이트니였다. 그동안 휴가를 보내며 현지 사정을 충분히 살펴보았던 그녀는 장애가 있는 유대인 소녀가 나치 독일에서 전망이 결코 밝지 않을 것임을 알았고, 그래서 그 자리에서 승낙했다. 그녀의 입장에선 놀라운 자선 행위를 한 것이고, 아이 어머니 입장에서는 엄청나게 믿음직한 일이었다. 아이 엄마는 딸이 잉글랜드가 아닌 아프리카로 갈 것이라는 걸 알고도 입장 변화가 없었다. 그만큼 그 여자는 절박했던 것이다. 그녀에게는 오로지 딸이 독일을 벗어나는 것만이 중요했다. 보일 부부는 영국 영사관에서 필요한 서류를 발급받았고, 그 뒤 뒷좌석에 소녀를 태우고 다시 휴가를 즐기러 나섰다. 몇 년 뒤 나이로비에 있는 보일 부부의 집 정원에서 부부 사이에서 갓 태어난 아기를 안고 있는 그레타의 모습이 사진으로 남아 있다. 그녀는 활짝 웃고 있었다.*●

*　　*　　*

보일 부부는 최근 들어 점점 인기를 더해가는 패키지여행을 무시하고 독자적으로 여행을 다니는 사회적 계층이었다. 하지만 『앵글로 저먼 리뷰』는 이런 비교적 새로운 형태의 여행에 잠재력이 있다는 걸 깨닫고 동사무소 서기와 가게 점원을 주 고객으로 하는 단체 독일 여행을 겨냥하여 여러 기사를 발행했다. 1938년 『앵글로 저먼

*　　윌리엄과 에이트니의 딸 앨리스 플릿(사진 속 아기)과의 인터뷰에서 드러난 내용. 그레타의 이후 행적은 알려진 바가 없으며, 현재 그녀의 소재지를 알아내려고 시도하고 있다.
●　　이 에피소드는 이 책의 「들어가는 글」 첫 부분에 소개된 바로 그 사건이다.

리뷰』는 라인란트, 뮌헨, 비엔나, 인스브루크, 잘츠부르크, 베르히테스가덴을 거치는 최소 십오 인 정원의 이 주 휴가를 권장했다. 모든 걸 다 포함하여 비용은 삼십 파운드(2016년 기준 약 오백 파운드)였다.[9]** 독일에서 노동자들의 단체 휴가는 국가 산하의 관광 기관이 담당했는데, 이 기관은 '즐거움을 통한 힘Kraft durch Freude'이라는 기억하기 쉬운 기관명을 달고 있었다. 이는 나치의 성공적인 사업 중 하나로 1933년에서 1939년 사이 이천오백만 정도 되는 독일 노동자에게 저가로 휴가, 당일 여행, 그리고 문화 이벤트를 제공했다.

왕실 변호사인 아치볼드 크로포드는 나치 독일의 열정적인 옹호자였으므로 1937년 8월, 천오백 명의 독일 노동자와 그 가족을 태우고 마데이라에서 포르투갈로 나아갈 빌헬름 구스틀로프 호**에 초청된 영국인 네 사람 중 한 명이 되었다. 석 달 전에 진수된 이 배는 '즐거움을 통한 힘'이 발주, 건조한 것이었다. 크로포드는 선상에서 모든 일, 즉 게임, 토론, 산책, 노래, 퍼레이드가 한꺼번에 처리된다면서 이렇게 적었다. "성인들의 모임이라기보다 거대한 기숙학교에 있는 것 같았다. 명령이 일괄적으로 내려왔지만, 사람들은 늘 기쁘게 그것을 받아들이고 신속하게 복종했다. 그건 나를 놀라게 했다." 많은 영국인은 그런 행동을 불편하다고 생각했을 것이지만, 크로포드는 거기서 긍정적인 면을 보았다. "나는 독일인들이 사회주의자로 태어났다는 결론에 도달했다." 그는 이렇게 말했다. "이런

** 우리나라 화폐로는 2021년 기준 대략 구십 만 원에 조금 못 미치는 비용이다.

** 해당 선박은 본래 아돌프 히틀러 호로 불릴 예정이었으나 1936년 스위스 나치 지도자가 암살당하자 히틀러가 직접 배의 이름을 그의 이름을 따 빌헬름 구스틀로프로 짓도록 결정했다. 이 배는 1945년 소련 잠수함에 의해 침몰되었다. 9,400명 정도 되는 독일인이 사망했고, 역사상 단일 선박에서 가장 많은 목숨을 잃은 사건이 되었다.

구스틀로프 호

극장과 살롱, 수영장까지 갖춘 이만오천 톤급 유람선이다. 아래는 유람선 내 수영장의 모습.

점에서 독일인은 아마 세상에서 유일한 민족일 것이다.”

사회주의 원칙은 분명 빌헬름 구스틀로프 호의 선상 생활을 지배했다. 사회 계층의 상호 혼합을 자극하려는 나치당 사업의 일환으로 유람선 승객 중 중산층에 속하는 사람들은 그들의 지위로 인한 특전을 전혀 보장받지 못했다. 예를 들어 선실은 모두 추첨으로 배정되었다. 크로포드에게는 승객들과 충분히 이야기를 나눌 기회가 있었다. 독일인들은 국가사회주의에 대한 영국 언론의 적개심에 대해 분노했고, “영국 공산주의자 몇몇이 소란을 일으킬 수도 있다”는 두려움을 갖고 있었다. 그렇지만 그와는 별개로 영국을 가장 방문하고 싶어 했다. 크로포드는 빌헬름 구스틀로프 호에서의 휴가 여행이 영국인 취향에 전적으로 들어맞는 것은 아니라는 사실을 인정했다. 그럼에도 불구하고 그는 깊은 인상을 받았다.

호화 여객선을 타고 바다에서 이 주 동안 보내는 이 특별한 여행은 리스본과 마데이라에 들르는 건 물론이고, 하루에 여섯 끼의 식사, 세계 최고의 인형 공연단, 일류 오페라 가수, 여러 관현악단이 포함된 지속적인 여흥을 제공했다. 또한 상륙할 때 포르투갈 통화로 용돈을 주기도 했다. 이 국가 기관 주도의 여행에서 각 노동자가 부담하는 비용은 일반적인 단체여행의 비용과 비교하면 푼돈이라고 할 정도로 아주 저렴했다.[10]

승객 대다수는 저임금 농업 혹은 산업에 종사하는 노동자들이었지만, '즐거움을 통한 힘' 덕분에 여행 비용에 대해서만큼은 아무런 부담을 느끼지 않았다. 실제로 그 중 몇몇은 장차 1940년에 빌헬름 구스틀로프 호가 도쿄로 세계 여행을 떠날 때 다시 합류하기를 기대하고 있었다.

1930년대 후반에 독일을 여행한 평범한 방문객에겐 국가사회주의가 독일인이 살고 있는 모든 곳에 구석구석까지 스며든 것처럼 보였을 것이다. 그럼에도 불구하고 실비아 모리스의 회상에 의하면, 그녀는 드레스덴(히틀러에게 일관되게 적대적인 도시)에서 어쨌거나 나치를 무시하려 애쓰면서 동시에 독일 관광에서 최고 좋은 것을 얻어내려고 애썼다.

나는 1937년 드레스덴에 바이올린과 노래를 공부하러 갔다. 나는 여성 전용 호스텔에서 다른 아이들과 함께 살았다. 나는 음악에 완전히 빠져 있었다. 매일 밤 오페라에 가서 리하르트 슈트라우스의 지휘를 받는 합창단이 부르는 노래를 들었고, 그 노래의 즐거움을 기억했다. 아무도 히틀러나 정치 이야기는 하지 않았다. 매주 한 번 나는 경찰에 등록해야 했고, 신부 학교에 가서 옷과 스프를 만드는 법을 배워야 했다. 이 경험은 전쟁 동안에 내가 국내 정보국에서 일하며 완드워스 감옥에서 독일군 포로들에게 스프를 먹일 때 무척 도움이 되었다. 내가 일상 경로에서 벗어나려고 하면 반드시 샤프롱(젊은 미혼 여성이 사교장에 나갈 때에 따라가는 나이 지긋한 기혼부인)을 동반해야 되었다. 매달 무도회가 있었는데 전부 무척 격식을 차린 것이었다. 적절한 소개 절차가 있어야만 남자와 함께 춤을 출 수 있었다. 샤프롱들은 벽 주위에 빙 둘러 앉아 있었다. 우리는 손윗사람들이 말을 걸어올 때와, 그들에게 무릎을 굽혀 인사할 때에만 말을 할 수 있었다. 나는 동료 음악가 페코 폰 옴페트다를 만났다. 그는 매주 여러 번 스페인 폭격에 나섰다. 나는 바이로이트 축제에 두 번 갔었다. 페스트슈필하우스로 가는 언덕으로 이어지는 길은 히틀러를 기다리는 사람들이 도열해 있었다. 나는 아직도 그들의 땀, 발, 그리고 가죽 장화 냄새가 뒤섞인 악취를 기억하고 있다. [11]

하지만 1938년 2월 오스나브뤼크에 독일어를 공부하러 떠난 열일곱 살 어슐러 덩컨 존스에게 나치를 무시하는 건 좋은 방안이 아니었다. 그녀가 머무르는 집주인인 하이슬러 박사와 그의 부인은 히틀러 지지자였고, 당시엔 "모두가 그러했다". 아주 많은 동시대인들과 마찬가지로 어슐러는 여자 기숙학교라는 보호된 세상에서 곧바로 나치 독일로 보내졌다. 그녀의 경우 아버지인 치체스터 교회의 참사회장인 아서 덩컨 존스가 삼 년 전 직접 독일을 방문한 적이 있었으므로 그러한 환경 변화는 더욱 놀라운 일이었다. 그는 본인이 직접 나치를 경험했을 뿐만 아니라, 어슐러가 "독일인 침공의 해"라 불렀던 1937년 내내 무수한 독일 피난민을 관할 교구에 숨겨주었다. 그의 요리사와 비서는 모두 나치 희생자였다. 그렇다면 참사회장과 그의 부인은 왜 순진한 십대 딸을 오스나브뤼크에 보내겠다고 생각한 것일까? 이것은 그들 부부의 독일 사랑(뮌헨으로 신혼여행을 다녀온 이후에 정기적으로 방문해왔다) 때문이기도 했지만, 독일인이 다른 많은 영국인들처럼 뿌리 깊은 민족이었기 때문이다. 독일인들은 제1차 세계대전에서도 살아남았을 뿐만 아니라 아무리 나치당이 발호해도 흔들리지 않는 측면이 있었다.

나이는 어리지만 영리한 관찰자였던 어슐러는 집주인 하이슬러 박사를 피곤한 사람이라고 생각했다. 그는 "주제넘고 끼어들기 좋아하는 사람"이었고 유머라고 꺼내는 말은 엉뚱하기 짝이 없었으며, "독일 가정의 관습이 그러니까"라고 하면서 그의 부인과 가족으로부터 지나치게 우대를 받고 있었다. 그녀는 하이슬러 부부의 두 자식도 썩 좋아하지 않았는데, 그들은 히틀러 청년단 집회와 가두 행진에 참여하는 걸로 대부분의 시간을 보냈다. 하지만 작고 땅딸막하며 친근한 하이슬러 부인은 어슐러가 편안함을 느낄 수 있도록 최선을 다했다. 그리고 그 집에는 베르첸 아주머니가 있었는데, 그녀는 부엌 구석에서 뜨개질을 하면서 라디오로 나치 선전을 듣는 걸로 하루를 보냈다. 나치 정권에 대한 강렬한 혐오에도 불구하고 어슐러는 행복하게 하이슬러 가정의 리듬에 정착했다. 그러던 어느 날 히틀러가 여러 곳을 짧게 들르는 여정 중에 오스나브뤼크를 방문할 것이라는 발표가 있었다.

사람들의 흥분은 극심했다. 가족 전체가 기차역으로 무리를 지어 갔다. 마치 도시의 모든 시민들이 거기 나온 것 같았다. 우리는 마침내 그 유명한 기차가 들어올 때까지 기다리고 또 기다렸다. 히틀러는 기차 밖으로 나와 각각의 차량 앞에서 잠시 멈추어 서면서 모두가 자신을 잘 보면서 열광하고 있는지 확인했다. 아우성치는 듯한 이런 반응은 형언할 수 없는 것이었다. 나는 그런 상황을 믿을 수가 없었다. 그날이 다 지날 때까지, 심지어 그 주 내내 주인집 가족은 총통을 보게 되어 얼마나 멋졌는지, 내가 그를 볼 수 있어 얼마나 다행인지 등의 이야기를 늘어놓았다. 나는 무척 냉담한 반응을 보였다. 나는 히틀러 방문이 다른 무엇보다도 흥미로웠다고 인정하는 걸 거부했고, 더는 그에 대해 말하지 않았다.[12]

어슐러가 그런 식으로 독일 모험을 시작한 것처럼, 바바라 펨버튼도 무척 다른 부류의 경험을 즐기는 중이었다. 잉글랜드인 아버지와 독일-벨기에인 혼혈인 어머니 사이에서 태어난 그녀는 거의 함부르크에서 성장했다. 건강 문제로 그녀는 겨울을 바이에른의 바트 오버도르프에서 나곤 했다. 어느 날 그녀가 오후 스키 초보자 코스에서 몇몇 아이를 돌보는 동안, 보기 좋은 외모의 여자가 다가와 "곱슬곱슬한 금발 아이"가 아이들 사이에 있는지 물었다. 바바라는 나중에 그 여자가 일제 헤스, 즉 히틀러의 부총통인 루돌프 헤스의 아내라는 걸 알았다. 찾는 아이는 헤스의 조카인 듯했다. 펨버튼은 이런 글을 남겼다. "나는 일제를 더 잘 알게 되었고, 사실 그녀를 좋아했다. 비록 일제가 철저한 나치당 인사이기는 했지만."

1938년 2월 일제는 바바라를 초대하면서 자신들과 함께 머무르며 뮌헨 사육제를 즐기자고 제안했다. 바바라는 기뻐했지만, 그녀의 아버지는 그녀만큼 썩 내켜하지는 않았다. 가족회의를 거친 뒤에는 마지못해 허락했지만, 나치 정책에 홀딱 빠지는 일이 벌어진다면 앞으로 집에서 환영받지 못할 것이라고 딸에게 엄포를 놓았다. 바바라는 이런 경고를 귀에 담은 채 뮌헨 역에 도착했고, 그곳에서 SA돌격대원들을 만나 곧장 헤스의 집으로 향했다. 그 집은 거대한 공원 안에 있었고, 돌격대원과 그들의 경비견이 지속적으로 순찰을 돌았다. 따뜻한 환영을 받은 뒤 바바라는 라디오 가까이 놓인 의자를 제공받았다. 라디오 주위엔 저택에 있는 사람 모두가 모여 있었는데, 해마다 총리 취임일인 1월 30일이면 거행되는 총통의 연례 연설을 듣기 위해서였다. 바바라는 당시를 이렇게 기억했다. "나는 이제 그들이 총통의 말을 기다리고 있다는 걸 볼 수 있었다." 스웨덴 대사의 딸들과 이탈리아 백작 부인도 그 무리에 합류했다. 한 번은 모두가 산책을 나섰는데, 헤스가 앞장섰다. 바바라는 이런 글을 남겼다. "그의 머리가 벗겨진 부분이 무척 두드러져서 누군가 우리 장갑에서 털을 잘라내면 그 대머리 부분을 훌륭히 덮을 수 있을 것 같다고 말하여, 우리는 한바탕 키득거렸다."[13]

사우스다코타 주에서 온 미국인 피아노 협주자 에밀리 보에처는 그녀의 연주자 경력을 제약하는 베를린 시의 끝없는 규정 때문에 고생하고 있었다. 스물여덟 살이었던 1935년부터 그녀는 세기의 몇몇 위대한 피아니스트(빌헬름 켐프, 아르투르 슈나벨, 에드빈 피셔) 문하에서 공부하며 독일에서 오랜 시간을 보냈다. 반드시 성공하겠다고 결심한 그녀는 날마다 오랜 시간 연습하면서 음악에 집중했고, 주변의 불쾌함 따위는 무시하려고 했다. 따라서 그녀가 알맞은 방을 찾는 건 아주 중요한 문제가 되었는데 그것은 부모에게 보낸 편지에서도 잘 드러난다.

새로운 곳으로 이사했지만, 여기 오래 머무를 수 있을지 확신하기가 힘들어요. 연습하는 걸 두고 이미 세든 사람 중에 한 사람이 방해가 된다고 생각하기 때문이에요. 아무래도 나는 끔찍한 불운을 겪는 모양이에요. 자기가 빌린 방을 다시 빌려주는 사람 대다수는 자기 집에서 불쾌한 것들을 감추려고 하거나 아니면 보이지 않게 하려고 신경 써요. 보통 그건 욕실이거나 작동이 안 되는 전기 플러그에요. 처음에 왔을 때 여기서 잘못된 건 어떤 것도 보지 못했어요. 그런데 점심을 먹을 때가 되어서야 독토르 부인이 내게 감추었던 사항을 발견하게 됐어요. 그녀 말고도 세를 들어 사는 사람이 있었던 거예요! 부인은 자기 말고도 세 명을 더 데리고 있었고, 넷이 집을 썼는데 전부 일흔 살이 넘었어요. 마치 내가 양로원에 있는 것 같은 기분이었어요.[14]

이 일이 벌어지고 얼마 지나지 않아 새로운 숙소로 이사한 그녀는 1938년 2월 5일에 이렇게 썼다. "침대에 빈대가 있다. 살충제를 방에 뿌려야 할 것이다. 그것으로도 먹히지 않는다면 훈연제를 쓰거나 다른 곳으로 이사해야 할 것 같다. 버터는 부족하고, 달걀은 없다." 두 달 뒤 그녀는 또 다른 방에 앉아 그곳 상황을 잘 살펴봤다.

나는 처음으로 나치 선전 기관이 내 신경에 끼치는 파괴적인 영향이 무엇인지 깨달았다. 알지도 못한 채로 다른 수천 사람처럼 저절로 굴복하면서 모든 걸 두려워하게 되었다. 그럼에도 불구하고 나를 이런 상태로 몰고 간 것은 선전보다 더한 것이었다. 내 전화기는 도청되었고, 유대인 용모의 포르투갈 친구와 식당에 갔을 때 음식 주문을 거부당했으며, 해외에서 내게로 오는 모든 편지는 검열되었다.[15]

독일에서 그런 검열은 흔한 일상사였다. 이런 상황인데도, 1938년이 될 때까지도 평범한 관광객들이 꾸준히 독일로 휴가 여행을 가기로 선택한 건 도대체 어떻게 된 일일까? 그곳에 가서 직접 나치 정권을 보았음에도 불구하고 왜 그들은 그 체제를 크게 비난하지 않으면서 귀국했던 것일까?

이에 대해서는 질 풀턴 박사가 1930년대 후반에 가족 휴가를 다녀온 기억이 어느 정도 대답이 될 것이다. 질(당시 십대 소녀)과 그녀의 언니에게 독일은 하나의 낙원이었다. 중세풍 마을, 적은 교통량, 접근성이 높은 호텔(사전 예약 같은 것은 필요하지 않았다), 그리고 수많은 쾌활한 맥줏집이 있었다. 이 모든 것들 중 가장 좋은 건 마을마다 있는 수영장이었다. 그런 수영장에서 수영하는 "아름다운 청소년들"에 대해서는 얘기할 필요조차 없었다. 모든 게 질 풀턴이 잉글랜드에서 경험했던 것과는 무척 달랐다. 그녀의 가족은 노후한 로버 자동차를 타고서 하루에 1백 마일 정도 가는 느긋한 일정으로 독일에서 오스트리아까지 자동차 여행을 했다.

들르는 도시마다 도심 광장에 차를 대는 일에도 전혀 어려움이 없었다. 모두가 정중하고 매력적이었고, 심지어 공무원들도 그러했다. 베르히테스가덴 인근 길에서 질 풀턴 가족은 청년 무리를 만났다. 던들과 무릎까지 오는 가죽 바지를 입고 있었는데, 성큼성큼 걸으며 산을 올라갔고, 완벽한 화음을 이루며 노래를 불렀다. 가족은 단 한 번도 정치를 논하지 않았고 그래서 절대 위협받는 느낌을 받지도 않았다. 두 소녀는 제복을 입은 젊은 남자들의 명민한 태도에 깊은 인상을 받았다. 중세풍 프랑크푸르트는 특히 질 풀턴에게 멋진 기억으로 남았다. 그들의 안내인이 유대인 구역에 있는 비좁고, 어둡고, 냄새 나는 벼룩 거리를 보여줬을 때 독일 혈통인 질 풀턴의 어머니는 자주 하던 반유대주의 발언을 했다. 질과 그녀의 언니가 실은 어머니가 유대인이었다는 걸 알게 된 건 그로부터 몇 년 뒤의 일이었다.[16]

마찬가지로 전혀 나치 동조자가 아니었던 작가 J. A. 콜은 1937년부터 1938년까지 독일에서 체류한 끝에 이런 글을 썼다.

나는 처음으로 의기양양한 기분으로, 또 여기는 기분 좋고 이질적인 곳인 동시에 사람이 행복하게 살 수 있는 곳이라는 생각으로, 화창한 아침의 독일 도시를 돌아볼 수 있었다. 아헨의 거리는 넓고 나무가 늘어서 있었다. 인도, 차도, 저택 계단은 최근 철저하게 쓸고 물로 씻어 낸 것 같은 모습이었다. 사람들의 얼굴은 비누와 물로 씻어서 반짝반짝 빛이 났다. 짐마차꾼은 그렇게 하면 안 된다는 규정을 어기면서 경쾌하게 채찍을 휘둘러 착착 소리를 냈다. 정말로 가난한 사람들은 찾아보기 힘들었다. 가게는 깔끔했고, 카페도 아주 기분 좋을 정도로 많았다. 하수구 주변에 행상이나 거지는 아예 없었다.[17]

나치를 적대시하는 여행자들조차도 본능적으로 나치 정권을 넘어서서 그들이 머릿속으로 진짜 독일이라고 생각했던 것을 찾아 나선 듯하다. 그들이 생각하는 진짜 독일은 어떤 나라였을까? 독일은 그 모든 것에도 불구하고 사람을 깜빡 속여 넘기고 도취시키는 힘을 여전히 갖고 있는 나라였다.

17

오스트리아 합병

1938년 3월 12일 히틀러는 오스트리아를 합병했다. 많은 외국인이 히틀러가 보인 최근 행동의 무자비함에 질겁하는 반면에, 일부 외국인들은 그것을 오스트리아의 장기적 전망을 향상시켜주기만 할 완벽하게 논리적인 새로운 국면이라고 생각했다.

그날 괴팅겐에서 지시안린은 초인종 소리를 들었다. 문을 여니 친구 롱 통티안이 문간에서 근심하며 서 있었다. 그는 일기에 이렇게 썼다. "나는 그가 전한 충격적인 소식을 상상조차 해본 적이 없었다. 독일군이 오스트리아를 점령했다. 이제 전쟁은 피할 수 없고 나는 가까운 장래에 중국으로 돌아갈 수 없을 것이라는 두려움에 휩싸였다. 앞으로 돈도 없이 해외에 살아야 할 것이었고, 더 나아가 거리에서 구걸을 해야 할지도 몰랐다. 과연 내가 다시 조국을 볼 수 있을 것인가?"[1]

그러는 사이 드레스덴에 사는 실비아는 모든 사람이 크림이 든

과자를 많이 먹으면서("식량 부족을 고려하면 특히 기억에 남을 만한 상황이었다"[2]) 합병에 관해 어떤 말을 남겼는지 생각해냈다. 오페라의 광적인 팬이자 글라스고 8대 백작의 딸 마거릿 보일은 히틀러가 오스트리아로 진군했을 때 뮌헨의 예비신부 학교에 있었다.

유니티 미트포드는 우리 중 누구든 히틀러를 보고 싶은 사람이 있는지를 물었다. 역사적인 순간이라 생각해서인지 몇몇은 그렇다고 답했고, 그가 차를 타고 지날 때 거리에 서 있기 위해 무리를 지어 움직였다. 거리에는 군인들이 줄을 지어 있었고, 우리 앞엔 플랫폼이 있었다. 우리는 플랫폼의 어느 쪽으로 히틀러가 지나갈 것인지 무척 알고 싶었다. 당연히 예상되는 경로는 더 먼 쪽이었고 우리는 군인들을 옆으로 밀면서 그의 차로 달려갔다. 그는 항상 입던 가죽 상의를 입은 채 차 안에 서 있었는데, 다정하게 우리에게 미소를 짓는 것이 아니라, 군인들이 우리를 제지하지 못했다는 사실에 분기탱천한 표정을 짓고 있었다. 어쨌든 우리는 그를 봤다. 그는 사진과 똑같이 생겼다.[3]

린츠에서 어마어마한 군중들 틈에 끼어 총통의 개선을 기다리던 케이 스미스는 그 상황에 관해 이렇게 기록했다. "'승리 만세 승리 만세Sieg-heil Sieg-heil'라는 군중의 함성이 엄청나게 반복되어 귓속에서 커다랗게 맥박이 치는 것처럼 들렸다."[4]

오스트리아 합병은 어슐러 덩컨 존스를 소름끼치게 했다. 그녀는 이 사건을 "오스트리아라 불리는 즐거운 소국이 히틀러에 의해 비열하게 합병된 일"로 요약했다. 그녀는 "집 안팎에서 엄청나게 큰 소리로" 라디오에서 흘러나오는 끊임없는 선전을 벗어나기란 불가능하다고 불평했다. 그녀는 당혹스러웠다. "결국 내가 무척 애정을 품었던, 또 충분히 합리적이고 균형감 있다고 봤던 이 사람들은 분명 나치의 온갖 선동에 속았다. 나는 구경꾼으로 조용히 지내면서 나만의 생각을 품었다. 이내 그들의 입에서 끊임없이 흘러나오는 찬사에 건성으로 응대하던 내 대답은 밑천이 떨어져 버렸다."[5]

합병 나흘 뒤 『더 타임스』는 「나치 오스트리아를 가로지르며: 한 여행자의 인상」이라는 기사를 내보냈다.

비엔나 역으로의 운전은 어렵고 느렸는데, 도시로 들어오는 독일의 기계화 부대가 도로를 꽉 메웠고 거의 히스테리 상태인 군중이 연도에 길게 늘어섰기 때문이었다. 밤에 운행되는 열차 창문을 통해 보면 트랙터, 대형 트럭, 무장한 차량이 끊임없이 비엔나를 향해 움직이는 것이 희미하게 보였고, 차량들의 전조등이 시골 지역을 밝혔다. 여러 도시들에서 대형 호텔들이 참모 장교들과 그들의 당번병들을 받아들였다. 기차역 식당들은 독일 군인들이 독점했고, 이 모든 장면은 제1차 세계대전의 벨기에를 연상시켰다 …… 국경으로 향하는 기차들은 거의 유대인들로 가득 채워졌지만, 인스부르크 주변의 겨울 스포츠 리조트를 찾았다가 오스트리아를 떠나는 게 좋겠다고 판단한 영국 방문객들도 많았다. 유대인들은 집단으로 인스부르크에 있는 경찰 본부로 이송되었고, 몰래 반출하려는 돈을 확인하는 몸수색을 당했다. 겨울 스포츠 리조트를 찾은 영국 관광객들은 가져온 돈을 그대로 보유하는 게 허용되었다.[6]

열일곱 살의 조앤 웨이크필드가 3월 28일 일기에 쓴 바에 의하면, 그녀 자신과 어떤 독일인 소녀가 그날 아침 격렬한 정치적 논쟁을 벌이게 된 것은 바로 이 기사 때문이었다. 히틀러 청년단의 여자 지부인 독일소녀동맹의 열성적인 회원인 우타는 농부 가족들과 함께 시골에서 여섯 달 동안 일한 뒤 막 베를린으로 돌아온 상태였다. 베를린 대학에서 공부 중이던 조앤은 이렇게 적었다. "두 시간이나 논쟁했다! 그것도 독일어로!" 비엔나에서 승리한 히틀러가 돌아오던 날 그녀는 집주인 폰 뎀 부쉐-슈트라이토르스트 남작 부인과 함께 총통의 연설을 듣고자 빌헬름 플라츠로 갔다. 조앤은 여러 나치 갈색 셔츠들이 앉아 다리를 흔들고 있는 분수 옆에 섰다. 그녀가 나치식 경례를 하지 않자 그들은 다리로 그녀의 머리를 슬쩍슬쩍 건드리기 시작했다. 그날 남작 부인은 애국심에 불타 저녁 식탁을 나치의 스와스티카 깃발로 장식했다.

한 달 뒤인 4월 10일 나치 독일 전역에서 합병을 비준하는 국민 투표가 진행되었다. 투표 전날 조앤은 슈투트가르트와 뮌헨 사이를 오가는 기차를 타고 있었다. 그녀는 창밖으로 모든 언덕 꼭대기마다 엄청난 불꽃이 타오르고, 모든 마을 위로 폭죽이 폭발하는 광경을 볼 수 있었다. 국민 투표 결과, 99.7퍼센트의 유권자가 오스트리아 합병을 승인했다. 지시안린은 그 합병을 내심 인정하지 않았다. 그의 일기 앞부분은 이러했다. "오늘은 독일에서 선거가 열린 날이다. 거리의 독일인 모두 배지를 착용하고 있었다. 투표소 문에는 수많은 검은 개(SS근위대)와 누런 개(SA돌격대)가 있었다." 다음 날 그는 이런 글을 추가로 써넣었다.

지난밤 나는 갑자기 한밤중에 깼다. 아래층 라디오에선 개가 짖는 소리가 들렸다. 분명 히틀러나 다른 누군가일 것이었다. 울부짖는 소리가 그친 뒤 우레 같은 박수 소리가 새되게 밤의 정적을 깼는데, 마치죽음을 예고하는 요정 밴시 같았다. 독일인들은 전부 정신이 나갔다.이 나라가 무너질 날은 그리 멀지 않았다.[7]

그러한 정치적 상황에도 개의치 않고 차터하우스 학교의 하키팀은 4월 초에 독일 투어를 하러 나섰다. 팀원 중 한 사람은 교지에그들의 모험을 이렇게 보고했다.

차터하우스 하키팀은 쾰른에 도착할 때 관심의 중심에 있지는 않았다.이렇게 된 이유는 생각하기 어렵지 않았다. 히틀러는 종일 그곳에서시간을 보냈고, 다가올 국민 투표에서 독일인들에게 찬성 투표를 하라고 독려했다 …… 라이프치히의 모든 공공건물은 물론이고, 변변찮은가게부터 오페라 하우스까지 문자 그대로 나치 선전으로 도배가 되었다. 쾰른에서 우리는 참으로 훌륭한 경기장에 머물렀는데, 현대 독일건축의 모범 사례였다. 이곳은 우리가 가족과 함께 머무르지 못하는유일한 장소였다. 그건 우리가 원했기 때문이 아니라 모든 독일 가정들이 주변 지역에서 몰려온 친구와 친척으로 집을 채웠기 때문이었다.그들은 지도자를 보기 위해 도시로 온 것이었다…….
우리 일행 중 대다수가 라이프치히를 가장 좋아했다고 말해도 무방할것이다 …… 그 도시의 분위기는 잉글랜드와 더욱 가까웠고, 우리가방문했던 독일의 다른 부분처럼 도시가 히틀러 정신으로 충만하지는않았다 …… 우리가 들른 모든 곳에서는 잉글랜드와 우호 관계를 맺고자 하는 똑같은 바람이 있었다 …… 그들의 간절한 마음은 거의 비극적 수준이었다. 그들은 우리 영국이 동맹으로 그들보다 프랑스를 더 선호하고, 친구로 그들보다 러시아와 체코슬로바키아를 더 선호한다는 걸 믿을 수 없었다. 같은 색슨족이었으니 말이다.[8]

조지 피트-리버스 대위 역시 마찬가지로 당혹스러웠다. 그는 왜 영국이 독일과 손을 잡는 걸 그토록 꺼리는지 정말 이해하지 못했다. 1937년 중반에 영국인 나치 지지자의 수는 이미 크게 줄어들었지만, 남은 지지자 중에서도 피트-리버스보다 더 열광적인 나치 지지자는 없었다. 그가 볼 때 합병은 훌륭한 업적이었다. 수없이 독일 여행을 했지만 이번 여행에서 독일로부터 돌아오면서 그는 총통에게 축하하는 글을 보냈다. "나이 지긋한 영국 장교이자 독일의 진정한 친구인 제가 깊은 감사 표시를 하고자 합니다. 총통께서 리더십을 발휘하시어 오스트리아와의 합병을 피를 흘리는 일 없이 이뤄낸 것은 독일인과 오스트리아인 모두에게 아주 기쁜 일입니다."[9]

* * *

오스트리아가 나치 독일의 일부가 된 지 3개월 후인 1938년 7월 6일, 하노버 행 기차가 풀다에서 하노버로 이어진 지선을 따라 천천히 증기를 뿜으며 달려갔다. 그 기차는 아무리 작은 역이라도 무시하지 않고 일일이 다 서가면서 운행을 했다. 괴팅겐에서 북서쪽으로 사십 마일 거리인 코르바이는 그런 시골 소도시 중 하나였고, 조 앤 웨이크필드는 이곳 승강장에 내려 기억에 남을 만한 여름휴가의 시간을 보내기 시작했다.

조앤 웨이크필드는 그 전에 베를린에서 우연하게도 어느 독일어 교사의 집에서 라티보르 공작을 만났다. 코르바이 공작과 호엔로에 쉴링스퓌르스트 공작의 칭호도 함께 가지고 있는 라티보르 공작은 이 영국 소녀를 마음에 들어 했고, 며칠 뒤 그녀를 초청하여 자신의 가족과 함께 여름 휴가를 보내자고 제안했다. 조앤은 받아들였다. 그건 공작의 어린아이들에게 영어 실력을 향상시키려는 목적도 있었다. 조앤은 이렇게 썼다. "차를 달려 성채까지 곧장 갔고, 문간에서 공작부인이 나를 맞이했다."[10]

그 완벽한 여름 저녁에, 예전 베네딕트회 수도원을 개조한 공작의 "성"은 황금빛 햇볕을 받아 은은히 빛나고 있었다. 공작 가문은 "국왕들과도 사회적으로 동격인"[11] 독일에서 가장 오래된 가문 중 하나였지만, 집 안에 가구는 드물었고 현대적인 편의 시설은 적었다. 온 가족이 사용하는 욕실도 두 개뿐이었다. 조앤은 곧 짐을 풀었고, 남자들은 사냥터에서 돌아와 저녁 식탁에 모였다. 당시 독일 전역에는 식량 부족이 만연했지만, 모든 식재료가 공작의 사유지에서 나오는 성채의 식사는 풍족하고 맛있었다. 조앤은 저녁 식사를 하며 나눈 대화를 기록하지 않았지만, 그날 일찍 발표된 중요한 뉴스, 즉 유대인이 이제 일반 거래나 구체적으로 열거된 상업 서비스를 하는 것이 금지되었다는 소식이 논의되었을 가능성은 없었다. 조앤은 그날 밤 잠들기 전 일기에다 이런 글을 썼다. "라티보르 가문과 함께 첫날 저녁을 보낸 뒤 무척 편안한 마음이 들었고 매우 행복했다."

그녀는 첫 주를 베저 강에서 카누를 타며 보냈다. 성 앞에서 찍은 사진은 막 카누를 타고 출발하려는 매력적인 젊은이들 무리를 보여주는데, 모두 신이 나서 활짝 웃고 있다. 세상은 그들이 마음대로 할 수 있는 것이었고, 짙은 회색빛 하늘조차 그날 그들의 상쾌한 기분을 꺾을 수 없었다. "베저 강에서의 카누 여행 — 뮌덴에서 민덴까지"라는 제목의 이 앨범은 여전히 남아 있다. 가장자리에 주름 장식이 달린 빛바랜 작은 흑백 사진들이 베저 강 양안을 따라 그 일대의 텅 빈 농촌 풍경을 보여준다. 가끔 호기심 많은 아이나 홀로 자전거를 타는 사람이 사진에 찍혔다. 사진에 나오는 목재 골조의 집, 교회, 고요한 마을 등이 카누를 타는 조앤 친구들 뒤로 배경을 이루어주었다. 사진 속 카누를 탄 젊은이들은 뇌우, 각다귀, 페리와의 충돌, 누수, 일사병, 그리고 숨겨진 작은 문구멍을 통해 그들을 감시하는 여자 집주인 등을 모두 이겨냈다. 느릿느릿하게 하류로 떠내려가거나 맞바람에 맹렬히 노를 저어야 할 필요가 없을 때 그들은 뷔커베르크로 올라가 나막신을 샀고 엄청난 양의 베스트팔렌산 햄을 먹었다. 하멜른에서 남쪽으로 오 마일 떨어진 키르코젠에서 보낸 밤은 그들에게 가장 즐거운 밤이었다. 마을의 만돌린 밴드가 음악을 연주했고 그에 맞추어 스페인 친척들이 탱고를 추고 조앤은 폴카를 추었다. 저녁이 끝나갈 때가 되자 마을 전체가 그 춤판에 가담했다. 조앤은 그날 일이 "전부 아주 즐거웠다"고 적었다.

한 주 뒤 그들은 히치하이킹으로 커다란 채소 트럭을 타고 코르바이에 도착했다. 날씨가 점점 더워지면서 모든 날이 즐겁게 하루하루 지나갔다. 그들은 테니스를 치고, 수사슴을 사냥하고, 말을 타고, 베저 강에서 수영을 즐겼다. 밤에는 축음기로 음악을 틀어놓고 춤을 췄고, 화이트 와인과 샴페인을 섞은 "보울"주를 마시고, 정치를 논했다. 카누 여행으로부터 한 주 지나간 뒤에 그들 일행은 독일 그랑프리를 보러 떠났다. 자동차 경주가 아주 신나긴 했지만, 조앤에게 그보다 더 신나는 건 라티보르의 장남이자 상속자인 빅토르와 함께 프레이저 내시 사(社)에서 제작한 그의 차를 타고 집으로 돌아오는 일이었다. 그녀는 이런 글을 남겼다. "조금은 겁이 났지만, 일몰에 포도밭에 드리우는 눈부시게 아름다운 햇빛은 정말 낭만적이고 아름다웠다." 다음 날 유대인 의사는 앞으로 의사 업무를 볼 수 없다는 나치 정부의 결정이 발표되었다.

코르바이 성은 조앤이 여태껏 보았던 그 어떤 성보다 웅장했지만, 그 성은 공작 가문의 주 거주처가 아니라 여름 별궁일 뿐이었다. 라티보르의 본래 저택은 상부슐레지엔에 있는 인상적인 라우덴 성으로, 이전에는 시토 수도회의 수도원이었다. 광대한 사유지로 둘러싸인 성은 전쟁 이전엔 폴란드 국경으로부터 고작 몇 마일 떨어져 있을 뿐이었다. 8월 3일 조앤을 포함한 온 가족이 코르바이에서 동족으로 오백여 마일 떨어진 라우덴으로 떠났다. 차를 타고 먼저 베를린으로 가서 일박할 예정이었는데 그 도시까지의 자동차 여행은 지루하고 무더웠다. 모든 외국인이 그런 것처럼 조앤은 효율성 높은 아우토반에 깊은 인상을 받았지만, 그 도로가 좀 단조롭다고 생각했다.

베를린에 도착하자 그들은 재빨리 테니스 복장으로 갈아입고 몇 차례 경기를 한 뒤 에덴 호텔에서 춤을 추며 저녁을 보냈다. 조앤은 이런 언급을 남겼다. "프란츠 알브레히트는 지그 춤에는 젬병이었다." 그녀는 몇 달 전 같은 호텔에서 남작 부인의 조카 악셀 폰 뎀 부쉐-스트라이토르스트와 어떻게 현란하게 춤췄는지를 떠올렸다. 키가 크고 잘생긴 그 장교는 장차 독일 레지스탕스의 영웅이 될 터였다. 그는 히틀러 암살이라는 특수한 임무를 맡는다. 1943년 스물네 살이던 그는 총통을 위한 모델이 되어달라는 부탁을 수락하여 새로운 독일군 군복을 입고 수류탄을 몸에 감춘 채 히틀러에게 접근하여 자폭함으로써 그를 암살하려는 계획을 세웠다. 하지만 막상 그날의 거사는 미수로 그치고 말았다. 연합군의 폭격으로 군복을 수송하던 기차가 파괴되었기 때문이다. 또 다른 암살 계획을 시도하기로 결심한 악셀은 다시 한 번 좌절하게 되는데, 이번에는 히틀러와의 만남이 취소되었다. 7월 20일 실제로 발생한 폭탄 암살 계획은 실패로 돌아갔다. 다행스럽게도 당시 악셀은 한쪽 다리를 잃은 채로 병원에 있었기 때문에 혐의 대상에서 벗어날 수 있었다. 한편 조앤은 1938년 더운 8월 밤에 아쉬운 듯 이런 글을 일기에 남겼다. "에덴 호텔에서 악셀과 만찬을 즐기고 함께 춤을 추었던 때를 생각했다. 정말 멋졌는데!!"

다음 날 일행은 다시 고딕풍 탑, 플라잉 버트레스(두 벽 사이에 아치 식으로 가로지른 지주), 훌륭한 정원 등이 완비된 방대한 규모의 코피츠 성으로 떠났다. 조앤은 이곳을 "전혀 매력적이지 않다"고 적었다. 이 성은 샤프구즈 가문 소유였는데, 그 가문은 슐레지엔 탄광을 기반으로 엄청난 부를 쌓아올렸다. 라티보르 일행은 이틀간의 테니스 토너먼트를 위해 코피츠 성에 초청을 받아 머무르게 되었다. 독일인다운 정밀한 계획 아래 준비된 토너먼트는 최상류층의 사교 모임이었다. 조앤은 이렇게 썼다. "약간 무서웠다. 많은 사람들의 시선을 받으며 테니스 경기장으로 걸어가야 했다." 기숙학교를 나온 지 겨우 몇 달밖에 안 된 세련되지 못한 잉글랜드 소녀에게 그건 주

눅 드는 일이었다. "아는 사람이 하나도 없었다. 백작이 내게 말을 걸었다. 수백 명의 하인이 있었다. 차를 마시고 우리는 빠르게 옷을 갈아입고 장비를 챙겨 간단히 경기를 즐겼다. 내 플레이는 썩 나쁘지 않아서 점점 자신감이 생겼다." 그녀는 덴마크의 조지 왕자에게 소개되었는데, 그 역시 열일곱 살이었다. 그녀는 이런 논평을 했다. "훌륭하고 건강한 청년이었다." 왕자는 그녀에게 자신이 얼마나 독일어를 싫어하는지, 또 그 말을 써야만 하는 상황이 얼마나 혐오스러운지에 대해 말했다. "그는 내게 이런 말도 했다. 독일 어머니들이 자기 딸을 나에게 마구 들이대는 게 얼마나 끔찍한지!" 실제로 조앤은 왕자의 침실이 "무척 신중하게도" 가장 예쁜 샤프구즈 가문 딸의 침실 맞은편에 배치되어 있다는 걸 눈치 채지 않을 수 없었다. 왕자는 인상적인 혈통을 지녔을지 모르지만, 테니스엔 영 소질이 없었다. 그와 한 조가 되어 혼합 복식 경기를 펼친 조앤은 이렇게 불평했다. "그는 정말 형편없는 선수였다. 간신히 웃음을 참은 것이 내가 할 수 있는 최대한의 노력이었다. 그는 공을 받아 넘기기 위해 빨리 달려가는 일조차 하려 들지 않았다!"

그래도 토너먼트는 멋진 행사였다. 조앤은 이렇게 썼다. "음료가 넘쳤고, 하인은 무리를 지어 있었고, 얼음과 모든 것이 갖춰졌다. 경탄할 만했다." 하지만 8월 8일, 테니스공이 코피츠 성의 뜰 주위로 이리저리 튀고 있을 그 시기에 히틀러의 고향 린츠 남쪽으로 삼백 마일 떨어진 곳에서는 새로운 마우타우젠 강제 수용소가 지어지고 있었다. 나치 독일의 가장 고질적인 적(다수가 지식인들이다)을 수용하기 위해 지어진 이 수용소의 숨은 의도는 그들을 지역 채석장, 광산, 그리고 군수 공장에서 노예 노동을 시켜서 몰살시키자는 것이었다. 한편 조앤이 테니스 경기를 치른 코피츠 성에서는 수상식이 열렸고, 이어 성대한 연회가 개최되었다. 조앤은 이렇게 썼다. "조지 왕자는 나를 저녁 식사에 데려갔다. 우리는 함께 좋은 분위기 속에서 시간을 보냈다. 나는 실제로 그와 저녁 내내 춤췄다. 람베드 워크(1930년대 영국에서 유행한 사교댄스)도 췄다. 많은 젊은 사람들이 그곳에 있었다. 우리는 모두 무척 유쾌하게 시간을 보냈다."

다음 날 조앤과 그녀의 친구들은 숲으로 둘러싸인 거대한 건물인 라우덴 성을 향해 떠났다. 사흘 뒤인 1938년 8월 12일 히틀러는 칠십오 만 병력을 동원했다. 그날 오후 조앤은 충치를 때우기 위해 글라이비츠*로 갔다. 열광적인 나치 당원인 치과 의사는 드릴을 쓰면서 그녀에게 국가사회주의의 장점을 강의하듯 떠들어댔다. 라우덴으로 돌아오는 길에 그들은 "수백 대에 이르는" 탱크와 군인을 가득 실은 대형 트럭을 만났다. 조앤은 "모든 게 약간 겁이 났다"고 적었다. 하지만 그러한 불안은 그녀가 말을 타고, 차가운 숲속 수영장에서 수영을 즐기고, 파티에 참여하고, 짓궂은 장난과 매일 테니스를 즐기는 일상에 다시 빠져들면서 차츰 사라졌다.

조앤에게 특히 즐거웠던 일은 공작과 함께 사냥하러 떠나는 것이었다. 아침마다 그들은 여섯 시에 만나 오렌지색 밝은 흙받이와 초록색 덮개가 달린 오래된 헌털뱅이 포드 자동차를 타고 사냥터로 떠났다. 그런 여행 중 하나를 마치고 돌아와 조앤은 일기에 이렇게 썼다. "멧돼지를 봤는데 무척 흥분되었다. 보기는 했지만 총을 쏠만

---

*   거의 일 년 뒤인 1939년 8월 31일 소위 "글라이비츠 방송국 공격 사건"이 발생했다. 나치에 의해 조작된 이 사건은 히틀러에게 다음 날인 9월 1일 폴란드를 침공할 구실을 제공했다.

큼 가깝지는 않았다." 비가 오는 날 그녀는 개를 데리고 숲속 깊이 산책하는 걸 좋아했고, 때로는 대책 없이 숲속에서 길을 잃기도 했다. 8월 17일 그녀는 지역 농부들에 의해 구조되었다. "농부들에 관해 말하자면, 모두 무척 가난했지만 매력적인 사람들이었다. 그들이 이전에 젊은 잉글랜드 여자에게 말을 걸어본 적이 있을 거라는 생각은 들지 않는다." 이 날, 유럽식 이름을 쓰는 유대인은 그들을 금방 알아볼 수 있게 남자면 "이스라엘", 여자면 "사라" 같은 식으로, 기존 유럽식 이름을 의무적으로 바꾸라는 나치 정부의 명령이 떨어졌다.

1938년 9월(그리고 뉘른베르크 대회)이 다가오자 주데텐 지방을 체코슬로바키아에서 분리하여 나치 독일에 편입해야 한다는 히틀러의 요구는 점점 공격적으로 변해갔다. 주데텐 지방은 제1차 세계대전 이전 오스트리아에 속하며 독일어를 쓰는 민족이 주로 거주하는 지방(모라비아와 보헤미아, 그리고 체코 슐레지엔의 경계에 있다)의 일부로 구성되어 있었다. 하지만 정치적 상황이 더욱 위협적이 될수록 라우덴 고성에서의 생활은 마법과도 같은 거품 속에서 더욱 잘나가는 것처럼 보였다. 그렇지만 임박한 위기에 대한 느낌은 거의 틀림없이 그해 젊은이들의 즐거움에 위기감을 더했을 것이다. 그래도 머지않아 상부 슐레지엔의 유력 독일 가문을 전복시킬 재앙이 들이닥쳐 영원히 그들의 생활 방식을 파괴할 것이라고 예측할 수 있었던 사람은 극히 적었다. 어느 날 저녁 이웃한 성에서 조앤은 프라하에서 온 의사를 만났다. "그는 내게 체코인들이 무슨 일이 일어나더라도 싸울 것이라고 말했다. 그들은 자국 영토의 단 한쪽이라도 침탈하려고 한다면 싸울 것이라는 결의를 보였다." 그녀의 일기에서 이런 정치적인 언급은 드물다. 실제로 조앤이 라티보르 가문과 함께 있는 내내 유럽이 전쟁 일보 직전에 와 있었다는 사실을 그녀의 일기에서는 추측하기가 어렵다. 결국에 그녀가 이제 휴가를 끝내고 떠나야 할 시간이라고 결정한 건 공작이었다. 하지만 그녀가 떠나가기 전에 마지막으로 파티가 열릴 예정이었다.

무도회가 열리는 저녁에 공작과 그의 아들들은 맞춤 라티보르 가문 연미복을 입어서 눈부시게 빛나고 있었다. 조앤은 "모두가 좋아했던" 검은 얼룩무늬 드레스를 입기로 했다. 육십 명의 손님이 야회복을 갖춰 입고 다섯 코스로 구성된 저녁을 즐겼다. 공작부인과 귀도 헨켈 폰 도너스마르크가 티롤 춤과 비엔나 왈츠를 "무척 경탄할 만하게" 춘 다음에, 지역 밴드가 특히 유쾌하게 음악을 연주하면서 춤판은 새벽 네 시까지 이어졌다. 조앤은 이렇게 썼다. "하인들 역시 춤췄지만, 벽의 다른 쪽에서 따로 어울려 놀았다."

이어 그녀가 머무르는 마지막 날인 1938년 8월 31일 수요일이 왔다.

짐을 다 쌌고, 내 큰 트렁크가 보내졌다. 연못에서 목욕을 했고, 공작부인도 왔다. 테니스 경기에서, 나는 프란츠 알브레히트를 납작하게 만들었다. 공작 등이 그 모습을 봤다. 전부 엄청나게 재밌었다. 이어 프란츠 알브레히트와 나는 숲을 따라서 작별 승마를 오래 함께 했다. 나뭇잎은 눈부시도록 아름다운 색깔로 변했다. 나는 슬픈 기분이 들었다. 시간이 무척 늦어 주위가 깜깜해졌기에 천천히 말을 달려 온 길을 되돌아갔다! 마지막으로 사냥터 오두막집을 들렀다. 정말 매력적인 곳이었다. 작별 만찬을 즐겼다. 커피 아이스크림소다를 넉 잔이나 마셨다. 열 시 반이 되자 모두 잠자리로 갔다. 나는 공작에게 안녕히 주무시고 안녕히 계시라는 인사를 했다. 공작부인과는 볼을 스치는 인사를 했다. 프란츠 알베르히트는 내가 바랐던 음반을 가져왔다. 공작부인은 또 다시 잘 가라는 인사말을 했고, 다시 볼로 인사를 나눈 뒤 떠났다. 다른 모든 사람들도 잘 자고 잘 가라는 인사를 했다. 프란츠 알베르히트는 마지막으로 빠르게 작별 인사를 건넸다.

마지막으로 짐을 싼 뒤 조앤은 라디오에서 빅 벤 소리를 들었다. 그녀는 새벽 세 시에 일어났다. "프란츠 알베르히트의 방에 발끝으로 걸어 들어갔다! 쪽지와 음반을 남겼다." 집사는 그녀에게 아침을 제공하고 차까지 호송했다. 이후는 "그녀 인생에서 우정과 보람으로 가득했던 가장 행복한 두 달과 라우덴 고성, 그리고 라티보르 가문과의 작별"이었다. 거의 정확히 일 년 뒤인 1939년 9월 18일 호엔로에 쉴링스퓌르스트 세습 공작 빅토르 폰 라티보르 중위는 바르샤바에서 서쪽으로 사십 마일 떨어진 브로후프에서 일어난 전투 중 포격을 받아 탱크 안에서 산 채로 불타 죽었다.

조앤은 이슬비 내리는 잿빛 새벽에 라우덴 고성을 떠났다. 체코 국경에 있는 오더베르크로의 자동차 여행은 한 시간이 걸렸다. 그녀는 기사에게 팁을 주고 공작부인에게 전하는 쪽지를 남긴 뒤 비엔나 행 기차를 탔다. 체코 쪽에는 살벌한 가시 철망이 감긴 콘크리트 장벽이 세워져 전쟁이 어느 때라도 벌어질 수 있다는 걸 음침하게 암시했다. 그녀는 역과 기차에서 얼마나 많은 여자가 일하는지 보고 놀랐다. 기차가 움직이기 시작하자 비가 퍼붓기 시작했다. 그녀는 이렇게 썼다. "모든 게 우중충했고, 철저하게 우울했다." 겨우 두 시간 전에 라우덴 성을 떠났지만, 그곳에서 보낸 그녀의 여름 휴가는 이미 아득히 동떨어진 삶처럼 보였다.

기차가 오스트리아 국경에 멈췄을 때 나치 관리가 승객의 문서를 확인하고자 기차에 탔다. 조앤은 서둘러 라우덴을 떠나느라 오스트리아 재입국 비자가 필요하다는 걸 잊어버렸다. 경비대원은 천천히 그녀의 여권 페이지를 넘겼고, 각 페이지를 주의 깊게 검토했다. 그리고 여권을 돌려주면서 기차에서 내려 오스트리아 입국을 허락받으려면 프라하로 가서 올바른 비자를 얻어 와야 한다고 말했다. 프라하라니! 그야말로 절망적인 순간이었다. 조앤은 돈도 없고 (나라 밖으로 10마르크 이상 가지고 나가는 건 불법이었다), 체코슬로바키아에서 도움을 요청할 사람과 연락할 방법도 없었다. 그녀는 여자의 기지를 발휘하여 눈물을 흘리기 시작했고, 그건 효과가 있었다. 경비대원은 그녀가 나치 독일에 위협적인 사람이 아닐지도 모른다고 혼잣말을 중얼거리더니 더는 아무 말도 하지 않고 그냥 열차 차량에서 내렸다.

비엔나에서는 잘츠부르크 행 기차를 타기 전에 약간 시간 여유가 났다. 그녀는 그 도시에서 미국인 집에 머무를 예정이었다. 그녀는 대절 택시를 빌렸다. "가격은 비싸지만 그 도시의 모든 걸 볼 수 있었다." 기사는 대절 손님을 받아서 기뻐했다. 조앤은 이런 글을 남겼다. "그는 무척 우울한 상태였다. 외국인이 없어 택시 요금을 많이 올릴 수가 없다는 것이었다." 그녀는 기차역이 엄청나게 슬픈 장소였다고 말했다. "소규모 유대인 무리가 눈물을 글썽이며 손을 흔들고 작별 인사를 전했다." 잘츠부르크로 향하는 기차도 마찬가지로 암울했다. "기차는 떠나는 유대인으로 붐볐다." 하지만 적어도 다뉴브 강을 따라 보이는 풍경은 매력적이었다. "린츠 등. 히틀러가 오스트리아로 승리의 진군을 한 길. 국경으로 향하는 기차에서 많은 군인을 만났다. 우리 기차는 오래 지연되었다. 린츠 기차역에서 가장 저렴하고 가장 훌륭한 차를 마셨다. 전혀 울적한 기분이 나아지지 않았다. 멋진 케이크의 커다란 한 조각과 커피 한 잔을 6펜스에 샀다. 정말 멋졌다!"

그녀의 하숙집 여주인 이디스 켈러는 십이 년 동안 오스트리아에 살았다. 그녀가 조앤에게 저녁을 먹으며 설명한 것처럼 독일인들이 다섯 달 전에 도착했을 때 오스트리아인들은 엄청나게 기뻐하며 그들을 맞이했다. 히틀러의 고향 린츠는 특히 더 그러했다. 그들은 자신들이 딱히 직접 노력을 기울이지 않아도 독일인들이 자국을 번영시킬 것이라고 믿었다. 이제 그들은 그 어느 때보다도 열심히 일했지만, 여전히 가난했다. 그 결과 오스트리아 사람들은 평소의 유쾌함과 매력을 잃었다. 무엇보다 오스트리아인은 국가에 의해 조직되는 걸 혐오했다. 그러나 합병에 환멸을 느끼는 정서가 널리 퍼졌어도 적극적인 저항은 없었다. 켈러 부인에 따르면 군대나 히틀러 청년단에 들어가는 걸 피하기 위해 많은 오스트리아인들이 산으로 도망쳤다. 외국인들은 오스트리아를 찾아오지 않았고, 가장 좋은 호텔은 강제로 '즐거움을 통한 힘'의 단체 관광객을 정상보다 절반 가격으로 받아들여야 했다.

그것은 사태의 음울한 개요였지만, 잘츠부르크 주변 아름다운 풍경을 보며 조앤이 느끼는 즐거움은 전혀 망쳐 놓지 못했다. 그럼에도 불구하고 그녀는 지금이 떠나야 할 시간이라는 걸 알았다. 1938년 9월 4일 하룻밤 사이에 전쟁이 벌어질 일은 없다는 걸 뉴스에서 확인한 다음, 그녀는 뮌헨 행 기차에 올랐다. 며칠 뒤 그녀는 제네바 행 기차에 탑승했다. 기차가 스위스 국경을 통과하자 그녀는 기쁨과 안도감이 온몸에 밀려들고 있음을 느꼈다.

18

"수상한 평화"와 깨어진 유리

조앤 웨이크필드가 독일을 떠난 9월 6일은 1938년 뉘른베르크 나치 전당대회 첫날이었다. 오스트리아 합병을 기념하고자 이번 전당대회에는 "더 위대한 독일의 집회"라는 명칭이 붙었다. 하원의원 텔마 카잘렛Thelma Cazalet은 그 행사에 참여하는 다른 영국 "귀빈" 대다수와 달리 강경한 반 나치 인사였다. 리벤트로프의 초청을 받아들인 것도 그저 "현지에서 무슨 일이 벌어지는지 아는 것"[1]이 중요하다고 생각했기 때문이었다. 방문 첫날 밤 그랜드호텔의 식당에 들어서자마자 그녀는 기다란 "영국" 테이블에 부모인 리즈데일 남작 부부와 함께 유니티 미트포드가 앉아 있는 걸 발견했다. 그녀는 일기에 이렇게 적었다. "유니티는 놀랄 정도로 아름다웠다. 하지만 그처럼 아무 매력도 없이 다소 멍청한 표정을 짓고 앉아 있는 미인은 일찍이 단 한 번도 본 적이 없다."

텔마는 뉘른베르크 일정을 즐기지 않았다. 그녀는 거세게 퍼붓는 빗속에서 삽을 총처럼 어깨에 멘 노동자 부대가 다리를 굽히지 않고 높게 드는 구스스텝으로 총통 앞을 지나가는 모습을 몇 시간 동안 쳐다봤다. 그녀는 자동차 문에 손가락이 끼여 짜증이 나기도 했고, 독일 경호원의 안내를 받으며 이류 오페라를 보는 것도 싫어 했다. 하지만 그녀가 당한 최악의 순간은 어느 날 아침 『더 타임스』 지를 펼쳤는데 주데텐 지방의 합병이 임박했다는 기사를 읽던 때였 다. 그녀는 이렇게 썼다. "이날은 뉘른베르크에 와 있던 영국 인사 들에게는 좋지 못한 날이었다. 나는 최대한 신속하게 귀국했고, 루 스벨트 대통령에게 해외 전보를 보내 어서 유럽으로 와서 평화 유 지의 노력을 해달라고 요청해야겠다 생각했다."

트루먼 스미스가 볼 때, 대회 마지막 날(9월 12일) 있었던 히틀 러의 공격적인 기조연설은 "제1차 세계대전 이래 가장 중요한 사건 중 하나"[2]였다. 사흘 뒤 네빌 체임벌린은 히틀러를 만나고자 베르히 테스가덴으로 날아갔다. 스미스는 그의 딸에게 보낸 편지에서 이렇 게 상황을 설명했다.

수요일 저녁, 내가 동프로이센 쾨니히스베르크 호텔에서 저녁을 먹고 있을 때 신문 배달 소년이 신문사에서 막 나온 특별 석간을 모든 테이 블에 가져오더구나. 신문은 몇 년 동안 세상이 들은 뉴스 중 가장 믿기 어려운 소식을 담고 있었어. 잉글랜드의 체임벌린 총리가 히틀러에게 베르그호프 산장에서의 면담을 요청했고, 다음 날 바로 날아갈 준비를 했다고 하더구나. 나는 주변 탁자에 있는 많은 담당관과 독일 관리들 을 둘러봤단다. 모두가 말문이 막혀 있었어. 많은 외국인들의 얼굴에 는 조심스러운 경계가, 모든 독일인의 얼굴엔 행복이 드러나 있었지.

마치 유럽에 운명의 시간이 닥쳤다가 지나간듯한 모습이더구나.

다음 날의 면담은 현대사에서 가장 역사적인 사건 중 하나였어. 체임벌린은 히틀러에게 체코슬로바키아 해체를 개인적으로 지지하지만, 영국의 내각이나 프랑스 정부의 동의를 받지 않아서 먼저 영국으로 돌아가 승인을 받아야 한다고 했더구나 …… 일요일에 18대 영국 내각은 체코슬로바키아의 독일인 거주 구역을 독일에게 이양해야 한다는 체임벌린의 계획을 승인했어 …… 체임벌린과 히틀러 사이의 새로운 만남이 오늘 22일에 라인 강 인근 고데스베르크에서 예정되었어. 너도 기억할는지 모르겠는데, 그곳은 쾰른 성당이 멀리 보이는, 드라헨펠스*의 그림자에 싸인 작고 조용한 도시지 …… 체임벌린의 방문은 영국과 프랑스가 체코슬로바키아를 위해 절대 싸우지 않으리라는 의사 표시란다.[3]

이런 협상이 벌어지던 때 스위스 사업가 누마 테타스는 여전히 바이에른에서 근무하고 있었다. 그의 책 『나는 그곳에 있었다, 국가사회주의의 20년』은 흥미진진한 읽을거리이다. 하지만 1944년에 발행되었기 때문에 그때는 르네 쥐베라는 필명을 사용했다. 히틀러가 처음으로 권력을 쥔 이래 그는 국가사회주의가 사업 동료들에게 주는 영향을 점점 더 비관적으로 바라보아 왔다. 그는 많은 유대인 친구가 있는 그의 상급자가 어떻게 헌신적인 나치 당원으로 변모했는지 언급했다. 그는 테타스에게 스위스가 그저 자중하기만 하는 걸론 충분하지 못하다고 경고했다. 앞으로는 모든 사람이 적극적으

• 용바위, 라인 강의 관광 명소다.

로 총통을 지원하는 모습을 보여야 한다는 것이었다.

1938년이 되자 경영진 절반과 회사 노동자 중 4분의 1이 나치 당원이 되었다. 체임벌린과 히틀러의 첫 면담이 성사될 무렵에 테타스의 직장에서는 압제적인 분위기가 만연했고 그들의 업무는 난장판이 되어 버렸다. 테타스는 이런 사정을 솔직하게 써내려갔다. 회사 내에서 가장 열성적인 나치 당원은 팔 일 안에 체코인들이 "쓰레기통에 내버려질 것"이라고 떠들어댔다. 이어 몹시 충격적인 두 정상의 만남이 벌어졌다. 테타스는 이렇게 썼다. "나는 체임벌린이 베르히테스가덴에서 히틀러와 만난다는 발표보다 더 놀라운 소식을 들어본 기억이 없다."

한 동료는 테타스에게 이런 말을 했다. "두고 보라고. 평화가 지켜질 거고, 총통은 폭력 없이도 목표를 성취할 거니까. 독일과 영국이 이미 근본적으로 동맹 관계가 아니었다면 그 늙은 체임벌린이 베르히테스가덴을 방문하는 모험을 저지르지 않았을 거야. 협상이 실패하면 그는 희생양이 될 테니까 말이야." 그 열성 나치 당원은 의기양양했다. 두 게르만 지배자 민족, 즉 독일과 영국 사이의 세계 분할은 독일에겐 동유럽에서의 생활권을 제공하고, 영국에겐 바다의 지배권을 계속 허용할 것이었다. 독일은 마침내 아프리카의 빼앗긴 식민지를 되돌려 받을 터였다. 하지만 식민지 반환은 지금으로서는 덜 긴급한 문제였다. 곧 동부 유럽에 충분한 땅을 얻게 되어 그곳에서 대대로 독일 시민들이 살아가게 될 것이기 때문이었다.

노동자들의 반응은 이와는 완전히 달랐다. 다수가 여전히 마르크스주의를 고수했다. 나치 스파이가 그들 사이에 심어져 있었기에 여러 사람들이 색출되어 강제 수용소로 보내졌다. 그들 역시 체임벌린을 평화의 메신저로 여겼지만, 동시에 독일인을 히틀러에게서 해방시킬 외부 인사로 보기도 했다.

그해 9월 회사 직원들 중 다수가 징집되었는데, 여기엔 회계사도 포함되었다. 테타스는 이렇게 말했다. "그는 괴로운 표정을 지으며 떠났다. 현재의 돌아가는 상황이 불길하게 보였던 것이다. 그는 손에 총을 쥐고 전선으로 나가서 국가사회주의자들을 지키는 것보다, 후방에 머무르면서 나치의 사상을 소중히 여기며 찬양하는 걸 더 좋아했던 것이다."

독일이 체코슬로바키아 일부 지역을 합병하는 것을 허용한 뮌헨 협정은 1938년 9월 30일에 서명되었다. 그날 테타스는 뮌헨에 있었다. 그는 모든 시민이 네 명의 정상들, 그러니까 히틀러, 무솔리니, 체임벌린, 그리고 달라디에의 모습을 보려고 애썼다고 말했다. 그날은 아름답고 따뜻한 가을날이었는데, 사람들은 "히틀러 날씨"라고 했다. 시내 전역에서 네 나라의 깃발들이 부드러운 미풍을 받으면서 가볍게 펄럭거렸다. 이번만은 유니언잭(영국 국기)과 트리콜로르(프랑스 국기)가 스와스티카 깃발 옆에서 함께 나부끼고 있었다. 테타스는 심지어 협정 체결 소식이 전해지기 전에도 그 회담의 성공적인 결과를 의심하는 사람은 아무도 없었다고 말했다. 영국 총리는 뮌헨 어디를 가든 기뻐하는 군중의 환호를 받았다. 스위스인 테타스는 이런 지적을 했다. 특이하게도 이번만큼은 나치의 프로파간다가 대중의 진정하면서도 자발적 반응을 이끌어내고 있었다.

나중에 테타스는 엄청나게 나치를 싫어하는 친구들과 저녁 식사를 함께했다. 그들 역시 자신들의 반 나치 성향에도 불구하고 이제는 평화가 확실히 정착된 것처럼 보였기에 행복하고 흥분된 모습

체임벌린의 연설

뮌헨 협정을 마치고 영국으로 돌아온 체임벌린이 대중 앞에서 연설하고 있다. 연설은 이곳 헤스톤 공항과 총리 관저 앞 두 곳에서 이루어졌다. "이것은 전 유럽에 평화를 가져올 수 있는 더 큰 해결책의 서곡에 불과합니다……. 나는 이것을 우리 시대의 평화Peace for our time라 믿습니다." 여기서 '우리 시대의 평화'란 1878년 베를린 회의를 마치고 돌아온 벤저민 디즈레일리의 말에서 인용한 것이다.

이었다. 그들은 비록 나치 정권을 혐오하기는 했지만 그렇다고 그 정권을 붕괴시키기 위해 전쟁을 해야 한다고 생각할 정도는 아니었다. 이어 체코슬로바키아에 관한 독일의 요구가 완전히 충족되었다는 놀라운 소식이 들려왔다. 뮌헨의 시민들 사이에선 형언할 수 없는 기쁨이 흘러넘쳤다. 어마어마한 군중이 체임벌린과 달라디에가 머무르는 호텔 밖에 모여 그들에게 발코니에 나와 얼굴을 보여 달라고 거듭 요청했다. 테타스는 친구들과 함께 옥토버페스트 기념행사에 갔다. 그는 이전에도 그 행사에 참석한 적이 있었지만, 이번처럼 행복한 행사는 일찍이 본 적이 없었다. 맥주는 끊임없이 공급되었고, 그러는 사이에 광대한 천막 안에서 행복하고 근심 없는 사람들이 팔짱을 끼고 긴 줄을 형성하여 브라스밴드의 음악에 맞추어 포크 댄스를 추면서 온밤을 즐겁게 휘청거렸다. 히틀러가 독일 민족을 위하여 위대한 제3제국을 달성한 것이었다. 그는 전쟁을 하지 않고서도 혐오스러운 베르사유 평화 조약을 극복했고, 실직을 없앴고, 어제의 적을 친구로 돌려놓았다.

그 회사의 자물쇠 제조공은 축하 행사에 참가하지 않았다. 그가 독일 내에서 이런 흥분에 아무런 감동도 받지 않은 유일한 사람은 아니었다. 하지만 그는 그런 축제의 날에 자신의 진짜 감정을 표현하는 건 자살 행위나 다를 바 없다는 걸 잘 알았다.[4]

*   *   *

10월 중순이 되자 독일의 일상생활은 다소 정상으로 돌아왔다. 뮌헨에 기반을 둔 미국의 '대학 2학년 해외 연수' 프로그램의 책임자인 에드먼드 밀러는 본국의 집행부에 이런 보고서를 보냈다.

며칠 동안 우리는 뮌헨 협정이 기대했던 영구적인 결과를 도출하지 못할 것을 두려워했고, 또 며칠 동안은 정반대로 세상이 무척 안정되어 보였습니다. 여기선 온갖 부류의 의견을 들을 수 있습니다. 유럽의 평화를 체임벌린 덕분이라고 하는 사람부터 잉글랜드의 나약함을 조롱하면서, 서유럽 정치인들을 자신의 요구에 굴복시킨 히틀러의 업적을 자랑하는 사람까지 다양합니다. 우리 건물엔 괴팍한 노인이 하나 있는

데 전쟁을 안 한다고 개탄하고 있습니다! 하지만 대체로 독일인들은 전쟁을 모면한 것을 아주 다행스럽게 여깁니다.[5]

트루먼 스미스 역시 유럽 전역에서 위기 상황이 진정되었다고 딸을 안심시킬 수 있었다.

체코슬로바키아에서 군대가 본국으로 돌아오고 있고, 예비군이 제대하는 중이며, 징발되었던 말과 자동차가 주인에게로 돌아갔어. 우리는 드레스덴으로 어제 내려갔어 집으로 돌아오는 동안 우리의 진행 방향 차선은 기다란 자동차 행렬이 끼여드는 바람에 아주 느려졌지. 주기지(主基地)를 향해 북쪽으로 움직이는 자동차들이었어. 모든 자동차와 군인이 꽃 장식을 달고 있었고, 나무로 된 포대 바퀴는 바퀴살에 화관을 두르고 있었지. 진흙투성이가 된 꽃을 보고 있자니 무척 흥미로웠단다.[6]

그의 부인은 이런 글을 남겼다. "당면한 전쟁에서 평화로의 전환은 정말 감동적이었다 …… 나는 아주 명한 기분이었고 다른 사람들도 마찬가지였다. 이제 폭탄이 삼십 분 안에 도시에 떨어질지 모른다는 걱정은 하지 않아도 되었다! 그건 정말 믿기지 않는 환상적인 일이었다."[7]

하지만 트루먼 스미스의 편지가 작성되고 삼 주도 채 지나지 않아 '수정의 밤Kristallnacht'이라는 파멸적인 소식이 들려왔다. 1938년 11월 9일 밤 독일 전역의 유대인 상점이 무자비한 파괴 행위로 박살이 났고, 1백 명의 유대인이 살해되었으며, 그 이상의 무수한 유대인이 두들겨 맞거나 굴욕을 당했다. 그 뒤로 수천 명의 유대인이 체포되어 강제 수용소로 압송되었다. 히틀러의 독일에 기대를 건 외국인들에게 '수정의 밤'은 너무나 충격적인 일로 다가왔다. 이 사건은 그나마 빈약하게 남아 있던 유화 정책의 논리를 모조리 무너뜨렸고, 불과 여섯 주 전에 서명된 뮌헨 협정이 신기루라는 현실을 온 천하에 보여주었다.

케이 스미스는 즉시 딸인 케첸에게 편지를 보내 어떤 일이 벌어졌는지 설명했다. "지난밤 독일 전역에서 모든 유대인 상점 창문이 박살났단다. 명분은 독일 태생 폴란드계 유대인에게 살해된 파리 주재 독일 대사관 서기관 에른스트 폰 라트의 복수를 한다는 거였어. 이건 미래의 유사한 사건에 대한 경고이기도 했단다."[8] 드레스덴에서 실비아 모리스는 유대인 백화점 '에탐스'가 약탈되는 걸 목격했다. 그녀는 당시를 이렇게 떠올렸다. "드레스덴은 평화롭고 친 나치 성향의 도시가 아니었기에 그것은 중대한 사건이었다. 퇴흐터하우스(여성 전용 호스텔)에 있던 우리 젊은 여자들은 잔뜩 겁먹은 집주인 아주머니를 설득하여 가게에 가서 물건을 좀 사오게 했다. 우리는 창문을 모두 열고 멘델스존의 곡을 목이 터져라 불렀다."[9]

마거릿 브래드쇼는 11월 9일 밤에 자기가 베를린에 와 있을 거라고 전혀 예상하지 못했었다. 평소 스케줄대로라면, 그녀는 인도 정무국 책임자인 남편 존 브래드쇼 대령과 함께 인도의 조드푸르에서 살고 있어야 했다. 하지만 심한 안질 때문에 치료차 영국에 일시 귀국할 수밖에 없었고, 영국에 돌아와서는 그런 눈병을 치료해줄 수 있는 의사가 딱 한 명인데 베를린에 있다는 정보를 들었다. 그녀는 그 의사를 만나기 위해 베를린으로 왔고, 어느 옷가게 건너편의 비싸지 않은 호텔에 투숙했다. 그런데 마침 그 옷가게의 진열장에 그녀가 그토록 사고 싶어 하던 진홍색 드레스가 전시되어 있었다. 하지만 치료에 얼마나 돈이 들어갈지 몰라 선뜻 그 옷을 살 수가 없었다. 그녀는 두 번의 고통스러운 주사 치료를 받은 뒤 그다음 날 잉글랜드로 돌아가기 전에 그 옷을 살 수 있는 돈이 간신히 남아 있다는 걸 알고서 크게 기뻐했다. 그날 밤 그녀는 혼곤히 깊은 잠에 빠져들었지만, 엄청난 고함 소리와 유리창 깨어지는 소리를 희미하게 들었다. 다음 날 그녀는 아침 일찍 일어났다. 어서 빨리 드레스를 사러 가야지 하는 마음뿐이었다. 하지만 침실 커튼을 걷었을 때 그녀는 옷가게 진열장이 산산조각 나고 드레스가 사라져버린 광경을 목격하게 되었다.[10]

슈투트가르트의 미국 총영사 새뮤얼 호내커는 그날 밤 불타던 유대교 회당의 모습을 전했다.

11월 10일 이른 아침 사실상 뷔르템베르크, 바덴, 그리고 호엔촐레른 등 적어도 열두 곳의 모든 유대교 회당이 불에 탔다. 잘 훈련되고, 철저히 준비를 한 평복 입은 젊은 남자들이 불을 지른 것이었다. 그런 소행이 사실상 이 지방의 모든 도시에서 동일하게 벌어졌다. 즉 투트가르트, 칼스루에, 프라이부르크, 하이델베르크, 하일브론 등에서도 똑같은 일이 벌어졌다. 유대교 회당의 문은 강제로 열렸다. 그들은 건물의 여러 부분과 비품들에 휘발유를 잔뜩 뿌리고서 불을 질렀다. 성전(聖典), 기도서, 그 외의 여러 성물들이 화염 속으로 던져졌다. 이어 지역 소방대가 신고를 받았다. 슈투트가르트의 시청 직원들은 소방대에 명령하여 공문서와 통계를 기록한 문서는 태우지 말고 남겨두라고 지시했다. 그 외에 소방대는 불이 다른 곳으로 퍼지는 걸 막는 작업만 했다. 몇 시간 만에 유대교 회당은 검은 연기가 피어오르는 폐허 무더기로 변했다.[11]

테타스는 11월 10일 바이로이트의 다 타버린 유대교 회당을 차를 타고 지나가면서 그 끔찍한 참상을 처음 보게 되었다. 소방관들이 서서히 타는 폐허에서 새까맣게 탄 비품을 꺼내는 모습을 보며 군중은 행복하고 들뜬 모습이었다. 그는 전날 밤 뉘른베르크에서 유대인 친구들과 함께 시간을 보냈다. 음악과 와인을 곁들인 세련된 밤이었다. 그를 초대한 연로한 유대인 주인은 제1차 세계대전에서 한쪽 눈과 한쪽 다리를 잃었고, 철십자장 1급과 2급의 무공 훈장을 수여받은 사람이었다. 친구들이 걱정된 테타스는 차를 돌려 곧장 뉘른베르크로 이동했다. 그가 도시 북쪽 교외에 있는 친구 집에 도착했을 때 철저한 파괴의 현장이 그를 맞이했다. 집의 문들은 경첩에서 뜯겨 나갔고, 가구는 정원 사방에 흩뿌려져 있었으며, 수도꼭지에서는 물이 졸졸 흐르고 있었다. 테타스가 불과 몇 시간 전에 연주했던 훌륭한 스타인웨이 피아노는 도끼를 맞아 산산조각 나 있었다. 모든 그림은 칼로 북북 그어져 있었다. 그의 친구 부인은 온몸에 멍이 든 채로 나타났다. 그녀의 남편은 병원으로 실려 갔지만 이튿날 사망했다.

훗날 테타스는 뉘른베르크 지사의 대표와 '수정의 밤'에 관해 이야기를 나눴다. 대표는 SA돌격대 소속이었지만, 테타스는 그를 폭력적이지 않은, 아주 부지런한 사람이라고 생각했다. 그는 이 스위스인에게 자신은 그런 폭력을 증오하여 참지 못했을 것이니 그날 밤 뉘른베르크에 있지 않았던 게 참으로 다행이고, 그래서 안도감을 느낀다고 말했다. 테타스는 이어 그 대표에게 뉘른베르크 현장에 있었다면 그런 폭행에 가담했을 것이냐고 물었고, 이런 대답이 돌아왔다. "물론이지. 명령은 명령이니까."[12]

최근 베를린으로 돌아온 에밀리 보에처는 다가올 봄에 있을 콘서트 투어를 위해 맹연습 중이었다. 11월 11일 그녀는 잉글랜드인 남편에게 편지를 보냈다(그들은 오 주 전에 증기선 워싱턴 호에서 만났다). 그녀는 이렇게 썼다. "여기서 벌어진 약탈 행위에 대해 당신도 듣고 읽은 바가 있을 거라고 생각해. 정말 지독한 경험이었어. 나는 우연히 외출했다가 그들이 뉴먼의 피아노 가게에 돌을 던지고 쇼윈도에 전시된 기구를 망가뜨리는 걸 현장에서 목격하게 되었어. 도시의 모든 유대인 가게가 완전히 파괴되고 유대교 회당은 불탔어 …… 쿠담 거리는 마치 소규모 공습이 한바탕 휩쓸고 간 것처럼 보였지." 하지만 두 달 뒤 그녀는 남편에게 이렇게 말할 수 있었다. "베를린은 런던 다음으로 무척 조용한 것 같아. 거리에는 쇼윈도를 아이쇼핑 하면서 걷는 사람들 말고는 사람이 다니지 않아. 박살난 창문 대부분은 교체되었고, 가게는 아리아인들한테 팔렸어. 예전 유대인 상점은 이제 주인만 바뀌었을 뿐 사업은 잘 되고 있는 것 같아. 전보다 더 나은 상품을 팔고 있으니까."[13]

무심하게 거리를 지나치는 외국인 관광객들은 실상을 볼 수가 없었다. 실제로 유대인의 참상은 '수정의 밤' 이후 몇 주 동안 거의 보이지 않았다. 보에처가 지적한 것처럼, 독일의 도시들은 이내 예전의 통상적인 겉모습을 되찾았을 뿐 아니라 사실상 거리에서 유대인이 전혀 보이지 않게 되었다. 유대인의 생활을 통제하는 온갖 제약이 너무나 가혹해서 외국인 방문객은 나치 독일을 몇 주 동안 여행하더라도 유대인을 한 명도 보지 못하는 일이 얼마든지 가능했다. 하지만 스물세 살의 매닝 클라크는 독일에 도착하고 며칠 동안 유대인이 겪는 고통을 온전히 목격하게 되었다. 장차 역사가가 될 그는 같은 호주인이자 여자 친구인 딤프나 로더바익을 찾아왔다. 그는 베일리얼 칼리지에서 장학금을 받아가며 옥스퍼드 대학을 다니고 있었고, 반면 그녀는 1933년 뮌헨에서 일 년 동안 학교에 다녔는데, 이젠 세월이 흘러 본 대학에서 박사 과정을 밟는 중이었다.

'수정의 밤' 사건이 벌어지고 정확히 한 달 뒤인 12월 11일 이 두 사람은 저명한 지질학자이자 지리학자인 앨프리드 필립슨 교수의 초대를 받아 교수의 집으로 차를 마시러 갔다. 그는 유대인이었다. "그의 부인은 무척 애처로웠다." 클라크는 일기에 이렇게 적었다.

그녀의 목소리와 표정은 참기 어려운 부담을 겨우 견디고 있다는 걸 보여주었다. 그녀는 엄청난 슬픔 때문에 무척 풀이 죽어 있었다. 그녀의 딸은 담배를 피웠고, 침착한 표정을 보이려고 애썼다. 교수는 무척 화를 냈다. "우리는 이 사방 벽으로 둘러쳐진 공간 안에서 살고 있어. 이런 상황이 얼마나 오래 지속될지는 아무도 모를 일이네. 다른 나라들은 우리 처지가 정말 안 되었다고 말들은 엄청나게 많지만, 행동은 전혀 하지 않네." 교수의 눈은 분노로 이글거렸다. 그의 말은 단호하고, 짧고, 거의 삐걱거리고 있었다.

클라크는 일흔넷 노교수의 곤경에 분노를 느끼기는커녕 오히려 이런 글을 남겼다. "유대인을 보고 교활하다고 욕하는 비판을 이해할 수 있을 것 같았다. 필립슨은 나치에 대하여 아주 나쁘게 말했고, 그런 신랄한 비난에 걸리면 온전히 남아 있을 게 없을 것 같았다. 그의 어조에는 악의가 있었다. 나치에 대한 경멸감이 언사의 배경에 어른거렸다. 그는 영악한 비판의 화신 같았다. 유대인 문제는 무척 복잡한 것이다."*

다른 상황에서, 어느 은퇴한 본 대학 물리학 교수는 클라크에게 최근의 유대인 학살에 대한 강력한 반감을 표현했다. 하지만 그 교수는 자신의 말을 인용하지는 말아달라고 클라크에게 요청했다. 노교수는 히틀러가 그런 악랄한 일과 아무런 관련이 없다고 확신했다. 총통이 그런 일을 사전에 알았더라면 절대로 그냥 내버려두지 않았을 것이라는 뜻이었다. 클라크는 이렇게 말했다. "이때 나는 처음으로 히틀러라는 사람이 신성불가침의 존재라는 걸 깨닫게 되었다. 히틀러는 의심스럽거나 평판이 좋지 못한 사례와는 어떤 식으로든 절대 연관이 되지 않았다. 그런 건 늘 괴링이나 괴벨스가 하는 짓이었다. 독일인들 사이에서 히틀러의 평판은 흠집 하나 없이 완벽 무결했고, 평범한 독일인들이 볼 때 그의 머리 주위엔 무오류의 후광이 은은히 빛났다."[14]

클라크가 "유대인 문제"를 여전히 복잡한 것으로 여겼다면, 에드먼드 밀러에게서는 한때 느꼈을지 모르는 어떤 애매모호함 혹은

---

* 1938년 12월 11일 매닝 클라크의 일기. 호주 국립도서관, 매닝 클라크 서류, 원고 7550, 시리즈 2, 아이템 1. 사 년 뒤 칠십팔 세의 필립슨은 부인, 딸과 함께 테레지엔슈타트 강제수용소로 보내진다. 그들이 모두 수용소에서 죽지 않고 살아남을 수 있었던 건 부분적으로 필립슨의 스웨덴인 동료 지질학자(나치 지지자)인 스벤 헤딘의 개입 덕분이었다.

유보적 태도가 '수정의 밤' 이후에 완전히 사라졌다. 밀러에게 그 사건은 인내의 한계를 넘어서는 것이었다. 사건이 벌어진 후 곧바로 제출한 사직서에서 그는 이렇게 썼다. "11월 10일 이후 제 아내와 저는 절망의 구렁텅이에 빠졌습니다 …… 무자비할 정도로 철저하게 이행되는 반 유대 행동과 독일인의 나치 정부에 대한 절망적인 예속 상태는 마침내 우리 부부가 견딜 수 있는 한계를 넘어섰습니다." 밀러는 계속하여 이렇게 써나갔다.

현재의 나치 정부 움직임에 대해 찬반의 말이 많습니다. 몇몇은 독일인 자체가 그 사건의 배후에 있지 않다고 합니다. 하지만 우리는 배후에 있는 몇몇 사람을 확실히 압니다. 소문에 의하면 가톨릭 신자들도 유대인과 비슷한 대우를 받았습니다. 전체적으로 보아 우리는 그런 우울한 환경에 미국 청년들을 보내는 게 해롭다고 주장하며, 지금껏 우리에게 반대해온 미국인들이 실은 옳았다는 걸 인정해야 합니다. 미국 청년들의 독일 연수 프로그램이 설사 해롭지 않다고 하더라도 불필요한 건 분명합니다. '대학 2학년 해외 연수' 프로그램에는 뭔가 이상주의적인 것이 있었습니다. 사랑, 그리고 미래에 다가올 행복으로 인한 즐거움 같은 것 말입니다. 하지만 우리는 잠정적으로 그 모든 걸 잃었습니다. 우리는 이제 나치의 정신을 미국으로 수입해오는 데 관심이 사라졌습니다. 저는 1939~1940년 프로그램을 위해 홍보 서신을 써줄 용기조차 없습니다. 지금 보내는 편지는 우리 부부가 뮌헨으로 다시 돌아가길 바라지 않는다는 뜻을 전하려는 것입니다. 우리 부부는 중도에 포기하는 자가 되고 싶지 않지만, 우리는 이미 충분히 봉사했다고 생각합니다.[15]

한편, '수정의 밤' 사건이 벌어지고 얼마 지나지 않아 미국 퀘이커 봉사 위원회American Friends Service Committee, AFSC(퀘이커교도의 구호 단체)는 이 충격적인 소식에 대응할 최선책을 찾고자 긴급히 필라델피아에서 모였다. 폭력 이후엔 굶주림이 이어진다는 걸 우려한 그들은 어떻게 유대인들에게 충분한 음식을 제공할 것인가 하는 문제를 가장 먼저 논의했다. 회의 참석자들은 예전에 이런 일을 어디서 본 듯한 기시감에 시달렸다. 지난 구호 사업 이후 고작 이십 년 만에 독일에서 또 다른 퀘이커 급식 계획이 필요하다는 게 정말 있을 수 있는 일인가? 그들은 몇 차례 "조용한" 대화를 나누고 독일로 소규모 대표단을 최대한 빠르게 파견하기로 했다. 이렇게 정중동을 표방한 것은 그들의 계획이 널리 알려지는 걸 피하려는 목적도 있었다. 그리하여 저명한 작가이자 역사가인 루퍼스 존스가 퀘이커 대표단을 이끌게 되었다. 그와 동행한 사람으로는 1919년 독일에서 아동 급식에 관여했던 제조업자인 로버트 야놀, 그리고 교사인 조지 월튼 등이 있었다. 현지로 떠나기 전에 존스는 그들의 임무를 이렇게 명확히 밝혔다.

이 사업에 대해 우리 마음속엔 어떠한 환상도 없어야 한다. 공간, 거리, 넓게 뻗은 거친 바다의 어려움은 우리가 극복할 수 있는 것이다. 산에는 터널을 팔 수 있다. 심지어 산은 다른 데로 옮길 수도 있다. 물질은 분명 다루기 힘들지만 그래도 극복 가능하다. 그러나 단단히 자리 잡은 일련의 성스러운 생각으로 가득 한 마음처럼 극복하기 어려운 건 없다 …… 우리가 그 마음에 영향을 미칠 것인지, 마음을 녹일 것인지, 혹은 영적인 힘을 실제로 보여줄 것인지 여부는 앞으로 두고 볼 일이다. 우리는 최선을 다하고 가장 현명하게 대처할 것이며 하느님의 전능한 힘을 믿고 앞으로 나아갈 것이다.[16]

다소 열광적이기는 하지만 그래도 그 사업은 이례적일 정도로 용감한 일이었다. 세 사람은 그들이 어떻게 베를린에서 받아들여질지, 혹은 아예 받아들여지지 않을지 미리 감을 잡을 수가 없었다. 신체적으로 다치거나 체포될 위험도 실제로 있었다. 날씨는 지독히 추웠고, 존스는 칠십육 세 생일을 몇 주 앞에 둔 고령자였다. 하지만 12월 2일 믿음으로 가득 찬 그들은 뉴욕에서 퀸메리 호를 타고 항해에 나섰다. 야놀은 배를 타고 가는 도중 히틀러의 『나의 투쟁』을 읽었다. 그는 그 책이 그리 읽어볼 만한 것이라고 생각하지 않았다. 존스는 베레모를 샀고, 짧은 노래를 하나 배웠다.

데 발레라와 그의 푸른색 셔츠들은 등을 벽에 대고 있다네.
무솔리니와 그의 갈색 셔츠들은 무모하게 말을 몰고 있다네.
히틀러와 그의 검은 셔츠들은 모두 위에 군림한다네.
셔츠 없는 간디에게 만세!

그들의 임무를 비밀로 유지하려는 노력에도 불구하고 존스는 대양 한가운데에서 『필라델피아 레코드』 지로부터 걸려온 무전을 수신하게 되었다. 존스는 아무런 정보도 말해주지 않았지만, 세 명의 퀘이커교도가 독일 현지로 건너가서, 유대인을 위해 히틀러에게 탄원할 예정이라는 아주 놀라운 헤드라인이 다음 날 그 신문에 떴다. 런던에서 전해진 이야기는 곧 독일로 전해졌고, 그러자 괴벨스는 "세 명의 현자가 독일을 구하기 위해 오다"라는 조롱조의 기사를 썼다.[17] 소규모 대표단이 아직 유럽에 도착하지도 않았는데, 그들의 임무는 이미 깊은 수렁에 빠져버렸다.

용맹한 퀘이커교도 세 사람은 파리를 경유하여 베를린 행 침대차에 탑승했다. 국경에서 그들은 세관 관리들을 만나기 위해 서둘러 잠옷을 평상복으로 갈아입어야 했다. 다음 날 아침 베를린에 도착했을 때 존스는 난처한 상황에 빠졌다. 그는 잠옷을 찾을 수 없었다. 다른 두 사람도 그의 잠옷 찾기에 나섰지만, 성과는 없었다. 존스는 아내가 만든 옷을 잃어버려 매우 안타까워했고, 혹시 뒤에 두고 왔을지 모른다는 기대를 갖고 지난 기차역에 전보를 보내려고 했다. 그의 동료들은 이런 행위가 잘못된 소문을 낼 것이 두려워 기차가 일단 바르샤바로 출발한 다음에 그 문제의 역에다 전보를 보내도 늦지 않을 것이라고 하면서 간신히 그를 만류했다. 베를린에서 국제 퀘이커교도 무리의 환영을 받은 세 대표는 이내 컨티넨탈 호텔에 투숙했다. 이튿날 아침 야놀과 월튼은 아침 식사를 하며 존스와 만났다. 그는 두 동료에게 조용히 말했다. "그거 찾았네." "어디서 찾았습니까, 루퍼스?" "입고 있더라고."[18]

당국과 접촉하려는 세 퀘이커교도의 첫 시도는 독일 외무부에서 이루어졌다. 하지만 주미 독일 대사(그는 마침 본국에 소환되어 있었다)는 그들을 복도에서 발견하자마자 도망쳐 버렸다. 존스는 이렇게 전했다. "우리는 실제로 단 한 번도 그를 만나지 못했다. 자주 그를 찾아갔지만, 늘 출타 중이었기 때문이었다." 여러 번 방문이 빈손으로 돌아간 이후에 그들은 독일 외무부에 찾아가는 걸 그만뒀다. 그러는 한편, 주요 유대인들과 상의를 한 대표들은 가장 필요한 것은 음식이 아니라 유대인의 이민을 쉽게 해주는 절차라는 걸 알게 됐다. 존스는 이렇게 썼다. "우리가 찾는 이민 허가를 내줄 수 있는 사람은 게슈타포의 우두머리들뿐이라는 게 곧 명백해졌다." 이런 벅찬 결론에 도달한 뒤 돌파구를 마련한 건 미국 총영사인 레이먼드 가이스트였다. 존스는 이런 기록을 남겼다. "선량한 사람이라는 게 있었다면, 그가 바로 그 사람이었다." 게슈타포 본부와의 전화 통화가 번번이 실패로 돌아간 뒤 가이스트는 80년 이래 베를린 기록 상 최고로 추운 날씨에 최악의 거센 바람이 몰아치는데도 "모자를 꽉 붙잡고" 어디론가 다녀오겠다며 사라졌다.

삼십 분 뒤 가이스트는 퀘이커교도 세 사람을 불렀다. "우리는 택시에 타고 거대한 건물로 이동했다." 존스는 이렇게 썼다. "헬멧을 쓰고 소총을 갖춘 검은 셔츠를 입은 여섯 명의 군인이 우리를 거대한 철문 앞으로 데려갔다. 우리는 티켓을 받았는데 들어갈 때에는 필요 없지만 나올 때 필요하다는 말을 들었다!" 세 대표는 안내를 받아 일곱 개의 복도를 통과했는데, 그 복도는 모두 어떤 노출된 광장으로 통했다. 그들은 광장에서 다시 다섯 번이나 계단을 올라가 레이먼드 가이스트가 기다리는 방으로 갔다. 그는 불가능한 일을 이뤄냈다. 두 명의 선임 게슈타포 고위직, 즉 에리히 에링거 박사*와 쿠르트 리슈카 소령**은 퀘이커교도들의 계획을 상세하게 들어주었다. 창문을 통

---

*   에링거는 훗날 러시아와 벨라루스에서의 유대인 학살 책임자가 되었다.
**   1940년 리슈카는 쾰른의 게슈타포 수장이 되었다. 그는 훗날 프랑스에서 단일 규모로는 최대인 유대인 강제 국외 이주를 주도했다.

해 존스는 라인하르트 하이드리히*가 옆방의 자기 사무실 책상에서 일하는 모습을 볼 수 있었다.

조지 윌튼은 그때의 상황에서 중요한 역할을 한 퀘이커 사람들을 이렇게 묘사했다. "루퍼스, 명쾌하고, 긍정적이고, 간결하고, 대담했음. 가이스트, 신경질적이고, 딱 부러지고 영리하며, 아주 특별하게 난관을 해결함. 리슈카, 키가 크고, 재빠르게 성실하며, 즉각 반응하고, 부분적으로 노골적이며, 꼼꼼함."[19] 존스는 "화강암처럼 차가운 얼굴의" 두 게슈타포 간부에게 이미 준비해 놓은 성명서를 건넸다. 그 문서는 제1차 세계대전 이후 퀘이커교도들과 독일인이 나눈 친근한 관계, 그리고 어떻게 퀘이커교도들이 수백 마리의 소를 수입하여 병원의 아이들에게 우유를 제공하여 하루에 이백만 명이 넘는 아이들을 먹였는지, 또 병원에 난방용 석탄을 어떻게 공급했는지 등을 열거한 문서였다. 특히 그 문서는 퀘이커교도들이 어떠한 정부, 국제 조직, 정당 혹은 교파를 대변하지 않는다는 사실을 강조했다. 퀘이커교도는 그 어떤 선전에도 관심이 없었다. 존스는 게슈타포 간부들이 문서를 "천천히, 신중하고 사려 깊게" 읽는 걸 바라보는 동안 그것이 그들의 마음을 "움직였다"는 걸 확신했다. 그는 이렇게 덧붙였다. "우리는 그들의 얼굴이 부드러워지는 걸 확인했다. 아까 그렇게 화강암처럼 굳어진 표정이었으니까 그렇게 좀 풀어야 할 필요가 있었다." 두 사람은 오랫동안 세부적인 토론을 마친 뒤 퀘이커교도들의 제안을 하이드리히와 논의하겠다고 했고, 삼

---

* "나치 독일의 교수형 집행인"으로 알려진 하이드리히는 홀로코스트의 주요 설계자 중 한 사람이었다. 그는 1942년 프라하에서 암살당했다.

십 분 만에 돌아왔다. 존스는 이런 기록을 남겼다. "우리는 고개를 숙이고 깊고 조용한 명상과 기도의 시간에 들어섰다. 게슈타포에서 열린 유일한 퀘이커교도 모임이었다!"

놀랍게도 하이드리히는 퀘이커교도들의 계획에 전적으로 동의했다. 하지만 존스가 확인 서면을 요청했을 때, 게슈타포는 회의 중의 모든 말이 녹음되므로 절대 서면으로 결정을 남기지 않는다는 대답을 들었다. 존스는 이렇게 썼다. "우리는 그때 침묵의 시간 동안에 기록되면 곤란한 말을 전혀 하지 않았다는 것을 다행으로 여겼다." 리슈카는 그들에게 독일의 모든 경찰서에 전보를 보내 퀘이커교도들이 유대인의 고통을 살피고 구제 계획을 시작할 수 있도록 허락하라는 지시를 내렸다고 했다. 사실이기엔 너무나 듣기 좋은 소리 같아서 잘 믿기지 않았다. 하지만 그것은 사실이었다. 언제나 낙관주의자인 존스조차 처음엔 그런 메시지가 내려갔다는 걸 믿지 않았다. 그럼에도 불구하고 그는 그들의 임무가 아예 성공하지 못한 건 아니라고 확신했다. 본국에서 두 명의 퀘이커 구제위원은 독일로 가서 퀘이커 구제 기금의 지출, 특히 유대교 회당과 연계되지 않은 유대인들의 이민을 돕는 비용의 지출을 감독하라는 퀘이커 상부의 지시를 받았다. 적어도 짧은 기간 동안 새로운 자유가 베를린 퀘이커교도 사무소에 허락이 되어 유대인의 이민을 가속화하려는 노력을 이어갈 수 있었다. 존스는 다음과 같은 글을 남겼다.

게슈타포는 우리가 구제하려는 비극적 상황을 만드는 데 깊숙이 관여한 기관이었다. 어떻게 해서, 그런 그들이 우리의 간청에 귀를 기울이고, 마침내 그들이 가한 피해의 일부를 회복하려는 우리의 별난 요청을 승인했을까? 그 이유는 앞으로도 수수께끼로 남을 것이다.

분명 존스는 퀘이커 대표단이 잔인한 대화 상대의 마음을 움직인 것이라고 믿었다. "회의 끝에 상대방이 보여준 온화함, 게슈타포 고위 인사들이 우리 외투를 가져다주고 입혀주면서 악수를 나누고 작별 인사를 한 사실, 그리고 그 온화한 느낌 등은, 당시나 지금이나 돌이켜 생각하면 뭔가 그들 내면에 특별한 일이 벌어지지 않았나 하는 생각이 든다." 1948년 사망한 존스는 '수정의 밤' 직후 삼만 명의 유대인을 구금하는 작전을 주도한 자가 리슈카라는 사실은 결코 몰랐을 것이다.

*　*　*

'수정의 밤' 사건이 벌어지자 미국 정부는 항의 차원에서 주독 대사인 휴 윌슨을 본국으로 불러들였다. 그의 대리로서 이제 주독 미국 대사관을 책임지게 된 프렌티스 길버트는 베를린 생활이 아주 혼란스럽게 느껴졌다. 국무부로 보내는 보고서에서 대리 대사는 그 자신의 경험에 의하면 "엄청난 일관성 부족"이 독일 정부의 "독특한 특징"이 되었다고 보고했다. 새로운 결정이 매일 발표되었지만, 그중 많은 것들이 단 한 번도 그대로 시행되지 않았다. 길버트는 여전히 "공정하고 인도적인" 독일 관리들이 기회가 될 때마다 유대인과 다른 나치 피해자가 겪고 있는 가혹한 상황을 완화해주고 있기 때문이라고 보고했다. 길버트는 이렇게 보고했다. "이 독일 관리들은 구체적인 여러 사례에서 호의적인 예외 사항을 둘 수 있고, 또 그렇게 할 것이지만 그것을 문서로 남기거나 널리 알릴 수는 없다고 우리에게 여러 차례 말했습니다."[20]

대리 대사 길버트는 또한 '수정의 밤' 이후 자기 동료 외교관들의 행동에 관해서도 언급했다. 그들은 더는 로젠베르크나 괴벨스 같은 부류의 초대를 받지 않았다. 또한 그들이 참석한 연회에서 그들은 독일인에 관해 거의 언급하지 않았고, 오히려 자기들끼리 모여서 최근 벌어진 유대인에 대한 과도한 행위들을 논의하기를 더 좋아했다. 길버트는 본국과 독일과의 관계를 논의하는 문제라면 이탈리아인들이 가장 재미있었다고 보고했다.

제 옆에 앉았던 한 이탈리아 서기관의 부인은 저에게 베를린이 너무 지루하고 좀 까다롭지 않느냐고 물었습니다. 저는 미국과 독일이 서로에게 돌을 던지는 상황이 되면 자연스럽게 그런 면이 생겨나는 건 어쩔 수 없다고 대답했습니다. 그녀는 이곳 생활이 이탈리아인들보다는 미국인들에게 더 견디기 쉬울 것이라고 말했습니다. 왜냐하면 이탈리아인들은 원하든 말든 이 끔찍한 사람들을 너무나 많이 만나야 하기 때문이라는 겁니다.

그런 다소 기이하면서 부담 없는 순간들도 분명 있었을 것이다. 하지만 세계 위기의 중심에 있다는 직업적인 보람에도 불구하고, 길버트 대리 대사에게 베를린은 분명 달갑지 않은 장소였다. 그는 본국으로 소환되어 간 대사에게 이런 진심 어린 편지를 보냈다. "대사님은 크리스마스에 여전히 버뮤다에 있으시겠지요. 탁 트인 바다의 해변에서 햇볕을 받으며 느긋한 시간을 보낼 대사님의 모습에 부러움을 금할 수 없습니다."[21] 1938년이 저물어 이무렵 베를린으로 여행 가는 관광객의 수는 점점 줄어들었지만, 그래도 그곳으로 여행하는 소수의 외국인들은 길버트가 크리스마스 이틀 전 윌슨에게 보낸 편지 속의 문장, "이곳은 여전히 다소 암울한 상황입니다"[22]에 동의하지 못했을 것이다.

19

전쟁 초읽기

1939년은 독일 관광업에 좋은 시기가 아니었다. '수정의 밤'은 기울어져 가는 관광업을 전혀 도와주지 못했다. 그리고 넉 달 뒤인 3월 15일에 세상은 히틀러의 군대가 프라하로 진군하는 모습을 지켜볼수밖에 없었다. 그것은 뮌헨 협정을 노골적으로 파기하는 것이었다. 체코슬로바키아는 존재가 사라졌다. 그 영토는 이제 "독일 보호령 보헤미아와 모라비아"로 명시되었다.

독일을 찾는 관광객의 발길이 급격하게 줄었지만, 『앵글로 저먼 리뷰』가 보여준 것처럼 관광객이 완전히 끊어지지는 않았다. 그 잡지의 7월호는 북해 해변에서 수영복을 입은 젊은 여자들의 사진(그중 한 사람은 열심히 운동을 하고 있다)이 수록된 「햇볕 속의 웃음」이라는 제목의 기사를 실었다. 사진에 붙은 설명은 다음과 같았다. "독일에서 막 돌아온 여행자들은 이런 말을 한다. 우리는 미소와 평온함이 있고, 언제나 유쾌한 음악이 가득 울려 퍼지고, 외부 세계를

497

괴롭히는 불안과 걱정에서 자유로운 나라에 대하여 깊은 인상을 가지고 있다. 여러 위기들이 다른 나라의 지평선을 어둡게 하지만, 독일의 지평선은 그렇게 보이지 않는다.”[1] 『앵글로 저먼 리뷰』 같은 친독일 잡지만이 나치 독일에서의 휴가를 홍보하는 데 열을 올린 것은 아니었다. 영국 여행사 사장 토머스 쿡은 1939년 발행한 소책자에서 사람들에게 직접 “새로운 독일”을 찾아가서 한번 둘러볼 것을 촉구했다. “모든 옛 매력은 대체로 새롭게 되어 어디에서든 당신에게 아주 깊은 인상을 남길 것이다. 모든 곳에서 당신은 편안함, 상냥함, 그리고 훌륭한 음식을 만나게 될 것이다. 그것은 즐거운 휴가의 필수적 코스이다.”[2]

그런 극찬에도 불구하고 독일로 휴가를 떠나는 외국인은 소수였고, 다른 사람들은 여러 다른 이유로 독일을 찾았다. 예를 들어 대학 교수인 프레데릭 홉데이 경은 “30년간 소리 나는 공동(空洞) 제거 수술 경험”을 주제로 순수 혈종마 사육자들을 상대로 뮌헨에서 강연을 했다.[3] 역사가 아서 브라이언트 경과 이블린 렌치 경을 포함한 여러 저명인사들은 평화를 위해 필사적인 외교를 펼쳤지만 헛된 시도였다. 동시에 전문가적 관심을 지닌 집단 혹은 극우 견해를 보이는 집단이 음울하게 변하는 국제 환경에도 불구하고 독일로 떠났다. 두 중년 부인인 아이다와 루이즈 쿡은 부모와 함께 런던 교외에서 살았는데, 오페라 사랑을 구실로 내세우며 독일을 수없이 오갔지만, 실은 예비 유대인 이민자를 돕기 위해 독일 당국 몰래 유대인들의 보석을 밀수해왔다. 성직자, 음악인, 사업가, 퀘이커교도, 교사, 그리고 간첩, 심지어 중국인 행상인 등이 평화가 지속되던 마지막 몇 달 동안 나치 독일을 여행했다. 전쟁이 불가피하게 임박했다는 사실은 그들의 여행 사유를 더욱 간절한 것으로 만들었다.

1938년 크리스마스 전날, 매닝 클라크와 딤프나 로더바익은 본을 떠나 뮌헨으로 갔다. 오 년 전, 당시 여학생이던 딤프나는 뮌헨에서 책 화형식 사건을 목격했었다. 클라크는 이런 글을 남겼다. "기차는 너무 혼잡하여 거의 참을 수 없을 정도였다. 우리는 객실에 아주 비좁게 모여, 매서울 정도로 추운 가운데 딱딱한 나무 걸상에 앉아 있었다." "기차에 달린 고드름, 객차의 공고문, 그리고 히틀러의 유럽에 있다는 사실, 밤중에 달리고 있다는 사정" 등이 그의 모험심에 호소해 왔지만, "항상 존재하는 불편함"이 곧 "감상과 순진한 생각"[4]을 몰아냈다.

크리스마스에 그들은 프라우엔 교회의 미사에 참석했다. 클라크는 이렇게 말했다. "중년과 노년의 사람들이 많이 나와 있었기 때문에 젊은 사람을 보는 건 꽤 기이한 일이었다." 소수의 군인 역시 신자들 사이에 나와 있었지만, "이런 자리에 무척 맞지 않아 보였고, 불안정하고 당황한 시선으로 교회 주위를 둘러보았다. 마치 뭔가 죄책감을 느끼고 있는 것 같았다." 호주 사람인 클라크 부부는 용감한 설교에 깊은 인상을 받았다. "사제는 무척 열변을 토했다. 그의 언어는 아주 순수했으며, 음조도 훌륭하게 조절되었고, 말하려는 주제도 확실했다."[5] 사제는 나치를 직접적으로 비판하지는 않았지만 가톨릭교회의 입장을 명명백백히 밝혔으며, 이를 통해 클라크는 여러 가지 어려운 상황에도 불구하고 교회가 여전히 강성한 세력이라는 결론을 내리게 되었다.

클라크 커플은 딤프나가 이전에 알고 지내던 몇 사람을 만났다. 그들 중 한 사람은 유대인이었는데, 부인은 폴란드 출신 순수 아리아인이었다. 그 유대인은 최근 다하우에서 감금되었던 자신의 체험에 관해 끔찍한 이야기를 들려줬다. 클라크는 그들의 "비극적 상황"이 그들이 고용한 하녀에 대한 두려움 때문에 더욱 악화되었다고 말했다. "몇 분마다 그 유대인의 부인이 문으로 걸어가서 하녀가 우리의 대화를 엿듣는지 않는지 확인해야 되었습니다."[6] 젊은 클라크와 딤프나에게 뮌헨의 유명한 맥주홀에서 보낸 저녁은 다소 쾌활한 시간이었다. 그들은 담배 연기가 자욱하고, 천장이 낮은 기다란 방의 판자 테이블에 앉았다. 클라크 커플은 "토실토실한 뺨에 추하면서도 아름다운 얼굴을 한 뚱뚱한 웨이트리스들이 뮌헨 사회의 하류층에 맥주를 가져다주는 모습"을 지켜봤다. 언제나 여자에게 잘해야 한다고 생각하는 클라크는 옆 테이블에 앉아 있던 젊은 부부가 그리 마음에 들지 않았다. "남편은 태도가 거의 짐승 수준이었고, 그의 부인은 자신을 남편이 소유한 물건 정도로 생각하는 수준이었다." 더 웃기는 건 어떤 늙은 농부—"구 시대의 유물"—가 클라크 부부에게 "히틀러 그 사람은 다른 모든 사람보다 머리가 좋다"고 말했던 것이었다. 그 모든 것에도 불구하고 맥주홀 분위기는 즐거웠다고 클라크는 말했다.[7]

며칠 뒤 그들은 본으로 돌아갔고, 충동적인 클라크는 당장 결혼해야 한다고 주장했다. 하지만 외국인이어도 아리아인 혈통이라는 증거가 없으면 결혼할 수 없었기에 쾰른 성공회 교구 목사는 그들의 결혼식 주례 요구를 거절했다. 그러자 클라크는 잉글랜드로 돌아갔고, 딤프나도 이내 그 뒤를 따라갔다. 클라크의 말에 의하면 그녀는 나치 독일의 "잔혹성, 야수성, 야만성의 밀물"에도 불구하고 박사 학위를 포기해야 하는 걸 못내 아쉬워했다. 그들은 1월 31일

옥스퍼드에서 결혼했다. 그날은 히틀러가 독일 총리에 오른 지 거의 육 년이 되어가는 날이었다.

육 주 뒤 독일 탱크가 프라하에 입성할 때 괴팅겐에 있던 지시안린은 라디오에서 요란하게 울리는 국가 때문에 잠을 깼다. "독일이 체코슬로바키아를 침공했네." 집주인 아주머니가 그에게 알렸다. 그녀는 같은 말을 반복했다. "히틀러는 평화를 바랐을 뿐이야. 체코인들은 그곳 독일인들을 괴롭혔어. 이건 모두 유대인의 잘못이야. 신문이 말하는 거랑 똑같아." 지시안린은 이런 기록을 남겼다. "나는 무척 화가 났다. 웃어야 할지, 울어야 할지 알지 못했다. 한심한 독일놈들은 그런 말을 모조리 믿었다. 이런 나치 체계가 붕괴되어 독일인이 모두 노예로 전락하는 꼴을 보지 못한다면 나는 불행하게 죽게 될 것이다." 그날 저녁 그가 대학교에서 나올 때 그는 모든 사람의 얼굴이 쾌활했으며 모든 집 외부에 내걸린 깃발도 새것으로 바뀌어 있다는 걸 발견했다. 그는 위안을 얻고자 슈바르처 술집으로 가서 친구들인 룽, 티안과 함께 어울렸다. "우리는 와인을 조금 마시며 어떻게 하면 중국의 훌륭한 학교로 돌아가 제대로 된 생활을 할 것인지 의논했다. 집으로 걸어오는 동안 나는 생각에 잠겼다. 독일인들은 오늘 씨를 뿌렸으니 내일 거둘 것이다."[8]

3월 25일 워드 프라이스는 베를린의 아들론 호텔에서 런던데리 경에게 편지를 썼다. 그는 『데일리 메일』지의 특파원 노릇을 하면서 오랜 세월 동안 나치 독일의 아첨꾼이자 소식통 역할을 해왔다. 따라서 그의 말엔 영향력이 있었다. 그는 편지에 이렇게 적었다. "지난주에 괴링과 리벤트로프와 함께 오랜 이야기를 나눴습니다. 히틀러의 개인 참모 중 여러 사람도 그 자리에 있었습니다." 이런 대화를 나눈 결과 그는 히틀러의 동유럽 야망이 확고해서 아무도 그것을 말리지 못할 것이라고 확언했다. 워드 프라이스는 런던데리에게 이렇게 보고했다. "체코 영토를 점령하기 전 며칠 동안 히틀러가 가장 걱정했던 건 늙은 신사가 다시 비행기를 타고 와서 그 일을 하지 못하게 말리면 어쩌나 하는 것이었습니다. 히틀러 측근들의 말로는, 총통은 체임벌린이 어떻게든 평화를 협상하려고 하는 사람, 국제 문제에 관해 넓은 시야가 없는 사람이라고 생각했다는 겁니다. 히틀러는 오히려 달라디에에게 더 좋은 인상을 받았다고 합니다."[9]

에센에서 영어를 가르치던 젊은 교사 로버트 제이미슨 역시 체코슬로바키아 강점 이후 얼마 되지 않아 런던데리와 편지를 주고받았다. 그는 3월 31일 체임벌린이 하원에서 영국과 프랑스는 히틀러가 폴란드와 루마니아*를 침공하면 참전할 것이라고 한 말을 언급하며 이런 글을 남겼다. "제 생각엔 이곳의 엄청 많은 사람들이 겁먹고 불편함을 느끼고 있습니다. 체임벌린이 폴란드에 약속을 한 이래 저와 말을 나눈 거의 모든 독일인이 자연스럽게 전쟁을 원치 않는다고 말했기 때문입니다. 그들은 제가 본국에서는 결코 느껴보지 못한 깊은 감정으로 그렇게 말했습니다." 제이미슨은 야망 있는 저널리스트로 런던데리로부터 보조금을 받아 독일에 머무르고 있었는데, 독일 현지에서 펼쳐지는 드라마에 대하여 일반 독일인들의 반응을 연대순으로 기록했다. 제이미슨은 자신의 후원자 런던데리에게 보낸 보고에서 이렇게 말했다.

---

* 1975년경 "로마니아(Romania)"라는 철자가 받아들여졌다.

"독일인들은 체코 정부가 자발적으로 히틀러의 보호를 받고자 한 것이며, 생활권과 식민지를 얻지 못하면 모두 굶어죽을 것이라는 나치의 얘기를 진정으로 믿습니다. 실제 식량 부족은 없었고, 유제품과 신선한 채소 같은 특정 식재료가 딱 맞게 공급되는 것이 이런 생각에 무게감을 실었습니다."[10]

제이미슨은 덧붙여 모든 독일인이 히틀러가 단치히를 병합하길 조바심을 내며 기다렸다고 보고했다. 그는 이런 조치가 보편적인 동의를 얻을 것이며, 나치가 아닌 사람들조차도 단치히 병합에 동의할 것으로 확신했다. 1939년 6월의 어떤 화창한 주말, 제이미슨은 오토바이를 타고 대학 도시인 마르부르크로 가서 한 영어 교수를 만났다. 셰익스피어 권위자였던 이 교수는 『더 타임스』 지를 정기적으로 읽고, 매일 밤 BBC 방송을 들음에도 불구하고 독일이 적대국들에 둘러싸여 있으며, 동쪽으로 생활권을 확장하지 않으면 독일 국민들이 굶주리게 될 것으로 철저히 믿고 있었다.

제이미슨의 가장 흥미로운 정보 중 몇몇은 에센에 본부를 둔 영국 건설공사 감리단의 기사들을 통해 얻은 것들이었다. 그들 중 한 사람은 폴란드 우체국에서 독일어로 말하자마자 내쫓긴 사정을 말했다. 그 조사관은 이전 몇 번의 여행에서도 늘 폴란드 현지에서 독일어를 썼다. 이런 조사관들이 전쟁이 발발하기 불과 몇 주 전까지 외국인 바이어를 위한 물자 확인차 유럽 전역을 여행할 수 있었다는 점은 놀라운 일이다. 제이미슨이 연락하고 지내는 또 다른 독일인은 그에게 무척 흥미로운 질문을 던졌다. 영국 신문들에서 러시아와 독일 사이에 맺어질 불가침 조약을 논의해본 적이 있는가? 그 독일인은 독일 신문들이 현재 소비에트 연방을 상대로 훌륭한 일을 진행 중이어서 "무슨 일이 벌어질 것"이 틀림없다고 느꼈기에 그런 질문을 한 것이었다. 실제로 석 달 뒤인 8월 23일 리벤트로프와 몰로토프는 독소 불가침조약에 서명했다.[11]

'수정의 밤'은 제이미슨의 은근한 반유대주의를 다소 억눌렀을지는 모르지만, 절대 그것을 없애지는 못했다. 그는 5월 20일에 이런 글을 남겼다. "유대인들에 대한 확실한 사실을 알게 되었고, 독일인들이 겪고 있는 문제에 동정을 보낼 수밖에 없다." 그는 또한 이렇게 덧붙였다. "아무도 11월의 그 일(수정의 밤)을 용납할 수 없긴 하지만 말이다."[12] 제이미슨은 마르부르크를 방문하여 이곳에서 절묘하게 수를 놓은 웨딩드레스들을 보았고, 주변의 여러 지역 마을을 방문했다. 그는 마을 농부들의 유대인 혐오감을 확인했다. "농부들은 한때 이 지역 모든 가축 시장을 장악하여 상거래에서 무척 짜게 굴었던 유대인들이 아예 사라지자 극도로 기뻐했다"[13]

제이미슨은 경험은 별로 없고 잘난 척하기만 하는 젊은이지만, 그런대로 긴장이 고조되는 시기에 독일 서민들의 의견을 기록하려고 애쓴 것일 뿐이다. 하지만 헨리 퍼시벌 스미스 목사 같은 노련한 성직자가 1939년 여름 독일로 여행을 떠난 데 무슨 변명의 여지가 있겠는가? 표면상 그의 방문 목적은 영독 형제단이 베를린에서 주최하는 회의에 참석하려는 것이었다. 이 단체는 영국과 독일 성직자 사이에 이해를 증진하고자 1936년 설립된 우익 조직이었다. 『앵글로 저먼 리뷰』에 기고한 글에서 퍼시벌 스미스는 그 여행을 보고하며 히틀러의 독일에 대해 노골적인 존경심을 표시했다.

열흘 동안 독일에서 보냈는데(개인적으로는 딱 삼 주 넘게 보냈지만),

사람들 사이에서 찡그린 표정은 절대 본 적이 없으며, 오히려 모든 사람에게서 극도로 친절한 배려를 받았다. 이러한 대우는 현재 독일인이 영국을 방문한다고 했을 때 결코 보장할 수 없는 일이라고 생각된다. 평범한 독일인 입장에선 영국인과 친근하게 지내고자 하는 엄청난 욕구가 있는 것으로 보인다 …… 더럼이나 남웨일즈에서 열네 살에 학교를 떠난 이후 스물두 살이 된 남자들이 단 하루도 노동을 하지 못하고 있는 것에 비해 독일에서는 모든 청년이 어떻게든 고용되어 있다. 이러한 사정은 영국인에게 훈계가 되는 경험이다 …… 이 모든 것은 무엇을 의미하는가? 독일인은 최선을 다하고 있다는 것이다. 그들이 남들에게 해주는 서비스나 반대로 남들에게서 얻는 혜택에서 최선을 다하려고 애쓰고 있는 것이다.

그 기고문에서 퍼시벌 스미스가 '수정의 밤'이나 체코슬로바키아 침공을 언급하지는 않았지만, 히틀러의 "개인적 진실성", "강인한 기질", 그리고 "정치적 기민함" 등을 독일 국민들이 존경해 마지않는다고 강조했다. 더욱이 그는 독일군이 프라하로 진군하고 몇 주 지난 뒤였지만, "독일인들이 자국이 다른 세력, 특히 국제 공산당에 의해 지배될 것을 아주 걱정하는 상황에서 히틀러가 다른 나라를 지배하려고 한다는 생각을 아주 황당하게 여긴다"라는 것을 어떻게든 강조하려 했다. 이 성직자가 독자들에게 밝힌 것처럼, 그가 그 회의에 참석하는 목적은 "독일인과 영국인의 상호 관계에서 정치적인 내면을 헤아리고, 독일인을 이해하려는 노력을 하기 위함"이었다. 현재의 "의혹"과 "불신"이라는 암 덩어리는 "호의와 인류애의 분위기"[14]로만 치유될 수 있다는 얘기였다. 그런데 그 성직자 회의는 과연 그에게 다하우 강제 수용소에서의 일, 유대인 집단 학살, 혹은 기독교 성직자의 구금 같은 문제를 "이해할 수 있도록" 도움을 주었을까? 그러나 나치 독일을 향한 열의가 그의 경력에 손상을 주는 일은 없었다. 1956년 그는 노리치 대성당에서 부주교로 승진했다.

1939년 봄 작가이자 아일랜드 독립을 주장하는 민족주의자 프랜시스 스튜어트는 '독일 학술 교류 서비스'에서 초청을 받아 독일에서 강연하게 되었다. 그 강연은 그가 당면한 여러 긴급한 문제를 해결해주었다. 그는 돈도 몹시 필요했지만, 동시에 불행한 결혼에서 탈출하고자 했다. 여태까지 스튜어트가 출판한 열다섯 권의 책은 독일에서 잘 알려지지 않았기에 독일 입장에서 그는 확실한 선택은 아니었다. 하지만 저명한 영국 저자가 당시 그런 초청을 받아들일 가능성이 별로 없었다는 점을 생각해보면 이 아일랜드인은 최소한 독일을 방문하려는 의지도 있고 게다가 초청이 가능하기까지 했으므로 서로 목적이 부합했던 것이다.

나치의 외국인 분류 범주에서 보자면, 스튜어트는 개인의 정치적 편견 때문에 나치를 제대로 알아보지 못하는 외국인들의 범주에 딱 들어가는 인물이었다. 퍼시벌 스미스는 다른 많은 친 나치 외국인들처럼 공산주의를 두려워했고, 그런 두려움 때문에 히틀러 정권을 정당화했다. 반면 스튜어트는 아일랜드 공화국 군대의 대의에 대한 충성과 새로운 세계 질서에 대한 갈망 때문에 나치 정권을 정당화했다. 그는 히틀러에게서 "부패한 서구 사회의 기둥을 허물어 버리는 눈 먼 삼손을 봤고, 그것은 새로운 세계가 부상하기 전에 반드시 벌어져야 하는 일이라고 믿었다."[15] 어쨌든 스튜어트는 자신의 문제에 너무 몰두하여 전쟁 직전의 독일을 자기 인생과 내적 발달의 측면에서만 바라보았다. 그는 유대인의 상황에는 별로 동정을 느끼지 못했다. 그는 부인에게 이런 편지를 보냈다. "이곳에서 1933년 이전 유대인 활동에 관해서 들은 게 있어. 그들이 공산주의자들과 협력하여 악랄한 소행을 했다는 거였어. 유대인들이 나의 간담을 서늘하게 만든 여러 사례들이 있어. 지금 유대인의 존재에 관해 말하자면 베를린 이쪽 지역(중심부)이나 서부 끝에서는 거의 보이지 않아. 하지만 동부 끝, 그러니까 알렉산더 광장 너머 지역을 어느 날 하루 지나간 적이 있었는데, 여전히 그곳엔 유대인들이 무척 많아."[16] 스튜어트는 강연 투어가 끝난 이후 1939년 후반에 베를린 대학의 초청을 받아 다시 독일로 돌아와 잉글랜드와 아일랜드 문학을 가르치게 되었다. 그런 일자리를 받아들인 결정은 그 후 그 자신이나 그의 평판에 나쁜 결과를 가져왔고 평생 동안 그로부터 온전히 헤어나지 못했다.

역사가 아서 브라이언트 경은 친 나치 견해를 필요 이상으로 오래 유지한 또 다른 저명한 외국인이었다. 그의 경우 좌파 지식인과 그들의 정치를 원래 의심했고, 그 때문에 히틀러의 독일에서 가장 좋은 면만 보게 되었다. 1939년 7월 9일 그는 비행기를 타고 베를린으로 가서 짧은 휴가를 즐기면서 현재 작업 중인 책의 자료 연구를 하기로 했다. 하지만 실제로는 국가적 임무를 수행하고 있었는데, 네빌 체임벌린이 승인한 이 임무는 이런 뒤늦은 때에도 나치 정부를 "자제"와 "늦추기"의 방향으로 나아가도록 권유하는 게 가능한지 살피는 것이었다. 그는 영국으로 돌아오고 얼마 지나지 않아 자신이 정기적으로 기고하는 『일러스트레이티드 런던 뉴스』지에 독일 여행에 관한 글을 실었다. 물론 여행의 진짜 목적에 대한 얘기는 없었다.

이 기고문에서 그는 자신이 1918년 처음 독일로 날아갔을 때를 회고했다. 그곳은 그를 "포격의 하얀 연기와 기관총 발사 소리"로 맞이했다. 하지만 이번에 비행기에서 내려다보자 "진군하는 군대, 가두 행진, 집단 학살, 그리고 강제 수용소가 있는 엄청난 나라"가 보였다. 그에게 그곳은 모든 부분이 영국만큼 평화로워 보였다. "농장과 농가, 그리고 잘 경작된 밭과 작고 오래된 교회가 있는 땅 …… 마지막으로 비쳐드는 비스듬한 빛 속에서 잠깐 본 깔끔한 연락선은 보편적 문명의 흔적이었다. 이런 모습은 왠지 영국의 작은 마을인 배블락 히드를 떠올리게 했다." 그런 곳이 곧 폭격 대상이 될지 모른다는 생각은 "썩 유쾌하지 못했다". 어둠 속으로 비행기가 날아갈 때 조종사는 비행기가 지나가고 있는 도시들의 이름을 적은 종이를 돌렸다.

브라이언트는 계속하여 이렇게 썼다. "오스나브뤼크와 민덴, 이백 년 전에 잉글랜드 군주가 굶주린 잉글랜드 부대의 선두에 나서서 아침 식사를 얻기 위해 싸우고 정복했던 곳이다. 그리고 하노버는 영국의 왕가와 헨델을 우리에게 준 곳이다." 그의 기고문은 8월 5일에 발행되었는데, 그 후 한 달도 채 되지 않아 전쟁이 터졌다. 갈등이 임박한 현실과 대비되는 가운데, 브라이언트가 떠올린 세피아 색조의 이미지는 과거 독일에 대해 좋은 기억을 갖고 있던 독자들의 심금을 울렸을 것이다. 브라이언트는 이렇게 쓰기도 했다. "베를린의 잘 정돈된 가로등 불빛이 어둠을 장관으로 만드는 상황에서조차 나는 이런 생각을 했다. 모든 표면적인 차이에도 불구하고 우리의 유럽 문명은 아주 많이 연결되어 있다."[17]

이틀 뒤 브라이언트는 발터 헤벨을 잘츠부르크 호텔에서 만났다. 헤벨은 1923년 바이마르 정부를 전복시키려는 나치의 폭동에 참가했고, 히틀러와 함께 구금되었던 사람으로 총통의 몇 안 되는 친밀한 친구 중 한 사람이었다. 이런 사실들과 더불어, 가장 앞선 당원 번호로 그는 반론의 여지가 없는 나치 귀족이 되었다. 네덜란드 동인도회사에서 영국 회사의 커피 판매원으로 일한 적이 있는 그는 유창한 영어를 구사했고, 그런 이유로 종종 히틀러의 영국 손님을 맡곤 했다. '학생 기독교 운동'의 대표 에이미 불러는 불과 몇 달 전에 베를린에서 그와 언쟁을 벌였는데, 이렇게 된 이유는 그가 에이미에게 신학 공부보다는, 아우토반으로부터 국가사회주의를 더 많이 배워야 한다고 설득하려 들었기 때문이다.[18]

이제 헤벨을 상대하는 건 브라이언트의 일이 되었다. 그의 주된 목적은 폴란드에 대한 영국의 상호보장 약속이 법적 구속력이 있음을 분명히 밝히는 것이었다. 헤벨은 베르그호프에서(베르히테스가덴은 이십 마일도 안 되는 거리에 있었다) 히틀러와 밤을 샜기에 지쳐 보였다. 그는 오로지 한 가지 반응만 했을 뿐이었는데, 단치히가 반드시 나치 독일에 반환되어야 한다는 것이었다. 그는 또한 뮌헨에서 체임벌린과 함께 도달했던 우호적인 이해가 훼손되고 모욕되는 것에 대하여 히틀러가 지독히 실망하고 있다는 것도 말했다. 영국 총리에게 제출하는 보고서에서 브라이언트는 이렇게 썼다. "헤벨은 뮌헨 협정 이후 정치 성향을 가리지 않고 영국 언론과 라디오에서 맹렬히 총통을 공격하는 상황을 언급했습니다. 그래서 히틀러가 거의 주체할 수 없는 분노를 터트렸다고도 했는데, 영국 정부가 이런 상황을 바란 게 아니었다면 그런 공격을 통제했을 것이라고 굳게 믿었기 때문입니다."[19]

처음에 브라이언트는 헤벨을 "정치인이라기보다 대담한 사업가"로 여기며 별로 관심을 보이지 않았다. 그러나 곧 자신이 "세상 물정에 밝은 신사"[20]와 이야기하고 있다고 느꼈다. 결론 부분에서 브라이언트는 자신의 방문이 별로 성과가 없었지만 그렇다고 해서 피해를 입힌 것도 없다고 말했다. 심지어 자신이 헤벨과 이뤄낸 "개인적인 이해와 공감의 미약한 유대"가 "장차 어느 정도 유용할 수 있다"고 믿기까지 했다.[21] 역사적 관점에서 볼 때, 브라이언트의 어리석은 임무는 그가 청구한 이십팔 파운드의 출장비로 잘 요약된다.[22]

마찬가지로 저명한 지배층 인사인 이블린 렌치 경도 그해에 부인 힐다와 함께 독일 여행을 했다. 그는 자서전에 이런 글을 남겼다. "서양의 민주 국가와 전체 국가 사이에 어떤 공통점이 있는지 현장에서 확인하는 것이 여행의 목적이었다." 6월 28일 부부는 콘스탄츠에 도착했다. 그들이 스위스 국경(투숙한 호텔에서 거리가 일 마일도 되지 않았다)을 건넌 뒤 처음으로 만난 사람은 독일 소녀였다. "우리에게 무척 친근하게 미소를 짓는 짐꾼을 보고서 우리는 좋은 징조라고 여겼다."[23] 그러나 영국 군인들이 아랍 마을을 폭파시키는 내용의 반(反) 영국 선전 포스터가 이내 렌치 부부의 낙관주의를 산산조각 냈다.

렌치는 자서전에 이렇게 썼다. "여행하는 영국인에게는 썩 다정한 환영은 아니었다." 이전 여러 차례의 방문에서 그랬던 것처럼 렌치 부부는 인젤에서 즐겁게 시간을 보냈지만, 손님은 적었다. 렌치는 다시 이렇게 썼다. "고작 스물다섯 명의 손님 중 대다수가 독일인이었고, 두세 명은 네덜란드인이었다. 내 생각에 영국인은 우리뿐이었다." 기업가, 저널리스트, 영어권 협회의 창립자, 널리 여행한 대영제국의 옹호자 등 다양한 경험을 한 렌치는 기이할 정도로 순진한 사람이라는 인상을 준다. "독일 웨이터들은 영국에 들른 적이 없었다." 그는 아주 놀라움을 감추지 못하고 일기에 이런 기록을 남겼다. "그리고 영어를 하지 못하는 것 같았다." 이런 실망과 점차 어두워지는 먹구름, 그리고 커다란 천둥소리가 결합하여 렌치 부부의 기분은 별로 가벼워지지 않았다. "우리는 다소 짓눌린 기분으로 침대로 향했다."

7월 1일에 그들은 차를 몰고 프리드리히스샤펜으로 갔는데, 그곳에서 렌치의 오랜 친구인 후고 에케너를 만났다. 그는 체펠린 비행선 계획을 성공적으로 수행한 책임자였고, 그라프 체펠린 호의 선장이었다. 렌치는 에케너를 찾아가서 안도감을 느꼈다. 나치에 대해 강경한 비판자였던 그는 지속적인 체포 위협 속에 살고 있음에도 불구하고 "전과 다를 바 없는 기분 좋은 사람"이었다. 렌치는 한때 에케너가 힌덴부르크를 이어 대통령이 된다는 이야기가 있었음을 기억했다. 이런 즐거운 재회와 "반투명한 청록색에 밝은 회색을 띤 물을 자랑하는" 호숫가에서의 일몰 무렵 산책이 그나마 상쾌한 일정이고 또 위안이었다. 만약 그런 일이 없었더라면 지나간 며칠 사이의 일정은 아주 우울했을 것이었다. 렌치는 이런 글을 남겼다. "날씨는 춥고 비가 내렸다. 나는 두꺼운 옷을 입고 있었다. 힐다는 모피 케이프를 둘렀는데 그렇게 하길 잘했다고 생각했다."

렌치 부부는 "독일의 옛 정치인들"을 그리워했고, 쌀쌀맞은 시선을 따갑게 의식했다. 렌치는 이런 말도 말했다. "신께서 영국을 벌하시리라는 분위기가 공기 중에 널리 퍼져 있었고, 우리는 그 때문에 엄청난 압박감을 느꼈다." 호텔 식당에서도 그들은 전혀 편안하지 못했다. "커피는 무척 묽었고, 빵은 더는 바삭하지 않았다. 아주 저질의 밀가루로 만들어진 것이었다. 지난 저녁에 토스트와 버터를 요청했는데 계산서엔 6분의 1이 더 부과되었다." 최악인 건 그들이 성당을 방문했을 때 잘 차려입은 청년 무리가 "오, 오, 오, 야, 야, 야"라는 소리를 내며 부부를 조롱한 일이었다. 렌치는 슬픈 듯 이런 논평을 했다. "그런 일은 이전이라면 절대 벌어지지 않았던 것이다." 부부는 콘스탄츠에서의 마지막 날을 호반(湖畔)의 가지를 바짝 친 나무들 아래에서 행인들을 바라보며 보냈다. 렌치는 다시 이렇게 썼다. "우리는 독일 여자들의 여성스러움에 깊은 인상을 받았다. 그들이 입은 민족의상은 무척 매력적이었다. 어디에서나 우리는 아이들을 데리고 있는 어머니를 봤다. 다른 여러 나라들에서 우울한 여자만 보다가, 여기서 립스틱을 바르지 않고 손톱에 물을 들이지 않은 여자들을 보니 무척 신선했다. 젊은 여자는 모두 두 갈래로 머리를 땋아 앞으로 내린 모습이었다."

7월 5일에 그들은 베를린을 향해 떠나 열세 시간의 무척 힘든 여정을 감내했다. "우리 기차는 오전 여덟 시에 인젤을 지나쳐 떠났고 호텔의 짐 운반인은 우리에게 손을 흔들어줬다. 그들은 친근한 사람들이었다." 호텔의 식사 요금에 실망을 한 뒤 기차에서 먹는 아침은 무척 만족스러웠다. "정말 바삭한 롤빵이었다. 버터를 충분히 쓴 것이었다." 창문 밖을 내다본 렌치 부부는 여자들과 나이 든 남자들이 짚을 거둬들이고자 말이 끄는 달구지에 타고 있는 모습을 봤다. 렌치는 놀라워하며 이렇게 썼다. "어디에서든 여자들은 밭에 나가 일했다. 어찌나 일을 잘하던지!"

우리는 거의 젊은 남자를 보지 못했다. 이 나라에서 단정하지 못한 사람이나 건물을 보지 못했고, 표면상 번영과 행복이 드러났다. 우리는 실제로 군인을 한 사람도 보지 못했다. 우리 부부에 관한 한, 우리는 평화를 사랑하는 유토피아를 여행하는 것이나 마찬가지였다. 독일 중부 지역에는 분명 군인들이 있지 않았다. 노동자가 사는 주택은 가파른 지붕이 되어 있는 무척 훌륭하게 잘 지어진 현대식 건물이었다. 길가 여러 마을엔 많은 수영장이 있었고, 몇몇 개인 주택의 발코니에는 밝은색의 큰 파라솔이 설치되었는데, 붉은색과 하얀색 점 혹은 노란색과 파랑색 점들로 장식된 것이었다. 골이 진 철판으로 된 지붕은 보지 못했고 물론 골프 코스도 보지 못했다. 우리는 사실상 여행 내내 놀려두는 땅은 단 한 부분도 보지 못했다. 나는 우리 조국의 버려진 시골 지역이 부끄럽다는 생각이 들었다. 독일의 식량 생산은 틀림없이 막대할 것이다.

베를린에 도착하여 그들은 아들론 호텔에 투숙했고, 렌치는 즉시 옛 친구들을 만날 계획을 세웠다. 명목상 여전히 주미 독일 대사인 디크호프 씨와 약속을 잡을 때 대사는 6개월 전 퀘이커교도들을 대할 때와는 다른 모습을 보였다. 그는 디크호프가 "심리적인 무장을 해제시킬 정도로 솔직하다"는 걸 알게 되었다. 대사는 영국이 갑자기 폴란드에 그런 "정신 나간 듯한" 관심을 보이는 이유를 이해하지 못했다. 대사의 관점에서 볼 때 그것은 폴란드인들을 더욱 불합리하게 행동하도록 만들었고, 독일의 우호적인 사태 해결을 막을 뿐이었다. 디크호프는 렌치에게 독일이 이해할 수 없는 점을 말했다. 왜 영국은 나머지 세상에 대하여 도덕적인 대모 역할을 하길 고집하는가? 또한 영국 언론과 의회는 소위 독일의 부당성에 그토록 집중하면서도 왜 러시아 같은 다른 나라의 단점은 무시해 버리는가?

그것은 불편한 대담이었다. 렌치는 독일 정부가 이상주의의 물결을 이해하지 못한다고 확신했다. "그런 이상주의야말로 앵글로색슨 세상에서 강력한 역할을 수행하고 또 어느 한쪽의 이익이 개입했을 때 제3자의 판단을 고려하면서 공동 체계를 세우려는 사상인데 말이다." 하지만 그가 디크호프에게 그런 주장을 펴자, 대사는 과연 제3자의 판단으로 자국의 이해관계가 해결되는 상황을 영국이 잠시라도 고려한 바가 있는지 물으면서 역공에 나섰다. 렌치는 그 건물을 떠나면서, 독일의 관리들에게 나치식 경례를 했다. 그건 다소 기이한 행동이었지만, 그의 특징적인 언사를 빌리자면, "로마에서는 로마법을 따라야 하는 것"이었다.

더욱 흥미로운 베를린에서의 면담은, 렌치가 국가사회주의 여자 연맹 소속의 여자 간부 두 명과 카페에서 레몬차를 놓고 가진 대담이었다. "우리는 '아주 솔직한' 대화를 나눴다." 렌치는 말했다. "그들은 정말 멋지면서도 진정한 이상주의자였지만, 독일의 이익이 관련된 애기가 나오자 나는 곧바로 거대한 장벽을 마주하게 되었다."

우리가 만난 거의 모든 독일인이 체코슬로바키아 강제 점령을 양해해

514

달라고 했다. "국가 안전을 중시하는" 독일에 그 자체로 위협이 된다는 것이었다. 독일인들은 지난 이십 년 동안 불만을 품고 살아왔고, 그래서 다른 나라의 고통은 돌아다볼 여지가 없다는 것이다. 단순히 유럽의 관점에서 상황을 보면 독일인을 이해할 수 없다. 그들은 실제로 분노와 열등감에 시달린다. 한 냉정한 기질의 독일인은 내게 이렇게 말했다. "내 조국은 지금 정신적으로 병든 상태입니다. 제대로 상황을 볼 수 없어요."

7월 12일 렌치는 영국 대사인 네빌 헨더슨 경에게 연락했다. 그는 이튼칼리지 시절에 대사의 좋은 친구였지만, 그 이후로 만난 적이 없었다. 대사는 렌치에게 "조금 까칠한 태도"를 보였다. 대사는 『더 스펙테이터』지(렌치가 이사회 회장이다)가 윈스턴 처칠의 내각 참여를 옹호하는 것에 대해 분노하고 있었다. 헨더슨 대사는 영국이 반드시 해야 할 일은 체임벌린을 중심으로 힘을 합치는 것이라고 진지하게 말했다. 렌치는 이렇게 썼다. "대사는 폭력이 사용되면 우리가 단호해져야 한다고 무척 확고하게 말했다. 하지만 동시에 단치히에서 합리적인 해결을 보려고 노력해야 한다는 말도 했다." 헨더슨은 "독일의 사례에서 집중해야 할 것이 많기에" 단치히가 주된 초점이 되었어야 했는데 그렇게 되지 못한 게 딱한 일이라고 생각했다.

그럼에도 불구하고 체코슬로바키아 강점 이래 대사는 영국이 "어떠한 대국도 약국에게 자기 의지를 강요할 권리가 없다는 도덕적 토대 위에 굳건히 서야 한다"는 점을 분명히 했다. 평생 대영제국을 홍보하며 보낸 렌치에게 그런 생각은 전혀 떠오르지 않았겠지만, 헨더슨조차도 자기 조국이 가끔 자국의 뜻을 소국은 물론이고 대국에도 강요했다는 사실은 생각나지 않았던 모양이다. 그렇지만 렌치의 비인종차별적 제국관은 히틀러의 그것과는 다소 다른 것이었다. 렌치는 사람들의 자유로운 협력이 각국의 자치와 국제 안정성을 촉진시켜야 한다고 보았던 것이다.

그 나라를 여러 차례 방문하여 진정 독일을 사랑했던 렌치도 "요즘 독일에 머무르는 건 그리 유쾌한 경험이 아니다"라고 마지못해 결론을 내렸다. 독일인이 조금이라도 상냥하거나 정중하면 이제 그게 놀라운 모습이었다. 이런 점을 고려한 렌치 부부는 계획보다 빠르게 스웨덴으로 떠나기로 했다. 부부는 한 독일 친구의 충고에 따라 "9월 1일까지 잉글랜드로 돌아가기로" 결정했다. 그들은 고텐부르크에서 8월 26일에 배를 타고 떠났다. 렌치는 자서전에 이런 글을 남겼다. "우리가 탄 증기선은 귀국하려는 영국 휴가객들과 동원된 프랑스 예비군들로 붐볐다. 우리는 8월 28일 틸버리에 도착했다."[24]

＊　＊　＊

1939년에 필사적으로 독일을 탈출하려는 사람들이 늘어났다면, 오페라 팬인 아이다와 루이즈 쿡처럼 독일로 들어가려는 소수의 사람들도 있었다. 1937년 쿡 자매에게 처음으로 유대인의 위기를 알려준 이들은 호주 지휘자 클레멘스 크라우스와 그의 부인 비오리카 어술리악(리하르트 슈트라우스가 선호하는 소프라노)이었다. 그때부터 전쟁 발발 이 주 전까지 두 자매는 정기적으로 독일 여행을 떠나 이민 서류를 준비하고 귀중품을 영국으로 밀수하려는 유대인들에게 도움을 줬다. 그것은 많은 돈이 드는 일이었다. 나치의 눈에 진정한 여행객으로 보이려면 최고급 호텔에 머무르는 일이 필수였기 때문이었다. 하지만 아이다의 책이 1936년 처음으로 출판된 이후 연애 소설로 벌어들이는 수입이 그녀가 영웅적인 모험을 계속할 수 있는 충분한 자금을 제공했다. 그녀는 메리 버첼이라는 필명으로 밀스 앤 분 출판사에서 1백 권이 넘는 책을 출판했다.

아이다와 루이즈의 오페라를 향한 진정한 헌신은 그들에게 완벽한 위장을 제공했지만, 그들이 마주한 위험은 사소한 것이 아니었다. 보통 루이즈는 토요일 오전을 쉬고 금요일 저녁에 일상적인 사무실 일을 마치고 동생과 합류하고자 서둘러 크로이든 공항으로 갔다. 그래야 쾰른으로 떠나는 마지막 비행기를 제때 탈 수 있었기 때문이다. 자매는 이어 뮌헨으로 떠나는 야간 기차에 탑승했다. 아이다는 회고록에 이런 글을 남겼다. "갈 때나 올 때나 우리는 프랑크푸르트에 잠시 머물러야 했는데, 우리가 보내는 화물 상자 대다수가 그곳에 있었기 때문이다."[25]

그들의 밀수 작업은 점점 세련되게 변했다. 독일로 비행기를 타고 들어가고, 기차로 영국으로 돌아감으로써, 자매는 똑같은 나치 관리를 두 번 만나는 걸 피할 수 있었다. 이는 필수적인 조치였는데, 독일로 떠날 때 그들은 옷을 소박하게 입었고, 단 하나도 장신구를 걸치지 않았다. 두 자매는 심지어 손목시계조차 차지 않았다. 그러나 돌아오는 여행에서 이 평범하게 생긴 두 여자는 모피를 입고 "지나치게 보석을 좋아하는 과도하게 차려입은 영국 여자"[26]로

일변했다. 두 자매 중 누구도 귀를 뚫지 않았기에 그들은 귀를 뚫어야 착용할 수 있는 귀걸이는 가지고 다니지 않았다. 자매는 이런 미세한 차이에 신경을 썼다. 그런 미세한 차이가 독일 관리들이 실무 훈련을 통해 곧바로 살펴보는 유대인의 특징이라는 걸 알았기 때문이다.

왜 그렇게 많은 보석을 가지고 다니는가? 이런 질문을 받으면 그들은 미리 준비해놓은 대답을 꺼내들며 "신경이 예민한 영국 노처녀처럼 행동하면서 늘 귀중품을 들고 다니는데, 마음을 놓고 맡길 수 있는 사람이 단 한 사람도 없어서 그렇다고 간단하게 말했다".[27] 그들은 보통 귀국 여정을 네덜란드를 지나 야간 항해로 영국 남단의 하리치에 도착하는 것으로 잡았다. 런던 행 새벽 기차 덕분에 루이즈는 월요일 아침 누구보다 먼저 사무실에 정확하게 도착할 수 있었다.

아이다와 루이즈가 독일로 마지막 여행을 떠난 건 1939년 8월로, 『앵글로 저먼 리뷰』는 여전히 멋들어진 기사를 마구 찍어내는 중이었다. 예를 들어 낸시 브라운은 친 나치 단체인 더 링크와 최근 나치 독일에서 보냈던 이 주에 관한 서정적인 이야기를 기고했다. 이 이야기가 실린 호는 해당 잡지의 마지막 발간본이 되었다. "라인 지방에서 보낸 휴가는 현대 독일에 관해 훌륭한 인상을 남겨주었다." 그녀는 이렇게 썼다. "나는 그런 인상을 다른 독자들에게 전하고 싶다."

우리가 술집 노천 탁자에 앉아 달콤한 냄새가 풍겨오는 라임 나무의 그늘 속에서 꽃을 보며 즐거워하고, 호수에 물결이 이는 걸 보고 있는 동안 아이들은 목소리를 높여 진군가를 불렀다. 이내 아이들은 어두운 숲에서 나와 우리의 시야 안으로 들어왔는데, 등에 배낭을 멘 채로 기운을 회복하려고 떼 지어 정원으로 왔다. 한 밝은 눈을 가진 소년이 아코디언을 연주하자, 그 주위로 땋은 머리를 반짝거리는 어린 소녀들이 몰려들었다. 그 땋은 머리는 햇볕을 받아 반짝였는데 깨끗한 황금의 리본처럼 보였다.[28]

같은 8월호엔 다음과 같은 구직 광고가 실렸다. "젊은 영국 여자, 20세, 10월 동안 독일에서 오페어(가정에 입주하여 집안일을 거들며 언어를 배우는 외국인 유학생) 자리를 구함."

* * *

1939년 8월이 끝나갈 때 실비아 헤이우드는 여전히 드레스덴에서 음악을 공부하고 있었다. 영국행 기차 티켓은 9월 3일로 끊어놓았지만, 최근에 전개되는 상황을 고려하면 여정을 한 주 앞당기는 게 좋을 것 같았다. 하지만 이 주 이상 떠나 있지 않을 거로 예상한(분명 또 다른 "뮌헨 협정"이 있을 것이라고 생각했다) 그녀는 자신에게 가장 귀한 두 가지 보물인 모피 코트와 바이올린을 집주인 아주머니에게 맡기고 떠났다. 9월 1일 독일군은 폴란드를 침공했고, 이틀 뒤 영국은 독일에 전쟁을 선포했다. 실비아는 적십자를 통해 전달된 편지로 집주인 아주머니로부터 그녀가 맡기고 온 물품이 어떻게 되었는지 마침내 듣게 되었다. 모피 코트는 군인들에 의해 강탈되었다. 그래도 실비아는 동부 전선에서 싸우는 어느 불쌍한 젊은 남자에게 그 물건이 따뜻한 위안이 되길 바랐다. 바이올린은 다른 운명을 맞이했다. 폭탄이 드레스덴에 떨어지기 시작했을 때, 집주인 아주머니는 신중하게 그것을 포장지로 감싼 뒤 근처 공원에 가져가서 땅속에다 묻었다.[29]

20

전쟁

전쟁 초기의 여러 달 동안 전쟁이 벌어지고 있다는 걸 믿기 어려웠다. 정말 그랬다. 식량 배급제가 더욱 철저해지긴 했지만, 그건 이미 오랫동안 어떤 형태로든 존재해왔기에 사람들이 거의 눈치 채지 못했던 것이다. 처음엔 그나마 비교적 적은 피해를 주긴 했지만, 배급제보다 더 걱정스러운 건 공습이었다. 달리 말하자면 『앵글로 저먼 리뷰』에서 자주 언급된 국가사회주의 치하의 "훌륭한 삶"은 놀라울 정도로 영향을 받지 않았다. 반면 느닷없는 정전(停電)과, "적이 듣고 있다"고 경고하는 끊임없는 프로파간다는 자국이 정말 전쟁 중이라는 걸 독일인들에게 끊임없이 상기시켰다. 미국 저널리스트 하워드 K. 스미스가 언급한 것처럼 설혹 표면상으로 거의 변화가 없는 것처럼 보여도 전쟁은 독일인의 마음에 "지독한 두려움"[1]을 심어줬다.

베를린에 도착했던 1940년 1월부터 스위스 행 마지막 기차에 오른 1941년 12월 6일(미국의 참전 시점)까지 스미스는 독일 사람들의 정신적 분위기를 열심히 관찰했다. 1941년 6월 독일의 러시아 침공은 전쟁의 커다란 전환점이었다. 그 시점에 이르기까지 사람들이 갖고 있던 빠른 평화에 대한 기대는 이쪽 끝에서 저쪽 끝까지 크게 흔들렸다. 터무니없는 선동이나 극도로 조잡한 소문에도 일반 대중은 기쁨과 절망을 번갈아 느꼈다. 하지만 약속했던 동유럽의 정복이 끊임없이 지연되기만 하고 실현되지 않자, 독일의 보통 사람은 자신이 속았다는 걸 깨닫기 시작했다. 신속한 평화나 최후의 승리 같은 건 이제 사라져버린 것이었다.

한편 전쟁 중에도 나치 독일을 여행할 수 있는 외국인들은 대부분 저널리스트, 외교관, 나치 동조자, 난민, 배우자, 그리고 영 전쟁 분위기와는 어울리지 않는 사업가 등이었다. 영국인인 헤센·라인의 "페그" 공주, 무장 SS근위대에서 근무한 스웨덴 사람 에릭 왈린 등 다양한 사람들이 나치 독일이 고통과 패배의 지루한 내리막 길을 걸어가는 모습을 직접 목격했다.

비디 맥노튼의 회고록은 좌익의 관점에서 본 전쟁의 생생한 기록이다. 어린아이 때부터 반항적이었던 비디는 북아일랜드 판사의 딸이자 사회개혁가 찰스 부스의 증손녀였다. 그녀는 런던 슬레이드 스쿨에서 예술을 공부한 뒤 1927년 베를린으로 건너와 살게 되었다. 제2차 세계대전이 발발했을 때 그녀는 노동자 계급인 빌리 융미탁과 결혼했는데, 빌리는 바우하우스에서 훈련받은 사진가이자 설계 제도사였다. 두 사람은 공산 당원이었다. 일요일이었던 1939년 9월 3일 부부는 다섯 살 난 딸 클라라(공산주의자 겸 독일 의원인 클라라 체트킨을 따서 지은 이름)를 데리고 공원에 가서 풀 위에 앉아 소풍을 즐겼다. "사람들은 크리켓 득점판 같은 커다란 화이트보드를 가지고 있었고, 뉴스가 그 위에 적혔다." 비디가 당시를 회상했다. "우리는 잉글랜드가 전쟁을 선포했다는 걸 그 판에서 봤다. 그렇게 해서 전쟁을 알게 되었다."

약 석 달 뒤에 비디는 두 번째로 딸을 낳았다. 임산부 병동에 다른 열한 명의 여자들과 함께 누워 있던 그녀는 영국 전함이 침몰할 때마다 크게 방송되는 "우리는 영국과 싸우러 떠난다"라는 노래를 어쩔 수 없이 들어야 했다. 분명 아이를 낳기에 좋은 시기는 아니었다. 모유로 아이를 키우는 어머니에겐 추가 배급이 없었다. 비디는 모유가 충분히 나오지 않았으므로 어린 게르다는 버터와 밀가루를 우유, 물과 섞어 갈색이 될 때까지 프라이팬에 구운 것을 먹고 살아남았다. 두 번째 아이를 낳고 고작 삼 주 뒤에 비디는 게슈타포와의 면담을 위해 불려갔다. 게슈타포와 만난 그녀는 집에 우유를 공급하던 여자가 자신을 최근 벌어진 히틀러 암살 시도에 연루되었을지도 모른다고 신고한 사실을 알게 되었다. 다행스럽게도 아기와 비디의 아일랜드 연줄 덕분에, 그녀를 심문하던 자들은 그 고발이 근거 없다는 걸 확신하게 되었다. 우유를 대던 여자의 고발이 근거 있는 것으로 판명되었다면 그녀는 1천 마르크의 보상금을 받았을 것이다.[2]

브리짓 길리건 역시 독일인과 결혼했지만, 비디와는 무척 다른 사회적 계층의 남자와 결혼했다. 후고 폰 베른스토르프 백작은 덴마크와 강력한 연줄을 가진 유명한 귀족 가문 출신이었다. 1939년 1월 결혼식을 올린 뒤 부부는 함부르크에서 동쪽으로 삼십 마일 떨어진 그의 옛 저택 보테르젠 성으로 가서 살았다. 브리짓의 혈통이 순수하다는 걸 증명하는 데 별 어려움이 없었더라면 더 빨리 결혼했을 것이다. 1938년 11월 후고는 영국에 가 있던 그녀에게 이런 편지를 썼다.

내 사랑, 그대의 가문에 아리안 혈통이 아닌 사람이 있다고 조금이라도 의심이 생기면 부디 내게 말해주시오. 지금 상상할 수 있는 최악의 상황은 결혼한 뒤에 그런 사람이 가문에 있다고 발각되는 일이오. 그렇게 되면 이혼할 수밖에 없소. 그러니 모든 일을 결혼 전에 명백하게 밝혀둡시다. 그걸 밝히는 데 지나치게 비용이 많이 든다고 말하지 마시오. 추후에 그런 일이 적발되는 것만큼 큰 대가를 치러야 하는 일도 없을 테니.[3]

브리짓의 반응은 그리 안심되는 것이 아니었다. 그녀는 이런 답장을 보냈다. "길리건 쪽의 세례 증명서는 절대 발급될 수 없을 거라고 생각해요. 모두 웨슬리파 사람인데 웨슬리파는 유행한지 오래되었고, 교회는 모두 허물어져 희망이 있을 것 같지 않아요."[4]

브리짓은 유능하면서도 강인했다. 전쟁 선포 이후 후고는 휘하 연대와 함께 노르웨이로 파견되었고, 결혼 8개월 만에 그의 영국인 부인은 독일에 있으면서 복잡한 집안일과 거대한 사유지를 책임지게 되었다. 그건 쉬운 일이 아니었다. 1940년 2월 그녀는 가르미슈의 하우스 히르트를 향해 떠났다. 하우스 히르트는 평화로운 시기 지크프리트 사쑨과 윌리엄 월튼이 즐겁게 머무르다 간 곳이었다. 그곳으로 가던 도중에 그녀는 며칠 밤을 뮌헨에서 보냈다. 레기나 팔라스트 호텔에서 그녀는 남편에게 편지를 보내 막 보테르젠을 떠나왔으며, 그곳을 생각하는 것조차 견디기 힘들다고 전했다. 그녀는 이렇게 불평했다. "그 투덜대는 사람들은 전부 늘 말다툼이나 하고 뭔가 더 내놓으라고 해요. 요리사는 우릴 속였는데, 나는 그 일로 신물이 났어요. 빨리, 빨리 돌아와요. 당신의 부하 군인들은 눈사람이나 만들라 하고요."[5] 한편, 베를린이나 함부르크와는 달리 오렌지를 여전히 살 수 있던 뮌헨에 거주하는 건 하나의 "축복"이었다. 하우스 히르트에 자리 잡자 그녀는 훨씬 더 쉽게 전쟁을 잊게 되었다. 그녀는 노르웨이의 후고에게 보내는 편지에서 이렇게 썼다. "저녁을 먹고 엄청나게 많은 버터와 진짜 차, 그리고 초콜릿과 훌륭한 푸딩을 즐겼죠." 그럼에도 불구하고 마을에 젊은 남자가 없고, 가게에 살 것이 아무것도 없다는 사실("생리대조차 없었다"[6])은 전쟁이 피할 수 없는 현실임을 선명하게 상기시켰다.

　브리짓이 영국의 도움을 아예 받지 못했던 건 아니었다. 유수한 독일 가문에 시집간 여러 다른 영국 여자들이 보테르젠에서 쉽게 갈 수 있는 거리에 있었다. 남쪽으로 삼백오십 마일 거리에는 페그 헤센이 남편인 루드비히 공작과 함께 보테르젠 성만큼이나 아름다운 볼프스가르텐 성에서 살고 있었다. 이곳은 다름슈타트에서 북쪽으로 십 마일 정도 떨어진 곳이었다. 루드비히 부부는 1936년 하우스 히르트에서 휴가를 보내는 동안 처음 만났다. 그들은 런던에서 다음해에 결혼했는데, 마침 루드비히 공작이 그곳의 독일 대사관에서 근무하고 있었다. 페그와 브리짓은 이제 각각 공작 부인과 백작 부인이 되어 정기적으로 편지를 주고받았다. 앞으로 보게 될 터이지만 이런 전쟁 중의 편지 왕래는 서로에게 큰 위로와 도움을 주었다.

브리짓이 뮌헨으로 여행을 오고 한 달 뒤에 『아웃 오브 아프리카*Out of Africa*』라는 책으로 널리 알려진 덴마크 작가 카렌 블릭센Karen Blixen이 베를린에 도착했다. 그녀는 여러 스칸디나비아 신문들을 위해 일종의 특파원 임무를 맡았고, 한 달간 머무를 계획이었다. 그녀가 전하는 브레멘 방문기는 정상성과 불안감이 흥미롭게 뒤섞인 모습을 절묘하게 포착했다. 그것은 전쟁 초기 몇 달 동안, 독일 현지의 특징을 잘 드러낸 글이었다. 중세에 지어진 브레멘의 성당과 도시 성벽은 도시에 있는 귀족의 저택들처럼 그녀에게 깊은 인상을 남겼다. 그녀는 이런 것들이 "널리 여행한 시민들의 풍성하고 활력 넘치는 문화" 덕분이라는 찬사를 보냈다. 어디에서나 강을 떠가는 배가 있었다. "성채에 걸린 그림과 태피스트리는 거대한 상선단의 규모를 잘 보여줬다. 거대한 귀족의 홀에는 한때 가문이 소유했던 배에 정확히 비례하는 크고 기념비적인 선박 모형이 있었다. 돛이며 굵은 밧줄이며 제대로 갖추어 놓고 있었다."

그러나 이런 훌륭한 해양 도시의 이미지와 선명하게 대조되는 것이 하나 있었으니 그것은 1940년 3월의 음침한 현실이었다. 블릭센이 브레멘에 도착했을 때 그곳은 늦은 밤이었고 눈이 많이 내렸다. 정전 때문에 볼 수 있는 건 아무것도 없었다. 그녀에게 도움을 준 건 어떤 나이 든 짐꾼이었다. "우리는 손을 잡고 어두운 거리를 걸어갔다." 블릭센이 당시를 회상했다. "기차에서 호텔까지, 모든 방문객이 등록하기 위해 들러야 하는 경찰서까지, 그리고 돌아오는 길까지 우리는 함께 걸었다." 그 노인은 제1차 세계대전에 참전했고, 이번 전쟁에는 전선에 두 아들을 보낸 상태였다. 그녀는 자신의 케냐 농장에 있던 아프리카인들처럼 그 짐꾼 노인이 심하게 "혀를

차는 소리를 내고, 약하게 쯧 하는 소리를 내며"[7] 그런 상황을 안타까워했다고 기록했다.

베를린에서는 이제 평시의 계획이 전쟁 수행 노력과 공존했다. 몇 년 전에 히틀러가 발주한 육중한 건물들이 계속 지어지고 있었지만(블릭센은 "여기서 본 돌, 나무, 혹은 철로 만든 모든 수공예품이 훌륭하게 제작된 것이었다"라고 말했다), 동시에 방어시설과 위장용 구조물 역시 그들 옆에서 우후죽순처럼 늘어났다. 하지만 이런 소란스러운 활동도 그녀가 보기에 베를린이 이미 영광을 잃었다는 사실을 숨기지는 못했다. "도시는 한때 멋졌지만 이제 털갈이에 들어간 새 같았다".[8] 그녀는 거리가 "어디나 이루 말할 수 없을 만큼 더러웠다"고 지적했다. 사람들은 작년에 입던 옷을 입고 "조심스럽게" 걸었으며, 오로지 호텔 짐꾼들만이 "황금, 대리석, 청동, 유리" 등으로 화려하게 장식된 아들론 호텔에서 여전히 일하고 있는 것처럼 보였다.

그녀는 도이체스 극장에서 〈리어왕〉이 공연되는 걸 보고 깜짝 놀랐다. 하지만 나치 독일이 다른 나라들의 시민을 자기 민족이라고 우기는 것과 똑같은 방식으로, 위대한 외국 작가와 예술가도 자기네 사람이라고 주장한다는 것을 알고서 그리 놀라지 않게 되었다. "그들은 셰익스피어가 실은 그 강력한 휴머니즘 때문에 실제로 게르만 민족이라고 말했다. 키에르케고르는 그 심오한 사상 때문에, 렘브란트는 그 예술적 성실성 때문에, 미켈란젤로는 그 거대한 규모 때문에 게르만인의 후손이라고 말했다."[9] 사람들이 가득히 들어찬 베를린의 여러 극장은 블릭센을 당혹스럽게 했지만, 하워드 K. 스미스가 지적한 것처럼 그들은 돈 쓸 데가 거의 없었다. 영화관의 선전이 가득한 화면과는 다르게, 친숙한 고전 연극(현대 연극은 금

뒤셀도르프 기념관 내에 설치된 방공호

2007년에 촬영했다. © Johann H. Addicks

동물원 대공포탑

1942년에 촬영했다.

지되었다)은 사람들이 전쟁을 잊어버리고 몇 시간을 보낼 수 있도록 해줬다.[10]

반 나치 미국 저널리스트들이 묘사한 전시 독일의 모습은 당연하게도 외국 나치 동조자들이 호의적으로 묘사하는 모습과 아주 대조되었다. 스웨덴 탐험가 스벤 헤딘은 나치 독일이 무척 좋아하는 방문객이었고 그래서 그는 정기적으로 히틀러와 다른 나치 고위 간부를 만났다. 3월 6일 블릭센이 브레멘에 머무를 때 그는 카린할에서 괴링과 오찬을 즐겼다. "버터, 진짜 그뤼에르 치즈, 캐비어, 바다 가재, 신선한 아스파라거스, 따뜻한 요리와 온갖 부류의 진미"가 메뉴로 나왔다. 이후 괴링의 열아홉 달 된 어린 딸 에다(이탈리아 외교관 부인들이 "바쁘게 작은 옷을 뜨개질하게 만들었던" 아이[11])가 "경쾌하게 방 안에 걸어 들어와 무척 예쁘게 손님들을 환영했다."

휘발유가 부족하여 개인의 승용차 여행이 금지되었음에도 불구하고 여섯 달 뒤 헤딘이 베를린에서 뮌헨으로 가야 했을 때, 관용 차량이 처음부터 끝까지 그를 태우고 다녔다. 그의 여행은 전시에 독일을 여행한 대다수 여행자가 겪던 상황, 즉 사람들이 우글거리고, 춥고, 지저분한 열차에서 몇 시간 동안 서 있어야 하고 또 기차의 목적지 도착마저도 정시보다 몇 시간 뒤에나 가능한 그런 일반적인 여행과는 전혀 달랐다. 헤딘이 탄 차는 "포츠담을 쏜살같이 지나 비텐베르크와 데사우 사이를, 라이프치히와 할레 사이를 지났고, 이어 전속력으로 끝없는 아우토반을 따라 달려서 우리들이 타고 있는 차 앞에서 흰 리본처럼 사라졌다." 헤딘은 아우토반의 아주 말끔한 표면에 삼십 야드마다 박아놓은 나무 막대를 눈여겨보았다. 그건 적의 항공기 착륙을 막으려는 인공 장애물이었다. 그들은 정확히 몇 시간 만에 사백 마일을 돌파했다(보통의 도로보다 두 배는 더 빨랐다). "우리는 급행열차보다 훨씬 빠르게 여행했다."[12]

* * *

1940년 6월 18일 브리짓은 보테르젠에서 남편 후고에게 편지를 썼다. "서부에서 전쟁이 끝났다니 멋지지 않아요? 메클렌부르크의 노인[히틀러의 암호명일까?]이 그렇게 될 거라고 했던 바로 그 시점에 말이에요."[13] 전쟁은 순조로웠을지 모르지만, 다른 문제가 많았다. 그녀는 사흘 뒤 남편에게 이렇게 말했다. "우리는 여전히 하녀를 구하지 못했는데 끔찍한 일이에요." 7월이 되자 그녀의 가정은 부담을 느끼기 시작했다. "여보, 제발 당장 집으로 돌아와요. 이 공습들은 심각해요. 이렇게 비참할 수가 없어요. 폭탄이 우리 주변 모든 걸 부수고 있고, 이제 노르웨이에 있는 부대가 영국으로 갈 거래요. 이런 바보 같은 전쟁에 신물이 나요."[14] 그 집안의 나이 든 가신인 파프는 영국이 함부르크의 비스마르크 기념물에 폭탄을 떨어트리자 분노를 참지 못했다. 몇 주 뒤 파프는 순간적으로 여주인 브리짓의 국적도 잊어버리고 "독일 폭격기가 일전에 스코틀랜드로 피신하는 조지 6세와 왕비를 놓친 게 무척 딱한 일"[15]이라고 크게 소리쳤다. 처참한 감자 수확("모두 썩어 있었다")과 높은 세금은 브리짓의 의욕을 더욱 심하게 꺾어놓았다.

1940년 크리스마스가 되었을 때 윌리엄 샤이러의 CBS 방송을 맡아오던 해리 플래너리는 여섯 주 정도 베를린에 있게 되었다. 그는 렌즈콩, 완두콩, 콩, 그리고 추가 마멀레이드와 설탕 등의 배급량이 증가된 것을 목격했다. 도시에서는 크리스마스트리가 판매 중이었고, 여러 장난감(폭격기, 잠수함, 군복)도 마찬가지로 팔리고 있었다. 축제 분위기에 더해 여러 신문이 일본 대사가 지은 시를 게재했다.

성지 너머로 접근해오는 아침을 보라.

동아시아의 날이 다가오고 있다.

스와스티카와 붉고, 희고, 초록색인 깃발이 즐겁게

바람에 나부낀다.

유럽 나라들엔 봄이 다가올 것이다[16]

비디와 그녀의 가족은 브레멘 근처에 있는 빌리 형의 농장에서 크리스마스를 보냈다. 푸주한을 한밤에 불러와서 질식시킨 돼지를 도살하게 했다. 비디는 당시를 이렇게 기억했다. "우리는 외양간에 서 있었다. 석유램프의 불빛 옆에서 돼지를 도살하는 걸 지켜봤다. 마치 렘브란트의 그림 같았다. 외양간과 농가는 모두 같은 지붕아래 있었다." 돼지를 죽이는 건 위험한 일이었다. 불과 지난 9월에 로스토크의 한 농부가 허락 없이 돼지를 죽였다는 이유로 참수형에 처해졌다.[17]

12월 31일 비디의 가족은 베를린으로 돌아왔고, 자정에 가까워지던 때에 플래너리는 보도국에서 방송을 준비하고 있었다. 호호경과 호호 부인이라는 별명으로 더 잘 알려진 윌리엄과 마거릿 조이스 역시 같은 건물에 있었고, 플래너리를 초대해 함께 샴페인을 한 병 마시자고 제안했다.

호호는 샴페인을 가져오기 위해 롤러 셔터 밑으로 빠져나가 발코니로 갔다. 라디오가 켜졌다. 자정을 알리는 쾰른 성당의 종소리가 들렸고, 이어 나치 라디오 밴드가 호르스트 베셀(나치 찬양곡)을 연주하기 시작했다. 호호 부인은 몸이 뻣뻣해지며 긴장된 표정을 짓더니 팔을 들어 올려 나치식 경례를 했다. 호호가 셔터 아래로 나왔고, 부인의 모습을 보고는 샴페인 병을 내려놓고 양쪽 발뒤꿈치를 딱 하는 소리와 함께 붙이고 그 경례에 동참했다.[18]

새해 초에 플래너리는 런던에다 약 스무 차례 공습을 가한 어느 독일인 조종사를 인터뷰했다. 조종사의 완벽한 영어 구사 능력에 플래너리는 깜짝 놀랐는데, 나중에 이 청년은 어머니가 영국인이고, 조부모가 런던에 살았다는 걸 털어놓았다. 미국인 플래너리는 그에게 조부모가 살던 런던의 동네에 폭탄을 투하한 적이 있는지를 물었고, 그는 이렇게 대답했다. "맞아요, 그랬죠. 그것과 관련해선 아무 생각도 하지 않으려고 합니다."[19]

폭격으로 고통을 받는 사정은 함부르크도 런던과 마찬가지였다. 3월 13일 브리짓 폰 베른스토르프는 도시의 최고급 호텔인 피어 야레스차이텐에 머무르고 있었다. 플래너리에 따르면 이곳은 분명 전쟁에 영향을 받지 않았고, 여전히 귀한 와인과 진짜 차를 손님에게 제공했다. 식당에선 오후마다 관현악단이 미국인들이 좋아하는 미국 노래, 〈나를 버지니아로 데려가주오Carry Me Back to Old Virginny〉와 〈차이나타운Chinatown〉[20]을 연주했다. 브리짓은 며칠 뒤 드레스덴에서 후고에게 편지를 썼다. "우리가 보낸 이 극적인 밤을 당신은 상상도 하지 못할 거예요."

오전 열한 시부터 오후 세 시까지, 다시 오후 네 시부터 다섯 시 삼십 분까지 지하실로 들어가서 하늘에서 쏟아지는 폭탄을 피했어요. 알토나 행 기차를 타려고 오전 일곱 시에 호텔을 떠났죠. 하늘이 온통 붉게 타올랐고, 거리 대부분이 차단됐어요. 도시 전역에서 거대한 연기 기둥들이 피어올랐어요. 기차 안에는 아이들을 데리고 있는, 밤새 조금도 자지 못한 지친 사람들로 가득했어요. 그 당시에 여행은 분명 즐거운 일이 아니었어요.[21]

그녀는 남편에게 수많은 독일군 병력이 아프리카로 떠나는 마당에 그가 여전히 노르웨이에 있다니 얼마나 기쁜지 모르겠다고 말했다. "요즘엔 병사들이 기차에 타는 광경을 매일 봐요."[22]

폭격과 식량에 관한 한, 시골 생활이 도시의 삶보다 크게 나았다. 지시안린이 말한 것처럼 "시골에 아는 농부가 있다면 도시의 다른 사람들은 부러워서 군침을 흘릴 것"이었다. 1941년 어느 여름날 그는 한 독일 소녀를 만났는데, 그녀는 괴팅겐에서 몇 마일 떨어진 곳에 사는 농부를 알고 있었다. 그들은 자전거를 타고 농부의 과수원으로 가서 종일 사과를 땄다. 그들은 사과에 더하여 감자 한 부대까지 챙겨 집으로 돌아왔다. 지시안린은 이런 글을 남겼다. "돌아왔을 때 나는 감자를 끓여서 그 동안 아껴 모아둔 백설탕에 찍어 먹었고, 그 많던 감자를 앉은 자리에서 다 해치웠다. 하지만 여전히 포만감이 들지 않았다."[23]

　　　　　　　　　*　　*　　*

　정확히 부활절로부터 한 달 뒤인 1940년 5월 10일 저녁 다섯 시 사
십오 분, 부총통 루돌프 헤스는 메서슈미트 전투기를 타고 스코틀
랜드로 날아갔다. 해밀턴 공작과 가진 영국과의 공개 평화 협상은
헛된 시도로 끝났고, 독일 민중은 이 일로 엄청난 충격을 받았다. 브
리짓은 남편에게 보낸 편지에서 일반 대중의 정서를 생생하게 표현
했다. "헤스가 저지른 이번 일은 적에게만 좋은 일을 한 것처럼 보
여요. 헤스 이 사람 어찌나 멍청한지. 일은 그렇게 하면 안 되는데
정말 그 자는 자살이라도 해야 돼요. 정말 총통이 안쓰러워요."[24]
　하지만 헤스의 대담한 행동은 그로부터 육 주 뒤인 6월 22일
에 벌어진 사건에 비교하면 아무것도 아닌 것이 되어버렸다. 그날
지시안린이 집주인 아주머니에게 들은 것처럼, 독일은 독소 불가침
조약을 파기하고 러시아를 침공했다. 머리를 식히고자 젊은 중국인
학자는 아는 사람들인 핑크스 부인, 그로스 씨와 함께 여행을 떠났
다. "그로스가 아코디언을 가져와 도중에 연주했다. 페리에서 젊은
여자들이 강에서 수영을 하는 걸 봤는데 정말 감동적인 장면이었
다."[25] 얼마 지나지 않아 지시안린은 이런 글을 남겼다. "독일이 전
투에서 패배했다는 소식을 들을 때마다 나는 말도 못 할 정도로 기
쁘다. 하지만 독일이 도시라도 하나 점령하면 나는 진정제를 먹지
않고선 잠도 잘 수가 없다. 러시아에 딱히 애정이 있는 것도 아니고,
영국도 그다지 좋아하지 않지만, 내가 왜 이렇게 독일을 싫어하는
지는 나 자신도 정말 이해하지 못하겠다."[26]
　러시아 침공 몇 주 전 독일인이 발칸 반도를 정복하느라 바쁠

때 하워드 K. 스미스는 자신이 살던 지역의 서점 진열장에서 인기 있던 러시아 풍자 단편 소설이 사라지자 무슨 일이 곧 벌어지려 한다는 걸 알았다. 그건 눈여겨 볼만한 사건이었다. 그 책은 지난 일 년 동안 잘 보이는 곳에 전시되어 왔기 때문이다. 스미스는 가게로 들어가(이 가게는 히틀러의 이복형이 소유한 식당인 알로이스의 옆에 있었다) 러시아 관련 책들이 어떻게 됐는지를 물었다. 이제 『러시아 지옥에서의 삶』 같은 책들만 남았다는 걸 확인한 그는 독일의 러시아 침공이 당면했다는 걸 확신했다.[27]

비디 역시 사전 경고를 받았다. 그들은 기차역 바로 옆에 살았고, 몇 주 동안 독일군 병력을 실은 기차가 정기적으로 동쪽을 향해 떠나는 걸 봤다. 바르바로사 작전* 첫날 그녀는 슈로더 부인을 아파트 건물 정원에서 만났는데, 두 사람 모두 그 정원에 배당받은 텃밭이 있었다. 그녀의 이웃은 슬픈 목소리로 말했다. "이제 전쟁은 절대 끝나지 않겠네요."[28] 반면 브리짓 폰 베른스토프는 삼 주면 전쟁이 완전히 끝날 거로 믿었다. "그다음엔 무슨 일이 있을까요, 궁금하네요?" 하지만 그녀는 오래 궁금해 할 필요가 없었다. 두 달 뒤 그녀는 남편에게 편지를 썼다. "함부르크에는 검은 옷(상복)을 입은 사람들이 너무 많아요. 정말 우울해요." 펠릭스 폰 샤프고체는 사상자 명단에 오른 많은 친구들 중 한 사람이었다. "펠릭스는 허파에 총을 맞고 죽어서, 남부 러시아의 우사(牛舍)에 누워 벌레에게 뜯어 먹히는 중이었다."[29]

그해 여름 비디와 빌리는 딸들을 데리고 한 농장으로 휴가를

•　독일의 러시아 침공 작전.

떠났다. 그곳은 베를린에서 동쪽으로 육십 마일 떨어진 프랑크푸르트 안 더 오데르 근처의 오래된 물방앗간이었다. 이 농장은 부부가 알고 지내는 친구의 친척이 소유한 곳이었다. 비디는 당시를 이렇게 기억했다. "나는 프리델에게 신발 교환권을 건네주었고, 그녀는 우리가 그곳으로 갈 수 있게 조치해 주었다."

버스 정류장에 도착하니 버스는 없었고, 그래서 그들은 우유 배달용 손수레를 밀면서 농장까지 구 마일을 걸어가야 했다. 길 한 쪽에는 숲이 있었고, 다른 쪽에는 "창백한 빛을 내는 8월의 들판"이 있었다. 비디는 농장에서 폴란드 농노 한 사람과 친해졌다. 그는 한 쪽 눈이 안 보이고, 발은 동상에 걸렸다. 부부는 그에게 가지고 있는 담배를 전부 줬다. 담배도 다른 모든 것과 마찬가지로 배급 물품이었고, 남자는 하루에 열두 개피, 여자는 여섯 개피가 정량이었지만, 여자는 오십 세까지만 담배 배급이 나왔다. 오십이 넘은 여자는 단 한 개피도 받지 못한다. 베를린에서 온 두 타이피스트는 그들과 같은 손님이었는데, "선슈트*를 입고 머리에는 파마를 했으며, 안경을 낀 무척 스마트한 여자들이었다." 넝마를 걸친 후줄그레한 농노들의 모습을 보자, 두 젊은 여자는 폴란드인은 인간 이하라는 소문이 정말이라고 생각했다. 비디는 그렇게 생각하면 안 된다고 그들을 몇 번 깨우쳐주려 하다가 소용없다고 판단하여 그만뒀다.

농장에서 시간은 즐겁게 흘러갔다. 그들은 숲에서 버섯과 블루베리를 땄고, 빌리는 클라라를 데리고 "조용하고 시원한 바람이 부는" 호수에서 낚시를 했다. 떠날 때가 되자 은퇴한 경찰관 한 사람

•　일광욕, 놀이 등을 위한 옷.

이 그들을 역으로 데려다주겠다고 했다. 그들은 두 마리 말이 끄는 농장 짐마차를 타고 숲을 느릿느릿 지나갔다.[30]

반면 브리짓의 여름은 그보다 쾌적하지는 못했다. 러시아에서 싸우고 있는 친구들에 대한 걱정과는 별개로 날씨는 정말 끔찍했다. "매일 비가 퍼붓고 또 퍼부었고, 얼어붙을 듯 추웠어요." 그녀는 남편에게 이렇게 적어 보냈다. "수확은 완전히 망쳐서 작년보다 훨씬 나빠요." 10월이 되어도 상황은 별로 나아진 게 없었다. "여보, 나 고향에 대한 향수가 너무 심해요. 고향도, 맛있는 차도, 할머니도, 영화관도, 줄을 설 필요도, 미리 약속을 할 필요도 없는 상황도, 그리고 내 친구들도 정말 그리워요. 얼마나 오래 그리워해야 할까요, 여보."[31]

브리짓이 어린 시절의 편안한 고향을 꿈꾸고 있을 때 프랑스 작가 자크 샤르돈은 다른 외국 작가들과 함께 나치의 초청을 받아 독일 문학 투어를 하는 중이었다. 그는 나치를 철저하게 신봉하는 사람이었다. 그는 추후 장문의 에세이에서 이런 글을 남겼다. "전반적으로 독일 사회를 살펴보았을 때 내가 느낀 점은 그 나라가 아주 미학적이라는 것이다. 이는 도덕적 아름다움(용기, 의지, 자제, 품위, 그리고 다양한 형태의 건강)에 관한 문제이자 스타일과 창조성에 관한 문제이다." 국가사회주의의 "고상한 분위기"는 호프부르크 왕궁에 참석했던 샤르돈과 다른 작가들이 즐긴 연회의 눈에 띄는 특징이었다.

이 외국인 무리는 …… 왕궁의 방을 그다지 돋보이게 하지 않았다. 우리는 스무 개 정도 되는 둥근 테이블에 앉았다. 각 테이블엔 동그란 형태로 장식된 붉은 초들이 있었고, 불이 붙어 있었다. 테이블은 단풍의 부케로 장식되었고, 가운데엔 예전 시대의 훌륭한 도자기가 놓여 있었다. 전등은 꺼놓았다. 우리는 아이들이 흥얼거리는 바흐의 합창곡을 들었다. 이어 모차르트의 5중주곡이 연주되었고, 다음으로는 절제된 울림이 반복되는 순수한 독일 노래가 흘러나왔다. 전반적인 고요함, 참석자들을 둘러싼 어중간한 어둠, 명멸하는 붉은 초, 가을 나뭇잎, 정말로 아름다운 음악, 이런 것들이 하나로 어우러져 일종의 정신적 장관을 만들어냈다. 그날 저녁 연설은 없었다.

이 프랑스인에게 깊은 인상을 남긴 건 정숙한 찬란함만이 아니었다. 그는 이러한 '나치' 행사의 "고귀함"과 "고상한 취향은" 음악과 아름다운 환경에서 나오는 것만큼이나 "어떤 특별한 우수한 정신"에서도 나오는 것이라고 믿었다. 나치 SS근위대에 관한 그의 생각 역시 낭만적이었다. 그는 그들을 "새로운 게르만 창조물"로 여겼지만, 그래도 그 군인들이 오래된 과거에서 유래된 존재라고 생각했다. 그는 제복을 입은 키가 크고 우아한 근위대원들이 거리를 돌아다니는 모습을 보고 그들을 "전투 수도회"에 비유했다. 그는 이런 글을 남겼다. "그들은 철저한 극기 속에서 담백하게 생활한다 …… 그들은 슬픔, 두려움, 굶주림, 혹은 욕구를 느끼지 않는 것처럼 보인다. 그들은 완수하기가 너무 어려운 일에 도움을 주려고 니블헤임*의 하늘에서 잠시 내려온 전쟁의 천사다."[32]

독일에서 거의 이 년을 보낸 뒤에 하워드 K. 스미스가 떠올리

---

* 북유럽 신화의 원초적이고 흐릿한 세상.

는 나치는 샤르돈의 그것과는 다소 달랐다. "삶을 즐겁게 하는 모든 사소한 것들이 사라졌다." 그는 시간이 1941년 말로 향해갈 때 이렇게 썼다. "구체적인 삶을 지속하는 데 필요한 모든 사소한 것이 악화되었다. 몇몇 경우에는 생활수준이 사람이 견딜 수 있는 수준 밑으로 떨어지기도 했다." 그는 자신이 알고 지내는 한 노동자 부인의 말을 인용했다. 그녀는 이렇게 물었던 것이다. "대체 앞으로 무슨 낙으로 살아가죠?"[33]

그 해가 끝나가려고 할 때 베를린에 남은 모든 미국 저널리스트와 마찬가지로 스미스도 독일을 빠져나가길 갈망했다. 마침내 12월 6일 오후 늦게 그의 출국 비자가 승인되었다. 드디어 비자를 얻고 나니 하루 더 머무르며 작별 인사를 하고 싶어졌다. 다행스럽게도 한 동료가 한 시간이라도 지체하는 건 미친 짓이라며 그를 설득했다. 친구들은 포츠담 역에 모여 그를 배웅했다. 그들은 노래를 부르고 샴페인을 마시며 그가 기차에 탑승할 때까지 함께 있어 주었다. 마침내 그는 스위스로 출발했다. 너무 흥분되어 잠을 잘 수 없었던 그는 객차 창문에서 관제등화 커튼을 걷고 밤새 "리드미컬하게 울리는 바퀴의 찰칵 찰칵 소리"를 들으며 어둠 속을 응시했다.

날이 밝자 기차 한쪽에서 라인 강이 보였다. 강 건너엔 "총이 제거된 마지노선의 푸른 벙커들"이 있었다. 다른 편에는 "서부 방벽인 지크프리트선의 회색 벙커들"이 분명하게 보였다. 햇빛이 객차 내부의 추레한 모습을 비췄는데, "올이 다 드러난 낡은 카펫은 담배에 불탄 갈색 자국이 있었고", 긁힌 마호가니 판에선 발랐던 광택제가 떨어져 나갔다. 기차가 프라이부르크에서 멈추자 스미스는 신문을 사려고 승강장으로 나왔다. 그의 시선은 최고사령부 통지 사항

지크프리트선

마지노선만큼이나 지크프리트선의 결말도 허무했다.
위는 지크프리트선의 벙커. 아래는 1945년 3월경에
지크프리트선을 통과하는 미군의 모습.
© ArthurMcGill

에 꽂혔다. 그것은 "전례 없는" 이른 겨울로 인해 독일군이 동부 전역(戰域)에서 전선을 축소하고 동계 방어를 준비 중이라는 사실을 알렸다. 신문은 1941년 12월 7일에 발행된 것이었다. 그날 저녁 독일 시간으로 일곱 시 사십팔 분에 일본 해군이 진주만을 공격함으로써 미국을 전쟁에 끌어들였다.[34] 독일에 아직까지도 남아 있는 미국인들은 즉각적인 억류에 직면하게 되었고, 무척 불투명한 미래와 마주하게 되었다.

21

여정의 끝

전쟁 마지막 삼 년 동안에도 나치 독일을 여전히 여행할 수 있던 외국인들이 남긴 현지 이야기는 소름끼치고 측은하다. 그들 모두에게 공통되는 한 가지 주제는 폭격이다. 저 위 지상에서 폭격으로 화염과 파편이 온 사방에 튀는 동안 사람들은 수용 인원을 초과해 비좁고 악취가 나며 때로는 시리도록 추운 지하실에 몇 시간이고 갇혀 지내야 했다. 공작 부인이든, 공산주의자든, 나치 찬미자거나 나치 혐오자이든, 러시아인이든, 스웨덴인이든, 산스크리트어 학자거나 혹은 아일랜드 독립주의자이든 대피소 안에서는 모두가 평등했다. 브리짓 폰 베른스토르프가 언급했듯이, 그곳은 "완전히 지옥"이었다.

1942년이 되자 누마 테타스는 전쟁이 독일 국민의 정신 속으로 "깊숙이 파고들었다"고 회고록에 썼다. 독일에서는 "자유로운" 외국인조차 점점 불쾌한 대상이 되었고, 특히 테타스 같이 언제든 탈출할 수단을 갖춘 것으로 알려진 사람들은 더욱 미움을 받았다. 최근에 조롱의 대상이 되었던 그의 스위스 여권은 이제 격렬한 부러움을 유발하는 원인이 되었다. 폭격을 당했음에도 불구하고 독일의 공장은 여전히 가동되었다. 수많은 독일 노동자가 전쟁에 나가 있었고, 공장은 대체로 독일인이 아닌 사람들의 손에 맡겨졌다. 사실 나치가 통치하는 유럽 모든 지역에서 온 수백만의 외국인 노동자들이 독일에서 일하는 중이었고, 대다수는 자기 의지와 무관하게 끌려온 사람들이었다. 동부 유럽에서 끌려온 여자들은 병기 공장에 투입되었고, 헝가리와 루마니아에서 끌려온 여자들은 호텔과 식당에서 일했다. 이탈리아인은 보통 공습의 잔해와 파편을 청소하는 일을 맡았다.[1] 노예 노동자도 수백만 명이 있었는데, 대다수가 폴란드와 러시아에서 온 사람들로 끔찍한 환경에서 강제 노동을 했다. 토박이인 아리아인들이 볼 때, 이런 엄청난 수의 적대적 외국인이 독일인 사이에서 뒤섞여 산다는 건 불쾌한 일이었다. 그것은 끝없이 악화하는 불안의 원천이었다.

테타스는 다른 외국인보다 프랑스인이 훨씬 더 자유를 누린다는 점에 주목했다. 그렇게 생긴 여유로 프랑스인은 독일인이 떠나 공석이 된 양질의 일자리를 차지할 수 있었다. 독일인과 프랑스인이 같은 직장에서 만나게 되었지만, 이러한 접촉이 양국의 전통적인 적대감에 불을 지르기는커녕 오히려 두 나라 사이에 얼마나 공통점이 많은지 깨닫는 계기가 되었다는 점이 테타스를 놀라게 했다.[2] 테타스의 말이 맞는다면 이는 전쟁에서 나타나는 뭔가 긍정적이면서 희귀한 사례였다. 대부분의 사람들은 전쟁이라면 이제 진절머리를 냈기 때문이다. 1942년이 흘러가면서 각자의 정치적 배경이 무엇이었든, 모두를 우울하게 하는 전쟁 중의 광경은 끝이 없이 계속되었다.

테타스처럼, 스웨덴 사람 괴스타 블록은 베를린에서 나치를 위해 방송을 했는데, 그는 외국인을 향해 점점 커지는 독일인들의 적개심을 절실히 느꼈다. 그는 "비난을 듣지 않고서" 독일인에게 스웨덴에 관한 이야기를 하는 건 불가능하다고 주장했다. 네덜란드인, 덴마크인, 노르웨이인도 같은 문제를 불평했다. 한때 열렬한 국가사회주의자였던 블록은 마음이 바뀌었다. 실제로 블록은 외국인 대부분이 기회만 주어지면 곧바로 독일에 등을 돌릴 것이라며, 이전에 나치에 관심이 많았던 이들조차 예외가 아니라고 주장했다. 이들은 나치에 노골적으로 반대했다가는 가족을 굶겨 죽일 수도 있다는 두려움 때문에 더는 믿지 않는 나치의 대의에 그저 건성으로 얽매여 있을 뿐이었다.[3]

프랜시스 스튜어트 역시 나치를 위해 방송하는 사람이었지만, 앞선 둘과는 달리 반응했다. 1942년 3월 그는 일기에 이런 글을 남겼다. "아일랜드에 라디오 담화를 하라는 요청을 받았다 …… 최소한 당분간은 말하고 싶은 것들이 있다."[4] 그 뒤 몇 달 동안 그는 블록처럼 독일을 떠야 한다는 충동을 분명 느꼈지만, 그것을 인정하기가 싫었다. 다른 모든 사람처럼 그 역시 지속적인 공습을 피해 다니는 신세였지만, 어느 날 밤 자신의 방에서 본 러시아 비행기 한 대에 관한 그의 묘사는 차라리 시적이기까지 하다.

그것은 매끄러운 별처럼 빛났다. 가리비 모양으로 생겨나는 폭발은 그 주위 여러 곳에 늘 희거나 붉은 불꽃을 생성했다. 그것은 동쪽에서 왔고, 발코니 앞의 두 포플러 나무 뒤로 지나가 남쪽으로 방향을 틀더니 천천히 사라졌다. 나는 기이한 인상을 받았다. 이전에 나는 공습 비행기를 본 적이 없었다. 하지만 그것이 러시아산이라는 점과 홀로 그렇게 어마어마한 거리를 비행해왔다는 건 정말 놀라운 사실이었다.[5]

블록은 독일인이 외국인을 미워하는 주된 이유 중 하나로 식량 부족을 들었다. 확실히 지시안린에게도 식량(혹은 식량 부족)은 점점 더 고통스러워지는 문제였다. 언젠가 지시안린이 채소를 사려고 줄을 서 있는데, 한 노파가 지갑을 엉뚱한 곳에다 놔두고 잊어버렸다. "그 노인은 나를 뚫어지게 보고 지갑을 가져갔는지를 물었다. 나를 도둑 취급하다니, 마치 머리를 한 대 얻어맞은 느낌이었고 너무 어이가 없어서 말문조차 막혔다." 격분한 지시안린이 일기에다 쓴 글이다. 일기에 적은 글로만 판단하면 그는 산스크리트어를 공부하는 것보다 식량 사냥에 더 많은 시간을 들인 듯하다. "융커샹크 선술집으로 뭔가 먹으러 갔다. 자우어크라우트와 삶은 달걀엔 기름 한 방울 들어 있지 않았고, 정말 배가 고팠지만, 먹을 수가 없었다. 나는 뭐든 잘 먹는 사람이라고 생각했다. 하지만 이제는 그런 사람은 아니라는 걸 안다." 하지만 몇 주 뒤 그의 일기는 금방 다 먹어치운 "형언할 수 없을 정도로 맛있는" 구운 양고기에 관한 내용으로 가득 찼다. "몇 달 동안 굶주림에 시달린 뒤 갑자기 멋진 식사를 하게 되었다. 내 마음은 놀라서 펄쩍 뛰었고 어떻게 반응해야 할지 몰랐다." 드물게 베를린을 방문했을 때 그는 닭 요리를 팔고 있다는 제보를 받아 톈진 식당에 들렀다.

기묘한 세상에 들어서는 것 같았다. 방은 내 동포로 가득했고, 대다수가 금이빨을 낀 사업가였다. 나는 악마, 암거래상, 사기꾼의 영역에 들어왔다는 생각이 들었다. 중국 학생들도 있었는데, 마치 형제처럼 굴면서 암거래를 하고 마작을 즐겼다. 극소수만이 공부에 집중하고 있었다. 나는 중국의 미래가 두려워 몸이 굳어지는 걸 느꼈다.[6]

1942년 11월 8일 짧은 라디오 발표가 "아름다운 대학 도시 프라이부르크"에서 식당 전체에 우려의 파장을 일으켰을 때, 테타스는 부인과 점심을 먹던 중이었다. 미국군과 영국군이 북아프리카에 상륙했다는 소식이었다.[7] 날이 흐를수록 들려오는 소식은 끊임없이 나빠졌다. 그 해가 끝나갈 무렵이 되자 스튜어트조차 평소에 내보이던 초연함을 유지하기가 힘들게 되었다. 그는 일기에 이렇게 적었다. "지난 몇 주 동안 내가 쓰는 글은 물론이거니와 실제로 다른 어떤 것에 관해서도 생각이나 느낌을 가져본 적이 거의 없었다. 북아프리카 전쟁과 스탈린그라드 공격에서 전황은 독일에게 아주 나쁜 쪽으로 돌아가는 중이다."[8]

1943년 2월 2일 독일의 제6군이 항복하면서 러시아의 스탈린그라드 포위 공격은 끝이 났다*. 한 주 뒤 페그 헤센은 남편이 배치되었던 육군 전차 학교인 크람프니츠가 있던 포츠담에서 다시 볼프

• 프리드리히 파울루스(1890-1957) 대장이 이끄는 독일군 제6군은 1942년 초에 스탈린그라드(현재의 볼고그라드)에 침공했으나 곧 러시아 군대의 반격을 받아 1942년 11월 19일부터 스탈린그라드에서 포위되었다. 제6군이 항복하기 전에 히틀러는 파울루스 대장을 야전군 원수로 임명하여 자결할 것을 강요했으나 원수는 거부하고 항복했다. 이 항복으로 독일군의 러시아 침공 작전은 궤멸되었고 독일은 훈련된 병사 삼십만 명을 잃거나 포로가 되게 했다.

스가르텐으로 돌아왔다. 그녀가 브리짓에게 보낸 편지에 의하면 돌아오는 여정은 침대차를 완비한 "재벌 같은 여행"이었으며 "짐꾼들을 고갯짓 하나로 마음대로 부릴 수 있었다"고 한다. 이런 VIP 대접은 그녀가 공작 부인이라서가 아니라 그녀가 폰 렌스키 장군의 부인과 함께 여행 중이었기 때문에 가능했다. 하지만 그렇듯 위세 당당한 장군 부인도 그 무렵 남편 폰 렌스키 장군이 스탈린그라드에서 소련군에 포로가 되었다는 사실은 알지 못했을 것이다.

페그와 루드비히는 볼프스가르텐을 떠나고 며칠 동안 전쟁의 피로로부터 휴식을 취했다. 페그는 그해 부활절 브리짓에게 보낸 편지에 이런 말을 적었다. "커피, 진, 클리코 샴페인은 더없는 행복이었어. 루와 나는 다시 행복해졌지." 다름슈타트에서 〈말괄량이 길들이기〉가 "탁월하게" 연출된 것도 부가적인 기쁨이었다.[9] 셰익스피어의 희곡이 전쟁 중에 독일의 주요 상품이 된 것은 흥미롭다. 프랜시스 스튜어트는 1943년 3월 1일에 〈안토니우스와 클레오파트라〉 공연을 보고 막 나오던 차였는데, 그날은 "베를린이 아직 겪지 못한 최악의 공습"이 시작된 날이었다. 그 뒤 그는 "연기가 피어오르는 거리를 따라 수많은 불타는 집들을 지나쳐" 걸어갔다. 다음 날 아침에도 그 집들에서는 여전히 검은 연기가 피어오르고 있었다. 카이저 거리를 따라 가구, 그림, 냄비, 팬, 그리고 책 따위가 "안개비" 속에서 마구 쌓여 있었다. 이런 것들은 그에게 아무런 동요를 일으키지 않았다(적어도 그는 그렇게 주장했다). 그는 이렇게 썼다. "파괴의 현장 한가운데에서 사람들은 정서적으로 무감각해졌다."[10]

스튜어트와는 달리 크누트 함순은 전쟁으로 인해 정서적으로 엄청난 충격을 받았다. 하지만 이 노벨문학상 수상자가 히틀러에 대해 품고 있는 존경심, 더 나아가 괴벨스에 대한 존경심이 조금이라도 덜해진 건 아니었다. 1943년 5월 19일 그는 문학을 좋아하는 선전 장관의 베를린 저택에서 몇 시간을 보냈다. 괴벨스는 함순의 전집이 더는 북유럽 국가들에서 읽히지 않는다는 말을 듣고 격분하여 즉시 십만 부를 인쇄하겠다고 말했다. 함순은 독일이 심각한 종이 부족을 겪는 상황이니 지금은 그런 결정을 내릴 때가 아니라며 이의를 제기했다. 이 짧은 만남은 함순에게 강렬한 인상을 남긴 듯하다. 그가 고향에 도착하자마자 자신이 받은 노벨상 메달을 괴벨스에게 보내는 놀라운 결정을 했기 때문이다. 메달을 동봉한 편지에서 그는 이렇게 적었다. "장관님, 해마다 장관님만큼 이상적으로 유럽과 인류를 위해 아낌없이 글을 쓰고 발언을 해온 사람은 본 적이 없습니다. 이렇게 제가 받은 메달을 보내는 것을 양해해 주십시오. 장관님께는 아무런 쓸모가 없겠지만, 저는 이것 말곤 드릴 것이 없습니다."[11]

함순의 나치 지도부를 향한 존경심은 조금도 줄어들지 않았고, 잉글랜드를 향한 증오심도 여전히 마찬가지였다. 그러한 심사는 불과 다섯 주 뒤 비엔나에서 열린 국제 작가 회의에서 그가 행한 연설로 분명하게 드러났다. 오백 명의 대표 앞에서 그는 이렇게 말했다. "나는 진심으로 열렬한 반영주의자입니다. 모든 불안, 문제, 압제, 지키지 않은 약속, 폭력, 국제적인 갈등은 영국이 그 근원입니다 …… 영국은 반드시 무릎을 꿇려야 합니다."[12]

나치에 대한 함순의 변함없는 충성에도 불구하고 그는 절박하게 히틀러와 만나기를 원했다. 제3제국에서 노르웨이에 내보낸 국가판무관(일종의 총독)인 요제프 테르보펜을 너무 혐오하기 때문이었다. 함순은 그의 잔인한 통치 때문에 노르웨이인이 독일의 지배를 받아들일 가능성이 거의 사라졌다고 주장했다. 함순은 총통과 면담을 하면 확실히 테르보펜을 해임하도록 설득할 수 있다고 생각했고, 고대하던 만남이 1943년 6월 26일 베르그호프에서 이루어졌다. 하지만 그는 성공을 거두지 못했다. 히틀러는 분명 괴벨스로부터 함순의 재능에 관해 보고받았고, 그의 문학에 관해서만 이야기를 나누려 했다. 반면 함순은 정치만을 논하고 싶어 했다.

최근 중풍에 걸리고 귀까지 먹은 여든넷의 이 노인은 대화 주제를 바꾸는 것조차 거부했고, 심지어 총통의 말을 가로막는 엄청난 죄까지 저질렀다. 면담 도중에 이 노인은 자신의 고통을 호소하며 공공연하게 울기까지 했다. "국가판무관의 방식은 우리나라 사정에 맞지 않습니다." 그가 히틀러에게 말했다. "그의 프로이센 방식은 견디기 힘듭니다. 그리고 그 모든 처형까지도 견디기 어렵습니다. 우리는 더는 그의 통치를 받아들일 수 없습니다." 격분한 히틀러는 짜증을 내며 양팔을 높이 쳐들었고 이어 테라스로 걸어 나갔다.[13] 그것은 함순에게 참사나 다를 바 없는 결과였다. 그의 전기작가가 전한 바에 따르면 이런 상황에도 불구하고 노르웨이로 돌아온 함순은 여전히 총통을 믿었고 더 나은 새로운 세상을 만든다는 제3제국의 성스러운 임무를 철저히 신봉했다.[14]

함순이 히틀러와의 면담에서 별 성과를 거두지 못하고 돌아온 지 한 달 뒤에 함부르크 시에 연합국의 고모라 작전이 실시되었는데 사실상 도시를 파괴하려는 작전이었다. 브리짓은 남편에게 이런 편지를 보냈다.

함부르크에는 이런 비극이 벌어진 적이 단 한 번도 없었어요. 여보, 알지도 못하고 상상조차 할 수 없겠지만, 아무것도, 아무것도, 정말 아무것도 남지 않았어요. 밤마다 악몽 같은 상황은 똑같아요. 그나마 지하실에 대피했다가 살아나올 수 있어서 다행이었지요. 매일 하늘은 연기로 새까맣고, 정원은 잿더미로 검어요. 오늘 여섯 시에 함부르크에서 완전한 소개(疏開) 작전이 시행될 거예요. 거리에는 검게 변한 시체가 흩어져 있고, 열기는 끔찍할 정도예요. 물이 없어서 발진티푸스가 생겨났고, 사람들은 엘베 강에서 떠온 물을 마셔요. 다친 사람은 구만 명 정도고, 죽은 사람은 이십오만 명이에요.[15]

며칠 뒤 페그는 크람프니츠에서 브리짓에게 편지를 썼다. "집에 있다니 다행이야. 가슴이 너무 아파서 깨어질 것 같아. 그냥 다른 누군가의 품으로 뛰어들어 울고 싶은 심정이야." 페그는 로스토크가 폭격되었을 때 메클렌부르크에 있었다. 고작 백이십오 마일 거리였지만 베를린으로 돌아오는 데 이틀이 걸렸다. 그녀는 브리짓에게 이렇게 말했다. "그런 현장을 보고 겪었고, 냉혹한 비극도 무척 많이 봤지. 여기 도착했을 때 나는 어떤 때보다도 히스테리 상태에 가까웠어." 하지만 삼 주 뒤 그녀는 볼프스가르텐에서 보낸 편지에서 다소 밝게 말했다. "내가 여기 있어 얼마나 행복한지 이루 말할 수가 없어. 랑엔 역에서 어떤 사람이 티켓을 포기할 때 정말 알라딘의 램프를 문지르는 것 같았다니까. 여긴 조금도 공황이 없어서 이제 보니 크람프니츠에서 보낸 내 편지가 과장된 건 물론이고 히스테리에 가까운 것 같아."[16]

그러는 사이 7월의 베를린에서 비디 융미탁과 그녀의 아이들은 소개 작전에 대비하고 있었다.

수송용 기차는 프랑크푸르터 알레 링반 역에서 떠난다. 우리는 그곳에 오전 아홉 시까지 가야 했다. 기차 주변에는 사람들이 떼 지어 있었고, 히틀러 청년단이 사람들의 짐을 실었다. 우리는 늦게 도착했고, 기차는 이미 사람을 가득 태웠다. 경보가 울렸지만 이내 그쳤고, 열한 시 정도가 되자 기차는 우르릉거리며 천천히 움직였다. 오래된 기차였고, 문은 그다지 안전하지 않아 우리는 그것을 줄로 매어두어야 했다. 우리는 좀 더 큰 아이들을 화물용 선반에서 자게 했다.

동 틀 무렵에 기차는 비스와 강을 건넜다. 비디는 이런 글을 남겼다. "블라인드를 올리고 밖을 내다보면 안 됐지만, 나는 궁금하여 살짝 밖을 내다보았다." 기차가 "그 커다란 은빛 강" 위로 넘어갈 때 그녀는 "나치와 그들의 정신 나간 범죄가 잊힌 오랜 뒤"에도 강은 여전히 그대로 흐를 것이라 생각하며 위안을 받았다.

마침내 그들은 네멘 강 인근 커다란 마을인 쿠커네제에 도착했는데, 러시아 국경과 그리 멀지 않은 곳이었다. 비디는 무거운 여행 가방을 우유 배달용 손수레에 내려놓고 그것을 밀면서 마을 회관으로 갔다. 그곳에 앉아 있는 동안 마을 주부들이 와서 "자신에게 편리하다고 생각한 피난민을 데려갔다". 다행스럽게도 비디와 그녀의 아이들은 상냥한 드레게누스 부인을 만나게 되었는데, 그녀의 아버지는 마을 상점을 소유하고 있었다. "그녀는 우리를 주방으로 데려가 앉히고서 감자 스프를 내어줬다." 비디는 이렇게 당시를 기억했다. 주방은 별로 정리가 되어 있지 않았고, 서빙을 하는 두 소녀는 맨발이었다. 비디는 드레게누스 부인에게 자신이 영국인이라고 말했다. "어떤 면에서 우리 두 사람의 감추고 싶은 비밀은 서로 상쇄되었다. 나는 영국인이었고, 드레게누스 부인에게는 정신이 박약한 아이가 있었다." 그들은 방 두 개를 배정받았다. 그러나 그 집 부인이 미리 얘기해주길, 작년에 그 방에 놔둔 감자가 모두 얼어버릴 정도로 겨울에 추운 방이었다. 그래도 쿠커네제에서의 삶은 불쾌하지 않았다. 저녁엔 강을 따라 산책하며 나이팅게일이 지저귀는 소리를 들었고, 베를린에서 온 한 선생은 합창단을 조직하기도 했다. 비디는 이렇게 썼다. "우리는 강둑 너머의 빈 공간에서 합창 연습을 했다. 강둑은 밤이 되면 뜨개질을 하는 곳이었다." 일요일마다 그들은 비어 있는 독일 북부 루터 교회 건물에서 불을 켜고 노래를 불렀다. 유리창이 평범한 교회였다. 비디는 마을과 지역 농부의 아이들이 견진성사를 받을 때 합창단이 바흐의 송가를 어떻게 불렀는지를 즐겁게 기억해냈다. 그녀는 이렇게 썼다. "무척 감동적인 예배였다. 흰 드레스를 입은 소녀들과 처음으로 제대로 된 정장을 입은 소년들이 합창을 했다."[17]

1943년 10월 페그는 브리짓에게 최근 볼프스가르텐을 떠나게 된 게 "너무 슬퍼서 평소처럼 평온한 마음을 가질 수 없는 일"[18]때문이라고 말했다. 그 이유는 빅토리아 여왕의 증손자이자 황제의 조카인 헤센의 크리스토프 공작의 사망이었다. 공작이 조종하던 비행기가 아펜니노 산맥의 상공에서 추락했던 것이다. 전쟁이 시작되었을 때 나치 SS근위대의 고위 지도자였던 크리스토프 공작은 독일 공군에 합류하기 위해 괴링의 정보국 국장 자리를 사임했다. 과부가 된 소피 공작 부인은 장차 엘리자베스 2세 여왕의 남편이 될 필립 공작의 막내 여동생이었다. 소피 공작 부인, 혹은 그녀의 친구들이 부르는 애칭대로 하자면 "꼬마"는 크론베르크 성에서 살았는데, 볼프스가르텐에서 북쪽으로 이십 마일 떨어진 곳이었다. 함께 사는 가족으로는 네 명의 아이(또 다른 아이가 곧 태어날 예정이었다)가 있었다. 또 1919년 스튜어트 로디 대령의 도움을 받았던, 그녀의 시어머니이자 랜드그레이브*의 부인인 프로이센의 마르가레트 공주도 함께 살고 있었다. 마르가레트 공주는 여섯 명의 아들을 뒀는데, 둘은 제1차 세계대전에서 전사했고, 이제 제2차 세계대전에서 세 번째로 아들이 전사한 것이었다.

"추도식 날은 마치 그리스 비극 같았지." 페그가 브리짓에게 전했다. "카셀에서 올 거라던 크리스토프의 두 쌍둥이 형과 두 조카는 아예 소식도 없고, 그래서 우리는 그들의 생사도 알 수가 없었어." 추도식이 끝난 뒤 페그와 루드비히는 괴로울 정도로 느린 기차를 타고 크람프니츠로 돌아왔다. 너무 승객이 많아 포화 상태인 객차엔 한 아이가 있었는데 엄청난 소리로 기침을 했으며 밤새 열두 번은 토해 올렸다. 몇 주 뒤 크론베르크의 예배당에 폭탄이 떨어졌고, 랜드그레이브와 그의 아들들이 잠든 무덤이 전소되었다. 페그는 이런 글을 남겼다. "랜드그레이브 부인에게는 무척 힘든 일이었을 거야. 죽은 사람들조차도 편히 쉴 수가 없으니."[19]

하지만 그해 가을이 전적으로 우울하지만은 않았다. 브리짓은 빅토르 폰 플레센의 생일 축하연에 참석하여 탁자 위에서 춤을 췄

---

* landgrat, 영어로는 랜드그레이브landgrave는 중세 독일이나 제정 독일 시기의 영주다. 보통 백작 혹은 방백으로 번역한다.

고, 그러는 사이 베를린에서는 푸르트벵글러가 지휘하는 베토벤 제 7번 교향곡이 페그의 영혼을 "그윽한 소리와 감정으로 차오르게 했다". 이어 볼프스가르텐으로 돌아간 페그와 루드비히는 그동안 배급 나온 식량을 아껴서 비축해 놓은 덕분에 친한 친구들을 불러 하우스 파티를 주최할 수 있었다. 비통에 빠진 "꼬마"도 함께였다. "도살한 멧돼지 한 마리가 도착했는데 맛이 아주 훌륭했어. 우리는 심지어 굴을 스물네 개나 먹기까지 했다!" 그것은 몇 시간이나마 전쟁을 잊으려는 용감한 시도였으나, 페그는 브리짓에게 이런 말을 하기도 했다. "하지만 우리는 모두 가슴속에 심장 대신 납덩이를 안고 살지."[20] 브리짓에 관해 말하자면, 그녀는 특권을 누리는 지위에 있었음에도 불구하고 1943년을 이렇게 요약하여 모든 사람의 심정을 대변했다. "탄약과 아이들 외에 누구도 더 이상 아무것도 만들어내지 못했다. 아름다운 건 더 이상 만들어지지 않았고, 지상에 존재하던 모든 아름다운 것은 파괴되는 중이었다. 세상에는 여가도, 낭만도 없다."[21]

브리짓의 이런 글은 1944년 초 독일의 문화적 장관(壯觀) 중 하나이던 중세풍 도시 프랑크푸르트가 공습으로 완전히 파괴되기 얼마 전에 작성한 것이었다. 프랑크푸르트는 볼프스가르텐에서 북쪽으로 겨우 십오 마일 떨어진 곳에 있었다. 3월 29일에 페그는 브리짓에게 이런 글을 보냈다. "도시는 이제 존재하지 않게 됐어. 실제로 함부르크, 베를린, 카셀과 같이 폭삭 망한 신세가 되었지. 엄청난 사람이 목숨을 잃었어."[22] 페그는 공습의 공포를 온전히 묘사한 뒤, 다가오는 봄의 첫 신호들에 관심을 돌렸다. 막 피어난 무릇과 크로커스, 복숭아꽃, 그리고 제비꽃 등이 아름답다고 적었다. 이어 그녀는 이렇게 덧붙였다. "하지만 만지는 것마다 모두가 엉망이야. 프랑크푸르트에서 날아온 그을음과 재로 덮여 검게 변했고, 정원은 폭격을 맞은 교과서용 제지 공장에서 날아온 영어, 독일어, 스페인어 책들의 낱장들로 가득해."

그녀 주위의 세상이 허물어져 가면서 페그는 거기에 맞추어 자신의 눈높이를 조정했다. "이젠 다름슈타트로의 여행이 파리에서의 한 주나 마찬가지가 되었어." 그녀는 브리짓에게 이렇게 말했다.

에겔스바흐의 "작은" 재봉사는 런던의 '워스' 의상실에 맞먹어. 나는 날마다 매순간을 즐기고 있는데 내년에 내 삶이 지금처럼 편안하고 즐겁지 않을 거라고 이번에 느꼈기 때문이야. 어느 순간이든 그게 마지막일 수 있어. 어제는 여기서 십 킬로미터 정도 떨어진 곳에서 기차를 타고 가는 중이었는데 하늘에서 엄청나게 윙윙거리는 비행기 소리가 났어. 기차가 멈췄고, 루드비히와 나는 내려서 집까지 걸어왔지. 훌륭하게 경작된 밭과 상쾌하고 푸릇한 숲을 지나 산책하니 즐거웠어.[23]

볼프스가르텐에서 봄은 햇빛과 꽃들을 뜻할지 몰랐지만, 비디가 딸들과 함께 겨울을 견뎌 냈던 쿠커네제에선 5월에도 땅에 눈이 쌓였다. "내내 러시아인들이 다가오는 중이었다." 그녀는 이렇게 썼다. "아내들은 차례로 자기 남편이 전사하거나 행방불명되었다는 소식을 들었다. 그들 중 한 사람은 걱정이 엄청났는데, 애도할 때 입어야 할 검은 스타킹이 없었기 때문이다."

5월 말이 되자 빌리가 베를린에서 왔고, 그들은 모두 휴가를 보내기 위해 발트 해로 떠났다.

우리는 쿠커네제에서 증기선을 탔다. 일찍 증기선에 도착해야 했는데, 그때가 오전 여섯 시경이었다. 우리는 우유 배달용 손수레를 밀고 마을을 통과했다. 태양이 막 떠올랐고, 나무 그늘은 강으로 이어지는 곧게 뻗은 길에 비스듬하게 내려왔다. 증기선에는 '여성 노동 봉사'에 소속된 여자들이 타고 있었는데, 푸른 리넨 드레스와 수를 놓은 앞치마를 입고 있었다. 그들은 증기선이 네루를 향해 증기를 뿜으며 강 아래로 나아갈 때 민요를 불렀다. 바다에서 하루 동안의 야유회를 보내는 중이라고 했다. 우리는 니덴의 작은 호텔에 머물렀고, 산책을 나가 모래 언덕을 지나서 은색으로 반짝거리고 인적이 드문 발틱 해의 해변으로 갔다. 날이 더웠고, 모래 언덕 위에 자라난 작은 소나무와 꽃은 달콤한 향기를 풍겼다.[24]

이것이 빌리가 딸들을 지상에서 마지막으로 본 때였다. 베를린으로 돌아와서 그는 게슈타포에게 체포되었다. 빌리를 염탐하던 이웃이 그가 도망친 죄수를 숨겨주고 있다는 걸 발견하여 당국에 밀고했기 때문이다.

* * *

1944년 6월 6일 연합군이 노르망디에 상륙했다. "자, 브리짓." 페그는 며칠 뒤에 쓴 편지에서 이렇게 말했다.

연합군의 침공에 대해 내가 뭐라고 말해야 할까? 나는 그냥 너무 많은 생각을 하지 않기로 했어. 모든 친구들과 수많은 친척이 양쪽에서 싸우는 중이고 학살은 이루 말할 수 없을 정도로 엄청나. 내 심장은 납으로 된 방음 상자에 잠겨 있는 것 같아. 그 상자 뚜껑을 열 때면 숨을 멈추어야 한다는 느낌이 들어. 그만큼 고통이 엄청나. [25]

연합군의 공격 개시일로부터 일주일이 지난 뒤인 6월 13일에는 V1 비행 폭탄*이 런던을 노렸다. 프랜시스 스튜어트는 "독일의 비밀 무기"가 잉글랜드 남부를 공격했다고 언급한 뉴스를 빠르게 녹음했다. "이는 현대사에서 가장 세상을 놀라게 할 만한 순간이다." 그는 이렇게 썼다. "나는 전쟁이라는 것 자체를 싫어하지만, 독일인이 이 무기를 쓰는 게 당연하다고 생각한다. 그들은 반격하는 중이고, 반격은 항상 사람들의 동정심을 불러일으킨다."[26] 하지만 7월 9일 그는 이런 기록을 남겼다.

모든 전선에서 독일에게 불리한 소식이 들려온다. 러시아인은 프로이센에서 고작 1백 마일 정도 떨어진 곳까지 왔고, 캉은 함락 직전이다. 설혹 그렇게 된다고 하더라도 나는 이곳을 지금 떠나고 싶지 않다. 이는 내 전쟁이 아니지만, 그럼에도 불구하고 나는 독일의 좋은 부분을 나와는 아무 상관이 없다는 듯 떨쳐낼 수가 없다. 혐오스러운 모든 것에도 불구하고 독일에는 여전히 번뜩이는 훌륭함이 있다.[27]

• 일명 V1 로켓. 당시 사람들에게는 원거리 지점을 날아서 타격하는 미사일이란 개념이 생소했기에, 책에서처럼 보통 비행 폭탄이라고 불렀다. 히틀러가 붙인 정식명칭은 'Vergeltungswaffe 1'로 '보복 병기 1호'라는 뜻이다.

삼 주 뒤 그의 일기에는 이런 글이 적혀 있다. "전쟁은 절정으로 치닫는 중이다. 러시아인은 프로이센 동부 경계까지 왔고 이미 비스와 강을 건넜다. 남쪽에선 크라코우로 밀고 들어오고 있고, 슬로바키아와 헝가리로 이어지는 산길로 들어가고 있다."[28] 하지만 이런 우울한 소식에도 불구하고 스튜어트는 수백만의 독일인들과 마찬가지로 기적을 바랐다. 그는 8월 17일에 이런 글을 남겼다. "상황은 특히 나쁘지만, 내 생각에 그것은 보이는 것만큼 그리 나쁘지 않다. 여전히 장래에 대한 계획이 있고, 그것은 아마 이런 모양일 것이다. 독일이 대전차 무기로 러시아군에게 반격을 펼쳐 제한적인 성공이라도 거두면 그것으로 쌍방 합의하여 남쪽과 서쪽의 모든 적군을 철군시킬 수 있을 것이다."[29]

설상가상으로 1944년 여름은 참을 수 없이 더웠다. 한때 스튜어트의 집 창문 밖에 놔둔 온도계는 섭씨 사십오 도를 가리켰다. 9월이 되자 스튜어트와 그의 폴란드 태생 독일인 여자 친구 마렐라이네는 필사적으로 베를린을 떠나고자 했다. 하지만 여행증명서 없이는 불가능했고, 그들에겐 종전을 바라는 것 외에는 방법이 없었다. 9월 4일에 그는 이렇게 썼다. "모든 걸 기다리는 이 상황, 세상에서 가장 받아들이기 힘든 것은 불확실성이다." 그러다 마침내 임시 여행 허가증을 받았고, 9월 8일 두 사람은 뮌헨 행 기차에 탔다. "긴장, 동요, 그리고 특정 수준의 우려가 공기 중에 떠돌았다."[30] 그는 막 떠나기 전에 그런 식으로 썼다. 그런 "우려"는 당연한 것이었는데, 그들은 전쟁 마지막 몇 달 동안 제대로 가동되지 않는 호텔을 이리저리 절망 속에서 떠돌았기 때문이다. 그들은 배고프고, 춥고, 외로웠다.

식량에 대한 환상과는 별개로, 지시안린은 1944년 여름 몇 달 동안 자신의 논문을 작업하고, 공습 기록을 꼼꼼하게 남기면서 보냈다. 때로 그는 독일인 여자 친구에게 관심을 돌렸다. "이름가르트가 내 박사 논문을 타자기로 치고 있는데 옆모습이 무척 예뻐 보인다. 그녀와 가깝게 앉으면 방해하는 거겠지."[31] 하지만 몇 주 뒤 중국 친구들과 대화를 나누고는 이내 유럽인 여자와 결혼하는 문제와 거리를 두게 되었다.

오후 네 시에 호 부인의 집으로 갔는데, 그녀는 내게 다른 사람들과 저녁을 함께 먹자고 했다. 우리는 중국의 효도에 관해 이야기를 나눴고, 그런 개념이 독일에 존재하지 않는 것에 관해서도 대화를 나눴다. 결혼한 독일인 부부 사이의 관계는 중국의 그것과 같지 않다(그리고 나는 영국인과 미국인도 여기에 포함시킨다). 그들의 관계는 극단적인 개인주의를 토대로 한다. 자신을 먼저 생각하고 다른 사람은 고려하지 않는다. 나는 중국 남자가 독일 여자와 결혼하는 게 불행할 것이라고 생각한다. 독일 여자는 예쁘고, 쾌활하고, 매력적이지만 무척 야심이 크다. 학문적 성공을 거두려는 중국인에게는 중국 여자가 더 낫다.[32]

그들의 토론은 공습경보로 갑작스럽게 끝났다. 그해 9월 지시안린은 열일곱 번 이상의 공습이 있었고, 이제 밤마다 네 가지 다른 종류의 수면제를 복용해야 겨우 잠든다고 썼다.

9월 12일 월요일 다름슈타트에 파멸적인 공습이 있었다. "루드비히하고 나는 다름슈타트가 폭격을 당해 초토화되는 걸 봤어." 페그는 브리짓에게 보낸 편지에서 말했다. "우리는 방공호에 있었는데, 땅이 흔들리더니 우리 머리 위로 비행기들이 잇따라 굉음을 내며 날아갔어. 사십오 분 만에 공습이 끝났고 육천 명에서 팔천 명(누구는 이만 명이라고 하는데 나는 믿지 않아)이 죽었어*. 도시의 9할이 잿더미가 됐어."[33]

그로부터 얼마 지나지 않은 시점에, 독일에서 주로 교육을 받은 스위스 경제학자 프란츠 볼프강 리펠은 다름슈타트에서 도망치는 부부를 기차에서 만나게 되었다. 그들은 외투 아래에 잠옷만 입고 있었고, 실내화를 신고 있었다. 작은 여행 가방을 들었는데 그 안엔 폭격으로 대파된 그들의 집에서 건져낸 서류와 몇 가지 귀중품이 있었다. 리펠에게 가장 충격적이었던 건 아무도 그것을 특이한 일로 생각하지 않는다는 점이었다.[34] 정확히 왜 그가 1944년 9월 독일을 여행했는지는 불분명하지만, 다음해 그는 "르네 쉰들러"라는 필명으로 자신이 다녀온 독일 여행을 생생하게 서술한 책을 출판했다.

리펠은 브레겐츠에서 뮌헨으로 가는 기차에서 승객들이 나눈 대화가 거의 전적으로 식량에 집중되어 있었다고 썼다. 그가 스위스인임을 알아챈 승객들은 스위스에서 배급 상황이 어떤지 열심히 질문해댔다. 그들은 그 중립국에서 먹을 수 있는 다양한 식량을 탐냈고, 특히 독일에서는 배급이 되지 않는 술과 담배를 갈망했다. 하지만 식량보다는 스위스의 평화로운 밤을 더 부러워했다. 리펠 옆에 앉은 남자는 파이프에 뭔가를 빽빽이 채워 넣고 대통에 성냥을 댔다. 한 군인이 그에게 뭘 피우고 있는지 묻자 그는 말했다. "화흥

---

* 해당 공습으로 약 1만3천 명이 사망했다.

차(和胸茶)*요. 의사한테서 받은 거라오. 맛도 훌륭하고 내 마누라도 이게 무척 건강에 좋은 물건이라고 자신 있게 말했소." 승객 중 한 사람이 "비밀 무기가 허세가 아니었음"을 알렸을 때 다른 누군가가 다른 승객들에게 적이 막 남부 전선을 돌파했다는 정보를 전했다. 해가 지자 가끔 성냥이 타오르는 걸 제외하고 객실 안은 칠흑처럼 어두워졌다.

뮌헨에서 서쪽으로 사십오 마일 떨어진 부흐로에 도착했을 때 그들은 예상치도 못하게 하차하라는 말을 들었다. 또 다른 기차를 타기까지는 두 시간을 기다려야 했다. "끝없이 느리고, 발 디딜 틈도 없이 사람을 가득 채운, 차량 안은 극도로 어두웠다." 여전히 뮌헨에서 어느 정도 거리가 떨어진 곳에서 그들은 다시 하차하라는 지시를 받았다. 리펠은 이런 글을 남겼다. "우리는 '대형 트럭으로 거칠게 떠밀렸고', 서서히 타면서 연기가 피어오르는 폐허를 지나 마침내 산산조각 난 도시에 도착했다. 뭔가 타는 냄새가 진동했고 그것이 도시의 모든 것에 스며들어 있었다."[35]

놀랍게도 프랑크푸르트와 다름슈타트 폭격 이후에도 페그는 여전히 "꼬마"와 통화할 수 있었다. "불쌍한 그녀는 아이들을 전부 데리고 지하실을 오가면서 천천히 쇠약해지고 있어." 그녀는 브리짓에게 전했다. 9월 29일 페그와 루드비히는 자전거를 타고 크론베르크로 그녀를 만나러 갔다. 무려 왕복 사십 마일이 걸리는 여행이었다. "우리는 아우토반으로 갔는데, 그곳으로 가는 유일한 길이었기 때문이야. 오십 미터 정도마다 터져버린 소이탄 위를 넘어가야

•　　가슴을 따뜻하게 해주는 차.

했지. 우리는 온몸을 엄청나게 위장했는데, 짙은 녹색 옷을 입어 마치 자전거 위에 덤불이 있는 것처럼 보였지(주목할 부분: 멕베스의 움직이는 숲!) 꼬마를 다시 보니 무척 행복했어. 우리는 즉시 그녀가 가진 마지막 베르무트 술병을 따라 마시고, 마지막 남은 버터 비스킷 곽을 털어 먹었어."[36]

비디는 남편 빌리의 체포 소식을 듣자마자 아이들과 함께 베를린으로 돌아가 석방을 위한 탄원에 나섰다. 하지만 관대한 처분을 바라는 모든 호소가 실패로 돌아갔다. 그녀는 시어머니와 함께 브란덴부르크 감옥으로 면회를 가서 남편을 마지막으로 봤다. 그녀는 당시를 이렇게 기억했다. "아름다운 가을날이었다. 우리는 당국의 허락 하에 잠깐 포옹하고 함께 앉았다. 초췌한 남편은 우리와 면담할 때를 빼곤 내내 사슬에 묶여 있다고 말했다. 오마(시어머니)는 침착하게도 브레멘에서 사과 몇 알을 가져왔다. 우리가 대화를 나누는 동안에 그는 그 사과들을 깨물어 먹었다. 이윽고 우리는 일어서서 작별 인사를 나눴다." 11월 20일 빌리는 단두대에서 처형되었다.

이후 클라라와 함께 작센 지방으로 소개하고 네 살된 게르다를 탁아소에 맡긴 비디는 일자리를 찾기 시작했다. 그녀는 한 경공업 공장에서 일자리를 찾았지만, 끊임없는 전력 공급의 중단으로 인해 일을 많이 하지는 못했다. 비디의 동료들은 처음에 그녀를 의심스러운 눈으로 바라봤지만, 곧 그녀는 동지애를 누렸다. "그들은 러시아인이 들이닥치면 어떤 일이 벌어질지 아무도 모른다며 농담을 하기도 했다." 이후 공장과 게르다의 탁아소가 폭격을 맞은 뒤 그녀는 출근을 그만뒀다. "우리는 그저 방에 죽치고 들어앉아 차가운 감자를 먹었다."[37]

기온이 영상으로 올라가는 적이 거의 없었지만, 겨울엔 난방이 공급되지 않았다. 하지만 비디처럼 절망스러운 상황에서조차 세상엔 여전히 아름다운 것이 존재한다는 걸 때때로 상기시켜주는 일이 있었다. 하루는 난민 수용소에 빌리의 옷을 기부하고 돌아오는 달도 뜨지 않은 몹시 추운 밤에 그녀는 등화관제로 더 멋지게 변한 밤하늘의 아름다움에 매료되어 넋 놓고 그 하늘을 쳐다보았다.[38] 하지만 괴팅겐에서 똑같은 추위를 느끼던 지시안린에게는 그런 위안이 없었다. 그는 12월 19일 이런 글을 썼다. "도시로 소시지를 사러 갔다. 이어 난방이 차단된 산스크리트 협회로 갔다. 외투를 입었는데도 넝마를 걸친 꼴이라 여전히 추웠다. 이런 추위는 굶주림만큼이나 불쾌하다."[39]

소피 공작 부인(꼬마)은 이제 아홉 아이를 돌보게 되었지만, 이런 상황에도 불구하고 여전히 전시 노동을 해야만 했다. 페그는 꼬마가 볼프스가르텐에서 밤을 보낸 뒤 전시 노동을 제시간에 하기 위해 동틀 녘에 떠나간 사연을 브리짓에게 전했다. 그녀가 맡은 노동은 "다 만들어진 나막신 코 부분의 캔버스 천을 못 박아 고정시키는 것"이었다.[40] 페그 역시 전시 노동 중이었다. 그녀가 일하는 곳은 지역 병원과 양로원이었다. 가을이 되자 그녀는 볼프스가르텐에 임시로 머무르게 된 수십 명의 난민을 관리하게 되었다. 그녀는 11월에 브리짓에게 편지를 썼다. "이번 주에 일어난 큰일은 여의사가 와인 한 잔과 감자 비스킷을 얻으러 왔을 때 일어났지. 스물두 살인데 여기서 여든 명의 환자를 맡고 있어. 그녀는 꽃을 가져왔고, 프랑크푸르트 사투리로 쉴 새 없이 말하고, 세 살 먹은 쌍둥이 여동생 둘을 돌보고 있어."[41] 12월이 되자 러시아인이 동쪽에서 진군하고, 연합군이 남부와 서부에서 독일로 진군하여 분별력이 있는 사람이라면 독일의 패배가 임박했다는 걸 의심할 수가 없었다. 그럼에도 불구하고 페그는 인간이 겪는 온갖 고통을 겪으면서도 전쟁 중에 보내는 마지막 크리스마스가 불행하지 않았다.

가득 내린 서리가 세상을 흰색과 은색으로 그려냈다. 구름 없는 푸른 하늘에서 강하게 비추는 태양은 나무가 종일 빛나도록 했고, 어둡고 별이 가득한 하늘에 뜬 보름달에 거의 가까운 달은 밤하늘을 아름답게 했다. 볼프스가르텐은 무척 안정적으로 자리를 잡았으므로 주변 풍경에 아늑하게 녹아들었다. 연기는 하늘로 곧게 솟은 모든 굴뚝에서 천천히 피어오르고 있었다.

크리스마스이브는 병원에서 보냈다. 간호사들은 촛불이 켜진 나무 주위에 서서 전통 독일 캐럴을 불렀다. 이어 흰 옷을 입은 작은 아이가 파괴된 비행기에서 구해온 은 조각을 들고 시를 낭송했다. 페그는 브리짓에게 보낸 편지에서 이렇게 말했다. "당연히 눈물이 날 것 같은 기분이었어. 남자나 간호사나 모두 〈고요한 밤〉 노래에 감정을 주체하지 못했지. 간호사 중 세 사람의 남편이 전사했고, 남자들은 모두 향수병에 시달렸으며 '산타클로스'의 어머니가 폭격 중에 죽었다는 등의 사건이 있었지만, 어둠의 힘과 싸워 압도할 수 있는 선량함, 상냥함, 그리고 사랑이 거기에 있다는 걸 사람들은 느꼈어." 다음 날 그들은 크리스마스 연회라는 형태로 "어둠의 힘"에 또 다른 일격을 가했다. 그 연회는 비축된 호화로운 물품들로 화려하게 준비되었다.

비둘기, 거위, 돼지, 카레(여기에 처트니까지!), 진짜 자두 푸딩(1930년 풍), 여기에 호랑가시나무, 브랜디까지! 파인애플, 통조림 바다가재, 트러플, 그리고 물론 여기도 커피, 저기도 커피, 이곳엔 술, 저곳엔 샴페인, 차, 케이크가 마치 늘 이랬다는 듯이 제공되었다. 우리가 그걸 얼마나 즐겼는지. 또 이런 옛 방식으로 다시 한 번 먹을 수 있다는 게 얼마나 즐거운 일이었는지![42]

1944년 12월 31일 자정 페그와 루드비히는 창문을 열고 새해를 알리는 종소리가 울리기를 기다렸다. 페그는 이런 글을 남겼다. "하지만 우리는 전장에서 들려오는 둔탁한 우레 같은 소리만 들었을 뿐이다. 종소리는 아예 들리지 않았다."[43]

프랜시스 스튜어트와 마델라이네의 크리스마스는 다소 달랐다. 그들은 익스퀴짓Exquisite(더없이 훌륭한)이라는 이름의 어느 지저분한 뮌헨 호텔에서 방을 얻느라 고군분투했다. 배관이 얼어붙었기에 난방도 물도 공급되지 않았다. 으깬 감자와 그레이비소스로 크리스마스 점심을 해결한 뒤 그들은 침대에서 바싹 붙어 껴안고서 서로에게 온기를 주고 또 보존하고자 했다. 공습이 호텔의 배관과 전기 시설을 파괴하자 주에 딱 하나의 초만 배당받았다. 그들은 익스퀴짓 호텔의 안전함을 포기하고 스위스로 건너가길 고대하는 수천 난민의 대열에 합류하기로 했다. 창문을 유리 대신 판지로 막은 기차를 타고, 진눈깨비와 눈 속에서 몇 마일을 걷고, 불결한 대합실에서 잠을 자면서 그들은 마침내 스위스 국경에서 북쪽으로 이십오 마일 정도 떨어진 투틀링엔에 있는 어떤 집에서 방 하나를 얻었다. 그러나 그런 숙박마저도 참사 속에서 끝났다. 부활절인 월요일

(4월 2일), 스튜어트는 일기에다 이렇게 썼다. "악몽이 따로 없다! 이 사람들은 우리를 내쫓으려고 하고, 우리에게 소리를 질렀다. 이제는 우리에게 말도 걸지 않고 우리는 어디에도 갈 곳이 없다." 나중에 그는 이렇게 덧붙였다. "4월 한 달이 어찌나 공포스러웠는지! 그럼에도 불구하고 전에는 절대 없던 내적 기적의 시간이었고 또 계시의 순간이었다."[44]

국경을 넘으려는 여러 시도가 실패한 뒤 두 남녀는 브레겐츠에서 십 마일 남쪽에 있는 작은 오스트리아 도시 도른비른으로 물러났다. 여기서 5월 3일 스튜어트는 이런 글을 남겼다. "어제 한 시 반에 프랑스 병력이 이 도시를 점령했다. 긴 전쟁과 같았던 우리 삶의 한 장이 끝났다."[45]

스튜어트처럼 중국인 유학생 지시안린림도 4월 2일자 일기에 이렇게 썼다. "미국군 탱크가 고작 사십 킬로미터 떨어진 곳에 있고 그들의 대포 소리가 창문을 덜컹거리게 한다. 나조차 걱정이 되었다. 이제 우리는 그저 미국인이 빠르게 와주길 기대하는 상황이다. 그들이 오면 독일이 백기를 들어 올릴 거라고 다들 동의한다." 사흘 뒤에는 빵도 거의 남지 않았고, 지시안린은 아침마다 양동이에 물을 뜨러 도시로 걸어 들어가야 했다. 하지만 4월 10일 기쁜 소식이 들려왔다. 프랑스 군인들이 공항 근처 창고에 엄청난 양의 식량을 쌓아놓았을 뿐만 아니라 다른 외국인과 더불어 중국인에게도 "이 보물 창고에 와서 빵을 가방 가득 채우는 걸" 허락한 것이었다.[46] 독일의 항복 이후에도 여전히 지시안린은 오랫동안 기다려야 했다. 1946년 1월이 되어서야 그는 마침내 중국으로 돌아갈 수 있었다.

동부 전선에서 삼 년을 보내면서 이 년은 계속된 후퇴를 겪었던 무장 SS근위대의 스웨덴 장교 에릭 왈린은 4월 21일 베를린 교외에 도착했다. 러시아군에 의해 계속 뒤로 밀려난 그의 중대는 제11 노르트란트 의용 기갑척탄병 사단 소속이었는데, 이 사단은 외국인 병사로 구성되었고, 다수가 스칸디나비아 출신이었다. 그는 도시 외곽의 삼림 지대에서 점점 후퇴하여, 베를린의 외진 교외 "식료품점, 신문 가판대, 우체국, 영화관, 그리고 정원" 사이에서 싸우게 되었다.[47] 놀랍게도 그들은 곧 민간인 무리와 마주치게 되었지만 이들은 이웃 사람들처럼 도망치려고 하는 것이 아니라, 그대로 도시에 남아 러시아인이 오길 기다렸다.

이제 와서 베를린을 방위하겠다는 것은 절박한 허세에 불과한 거였지만, 왈린과 그의 전우들은 단결하여 끝까지 싸웠다. 그는 이렇게 썼다. "중요한 도로 교차점에 러시아 탱크에 대항하고자 장애물을 준비하여 트랙터로 밀어서 제 위치에 설치되게 했다. 그런 장애물은 포장용 돌을 가득 실은 광차나 크나우어, 베를리너, 롤게셀샤프트, 그리고 슈멜링 같은 유명한 브랜드의 커다란 화물차로 구성되었다."[48] 그는 노인과 "여덟 살에서 열두세 살까지의 히틀러 유겐트 출신" 소년이 참호에 배치되었다고 언급했다. 그는 이렇게 썼다. "이 소년들은 전선의 베테랑 병사들처럼 단호했다."

결국 왈린은 넓적다리를 크게 다쳤다. 그의 전우들은 어떻게든 그를 임시 병원으로 데려갔고, 5월 1일 그의 전쟁은 마침내 러시아인의 베를린 입성으로 끝이 났다. 그들은 히틀러가 죽었다고 발표했다. "히틀러가 죽었어! 베를린이 무너졌어, 게르만 민족이 망했어." 왈린 옆에 누운 한 독일 군인이 조용히 눈물을 흘렸다.[49]

히틀러가 총으로 자살하기 이틀 전인 1944년 4월 28일 토요일

브리짓 폰 베른스토르프는 영국 대포가 뤼네부르크를 마구 공격하고 있다는 소식을 들었다. 그녀는 나중에 페그에게 이렇게 말했다. "이제 우리는 그들이 가까이 다가오고 있다고 생각했지."

일요일도, 월요일도 아무 일이 없었어. 화요일 정오에 나는 거실 바닥에 누워 주변 마을의 지도를 살피고 있었어. 도대체 포탄이 우리 주위 어디에서 그런 시끄러운 소리를 낼 수 있는지 궁금했거든. 보테르젠 창문은 모두 날아갔어. 수요일에 나는 창문에서 떨어진 깨진 유리 조각을 망치로 깨부수기 시작했는데, 거의 내 손가락이 잘릴 뻔했지. 나중에 욘스 부인이 그날 오전에 탱크가 도시에 진입했다고 하더라고 (그녀는 하얀 시트를 꺼냈어). 모두가 모였지. 그들은 몇 안 되는 군인을 포로로 잡고 탱크 틈에서 골드플레이크라는 담배를 꺼내서 주곤 가 버렸어. 점심을 먹자마자 문에 노크 소리가 들렸어. 바로 던스탠 커티스였어! 엄마한테서 내 주소를 받아서 킬로 가는 길에 이렇게 들렀다는 거야! 왈칵 눈물이 나더라고.[50]

4월 내내 비디는 러시아 군대의 대포 소리가 가까워지는 것을 들어 알 수 있었다. 이어 베를린에 최후의 공습이 있었다. 하지만 그런 연속 포격 이후 "내내 계속되고 치통처럼 신경을 긁어대는 구역질나는 소음"은 끊이는 순간이 없었다. 그녀는 게르다를 지하실로

• 히틀러는 베를린 함락 몇 달 전부터 끊임없이 부하 각료와 장군들이 자신을 배반했다고 불평해댔다. 그는 1944년 4월 26일 지하 벙커에서 애인 에바 브라운과 함께 권총으로 자살했다. 그의 시체는 벙커 마당에서 불태워졌다. 러시아군이 벙커에 도착했을 때 그 시체는 거의 잿더미나 다름없었다.

데리고 내려갔는데, 그녀가 사는 아파트 건물 주민들이 모두 모여 있었다. 그들은 완전한 암흑 속에 앉아 있었다. 그들 중 하나가 뭔가 찾으려고 양초에 불을 붙였을 때만 희미한 빛이 있었다. 때때로 비디는 위층으로 가 발코니에서 폭격을 받아 무너진 건물에서 모은 나무를 써서 깨진 들통에 감자를 넣고 삶았다. 갑자기 사람들은 군인들이 길에서 달리는 소리를 들었다. "이어 누군가가 지하실 문을 덜커덕 열었다. 우리는 마치 돌로 변한 것처럼 미동도 않고 앉아 있었다." 한 러시아 군인이 지하실로 들어와 털썩 앉고는 손가락에 붕대를 감았다. 그는 게르다에게 사탕을 주고는 엽서에다 메시지를 남겼는데, 나중에 비디가 번역한 바로는 이러했다. "이제 여러분은 안전하며, 민주주의를 누릴 것입니다. 이 작은 소녀는 러시아어를 배우게 될 겁니다." 혼돈스러운 한 주가 이어졌고, 비디는 거리를 돌아다니며 먹을 것을 약탈하듯 구해왔다. 마침내 기적이 일어났다. 집중 공세가 멈췄다.

"우리는 무슨 일이 벌어졌는지 정말로 알지 못했다. 신문도 없고, 라디오도 없었다."[51] 그녀는 그렇게 썼다. 하지만 한 가지는 분명했다. 전쟁은 끝났다. 이제 제3제국은 망했으니 그 누구도 다시는 제3제국을 여행하는 일은 없을 것이었다.

후기

이 책에 기록된 모든 인상과 경험을 요약하는 시도에서 W. E. B. 듀보이스에 공감하는 건 쉬운 일이었다. 1936년 나치 독일을 몇 달 여행한 뒤 그는 이런 글을 남겼다. "많은 수정과 설명 없이 모든 측면에서 진실한 현대 독일에 관해 의견을 표출하는 건 지극히 어려운 일이다."[1] 듀보이스 같은 지적인 관찰자도 나치 독일을 무척 혼란스럽게 생각했다는 점은 무엇을 의미하는가. 그것은 전후(戰後) 깨달음의 명확성으로 해당 시기를 검토하는 데 익숙한 사람에게 하나의 놀라움이다. 따지고 보면 듀보이스는 흑인 교수였고, 두 가지 면(흑인이라는 면과 반 나치 교수라는 면)에서 나치의 주된 공격 목표였다. 왜 그가 손쉽게 히틀러의 독일을 노골적으로 비난하지 않았을까? 진실을 말해보자면, 많은 외국 방문객들도 그와 비슷하게 혼란한 감정을 느꼈다는 것이다.

정권 초기에 나치에 대한 신문의 공격, 거리에서의 폭력과 탄

압에 대한 입증되지 않은 증거, 히틀러가 총리가 되고 고작 몇 주 뒤에 있었던 다하우 강제 노역장의 개장, 무엇보다도 1933년 5월에 있었던 책 화형식 사건 등은 모든 예비 여행자에게 새로운 독일의 현실을 의식하게 만들었을 것이다. 하지만 그들이 실제로 독일 현지에 가보니 나치의 프로파간다가 전국 방방곡곡 구석구석 스며들어 있었고, 진실은 극히 왜곡되어 많은 사람이 무엇을 믿어야 할지에 관하여 확신하지 못했다.

여기에 더하여 나치 초창기에는 히틀러를 믿어 볼 만한 여러 가지 그럴 듯한 이유가 있었다. 그의 혁명이 책임 있는 정부로 진화할 것이라는 믿음, 베르사유 조약에 대한 죄책감, 혹은 단순히 독일에서 훌륭한 휴가를 보낸 기억 등이 그런 이유였다. 많은 외국인 방문객이 독일의 국내 문제를 언급하는 게 자기 소관이 아니라고 여겼고, 더 많은 사람들은 단순히 그 문제에 대해 아무런 관심을 보이지 않았다.

하지만 시간이 흐를수록 외국인이 불가지론자로 느긋하게 지내기에는 점점 어려운 상황이 되었다. 1935년 뉘른베르크 법률 제정(유대인의 시민권 박탈) 같은 사건이 결정타였다. 그리하여 온건한 독일인들의 생각, 즉 나치 정부가 시간이 흐르면 진정될 것이고, 세련되게 바뀔 것이라는 초창기의 생각은 온전히 받아들이기 어려운 것으로 보이기 시작했다. 외국인은 이제 끊임없이 늘어나는 나치 악행의 목록에 소름이 끼치거나, 아니면 정반대로 소위 나치의 업적이라 불리는 마찬가지로 긴 목록에 깊은 인상을 받았다.

1930년대 중반에 대다수 방문객은 심지어 독일 현지에 도착하기도 전에 그들이 어떤 진영—친 나치 혹은 반 나치—에 속하는지 미리 마음을 먹고 왔다. 왜 극우파가 나치 독일에 끌렸는지, 왜 극좌파가 나치 독일과 거리를 뒀는지 파악하는 건 쉬운 일이다. 더 흥미로운 건 나치를 경멸한 방문객이 계속 독일을 사랑하고 감탄했다는 점이다. 이런 범주에 드는 많은 사람들이 제1차 세계대전 이전 독일을 여행하거나 그곳에서 공부했고, 그 경험에 자신을 변화시키는 힘이 있다고 생각했다.

이런 이유를 이해하는 건 어렵지 않다. 독일의 자연풍경적 아름다움보다 더욱 유혹적인 건 비범한 문화적·학술적 전통이었다. 제1차 세계대전이라는 사건이 영국과 미국의 지적 생활에서 핵심적인 역할을 계속 수행했음에도 불구하고 독일의 문화에 대한 사랑은 줄어들지 않았다. 1차 대전은 친독파 사이에서 절망을 불러일으켰다. 그 전쟁이 인간적 비극을 일으킨 것은 물론이고 그들의 삶에서 그런 중요한 부분을 잘라냈기 때문이었다. 그들이 나치로 인한 공포에 둔감했던 건 아니었지만, 히틀러 정권은 빠르게 물러나고 그다음에는 그들이 바라보는 독일, 즉 진정한 독일이 모든 문화적 영광과 함께 다시 부상하리라는 기대를 갖고 있었다. 토머스 비챔 경 같은 사람들은 공개적인 항의를 할 수 있었지만, 나치 독일이 제공하는 직접적 보상이 무척 매력적이었기에 그런 항의를 하지 않았다. 이런 측면에서 소신 있게 나치를 비판한 미국 소설가 토머스 울프는 진정한 영웅으로 대접받아 마땅하다.

독일 문학, 음악, 철학에 대한 존경심 때문에 수많은 관대한 부모가 자식들을 나치 독일로 보내 공부시켰다. 끔찍한 짓을 저지르는 나치 정권은 오래 갈 것 같지 않았고, 독일 문화와 언어는 아주 중요한 것이었다. 그래서 그들은 나치의 그런 악랄한 상황을 감수했다. 영국 귀족에 관해 말해보자면, 그들은 떼 지어 자기 자식을 나치 독일로 유학시켰고 그 중 다수가 공공연하게 히틀러를 칭찬했다. 히틀러가 자기 힘으로 나라를 도탄에서 끌어올려 부강하게 만든 방법, 특히 볼셰비키 사상을 물리치고자 하는 강인한 결단을 높이 평가했다. 그들이 십대 자식들을 히틀러의 독일로 여행·유학을 보낸 것엔 세속적인 이유도 있다. 양국 간의 화폐 환율도 좋았고, 늘 빈곤한 독일 남작 부인들이 얼마 안 되는 돈을 받고서 기꺼이 그들에게 머무를 숙소를 제공했다.

하지만 그럼에도 불구하고 제2차 세계대전 전날까지 독일 사방에서 돌아다니던 영국과 미국 청년들이 왜 그리 많았는지, 그것을 아주 만족스럽게 설명하기는 힘든 일이다. 오히려 제1차 세계대전 참전용사들이 히틀러의 성공을 확신한 이유를 이해하기가 훨씬 더 쉽다. 많은 사람들이 또 다른 전쟁을 막기 위해 노력한다는 차원에서 독일을 여러 차례 여행했다. 좀 덜 분명한 건 왜 그토록 많은 훈장을 받은 애국자 중 상당한 수가 우익 극단주의자가 되었는가 하는 의문이다. 분명 그런 무시무시한 전쟁에서 살아남은 많은 참전용사들은 평화 이후의 상황에 실망을 느꼈다. 그들이 나치 독일에서 본 정연한 규율과 합목적성에 비하면 서유럽의 민주주의 정부들이 내보이는 한심한 모습은 아주 나약하고 부적절했다.

편안한 마음으로 찾아온 관광객이든 노련한 외교관이든 제3제국의 외국인 여행자는 나치의 기세등등한 프로파간다에서 벗어날 수 없었다. 하지만 그들이 얼마나 그런 선전에 영향을 받았을까? 그 선전이 가장 세련되었을 때(구체적 사례로는 베를린 올림픽 때), 그것은 무척 효과적일 수 있었다. 하지만 그 선전 대부분은 1930년대 말이 되자 너무 조잡하여 해외 방문객에게 영향을 미칠 수준이 되지 못했다. 이는 심지어 나치 동조자들에게도 마찬가지였다. 그들에게 훨씬 더 깊은 인상을 남긴 건 개인들 사이에서의 대화, 특히 독일 청년들과의 대화였다. 많은 여행자들은 평범한 독일인이 보여주는 높은 이상주의와 애국심에 깜짝 놀랐다. 그것은 그들의 본국에서는 도저히 찾아볼 수 없는 그런 수준 높은 나라 사랑이었다. 많은 외국인은 이런 철저한 목적의식에 감동을 받았다. 특히 실직한 청년들이 집으로 돌아가는 길에 거리에서 목적도 없이 빈둥거리던 본국의 광경을 떠올려보면, 독일의 활기찬 모습은 아주 인상적인 것이었다.

스위스인 교수 드 루즈몽은 어느 열여덟 살 독일 소녀가 자기가 속한 모임의 체조, 정치 활동, 그리고 가난한 자를 향한 방문을 조직하는 데 여가 시간을 모두 털어 넣는다는 말을 듣고 이런 말을 남겼다.[2] "이 여자 지도자를 같은 나이의 프랑스 소녀와 비교해보라!" 여행자들의 이야기는 놀랍게 보일지도 모르는 제3제국의 또 다른 양상, 즉 보통 독일인들의 취약성을 드러낸다. 외국인에게(특히 영국인과 미국인에게) 호감, 이해, 무엇보다도 존중의 대상이 되고 싶어 하는 것이 독일인들의 지속적인 소망이었다. 이런 소망은 우리에게 잘 알려진, 전쟁을 갈망하는 그들의 공격적이고 인종차별적인 이미지와 상충된다. 실제로 이 책에 나타난 증언을 그대로 믿는다면 대다수 독일인은 그들이 침공한 나라들만큼이나 전쟁을 아주 두려워했다.

유대인의 곤경을 염려했던 외국인 방문객들은 대답할 수 없는 문제를 풀어야 하는 처지였으나, 대다수는 그것을 풀지 않았다. 독일인은 노동 윤리와 가족에 대한 헌신으로 잘 알려진 사람들이다.

그런 따뜻하고 상냥한 독일인들이 어떻게 그런 경멸과 잔혹함으로 수많은 다른 독일인 동포(유대계 독일인)를 억압할 수 있었을까? 제3제국의 심층부로 여행을 떠난 외국인은 어디에서나 그런 모순과 마주쳤다. 예를 들어 국가사회주의와 공산주의 사이에 존재하는 방법상의 유사함, 반유대주의자인 유대인, 친절함과 잔혹함, 가정의 아늑함과 거리의 폭력, 귀에 거슬리는 노래와 베토벤을 향한 존경 등이 그런 모순의 면면들이다. 듀보이스가 다른 많은 사람들과 마찬가지로 독일에 대해 포괄적인 견해를 내놓는 게 어려운 일이라고 생각한 것은 놀라운 일이 아니다.

혼란을 더욱 가중시킨 건, 외국인 방문객을 엄청난 친근함과 열의로 환영하는 나치 독일 같은 전체주의 국가가 별로 없었다는 점이다. 라인 강을 따라 유람하고, 햇볕이 드는 정원에서 맥주를 마시고, 어린아이들이 단체로 행복하게 부르는 노래를 들으며 산책하는 일은 고문, 탄압, 재무장 같은 이야기를 무척 쉽게 잊어버리게 했다. 심지어 1930년대 말에 들어서서도, 외국인 여행자가 독일에서 몇 주를 보내며 자동차에 펑크가 나는 일 이상으로 불쾌한 일을 겪는 경우는 그리 많지 않았다. 하지만 "보이지 않는 것"과 "알지 못하는 것"의 차이는 상당히 크다. 1938년 11월 9일 '수정의 밤' 이후 외국 여행자가 나치의 본색을 "모른다"라고 주장하며 핑계를 대는 건 불가능하게 되었다.

이런 여행자들의 이야기에서 엿볼 수 있는 가장 오싹한 사실은 많은 점잖은 사람들이 히틀러의 독일에 찬사를 보내며 그들 나라로 돌아왔다는 점이다. 나치의 악랄함은 독일 사회의 모든 측면에 이미 스며들어 있었지만, 그 악행이 외국인 방문객들에게는 여전히 허용되는 매력적인 즐거움과 뒤섞여서 정체가 모호하게 되었다. 하지만 그 본질은 벌레 먹은 장미처럼 아주 흉측한 것이었다. 그리고 그런 끔찍한 현실은 너무 자주 그리고 너무 오래 무시되었다. 그리하여 히틀러가 총리 자리에 오른 지 팔십 년 이상이 흘러갔는데도 우리는 여전히 나치라고 하면 전율하고 경악한다. 우리의 그런 반응은 당연한 것이라고 보아야 할 것이다.

감사의 글

감사 인사를 전할 사람이 많다는 건 『히틀러 시대의 여행자들』이 함께 노력하여 만든 책이라는 점을 분명히 증명한다. 새로운 자료에 의지하는 책은 무수한 사람의 호의에 아주 많이 기댈 수밖에 없다. 사적인 문서를 이용할 수 있도록 허락한 모든 사람에게, 또 이 책에 존재하는 문서의 스캔 본을 보내준 전 세계의 사서와 기록 보관인에게 감사의 뜻을 전한다.

피어스 브렌던 박사가 믿기지 않을 정도로 한결같은 후한 지원을 하지 않았더라면, 또 그가 이 시기에 관한 자신의 풍성한 지식을 기꺼이 나누어주지 않았더라면 이 책은 엄청나게 빈약한 책이 되었을 것이다. 나는 그에게 엄청난 빚을 졌다. 휴 게데스는 그의 아주머니인 헤센·라인의 마거릿 공주 전하에게 내가 편지를 보낼 수 있게 소개했을 뿐만 아니라 많은 다른 유익한 방향으로 나아갈 수 있도록 도와줬다. 나는 그가 시간을 내어주고, 열정적으로 도와준 것에 감사하며, 특히 공동 탐사 과정에서 생긴 우정엔 더욱 사의를 표한다. 친애하는 벗인 앤절리카 퍼텔은 나치 시대에 관해 직접 글을 쓴 적이 있었는데, 내 계획에 꼭 필요한 독일의 관점을 반영하는 데 이바지했고, 여러 제안을 통해 많은 질적 향상을 이루도록 해줬다.

프랜시스 우드 박사는 모호한 중국 자료의 출처를 정확히 집어 주었을 뿐만 아니라 번역까지 해줬다. 더 넓은 의미에서 그녀는 오랜 세월 동안 변함없는 격려를 보내줬고, 무척 현명한 조언도 해줬다. 브래들리 하트 박사처럼 자기 시간을 내서 정보를 제공하는 후한 모습을 보여준 교수도 없을 것이다. 그는 이 책을 펴내기 전에 자신의 책인 『조지 피트-리버스와 나치』를 읽어보라는 친절한 조언도 해줬다. 브라이언 크로 경은 내게 독일과 그 역사에 관한 광대한 지식을 나눠줬다. 그는 관대하게도 이 책의 원고를 읽고 셀 수 없이 많은 유용한 제안을 해줬다. 초기에 바버라 고워드 박사와 카밀라 위트워스 존스는 내게 무척 필요했던 격려를 해줬고, 많은 유용한 사항을 지적해줬다. 몇 년 동안 피비 벤팅크는 내 저술 과정을 끈기 있게 도와줬다. 나는 여러 중요한 자료에 접근할 수 있게 해준 것에 그녀에게 특히 감사한다.

다음으로 언급하는 개인들은 내가 가족 문서를 연구하고 인용할 수 있게 허락해 주었다. 그들 모두에게 깊은 감사를 전한다. 아스토 자작, 브리짓 배티스콤브, 조너선 벤텔, 도미닉 그라프 베른슈토르프, 매리 박스올, 브룩스뱅크 부인, 앤드루 칸 경, 에드워드 카살렛 경, 랜돌프 처칠, 세바스천 클라크, 미랜다 코벤, 브라이언 크로 경, 에이프릴 크라우더, 글로리아 엘스턴, 리처드 덩컨 존스, 프랜시스 파머, 故 니콜라스 펜 경, 클레어 퍼거슨, 다이에나 포테스큐, 로자먼드 갤

런트, 조지 고든 레녹스, 조애나 호손 애믹 박사, 프랜시스 헤이질, 레이너 크리스토프 프리드리히 프린츠 폰 헤센, 레이철 존슨, 재키와 믹 로리, 로즈 로리첸 부인, 클라라 로위 박사, 주디 키스, 콜린 머케이, 리처드 매슈스, 조애나 메러디스 하디, 키스 오벤든, 질 펄류, 찰스 펨버튼, 램즈보텀 경, 데이빗 텅, 실리아 토인비, 이블린 웨스트우드, 카밀라 위트워스 존스, 앤 윌리엄슨, 그리고 패트리샤 윌슨.

나는 다음과 같은 여성분들을 만나 다행이었다. 그들 모두 고령임에도 불구하고 1930년대 독일에서 지내던 기억을 무척 분명하게 기억하고 있었다. 故 매리 번스, 앨리스 프랭크 스탁, 마조리 루이스, 실비아 모리스, 故 힐다 패덜, 故 질 풀튼 박사, 조앤 레이즌퍼드 부인. 앨리스 플릿은 내게 자신의 부모님이 한 유대인 소녀를 구해낸 놀라운 이야기를 들려줬고, 애닛 브래드쇼는 자신의 어머니가 겪은 '수정의 밤' 경험을 들려줬다. 나는 두 사람에게 그런 무척 사적인 이야기를 쏠 수 있게 해준 것에 감사한다.

낸시 살리와 켄 콰이 같은 친구를 둘 수 있어 나는 정말 행운아이다. 그들은 미국에서 나를 위해 폭넓은 조사를 수행해줬다. 나 대신 그들은 엄청난 시간과 노력을 들였다. 정말로 깊은 감사의 마음을 전한다.

다음 개인들은 수없이 다양한 방식으로 나를 도와주었다. 나는 이들 각자와 모두에게 진심 어린 감사를 전한다. 브루스 아놀드, 니콜라스 바커, 고든 배러스 교수, 이언 백스터, 비챔 부인, 나이절 비가 교수, 엠블라 비요네렘, 토니 블리셴, 본저 부인, 캐서린 보이랜, 앨리슨 번스, 번스 부인, 로드린 브레이스웨이트 경, 조지아 브루이스, 에드먼드와 조애나 캐퍼, 조닌 케이시, C. C. 챈 교수, 피터 클라크 교수, 해리엇 크롤리, 로니아 크리스프, 라비니아 데이비스, 토머스 데이, 니콜라스 디킨 교수, 기 드 존키에르, 헤리엇 데블린, 데이빗 더글러스, 퍼거슨 부인, 마틴 피더스턴 고들리, 루시 개스터 박사, 샐리 고들리 메이너드, 고우리 경, 故 그레이엄 그린, 바버라 그린랜드, 존 홀리데이, 준남작 리처드 헤이게이트 경, 홀더니스 부인, 피오나 후퍼, 하웰 부인, 엘리저버스 제임스, 린다 켈리, 제임스 놀슨 교수, 비어트리스 라센, 바버라 루잉턴, 제레미 루이스, 나이절 린샌 콜리, 메어 부인, 필립 맨젤 박사, 제인 마티노, 크리스토퍼 매슨, 샬럿 모저, 콘래드 머치그, 마크 닉슨 박사, 데이빗 노그로브 경, 과부 노먼비 후작 부인, 제임스 필, 맷 필링, 조이 플레이든 박사, 캐서린 포티어스, 데이빗 프라이스 존스, 키샨 라나 대사, 존 래닐러, 클레어 로스킬, 니콜라스 로스킬, 대니얼 로스차일드, 라이더 경과 부인, 제인 E. 슐츠 교수, 데이빗 스크래즈 박사, 커멀리시 샤마, 윌리엄 쇼크로스, 마이클 스미스, 줄리아 스테이플턴 박사, 자라 스타이너 박사, 루퍼트 그라프 슈트라히비츠, 장 크리스토프 탈라바드, 마이클 토머스 칙선 변호사, 존 투사 경과 앤 투사 부인, 더크 보스 교수, 데이빗 워렌 경, 브랜던 웨링, 조운 윈터콘, 덜리나 라이트, 故 멜리사 윈덤, 영 부인과 루이사 영.

나는 직무 범위를 훨씬 넘어 여러 문서 사본을 제공하거나 다른 무수한 방법으로 나를 도운 다음 기록 보관인과 사서에게 감사하고자 한다.

카를로스 D. 아코스타 폰스, 일레인 아디어, 줄리아 애리스, 파멜라 블리스, 보딜 뵈젯, 로레인 버크, 재클린 브라운, 크리스틴 콜번, 메리 크라우드뢰프, 켈리 커민스, 제인 던롭, 데보라 던, 앤지 에드워즈, 제니 피치먼, 수재너 파우트, 닐 프렌치, 매기 그로스먼, 앨리슨 하스, 에이미 헤이그, 엘리 존스, 크리스토퍼 킬브레큰, 마틴 크뢰거 박사, 브렛 랭스턴, 애런 리젝, 레이너 마스 박사, 에번 머고너길, 덩컨 머클래런, 다이애나 머크레이, A. 메러디스, 마이클 메러디스, A. 먼턴 박사, 패트리샤 C. 오도늘, 재닛 올슨, 로버트 프리스, 캐리 리드, 수전 릭스, 앤드루 라일리, 스티브 로빈슨, 에밀리 로일, 잉고 런디 박사, 사빈 샤페르트, 플로리언 슈라이버, 헬게 W. 슈바르츠, 빌프라이트 슈바르츠, 요슈아 슈페르트 박사, 아드리엔 샤프, 폴 스미스, 앤절러 스탠퍼드, 샌드라 스텔츠, 제임스 스팀퍼트, 레이철 스완스턴, 수전 토머스, 크리스티나 엉거, 데비 어셔, 안나 판 라포르스트, 네이선 웨덜, 카타리나 발트하우저, 멜린다 월링턴, 제시카 웨스트, 매디슨 화이트, 그리고 자설린 월크.

케임브리지 대학의 처칠 칼리지 처칠 아카이브즈 센터의 책임자 앨런 팩우드와 그의 특별한 팀, 허버트 후버 대통령 도서관의 스펜서 하워드, 가장 먼저 이 주제를 제안한 나의 문학 대리인 앤드루 로우니에게 특별한 감사를 전하고자 한다. 엘리엇 앤 톰슨의 제니 콘델과 그녀의 팀과 함께 일한 건 순수하게 즐거운 일이었다.

나는 또한 시타 프리타스에게 깊은 감사를 전한다. 그녀는 우리 집을 삼십 년 동안 제대로 돌아갈 수 있게 해줬다. 그녀의 지원이 없었더라면 나는 뭘 해야 할지도 몰랐을 것이다.

마지막으로 나는 함께 사는 편집자, 번역가, 고문, 여행 동반자, 인내심 강한 청취자인 내 남편 존에게도 감사한다는 말을 전하고 싶다.

참고문헌

Adlon, Hedda, *Hotel Adlon: The Life and Death of a Great Hotel*, translated and
edited by Norman Denny (London: Barrie Books, 1958)

Allen, Mary S., *Lady in Blue* (London: Stanley Paul, 1936)

Allen, Mary S., and Julie Heyneman, *Woman at the Cross Roads* (London: Unicorn
Press, 1934)

Allen, Reginald Clifford, *Plough My Own Furrow: The Story of Lord Allen of
Hurtwood as Told through his Writings and Correspondence* (London:
Longmans, 1965)

Armstrong, Hamilton Fish, *Peace and Counterpeace: From Wilson to Hitler* (New
York: Harper & Row, 1971)

Baranowski, Shelley, *Strength through Joy: Consumerism and Mass Tourism in the
Third Reich* (Cambridge: Cambridge University Press, 2004)

Baring, Sarah, *The Road to Station X* (Bracknell: Wilton 65, 2000)

Bartlett, Vernon, *Nazi Germany Explained* (London: Victor Gollancz, 1933)

Bell, Anne Olivier (ed.), *The Diary of Virginia Woolf* (Harmondsworth: Penguin,
1983)

Benoist-Mechin, Jacques, *A l'epreuve du temps [Tested by Time]*, Edition
etablie, presentee et annotee par Eric Roussel (Paris: Julliard, 1989)

Bernays, Robert, *Special Correspondent* (London: Victor Gollancz, 1934)

Blakeway, Denys, *The Last Dance: 1936, the Year of Change* (London: John Murray,
2010)

Bolitho, Gordon, *The Other Germany* (London: Dickson, 1934)

Bonnell, Andrew G. (ed.), *An American Witness in Nazi Frankfurt: The Diaries of
Robert W. Heingartner, 1928–37* (Bern and New York: Peter Lang, 2011)

Bowles, Paul, Miller Jeffrey (ed.), *In Touch: The Letters of Paul Bowles* (London:

HarperCollins, 1994)

Breitman, Richard, Barbara McDonald Stewart and Severin Hochberg (eds.),
Advocate for the Doomed: Diaries and Papers of James G.
McDonald (Bloomington and Indiana: Indiana University Press, 2007)

Brendon, Piers, *Thomas Cook: 150 Years of Popular Tourism* (Secker & Warburg, new
edition 1992)

Brendon, Piers, *The Dark Valley: A Panorama of the 1930s* (London: Pimlico, 2001)

Brendon, Piers, *Edward VIII: The Uncrowned King* (Allen Lane, 2016)

Brown, Daniel James, *The Boys in the Boat* (New York: Viking, 2013)

Brysac, Shareen Blair, *Resisting Hitler: Mildred Harnack and the Red Orchestra* (New
York: Oxford University Press, 2000)

Bucknell, Katherine (ed.), *Christopher Isherwood: Diaries* (London: Methuen, 1996)

Buller, E. Amy, *Darkness over Germany* (London: The Right Book Club, 1945; first
published 1943)

Burden, Hamilton Twombly, *The Nuremberg Party Rallies, 1923–39* (London: Pall
Mall Press, 1967)

Burn, Michael, *Turned Towards the Sun: An Autobiography* (Norwich: Michael
Russell, 2003)

Butler, J. R. M., *Lord Lothian, Philip Kerr, 1882–1940* (London: Macmillan, 1960)

Byron, Robert, *Europe in the Looking-Glass* (London: Routledge & Sons, 1926)

Cahn, Robert Wolfgang, *The Art of Belonging* (Lewes: Book Guild, 2005)

Carr, Jonathan, *The Wagner Clan* (London: Faber & Faber, 2007)

Cazalet-Keir, Thelma, *From the Wings: An Autobiography*, (London: Bodley Head,
1967)

Chandler, Andrew (ed.), *Brethren in Adversity: Bishop George Bell, the Church of
England and the Crisis of German Protestantism, 1933–1939* (Woodbridge:
Boydell Press, 1997)

Clark, Christopher, *The Sleepwalkers: How Europe Went to War in 1914* (London:
Allen Lane, 2012)

Cole, J. A., *Just Back from Germany* (London: Faber & Faber, 1938)

Collomp, Catherine, and Bruno Groppo (eds.), *An American in Hitler's Berlin:
Abraham Plotkin's Diary 1932–33* (Urbana and Chicago: University of Illinois
Press, 2009)

Conwell-Evans, T. P., *None so Blind* (London: Harrison, 1947)

Cook, Ida, *Safe Passage* (London: Harlequin, 2016)

Cowles, Virginia, *Looking for Trouble* (London: n.p., 1942)

Cox, Geoffrey, *Countdown to War: A Personal Memoir of Europe, 1938–1940* (London: William Kimber, 1988)

Cox, Geoffrey, *Eyewitness* (Dunedin: Otago University Press, 1999)

Crittall, Ariel, *My Life Smilingly Unravelled* (Braintree: Braintree District Museum Trust Ltd, 2009)

D'Abernon, Viscountess, *Red Cross and Berlin Embassy, 1915–1926* (London: John Murray, 1946)

Dalley, Jan, *Diana Mosley* (New York, Alfred A. Knopf, 2000)

De Courcy, Anne, *The Viceroy's Daughters* (London: Weidenfeld & Nicolson, 2000)

De Courcy, Anne, *Diana Mosley* (London: Chatto & Windus, 2003)

De Courcy, Anne, *Society's Queen: The Life of Edith, Marchioness of Londonderry* (London: Phoenix, 2004)

De Rougemont, Denis, *Journal D'Allemagne* (Paris: Gallimard, 1938)

Dean Paul, Brenda, *My First Life: A Biography, by Brenda Dean Paul, Written by Herself* (London: J. Long, 1935)

De-la-Noy, Michael, *The Life of Edward Sackville-West* (London: Bodley Head, 1988)

Dodd, Martha, *My Years in Germany* (London: Victor Gollancz, 1939)

Dodd, William E., Jr. and Martha Dodd, *Ambassador Dodd's Diary, 1933–1938* (London: Victor Gollancz, 1941)

Domvile, Sir Barry, *By and Large* (London: Hutchinson, 1936)

Domvile, Sir Barry, *From Admiral to Cabin Boy* (London: Boswell, 1947)

Driberg, Tom, *The Mystery of Moral Re-Armament: A Study of Frank Buchman and His Movement* (London: Secker & Warburg, 1964)

Egremont, Max, *Forgotten Land: Journeys among the Ghosts of East Prussia* (London: Picador, 2011)

Elborn, Geoffrey, *Francis Stuart: A Life* (Dublin: Raven Arts Press, 1990)

Evans, Richard, *The Third Reich at War, 1939–1945* (London: Allen Lane, 2008)

Fergusson, Adam, *When Money Dies: The Nightmare of the Weimar Hyper-Inflation* (London: William Kimber & Co. Ltd., 1975)

Firchow, Peter Edgerly, *Strange Meetings: Anglo-German Literary Encounters from 1910 to 1960* (Washington, DC: Catholic University of America Press, 2008)

Fischer, Heinz-Dietrich, *Germany through American Eyes: Pulitzer Prize Winning*

Reports (Berlin: Lit Verlag Dr. W. Hopf, 2010)

Flannery, Harry W., *Assignment to Berlin* (London: Michael Joseph, 1942)

Fortescue, Diana, *The Survivors: A Period Piece* (London: Anima Books, 2015)

Franck, Harry A., *Vagabonding through Changing Germany* (New York: Grosset & Dunlap, 1920)

Francois-Poncet, Andre, *The Fateful Years*, trans. Jacques LeClercq (London: Victor Gollancz, 1949)

Fussell, Paul, *Abroad: British Literary Traveling between the Wars* (Oxford: Oxford University Press, 1982)

Geissmar, Berta, *The Baton and the Jackboot* (London: Hamish Hamilton, 1944)

Gibbs, Philip, *European Journey: Being a Narrative of a Journey in France, Switzerland, Italy, Austria, Hungary, Germany and the Saar in the Spring and Summer of 1934* (London: William Heinemann, 1934)

Gilbert, Martin, and Richard Gott, *The Appeasers* (London: Weidenfeld & Nicolson, 1967)

Griffiths, Richard, *Fellow Travellers of the Right: British Enthusiasts for Nazi Germany* (London: Oxford University Press, 1983)

Griffiths, Richard, *Patriotism Preserved: Captain Ramsay, the Right Club and British Anti-Semitism* (London: Constable, 1998)

Guerin, Daniel, *The Brown Plague: Travels in Late Weimar and Early Nazi Germany*, translated by Robert Schwartzwald (Durham, NC, and London: Duke University Press, 1994)

Guinness, Jonathan, *The House of Mitford* (London: Phoenix, 2004)

Hamann, Brigitte, *Winifred Wagner* (London: Granta Books, 2005)

Hamilton, Cicely, *Modern Germanies* (London: Dent & Sons, 1931)

Harding, Brian, *Keeping Faith: The Royal British Legion, 1921–2001* (Barnsley: Pen & Sword Books, 2001)

Hart-Davis, Duff, *Hitler's Games: The 1936 Olympics* (London: Century, 1986)

Hattersley, Roy, *David Lloyd George: The Great Outsider* (London: Little, Brown, 2010)

Hawes, James, *Englanders and Huns* (London and New York: Simon & Schuster, 2014)

Heingartner, Robert W., *An American Witness in Nazi Frankfurt: The Diaries of Robert W. Heingartner, 1928–1937*, ed. Andrew G. Bonnell (New York: Peter

Lang, 2011)

Hessen, Robert (ed.), *Berlin Alert: The Memoirs and Reports of Truman Smith* (Stanford: Hoover Institution Press, 1984)

Henderson, Nevile, *Failure of a Mission* (New York: G. P. Putnam's Sons, 1940)

Heygate, John, *Motor Tramp* (London: Cape, 1935)

Hillblad, Thorolf (ed.), *Twilight of the Gods* (Mechanicsburg, PA: Stackpole Books, 2009)

Hills, Denis, *Tyrants and Mountains: A Reckless Life* (London: John Murray, 1992)

Hitler's Winter Olympic Games 1936 (World Propaganda Classics, 2009)

Holtby, Alice and J. McWilliam (eds.), *Winifred Holtby: Letters to a Friend* (London: Collins, 1937)

Hutchison, Graham Seton, *Challenge* (London: Hutchinson & Co., 1939)

Isherwood, Christopher, *Christopher and His Kind* (London: Methuen, 1985)

Isherwood, Christopher, *The Berlin Novels* (London: Vintage, 1999)

Johnson, Gaynor, *The Berlin Embassy of Lord D'Abernon, 1920–1926* (Basingstoke: Palgrave Macmillan, 2002)

Jones, Thomas, *A Diary with Letters, 1931–1950* (London: Oxford University Press, 1954)

Juvet, Rene, *Ich war dabei... [I was there...]* (Zurich: Europa Verlag, 1944)

Kennedy, Richard S, and Paschal Reeves (eds.), *The Notebooks of Thomas Wolfe*, volume II (Chapel Hill: University of North Carolina Press, 1970)

Kent, Madeleine, *I Married a German* (New York: Harper & Brothers, 1939)

Kershaw, Ian, *Hitler, 1889–1936: Hubris* (London: Penguin, 1999)

Kershaw, Ian, *Making Friends with Hitler: Lord Londonderry and Britain's Road to War* (London: Allen Lane, 2004)

Kessler, Charles (ed./trans.), *Berlin in Lights: The Diaries of Count Harry Kessler (1918–1937)* (New York, Grove Press, 1999)

Keynes, John Maynard, *Collected Writings of John Maynard Keynes* (London: Macmillan, 1981)

Kirkpatrick, Ivone, *The Inner Circle: Memoirs* (London: Macmillan, 1959)

Knowlson, James, *Damned To Fame: The Life of Samuel Beckett* (London: Bloomsbury, 1996)

Knox, James, *Robert Byron* (London: John Murray, 2003)

Kolloen, Ingar Sletten, *Knut Hamsun: Dreamer and Dissenter* (New Haven: Yale

University Press, 2009)

Lancaster Marie-Jaqueline (ed.), *Brian Howard: Portrait of a Failure* (London: Blond, 1968)

Laqueur, Walter, *Weimar: A Cultural History, 1918–1933* (New York: Putnam, 1974)

Larson, Erik, *In the Garden of Beasts* (New York: Crown Publishers, 2011)

Leitner, Maria, *Elisabeth, Ein Hitlermadchen: Erzahlende Prosa, Reportagen und Berichte* [*Elisabeth, A Hitler Girl: Narrative Prose and Reports*] (Berlin und Weimar: Aufbau-Verlag, 1985)

Lewis, Jeremy, *Shades of Greene* (London: Jonathan Cape, 2010)

Lewis, Wyndham, *Hitler* (London: Chatto & Windus, 1931)

Lewis, Wyndham, *The Hitler Cult* (London: Dent, 1939)

Lindbergh, Anne Morrow, *The Flower and the Nettle: Diaries and Letters of Anne Morrow Lindbergh, 1936–1939* (New York: Harcourt Brace Jovanovich, 1976)

Lochner, Louis (ed. and trans.), *The Goebbels Diaries* (London: Hamish Hamilton 1948)

Lockhart, Robert Bruce, *The Diaries of Sir Robert Bruce Lockhart*, edited by Kenneth Young (London: Macmillan, 1973)

Lubrich, Oliver (ed.), *Travels in the Reich 1933–1945: Foreign Authors Report from Germany* (Chicago: University of Chicago Press, 2010)

Lucas, John, *An Obsession with Music* (Woodbridge: Boydell, 2008)

McKenna, Mark, *An Eye for Eternity: The Life of Manning Clark* (Melbourne: Miegunyah Press of Melbourne University, 2011)

Markham, Violet R., *A Woman's Watch on the Rhine: Sketches of Occupation* (London: Hodder & Stoughton, 1920)

Mears, John Henry, *Racing the Moon* (New York: Rae D. Henkle Co., 1928)

Melchior, Ib, *Lauritz Melchior: The Golden Years of Bayreuth* (Fort Worth: Baskerville, 2003)

Min, Shi, *Deguo youji*, Tao Kangde (ed.), *Ou feng mei yu*, 3rd edition (Shanghai: Yuzhou feng she, 1940).

Mosley, Charlotte (ed.), *The Mitfords: Letters between Six Sisters* (London: Fourth Estate, 2008)

Mowrer, Lilian T., *Journalist's Wife* (London and Toronto: William Heinemann, 1938)

Naess, Harald, and James McFarlane, *Knut Hamsun: Selected Letters*, 2 volumes

(Norwich: Norvik Press, 1998)

Natwar-Singh, Kirpal, *The Magnificent Maharaja: The Life and Times of Bhupinder Singh of Patiala, 1891–1938* (New Delhi: Harper-Collins India, 1998)

Noakes, Jeremy, and Geoffrey Pridham (eds.), *Documents on Nazism, 1919–1945* (London: Cape, 1974)

Norwood, Stephen H., *The Third Reich in the Ivory Tower: Complicity and Conflict on American Campuses* (Cambridge: Cambridge University Press, 2009)

O'Keeffe, Paul, *Some Sort of Genius* (London: Jonathan Cape, 2000)

Parker, Peter, *Isherwood: A Life Revealed* (London: Picador, 2005)

Picton, Harold, *Nazis and Germans* (London: Allen & Unwin, 1940)

Pottle, Mark (ed.), *Champion Redoubtable: The Diaries and Letters of Violet Bonham Carter, 1914–1945* (London: Phoenix Giant, 1998)

Pryce-Jones, David, *Unity Mitford: A Quest* (London: Weidenfeld & Nicolson, 1976)

Rawson, Andrew, *Showcasing the Third Reich: The Nuremberg Rallies* (Stroud: History Press, 2012)

Reynolds, Rothay, *When Freedom Shrieked* (London: Victor Gollancz, 1939)

Rhodes James, Robert (ed.) *Chips: The Diaries of Sir Henry Channon* (London: Penguin, 1937)

Rhodes James, Robert, *Victor Cazalet: A Portrait* (London: Hamish Hamilton, 1976)

Roberts, Andrew, *The Holy Fox: The Life of Lord Halifax* (London: Head of Zeus, 1991)

Roddie, W. Stewart, *Peace Patrol* (London: Christophers, 1932)

Roskill, Stephen W., *Man of Secrets* (London: Collins, 1970–74)

Sachs, Harvey, *Reflections on Toscanini* (London: Robson Books, 1992)

Saikia, Robin (ed.), *The Red Book: The Membership List of the Right Club – 1939* (London: Foxley Books, 2010)

Schindler, Rene, *Ein Schweizer Erlebt Das Geheime Deutschland* [*A Swiss experience of Secret Germany*] (Zurich and New York: Europa Verlag, 1945)

Seymour, Miranda, *Noble Endeavours: The Life of Two Countries, England and Germany, in Many Stories* (London: Simon & Schuster, 2013)

Shapiro, James, *Oberammergau* (London: Little, Brown & Co., 2000)

Shirer, William L., *Berlin Diary* (New York: Alfred A. Knopf, 1941)

Smith, Howard K., *Last Train from Berlin* (London: Cresset Press, 1942)

Smith, Michael, *Foley, the Spy Who Saved 10,000 Jews* (London: Hodder &

Stoughton, 1999)

Spender, Stephen, *World within World: The Autobiography of Stephen Spender* (London: Readers Union, 1953)

Spotts, Frederic, *Bayreuth: A History of the Wagner Festival* (New Haven and London: Yale University Press, 1994)

Sylvester, A. J. and Cross, C. (eds), *Life with Lloyd George: The Diary of A. J. Sylvester, 1931–45* (New York: Harper & Row, 1975)

Sylvester, David, *The Brutality of Fact: Interviews with Francis Bacon* (London: Thames & Hudson, 1987)

Taylor, D. J., *Bright Young People* (London: Chatto & Windus, 2007)

Tennant, Ernest, *True Account* (London: Max Parrish, 1957)

Tifft Fuller, Raymond, *The World's Stage: Oberammergau, 1934* (London: Cobden-Sanderson, 1934)

Tobias, Fritz, *The Reichstag Fire: Legend and Truth*, translated by Arnold J. Pomerans (London: Secker & Warburg, 1963)

Tuohy, Ferdinand, *Craziways Europe* (London: Hamish Hamilton, 1934)

Tusa, Ann, and John Tusa, *The Nuremberg Trial* (New York: Skyhorse Publishing, 2010)

Tweedy, Owen, *Gathering Moss A Memoir of Owen Tweedy* (London: Sidgwick & Jackson, 1967)

Urbach, Karina, *Go-Betweens for Hitler* (Oxford: Oxford University Press, 2015)

Van Til, William, *The Danube Flows through Fascism* (New York and London: Charles Scribner's Sons, 1938)

Vansittart, The Rt Hon. Lord, *Lessons of my Life* (London: Hutchinson, 1943)

Vassiltchikov, Princess Marie 'Missie', *The Berlin Diaries, 1940–45* (London: Pimlico, 1999)

Waddell, Dan, *Field of Shadows: The Remarkable True Story of the English Cricket Tour of Nazi Germany 1937* (London: Bantam Press, 2014)

Waddy, Helena, *Oberammergau in the Nazi Era: The Fate of a Catholic Village in Hitler's Germany* (New York and Oxford: Oxford University Press, 2010)

Wagner, Friedelind, *The Royal Family of Bayreuth* (London: Eyre & Spottiswoode, 1948)

Waln, Nora, *The Approaching Storm: One Woman's Story of Germany, 1934–1938* (London: Creset Women's Voices, 1988)

Walters, Guy, *Berlin Games: How Hitler Stole the Olympic Dream* (London: John Murray, 2006)

Ward Price, George, *I Know These Dictators* (London: Harrap, 1937)

Wessling, Berndt W., *Toscanini in Bayreuth* (Munchen: Desch, 1976)

Wheeler-Bennett, John, *Knaves, Fools and Heroes* (London: Macmillan, 1974)

Williamson, Anne, *Henry Williamson: Tarka and the Last Romantic* (Stroud: Alan Sutton, 1995)

Williamson, Henry, *Goodbye West Country* (London: Putnam, 1937)

Wilson, Arnold Talbot, *Walks and Talks Abroad, The Diary of a Member of Parliament in 1934–36* (Oxford: Oxford University Press, 1939)

Wolfe, Thomas, *You Can't Go Home Again*, 2 volumes (Gloucester: Dodo Press, 2008)

Woolf, Leonard (ed.), *A Writer's Diary: Being Extracts from the Diary of Virginia Woolf* (London: Hogarth Press, 1953)

Woolf, Leonard, *Downhill All the Way: An Autobiography of the Years 1919–1939* (London: Hogarth Press, 1967)

Wrench, John Evelyn, *Immortal Years (1937–1944): As Viewed from Five Continents* (London: Hutchinson, 1945)

Wrench, John Evelyn, *Francis Yeats-Brown* (London: Eyre & Spottiswoode, 1948)

Wrench, John Evelyn, *Geoffrey Dawson and Our Times* (London: Hutchinson, 1955)

Wright, Jonathan, *Gustav Stresemann: Weimar's Greatest Statesman* (Oxford: Oxford University Press, 2002)

Xianlin, Ji, *Zehn Jahre in Deutschland [Ten Years in Germany] (1935–1945)*, (Gottingen: Gottingen University Press, 2009); translated from *JiXianlin liu De huiyi lu* [*Memories of Study in Germany*] (Hong Kong: Zhonghua shuju, 1993)

Xianlin, Ji, *Ji Xianlin ri ji: liu De sui ye* [*Ji Xianlin Diaries: My Stay in Germany*], (Nanchang Shi: Jiangxi Renmin Chubanshi, 2014) 6 vols

Youngday, Biddy, *Flags in Berlin* (published privately by Mary Brimacombe and Clara Lowy, 2012)

Ziegler, Philip, *King Edward VIII* (London: Collins, 1990)

기록 보관소

UK

Archives of the National Maritime Museum, Greenwich

Beckett Archive, University of Reading

Bodleian Library, University of Oxford

Borthwick Institute, University of York

British Library

Cambridge University Library

Charterhouse School Archives

Churchill Archives Centre, Churchill College, University of Cambridge

Coleraine Library, University of Ulster

Cumbria Archive Centre

Eton College Archives

Exeter Cathedral Archives

Henry Williamson Literary Estate Archive (HWLEA)

Hull History Centre

Liddell Hart Military Archives, King's College, London

Middle East Centre Archive, St Antony's College, University of Oxford

Mitford Archives, Chatsworth House

National Archives

National Library of Wales

Parliamentary Archives

Public Record Office of Northern Ireland

Royal Academy of Music, London

Society of Friends Library, London

Thomas Cook Archives, Peterborough

University of Warwick Archives

West Sussex Public Record Office

USA

American University Archive, Washington, DC (AUA)

Archives and Special collections, Rembert E. Stokes Learning Resources Center, Wilberforce University

Beinecke Library, Yale University

Bryn Mawr College

Columbia University Archives

Harry Ransom Center at the University of Texas at Austin

Herbert Hoover Presidential Library

Lake Placid Olympic Museum

Library of Congress, Manuscript Division

Louis Round Wilson Special Collections, University of North Carolina

Northwestern University Archives

Rush Rhees Library, Department of Rare Books and Special Collections, University of Rochester

Sophia Smith Collection and Smith College Archives

Special Collections Research Center, Morris Library, Southern Illinois University

Special Collections University of Kentucky Library

Stanford Digital Repository

Swem Library Special Collections, College of William and Mary

United States Holocaust Memorial Museum (online)

University of Chicago Library, Special Collections

University of Massachusetts, Amherst Libraries Special Collections and University Archives

Virginia Historical Society

Germany

Auswartiges Amt Politisches Archiv, Berlin

Hessisches Staatsarchiv, Darmstadt

Richard Wagner Museum

Australia
National Library of Australia, Canberra

New Zealand
Alexander Turnbull Library, Wellington

출처 및 허락

지도

JP Map Graphics Ltd

도판 355~365쪽

1면 (위) Reproduced by kind permission of the Farrington Historical Foundation

(아래) Everett Collection Historical / Alamy Stock Photo

2면 (위) Private collection

(아래) Reproduced by kind permission of the Thomas Cook Archives

3면 Reproduced by kind permission of the Thomas Cook Archives

4면 Reproduced by kind permission of the family

5면 (위) Swim Ink 2 LLC, Getty Images

(아래) Hulton Deutsch, Getty Images

6면 private collection

7면 (위) mauritius images GmbH / Alamy Stock Photo

(아래) ©SZ Photo / Scherl / Bridgeman Images

8면 (위) Cambridge University Library N8259 and N8260

(아래) Hulton Deutsch, Getty Images

인용 허락

Ida Anderson, permission granted by George Watson's College, Archive. Samuel Beckett, German Diaries, by kind permission of The Estate of Samuel Beckett, The Beckett International Foundation/The University of Reading, Suhrkamp Verlag AG and Faber & Faber. Bridget von Bernstorff, permission granted by the author's estate. W. E. B. Du Bois, W. E. B. Du Bois papers, permission granted by The

Permissions Company Inc., on behalf of the David Graham Du Bois Trust. Ivan Brown, permission granted by Lake Placid Olympic Museum. Arthur Bryant, permission granted by the Trustees of the Liddell Hart Centre for Military Archives. Victor and Thelma Cazalet, permission granted by the authors' estate. Manning Clark, permission granted by the author's estate. Geoffrey Cox, permission granted by the author's estate. Sibyl Crowe, permission granted by the author's estate. Admiral Sir Barry Domvile, permission granted by the author's estate. Ursula Duncan-Jones, permission granted by the author's estate. Eric Fenn, permission granted by the author's estate. Martin Flavin, permission granted by the Special Collections Research Center, University of Chicago Library. Louis MacNeice, extract from Autumn Journal, IV (Faber & Faber), printed by permission of David Higham Associates Limited. Princess Margaret of Hesse, permission granted by the authors' estate. Barbara Pemberton, permission granted by the author's estate. Barbara Runkle, permission granted by the author's estate. Stephen Spender, permission granted by the author's estate. Lady Margaret Stirling, permission granted by the author's estate. Joan Tonge, permission granted by the author's estate. Antony Toynbee, permission granted by the author's estate. Lady Mairi Vane-Tempest-Stewart, permission granted by the author's estate. Bradford Wasserman, permission granted by Virginia Historical Society. Every effort has been made to trace copyright holders of material used within this book. Where this has not been possible, the publisher will be happy to credit them in future editions.

한국어판 추가 도판

55쪽, 265쪽, 478쪽 영국 전쟁 박물관/ 60쪽, 74쪽, 78쪽1,2, 110쪽, 124쪽, 201쪽, 221쪽, 324쪽, 327쪽(크란츠), 327쪽(레녹스), 435쪽(괴벨스), 444쪽(선외), 444쪽(선내), 528쪽 독일 연방 기록 보관소/ 24쪽, 31쪽, 32쪽, 64쪽, 81쪽, 95쪽1,2, 97쪽, 112쪽, 131쪽, 175쪽, 176쪽, 210쪽, 290쪽, 406쪽, 410쪽, 424쪽, 435쪽(포스터), 540쪽(벙커) 퍼블릭 도메인/ 100쪽 미 공군 박물관/ 125쪽 archive.org/ 131쪽 호주 퀸즐랜드 도서관/ 176쪽 ⓒ Mike Peel/ 192쪽 ⓒ Dr. Gregor Schmitz/ 235쪽 ⓒ Lothar Spurzem/ 249쪽(유니티) 국립기록원/ 267쪽 Nicola Perscheid 촬영/ 270쪽 ⓒ Matthias Süßen/ 290쪽(에즈라) Alvin Langdon Coburn 촬영/ 290쪽(윈덤) George Charles Beresford 촬영/ 293쪽 Harris and Ewing Photo Studio 촬영/ 301쪽 Van Vechten Collection/ 310쪽 ⓒ Schwarz, Helga/ 381쪽 ⓒ Stadtgeschichtliches Museum/ 405쪽 Culver Pictures, New York 촬영/ 420쪽 US Army Center of Military History/ 528쪽 ⓒ Johann H. Addicks/ 540쪽(전선돌파) ⓒ ArthurMcGill

여행자들 소개

게랭, 다니엘(Guérin, Daniel. 1904~1988). 프랑스 좌익 작가. 『무정부주의: 이론부터 실천까지』(1970)라는 책으로 명성을 떨쳤다.

고든 레녹스, 다이애나(Gordon Lennox, Diana. 1908~1982). 해군 제독의 딸인 그녀는 캐나다 여자 스키팀 일원으로 동계 올림픽에 참여했다.

골드버그, 허먼(Goldberg, Herman. 1915~1997). 베를린 올림픽에 간 미국 야구팀 일원. 팀은 올림픽 경기에는 나가지 못했지만, 야구를 독일에 도입하는 차원에서 펼친 시범 경기를 했다.

굿랜드, 메리(Goodland, Mary. 결혼 후 성 번스, 1915~2016). 옥스퍼드 대학을 졸업한 뒤 런던 경제 대학에서 사회사업과 정신 건강 과목을 가르쳤다.

그리핀, 케니스 P.(Griffin, Kenneth. P. 1912~2002). 1936년 베를린 올림픽에 참여한 미국 체조 선수.

그린, 휴 C.(Hugh C. Greene, 1910~1987). 1934년부터 1939년 추방될 때까지 베를린에서 『데일리 텔리그래프』 특파원으로 근무했다. 1960년부터 1969년까지 BBC의 사장을 역임했으므다. 동생인 소설가 그레이엄 그린이 베를린으로 그를 찾아온 적도 있었다.

글릭먼, 마티(Marty Glickman, 1917~2001). 미국 운동선수. 1936년 베를린 올림픽 400미터 계주에서 마지막 순간에 기권했다. 아마도 유대인이었기 때문에 그랬을 것으로 추정된다.

길버트, 프렌티스(Prentiss Gilbert, 1883~1939). 외교관. 1938년 뉘른베르크 전당대회에 참석했다. 미국 대리 대사로 근무하던 중에 베를린에서 사망했다.

깁스, 필립(Sir Philip Gibbs, 1877~1962). 작가이자 전쟁 특파원.

니콜슨, 해롤드(Nicolson, Sir Harold. 1886~1968). 외교관, 작가, 일기 작가, 정치인, 비타 색빌 웨스트의 남편. 열렬한 친 프랑스파인 그는 1928년 베를린으로 부임했지만, 다음해에 외교부에 사직서를 냈다.

ㄷ

대버넌, 1대 자작(D'Abernon, Edgar Vincent 1st Viscount. 1857~1941). 제1차 세계대전 이후 최초로 독일에 부임한 주독 영국 대사(1920~1925). 그의 부인 헬렌(1886~1954)은 베를린을 싫어했지만, 영독 관계를 회복하려는 남편의 노력을 지원했다.

덩컨 존스, 아서(Duncun-Jones, Arthur. 1879~1955). 1924년부터 사망할 때까지 치체스터 대성당 참사회장을 지냈다.

덩컨 존스, 어슐러(Duncun-Jones, Ursula. 결혼 후 성 베일리, 1920~2007). 치체스터 대성당 참사회장인 아서 덩컨 존스의 딸. 1938년에 그녀는 오스나브뤼크의 한 독일인 가정에서 여러 달을 생활했다. 제2차 세계대전 중 해군 여군 부대원으로 복무했으며, 나중에는 국제 사면 위원회에서 활발하게 활동했다.

데처, 도로시(Detzer, Dorothy. 1893~1981). 제1차 세계대전 이후 구호 활동에 관여한 미국 퀘이커교도.

도드, 마사(Dodd, Martha. 1908~1990). 미국 대사 윌리엄 E. 도드의 딸. 처음엔 나치를 지지했지만, 나중에 소련 스파이로 선발되었다.

도드, 윌리엄(Dodd, William E. 1869~1940). 주독 미국 대사(1933~1937). 자유주의적 외교관인 그는 끊임없이 나치를 비판했다. 그는 종종 미국 국무부와 불화를 일으켰다.

돔빌, 배리. 부제독(Domvile, Vice Admiral Sir Barry. 1878~1971). 해군 정보부 책임자(1927~1930)이자 왕립 그리니치 해군사관학교 교장(1932~1934). 그는 친 나치 성향의 인물이었고 제2차 세계대전 중 구금되었다.

듀보이스(Du Bois, W. E. B. 1868~1963). 아프리카계 미국인 교수, 시민 평등권 운동가,

친독파, 열정적인 바그너 숭배자. 그는 나치 독일에서 겪은 경험을 적절히 요약하기 어렵다고 생각했다. 국가사회주의와 공산주의 사이의 유사점들을 간파한 여러 외국인 중 하나였다.

드 루즈몽, 드니(De. Rougemont, Denis. 1906~1985). 스위스 철학자이자 작가. 그는 1935년부터 1936년까지 1년 동안 프랑크푸르트 대학에서 학생을 가르쳤다.

드 마저리, 피에르(Pierre De Margerie, 1861~1942). 주독 프랑스 대사로서 그의 임기(1922~1931)는 루르 지방을 프랑스가 점령하던 시기를 포함한다.

라이트, 밀턴. 박사(Wright, Dr Milton S. J. 1903~1972). 아프리카계 미국인 교수. 1932년 하이델베르크 대학에서 경제학 박사를 취득했다. 그곳에 머무르는 동안 그는 히틀러를 만나 몇 시간 동안 대화를 나눴다. 1959년 미국 오하이오 주 윌버포스 대학의 학장이 되었다.

라이트너, 마리아(Leitner, Maria. 1892~1942). 헝가리인 유대인 작가이자 저널리스트. 그녀는 좌익 언론에 소식을 전하고자 불법적으로 나치 독일로 들어갔다. 미국행 비자를 얻으려고 하던 중 마르세유에서 원인불명으로 사망했다.

라킨, 시드니(Larkin, Sydney. 1884~1948). 시인 필립 라킨의 아버지. 1922년 코번트리 시 재무 담당관으로 임명되었다. 그와 그의 가족은 1930년대 내내 정기적으로 독일로 여름휴가를 다녀왔다.

런 경, 아놀드(Sir Arnold Lunn, 1888~1974). 스키어, 등산가, 활강 경기의 발명가. 그는 아들 피터가 영국팀 주장을 맡았을 때 동계 올림픽에서 심판을 보았다. 두 부자는 개회식 퍼레이드에 나서길 거부했다.

런던데리, 7대 후작(Charles Stweart Henry Vane-Tempest-Stweart, 7th Marquess of. 1878~1949). 유화 정책의 거물 지지자. 1930년대에 자주 독일로 여행했으며, 그곳에서 나치 지도자들의 환대를 받았다. 런던데리의 십대 딸인 마이리는 부모와 함께 동계 올림픽을 관람했다.

런클, 바바라(Runkle, Barbara. 결혼 후 성 호손, 1912~1992). 그녀는 피아노와 성악을 처음엔 뉴욕의 줄리어드 음대에서, 이어 뮌헨에서 공부했다. 재능 있는 작가이자 언어학자인 그녀는 1951년 영국인과 결혼하여 케임브리지에 정착했다.

럼볼드, 10대 준 남작(Rumbold, Sir Anthony, 10th Baronet, 1911~1983). 1935년 아버지인 호레이스 경을 따라 외무성으로 들어갔고, 주 오스트리아 영국 대사로 경력을 마감했다.

럼볼드, 에델(Rumbold, Lady Etheldred. 1879~1964). 호레이스 대사의 부인. 그녀는 베를린에 살던 때 내내 유쾌하게 남의 눈을 신경 쓰지 않는 편지를 어머니에게 보냈다.

럼볼드, 콘스탄티아(Rumbold, Constantia. 1906~2001). 호레이스 대사 부부의 딸. 베를린에서의 생활을 어머니 못지않게 생생한 기록으로 남겼다.

럼볼드, 호레이스. 9대 준남작(Rumbold, Sir Horace. 9th Baronet. 1869~1941). 1928년 로널드 린지 경을 이어 주독 영국 대사가 되었고, 1933년까지 직무를 수행했다. 그는 나치에 무척 비판적인 입장이었다.

레그, 월터(Legge, Walter. 1906~1979). 필하모니아 관현악단의 창립자인 그는 『맨체스터 가디언』지를 위해 음악 비평가로서 1933년 바이로이트 축제에 참석했다. 그는 소프라노 엘리자베트 슈바르츠코프와 결혼했다.

레미, 아서 F. J.(Remy, Arthur F. J. 약 1871~1954). 뉴욕 콜럼비아 대학 독일 철학 교수. 그는 1936년 6월 하이델베르크 대학 설립 550주년 기념행사에 참석했다.

렌치 경, 이블린(Wrench, Sir Evelyn. 1882~1966). 대영제국의 열렬한 옹호자인 그는 왕립 해외 연맹과 영어권 협회의 설립자였다. 『더 스펙테이터』지에서 1925년부터 1932년까지 편집인을 지냈다.

로더미어, 1대 자작(Rothermere, Harold, 1st Viscount Rothermere, 1868~1940). 『데일리 메일』지와 『데일리 미러』지의 소유주. 처음에 그는 여러 차례 만났던 히틀러의 열정적인 지지자였다.

로더바익, 딤프나(Lodewyckx, Dymphna. 1916~2000). 호주 언어학자이자 교육자. 학생일 때 뮌헨에서 1933년 책 화형식 사건을 목격했다. 나중에 독일로 돌아온 그녀는 본 대학에서 박사 과정을 밟았다. 역사가 매닝 클라크와 결혼했다.

로이드조지 백작, 데이비드(Lloyd George, Daivid, 1st Earl Lloyd George of Dwyfor, 1863~1945). 자유당 정치인. 그는 1916년부터 1922년 동안 전쟁 연립 정부의 총리였고, 1919년 파리 강화 회의에서 주된 역할을 맡았다.

루빈, 프랭크 J.(Frank J. Lubin, 1910~1999). 그는 1936년 베를린 올림픽에서 미국 농구

팀 소속이었다.

리펠, 프란츠 볼프강(Rieppel, Franz Wolfgang. 1917~2000). 르네 쉰들러라는 필명으로 전시 독일에서의 경험을 책으로 펴낸 스위스 경제학자.

린드버그, 앤(Lindbergh, Anne Spencer. 1906~2001). 찰스 린드버그의 아내. 그녀 역시 비행사였으며, 폭넓은 주제로 여러 책을 펴냈다.

린드버그, 찰스(Lindbergh, Charles. 1902~1974). 1927년 최초의 무착륙 비행으로 대서양을 건넜다. 이런 업적으로 어마어마한 인기를 얻게 되었으나, 호사다마로 1932년엔 아기였던 아들이 납치당해 살해되었고, 그 충격으로 가족을 이끌고 유럽으로 건너갔다. 그와 부인 앤은 1930년대 동안 정기적으로 베를린에 머무르며 미국 대사관 무관인 트루먼 스미스와 만났다.

린지 경, 로널드(Lindsay, Sir Ronald. 1877~1945). 대버넌 경에 이어 주독 영국 대사 자리를 1926년부터 1928년까지 맡았다.

마르탱 뒤 가르, 로저(Martin du Gard, Roger. 1881~1958). 1937년 노벨 문학상을 수상한 프랑스 소설가.

마르텐 박사, 카를(Marten, Dr Karl. 생몰년 불명). 많은 영국 상류층 남자들의 동성애를 "치료했던" 돌팔이 의사.

마우러, 릴리언(Mowrer, Lilian. 1889~1990). 작가이자 연극 비평가. 베를린에서 『시카고 데일리 뉴스』 특파원으로 있던 에드가 마우러와 결혼했다. 그는 1933년 강제로 나치에 의해 독일을 떠나게 되었다.

마컴, 바이올렛(Markham, Violet. 1872~1959). 작가, 사회 개혁가, 행정가. 건축가이자 원예가인 조지프 팩스턴 경의 손녀. 그녀는 1919년 쾰른에 부임하는 남편(대령)을 따라 독일로 갔다.

맥도날드, 제임스 그로버(McDonald, James Grover. 1886~1964). 1933년부터 1935년까지 독일에서 온 난민을 위한 국제 연맹 고등 판무관을 역임한 미국 외교관. 전후 그는 1949년부터 1951년까지 주이스라엘 미국 대사로 임명되었다.

맨, 톰(Mann, Tom. 1856~1941). 1924년 베를린을 방문했던 영국 공산주의자이자 노동조합원.

멜히오르, 라우리츠(Melchior, Lauritz. 1890~1973). 바그너 악극으로 유명한 덴마크 테너. 경력 초기 그는 영국 소설가 휴 월폴 경에게 재정적인 지원을 받았다.

모리스, 실비아(Morris, Sylvia. 결혼 전 성 헤이우드 1920~). 후년에는 연극과 관련된 일을 하게 되는 전문 음악인. 그녀는 전쟁 발발 한 주 전까지 드레스덴에서 공부하고 있었다.

미트포드, 다이애나(Mitford, Diana. 1910~2003). 리즈데일 경과 부인의 넷째. 그녀의 첫 남편은 브라이언 기네스였다. 1936년 요제프와 마그다 괴벨스의 베를린 저택에서 오스왈드 모즐리 경과 결혼했다. 그녀는 나치와 밀접한 유대 관계가 있어 전쟁 중 구금되었다.

미트포드, 유니티(Mitford, Unity. 1914~1948). 리즈데일 경과 부인의 다섯째. 히틀러에 열중하는 것으로 유명했다.

미트포드, 톰(Mitford, Thomas. 1909~1945). 리즈데일 경과 부인의 유일한 아들. 버마에서 일본군과 싸우다 전사했다.

밀러 박사, 에드먼드(Miller, Dr Edmund. 생몰년 불명). 대학 2학년 해외 연수 프로그램 책임자로 미국 대학생에게 유럽에서 공부할 기회를 제공했다. 뮌헨을 근거지로 삼았던 밀러는 '수정의 밤' 사건 이후에 곧 사임했다.

ㅂ

바이런, 로버트(Byron, Robert. 1905~1941). 작가, 예술 비평가, 역사가, 그리고 열렬한 나치 비판자. 그는 1938년 뉘른베르크 전당대회에 참석했다. 그는 타고 있던 이집트 행 배가 어뢰 공격을 받는 바람에 사망했다.

발로, 비디(Barlow, Brigit. 1916~2004). 작가이자 음악가. 에라스무스 다윈 발로와 결혼했다. 그녀의 자서전 『가정사』는 독일에서 보낸 십대 시절, 전쟁 중 잉글랜드에서의 삶, 그리고 다윈 집안으로 시집간 얘기를 다룬다.

밴시타트, 1대 남작(Vansittart, Robert, 1st Baron Vansittart, 1881~1957). 1930년부터 1938년까지 외무성에서 상임 차관을 지냈다. 베를린 올림픽에 참석하기도 했다. 에릭 핍스 경의 매부다.

버네이스, 로버트(Bernays, Robert. 1902~1945). 저널리스트이자 정치인. 그는 1931년 북브리스톨에서 자유당 하원 의원으로 선출되었다. 나치를 끊임없이 비판했던 그는 1930년대 여러 차례 독일을 방문했다. 그는 아드리아 해에서 발생한 비행기 충돌 사고로 사망했다.

버츨, 프레데릭(Frederick Birchall, 1871~1955). 『뉴욕타임스』지 특파원. 1934년 나치 독일에 관한 보도로 퓰리처상을 받았다.

번, 마이클(Burn, Michael. 1912~2010), 군인, 저널리스트, 작가. 청년으로서 그는 나치 독일에 호의적인 인상을 받았다. 그는 다하우 강제 수용소를 방문했고, 1935년 뉘른베르크 전당대회에 참여했다.

베누아-메생, 자크(Benoist-Mechin, Jacques. 1901~1983). 우익 정치인이자 저널리스트. 프랑스 점령 기간 중 그는 젊은 육군 장교로서 루르에 주둔했다. 비시 정부 부역자로 전쟁 뒤 구금되었다.

베른스토르프 백작 부인, 브리짓 폰(Bernstorff, Countess Bridget von. 1910~1987). 영국 태생인 그녀는 1939년 후고 폰 베른스토르프와 결혼했다. 그녀가 보낸 편지는 전쟁 중 독일에서의 삶을 생생하게 보여준다.

베이컨, 프랜시스(Bacon, Francis. 1909~1992). 20세기 가장 유명한 화가 중 하나. 그는 인간의 정신적 상흔(트라우마), 소외, 고통 등에 집중하여 강력한 이미지를 보여준다. 십대 시절인 1927년 독일에서 몇 달을 보냈다.

베인-템페스트-스튜어트, 마이리(Vane-Tempest-Stewart, Lady Mairi. 결혼 후 성 베리, 1921~2009). 7대 런던데리 후작과 그의 부인 이디스의 막내딸. 그녀는 1936년 부모와 함께 독일에 방문했고, 동계 올림픽에 참석했다.

베케트, 사무엘(Beckett, Samuel. 1906~1989). 아일랜드 극작가이자 소설가. 20세기 가장 영향력 있는 문인 중 한 사람. 그는 1936년 9월부터 1937년 4월까지 독일을 여행했다. 전쟁 중 프랑스 레지스탕스에 가입했다.

보겐, 도로시(Bogen, Dorothy. 결혼 후 성 파링턴, 1905~1996). 1922년 부모와 함께 독일을 방문했던 당시 열일곱 살의 캘리포니아인 관광객.

보넘 카터, 바이올렛(Bonham Carter, Lady Violet. 1887~1969). 자유주의 운동가인 그녀는 1908년부터 1916년까지 영국 총리를 지낸 허버트 애스퀴스의 딸이다.

보리스 왕, 불가리아의(Bulgaria, King Boris of. 1894~1943). 1936년 베를린 올림픽에 참석했다. 전쟁 중 그는 개인적으로 불가리아에서 죽음의 수용소로 유대인들이 이송되는 걸 막았다.

보에처, 에밀리(Boettcher, Emily. 1907~1992). 1930년대 후반 베를린에서 수학하던 사우스 다코타 주 출신 피아노 협주자.

보일, 마거렛(Boyle, Lady Margaret. 결혼 후 성 스털링 에어드, 1920~2015). 8대 글래스고 백작의 딸. 동세대 많은 다른 상류층 여자처럼 뮌헨의 신부 학교를 다녔다.

보일, 윌리엄(Boyle, Dr. William. 1903~1982)과 에트니 부인(Mrs Eithne. 1911~1984). 보일 부부는 1936년 독일에서 신혼여행을 보내던 중에 장애를 가진 유대인 소녀인 그레타를 구출했다. 그들은 소녀를 데리고 케냐의 집으로 돌아갔다.

부크맨 목사, 프랭크(Buchman, The Reverend Frank. 1878~1961). 옥스퍼드 그룹의 창립자이자 1938년부터 2001년까지 도덕 재무장 운동으로도 이름을 알렸고, 이어 변화 계획(Initiatives of Change) 운동을 전개하기도 했다. 그는 1935년 뉘른베르크 정당대회에 참석했다.

불러, 에이미(Buller, Amy. 1891~1974). 학생 기독교 운동과 밀접한 관계를 맺은 그녀는 철학과 종교에 대한 나치의 사상을 더 잘 이해할 목적으로 독일에서 여러 회의를 조직했다. 그녀의 책 『독일에 드리운 어둠』은 폭넓은 독일인과 그녀가 나눈 무수한 대화를 기록한 것이다.

브라운, 아이번(Brown, Ivan. 1908~1963). 미국 봅슬레이 선수. 그는 1936년 동계 올림픽에서 금메달을 수상했다.

브라이언트 경, 아서(Bryant, Sir Arthur. 1899~1985). 우익 역사학자. 생애 출판한 책들로 엄청난 찬사를 받았다. 그는 『일러스트레이티드 런던 뉴스』에 정기적으로 기고했다.

브래드쇼, 마거릿(Bradshaw, Margaret. 1906~1996). 케임브리지 대학 역사학 전공 졸업생인 그녀는 인도 정무국의 존 브래드쇼 대령과 결혼했다. 우연히 치료를 받으러 베를린으로 갔다가 '수정의 밤' 파괴 행각이 벌어지는 날 혼자 있게 되었다.

블록, 괴스타(Block, Gösta. 1898~1955). 저널리스트, 뉴스 편집자, 홍보 컨설턴트이자 사업가. 그는 우익에 동조했고, 이는 1942년 베를린에서 그가 방송 일을 맡도록 했다.

비챔, 토머스(Beecham, Sir Thomas. 1879~1961). 지휘자. 1932년 그는 말콤 사전트 경과 함께 런던 필하모닉 교향악단을 설립했고, 1936년 독일로 논란 많은 투어를 다녀왔다. 유대인 베르타 가이스마는 지휘자 빌헬름 푸르트벵글러와 함께 베를린에서 일을 그만둘 수밖에 없었는데, 비챔은 난민이 된 그녀를 자신의 관현악단 매니저로 고용했다.

색빌-웨스트, 비타(Sackville-West, Vita. 892~1962). 작가, 정원 설계사, 해롤드 니콜슨 경의 부인. 그녀는 독일과 독일인을 모두 싫어했다.

색빌-웨스트, 에디, 5대 남작(Sackville-West, Edward, 5th Baron. 1901~1965). 음악 비평가, 소설가, 비타 색빌 웨스트의 친척. 그는 1924년 처음 독일로 갔고, 마르텐 박사의 동성애 "치료"를 경험했다. 1927년 그는 다시 독일로 와서 드레스덴에서 음악과 독일어를 공부했다.

샤르돈, 자크(Chardonne, Jacques. 1884~1968). 작가이자 비시 정부 부역자. 그는 프랑스와 나치 독일 사이의 밀접한 문화적 유대를 권장하는 협력 집단의 일원이었다.

샤이러, 윌리엄(Shirer, William. 1904~1993). 미국 저널리스트이자 종군 기자. 나치 독일에서의 방송으로 유명했다.

세프턴 델머, 데니스(Sefton Delmer, Denis. 1904~1979). 1930년대 초 베를린에서 『데일리 익스프레스』지 특파원 일을 했다. 그는 독일 의사당 건물이 불타는 걸 현장에서 목격했다.

쉬퍼, 클라라 루이스(Schiefer, Clara Louise. 생몰년 불명). 그녀는 1933년 여름 미국 학교 일행과 독일을 방문했다.

스미스 대령, 트루먼(Smith, Colonel Truman. 1893~1970). 제1차 세계대전에서 복무한 뒤 그는 미국 해외 파견대와 함께 코블렌츠에 배치되었다. 1920년부터 1924년까지 베를린 미국 대사관에 무관보로 임명되어 근무했고, 1935년부터 1939년까지는 무관으로 일했다. 1922년 미국 공무원으로는 처음으로 히틀러와 면담했고, 나중엔 찰스 린드버그와 절친한 사이가 되었다.

스미스 목사, 퍼시벌(Smith, The Reverend H. K. Percival. 1898~1965). 나치 독일의 열렬한 지지자인 그는 1939년 봄에 독일을 방문한 경험을 극찬하며 영국에 전했다.

1956년부터 1961년까지 린 부주교를 지냈다.

스미스, 케이(Smith, Katherine Alling Hollister. 1898~1992). 케이로 알려진 그녀는 트루먼 스미스의 부인이었다. 강한 보수적 견해를 지닌 그녀는 독일에서 보낸 시기를 담은 회고록『나의 삶』을 남겼는데, 출판되지는 못했다.

스미스, 하워드 K.(Smith, Howard K. 1914~2002). 미국 저널리스트, 방송인, 정치 평론가. 그는 미국이 참전하기 전 마지막 기차를 타고 베를린에서 스위스로 갔다.

스튜어트 로디 중령, 윌리엄(Stewart Roddie, Lieutenant Colonel William. 1878~1961). 1920년부터 1927년까지 베를린에서 '연합국 군사 통제 위원회' 소속으로 일했다. 그는 개인적으로 당시 군사와 정치 분야에서 많은 핵심 인물과 안면을 튼 것은 물론 옛 독일 왕가 일원도 알고 지냈다.

스튜어트, 프랜시스(Stuart, Francis. 1902~2000). 아일랜드 작가. 나치 독일에서 그가 보낸 몇 년은 엄청난 논란을 불러일으켰지만, 그래도 그는 아일랜드 최고의 예술상을 수상했다.

스펜더, 스티븐(Spender, Stephen. 1909~1995). 영국 시인. 오든과 이셔우드와 함께 바이마르 공화국 시절 독일에서 보낸 몇 달 동안 강력한 영향을 받았다.

싱클레어-루티트, 케니스(Sinclair-Loutit, Kenneth. 1913~2003). 1934년 동료 학생과 함께 자전거를 타고 독일을 여행했다. 케임브리지 대학을 떠난 뒤 의학을 공부했고, 스페인 내전에서 싸웠다. 1961년부터 은퇴하던 1973년까지 그는 세계 보건 기구에서 일했다.

아가 칸 3세, 술탄 모하메드 샤 경(Aga Khan III, Sir Sultan Mohammed Shah, 1877~1957). 니자리 이스마일파 지도자. 1937년 히틀러를 만났을 때 그는 국제 연맹의 회장이었다. 독일을 방문했던 다른 많은 저명한 인사들과 마찬가지로 그는 이 만남에서 히틀러의 진정성을 확신하고 떠났다.

알렌, 메리(Allen, Mary. 1878~1964). 극우 사상을 품은 초창기 영국 여자 경찰관. 그녀는 제2차 세계대전 중 간신히 구금을 피했다.

앤더슨, 아이다(Anderson, Ida. 결혼 전 성 Watt, 1918~2013). 에든버러에 있는 조지 왓슨

여학교의 학생이었다. 그녀는 1936년 라인란트로 수학여행을 떠났다.

오든, W. H.(Auden, W. H. 1907~1973). 영국 시인. 그는 독일에서 열 달을 보내는 동안 (1928~1929) 처음으로 정치적·경제적 불안에 노출되었으며, 그것이 이후 그의 시에서 핵심 주제가 되었다. 여기에 더해 이 여행으로 그는 자신의 동성애를 탐구할 기회도 갖게 되었다.

와서만, 브래드포드(Wasserman, Bradford. 1918~1986). 미국 버지니아 주 리치먼드에서 온 열다섯 살의 유대인 보이 스카우트 단원. 그는 1933년 독일에 방문한 걸 일기로 남겼다.

와일드먼, 허버트(Wildman, Herbert, 1912~1989). 1932년과 1936년 올림픽에 참가했던 미국 수구 선수.

왈린, 에릭(Wallin, Erik. 1921~1997). 스웨덴 군인. 동부 전선에서 무장친위대 장교로 복무했고, 베를린 전투에서 싸웠다.

우드러프, 존(Woodfuff, John. 1915~2007). 아프리카계 미국인 운동선수. 800미터 육상에서 역전승을 거두며 금메달을 획득하여 베를린 올림픽에서 돌풍을 일으켰다.

울프, 레너드(Woolf, Leonard. 1880~1969). 작가, 정치 이론가, 소설가 버지니아 울프의 남편. 그는 부인과 함께 1917년 호가스 출판사를 설립했다.

울프, 버지니아(Woolf, Virginia. 1882~1941). 작가, 블룸즈버리 그룹의 주요 일원. 정신병으로 괴로워하던 그녀는 스스로 익사하여 생을 마감했다.

울프, 토머스(Wolfe, Thomas. 1900~1938). 미국인 소설가, 친독파. 그는 자신의 작품이 높은 평가를 받았던 독일을 광범위하게 여행했다.

워드 프라이스, 조지(Ward Price, George. 1886~1961). 베를린에서 데일리 메일 지 특파원을 지낸 그는 나치와 밀접한 유대 관계를 형성했고, 히틀러의 신뢰를 얻었다.

월, 에드워드(Wall, Edward. 1908~1988). 교사, 변호사, 정치인. 1930년대 말 중부와 동부 유럽을 광범위하게 여행했던 그는 독일의 소수 주민에 관해 전문가가 되었다. 후년 그는 독일에서 최고 배상 법정 판사로 임명되었다.

월른, 노라(Waln, Nora. 1895~1964). 미국 소설가, 저널리스트. 1934년부터 1938년까지 독일에 살았다.

월폴 경, 휴(Walpole, Sir Hugh. 1884~1941). 유명 영국 소설가. 그는 덴마크 테너 라우리츠 멜히오르와 1925년 바이로이트 축제에 함께 갔고, 그곳에서 히틀러를 만났으며, 비니프레드 바그너와 친구가 되었다.

웨스트민스터 공작 부인, 롤리아(Westminster, Loelia, Duchess of Westminster. 결혼 전 성 폰슨비. 1902~1993). 그녀는 1930년대 초 베를린에 놀라와서 친구 콘스탄시아 럼볼드와 함께 지냈다.

웨이크필드, 조안(Wakefield, Joan. 결혼 후 성 레인스포드, 1920~). 1938년 봄 동안 베를 린에서 공부를 마친 뒤 그녀는 상부슐레지엔에서 한 독일 귀족 집안의 사람들과 함께 여름을 보냈다. 그녀는 다음해 여름에 다시 독일에 갔고, 전쟁 발발 몇 달 전에 영국으로 돌아갔다.

윈덤 루이스, 퍼시(Percy Windham Lewis, 1882~1957). 화가, 소설가, 소용돌이파 운동 설립자. 1930년 독일을 방문한 뒤 그는 총통에 관한 상세한 최초 연구서인 『히틀러』를 출간했다.

윈저 공작(Windsor, HRH The Duke of. 1894~1972). 1936년 1월 에드워드 8세가 되지만, 월리스 심슨과 결혼하고자 그해 12월 11일 왕위에서 물러났다. 윈저 공작 부부는 다음해 독일로 논란이 많은 여행을 다녀왔다.

윈저, 공작 부인(Windsor, The Duchess of. 1896~1986). 미국 태생 월리스 심슨은 두 번 이혼한 경험이 있었다. 남편인 전 에드워드 8세는 그녀와 결혼하고자 왕위에서 물러났다.

윌리엄스, 아치(Williams, Archie. 1915~1993). 아프리카계 미국인 운동 선수. 베를린 올림픽에서 400미터 육상 금메달을 획득했다.

윌리엄슨, 헨리(Williamson, Henry. 1895~1977). 제1차 세계대전 참전 용사, 농부, 《수달 타카의 일생(1927)》 작가. 그는 존 헤이게이트를 데리고 1935년 뉘른베르크 집회에 참석했다.

윌슨 경, 아놀드(Wilson, Sir Arnold. 1884~1940). 군인, 작가, 정치인. 1933년 히친에서 하원 의원으로 선출되기도 했던 그는 나치 독일을 광범위하게 여행했고, 자신이 목격한 독일의 문물 대부이 괜찮다고 생각했다. 그러나 전쟁이 발발하자 55세의 나이에 하원 의원임에도 영국 공군에 자원입대했다. 그는 폭격기가 피격되어 전사했다.

융미탁, 비디(Jungmittag, Biddy. 결혼 전 성 맥노튼, 1904~1987). 북아일랜드 판사의 딸인 그녀는 공산당에 합류하고 노동자 계급 독일 사진작가와 결혼함으로써 자신의 상류층 배경에 저항했다. 그녀는 비디 영데이라는 필명으로 책을 출판했다.

이셔우드, 크리스토퍼(Isherwood, Christopher. 1904~1986). 영국의 소설가. 그는 《베를린이여 안녕》과 《노리스 씨 기차를 바꿔 타다》라는 두 개의 중편 소설로 구성된 《베를린 이야기(1945)》로 바이마르 독일을 아름답게 노래했다.

잠페리니, 루이스 실비에(Zamperini, Louis Silvie. 1917~2014). 미국 운동선수. 베를린 올림픽 500미터 육상 경기에 참가했다.

제이미슨, 로버트(Jamieson, Robert. 생몰년 불명). 1939년 자신이 영어를 가르치던 독일에서 런던데리 경에게 정기적으로 보고를 보냈다.

존스, 가레스(Jones, Gareth, 1905~1935). 웨일스 저널리스트. 1933년 선거 집회에서 히틀러, 괴벨스와 동행했다. 중국에서 살해당했다.

존스, 루퍼스(Jones, Rufus. 1863~1948). 미국 퀘이커교도, 작가, 철학자, 대학 교수. 그는 '수정의 밤' 사건 이후에 독일로 가는 학술 대표단을 이끌었다.

존스, 리스(Jones, Rhys. 생몰년 불명). 웨일스 교사. 청년이었을 때 1937년 라인란트에서 보낸 휴가에 관해 생생한 이야기를 남겼다.

지드, 앙드레(Gide, André. 1869~1951). 프랑스 작가, 1947년 노벨 문학상을 수상했다.

지시안린(季羨林. Ji Xianlin, 1911~2009). 당대 중국에서 가장 저명한 학자 중 하나. 그는 1941년 하이델베르크 대학에서 산스크리트어 연구로 박사 학위를 취득했다. 처음엔 독일에서 이 년 정도 보낼 생각이었지만, 전쟁으로 그곳에 갇혀 1946년까지 중국으로 돌아오지 못했다.

참벨, 할렛(Çambel, Halet. 1916~2014). 1936년 베를린 올림픽 터키 펜싱팀 일원이자 올림픽에 선수로 참가한 첫 이슬람 여성. 히틀러를 만나는 걸 거부했다.

채넌, 헨리(Channon, Sir Henry. 1897~1958). 칩스라는 별명으로 알려진 그는 미국 태생 영국 보수당 하원 의원이자 사교계 명사, 일기 작가였다. 1936년 베를린 올림픽에 참석했다.

체임벌린, 네빌(Chamberlain, Sir Neville. 1869~1940). 영국 총리. 주로 자신이 펼친 유화 정책으로 기억되고 있다. 1937년부터 1940년까지 총리를 역임했다.

체임벌린, 휴스턴 스튜어트(Chamberlain, Houston Stewart. 1855~1927). 영국 태생 작가이자 철학자. 1916년 독일 시민이 되었다. 리하르트 바그너의 딸 에바와 결혼한 그는 바이로이트에서 살았다. 나치는 그의 인종 차별적인(그리고 국제적으로 찬사를 받은) 책 『19세기의 기초』(1899)를 찬양했다.

ㅋ

카잘렛, 빅터(Cazalet, Victor. 1896~1943). 1924년 치퍼넘에서 보수당 하원 의원으로 선출된 그는 1930년대에 자주 독일을 여행했다. 지브롤터에서 비행기 추락 사고로 사망했다.

카잘렛, 텔마(Cazalet, Thelma. 1899~1989). 열정적인 페미니스트인 그녀는 1931년부터 1945년까지 이즐링턴에서 보수당 하원 의원을 지냈다.

커크패트릭 경, 아이본(Kirkpatrick, Sir Ivone. 1897~1964). 1933년부터 1938년까지 영국 대사관에서 1등 서기관을 지냈다. 그는 1937년 11월 히틀러를 만나러 가는 핼리팩스 경과 동행했다. 전후 그는 독일로 가는 영국 고등판무관으로 임명되었다.

콕스, 제프리(Cox, Sir Geoffrey. 1910~2008). 로즈 장학생으로 1932년 옥스퍼드 대학을 가기 전에 콕스는 하이델베르크에서 독일어를 배우며 여름을 보냈다. 전쟁 이후 그는 선구적인 텔레비전 저널리스트가 되었다.

콘웰 에번스, 필립(Cornwell-Evans, T. Philip. 1891~1968). 역사가이자 정체가 수상한 사람. 표면상 나치의 열렬한 지지자였으나(그는 1935년 영독 협회의 창립자 중 하나였고, 나중에 『앵글로 저먼 리뷰』의 편집자가 된다), 실은 영국 정보부를 위해 일했을 가능성이 있다.

콜, J. A.(Cole, J. A. 생몰년 불명). 『막 독일에서 돌아와』를 펴낸 영국 작가로 이 책은 1930년대 말기 나치 치하의 일상을 생생하게 그려냈다.

쿡, 아이다와 루이즈(Cook, Ida. 1904~1986/Cook, Louise. 1901~1991). 오페라를 사랑하

는 두 자매는 1930년대 말 독일로 수많은 여행을 가서 유대인 난민을 구출하고 그들의 귀중품을 밀수했다. 아이다는 메리 버첼이라는 필명으로 연애 소설을 썼다.

크로 박사, 시블(Crowe, Dr. Sybil. 1908~1993). 옥스퍼드 대학 교수. 1936년 6월 독일을 방문했을 때 케임브리지 대학에서 박사 과정을 밟고 있었다. 아버지인 아이어 크로 경은 외교관으로서 외무성에서 제1차 세계대전으로 나아가던 몇 년 동안 가장 중요한 독일 전문가였다.

크리스티(Christie, Group Captain Malcolm. 1881~1971). 항공 기술자. 1933년부터 1940년까지 독일을 광범위하게 여행하면서 영국 외무부를 위해 정보를 수집했다.

크리스티, 존(Christie, John. 1882~1962). 글라인드본 오페라(1934)의 설립자. 독일의 하우스 히르트에 정기적으로 방문했다. 가르미슈-파르텐키르헨 근처에 있는 하우스 히르트라는 이 평범한 오두막은 두 차례의 세계 대전 사이에 미국과 영국 지식인들이 단골로 애용한 숙소였다.

클라크, 매닝(Clark, Manning. 1915~1991). 호주 역사가이자 6권으로 된 『호주사』의 저자. 1938년 그는 당시 본 대학에서 박사 과정 중이던 약혼자 딤프나 로더바익을 방문하러 독일에 들렀다.

키아어, 앨리스(Kiaer, Alice. 1893~1967). 동계 올림픽에 참가한 미국 여자 스키팀(붉은 스타킹)의 주장.

킹, 마이클(King, Michael. 1899~1984). 마틴 루터 킹의 아버지. 그는 1934년 독일에서 돌아와 자신과 아들의 이름을 모두 "마틴 루터"로 바꿨다.

터빌-피터, 프랜시스(Turville-Petre, Francis. 1901~1941). 영국 고고학자. 베를린에서 오든, 이셔우드와 친구가 되었다.

테타스, 누마(Tétaz, Numa. 1926~2005). 1923년부터 1943년까지 뮌헨을 근거로 사업을 한 스위스 사업가. 르네 쥐베라는 필명으로 자신의 나치 독일 체류 경험을 『나는 그곳에 있었다』(1944)라는 책에서 풀어냈다.

토스카니니, 아르투로(Toscanini, Arturo. 1867~1957). 1930년과 1931년 바이로이트에서 두 번 지휘한 위대한 이탈리아 지휘자. 하지만 나치가 유대인 음악가를 처우하는 것에 항의하는 차원에서 그는 비니프레드 바그너가 간청했음에도 불구하고 1933년 독일로 돌아오지 않았다.

토인비, 안소니(Toynbee, Antony. 1913~1939). 역사가 아놀드 토인비의 아들. 1934년 본 대학에서 공부했다.

톤지, 조안(Tonge, Joan. 1916~2004). 1930년대 동안 뮌헨의 예비 신부 학교에 보내진 많은 상류층 영국 소녀 중 한 사람.

트레시더, 메리(Tresidder, Mary Curry. 1893~1970). 남편 도널드 트레시더와 함께 동계 올림픽에 참가했다. 도널드는 1943년부터 1948년까지 스탠퍼드 대학 총장을 지냈다.

트위디, 오언(Tweedy, Owen. 1888~1960). 영국의 군인, 공무원, 프리랜서 저널리스트. 1933년 히틀러가 권력을 잡은 직후 몇 주 동안 독일을 방문했던 그는 자신이 본 상황에 관해 상세한 기록을 남겼다.

파티알라의 태수, 부핀데르 싱(Sir Bhupinder Singh, Maharaja of Patiala, 1891~1938). 인도의 태수. 제1차 세계대전에서 명예 중령으로 복무한 그는 기량이 뛰어난 크리켓 선수였으며, 인도에서 첫 번째로 비행기를 소유했다. 1926년부터 1931년까지 군주원의 의장으로 일했다.

페글러, 웨스트브룩(Pegler, Westbrook. 1894~1969). 1936년 동계 올림픽을 보도했던 미국 저널리스트. 그의 "그런 대로 괜찮네"라는 제목의 칼럼은 폭넓게 발행되었다.

페어뱅크, 루시(Fairbank, Lucy. 1892~1983). 요크셔의 여교사이자 영화 카메라의 열렬한 애호가. 그녀는 친구인 클래리스 마운틴과 함께 1934년 오버라머가우 예수 수난극을 보러 갔다.

펜 목사, 에릭(Fenn, The Reverend Eric. 생몰년 불명). 장로교 신학자이자 대학 학장. 1935년 베를린 방문 당시 그는 학생 기독교 운동의 부책임자였다.

펨버튼, 바바라(Pemberton, Barbara. 결혼 후 성 로지, 1921~2013). 전쟁 중 그녀는 영국 공군 여군 부대에서 정보 관련 업무를 맡았고, 영어와 독일어를 모두 할 줄 아는 그녀의 능력을 아낌없이 발휘했다.

포리트, 아서, 1대 남작(Porritt, Arthur, 1st Baron. 1900~1994). 뉴질랜드 태생 의사, 정치인, 운동선수. 국제올림픽위원회 일원인 그는 베를린 올림픽에 참석했다.

포우드 경, 저들리, 준남작(Forwood, Sir Dudley, Bt. 1912~2001). 윈저 공작의 시종 무관인 그는 1937년 공작 부부의 독일 여행에 동행했다.

폴, 브렌다 딘(Paul, Brenda Dean. 1907~1959). UFA 스튜디오에서 일자리를 구하려는 희망을 품고 베를린으로 온 야심에 찬 많은 젊은 배우 중 한 사람.

폴라드, 에밀리(Pollard, Emily. 1896~1972). 버지니아 주지사 존 갈란드 폴라드의 조카딸. 그녀는 1930년 독일에서 보낸 휴가를 일기에 기록해뒀다.

풀턴 박사, 질(Poulton, Dr Jill. 결혼 전 성 헌트, 1923~2017). 십대이던 1930년대 말 그녀는 가족과 함께 자동차를 타고 여러 차례 독일로 휴가를 갔다. 전쟁 중 의학을 공부한 뒤 케임브리지에서 지역 보건의사로 일했다.

프라이, 배질(Fry, Basil. 생몰년 불명). 크리스토퍼 이셔우드의 친척. 이셔우드가 1928년 독일에 처음으로 방문했을 때 그는 프라이와 함께 브레멘에서 머물렀는데, 프라이는 당시 그곳에서 영국 부영사로 근무했다.

프라이, 조안 메리(Fry, Joan Mary. 1862~1955). 평화와 사회 개혁을 위한 영국 퀘이커 교도 운동가. 그녀는 제1차 세계대전 직후 독일 전역을 여행하며 강연을 하고 원조를 제공했다. 그녀의 남동생은 블룸즈버리 그룹의 예술가이자 비평가인 로저 프라이였다.

프랑수아 퐁세, 앙드레(François-Poncet, André. 1887~1978). 1931년부터 1938년까지 주독 프랑스 대사를 역임했다. 독일인들은 전쟁 중 삼 년 동안 그를 구금했다.

프랭크, 해리(Franck, Harry A. 1881~1962). 여행 작가. 제1차 세계대전 중 육군에 복무했고, 이후 라인란트에서 미국 해외 파견군으로 복무했다.

프로이센의 공주, 마가레트(Prussia, Princess Margaret of. 1872~1954). 헤센의 카를 프레데릭과 결혼했고, 빅토리아 여왕의 손녀이자 황제 빌헬름 2세의 여동생이다. 그녀는 프랑크푸르트 인근 크론베르크에 있는 프라이드리히스호프 성에서 살았다. 아들 두 명은 제1차 세계대전에서 전사했고, 또 다른 아들(헤센의 크리스토프 공작)도 제2차 세계대전에서 전사했다. 그녀의 며느리인 헤센의 소피 공작부인은 에든버러 공작 필립 왕자의 막내 여동생이었다.

플래너리, 해리(Flannery, Harry W. 1900~1975). 미국 저널리스트이자 방송인. 그는 1940년부터 1941년까지 베를린에서 CBS 특파원으로 있었다.

플로트킨, 에이브러햄(Plotkin, Abraham. 1893~1998). 우크라이나의 유대인 가정에 태어난 플롯킨은 어린아이일 때 미국으로 이주했다. 그는 여성복 노동조합에서 주된 운동가였다.

피트-리버스, 조지 헨리 레인-폭스(Pitt-Rivers, Captain George Henry Lane-Fox. 1890~1966). 인류학자, 우생학자, 반유대주의자. 극단적인 친 나치 성향으로 전쟁 중 구금되었다.

핀레이슨, 호레이스(Finlayson, Horace. 1885~1969). 1923년 초 인플레이션 위기가 절정에 달했을 때 베를린 영국 대사관의 재정 고문이었다.

핍스 경, 에릭(Phipps, Sir Eric. 1875~1945). 1933년 그는 베를린에서 호레이스 럼볼드 경에 이어 주독 영국 대사가 되었고, 프랑스에 대사로 부임하던 1937년까지 그곳에 있었다.

하워드, 브라이언(Howard, Brian. 1905~1958). W.H. 오든이 자기가 아는 사람 중 가장 절박하게 불행한 사람으로 묘사한 인물. 그는 "빛나는 청년들" 무리의 핵심 일원이었다. 그는 1927년 방문했던 베를린을 증오했다. 그는 토마스 만의 자녀인 에리카와 클라우스의 친구였다.

하인가트너, 로버트 W.(Heingartner, Robert W. 1881~1945). 1928년부터 1937년까지 프랑크푸르트에서 영사관 직원으로 근무한 미국 외교관.

하틀리, 마스덴(Hartley, Marsden. 1877~1943). 독일 표현주의에 영향을 받은 미국 예술가.

함순, 크누트(Hamsun, Knut. 1859~1952). 노르웨이 작가. 1920년 노벨 문학상을 수상했다. 나치 정권을 칭송했고, 거의 같은 강도로 영국을 증오했다.

해밀턴, 시슬리(Hamilton, Cicely. 1872~1952). 배우, 소설가, 저널리스트, 페미니스트. 그녀는 자신의 책 『현대 독일』(1931)에서 바이마르 독일 전역을 여행한 경험을 이야기했다.

핼리팩스, 에드워드 우드, 1대 백작(Halifax, Edward Wood, 1st Earl of. 1881~1959). 전직 인도 총리인 그는 1938년부터 1940년까지 외무 장관을 맡았고, 유화 정책의 핵심 지지자였다. 1941년부터 1946년까지 주미 영국 대사를 지냈다.

행키, 모리스, 1대 남작(Hankey, Maurice, 1st Baron. 1877~1963). 제1차 세계대전 중 로 이드조지 내각의 장관이었고, 1928년까지 그 직을 유지했다.

허쉬펠트 박사, 마그누스(Hirschfeld, Dr Magnus. 1868~1935). 독일계 유대인 의사이자 성 행태학자. 그의 성 연구 기관은 1919년 7월 6일 베를린에서 개소했다.

헤센 · 라인의 공주, 마거릿(Hesse and the Rhine, HRH Princess Margaret of. 1913~1997). 그녀는 남편인 루드비히 공작을 가르미슈-파르텐키르헨 인근 하우 트 히르트에서 만났다. 그들은 1937년 루드비히 공작이 독일 대사관에서 근무 하던 중 런던에서 결혼했다.

헤이게이트, 존, 4대 준 남작(Heygate, Sir John, 4th Baronet. 1903~1976). 저널리스트이 자 소설가인 그는 1930년대 초 베를린 UFA 스튜디오에서 근무했다. 그는 헨 리 윌리엄슨과 함께 1935년 뉘른베르크 집회에 참여했다.

헨더슨 경, 네빌(Henderson, Sir Neville. 1882~1942). 유화 정책의 지지자인 그는 1937년 에릭 핍스 경에 이어 주독 영국 대사를 역임했다.

휠러-베넷 경, 존(Wheeler-Bennett, Sir John. 1902~1975). 1927년부터 1934년 사이 독 일에서 많은 시간을 보낸 영국 역사가. 그는 당대 가장 주된 정치인 다수와 개 인적으로 알고 지내는 사이였다.

힐, 데렉(Hill, Derek. 1916~2000). 아일랜드를 근거로 하는 잉글랜드인 초상화와 풍경 화 작가. 그는 1934년 뮌헨에서 극장 설계를 연구했다.

미주

들어가는 글

1   Martha Dodd, *Through Embassy Eyes* (London: Gollancz, 1939), p. 25.

2   Pegler syndicated column, 'Fair Enough', 2 April 1936.

3   Quoted in Dirk Voss, 'Travel into the Heart of Evil: American Tourists in Nazi Germany, 1933–1939'; 'Ernst Schmitz Gives Talk on German Travel Facilities', Daily Boston Globe, 29 March 1938. For more detailed statistics regarding British and American travel to Germany, see Rudy Koshar, German Travel Cultures (Oxford and New York: Berg, 2000), p. 129.

4   Louis MacNeice, from Autumn Journal, IV (London: Faber & Faber, 1939).

5   Nancy Mitford, *Pigeon Pie* (London: Hamish Hamilton, 1940), p. 43.

1   드러난 상처

1   W. Stewart Roddie, Peace Patrol (London: Christophers, 1932), p. 97.

2   Hedda Adlon, Hotel Adlon: The Life and Death of a Great Hotel (London: Barrie Books, 1958), pp. 74–75.

3   Harry A. Franck, Vagabonding Through Changing Germany (New York: Grosset & Dunlap, 1920), p. 172.

4   Ibid., p. 37.

5   Ibid., pp. 25–26.

6   Ibid., pp. 28–29.

7   Violet R. Markham, A Woman's Watch on the Rhine (London: Hodder & Stoughton, 1920), p. 181.

8   Franck, p. 74.

9   20 December 1918, Truman Smith papers (TSP), Herbert Hoover Presidential Library.

10   Ibid.

11   Ibid., 23 December.

12   'The American Watch on the Rhine by an American', Society of Friends Library, London, Friends'Emergency War Victims Relief Committee (FEWVRC) 1914–1924, 10/3/7.

13   Truman Smith to his wife Kay, 20 December 1918, TSP.

14   Markham, pp. 15–16.

15   Ibid., pp. 56–57.

16   Ibid., p. 71.

17   Alice Holtby and J. McWilliam (eds.), Winifred Holtby: Letters to a Friend(London: Collins, 1937), p. 280.

18   Truman Smith to his wife Kay

19   Truman Smith to his mother-in-law, 16 March 1919..

20   Truman Smith to his wife Kay, 14 February 1919.

21   Ibid., 23 December 1918.

22   Franck, p. 114.

23   Stewart Roddie to Lord Stamfordhaven, 30 January 1920, Parliamentary Archives, Lloyd George papers, F/29/4/6.

24   Stewart Roddie, pp. 22–23.

25   Ibid., p. 1.

26   Franck, pp. 115, 130, 132–133.

27   Ibid., p. 102.

28   Stewart Roddie, p. 20.

29   Ibid., pp. 138, 139.

30   Franck, p. 19.

31   The Friend, 2 May 1919.

32   Joan Mary Fry, In Downcast Germany (London: James Clarke, 1944), p. 13.

2 깊어지는 고통

1 *The Friend*, 8 August 1919.
2 2 August 1919, Society of Friends Library, Relief Mission Germany, Joan M. Fry, FEWVRC/Missions/10/1/6/7.
3 Ibid., 2 August 1919.
4 Franck, pp. 190, 195.
5 Truman Smith to his wife Kay, 11 May 1919, TSP.
6 Stewart Roddie, p. 96.
7 Essen, 28 July 1919, Friends Library, FEWVRC/Missions/10/1/6/7.
8 Markham, p. 128.
9 Franck, p. 268.
10 Ibid., pp. 272–273.
11 Bonham Carter, Diary, 1–2 March 1923, vol. 15, University of Oxford, Bodleian Library (Bod.), Special Collections, MSS. Quoted in Mark Pottle(ed.), Champion Redoubtable: The Diaries and Letters of Violet Bonham Carter 1914–1945 (London: Weidenfeld & Nicolson, 1998), p. 141.
12 Ibid. (not quoted in Pottle).
13 Ibid., 5 March 1923.
14 Viscountess D'Abernon, Red Cross and Berlin Embassy, 1915–1926 (London: John Murray, 1946), p. 69.
15 Ibid., p. 83.
16 Ibid., pp. 68–69.
17 Ibid., p. 71.
18 Ibid., p. 78.
19 Bonham Carter, Diary, 3 March 1923.
20 Ibid.
21 D'Abernon, p. 112.
22 Ibid., p. 73.
23 Tom Mann to his wife, 2 April 1924, University of Warwick Archives, Tom Mann papers, MSS 334/3/6/14.
24 Bonham Carter, Diary, 3 March 1923.
25 Ibid., 5 March.
26 Ibid., 10 March.

27 Stewart Roddie, p. 50.

28 3 June 1921, Joan M. Fry papers, TEMP MSS 66/6.

29 Princess Margaret of Prussia to Lady Corkran, 21 October 1924, Bod., MSS Eng. Lett. d. 364.

30 Ibid.

31 25 July 1922, Fry papers, TEMP MSS 66/8.

32 Dorothy Detzer, 3 September, 1923, Society of Friends Library, FEWVRC 1914–24, 10/3/7.

33 Jacques Benoist-Mechin, A l'epreuve du temps [The Test of Time] (Paris: Julliard, 1989), p. 167.

34 Ibid., p. 164.

35 For contemporary evidence rebutting such allegations, see Sally Marks, 'Black Watch on the Rhine: A Study in Propaganda, Prejudice and Prurience', European Studies Review, vol. 13, no. 3 (1983), pp. 297–333.

36 Truman Smith, Berlin Alert (Stanford: Hoover Institution Press, 1984), p. 57.

37 Ibid., p. 46.

38 Benoist-Mechin, pp. 172–173.

39 D'Abernon, p. 117.

3 섹스와 햇빛

1 Horace Finlayson, Diary, University of Cambridge, Churchill College, Churchill Archives Centre (CAC) GBR/0014/FLYN.

2 Rene Juvet, Ich war dabei… [I was there…] (Zurich: Europa Verlag, 1944), p. 5; Rene Juvet was the pseudonym of Numa Tetaz.

3 Dorothy Bogen, Diary, 26 September 1922, Farrington Historical Society, San Jose, CA.

4 The Friend, 22 February 1924.

5 John Wheeler Bennett, Knaves, Fools and Heroes (London: Macmillan, 1974), p. 21.

6 D'Abernon, 19 October 1923, p. 113.

7 Quoted in Jonathan Wright, Gustav Stresemann: Weimar's Greatest Statesman (Oxford: Oxford University Press, 2002), p. 505.

8   Wright, p. 271.

9   Charles Kessler (ed./trans.), *Berlin in Lights: The Diaries of Count Harry Kessler* (New York: Grove Press, 1999), 13 April 1926, p. 290.

10   Sir Ronald Lindsay to Sir Esme Howard, 17 August 1926, Cumbria Archive Centre (CAC), Carlisle, Howard papers, DHW/4/2/17.

11   Christopher Isherwood, *Christopher and His Kind* (London: Methuen, 1985), p. 10.

12   Edward Sackville-West, commonplace book, 8 November 1927, British Library (BL) Add. MS 68906.

13   Sackville-West, Diary, 19 March 1924, BL, Add. MS 71871C.

14   Ibid., 6, 9, 10, 14 March 1924.

15   B. H. Fry, *Friends, Philosophers and Fishermen* (Oxford: Basil Blackwell, 1932), p. 15.

16   Peter Parker, *Isherwood* (London: Picador, 2005), pp. 153–154.

17   *Christopher and His Kind*, p. 10.

18   Ibid., p. 17.

19   Parker, p. 168.

20   *Christopher and His Kind*, pp. 19–20.

21   Ibid., p. 28.

22   Spender to Isaiah Berlin, n.d. 1931, uncatalogued letters, Bod.

23   *Christopher and His Kind*, p. 30.

24   Michael De-la-Noy, *The Life of Edward Sackville-West* (London: Bodley Head, 1988), p. 117.

25   David Sylvester, *The Brutality of Fact: Interviews with Francis Bacon* (London: Thames & Hudson, 1987), p. 186.

26   'Europe Revisited 1: The Rhineland', *The Spectator*, 20 September 1929.

27   Lilian T. Mowrer, *Journalist's Wife* (London: Heinemann, 1938), p. 194.

28   Emily Pollard, Diary, 29 July 1930, University of North Carolina, Louis Round Wilson Special Collections Library, vol. 7, folder 19.

29   10 October 1930, Spender to Isaiah Berlin.

30   October 1927, letters to James Stern from Brian Howard 1927–1955, BL, Add. MS 80860.

31   June 1931, Paul Bowles to Daniel Burns and Edouard Roditi, Jeffrey Miller (ed.), *The Letters of Paul Bowles* (London: HarperCollins, 1994), pp. 68, 72.

32 26 May 1928, CAC, RDCH 1/2/41.

33 De-la-Noy, pp. 112–113.

34 Lady Rumbold to her mother, Lady Fane, 17 December 1929. Unless otherwise stated, all Rumbold papers quoted are in a private collection (p.c.).

35 Kessler, 22 January 1929, p. 361.

36 Ibid., 10 May 1929, p. 362.

37 Peter Edgerly Firchow, *Strange Meetings* (Washington, DC: Catholic University of America Press, 2008), p. 134.

38 Piers Brendon, *The Dark Valley* (London: Pimlico, 2001), p. 90.

39 Cicely Hamilton, *Modern Germanies* (London: Dent & Sons, 1931), pp. 13–14.

40 'Europe Revisited 1', *The Spectator*, 20 September 1929.

41 Stephen Spender, *World within World: The Autobiography of Stephen Spender* (London: Readers Union, 1953), p. 92.

42 Kessler, 4 June 1930, p. 390.

43 Hamilton, p. 188.

44 Geoffrey Cox to his mother, 3 August 1932, p.c.

45 Mowrer, p. 169.

46 Pollard, Diary, 25 July 1930.

47 Hamilton, pp. 140, 145.

4 "설설 끓는 역사의 스프"

1 Pollard, Diary, 26, 28 July 1930.

2 Hamilton, pp. 160–161.

3 John Henry Mears, *Racing the Moon* (New York: Rae D. Henkle Co., 1928), p. 99.

4 Ibid.

5 Lady Rumbold to her mother, 11 September 1928.

6 Loelia, Duchess of Westminster, *Grace and Favour* (London: Weidenfeld & Nicolson, 1962), p. 135.

7 Martin Gilbert, *Sir Horace Rumbold* (London: Heinemann, 1973), p. 325.

8 Lady Rumbold to her mother, 16 October 1928.

9 Ibid.

10   Ibid., 11 January 1929.

11   Victor Cazalet, Diary, 1–12 January 1929, Eton College Archives, MS 917/2/4.

12   Lady Rumbold to her mother, 16 March 1929.

13   Lady Rumbold to a friend, 27 March 1929.

14   Lady Rumbold to her mother, 16 March 1929.

15   Ibid.

16   Victor Cazalet, Diary, first week September 1928.

17   *Berliner Zeitung*, 12 April 1929.

18   *Observer*, 28 April 1929.

19   Mowrer, p. 181.

20   Kessler, p. 353.

21   Mowrer, p. 221.

22   Lady Rumbold to her mother, 13 January 1929.

23   Brenda Dean Paul, *My First Life* (London: John Long, 1935), pp. 78, 80–81.

24   Loelia, Duchess of Westminster, p. 115.

25   Constantia Rumbold, 'Changing Night Haunts of Berlin', n.d., c. 1930.

26   Stephen Spender to Isaiah Berlin, 30 January 1930.

27   Mowrer, p. 210.

28   Rumbold to Harold Nicolson, 3 November 1930, Bod., MS. Rumbold dep. 38.

29   Kessler, 29 November 1931, p. 405.

30   Pollard, Diary, 25 July 1930.

31   *Christopher and His Kind*, p. 43.

32   *The Spectator*, 26 September 1930.

33   Rumbold to King George V, 31 October 1930, Bod., MS. Rumbold dep. 38.

34   Rumbold to his mother, 19 October 1930, ibid.

35   Quoted in Gilbert, p. 319.

36   Rumbold to Constantia, November 1928, Bod., MS Rumbold dep. 36.

37   Lady Rumbold to her mother, 27 February 1931.

38   John Maynard Keynes, 22 June 1926, *Collected Writings of John Maynard Keynes* (London: Macmillan, 1981), vol. 10, p. 383.

39   Hamilton, pp. 180–181.

40   W. H. Auden, Letter to Lord Byron Part V, quoted in Edward Mendelson (ed.), *The English Auden* (London: Faber & Faber, 1977), p. 198.

41   Wyndham Lewis, *Hitler* (London: Chatto & Windus, 1931), p. 42.

42 Ibid., p. 10.

43 Mowrer, pp. 229–231.

44 Lewis, p. 46.

45 Rumbold to Arthur Henderson, 31 October 1930, Bod., MS Rumbold dep. 38.

5 올가미가 조여 오다

1 Rumbold to Sir Robert Vansittart, 29 May 1931, Bod., MS. Rumbold dep. 38.

2 *Observer*, 10 August 1930.

3 Kessler, 30 June 1930, p. 394.

4 Lady Rumbold to her mother, 18 June 1930.

5 Rumbold to Constantia, 7 January 1931, Bod., MS. Rumbold dep. 38.

6 Ibid., 10 March 1931.

7 *Time*, 23 March 1931.

8 Jewish Telegraphic Agency, 12 March 1931.

9 Andre Francois-Poncet, *The Fateful Years: Memoirs of a French Ambassador in Berlin 1931–1938* (London: Victor Gollancz, 1949), pp. 10–11.

10 Lady Rumbold to her mother, 28 June 1932.

11 Rumbold to Lady Rumbold, 30 July 1931, Bod., MS. Rumbold dep. 38.

12 Lady Rumbold to her mother, 27 September 1931.

13 Tom Mitford to Randolph Churchill, 19 November 1931, CAC, RDCH 1/2/41.

14 Lady Rumbold to her mother, 16 July 1931.

15 Spender, p. 111.

16 Bob Boothby to W. S. Churchill, 22 January, 1932, CAC, CHAR 1/398A/48–50.

17 Cox to his mother, 3 August 1932, p.c.

18 Geoffrey Cox, *Eyewitness* (Dunedin, New Zealand: Otago University Press, 1999), p. 71.

19 Cox to his mother, 11 August 1932, p.c.

20 Lady Rumbold to her mother, August 1932.

21 *Pittsburgh Courier*, 30 May 1942. Also material provided by the Archives and Special Collections, Rembert E. Stokes Learning Resources Center, Wilberforce University, Ohio.

22 Lady Rumbold to her mother, 11 August 1932.

23 Margaret Sanger to Havelock Ellis, 16 July 1932, *The Selected Papers of Margaret Sanger: Birth Control Comes of Age, 1928–1939*, vol. 2, Esther Katz, Cathy Moran Hajo and Peter C. Engelman (eds.) (Urbana and Chicago: University of Illinois Press, 2006), pp. 196–197.

24 Ibid.

25 Lady Rumbold to her mother, n.d. August 1932.

26 Ibid.

27 Thelma Cazalet MP, 6 October 1932, Eton College Archives, MS 917/2/8.

28 Kessler, p. 432–434.

29 Lady Rumbold to her mother, 15 October 1932.

30 Wheeler-Bennett, *Hindenburg* (London: Macmillan, 1967), p. 40.

6 괴물인가 경이인가?

1   Isherwood, *Christopher and His Kind*, pp. 92–93.

2   Constantia Rumbold, n.d.

3   Ibid., and Mowrer, p. 247.

4   Constantia Rumbold, n.d.

5   Owen Tweedy, Diary, 16 February 1933, University of Oxford, St Antony's College, Middle East Centre Archive, GB165-0289, Box 3/4. All subsequent Tweedy quotations are taken from this source and are dated between 16 February and 31 March 1933.

6   'Reflections on the German Revolution', *The Nineteenth Century and After*, May 1933, p. 518.

7   Catherine Collomp and Bruno Groppo (eds.), *An American in Hitler's Berlin: Abraham Plotkin's Diary 1932–33* (Urbana and Chicago: University of Illinois Press, 2009), 6 February, p. 148.

8   Ibid., 11 February, p. 157.

9   Gareth Jones, Hitler-Diary, National Library of Wales, Gareth Vaughan Jones papers, B1/9.

10 Denis Sefton Delmer, *Daily Express*, 2 February 1933 and *Trail Sinister* (London: Secker & Warburg, 1961), pp. 185–200.

11 Lady Rumbold to her mother, 1 March 1933.

12   Philip Gibbs, *European Journey* (London: William Heinemann, 1934), p. 313.

13   Harold Picton, *From Republican to Nazi Germany* (Letchworth, 1938), p. 175.

14   Lady Rumbold to her mother, 22 March 1933.

15   *Christopher and His Kind*, pp. 96, 98.

16   2 April 1933.

17   Christopher Isherwood, *The Berlin Novels* (London: Vintage Books, 1999), pp. 488–489.

18   Richard Breitman, Barbara McDonald Stewart and Severin Hochberg (eds.), *Advocate for the Doomed: Diaries and Papers of James G. McDonald* (Bloomington and Indiana: Indiana University Press, 2007), 4 April 1933, p. 40.

19   Ibid., 7 April 1933, p. 48.

20   Ibid., 9 April, p. 50.

21   Karina Urbach, *Go-Betweens for Hitler* (Oxford: Oxford University Press, 2015), p. 300.

22   T. Conwell-Evans, 'Impressions of Germany', *The Nineteenth Century and After*, January 1934, pp. 72–82.

23   Robert Bernays, *Special Correspondent* (London: Victor Gollancz, 1934), p. 124.

24   Evelyn Wrench, 'What I saw in Germany', *The Spectator*, 13 April 1933.

25   University of Chicago Library, Special Collections, Martin Flavin papers, Box 1, Folder 9.

26   Quoted in Mark McKenna, *An Eye for Eternity: The Life of Manning Clark* (Melbourne: Miegunyah Press of Melbourne University, 2011), p. 133.

27   Conwell-Evans, 'Impressions of Germany', pp. 74–75.

28   Lady Rumbold to Lucy Wingfield, 11 May 1933.

29   Frederick Birchall, *New York Times*, 11 May 1933. Quoted in Heinz-Dietrich Fischer (ed.), *Germany through American Eyes: Pulitzer Prize Winning Reports* (Berlin: Lit Verlag Dr. W. Hopf, 2010), pp. 76–78.

7 여름휴가

1   Daniel Guerin, *The Brown Plague*, trans. Robert Schwartzenwald (London: Duke University Press, 1994), p. 85. Banned in 1934, it was released in 1937,

2   Ibid., p. 90.

3   Quoted in Richard Griffiths, *Fellow Travellers of the Right: British Enthusiasts for Nazi Germany* (London: Oxford University Press, 1983), p. 157.

4   Letter from Sir Eric Phipps to Sir Maurice Hankey, 26 October 1933, CAC, Hankey papers, HNKY 5/5.

5   Nora Waln, *The Approaching Storm: One Woman's Story of Germany 1934–1938* (London: Cresset Women's Voices, 1988), pp. 42–43. First published as *Reaching for the Stars* (Boston: Little, Brown & Co., 1939).

6   Hankey to Phipps, ibid.

7   Ibid.

8   Guerin, p. 93.

9   Ibid., pp. 148–149.

10 Hankey to Phipps, ibid.

11 Marsden Hartley to Adelaide Kuntz, 27 May 1933, 'Letters from Germany', *Archives of American Art Journal*, 1985, vol. 25, no. 1/2.

12 Hartley to Kuntz, 12 July 1933, ibid.

13 *Manchester Guardian*, 26 May 1933.

14 Quoted in Kristen Semmens, *Seeing Hitler's Germany* (Basingstoke: Palgrave Macmillan, 2005), pp. 144–145.

15 Ibid.

16 Bradford J. Wasserman, Diary, 17 July–21 August 1933, Virginia Historical Society.

17 Clara Louise Schiefer, Diary, July–August 1933, Special Collections Research Center, Swem Library, College of William and Mary, Williamsburg, Virginia.

18 Louise Willson Worthington, Diary, 1 August 1933, University of Kentucky Library, Special Collections.

19 Interview with the late Mrs Mary Burns, London, 9 February 2015.

20 Constantia Rumbold, c. May 1933.

21 Ibid.

22 Andrew Chandler (ed.), *Brethren in Adversity*, Church of England Record Society, vol. 4 (London: Boydell Press, 1997), pp. 47–48.

23 'Memorandum by the Dean of Chichester on His Visit to Germany', ibid., pp. 52–58.

24 Gibbs, p. 323.

25 Duncan-Jones, draft letter to the Editor, *The Spectator*, 11 July 1937, West Sussex PRO, uncatalogued papers of Duncan-Jones in three boxes.

8 축제와 팡파르

1 Houston Stewart Chamberlain, *Foundations of the Nineteenth Century* (London: John Lane, 1911), p. 542, translated by John Lees.

2 Quoted in Jonathan Carr, *The Wagner Clan* (London: Faber & Faber, 2007), p. 105.

3 Franck, p. 326.

4 Ibid.

5 Hugh Walpole, Diary, 23 July 1925, Hugh Walpole Collection, Harry Ransom Center, Austin, TX.

6 *John O'London's Weekly*, 11 October 1940; quoted in Rupert Hart-Davis, *Hugh Walpole: A Biography* (London: Macmillan, 1952), p. 264.

7 Walpole, Diary, 23 July 1925.

8 Hart-Davis, p. 264.

9 Walpole to Macmillan, 14 July 1925, BL, Add. MS. 54958–61.

10 Ibid., 1 August.

11 *Time*, 4 August 1930.

12 From documents in the Richard Wagner Museum, Bayreuth; quoted in Harvey Sachs, *Reflections on Toscanini* (London: Robson Books, 1992), p. 112.

13 Quoted in Brigitte Hamann, *Winifred Wagner* (London: Granta Books, 2005), p. 143.

14 Ibid., p. 159.

15 Ibid., p. 160.

16 Sachs, p. 119.

17 Ibid.

18 *Manchester Guardian*, 5 August 1933.

19 Friedelind Wagner, *The Royal Family of Bayreuth* (London: Eyre & Spottiswoode, 1948), pp. 99–100.

20 *Manchester Guardian*, ibid.

21 Waln, pp. 74–76.

22 *The Times*, 2 October 1933.

23 Konrad Warner, 'Harvest Festival 1935'; see Oliver Lubrich (ed.), *Travels in the Reich* (Chicago and London: University of Chicago Press, 2012), pp. 77–78.

24 Sir Eric Phipps to Sir Orme Sargent, 3 October 1934, CAC, PHPP, 2/10.

25 Lubrich, p. 78.

26 *The Times*, 2 October 1933.

27 Ibid., 1 August 1934.

28 *Traveller's Gazette*, April 1930, Thomas Cook & Son Archives.

29 *Observer*, 20 May 1934.

30 Quoted in Raymond Tifft Fuller, *The World's Stage: Oberammergau, 1934* (London: Cobden-Sanderson, 1934), p. 17.

31 *Manchester Guardian*, 30 May 1934.

32 Tifft Fuller, pp. 11, 12.

33 Sydney Larkin, Diary, 8 August 1934, Hull University Archives, Hull History Centre, U DLN.

34 *Hitler's Table Talk, 1941–44* (New York City: Enigma Books, 2000), 5 July 1942, p. 578.

35 *New York Times*, 30 September 1930.

36 *The Times*, 18 May 1934.

37 Lucy Fairbank, 1934 Travel Journal, p.c.

38 Ibid.

39 'Hitler at Oberammergau', letter to *The Times*, 26 March 1940.

40 The Rev. John W. Bradbury, *Watchman-examiner*, 13 September 1934. Quoted in Walter Wink, *Naming the Powers* (Philadelphia: Fortress Press, 1984), vol. 1, p. 116.

41 Wink, ibid.

42 10 August 1934 (from a summary of letters to his wife, Helga), Bod., Hugh C. Greene papers, dep. c. 888. Parts of the HCG quotations used here are quoted in Jeremy Lewis, Shades of Greene (London: Jonathan Cape, 2010), p. 153.

43 Phipps to Sir John Simon, 8 August 1934; quoted in Gaynor Johnson (ed.), *Our Man in Berlin: The Diary of Sir Eric Phipps 1933–37* (London: Palgrave Macmillan, 2008), p. 69.

44 *New York Times*, 22 August 1934.

45 Ibid.

46 Ibid., Frederick T. Birchall, 25 June 1935.

47 *Manchester Guardian*, 27 June 1938.

9 하일 히틀러

1   Andrew G. Bonnell (ed.), *An American Witness in Nazi Frankfurt: The Diaries of Robert W. Heingartner, 1928–37* (Bern and New York: Peter Lang, 2011), p. 235.

2   Michael Burn, *Turned Towards the Sun: An Autobiography* (Norwich: Michael Russell Publishing, 2003), p. 72.

3   Robert Byron, 'Nuremberg 1938', *The Spectator*, 22 August 1987.

4   *Manchester Guardian*, 9 September 1936.

5   Geoffrey Cox, *Countdown to War: A Personal Memoir of Europe, 1938–1940* (London: William Kimber, 1988), p. 21.

6   *Observer*, 3 December 1933.

7   David Pryce-Jones, *Unity Mitford: A Quest* (London: Phoenix Giant, 1995), p. 99.

8   Ibid., p. 132.

9   John Heygate, *Motor Tramp* (London: Jonathan Cape, 1935), p. 177.

10 Ibid., pp. 198–200.

11 John Heygate to Henry Williamson, 18 March 1934, from 'John Heygate: some notes on his life in the 1930s as gathered from documents in the Henry Williamson archive (HWLEA), compiled by Anne Williamson'.

12 Robert Byron to his mother, n.d. 1937, Robert Byron papers, Yale University, Beinecke Library, GEN MSS 605, Box 4, Folder 32.

13 Geoffrey Cox to his brother, 7 September 1934, p.c.

14 J. A. Cole, *Just Back from Germany* (London: Faber & Faber, 1938), pp. 124–125.

15 Jan Dalley, *Diana Mosley* (New York: Alfred A. Knopf, 2000), p. 186.

16 Anne de Courcy, *Diana Mosley* (London: Chatto & Windus, 2003), p. 135.

17 Joan Tonge, memoir, p.c.

18 Kenneth Sinclair-Loutit, *Very Little Baggage* (www.spartacus-educational.

com, 2009). The author chose not to identify his travelling companion, instead calling him 'Matthew'.

19 Sinclair-Loutit, p. 20.

20 Edward Wall, Diary, 1935, p.c.

21 Ibid.

22 Ibid.

23 Sinclair-Loutit, p. 22.

24 Quoted in Jeremy Lewis, p. 140.

25 Cazalet, Diary, n.d. 1934, Eton College Archives, MS 917/2/5.

26 Arnold Talbot Wilson, *Walks and Talks Abroad, The Diary of a Member of Parliament in 1934–36* (London: Oxford University Press, 1939), p. 126.

27 Ibid., p. 83.

28 McDonald Stewart et al., p. 97.

29 Burn, pp. 76–77.

30 Bruce Arnold, *Derek Hill* (London: Quartet Books, 2010), pp. 29–30; Ariel Crittall, *My Life Smilingly Unravelled* (Braintree: Braintree District Museum Trust Ltd, 1988), pp. 35–36.

31 Tonge.

32 Crittall, p. 36.

33 Ibid., p. 32.

34 Sarah Baring, *The Road to Station X* (Bracknell: Wilton 65, 2000), p. 1.

35 Letter from Lady Margaret Stirling-Aird to David Pryce-Jones, n.d., p.c.

36 Baring, p. 2.

37 Dodo Lees, *Dodo* (Self Publishing Association Ltd, 1993), p. 39.

38 Baring, p. 4.

39 Hugh C. Greene papers, Bod., dep. c. 887.

40 De Courcy, pp. 144–145.

41 Shi Min, *Deguo youji*, Tao Kangde (ed.), *Ou feng mei yu*, 3rd edition (Shanghai: Yuzhou feng she, 1940), pp. 162–184. Bod., HD Chung Chinese Studies, translated by Frances Wood.

42 Cox to his brother, 7 August 1934, p.c.

43 Cox, p. 137.

44 *The Spectator*, 1 November 1934.

45 Antony Toynbee, Diary, 5 November 1933, p.c.

46   Ibid., 14 February 1934.

47   Ibid., 1 November 1934.

48   Brigit Barlow, *A Family Affair* (Lewes: Book Guild Ltd, 1990), p. 46.

49   Ibid.

10 노병

1   Kirkpatrick to R. F. Wigram, 17 September 1935, NA, FO/371/18858.

2   Truman Smith, *An Estimate of the Inner Political Situation 1935–1936*, TSP, Box 2, Folder 1.

3   Yencken report to Foreign Office, 6 October 1935, NA, FO/371/18858.

4   Ibid.

5   Katherine (Kay) Smith, *My Life*, 11, TSP, Box 3.

6   Yencken report, ibid.

7   Ibid.

8   Reproduced in Nina Boyd, *From Suffragette to Fascist: The Many Lives of Mary Sophia Allen* (Stroud: The History Press, 2013).

9   Mary Allen, *Lady in Blue* (London: Stanley Paul, 1936), p. 148.

10   Ibid., p. 149.

11   Ibid., p. 150.

12   Conversation between the author and Lady Normanby.

13   Phipps to Vansittart, 8 January 1935, CAC, PHPP 2/17.

14   William L. Shirer, 28 November 1934, *Berlin Diary* (New York: Alfred A. Knopf, 1941), p. 25.

15   Gaynor Johnson (ed.), *Our Man in Berlin*, p. 56.

16   Ibid., pp. 56–57.

17   Ibid., p. 57.

18   Ibid., p. 58.

19   Graham Seton Hutchison to Ezra Pound, 15 June 1934, BL, ADD MS 74270.

20   Graham Seton Hutchison, *Challenge* (London: Hutchinson & Co., 1939), pp. 195–196.

21   Pitt-Rivers papers, CAC, PIRI Box 3, 17/3.

22   Karl Astel to Heinrich Himmler, 14 June 1937, quoted in Gunter Grau (ed.),

The Hidden Holocaust: Gay and Lesbian Persecution in Germany 1933–45,
(London: Cassell, 1995), p. 119.

23 Astel to Pitt-Rivers, 31 December 1935, CAC, PIRI 17/3.

24 This photograph is published in Brian Harding, *Keeping Faith: The Royal British Legion 1921–2001* (Barnsley: Pen and Sword Books, 2001), p. 152.

25 Quoted in Iain Kershaw, *Hitler, 1889–1936: Hubris* (London: Penguin, 1999), p. 558.

26 *Regimental Chronicle of Prince of Wales Volunteers (South Lancashire)*, vol. X, 4 October 1935, pp. 305–306.

27 Ibid.

28 Ibid.

29 The Reverend Professor Eric Fenn, unpublished memoir, p.c.

30 Buller's book, *Darkness over Germany* (first published in 1943), records the many interviews she had with a wide range of Germans during the 1930s.

31 S. C. Carpenter, *Duncan-Jones of Chichester* (London: A. R. Mowbray, 1956), p. 88.

32 Carpenter memoir, Exeter Cathedral Archives.

33 Fenn.

34 Ibid.

35 Admiral Sir Barry Domvile, Diary, 4 August 1935, Archives of the National Maritime Museum, Greenwich, Dom 52.

36 Ibid., 5 August.

37 Ibid.

38 Kirkpatrick to Wigram, 17 September 1935, NA FO/371/18858.

39 Domvile, Diary, 7–14 August 1935, Dom 52.

40 Quoted in K. Natwar-Singh, *The Magnificent Maharaja: The Life and Times of Bhupinder Singh of Patiala – 1891–1938* (New Delhi: HarperCollins, 1998), pp. 273–274.

11 문인 "관광객들"

1 1 August 1935, HWLEA. A summary of this letter was provided by Anne Williamson. By 1935 Heygate had published *Decent Fellows* (1930), *White*

Angel (1934) and *Talking Picture* (1935).

2   Henry Williamson, *Goodbye West Country* (London: Putnam, 1937), p. 228.

3   Williamson, p. 235.

4   Letter from Frank Buchman to Garth Lean, 29 November 1936, Moral Re-Armament Collection, Manuscript Division, Library of Congress, Box 54.

5   Ibid.

6   *Time Magazine*, 14 October 1935.

7   19 September 1935, NA, FO/371/188858.

8   Williamson, p. 255.

9   Broadcast on 11 October 1969.

10   10 *New Yorker*, 'In From the Cold', Jeffrey Franks, 26 December 2005.

11   21 June 1938, quoted in Robert Ferguson, *Enigma* (London: Hutchinson, 1987), p. 338.

12   Hamsun to W. Rasmussen, 11 March 1934, Harald Naess and James McFarlane, *Knut Hamsun Selected Letters*, vol. 2, 1898–1952 (Norwich: Norvik Press, 1998), p. 209.

13   Hamsun to his daughter, 8 February 1934, Harald Naess, *Knut Hamsuns Brev* (Gyldendal: Norsk Forlag, 2000), vol. 6, 1934–50, letter 2368.

14   Ibid., 29 September 1934, letter 2399.

15   Ibid., Hamsun to his son, October 1934, letter 2406.

16   Richard S. Kennedy and Paschal Reeves (eds.), *The Notebooks of Thomas Wolfe*, vol. II (Chapel Hill: University of North Carolina Press, 1970), p. 748.

17   Katherine (Kay) Smith, p. 2.

18   Martha Dodd, *My Years in Germany* (London: Victor Gollancz, 1939), p. 81.

19   Kennedy and Reeves, p. 745.

20   Thomas Wolfe, 'I Have a Thing to Tell You', *New Republic*, 10 March 1937, pp. 132–136.

21   Ibid.

22   *New Republic*, 24 March 1937, pp. 202–207.

23   Ibid.

24   Denis de Rougemont, *Journal d'Allemagne* (Paris: Gallimard, 1938), p. 19.

25   De Rougemont, p. 17.

26   Amy Buller, *Darkness over Germany* (London: The Right Book Club, 1945; first published 1943), p. 4.

27 Katherine Smith, p. 24.

28 Interview, 2015.

29 Nancy Mitford to Deborah Mitford, 25 September 1939, Charlotte Mosley (ed.), *The Mitfords: Letters between Six Sisters* (London: Fourth Estate, 2008), p. 152.

30 De Rougemont, pp. 24–25.

31 Leonard Woolf, *Downhill All the Way: An Autobiography of the Years 1919–1939* (London: Hogarth Press, 1967), p. 185.

32 Ibid., p. 191.

33 Anne Olivier Bell (ed.), *The Diary of Virginia Woolf*, vol. IV, 1931–1935 (Harmondsworth: Penguin, 1983), 12 May 1935, pp. 311–312.

34 Ibid.

35 Leonard Woolf, p. 193.

36 De Rougemont, pp. 26–27.

37 Maria Leitner, *Elisabeth, ein Hitlermadchen: Erzahlende Prosa, Reportagen und Berichte*, 'Dorfschule im Dritten Reich' [*Elisabeth, A Hitler Girl: Narrative Prose and Reports*, 'Village Schools in the Third Reich'] (Berlin und Weimar: Aufbau-Verlag, 1985), p. 226.

38 Ibid., 'Die Stummen von Hochst', p. 212.

39 Ibid., 'Besuch bei Heinrich Heine', p. 224; see Lubrich: 'A Visit to Heinrich Heine', p. 165. Originally published in *The Word* (Moscow), 3 January 1938.

40 Beckett to Thomas MacGreevy (TM), 18 January 1937. Quoted in James Knowlson, *Damned to Fame: The Life of Samuel Beckett* (London: Bloomsbury, 1996), p. 238.

41 Samuel Beckett, German diaries (GD), Beckett Archive, University of Reading, notebook 2, 6 December 1936. Quoted in Mark Nixon, *Samuel Beckett's German Diaries 1936–1937* (London: Continuum, 2011), p. 28.

42 GD, notebook 6, 9 March 1937.

43 GD, notebook 4, 13 January 1937; quoted in Knowlson, p. 244.

44 Knowlson, p. 244.

45 Quoted in Nixon, p. 90.

46 GD, notebook 2, 24 November 1936.

47 GD, notebook 4, 2 February 1937; quoted in Knowlson, p. 251.

48 GD, notebook 1, 29 September 1936; quoted in Knowlson, p. 231.

49 GD, notebook 4, Leipzig, 22 January 1937.

50 GD, notebook 3, Berlin, 31 December 1936; quoted in Nixon, p. 33 and Knowlson, p. 233.

51 Beckett to TM, 7 March 1937; quoted in Knowlson, p. 256.

52 GD, notebook 1, 6 October 1936; quoted in Nixon, p. 7.

53 See letter from Beckett to TM, 18 January 1937, 'I shan't be in Germany again after this trip'; quoted in Nixon, p. 7.

54 See Lubrich, pp. 33–35.

55 Summary of letter dated August 1934, Hugh C. Greene papers, Bod., dep. c. 888, 18.63.

56 Jean Genet, 'A Race of Thieves', *The Thief's Journal* (New York: Grove Press, 1964), trans. Bernard Frechtman, pp. 123–124, ; see Lubrich, pp. 157–158.

57 Pryce-Jones, p. 62.

12 내리는 눈과 스와스티카

1 Francois-Poncet, p. 203.

2 Nicholas Howe, 'Alice Kiaer and her Red Stockings', *Skiing Heritage Journal*, June 2006, vol. 18, no. 2, pp. 22–28.

3 Quoted in Jim Ring, *How the English Made the Alps* (London: Faber & Faber, 2011), pp. 253–254.

4 Shirer, *Berlin Diary*, pp. 46–47.

5 Westbrook Pegler, 'Fair Enough' column, *Evening Independent*, 14 February 1936, Pegler papers, Hoover Presidential Library.

6 Ibid., 25 February.

7 Shirer, pp. 46–47.

8 Mary Curry Tresidder, Diary 1936, Stanford Digital Repository.

9 *Ottawa Evening Citizen*, 8 February 1936; *Canadian Amateur Ski Association Year Book 1936*; conversation with Diana's son George Gordon Lennox.

10 Howe.

11 Tresidder, Diary.

12 Ibid., 13 January.

13 Ibid., 7 February.

14   Lady Mairi Vane-Tempest-Stewart, Diary, 7 February 1936, PRONI, Londonderry papers, D4567/1/5.

15   Ibid., 31 January.

16   Ibid., 4 February.

17   Quoted in Lawrence Whistler, *Laughter and the Urn* (London: Weidenfeld & Nicolson, 1985), p. 136.

18   Quoted in Max Egremont, *Siegfried Sassoon* (Oxford: Picador, 2005), p. 326.

19   John Christie, 5 January 1959, Hessisches Staatsarchiv, Darmstadt, Haus Hirth papers, D26.

20   Lady Mairi Vane-Tempest-Stewart, Diary, 16 February 1936.

21   Pegler, 17 and 20 February 1936.

22   Lady Londonderry to Hitler, D3099/3/35/1/1; partly quoted in Kershaw, *Making Friends with Hitler: Lord Londonderry and Britain's Road to War* (London: Allen Lane, 2004), p. 145.

23   Shirer, p. 48.

24   Katherine Smith, p. 84.

25   De Rougemont, pp. 44–45; quoted in Lubrich, p. 84.

26   Katherine Smith, p. 85.

27   De Rougemont, ibid.

28   Katherine Smith, ibid.

29   *The Carthusian*, 1936, p. 295, Charterhouse School.

30   Anne Morrow Lindbergh, *The Flower and the Nettle: Diaries and Letters of Anne Morrow Lindbergh, 1936–1939* (New York: Harcourt Brace & Co., 1976), pp. 80–81.

31   Katherine Smith, p. 95.

32   Quoted in Truman Smith, *Berlin Alert*, p. 95.

33   Anne Lindbergh, p. 86.

34   Katherine Smith, pp. 98–99.

13   히틀러의 올림픽

1   Kennedy and Reeves, vol. II, p. 232.

2   Frederick T. Birchall, *New York Times*, 2 August 1936.

3   *Manchester Guardian*, 3 August 1936.

4   Ibid.

5   New York Times, 25 July 1936.

6   Soundtrack from Olympia-Zeitung; quoted in Karl Lennartz, 'I had the Cup of Spiridon Louis in my Hand', Journal of Olympic History, 2012, vol. 2, p. 25.

7   Birchall, ibid.

8   Arthur Porritt, Diary, 1 August 1936, Alexander Turnbull Library, MS. Papers-9608-01-14.

9   Louis S. Zamperini, interview with George A. Hodak, June 1988 (http://library. la84.org/6oic/OralHistory/OHZamperini.pdf).

10 Archie Williams, interview with George A. Hodak, June 1988 (http://library. la84.org/6oic/OralHistory/OHWilliams.pdf).

11 Herbert A. Wildman, interview with George A. Hodak, October 1987 (http:// library.la84.org/6oic/OralHistory/OHWildman.pdf).

12 Ibid.

13 Ibid.

14 Ibid.

15 Herman Goldberg, interview, 15 May 1996 (https://collections.ushmm.org/ search/catalog/irn504462).

16 Wildman.

17 Kenneth P. Griffin, interview with George A. Hodak, August 1988 (http:// library.la84.org/6oic/OralHistory/OHZamperini.pdf).

18 Ibid.

19 John Woodruff, interview (https://collections.ushmm.org/search/catalog/ irn504460).

20 Obituary, Daily Telegraph, 23 January 2014.

21 Katherine Smith, p. 108.

22 *New York Times*, 7 August 1936.

23 Ibid.

24 San Francisco Chronicle, 12 June 1984.

25 Marty Glickman, interview, 1966 (https://collections.ushmm.org/search/ catalog/irn504463).

26 Evening Post, vol. CXXII, issue 34, 8 August 1936, Alexander Turnbull Library, Wellington.

27 Iris Cummings Critchell, interview with George A. Hodak, May 1988 (http://library.la84.org/6oic/OralHistory/OHCummingsCritchell).

28 Vansittart, 'A Busman's Holiday', 10 September 1936, CAC, Vansittart papers, VNST 1/17.

29 Ibid.

30 Ibid.

31 Ibid.

32 Joachim von Ribbentrop, *The Ribbentrop Memoirs* (London: Weidenfeld & Nicolson, 1954), p. 65.

33 Vansittart, 'A Busman's Holiday'.

34 Ibid.

35 Goebbels, Diary, 2 August 1939. *The Goebbels Diaries*, ed. and trans. Louis P. Lochner (London: Hamish Hamilton 1948).

36 Vansittart, 'A Busman's Holiday'.

37 Ibid.

38 Goebbels, Diary, August 1936.

39 *New York Times*, 7 August 1936.

40 Ibid.

41 *Sydney Morning Herald*, 17 August 1936.

42 *Milwaukee Sentinel*, 3 November 1936.

43 *Chicago Tribune*, 6 August 1936.

44 Francois-Poncet, pp. 206–207.

45 Robert Rhodes James, *Chips: The Diaries of Sir Henry Channon* (London: Penguin, 1970), p. 137.

46 *Ribbentrop Memoirs*, p. 64.

47 Francois-Poncet, p. 206.

48 James, p. 140.

49 Ibid., p. 141.

50 Vansittart, 'A Busman's Holiday'.

51 *New York World Telegram*, 26 August 1936; quoted in Tom Driberg, *The Mystery of Moral Re-Armament: A Study of Frank Buchman and His Movement* (London: Secker & Warburg, 1964), pp. 68–71.

52 Vansittart, 'A Busman's Holiday'.

53 *Evening Post*, vol. CXXII, issue 34, 8 August 1936.

54 Ibid.

55 *Pittsburgh Courier*, 5 December 1936.

56 *Brooklyn Daily Eagle*, 15 September 1936, and *New York Times*, 16 September 1936.

14 황무지가 된 학계

1   Victor D. Lindeman to Du Bois, 26 March 1936, W. E. B. Du Bois papers (MS 312), University of Massachusetts Amherst Libraries, Special Collections and University Archives.

2   Du Bois to Lindeman, 31 March 1936, ibid.

3   Du Bois, unpublished paper, 'Russia and America: An Interpretation', ibid.

4   Du Bois to American Committee for Anti-Nazi Literature, 5 May 1936, ibid.

5   'Fact and Forum', *Pittsburgh Courier*, 19 September 1936.

6   Ibid., 7 November 1936.

7   'Man of color tours Nazi Germany', *Staatszeitung und Herold*, February 1937, Du Bois papers.

8   *Pittsburgh Courier*, 5 December 1936.

9   Ibid., 21 November 1936; quoted in Werner Sellors 'W. E. B. Du Bois in Nazi Germany: A Surprising, Prescient Visitor', *Chronicle of Higher Education*, 12 November 1999.

10 *Staatszeitung und Herold*, ibid.

11 *Pittsburgh Courier*, ibid.

12 Du Bois to Stein, 10 March 1937, Du Bois papers.

13 *Pittsburgh Courier*, 31 October 1936.

14 Sibyl Crowe, Travel Journal, p.c.

15 Quoted in Stephen N. Norwood, *The Third Reich in the Ivory Tower: Complicity and Conflict on American Campuses* (Cambridge: Cambridge University Press, 2009), p. 63.

16 De Rougemont, pp. 22–23.

17 *New York Times*, 28 June 1936.

18 Crowe.

19 Ibid.

20 'A Report of the Celebration of the 550th Anniversary of Heidelberg University, June 27th–July 1st, 1936', by Arthur F. J. Remy, Columbia University Archives, Central Files, Box 549, Folder 13.

21 Ibid.

22 Ibid.

23 *New York Times*, 28 June 1936.

24 Remy.

25 Mrs Ida Anderson, unpublished memoir, George Watson's College, Archive.

26 Ji Xianlin, *Zehn Jahre in Deutschland* [*Ten Years in Germany*] *(1935–1945)*, (Gottingen: Gottingen University Press, 2009), p. 60; translated from *Ji Xianlin liu De huiyi lu* [Memories of Study in Germany] (Hong Kong: Zhonghua shuju, 1993).

27 Ji Xianlin, *Ji Xianlin ri ji: liu De sui ye* [*Ji Xianlin Diaries: My Stay in Germany*], (Nanchang Shi: Jiangxi Renmin Chubanshi, 2014) 6 vols., p. 482, pagination runs right through.

28 Ji Xianlin, *Zehn Jahre in Deutschland*, p. 159.

29 Quoted in Norwood, p. 137, Tansill to Ernest S. Griffiths, 7 September 1936, Tansill personnel file, American University Archive (AUA).

30 Transcript of Tansill's radio talk, 'Impressions of Germany', 20 October 1936, Hoover Presidential Library, Tansill papers.

31 Du Bois, 'America and Russia: An Interpretation'.

32 Runkle to Mrs Robert C. Withington, 16 March 1937, p.c.

33 Runkle to her sister, 14 November 1936.

34 Vassar, Smith, Mount Holyoke, Wellesley, Bryn Mawr, Radcliffe and Barnard.

35 *Bryn Mawr College News*, 15 January 1936.

36 *Manchester Guardian*, 10 April 1934.

37 *Bryn Mawr College News*.

38 38 Grace M. Bacon, 'German Department Report to the President', 1 June 1938; quoted in Norwood, p. 106.

15 미심쩍은 서곡

1 Berta Geissmar, *The Baton and the Jackboot* (London: Hamish Hamilton, 1944),

p. 211.

2   Ibid., p. 215.

3   Multiple sources, including the *Guardian*, 6 April 2001.

4   Quoted in Hamann, pp. 258–259.

5   Goebbels, Diary, 14 November 1936.

6   Geissmar, pp. 238–239.

7   *Western Mail*, 30 September 1936. The quote is from Lewis Carroll, Jabberwocky.

8   homas Jones C. H., *A Diary with Letters 1931–1950* (London: Oxford University Press, 1954), p. 242.

9   National Library of Wales, Sylvester papers, B1990/42, B55.

10   Ibid.

11   Lloyd George 'Visiting Germany 1936' (https://www.llgc.org.uk/blog/?p=12184).

12   Sylvester papers.

13   Jones, p. 250.

14   Sylvester papers.

15   Ibid.

16   Ibid.

17   *Daily Express*, 17 September 1936.

18   Sylvester papers.

19   *AGR*, October 1937.

20   Ibid., December 1937.

21   Ibid., September 1937.

22   Ibid., January 1937.

23   Domvile, Diary, 6 September 1937, Dom 54.

24   Ibid., 9 September 1937.

25   Ibid.

26   Ivone Kirkpatrick, *The Inner Circle: Memoirs* (London: Macmillan, 1959), p. 97.

27   *The Times*, 11 September 1937.

28   Nevile Henderson, *Failure of a Mission* (New York: G. P. Putnam's Sons, 1940), pp. 66–67.

29   Pitt-Rivers, 28 September 1937, and Catherine Sharpe, 28 June 1938 to Raymond Beazley, Pitt-Rivers papers, PIRI 25/2, 25/3.

30 Domvile, Diary, 10 September 1937, Dom 54.

31 Ibid., 11 September.

32 *AGR*, October 1937.

33 Londonderry papers, 28 September 1937, D3099/2/19/36.

34 Ibid., D3099/2/19/37A.

35 Ji Xianlin, Diaries, 20 September 1937, p. 534.

36 Kay Smith to Katchen Smith, 21 September 1937, TSP.

37 Truman Smith to Katchen Smith, 21 September 1937, ibid.

38 *AGR*, May 1938.

39 *Observer*, 10 October 1937.

40 Quoted in the *Manchester Guardian*, 13 October 1937.

41 Obituary, Sir Dudley Forwood Bt, *Daily Telegraph*, 27 January 2001.

42 Ibid.

43 Philip Ziegler, *King Edward VIII* (London: Collins, 1990), p. 391; *Daily Express*, 15 August 1938; *Manchester Guardian*, 13 October, 1937.

44 Bruce Lockhart, Diary, 22 November 1937, vol. 1, p. 403; quoted in Ziegler, p. 392.

45 Viscount Halifax to Henderson, 24 November 1937, Halifax papers, Borthwick Institute, A4.410.3.2 (i).

46 Andrew Roberts, *The Holy Fox: The Life of Lord Halifax* (London: Head of Zeus, 1991), p. 96.

47 Kirkpatrick, p. 94.

48 19 November 1937; quoted in The Earl of Halifax, *Fulness of Days* (London: Collins, 1957), p. 185.

49 Lord Rennell to Halifax, 14 November 1937, Halifax papers, A4 410.3.2 (ix).

50 Kirkpatrick, pp. 95–97.

16 여행 앨범

1 Rhys S. Jones, 'Impressions of Germany 1937', Rhys S. Jones papers, National Library of Wales.

2 Speech given at the 1935 Nuremberg Rally.

3 Cole, pp. 138, 142–143.

4   Katherine Smith, p. 104.

5   Anne Lindbergh, p. 184.

6   Quoted in William Craig, *Enemy at the Gates: The Battle for Stalingrad* (New York: Penguin, 2000), pp. 10–11.

7   Runkle to her sister, 16 March 1937.

8   *AGR*, May 1938.

9   *AGR*, April 1938.

10   *AGR*, May 1938.

11   Interview with Sylvia Morris (nee Heywood), 2015.

12   Ursula Duncan-Jones, unpublished memoir, p.c.

13   Barbara Pemberton, unpublished memoir, p.c.

14   Letter from Emily Boettcher to her parents, 9 January 1938; unpublished, undated biography edited by Elsa Heald, compiled from letters and other sources; Northwestern University Archives, Emily Boettcher Papers, Box 1, Folder 1, series 19/3/6.

15   April 1938, ibid.

16   Jill Poulton, interview, March 2016.

17   Cole, p. 16.

17   오스트리아 합병

1   Ji Xianlin, Diaries, 12, March 1938, p. 638.

2   Sylvia Morris, interview, 2015.

3   Lady Margaret Stirling-Aird (nee Boyle) to David Pryce-Jones, n.d., p.c.

4   Katherine Smith, p. 269.

5   Ursula Duncan-Jones, unpublished memoir.

6   'Across Nazi Austria: A Traveller's Impressions', *The Times*, 16 March 1938.

7   Ji Xianlin, Diaries, 10–11 April 1938, p. 657.

8   *The Carthusian*, 1938, Charterhouse School archives, pp. 904–7.

9   2 June 1938, CAC, PIRI 17/4.

10   Joan Wakefield, Diary, 6 July 1938, p.c. All J. W.'s quotations are from this source.

11   Margaret Lavinia Anderson, *Practicing Democracy* (New York: Princeton

University Press, 2000), p. 69.

18 "수상한 평화"와 깨어진 유리

1   Thelma Cazalet, Diary, 6–10 September 1938, Eton College Archives, MS 917/2/8.

2   Truman Smith to his daughter, 23 September 1938, TSP.

3   Ibid.

4   Juvet, pp. 67–75.

5   Edmund Miller to Executive Council of Junior Year Abroad, 17 October 1938, Smith College Archives, Sophia Smith Collection, Office of the President.

6   Truman Smith to his daughter, 21 October 1938, TSP.

7   Katherine Smith, p. 228.

8   Kay Smith to her daughter, 10 November 1938, TSP.

9   Sylvia Morris, interview.

10   Interview with Mrs Bradshaw's daughter, Annette Bradshaw.

11   German Historic Documents and Images, vol. 7. Nazi Germany, 1933–1945: Description of Anti-Semitic Persecution and Kristallnacht and its after effects in the Stuttgart Region (12, 15 November 1938).

12   Juvet, pp. 78–82; quoted in Lubrich, pp. 176–178.

13   Boettcher papers.

14   Ibid., 2 December 1938.

15   Miller to Professor Diez, 27 November 1938, Sophia Smith Collection, Office of the President.

16   Rufus Jones, 'The Day of Broken Glass', Rufus M. Jones papers, Quaker Collections, Haverford College Library, n.d. Box 81, 1130.

17   Ibid.

18   Quoted in Elizabeth Gray Vining, *Friend of Life: The Biography of Rufus M. Jones* (London: Michael Joseph, 1959), p. 288.

19   Quoted in Vining, p. 293.

20   Prentiss Gilbert to Pierrepont Moffat, 10 December 1938, University of Rochester, Rush Rhees Library, Department of Rare Books and Special Collections, Box 1, Folder 5.

21 Ibid., 23 December 1938.

22 Ibid.

19 전쟁 초읽기

1 *AGR*, July 1939.

2 Thomas Cook brochure, 1939, Thomas Cook Group archives.

3 Ibid., June 1939.

4 Manning Clark, Diary, 23 December 1938.

5 Ibid., 25 December.

6 Ibid., 28 December. When Dymphna returned to Munich in 1964, she could find no trace of the couple or their family.

7 Ibid., 27 December.

8 Ji Xianlin, Diaries, 15 March 1939, pp. 845–846.

9 Londonderry papers, D3099/2/19/214.

10 Jamieson to Londonderry, 8 April 1939, Londonderry papers, D3099/2/19/280.

11 Ibid., 20 May 1939, D3099/2/19/297.

12 Ibid.

13 Ibid., 19 June 1939, D3099/2/19/B.

14 *AGR*, July 1939.

15 Quoted in Geoffrey Elborn, *Francis Stuart: A Life* (Dublin: Raven Arts Press, 1990), p. 114.

16 Ibid., p. 113.

17 *Illustrated London News*, 5 August 1939.

18 Buller, pp. 76–77.

19 Bryant report to Chamberlain, 13 July 1939, King's College, Liddell Hart Military Archives, Bryant papers, C66, 8.

20 Ibid., C66, 12.

21 Ibid., C66, 19.

22 Letter to A. N. Rooker, 1 August 1939, C68.

23 Wrench, Journal, 28 June, British Library, Add. MS 59594/40.

24 Wrench, *Immortal Years (1937–1944): As Viewed from Five Continents* (London: Hutchinson & Co., 1945), p. 17.

25 Ida Cook, *Safe Passage* (London: Harlequin, 2016), p. 121; first published by Hamish Hamilton in 1950 under the title *We Followed our Stars*.

26 Ibid., p. 135.

27 Ibid., p. 184.

28 *AGR*, July 1939.

29 Interview with Sylvia Morris.

20 전쟁

1 Howard K. Smith, Last Train from Berlin (London: The Cresset Press, 1942), p. 66.

2 Biddy Youngday, Flags in Berlin (published by Mary Brimacombe and Clara Lowy, 2012), pp. 53, 56–57.

3 Hugo von Bernstorff to Bridget Gilligan, 21 November 1938, Bernstorff papers (BP) BL, Add. MS 71515.

4 Gilligan to Bernstorff, 1 December 1938, ibid., 71516.

5 Bridget von Bernstorff to her husband, 2 February 1940, ibid.

6 9 February, ibid.

7 Isak Dinesen (alias Karen Blixen), Daguerretypes and other Essays (Chicago: University of Chicago Press, 1979), p. 101. Originally published in 1948 as Letters from a Land at War in the Danish journal Heretica.

8 Ibid., p. 113.

9 Ibid., p. 130.

10 Howard K. Smith, p. 114.

11 Princess Marie 'Missie' Vassiltchikov, The Berlin Diaries 1940–45 (London: Pimlico, 1999), p. 7.

12 Sven Hedin, Sven Hedin's German Diary (Dublin: Euphorion Books, 1951), pp. 82, 144.

13 18 June, 1940, BP 71516.

14 4, 10 July, ibid.

15 27 August, 3 September 1940, ibid., 71517.

16 Quoted in Harry W. Flannery, Assignment to Berlin (London: Michael Joseph, 1942), p. 95.

17 Howard K. Smith, p. 100.

18 Flannery, p. 95.

19 Ibid., p. 98.

20 Ibid., p. 295.

21 15, 19 March 1940, BP, 71516.

22 21 March 1941, ibid., 71517.

23 Ji Xianlin, Zehn Jahre in Deutschland, p. 117.

24 15 May 1941, BP, 71517.

25 Ji Xianlin, Diaries, 22 June, 1941 p. 1210.

26 Ibid., 14 August 1941, p. 1231.

27 Howard K. Smith, pp. 46–47.

28 Youngday, p. 62.

29 12 August 1941, BP, ibid.

30 Youngday, pp. 62–64.

31 6, 12, 22 August 1941, BP, 71518.

32 Jacques Chardonne, Le Ciel de Niflheim (self-published, 1943); quoted in Lubrich, pp. 266–268.

33 Howard K. Smith, p. 100.

34 Ibid., pp. 261–264.

21 여정의 끝

1 Rene Schindler, *Ein Schweizer Erlebt Das Geheime Deutschland* [*A Swiss Experience of Secret Germany*] (Zurich and New York: Europa Verlag, 1945), p. 44.

2 Juvet, p. 121.

3 Reichssicherheitshauptamt, report on Gosta Block's *Tyskland inifran* [*Germany from Inside*], 18 June 1943, Bundesarchiv R58/1091; quoted in Lubrich, p. 286.

4 Francis Stuart, Diary, n.d. March 1942, Southern Illinois University, Special Collections Research Center, Morris Library, 1/4/MSS 167.

5 Ibid., 30 August 1942.

6 Ji Xianlin, Diaries, 19 January 1942, p. 1298; 20 April, p. 1366; 19 August, p. 1388; 2 January 1943, p. 1447.

7   Juvet, p. 121.

8   Stuart, Diary, 25 November 1942.

9   Letters between HRH Princess Margaret (Peg) of Hesse and the Rhine and Bridget, Grafin von Bernstorff, Hessisches Staatssarchiv, Darmstadt (HStDA), D26 Nr. 41/1, 21 February, 28 April 1943.

10   Stuart, Diary, 2 March 1943.

11   Hamsun to Goebbels, draft, 17 June 1943; quoted in Ingar Setten Kolloen, *Knut Hamsun: Dreamer and Dissenter* (New Haven: Yale University Press, 2009), p. 279.

12   Hamsun speech in Vienna, 23 June 1943, printed in the NS party newspaper *Fritt Folk*, 24 June; quoted in Kolloen, p. 280.

13   The account of Hamsun's meeting with Hitler is based on Ernst Zuchner's notes sent to the Office of Norway's Chief of Police, 25 June 1945; see Kolloen, pp. 282–286.

14   Ibid., p. 288.

15   BP, 71520, Bridget to Hugo, 30 July 1943. In fact, the death toll was closer to 45,000.

16   D26 Nr. 41/4, Peg to Bridget, 2, 23 August 1943.

17   Youngday, pp. 71–77.

18   D26 Nr. 41/1, Peg to Bridget, 30 October 1943.

19   Ibid., 29 November 1943.

20   Ibid.

21   D26 Nr. 40/3, Bridget to Peg, 9 October 1943.

22   D26 Nr. 41/2, Peg to Bridget, 29 March 1944. About 5,500 were killed.

23   Ibid., 13 May.

24   Youngday, pp. 78, 80.

25   D26 Nr. 41/2, Peg to Bridget, 14, 22 June 1944.

26   Stuart, Diary, 18 June 1944.

27   Ibid., 9 July.

28   Ibid., 1 August.

29   Ibid., 17 August.

30   Ibid., 4, 8 September 1944.

31   Ji Xianlin, Diaries, 18 July 1944, p. 1669.

32   Ibid, 11 August 1944, p. 1679.

33 D26 Nr. 41/2, Peg to Bridget, 17 September 1944.

34 Schindler, p. 17.

35 Schindler, pp. 8–10.

36 D26 Nr. 41/2, Peg to Bridget, 24 September 1944.

37 Youngday, pp. 92, 94–96.

38 Ibid., p. 95.

39 Ji Xianlin, Diaries, 19 December 1944, p. 1730.

40 D26 Nr. 41/2, Peg to Bridget, 23 October 1944.

41 Ibid., 13 November.

42 Ibid., 26 December.

43 D26 Nr. 41/3, Ibid., 12 January 1945.

44 Stuart, Diary, 3 May 1945, Francis Stuart papers, Coleraine Library, University of Ulster.

45 Ibid.

46 Ji Xianlin, Diaries, 2 April 1945, pp. 1774, 1779.

47 Erik Wallin, *Twilight of the Gods*, ed. Thorolf Hillblad (Mechanicsburg, PA: Stackpole Books, 2002), p. 72. First published 1945.

48 Ibid., p. 82.

49 Ibid., p. 99.

50 D26 Nr. 40/5, Bridget to Peg, 7 July 1945.

51 Youngday, p. 100.

후기

1 Du Bois to Stein, 10 March 1937, W. E. B. Du Bois papers.

2 De Rougemont, p. 27.

제3제국, 어둠이 오기 전의 황혼

이 책은 영국의 베스트셀러 작가 줄리아 보이드의 『히틀러 시대의
여행자들*Travellers In The Third Reich*』(2017)을 완역한 것이다. 『데일리
텔리그래프』가 선정한 2017년 최고의 저술 중 하나로 꼽혔고 『가디
언』이 선정한 2017년 "독자의 선택"에서 최고의 책으로 선택받기도
했다. 1919년부터 1944년까지의 독일 사회사를 외국인 여행자들의
눈으로 살펴본 아주 독특한 책이다.

　이 기간 동안의 독일 역사는 히틀러를 빼놓고는 얘기가 되지
않는다. 따라서 히틀러 얘기가 이 책에서 많이 나오는데, 그를 등장
시킨 독일의 역사를 간략히 소개하면 이러하다. 독일은 1919년 제
1차 세계대전에서 패배하자, 연합국들의 가혹한 전쟁 보상 요구를
반영한 베르사유 조약에 서명할 수밖에 없었다. 카이저 빌헬름 2세
의 왕정은 무너지고 바이마르 공화국이 들어섰는데 독일 국민들의
자발적 참여로 생겨난 정부가 아니었으므로 대내외적으로 아주 취
약했다. 독일 국민들은 패전을 하기는 했지만 독일 군부가 갑자기
항복하는 바람에 패전한 것일 뿐, 자신들이 실제로는 전쟁에서 지
지 않았다고 생각했다. 게다가 1917년의 러시아 혁명 이후 독일 내
부에서 자생한 공산주의자 세력은 계속하여 공화국 정부를 뒤흔들

었다. 이웃 프랑스는 프로이센-프랑스 전쟁에서 패배했던 과거에 복수라도 하려는 듯이 독일을 모욕하고 괴롭혔으며, 중립적으로 일을 처리해줄 것으로 믿었던 미국마저도 영국과 프랑스 편을 들면서 독일은 더욱 고립무원에 빠지게 되었다.

이처럼 대내외적으로 어렵고 힘든 시기에 독일 국민들은 그래도 국가 부흥을 위해 묵묵히 견디며 생업에 종사하고 있었는데, 이때 히틀러가 정계에 등장한다. 그는 독일은 잘못한 게 하나도 없고, 독일 내 유대인과 공산주의자들의 배신 때문에 전쟁에 패배하여 오늘날 이런 생고생을 하게 되었다고 선동하기 시작했다. 그러면서 자신이 그런 국가적 불안과 위협을 일소하고 독일을 다시 위대한 국가로 만들 수 있다면서 정치적 사건들을 배후 조종하여 마침내 총선에서 승리하여 1933년 1월에 정권을 잡는다. 그리고 같은 해 3월에는 수권법을 통해 제왕적 권력을 장악했다. 결국 히틀러의 집권의 결정적 배경은 독일 국내의 불안과 사회적 혼란이었다. 어느 시대든 난세에 간웅이 나타나서 집권에 성공하는 경우가 있는데 히틀러가 바로 그런 경우였다.

히틀러의 집권과 패망 과정은 나폴레옹의 그것과 공통점이 많다. 나폴레옹 또한 프랑스 혁명 이후 사회 불안을 일소한다는 명분 아래 권력을 잡았고, 그다음에는 전제적 권력을 유지하기 위해 계속해서 전쟁이 필요해졌다. 나폴레옹은 국내에 문제가 있으면 그것을 대외 전쟁으로 해결하려 했다. 그 결과 유럽 각국의 저항이 벌어졌고, 대륙을 봉쇄했지만 바다 건너 영국이 계속 교란 작전을 폈고, 거기에 러시아가 호응하자, 러시아 정벌에 나설 수밖에 없었다. 나폴레옹은 1812년 겨울 모스크바에 입성하기는 했지만 결과는 대패였고 그 후

몰락의 길을 걸어갔다. 히틀러 또한 전쟁을 하지 않으면 압제적 권력을 유지할 수가 없었다. 게다가 마치 나폴레옹의 전철이라도 밟으려는 듯 영국이 독일에 도전했고, 그 영국을 제압하는 것이 마음대로 안 되자 나치 정권은 러시아를 침략했다. 그것이 제3제국 몰락의 서막이 되었고 그다음 이야기는 누구나 다 아는 바와 같다.

히틀러의 옹호자들은 동유럽의 잃어버린 땅과 아프리카의 빼앗긴 식민지를 되찾아오기 위해서 히틀러가 그렇게 강력하게 밀어붙일 수밖에 없었다고 주장한다. 하지만 히틀러의 사례는 국가의 이익을 위해서 군주(지도자)는 때때로 이웃 국가들과의 약속을 지킬 필요가 없고 경우에 따라 폭력을 사용해도 무방하다는 마키아벨리 사상이 반쪽만 맞는 얘기라는 사실을 증명하고 있다. 혼란한 국가를 통일하는 데는 그런 방법이 맞을지 모르지만 그다음에 오는 평화의 시기에는 그런 임시방편이 통하지 않는 것이다. 이미 서한(西漢) 시대부터 "제국을 마상(馬上)에서 정복할 수는 있지만 다스릴 수는 없다"는 말이 나와 있었고, 여러 역사적 사례들도 그 타당성을 증명하고 있다. 히틀러는 니체의 초인 사상을 곡해하여 폭력적 힘의 사용을 더욱 강화했는데, 결국 제3제국은 마키아벨리와 니체의 좋은 점은 다 내다버리고 나쁜 점만 가져다가 정권 강화에 써먹은 최악의 사례였다.

이렇게 볼 때 히틀러는 국가 단위의 협박범이다. 우리는 개인이든 국가든 협박범은 자신이 붙잡혀 감옥에 가거나 사망할 때까지(즉, 정권이 붕괴할 때까지) 희생자를 상대로 결코 협박을 멈추지 않는다는 사실을 잘 알고 있다. 그러한 협박은 반드시 기만을 동반한다. 당시의 독일 국민들이 얼마나 기만을 당했는지는, 어느 젊고 아름다운 독일 처녀가 자신이 히틀러의 아이를 낳을 수 있다면 그걸 이 세상 최고의 영광으로 알겠다고 한 말에서 충분히 엿볼 수 있다.

그런데, 이렇게 머릿속으로 협박의 정체를 알고 있더라도, 실제로 그런 상황을 만나면 우리는 상대가 그래도 인간이겠거니 하면서 믿으려 하고, 또 앞으로 일이 잘 될 것이라는 희망을 버리지 못하면서 때로는 그 협박에 넘어가기도 한다. 제2차 세계대전 발발 직전에 영국 총리 체임벌린이 히틀러의 산장까지 찾아가 체결한 뮌헨 협정이 그 좋은 사례다. 정치가 체임벌린이나 보통 사람들이나 그만큼 일상의 유지와 마음의 안정, 다시 말해 평화를 사랑했다. 이런 사람들이 1920-1940년대 사이에 독일을 여행하면서 갖고 있었던 생각도 바로 그것, 즉 독일은 아름다운 나라이며 독일인은 정직한 국민이니 그 지도자도 그런 사람일 거라는 호의적 생각이었다. 많은 친 나치 외국인들은 지위 고하를 막론하고 공산주의를 두려워했고, 그 때문에 히틀러의 억압적 정권을 정당화했다. 또 어떤 외국인은 히틀러에게서 부패한 서구 사회의 기둥뿌리를 뽑아 버리는 분노하는 눈먼 삼손을 봤고, 새로운 세계가 창조되려면 그런 정도의 파괴는 불가피하다면서 나치의 유대인 학대와 반대파 숙청을 애써 외면했다.

그런데 당시 독일을 여행한 사람들은 친독이든 반독이든 자신이 이미 보고 들어 알고 있는 것을 확인하려 들뿐, 그 이외의 것은 알려고 하지 않았다. 그러면서 정작 그들이 알고 있다고 생각한 것이 실은 나치의 강력한 프로파간다로 주어진 것이었다는 진실을 보지 못했다. 역경을 이겨내려는 독일 사람들의 간절한 소망, 이를 실천하려는 독일인들의 열정에 감동되어 그 순수한 마음을 배후 조종하는 어둠의 손을 보지 못한 것이다. 책은 이 시기 독일을 여행한 다양한 분야의 사람들을 소개한다. 친 독일 인사이든, 반 독일 인사이든 이 '히틀러 시대의 여행자들'의 언어와 정서는 그 당시로서는 진실한 것이었음을 알 수 있다. 비록 나중에 잘못된 것으로 드러났을망정, 1930년대 그 순간에는 정말 히틀러와 제3제국 치하의 독일은 혼연일체의 하나라고 생각했다. 누군가가 아름다운 춤을 추고 있다면 그춤과 춤꾼을 서로 구분하는 것은 어렵다. 이들은 히틀러의 화려한 불꽃놀이가 언제까지나 계속될 수 있는 항구적인 환희이고, 히틀러는 바로 어두운 밤하늘을 밝히는 불꽃 그 자체라고 본 것이다.

이 책은 이러한 생각들의 겉껍질을 벗겨내면서 이를 접한 독자에게 다음과 같은 도발적인 질문을 던진다. "세월이 흘러 모두가 히틀러라는 지도자의 사악한 본질을 다 알게 된 지금, 만약 당신이 1930년대의 독일로 시간 여행을 떠난다면 어떤 판단을 내릴 것인가?" 그리하여 이 책을 읽어 나가는 과정에서 우리는 묘한 이중의식에 직면한다. 정답을 알고 있는 현재의 인식과, 정답을 모르는 1930년대 당시의 인식을 동시에 갖추고서 그 당시 상황을 살펴보는 것이다. 이러한 우리의 입장은 비유적으로 말해 보자면, 두 가지 말을 번갈아 타야 하는 서커스단의 기수와 비슷하다. 우리는 재빨리 이 말에서 저 말로 갈아타고, 한 발은 이 말의 등 위에, 다른 발은 저 말의 등위에 올려놓고 점프하면서 공중에서 균형을 잡았다가 다시 말 등으로 안전하게 내려와야 한다. 이러한 지적 유희는 우리에게 아주 짜릿한 즐거움을 안겨준다. 공중에서 땅바닥으로 떨어지면 부상을 당하겠지만, 우리는 정답을 알고 있으므로 그렇게 될 일은 없다. 상대방의 기만에 역으로 기만을 걸면서(속아주는 척하면서), 그 사태의 진상을 더욱 깊이 들여다보게 되는 것이다. 그 결과 이 책은 우리에게 이런 교훈을 안겨준다. 역사를 알고 있는 우리는 1944년 종전 후의 일도, 제3제국의 면모도 훤히 파악하고 있다고 생각한다. 하지만 그런 우리도 실제로 1930년대로 되돌아가면 당대의 사람들처럼 우롱을 당하고 속아 넘어가고 그리하여 나중에 잘못된 판단을 했다며 변명하게 될지 모른다는 것이다. 이러한 교훈은 지금 이 순간, 우리가 처한 21세기의 상황이나 환경을 바라보는 시각을 관찰하는 데도 큰 도움을 준다.

이 책에는 반 나치 인물, 친 나치 인물, 중립적 인물이 모두 등장한다. 다들 저마다 타당한 이유를 제시하면서 왜 자신이 그렇게 되었는지를 강변한다. 그 이야기들이 복잡하지 않고 솔직하여 정말 재미있다. 옮긴이는 다음 세 장면을 특히 인상 깊게 읽었다. 하나는 하이델베르크 대학 개교 550주년의 불꽃놀이 행사이고, 다른 하나는 조앤 웨이크필드라는 열일곱 살 영국인 소녀가 동부 독일의 대귀족 집안의 고성을 찾아가서 보낸 두 달간의 여름휴가이며, 마지막 하나는 2차 대전이 발발하기 직전의 아주 작은 사건이다. 그 관련 부분을 순서대로 인용하면 이러하다.

거대한 연기 기둥이 맑은 저녁 하늘로 나선형으로 치솟아 오르는 걸 보던 시블은 그 광경의 "기이하고 야만적인 화려함"에 매료되었다. 그녀는 그 상황이 고대의 희생 의식을 보는 것 같다는 생각이 들었다. …… 그것은 전형적인 나치의 연출 기법이었다. 하지만 이 경우에 상황은 그들의 계획대로 흘러가지 않았다. 결함이 있는 연료는 곧 검은 연기를 자욱하게 뿜어냈고, 몇 초 만에 황금색 저녁 불빛은 아예 사라지고 말았다. 시블은 이렇게 적었다. "월식 현상에 선행하는 그림자 같은 어둠과 비교될 법한 불길한 어둠이 공중을 채웠다. 모든 사람에게 검댕이 마구 쏟아지기 시작하여 머리와 얼굴, 그리고 옷이 검게 뒤덮였다." 그녀는 그것이 제3제국의 운명을 완벽하게 보여주는 예고편이라고 말할 수 있었을지도 모른다. 384쪽

히틀러 치하에서 반짝 국력의 융성을 보았으나 그 후에 찾아온 대 파멸이 밤하늘의 불꽃놀이와 다를 바 없다는 얘기인데 이것처럼 제3제국의 진면목을 더 잘 보여주는 메타포가 있을까?

마지막으로 짐을 싼 뒤 조앤은 라디오에서 빅 벤 소리를 들었다. 그녀는 새벽 세 시에 일어났다. …… 이후는 "그녀 인생에서 우정과 보람으로 가득했던 가장 행복한 두 달과 라우덴 고성, 그리고 라티보르 가문과의 작별"이었다. 거의 정확히 일 년 뒤인 1939년 9월 18일 호엔로에 쉴링스퓌르스트 세습 공작 빅토르 폰 라티보르 중위는 바르샤바에서 서쪽으로 사십 마일 떨어진 브로후프에서 일어난 전투 중 포격을 받아 탱크 안에서 산 채로 불타 죽었다. 조앤은 이슬비 내리는 잿빛 새벽에 라우덴 고성을 떠났다. …… 비엔나 행 기차를 탔다. 체코 쪽에는 살벌한 가시 철망이 감긴 콘크리트 장벽이 세워져 전쟁이 어느 때라도 벌어질 수 있다는 걸 음침하게 암시했다. …… 기차가 움직이기 시작하자 비가 퍼붓기 시작했다. 그녀는 이렇게 썼다. "모든 게 우중충했고, 철저하게 우울했다." 겨우 두 시간 전에 라우덴 성을 떠났지만, 그곳에서 보낸 그녀의 여름휴가는 이미 아득히 동떨어진 삶처럼 보였다. 466쪽

라우덴 고성의 고즈넉한 분위기와 장차 마구 파괴되어 처참하게 될 독일의 모습이 겹치면서 빛과 어둠의 극명한 대비를 보여준다. 2차 대전이 터지기 직전 여름에 아름다운 영국 소녀 조앤이 독일의 고성에서 보낸 여름휴가는 "기차 길 옆 오막살이 아기, 아기 잘도 잔다/기차 소리 요란해도 아기, 아기 잘도 잔다"라는 동시의 두 소절을 생각나게 한다.

1939년 8월이 끝나갈 때 실비아 헤이우드는 여전히 드레스덴에서 음악을 공부하고 있었다. 영국행 기차 티켓은 9월 3일로 끊어놓았지만, 최근에 전개되는 상황을 고려하면 여정을 한 주 앞당기는 게 좋을 것 같았다. …… 그녀는 자신에게 가장 귀한 두 가지 보물인 모피 코트와 바이올린을 집주인 아주머니에게 맡기고 떠났다. 9월 1일 독일군은 폴란드를 침공했고, 이틀 뒤 영국은 독일에 전쟁을 선포했다. 실비아는 적십자를 통해 전달된 편지로 집주인 아주머니로부터 그녀가 맡기고 온 물품이 어떻게 되었는지 마침내 듣게 되었다. 모피 코트는 군인들에 의해 강탈되었다. 그래도 실비아는 동부 전선에서 싸우는 어느 불쌍한 젊은 남자에게 그 물건이 따뜻한 위안이 되길 바랐다. 바이올린은 다른 운명을 맞이했다. 폭탄이 드레스덴에 떨어지기 시작했을 때, 집주인 아주머니는 신중하게 그것을 포장지로 감싼 뒤 근처 공원에 가져가서 땅속에다 묻었다.   516쪽

정말로 큰 것은 아주 작은 것과도 통한다는 말이 있는데, 전쟁이라는 대 소용돌이에 휩싸이게 되어도 우리는 주변의 소소한 물건들이 사라지는 것으로부터 전쟁의 폐해를 더 크게 느끼는 것이다.

키루스의 아들 캄비세스 대왕이 고대 이집트를 정벌했을 때, 현지 왕 프삼메니투스는 전쟁에 패배해 노예 신세가 되었어도 눈물 하나 흘리지 않았다. 하지만 정작 예전 자신의 노예가 쇠사슬에 묶여 끌려오는 모습을 보자 눈물을 흘렸다고 하지 않는가. 이상의 세 장면은 곧 닥쳐올 어둠을 예고하는 아름다운 황혼의 노래이다.

　우리는 좋은 이야기라고 하면 먼저 쉽게 말해져야 하고, 그다음에는 듣고 있는 상대방에게 뭔가 꾸민 것 같다는 느낌을 주지 말아야 하며, 마지막으로 상대방으로 하여금 이야기 속의 사건 속으로 들어가게 해주어야 한다고 생각한다. 이 책의 저자 줄리아 보이드는 2차 대전 전중후(前中後)의 극한 상황에서 벌어진 이야기들을 잘 엮어서 아름답고 정교한 태피스트리를 만들어냈다. 그것은 먼저 우리의 눈으로 와서는 그 아름다운 무늬의 황홀함으로 우리를 매혹시키고, 가슴으로 와서는 그 깊고 고요한 정서로 명치에 강타를 먹이고, 마지막으로 머리로 와서는 시간 여행의 화두로 이런 철학적 질문을 던진다. "당신이 지금 알고 있는 것은 정말로 제대로 알고 있는 것인가? 실은 당신이 알고 있다고 생각하는 것에 불과한 것이 아닌가? 남이 해주는 말을 그대로 앵무새처럼 되풀이하고 있는 것은 아닌가? 당신이 지금 안다고 생각하는 것을 다 내다버려야 비로소 진짜로 알게 되는 것은 아닌가?" 이 책은 그런 질문을 찬찬히 생각하게 만들면서 동시에 평범한 사람들이 극한의 삶을 헤쳐 나가는 강인한 모습도 잘 전달하고 있다.

찾아보기

ㄱ

가르미슈-파르텐키르헨Garmisch-Parten-
　　kirchen　324, 328
가이스트, 레이먼드Geist, Ray-
　　mond　491~492
개던 하디, 에디Gathorne-Hardy, Eddie　79
게랭, 다니엘Guerin, Daniel　180~181,
　　185, 187, 601
게슈타포Gestapo　491~493, 523, 557
고데스베르크Godesberg　475
고든 레녹스, 다이애나Gordon Lennox,
　　Diana　328, 581, 601
고모라 작전Operation Gomorrah　550
고슬라Goslar　97, 118, 192
고텐부르크Gothenburg　516
골드맨, 헨리Goldman, Henry　109
골드버그, 허먼Goldberg, Herman　353,
　　601
공산주의communism　12, 19~20, 28,
　　53, 59, 72, 99, 119~120, 123,
　　132, 147~148, 154, 157~159,

161, 170, 173, 180~183, 185,
199, 234, 245, 248, 256~257,
294, 304~306, 309~310,
372, 396, 398, 409, 411, 444,
506~507, 522, 543, 576
괴링, 헤르만Goring, Hermann　123~124,
　　158, 165, 225~226, 267~271,
　　276, 284, 309, 312, 331,
　　343~344, 350, 358~359,
　　369~370, 405, 421, 426, 486,
　　501, 529, 553
괴벨스, 요제프Goebbels, Jo-
　　seph　123~124, 133, 157~158,
　　165, 173, 177, 185, 239, 251,
　　297, 348, 350, 359~360,
　　371, 390, 406, 486, 490, 495,
　　549~550
괴팅겐Gottingen　393~394, 421, 455,
　　460, 501, 533, 564
국제 연맹League of Nations　167, 360,
　　423
국제올림픽위원회(IOC)International

Olympic committee(IOC) 326,
    347, 350
굿랜드, 메리Goodland, Mary 193, 601
그로만, 빌Grohmann, Will 318
그로피우스, 발터Gropius, Walter 93
그리핀, 케니스Griffin, Kenneth 354, 601
그린, 휴 C.Greene, Hugh C. 225, 244,
    250, 320, 601
글라이비츠Gleiwitz 466
글릭먼, 마티Glickman, Marty 356, 601
기네스, 다이애나Guinness, Diana 295
길리건, 브리짓Gilligan, Bridget 523~524
길버트, 프렌티스Gilbert, Prentiss 418,
    494~496, 601
깁스, 필립Gibbs, Philip 199, 601

네멘 강Neman River 552
네카 강Neckar River 139~140, 142
노르망디Normandy 557
노르웨이Norway 12, 107, 289,
    296~297, 325, 524~525, 530,
    533, 545, 549~550
노스케, 구스타브Noske, Gustav 38
노턴, 사라Norton, Sarah 249~250
놀슨, 제임스Knowlson, James 317, 582
뉘른베르크 법Nuremberg Laws 261, 572
뉘른베르크Nuremberg 18, 193, 227,

229~230, 233, 238, 291~292,
    294~295, 368, 394~395,
    417~418, 420, 428, 434, 467,
    473~474, 483~484
뉴욕New York 25, 69, 75, 103, 109, 174,
    177, 191, 209, 220, 226, 344,
    347, 350, 355, 360, 372, 378,
    384, 391, 489
니덴Nidden 557
니블헤임Niflheim 538
니콜슨, 해롤드Nicolson, Harold 85,
    90~91, 104, 107, 308, 602
닐 대령Neal Colonel 286

다뉴브 강Danube River 320, 471
다름슈타트Darmstadt 182, 525, 548,
    556, 560~562
다하우Dachau 165, 244~249, 254, 276,
    280, 285, 416, 500, 506, 572
단치히Danzig 49, 80, 237, 503, 509,
    515
달라디에, 에두아르Daladier,
    Edouard 477~478, 502
달렘Dahlem 196, 370
대공황Depression 76, 128, 262
대버넌, 대사부인Abernon, Lady
    D' 54~59, 75

대버넌, 대사Abernon, Lord D' 54, 75~76, 87, 602

대전Great War 11~13, 15, 17~18, 20, 25~26, 31~33, 36, 39, 43, 45, 97, 153, 204, 234, 250, 259, 261~262, 264, 271~273, 275~276, 286, 288, 291~292, 296, 305, 317, 333, 337, 342, 362, 366, 385, 395, 408, 447, 457, 467, 474, 483, 492, 522, 526, 554, 573~574

더멧, 로버트Dummett, Robert 240~241, 243~245

덩컨 존스, 아서Duncan-Jones, Arthur 197, 446~447, 456, 602

데사우Dessau 93, 331, 529

데처, 도로시Detzer, Dorothy 63, 65, 602

덴마크의 조지 왕자George of Denmark, Prince 465~466

도른비른Dornbirn 567

도스 플랜Dawes Plan 75~76, 117

도슨, 경Dawson, Lord 409, 413

도이벨, 하인리히Deubel, Heinrich 247

독일 공군Luftwaffe 341~344, 419, 553

돔빌, 배리Domvile, Barry 279~286, 417~421, 602

동프로이센Prussia East 49, 169, 225, 474

뒤셀도르프Dusseldorf 48, 65, 193, 315

듀보이스, 윌리엄 에드워드 버그

하트Du Bois, William Edward Burghardt 374, 377~384, 395~396, 571, 576, 602

드레스덴Dresden 13, 77, 89, 109, 183, 190, 318, 340, 445, 455, 480~481, 519~520, 532

드 루즈몽 386

드 루즈몽 드니De Rougemont, Denis 303~308, 310, 321, 338~339, 575, 603

드 마저리, 피에르De Margerie, Pierre 54~55, 603

디트리히, 조제프Dietrich, Josef 281

딘 폴, 브렌다Dean Paul, Brenda 112

라로슈, 남작 부인Laroche, Baroness 248

라발, 피에르Laval, Pierre 133

라우덴Rauden 463, 466~467, 469~470

라우엔부르크Lauenburg 80

라이, 로베르트Ley, Robert 424

라이트너, 마리아Leitner, Maria 309, 311~315, 603

라이트, 밀턴Wright, Milton S. J. 141~143, 603

라이프치히Leipzig 165, 180, 282, 340, 407, 459, 529

라이헤나우, 장군Reichenau, General

von 437~438

라인 강Rhine River 9, 26, 29~32, 35,
    48, 154, 180, 258, 308~309,
    339, 371, 475, 539, 576

라인란트Rhineland 9, 15, 30, 32, 37,
    51, 72, 87, 183, 264~265, 277,
    309, 338, 340~341, 379, 443

라킨, 시드니Larkin, Sydney 219, 603

라트, 에른스트 폰Rath, Ernst vom 481

라티보르, 공작Ratibor, Duke of 461,
    463~464, 468~469

라티보르, 빅토르 폰Ratibor, Viktor
    von 463, 469

랑, 알로이스Lang, Alois 218

러시아Russia 103, 105, 112, 114, 132,
    136, 155, 181, 200, 204~205,
    225, 231, 256, 397, 419, 460,
    491, 503, 514, 522, 534~535,
    537, 543~544, 546~547, 552,
    556, 558~559, 563~564,
    568~570

런던데리, 경Londonderry,
    Lord 331~332, 336~337, 416,
    421, 501~502, 603

런던London 34, 38, 44, 48, 52, 76, 86,
    110~113, 122, 132, 153, 177,
    205~206, 215, 219, 265, 280,
    287, 295, 308, 316, 344, 358,
    373, 404~408, 484, 490, 498,
    507, 518, 522, 525, 532, 556,

558

런, 아놀드Lunn, Arnold 324, 603

런클, 바바라Runkle, Barbara 396~397,
    438, 441, 603

럼볼드, 에델Rumbold, Ethel 103~105,
    107, 604

럼볼드, 콘스탄티아Rumbold, Constan-
    tia 114, 604

럼볼드, 토니Rumbold, Tony 135, 141

럼볼드, 호레이스Rumbold, Hor-
    ace 103~104, 111, 117,
    120~121, 125, 604

레겐부르크Regensburg 320

레그, 월터Legge, Walter 211~212, 604

레미, 아서Remy, Arthur 390~392, 604

렌넬, 경Rennell, Lord 418, 428

렌스키, 장군Lenski, General von 548

렌치, 이블린Wrench, Evelyn 171~172,
    498, 510~516, 604

로더미어 경Rothermere, Lord 119, 409,
    604

로더바익, 딤프나Lodewyckx,
    Dymphna 173, 485, 499, 604

로디언, 후작부인Lothian, Marquess
    of 416

로마Rome 11, 27, 232, 308, 439, 514

로스토크Rostock 531, 551

로이드조지, 데이비드Lloyd George, Da-
    vid 12, 408~414, 604

로젠버그, 알프레드Rosenberg, Alfred 68

로카르노 조약Locarno, Treaty of 74, 76

록하트, 브루스Lockhart, Bruce 426

뢰머슈타트Romerstadt 93, 95

룀, 에른스트Rohm, Ernst 165, 194~196, 232, 281

루르Ruhr 53, 55, 66, 71, 75, 243, 255, 315

루마니아Rumania 502, 544

루베, 마리누스 반 데어Lubbe, Marinus van der 159

루빈, 프랭크 J.Lubin, Frank J. 373~374, 604

루스벨트, 프랭클린 D.Roosevelt, Franklin D. 474

루이스, 윈덤Lewis, Wyndham 122~125, 289

뤼겐Rugen 92

뤼네부르크Luneburg 241, 569

뤼베크Lubeck 159~160

뤼트겐스, 클라우스Luttgens, Klaus 438

리벤트로프, 요아힘 폰Ribbentrop, Joachim von 196~197, 285, 337, 358, 370~371, 404, 409, 414~415, 473, 501, 504

리슈카, 쿠르트Lischka, Kurt 491~494

리즈데일, 경 부부Redesdale, Lord and Lady 89, 233, 473

리펜슈탈, 레니Riefenstahl, Leni 231, 348

리펠, 프란츠 볼프강Rieppel, Franz Wolf-gang 561~562, 605

린드버그, 앤Lindbergh, Anne 341~342, 605

린드버그, 찰스Lindbergh, Charles 335, 341~344, 605

린지, 로널드Lindsay, Ronald 76, 121, 605

린츠Linz 258, 411, 456, 465, 471

ⓜ

마가레트, 프로이센의 공주Margaret of Prussia, Princess 61~62, 617

마노바르다, 요제프 폰Manowarda, Josef von 211

마르부르크Marburg 503~504

마르세유Marseilles 313, 441

마르크스주의Marxism 229, 476

마르탱 뒤 가르, 로저Martin du Gard, Roger 147~148, 605

마르텐, 카를 박사Marten, Dr Karl 79, 605

마리엔바트Marienbad 144~145, 147

마브로고다토, 잭Mavrogordato, Jack 427

마욜, 아리스티드Maillol, Aristide 93

마우러, 릴리언Mowrer, Lilian 96, 110~111, 116~117, 124, 152~153, 166, 605

마우러, 에드가Mowrer, Edgar 96, 124

마운튼, 클래리스Mountain, Clarice 221

마이, 에른스트May, Ernst　93

마인 강Main River　314, 320

마인츠Mainz　63

마지노선Maginot Line　539

마컴, 바이올렛Markham, Violet　34~35,
　51, 605

마텐, 팀Marten, Tim　239

만, 토마스Mann, Thomas　177, 297, 618

만하임Mannheim　140

매슈스, 피터Matthews, Peter　248, 366

맥노튼, 비디Macnaghten, Biddy　522

맥도날드, 램지MacDonald,
　Ramsay　104~105, 134, 168,
　220, 331

맥도날드, 제임스 그로버McDonald, James
　Grover　167~168, 246, 280, 605

맨, 톰Mann, Tom　59, 605

메클렌부르크Mecklenburg　51, 530, 551

메테르니히 백작Metternich, Count
　von　144

멘델스존, 알브레히트Mendelssohn, Albre-
　cht　51

멘델스존, 프란체스코 폰Mendelssohn,
　Francesco von　208

멜키오르, 카를Melchior, Carl　121

멜히오르, 라우리츠Melchior, Lau-
　ritz　205~207, 606

모라비아Moravia　467, 497

모리스, 실비아Morris, Sylvia　445, 481,
　581, 606

모스크바Moscow　130, 132, 136, 419

모슬리, 오스왈드Moseley, Oswald　104,
　295

모틀라우 강Mottlau River　80

무솔리니, 베니토Mussolini, Benito　120,
　210, 372, 477, 489

무어, 토마스Moore, Thomas　181, 285

뮌헨 폭동Munich putsch　194, 238

뮌헨 협정Munich agreement　477, 479,
　481, 497, 509, 519

뮌헨Munich　13, 51, 67, 69~72,
　118~119, 141, 143, 190, 201,
　218, 220, 222, 234, 237~239,
　243~244, 246, 248~249,
　276, 283, 320~321, 326, 330,
　396, 398~399, 401, 409, 411,
　413, 416, 434, 438, 443, 447,
　449, 456, 458, 472, 477~479,
　481, 485, 487, 497~500, 509,
　517, 519, 524~526, 529, 559,
　561~562, 566

뮐러, 헤르만Muller, Hermann　105

미국 해외 파견부대American Expedition-
　ary Forces(AEF)　29, 32

미국United States　12~15, 17, 19, 25~26,
　29, 32~33, 36, 39, 47, 51, 53,
　63, 67~69, 75~76, 89, 96~97,
　110, 112, 117, 133, 141~143,
　145, 153, 155, 162, 167~168,
　170, 172, 183, 187~188,

204, 210, 212, 214, 218, 220,
224, 229, 231, 245~246, 248,
262~263, 268, 271, 285, 293,
299~300, 303, 310, 313, 326,
329~330, 332, 334, 341, 348,
350~352, 354~357, 360~362,
369, 372~375, 377~387, 391,
395~396, 398~401, 404, 418,
422, 424, 431, 437, 439, 449,
470, 479, 482, 487~488, 491,
494~495, 521~522, 529,
532, 539, 541, 547, 560, 567,
573~575, 581

미르바흐, 디트리히 폰Mirbach, Dietrich
    von 287
미어스, 존 헨리Mears, John Henry 102
미트포드, 낸시Mitford, Nancy 19, 306,
    428
미트포드, 데보라Mitford Deborah 306
미트포드, 유니티Mitford, Unity 227,
    233, 248, 264, 295, 358, 456,
    473, 606
미트포드, 제시카Mitford, Jessica 233
미트포드, 톰Mitford, Tom 89, 136, 606
민덴Minden 462, 508
밀러, 에드먼드Miller, Edmund 479,
    486~487, 606
밀히 장군Milch, General 342

ㅂ

바그너 가문Wahnfried 204, 404
바그너, 리하르트Wagner, Richard 13,
    26, 59, 128, 144, 164, 203~211,
    225, 249, 270, 319, 348, 362,
    383~384, 404, 411
바그너, 위니프레드Wagner, Wini-
    fred 204, 206~207, 209~211,
    404
바그너, 지그프리트Wagner Siegfried 206
바그너, 지그프리트Wagner, Sieg-
    fried 204
바그너, 프리데린트Wagner, Friede-
    lind 211
바덴-뷔르템베르크Baden-Wurttem-
    berg 182
바르너, 콘라트Warner, Konrad 214
바르바로사 작전Operation Barbaros-
    sa 535
바르샤바Warsaw 130, 132, 469, 490
바우하우스Bauhaus 93, 96, 111, 522
바울스, 폴Bowles, Paul 89
바이런, 로버트Byron, Robert 230, 237,
    606
바이로이트Bayreuth 128, 201,
    203~212, 242, 333, 362,
    383~384, 404~405, 415, 446,
    483
바이마르 공화국Weimar Repub-

lic 27~28, 71~72, 74, 92, 96, 98, 137, 144, 147, 149, 180, 184, 263, 273

바이마르Weimar 27~28, 51, 71~72, 74~75, 92, 94, 96, 98, 103, 109, 116, 119, 133, 136~137, 140, 144, 147, 149, 180, 184, 263, 273, 304, 364, 437, 509

바이에른 알프스Alps, Bavari- an 216~217, 283~284, 325

바이에른Bavaria 15, 69, 72, 128, 194~195, 210, 216~217, 243, 272, 283~284, 325, 334, 448, 475

바이트, 콘라트Veidt, Conrad 112

바일부르크Weilburg 154

바트 오버도르프Bad Oberdorf 448

반유대주의anti-Semitism 15, 39, 110, 121~122, 168~169, 171~172, 187, 189, 203, 220, 224, 226, 235, 247, 271, 276, 307, 335, 337, 349, 356, 372, 379, 382, 403, 418, 438, 441, 452, 504, 576

반제Wannsee 107

발로, 비디Barlow, Biddy 258~259, 606

발트3국Baltic States 169

발트 해Baltic Sea 49, 92, 421, 556

밤베르크Bamberg 417, 419

밴시타트, 로버트Vansittart, Rob-

ert 357~359, 369~372, 606

버네이스, 로버트Bernays, Robert 161, 170~171, 607

버출, 프레데릭Birchall, Frederick 347, 355, 607

번, 마이클Burn, Michael 229~230, 247, 607

번, 조지프Byrne, Joseph 441

벌린, 이사야Berlin, Isaiah 84, 87

베누아-메생, 자크Benoist-Mechin, Jacques 65~66, 69, 607

베르크호프Berghof 410, 412, 427, 474, 509, 550

베르사유 조약Versailles, Treaty of 14, 16, 19, 39, 47~50, 53, 67, 76, 105, 118~119, 170, 194, 256, 337, 572

베르히테스가덴Berchtesgaden 276, 325, 366, 410~411, 423, 426~427, 443, 452, 474, 476, 509

베른스토르프, 후고 폰(백작)Bernstorff, Count Hugo von 523, 532, 543, 569

베를린 대학Berlin University 90, 136, 170, 306, 458, 507

베를린Berlin 25, 28~29, 37~39, 41~42, 44~45, 47~48, 53~56, 58~59, 67, 73, 75~82, 85~92, 94, 96, 100~105, 107~110, 112~114, 117~118, 121~123,

128, 130, 132~133, 135~138,
146, 148, 155, 157, 160~162,
165~168, 170, 172, 174~175,
180, 183, 191, 194~195, 197,
201, 215, 223, 226, 230, 232,
238, 251~253, 264, 267~268,
274, 277, 280, 282, 286~287,
291~292, 295~296, 298~301,
306, 308, 319~321, 324~325,
331, 336, 338, 341~343,
347~349, 351~361, 364,
369~370, 372~374, 377, 380,
390, 395, 406, 414, 423, 426,
449, 458, 461, 463, 481~482,
484, 489~491, 493~496, 501,
504, 507~509, 512~514,
521~522, 525~527, 529~531,
536, 539, 545~546, 548~549,
551, 553, 555~557, 559, 563,
568~569, 574, 601~602,
604~613, 615~619

베이컨, 프랜시스Bacon, Francis   12, 86,
607

베인-템페스트-스튜어트, 마이
리Vane-Tempest-Stewart, Mai-
ri   331, 607

베저 강Weser River   212, 461~462

베케트, 새뮤얼Beckett, Samuel   12,
315~318, 320, 322, 607

벨기에, 왕과 왕비Belgium, King and Queen

of   286

벨기에Belgium   53, 55, 103, 187, 214,
286, 448, 457

보겐, 도로시Bogen, Dorothy   73, 361,
607

보넘 카터, 바이올렛Bonham Carter, Lady
Violet   52~53, 55, 57~59, 607

보리스, 불가리아 왕Boris of Bulgaria,
King   359~360, 607

보에처, 에밀리Boettcher, Emily   449,
484, 608

보일, 마거렛Boyle, Lady Margaret   250,
456, 608

보일, 윌리엄(부부)Boyle, Dr and Mrs
William   441, 608

보치, 박사Votsch, Dr   329

보테르젠Wotersen   523~525, 530, 569

보헤미아Bohemia   144, 181, 467, 497

본 대학Bonn University   256, 258,
485~486, 604, 615~616

본Bonn   73, 153~154, 183, 500

볼셰비즘Bolshevism   16, 19, 27, 32, 39,
140, 181~182, 197, 199, 305

볼프스가르텐Wolfsgarten   525,
547~548, 551, 553~556,
564~565

볼프, 카를Wolff, Karl   284, 561, 605

부셰-슈트라이토르스트, 폰 뎀(남작부
인)Bussche-Streithorst, Baroinin von
dem   458

부스비, 밥Boothby, Bob 137~138

부크맨, 프랭크Buchman,
　　　　Frank 293~294, 371~372, 608

부퍼탈Wuppertal 192

부흐로Buchloe 562

불러, 에이미Buller, Amy 277~278, 305,
　　　　509, 608

뷔르츠부르크Wurzburg 320

뷔커베르크Buckeberg 462

뷔템베르크Wurttemberg 413

브라운, 낸시Brown, Nancy 518

브라운, 아이번Brown, Ivan 330, 608

브라이언트, 아서Bryant, Arthur 498,
　　　　507~510, 608

브래드쇼, 마거릿Bradshaw, Marga-
　　　　ret 481, 608

브레겐츠Bregenz 561, 567

브레머하펜Bremerhaven 295

브레멘Bremen 80~81, 526, 529, 531,
　　　　563, 617

브렌던, 피어스Brendon, Piers 579

브룩, 루퍼트Brooke, Rupert 85

브뤼닝, 하인리히Bruning, Heinrich 127

브륄Bruhl 319

브리앙, 아리스티드Briand, Aristide 74,
　　　　133~134

브리튼Britain 9, 35, 186, 441

블레칠리 파크Bletchley Park 250

블록, 괴스타Block, Gosta 545~546, 608

블루멘탈Blumenthal 81

블릭센, 카렌Blixen, Karen 320,
　　　　526~527, 529

비스마르크, 오토 폰Bismarck, Otto
　　　　von 32, 106, 414, 530

비스바덴Wiesbaden 65

비스와 강Vistula River 552, 559

비엔나Vienna 80, 443, 457~458,
　　　　468~470, 549

비챔, 토머스Beecham, Thomas 404~408,
　　　　573, 581, 608~609

빅토리아, 여왕Victoria, Queen 28,
　　　　61~62, 282, 553

빈센트, 조지Vincent, George 332

빌헬름 2세Wilhelm II 28, 617

사저, 월터 드Sager, Walter de 280,
　　　　282~285

색빌-웨스트, 비타Sackville-West,
　　　　Vita 77, 91, 609

색빌-웨스트, 에디Sackville-West,
　　　　Eddy 77, 79, 85~86, 89, 609

생어, 마가렛Sanger, Margaret 145

샤르돈, 자크Chardonne, Jacques 537,
　　　　539, 609

샤이러, 윌리엄Shirer, William 268,
　　　　325~326, 337, 530, 609

샤프고체, 펠릭스 폰Schaffgotsche, Felix

von 535

서부 전선Western Front 177, 335

설, 알란Searle, Alan 321

세그레이브, 남작Segrave, Baron 418

소련Soviet Union 16, 19, 173, 240, 443, 548, 602

소피 공주(꼬마)Sophie, Princess(Tiny) 553~554, 564

쇼르프하이데Schorfheide 268

수정의 밤Kristallnacht 480~481, 483~485, 487~488, 494~495, 497, 504~505, 576, 581, 606, 608, 613

쉬민Shi Min 252~254

쉬어만, 리하르트Schirrmann, Richard 192~193

쉬퍼, 클라라 루이스Schiefer, Clara Louise 191, 609

쉴라게터, 알베르트Schlageter, Albert 315

슈베린Schwerin 29

슈투트가르트Stuttgart 458, 482

슈트라우스, 리하르트Strauss, Richard 109, 111, 348, 446, 516

슈트레제만, 구스타브Stresemann, Gustav 74~76

슐레지엔Silesia 463~464, 467, 612

스미스, 케이Smith, Kay 306, 338, 341, 348, 421, 437, 456, 481, 610

스미스, 트루먼Smith, Truman 32, 50,

67, 262~263, 299, 339, 341, 344, 355, 358, 474, 480, 609

스미스, 하워드Smith, Howard K. 521, 527, 535, 538, 610

스미스, 헨리 퍼시벌Smith, Henry Percival 504, 609

스위스Switzerland 71, 73, 161, 166, 214, 280, 303, 421, 443, 472, 475, 477, 483, 510, 521, 539, 544, 561, 566, 575, 603, 605, 610, 615

스캇 모리스, 어슐라Scott-Morris, Ursula 415

스탈린그라드Stalingrad 547~548

스탈린, 이오시프Stalin, Joseph 19

스트라이허, 율리우스Streicher, Julius 226~227, 250, 282, 335, 438~441

스파르타쿠스회Spartacists 27, 39

스판다우Spandau 161

스펜더, 스티븐Spender, Stephen 80, 84, 87, 92~93, 114, 116~117, 137, 151, 610

실베스터, 아서Sylvester, Arthur 409, 412

싱, 부핀데르Singh, Bhupinder 286, 616

싱클레어-루티트, 케니스Sinclair-Loutit, Kenneth 240~241, 243~244, 610

ㅇ

아가 칸 3세Aga Khan III   423, 610

아들론, 로렌츠Adlon, Lorenz   28

아리아Aryans   283, 312, 355, 389, 418,
    421, 436, 484, 499~500, 544

아머 강Ammer, River   217, 222

아메리카America   43, 310, 369

아스텔, 카를Astel, Karl   273

아이어몽거, 톰Iremonger, Tom   241~243

아이케, 테오도르Eicke, Theodor   248,
    280~281

아일랜드Ireland   39, 86, 136, 171, 289,
    296, 506~507, 522~523, 543,
    545, 607, 610, 612, 619

아헨Aachen   243, 301, 452

알렌, 메리Allen, Mary   264~265, 267,
    610

알테나Altena   192

알토나Altona   533

알폰소, 스페인 왕Alfonso of Spain,
    King   144, 146~147

애버딘Aberdeen   54

애스터, 낸시Astor, Nancy   136

앤더슨, 아이다Anderson, Ida   249, 392,
    610

앵글로 저먼 리뷰(AGR)Anglo-German Re-
    view (AGR)   368, 415~416, 420,
    441~442, 497~498, 504, 518,
    521, 614

야놀, 로버트Yarnall, Robert   488~490

어바흐, 카리나Urbach, Karina   169, 319

어술리악, 비오리카Ursuleac, Viorica   516

에렌브라이트슈타인 성채Ehrenbreitstein
    Fortress   30

에링거, 에리히Ehrlinger, Erich   491

에베르트, 프리드리히Ebert, Frie-
    drich   28~29

에센Essen   26, 48, 66, 181, 502~503

에케너, 후고Eckener, Hugo   511

엘베 강Elbe River   51, 157, 186, 351,
    551

연합국Allies   550, 610

영국 재향군인회British Legion   271,
    274~275, 279

영국 황태자Wales, Prince of   274

영국England   10, 13~14, 17, 19,
    28~30, 33~35, 44, 47~48,
    51, 53~54, 57~61, 63, 67,
    69, 71, 73~77, 79~80, 82,
    85~87, 89~92, 103~105,
    107~108, 112, 119, 122,
    128~130, 132~135, 143~144,
    147, 153~155, 161~162,
    169~172, 181~182, 186~188,
    195~197, 199, 201, 203~205,
    207, 214, 217~218, 220~221,
    227, 231~232, 234~235,
    239~243, 245, 247~250, 259,
    261~262, 264~267, 271~272,

274~280, 282~283, 285~288,
291, 295, 297, 305~306, 308,
320, 324, 331~332, 357~358,
360, 362, 364, 366, 369~372,
386, 392, 404, 408~410, 412,
415, 417~421, 423, 425~428,
431~434, 436, 441~444, 447,
457, 460~461, 466, 473~477,
481, 498, 502~519, 522~525,
530, 532, 534, 547, 549, 553,
560, 569, 573~575, 602~607,
609~619

영독 형제단Anglo-German Fellow-
　　ship(AGF)　504

예나Jena　164

예이츠-브라운, 프랜시스Yeats-Brown,
　　Francis　418

엔켄, 아서Yencken, Arthur　262~263

오더베르크Oderberg　469

오든, W.H Auden, W. H.　80, 82~84,
　　89, 92, 114, 123, 610~611, 615,
　　618

오버라머가우Oberammergau　215~218,
　　220~222, 224~226, 362, 616

오스나브뤼크Osnabruck　340, 446~447,
　　508, 602

오스트리아 합병Anschluss　135,
　　455~456, 458, 473

오스트리아Austria　89, 97, 106, 113,
　　135, 211, 237, 411, 451,

455~458, 460, 467, 470~471,
　　473, 567, 604

옥스퍼드 대학Oxford University　94,
　　104, 135, 174, 193, 234, 248,
　　272, 277, 293, 301, 485, 601,
　　614~615

옥스퍼드Oxford　94, 104, 135, 174, 193,
　　234, 248, 272, 277, 292~294,
　　301, 309, 371, 485, 501, 601,
　　608, 614~615

올라프 왕자Olaf, Crown Prince　107

올림픽 경기Olympic Games　324~325,
　　347, 354~355, 358, 373, 375,
　　380, 601

옴페트다, 페코 폰Ompetda, Fekko
　　von　446

와서만, 브래드포드Wasserman, Brad-
　　ford　190, 611

와일드먼, 허버트Wildman, Her-
　　bert　351~353, 611

와츠, 소령Watts, Major　419

왈린, 에릭Wallin, Erik　522, 568, 611

요하힘, 요제프Joachim, Joseph　84

우드러프, 존Woodruff, John　611

운터그라이나우Untergrainau　333

울프, 레너드와 버지니아Woolf, Leonard
　　and Virginia　44, 90, 300, 303,
　　308, 321, 573, 611

울프, 토머스Wolfe, Thomas　299, 347,
　　611

워드 프라이스, 조지Ward Price, George 501~502, 611

워딩턴, 루이스Worthington, Louise 193

워싱턴, 부커Washington, Booker T. 143

워싱턴Washington DC 341, 344, 395, 414, 484

월른, 노라Waln, Nora 183, 212~213, 611

월스트리트 붕괴Wall Street Crash 76, 118

월, 에드워드Wall, Edward 241~243, 611

월튼, 조지Walton, George 488, 490, 492

월폴, 휴Walpole, Hugh 205~207, 606, 611

웨이크필드, 조안Wakefield, Joan 306, 457, 460~461, 473, 612

윈저, 공작 부부Windsor, Duke and Duchess of 423~426, 612, 617

윌리엄스, 아치Williams, Archie 355, 612

윌리엄슨, 헨리Williamson, Henry 237, 291~296, 311, 581, 612, 619

윌슨, 아놀드Wilson, Arnold 245~246, 418, 612

윌슨, 우드로Wilson, Woodrow 48, 50, 67

윌슨, 휴Wilson Hugh 494, 496

융미탁, 비디Jungmittag, Willi 522, 551, 612

이셔우드, 크리스토퍼Isherwood, Chris-topher 77, 80~82, 84~85, 89, 92, 114, 118, 151, 165~167, 613

이자르 강Isar River 320

인도India 12, 175, 268, 286~287, 393, 428~429, 481

인스브루크Innsbruck 457

자르브뤼켄Saarbrucken 257

자르Saar 257

자크스, 빌리Sachs, Willy 283~284

작센Saxony 38, 72, 563

작스 코부르크, 공작Saxe-Coburg, Duke of 332

잘츠부르크Salzburg 240, 411, 443, 470~471, 509

장검의 밤Night of the Long Knives 384, 421

제1차 세계대전First World War 12~13, 15, 26, 31, 33, 36, 204, 292, 337, 362, 366, 385, 395, 408, 447, 457, 467, 474, 483, 492, 526, 554, 573~574, 602, 609, 612, 615~617, 619

제2차 세계대전Second World War 11, 13, 36, 522, 554, 574, 602, 610, 617

제네바Geneva 294, 472

제이미슨, 로버트Jamieson, Robert   502~504, 613

조지 5세(왕)George V, King   120, 243,
    286, 413

조지 6세(왕)George VI, King   107, 424,
    427, 530

존스, 가레스Jones, Gareth   156~157, 613

존스, 루퍼스Jones, Rufus   488, 613

존스, 리스Jones, Rhys   431, 434, 613

존스, 토머스Jones Thomas   409

존슨, 에이미Johnson, Amy   129, 132

종전   11, 20~21, 25~27, 29, 32, 34,
    36~38, 50, 66, 76, 93, 217, 220,
    273, 296, 321, 559

주데텐 지방Sudetenland   467, 474

중국China   12, 130, 251~254, 282,
    393~394, 455, 498, 501, 534,
    547, 560, 567, 580, 613

지드, 앙드레Gide, Andre   117, 147~148,
    297, 613

지시안린季羨林, Ji Xianlin   393~394,
    421, 455, 458, 501, 533~534,
    546, 560, 564, 567, 613

진주만Pearl Harbor   142, 541

ㅊ

참벨   354

참벨, 할렛Cambel, Halet   613

채넌   370~371

채넌, 헨리 '칩스'Channon, Henry
    'Chips'   613

처칠, 랜돌프Churchill, Randolph   89, 136,
    580

처칠, 윈스턴Churchill, Winston   75, 137,
    515

체임벌린, 네빌Chamberlain, Neville   426,
    474~479, 502, 507, 509, 515,
    614

체임벌린, 휴스턴 스튜어트Chamberlain,
    Houston Stewart   201, 203~204,
    614

체코슬로바키아Czechoslovakia   460,
    467, 470, 475, 477~478, 480,
    497, 501~502, 505, 514~515

체트킨, 클라라Zetkin, Klara   522

ㅋ

카를스바트Karlsbad   146

카린할Carinhall   269~270, 331, 421,
    529

카셀Kassel   154~155, 258, 554~555

카잘렛, 빅터Cazalet, Victor   105~106,
    108, 245, 614

카잘렛, 텔마Cazalet, Thelma   147, 473,
    614

카펜터, 스펜서Carpenter, Spen-
    cer   277~278

칼스루에Karlsruhe 182, 482

커크패트릭, 아이본Kirkpatrick,
　　　Ivone 261~262, 427~429, 614

케슬러, 해리Kessler, Harry 76, 90~91,
　　　93, 117, 128

케어초브, 백작Kerchove, Comte de 214

케임브리지 대학Cambridge Universi-
　　　ty 44, 153, 240, 248, 385, 583,
　　　608, 610, 615

케임브리지Cambridge 10, 44, 153, 164,
　　　240, 248, 385, 396, 583, 604,
　　　608, 610, 615, 617

켈러, 이디스Keller, Edith 471

코르바이Corvey 460~463

코블렌츠Koblenz 29~30, 431, 609

코크란, 힐다Corkran, Hilda 62

코펠Kofel 217

콕스, 제프리Cox, Geoffrey 94, 138~140,
　　　231, 238, 254~256, 614

콘, 마르가레테Cohn, Margarethe 96

콘스탄츠Constance 510, 512

콘웰 에번스, 필립Conwell-Evans, Phil-
　　　ip 409~414, 417, 614

콜리어, 찰스Collyer, Charles 102

콜, J.A. Cole, J. A. 239, 436, 452, 614

쾨니히스베르크 대학Konigsberg Universi-
　　　ty 174, 272, 409

쾨니히스베르크Konigsberg 174, 245,
　　　272, 409, 474

쾰른Cologne 33~35, 73, 130, 180, 192,
　　　224, 265, 276, 339~341, 392,
　　　434, 459, 475, 491, 500, 517,
　　　532, 605

쿠커네제Kuckernese 552~553, 556~557

쿡, 아이다와 루이즈Cook, Ida and Lou-
　　　ise 498, 516, 614

퀘이커교도Quakers 12, 44, 488~493,
　　　513, 602, 617

크라우스, 클레멘스Krauss, Clemens 516

크란츠, 크리스틀Cranz, Christl 328

크람프니츠Krampnitz 547, 551, 554

크로스필드, 중령Crosfield, Lieutenant
　　　Colonel 275~276, 288

크로, 시블Crowe, Sibyl 385, 392, 615

크로포드, 아치볼드Crawford, Archiba-
　　　ld 416, 443~444

크론베르크Kronberg 61, 554, 562, 617

크리스토프, 헤센의 왕자Christoph of Hes-
　　　se, Prince 360, 553~554

크리스티, 존Christie, John 277, 333, 615

클라크, 매닝Clark, Manning 485~486,
　　　499~500, 615

클라크, 프랭크Clarke, Frank 415

키르코젠Kirchohsen 462

키아어, 앨리스Kiaer, Alice 329, 615

킬Kiel 569

ㅌ

타벨, 아이다Tarbell, Ida 218

탄넨베르크 기념관Tannenberg Memorial 225

탤보트, 네빌 주교Talbot, Bishop Neville 277, 279

터빌-피터, 프랜시스Turville-Petre, Francis 82, 615

터칸, 짐Turcan, Jim 153, 159, 164

테게른제Tegernsee 283, 285

테넌트, 어니스트Tennant, Ernest 414, 417

테넌트, 에어리얼Tennant, Ariel 249

테레지엔슈타트Theresienstadt 486

테르보펜, 요제프Terboven, Josef 549~550

테타스, 누마Tetaz, Numa 475~478, 483~484, 543~545, 547, 615

텔만, 에른스트Thalmann, Ernst 137

템플, 윌리엄 대주교Temple, Archbishop William 278

토머스 쿡 앤 손 관광회사Thomas Cook & Son 215, 362~363

토비아스, 프리츠Tobias, Fritz 159

토인비, 안소니Toynbee, Antony 256~258, 616

톤지, 조안Tonge, Joan 240, 248, 616

통티안, 롱(중국인 유학생)Tongtian, Long 455

투틀링엔Tuttlingen 566

튀링겐Thuringia 273

튀빙겐 대학Tubingen University 258

트레시더, 메리Tresidder, Mary 328, 330, 616

트루스트, 파울Troost, Paul 436

트위디, 오언Tweedy, Owen 153~154, 159~166, 616

티롤Tyrol 17, 237, 291, 468

티프트 풀러, 레이먼드Tifft Fuller, Raymond 218, 220

ㅍ

파리Paris 73, 80, 111, 151, 252, 301, 303, 357, 408, 481, 490, 556, 604

파펜, 프란츠 폰Papen, Franz von 421

패크넘, 엘리자베스Pakenham, Elizabeth 277

팩스턴, 조지프Paxton, Joseph 34

페그, 헤세·라인의 공주Peg of Hesse and the Rhine, Princess 522, 525, 547~548, 551, 553~557, 560, 562, 564~566, 569

페글러, 웨스트브룩Pegler, Westbrook 14, 326, 335~336, 616

페더스톤-고들리, 프랜시스Featherston-Godley, Francis 274, 277

페어뱅크, 루시Fairbank, Lucy 221, 616

페틀리, 찰스Petley, Charles 340

펜스허스트Penshurst 341

펜, 에릭(목사)Fenn, Reverend Eric 277, 616

펨버튼, 바바라Pemberton, Barbara 448, 581, 617

포르게스, 의사Porges, Dr 144~145

포리트, 아서Porritt, Arthur 617

포우드, 더들리Forwood, Dudley 425, 617

포츠담Potsdam 39, 163, 191, 341, 361, 529, 539, 547

폰슨비, 롤리아Ponsonby, Loelia 114, 612

폴라드, 에밀리Pollard, Emily 87, 96, 101, 118, 617

폴란드Poland 49, 80, 114, 139, 147, 169, 200, 463, 466, 481, 499, 502~503, 509, 513, 519, 536, 544, 559

푸르트뱅글러, 빌헬름Furtwangler, Wil- helm 158

폴턴, 질Poulton, Jill 451~452, 617

프라이, 배질Fry, Basil 80, 617

프라이부르크Freiburg 79, 234, 391, 415, 482, 539, 547

프라하Prague 235, 467, 470, 492, 497, 501, 505

프란츠 요제프, 황제Franz Joseph, Emper- or 144

프랑수아 퐁세, 앙드레Francois-Poncet, Andre 133~134, 323, 369, 418, 617

프랑스France 13~14, 33~34, 36, 48, 50, 53~56, 63, 65~67, 69, 71, 73~75, 93, 96, 103, 117~118, 133~135, 138, 142~143, 147, 167~168, 180, 182~184, 196, 199, 204, 214, 223, 231, 243, 248, 253, 257, 278, 286, 307, 315, 317, 323, 338~339, 369~370, 373, 386, 408~409, 418, 431~434, 460, 475, 477, 491, 502, 516, 537~538, 544, 567, 575, 601~603, 605, 607, 609, 613, 617~618

프랑코니아Franconia 226

프랑크푸르트 대학Frankfurt Universi- ty 303, 386, 603

프랑크푸르트 안 더 오데르Frankfurt an der Oder 536

프랑크푸르트Frankfurt 9, 13, 25, 61, 93, 156, 172, 229, 303~304, 313, 338, 386, 401, 441, 452, 517, 536, 555~556, 562, 564, 603, 617~618

프랭크, 해리Frank, Harry A. 26~27, 29~32, 36~43, 45, 48~49, 51~52, 205, 617

프레데릭 찰스, 헤세의 왕자Frederick

Charles of Hesse, Prince 61

프레치, 파울Pretzsch, Paul 209

프레토리우스, 에밀Preetorius, Emil 333

프로이센Prussia 28, 31, 49, 61, 83, 91,
  101, 106~107, 121~122, 169,
  182, 225, 240, 474, 550, 554,
  558~559, 617

프리드리히샤펜Friedrichshafen 511

플래너리, 해리Flannery, Har-
  ry 530~532, 618

플래빈, 마틴Flavin, Martin 172

플레센, 빅토르 폰Plessen, Victor von 554

플레처, 윌리엄Fletcher, William 415

플로트킨, 에이브라햄Plotkin, Abra-
  ham 155, 618

플릿, 앨리스Fleet, Alice 442, 581

피트-리버스, 조지 헨리 레인-폭
  스Pitt-Rivers, George Henry Lane-
  Fox 272~273, 288, 460, 618

핀레이슨, 호레이스Finlayson, Hor-
  ace 71, 618

필립슨, 앨프러드Philippson, Al-
  fred 485~486

핍스, 에릭Phipps, Eric 182, 214, 225,
  233, 266~270, 282, 357, 372,
  418, 606, 618~619

ㅎ

하노버Hanover 255, 300, 460, 508

하르츠 산맥Harz Mountains 97, 213, 341

하멜른Hamelin 212~213, 215, 462

하우스 히르트Haus Hirth 332~333,
  524~525, 615

하워드, 브라이언Howard, Brian 88, 618

하이네, 하인리히Heine, Heinrich 173,
  176, 315

하이델베르크 대학Heidelberg Universi-
  ty 141, 240, 384~387, 390,
  603~604, 613

하이델베르크Heidelberg 94, 139~143,
  182, 234, 240, 309, 384~387,
  389~392, 482, 603~604,
  613~614

하이드리히, 라인하르트Heydrich, Rein-
  hard 492~493

하인가르트너, 로버트Heingartner, Rob-
  ert 229, 618

하일브론Heilbronn 140, 482

하트블랙, 소령Hotblack, Major 295

하틀리, 마스덴Hartley, Mars-
  den 187~188, 618

한프슈탱글, 에른스트 '푸치'Hanfstaengl,
  Ernst 'Putzi' 162

함부르크 대학Hamburg University 51

함부르크Hamburg 51, 73, 84, 93, 106,
  116, 137, 159, 180, 186~187,

240, 316, 318, 351, 448, 523, 525, 530, 532, 535, 550~551, 555

함순, 크누트Hamsun, Knut   12, 289, 296~299, 311, 321, 548~550, 618

해밀턴, 공작Hamilton, Duke of   534

해밀턴, 시슬리Hamilton, Cicely   92~93, 98~99, 102, 122, 618

핼리팩스, 자작Halifax, Viscount   426~429, 614, 619

행키, 모리스Hankey, Maurice   181~187, 619

허쉬펠트, 마그누스Hirschfeld, Magnus   83, 177, 619

허치슨, 그레이엄 세튼Hutchison, Graham Seton   271~272

헤딘, 스벤Hedin, Sven   320, 360, 486, 529

헤벨, 발터Hewel, Walther   509~510

헤셀베르크Hesselberg   226

헤세Hesse   61, 297

헤스, 루돌프Hess, Rudolf   196, 239, 261, 413, 428, 448~449, 534

헤이게이트, 존Heygate, John   235~237, 291~293, 295, 582, 612, 619

헤이우드, 실비아Heywood, Sylvia   519, 606

헨더슨, 네빌Henderson, Neville   418~419, 426, 515~516, 619

헨더슨, 아서Henderson, Arthur   125, 135

헨켈 폰 도너스마르크, 귀도Henckel von Donnersmarck, Guido   468

헬름슈테트Helmstedt   241~242

협상국Allies   37, 42, 44, 49~50, 53, 61, 67, 288, 412

호내커, 새뮤얼Honaker, Samuel   482

호덤 캐드버리, 조엘Hotham Cadbury, Joel   73

호르스트 베셀 나치 찬가Horst Wessel song   185, 256, 339, 348, 532

호센펠더, 요아힘Hossenfelder, Joachim   198

호이어, 헤르만 오토Hoyer, Hermann Otto   419

호헨카머Hohenkammer   51~52

호호, 공작 부부Haw-Haw, Lord and Lady   531~532

호흐베르크, 플레의 왕자(렉시 공)Hochberg of Pless, Prince Lexy   112

홉데이, 프레더릭Hobday, Frederick   498

획스트Hochst   313~314

후버, 허버트Hoover, Herbert   47, 583

휠러-베넷, 존Wheeler-Bennett, John   74, 619

흑림Black Forest   190, 200, 259

히드, 배블락Hythe, Bablock   508

히틀러, 아돌프Hitler, Adolf   11~13, 15~20, 51, 60, 68~72, 76,

100, 110, 118~119, 123, 125,
137~138, 141~143, 147~149,
151~153, 155~159, 161~166,
168~171, 173~174, 178~188,
190~191, 193~194, 196,
198~199, 200, 204, 206~207,
210~211, 213, 220~227,
229~245, 249~251, 254~256,
259, 261~262, 264, 266~267,
270~271, 274~278, 280~288,
291~292, 294, 296~298,
303~305, 307~308, 310, 312,
320~325, 328, 331, 335~337,
339~340, 344, 347~350,
354~355, 358, 360, 365~366,
368~369, 372, 374, 378~379,
384, 394~396, 399~400,
403~412, 414, 416~419, 421,
423, 426~429, 433~434,
436~437, 443, 445~448,
455~456, 458~459, 464~467,
471, 474~477, 479, 481, 486,
489, 497, 499~507, 509, 516,
523, 527, 529~530, 535,
547~550, 552, 558, 568~569,
571~574, 576~577, 579,
603~604, 606, 609~614, 616
히틀러 청년단Hitler Youth　181, 184,
193, 213, 291, 368, 399, 447,
458, 471, 552

힌덴부르크, 파울 폰Hindenburg, Paul
von　60, 137~138, 149, 152,
156, 164, 224~226, 241, 421,
511
힐, 데렉Hill, Derek　239, 248~249, 619
힐데스하임Hildesheim　96
힘러, 하인리히Himmler, Heinrich　247,
273, 281, 283~284

SA돌격대SA　184~185, 194, 232, 238,
240, 263, 309, 387, 392, 399,
440, 449, 458, 483
SS근위대SS　184, 194, 273, 281~282,
298, 399, 417~418, 458, 522,
538, 553, 568

UFA 스튜디오(베를린 영화 제작
사) UFA studios　111~112, 158,
235, 291, 617, 619

히틀러 시대의
여행자들

초판 1쇄 발행	2021년 9월 24일
초판 2쇄 발행	2021년 10월 8일

지은이	줄리아 보이드
옮긴이	이종인
펴낸이	최용범

편집 · 기획	박호진, 예진수
디자인	김태호
마케팅	윤소진, 김학래
관리	강은선
인쇄	(주)다온피앤피

펴낸곳	**페이퍼로드** paperroad
출판등록	제10-2427호(2002년 8월 7일)
주소	서울시 동작구 보라매로5가길 7 1,322호
이메일	book@paperroad.net
페이스북	www.facebook.com/paperroadbook
전화	(02)326-0328
팩스	(02)335-0334
ISBN	979-11-90475-84-6 (03920)

Deutsche Paßkontrolle
E - 6. NOV. 1937
Rheinbücke Kehl

Deutsche Paßstelle · für Ausländer in Kehl

RM __50__ f. d. Zeit vom __17.6__ bis __18.6.37__

aus Registerguthaben ausbezahlt.

K o che l a/ See, den __18. Juni 1937__

Gemeindesparkasse Bendlktbeuern

ZWEIGSTELLE KOCHEL

Paßkontrolle
Einr.6.37Ausr.
Zollumt
Kleinphilipsreut

DEUTSCHE PAßSTELLE IN KEHL